国际工程管理系列丛书
INTERNATIONAL CONSTRUCTION PROJECT MANAGEMENT SERIES

国际工程项目货物采购
PROCUREMENT OF GOODS FOR INTERNATIONAL PROJECT

鹿丽宁　主　编
王秀芹　副主编

中国建筑工业出版社

图书在版编目（CIP）数据

国际工程项目货物采购/鹿丽宁主编. —北京：中国建筑工业出版社，2010
（国际工程管理系列丛书）
ISBN 978-7-112-11993-6

Ⅰ. 国… Ⅱ. 鹿… Ⅲ. 对外承包-承包工程-采购-物资管理　Ⅳ. F752.68

中国版本图书馆 CIP 数据核字（2010）第 061238 号

本书以国际工程项目管理为基础，以项目货物采购业务流程为主线，向读者介绍构成国际工程项目货物采购/供应管理的基础、原则和做法，内容主要包括国际工程项目货物采购的前期准备工作，采购的成本、进度、计划控制方法，以及交货条件、结算方式、物流、救济与索赔、争议解决方式、合同管理、风险管理和采购绩效评价等内容。本书对国际工程项目货物采购的基本作业流程提供实务性的解释和分析，部分章节后附有相关内容的案例，以帮助读者了解科学的采购流程、明确采购内容、熟悉采购作业、掌握采购方法，建立科学的采购管理制度。

* * *

责任编辑：朱首明　牛　松
责任设计：赵明霞
责任校对：陈晶晶

国际工程管理系列丛书
国际工程项目货物采购
鹿丽宁　主　编
王秀芹　副主编

*

中国建筑工业出版社出版、发行（北京西郊百万庄）
各地新华书店、建筑书店经销
北京嘉泰利德公司制版
廊坊市海涛印刷有限公司印刷

*

开本：787×1092 毫米　1/16　印张：35½　字数：886 千字
2010 年 7 月第一版　2015 年 9 月第二次印刷
定价：75.00 元
ISBN 978-7-112-11993-6
（19232）

版权所有　翻印必究
如有印装质量问题，可寄本社退换
（邮政编码 100037）

国际工程管理系列丛书第三届编写委员会成员名单

主任委员
    陈　健——商务部副部长

副主任委员（按姓氏笔画排列）
    刁春和——中国对外承包工程商会会长
    王雪青——天津大学管理与经济学部工程管理系主任，教授
          （常务副主任）
    李志群——商务部对外经济合作司司长
    陈　重——住房和城乡建设部建筑市场监管司司长
    林　坤——中国国际经济合作学会副会长兼秘书长
    林达贤——中国国际经济合作学会常务副会长
    胡兆庆——中国国际经济合作学会会长
    施何求——中国国际咨询协会会长
    廖建成——商务部援外司司长

顾问
    何伯森——天津大学管理与经济学部教授
    钱武云——中国土木工程集团有限公司原总经理

委员（按姓氏笔画排列）
    王　勃——中国港湾工程有限公司副总经理
    王伍仁——中国建筑股份有限公司总工程师
    王守清——清华大学建设管理系常务副主任，教授
    王京春——中国路桥工程有限责任公司副总经理
    方远明——中国海外工程有限责任公司总经理
    田　威——中信建设集团有限责任公司副董事长
    吕文学——天津大学管理与经济学部工程管理系副教授
    朱首明——中国建筑工业出版社编审
    任　宏——重庆大学建设管理与房地产学院院长，教授

李启明——东南大学建设管理与房地产系主任,教授
何晓阳——中国国际工程咨询公司培训中心主任,高级工程师
汪世宏——中国寰球工程公司总经理
张守健——哈尔滨工业大学教授
袁　立——中国土木工程集团有限公司总经理
黄如宝——同济大学经济管理学院教授
崔立中——中国水利电力对外公司总会计师

秘书

刘俊颖——天津大学管理与经济学部工程管理系副教授,博士
牛　松——中国建筑工业出版社编辑

国际工程管理教学丛书第二届编写委员会成员名单

主任委员

　　何晓卫——对外贸易经济合作部部长助理

副主任委员（按姓氏笔画排列）

　　王奎礼——对外贸易经济合作部人事教育司副司长
　　王雪青——天津大学管理学院工程管理系系主任，教授（常务副主任委员）
　　刘风泰——教育部高等教育司副司长
　　张文敏——中国国际经济合作学会副会长兼秘书长
　　李荣民——中国对外承包工程商会会长
　　邱德亚——对外贸易经济合作部对外援助司司长
　　陈　健——对外贸易经济合作部国外经济合作司司长
　　姚　兵——建设部原总工程师，中国土木工程学会常务副理事长
　　徐鹏飞——中国国际工程咨询协会会长
　　郭宏儒——中国国际经济合作学会会长
　　傅自应——对外贸易经济合作部计划财务司司长

顾问（按姓氏笔画排列）

　　王西陶——中国国际经济合作学会原会长
　　朱传礼——原国家教育委员会高等教育司原副司长
　　何伯森——天津大学管理工程系原系主任，教授
　　陈永才——对外贸易经济合作部国外经济合作司原司长，中国对外承包工程商会原会长，中国国际工程咨询协会原会长

委员（按姓氏笔画排列）

　　于俊年——对外经济贸易大学国际经济贸易学院教授
　　王伍仁——中国建筑工程总公司审计与监事局局长、教授级高工
　　王奎礼——对外贸易经济合作部人事教育司副司长

王雪青——天津大学管理学院工程管理系系主任,教授
任　宏——重庆大学建设管理与房地产学院院长,教授
刘允延——北京建筑工程学院管理工程系副教授
刘凤泰——教育部高等教育司副司长
朱宏亮——清华大学土木水利学院建设管理系教授,律师
朱象清——中国建筑工业出版社原总编辑,编审
汤礼智——中国冶金建设总公司原副总经理、总工程师,教授级高工
吴　燕——教育部高等教育司财经政法与管理教育处调研员
张文敏——中国国际经济合作学会副会长兼秘书长
张守健——哈尔滨工业大学管理学院教授
张鸿文——中国港湾建设(集团)总公司海外事业部副总经理,高工
李启明——东南大学土木工程学院教授
李荣民——中国对外承包工程商会会长
邱德亚——对外贸易经济合作部对外援助司司长
陆大同——中国土木工程公司原总工程师,教授级高工
陈　健——对外贸易经济合作部国外经济合作司司长
陈建国——同济大学经济管理学院工程管理系主任,副教授
范运林——天津大学管理学院,教授
姚　兵——建设部原总工程师,中国土木工程学会常务副理事长
赵　琦——建设部人事教育司高教处处长,工程师
徐鹏飞——中国国际工程咨询协会会长
郭宏儒——中国国际经济合作学会会长
梁　镒——中国水利电力对外公司原副总经理,教授级高工
傅自应——对外贸易经济合作部计划财务司司长
雷胜强——中国交远国际经济技术合作公司,高工
潘　文——中国公路桥梁建设总公司原总工程师,教授级高工
戴庆高——中国国际工程咨询公司原培训部主任

秘书(按姓氏笔画排列)
吕文学——天津大学管理学院工程管理系副教授
朱首明——中国建筑工业出版社编审

国际工程管理教学丛书第一届编写委员会成员名单

主任委员
    王西陶　中国国际经济合作学会会长

副主任委员（按姓氏笔画排列）
    朱传礼　国家教育委员会高等教育司副司长
    陈永才　对外贸易经济合作部国外经济合作司原司长
          中国对外承包工程商会会长
          中国国际工程咨询协会会长
    何伯森　天津大学管理工程系原系主任，教授（常务副主任委员）
    姚　兵　建设部建筑业司、建设监理司司长
    施何求　对外贸易经济合作部国外经济合作司司长

委员（按姓氏笔画排列）
    于俊年　对外经济贸易大学国际经济合作系主任，教授
    王世文　中国水利电力对外公司原副总经理，教授级高工
    王伍仁　中国建筑工程总公司海外业务部副总经理，高工
    王西陶　中国国际经济合作学会会长
    王硕豪　中国水利电力对外公司总经理，高级会计师，国家级专家
    王燕民　中国建筑工程总公司培训中心副主任，高工
    刘允延　北京建筑工程学院土木系副教授
    汤礼智　中国冶金建设总公司原副总经理、总工程师，教授级高工
    朱传礼　国家教育委员会高等教育司副司长
    朱宏亮　清华大学土木工程系教授，律师
    朱象清　中国建筑工业出版社总编辑，编审
    陆大同　中国土木工程公司原总工程师，教授级高工
    杜　训　全国高等学校建筑与房地产管理学科专业指导委员会副主任，
          东南大学教授

陈永才　对外贸易经济合作部国外经济合作司原司长
　　　　中国对外承包工程商会会长
　　　　中国国际工程咨询协会会长
何伯森　天津大学管理工程系原系主任，教授
吴　燕　国家教育委员会高等教育司综合改革处副处长
张守健　哈尔滨建筑大学管理工程系教授
张远林　重庆建筑大学副校长，副教授
张鸿文　中国港湾建设总公司海外本部综合部副主任，高工
范运林　天津大学管理学院国际工程管理系主任，教授
姚　兵　建设部建筑业司、建设监理司司长
赵　琦　建设部人事教育劳动司高教处副处长，工程师
黄如宝　上海城市建设学院国际工程营造与估价系副教授，博士
梁　镔　中国水利电力对外公司原副总经理，教授级高工
程　坚　对外贸易经济合作部人事教育劳动司学校教育处副处长
雷胜强　中国交远国际经济技术合作公司工程、劳务部经理，高工
潘　文　中国公路桥梁建设总公司原总工程师，教授级高工
戴庆高　中国国际工程咨询公司培训中心主任，高级经济师

秘书（按姓氏笔画排列）

吕文学　天津大学管理学院国际工程管理系讲师
朱首明　中国建筑工业出版社副编审
李长燕　天津大学管理学院国际工程管理系副系主任，副教授
董继峰　中国对外承包工程商会对外联络处国际商务师

修订版序

商务部副部长　陈　健

对外承包工程与设计咨询，是伴随着改革开放而发展起来的新兴事业。三十余年来，此项事业从无到有，从小到大，已成为我国实施"走出去"战略的重要内容。特别是近年来，我国企业积极参与国际工程领域的竞争与合作，国际竞争力不断提高，影响力日益增强，已成为国际工程市场上的一支重要力量。

为适应我国对外承包工程与设计咨询快速发展对通晓国际工程管理理论、熟悉国际工程管理惯例的复合型人才的需求，1996~2001年间，有关商会、协会和高校共同组织编写并出版了《国际工程管理教学丛书》（共20本）。该丛书全面系统地阐述了国际工程管理的理论与实际，填补了当时我国国际工程管理学科建设没有系统化教材的空白，对我国有关大学的教学工作和相关企业的人才培养起到了重要作用，受到行业的好评和国家相关部门的表扬。为使该套丛书内容更加丰富完善，更能适应国际工程市场的最新发展变化，编委会再次组织力量对《丛书》进行了修订。修订后的《国际工程管理系列丛书》，既保留了原《丛书》中的大部分经典专著，又收录了国际工程管理领域的新著；既吸收了最新的国际工程管理研究成果，又总结阐述了我国企业多年实践的经验教训，相信能为国际工程管理领域的研究人员和从业人员提供有益参考。

在此，我谨祝《国际工程管理系列丛书》越办越好，不断有更新更好的著作推出。

2010年4月

序

对外贸易经济合作部部长　吴　仪

  欣闻由有关部委的单位、学会、商会、高校和对外公司组成的编委会编写的"国际工程管理教学丛书"即将出版，我很高兴向广大读者推荐这套教学丛书。这套教学丛书体例完整、内容丰富，相信它的出版能对国际工程咨询和承包的教学、研究、学习与实务工作有所裨益。

  对外承包工程与劳务合作是我国对外经济贸易事业的重要组成部分。改革开放以来，这项事业从无到有、从小到大，有了很大发展。特别是近些年贯彻"一业为主，多种经营"和"实业化、集团化、国际化"的方针以来，我国相当一部分从事国际工程承包与劳务合作的公司在国际市场上站稳了脚跟，对外承包工程与劳务合作步入了良性循环的发展轨道。截止到 1995 年底，我国从事国际工程承包、劳务合作和国际工程咨询的公司已有 578 家，先后在 157 个国家和地区开展业务，累计签订合同金额达 500.6 亿美元，完成营业额 321.4 亿美元，派出劳务人员共计 110.4 万人次。在亚洲与非洲市场，我国承包公司已成为一支有较强竞争能力的队伍，部分公司陆续获得一些大型、超大型项目的总包权，承揽项目的技术含量不断提高。1995 年，我国有 23 家公司被列入美国《工程新闻记录》杂志评出的国际最大 225 家承包商，并有 2 家设计院首次被列入国际最大 200 家咨询公司。但是，从我国现代化建设和对外经济贸易发展的需要来看，对外承包工程的发展尚显不足。一是总体实力还不太强，在融资能力、管理水平、技术水平、企业规模、市场占有率等方面，与国际大承包商相比有明显的差距。如，1995 年入选国际最大 225 家承包商行列的 23 家中国公司的总营业额为 30.07 亿美元，仅占这 225 家最大承包商总营业额的 3.25%；二是我国的承包市场过分集中于亚非地区，不利于我国国际工程咨询和承包事业的长远发展；三是国际工程承包和劳务市场竞争日趋激烈，对咨询公司、承包公司的技术水平、管理水平提出了更高的要求，而我国一些大公司的内部运行机制尚不适应国际市场激烈竞争的要求。

  商业竞争说到底是人才竞争，国际工程咨询和承包行业也不例外。只有下大力气，培养出更多的优秀人才，特别是外向型、复合型、开拓型管理人才，才能从根本上提高我国公司的素质和竞争力。为此，我们既要对现有从事国际工程承包工作的人员继续进行教育和提高，也要抓紧培养这方面的后备力量。经国家教委批准，1993 年，天津大学首先设立了国际工程管理专业，目前已有近 10 所高校采用不同形式培养国际工程管理人才，但该领域始终没有一套比较系统的教材。令人高兴的是，最近由该编委会组织编写的这套"国际工程管理教学丛书"填补了这一空白。这套教学丛书总结了我国十几年国际工程承包的经验，反映了该领域的国际最新管理水平，内容丰富，系统性强，适应面广。

  我相信，这套教学丛书的出版将对我国国际工程管理人才的培养起到重要的促进作用。有了雄厚的人才基础，我国国际工程承包事业必将日新月异，更快地发展。

1996 年 6 月

前　言

物资作为国际工程承包项目重要的物质基础，是实现项目的三大控制并获得预期收益的根本。物资采购工作的好坏直接影响物资项目的成本、进度与质量，是国际工程项目的主要控制点之一，也是项目实施的重要组成部分。与国内工程相比，国际工程项目货物采购由于其项目环境不同，既具有工程采购的一般特点，又有其特殊性，同时还面临着更多的风险。这就要求更多国际工程承包商认真研究承包合同要求、市场特点，根据项目承包的性质、特点、市场环境及风险，设计采购流程、控制采购过程，达到采购收益的最大化。同时也要求国际工程项目货物采购人员不仅具有工程项目货物采购的一般技能，同时还必须具有较丰富的国际商务知识和分析、处理国际采购业务问题的能力。

国际工程项目货物采购既涉及工程项目管理的内容，也涉及国际贸易、国际商务、国际金融、国际商法、国际物流、供应商管理等方面的内容，有其自身特点和运行规律，是融工程项目管理、国际商务等各相关领域于一体的新型学科。与国际工程项目管理相比，目前对国际工程项目货物采购管理领域的研究内容相对较少，多数与采购有关的书籍仅涉及一般制造业和商业采购，其内容和一般经济分析不能涵盖国际工程项目货物采购。本书以国际工程项目管理为基础，以项目货物采购业务流程为主线，向读者介绍构成国际工程项目货物采购/供应管理的基础、原则和做法，并对国际工程项目货物采购的基本作业流程提供实务性的解释和分析，帮助读者了解科学的采购流程、明确采购内容、熟悉采购作业、掌握采购方法，建立科学的采购管理制度。

本书由天津大学鹿丽宁、王秀芹执笔。第6章由王秀芹执笔，第9章由鹿丽宁、王秀芹执笔。其余各章由鹿丽宁执笔。本书在撰写过程中参阅了国内外大量文献和著作，汇集了众多国际工程项目货物采购工作者的实践经验，在此向所有著作者表示感谢，同时感谢所有从事国际工程项目货物采购的实际工作者提供的宝贵经验。作者在编写本书过程中得到了天津大学何伯森教授的悉心指导和帮助，他提供了很好的建议和无私帮助；同时感谢天津大学张水波教授、陈勇强教授的督促与鼓励，使得本书三易其稿，最终得以完成，在此表示衷心感谢。还要感谢曾参与本书资料收集、文字整理的天津大学学生宋毅、庄艳红、赵佳、白羽、赵宇、张雯、曾令锐、张杨冰等。

本书可供从事国际工程项目管理的人员、国际工程项目货物采购的工作者、国际工程管理专业的学生、培训人员学习、参考使用。

限于作者的知识、认知和实践经验的不足，书中难免有不妥之处，衷心希望广大读者提出宝贵意见。作者在此预致谢意。读者可发邮件至：lulining123@163.com。

目 录

第1章 国际工程项目货物采购概述 1
第1节 国际工程项目货物采购的特点 1
第2节 不同承包合同条件下的国际工程货物采购 7
第3节 与国际工程项目货物采购有关的法律、国际公约和国际惯例 13

第2章 国际工程项目货物采购的组织和职责 22
第1节 采购部的地位和组织形式 22
第2节 采购部的职责范围 32
第3节 国际工程项目货物采购的基本流程 34
第4节 采购部与项目部内部各部门的接口关系 37
第5节 采购部与项目部外部有关部门/机构的接口关系 41
第6节 采购工程师的职责与素质要求 46

第3章 国际工程项目货物采购的前期准备工作 50
第1节 国际工程项目货物供应市场分析 50
第2节 国际工程项目货物采购清单分析 55
第3节 国际工程项目货物采购方式分析 57
第4节 国际工程项目货物采购策略分析 67
第5节 国际工程项目货物采购询价 80
第6节 国际工程项目货物采购的商务谈判 83
第7节 国际工程项目货物采购的跨文化准备 89
案例3-1 ABC分析法在中国石油海外企业当地采购的应用 99

第4章 国际工程项目货物采购的质量控制 103
第1节 国际工程项目货物采购质量控制体系与工作范围 103
第2节 采购文件与采购合同的编制 107
第3节 供应商质量保证能力控制 117

第4节	材料、设备检验	123
第5节	设备采购的质量控制	127
第6节	货物采购质量控制文件	137

第5章 国际工程项目货物采购进度控制 139

第1节	国际工程项目货物采购计划	139
第2节	采购进度计划	145
第3节	国际工程项目货物采购进度控制	149
第4节	工程项目货物采购计划控制的软件技术	153
第5节	国际工程项目货物采购接口管理	156
第6节	国际工程项目货物采购交货期管理	161
第7节	国际工程项目设备采购的进度控制	166
案例5-1	EPC合同模式下核岛设计采购进度控制	170

第6章 国际工程项目货物采购成本控制 178

第1节	国际工程项目货物采购成本分析	178
第2节	国际工程项目货物采购成本控制体系	182
第3节	国际工程项目货物采购直接成本控制	188
第4节	国际工程项目货物采购间接成本控制	198
第5节	国际工程项目货物采购外汇风险管理	202

第7章 国际工程项目供应商管理 207

第1节	国际工程项目货物采购供应商选择	207
第2节	供应商关系管理	212
第3节	供应商激励机制	223
第4节	与供应商管理有关的信息技术	225

第8章 国际工程项目货物采购的交货条件 227

第1节	国际工程项目货物采购的价格条件	227
第2节	国际工程项目货物采购中常用贸易术语	230
第3节	其他贸易术语	248
第4节	贸易术语与采购合同各条款的关系	249
第5节	贸易术语的选择	252

第9章 国际工程项目货物采购结算 — 255
- 第1节 国际工程项目货物采购的支付工具 — 255
- 第2节 国际工程项目货物采购的非信用证支付方式 — 257
- 第3节 国际工程项目货物采购的信用证支付方式 — 260
- 第4节 银行保函 — 266
- 第5节 国际工程项目货物采购支付方式的选择 — 270
- 附录9-1 跟单信用证实例 — 275

第10章 国际工程项目物流 — 277
- 第1节 国际工程项目物流概述 — 277
- 第2节 国际工程项目货物运输 — 281
- 第3节 国际工程项目货物运输保险 — 294
- 第4节 国际工程项目货物进出口通关 — 304
- 第5节 国际工程项目货物进出口检验 — 321
- 第6节 国际工程项目出口货物外汇核销与出口退税 — 324

第11章 国际工程项目货物采购单证工作 — 329
- 第1节 单证在国际工程项目货物采购中的作用及基本工作要求 — 329
- 第2节 出口货物单据 — 331
- 第3节 进口货物单据 — 358
- 附录11-1 出境货物报检单样本 — 362
- 附录11-2 海运提单（COSCO样本） — 363
- 附录11-3 海洋运输货物保险单（平安保险公司原始样本） — 364
- 附录11-4 原产地证明书（原始样本） — 365

第12章 国际工程项目货物采购的违约救济与索赔 — 366
- 第1节 违约救济与索赔概述 — 366
- 第2节 国际工程项目工程索赔 — 369
- 第3节 国际工程项目货物采购商业索赔 — 377
- 第4节 国际工程项目货物运输索赔 — 386
- 第5节 国际工程项目货物运输保险索赔 — 391
- 案例12-1 国际工程EPC合同永久设备进口索赔案 — 396

第13章 国际工程项目货物采购争议的解决方式 　　401

第1节　国际工程项目货物采购合同争议　　401
第2节　协商与调解　　402
第3节　国际商事仲裁　　406
第4节　国际民商事诉讼　　413
第5节　替代性争议解决方式　　417
第6节　FIDIC条件下争议案的DAB解决方式　　421
第7节　争议解决方式的选择　　423
案例13-1　毛里求斯扬水干管争议案　　425

第14章 国际工程项目货物采购风险管理　　429

第1节　国际工程项目货物采购风险管理概述　　429
第2节　国际工程项目货物采购风险识别　　433
第3节　国际工程项目货物采购风险的分析与评价　　440
第4节　国际工程项目货物采购风险管理对策与措施　　443

第15章 国际工程项目货物采购合同管理　　452

第1节　国际工程项目货物采购合同管理概述　　452
第2节　国际工程项目货物采购合同管理体系　　453
第3节　国际工程项目货物采购合同　　455
第4节　国际工程项目货物采购合同管理　　465
第5节　国际工程项目货物采购合同档案管理　　475
附录15-1　设备采购合同样本　　477
附录15-2　货物进出口通用合同条件（联合国）　　493

第16章 国际工程项目货物采购绩效评价　　500

第1节　采购绩效评价的基本内容　　500
第2节　采购部工作绩效评价　　507
第3节　采购工程师工作绩效评价　　511
第4节　供应商绩效评价　　513

第17章 ERP系统条件下国际工程项目货物采购　　521

　　第1节　ERP系统在承包商企业的应用　　521
　　第2节　ERP系统条件下的国际工程项目货物采购　　525
　　第3节　ERP系统条件下承包商企业电子商务与协同商务　　534
　　案例17-1　中国石化物资采购电子商务系统　　544

主要参考文献　　548

第 1 章　国际工程项目货物采购概述

> 物资作为国际工程承包项目重要的物质基础，是实现项目的三大控制，并获得预期收益的根本。国际工程货物采购由于其项目环境不同，与国内工程相比，其既具有工程采购的普遍性，又有其特殊性，同时还面临着巨大的风险。这就要求承包商认真地研究承包合同要求、市场特点，根据项目承包的性质、特点、市场环境及风险，设计采购流程，控制采购过程，达到采购收益的最大化。

第 1 节　国际工程项目货物采购的特点

一、概念

1. 国际工程项目货物采购

国际工程项目货物采购是一种货物买卖的商业行为，是指承包合同中承担供货的一方（买方/采购方）通过招标、询价等形式选择合格的供应商（卖方、供应方），购买工程项目建设所需要的材料、设备等物资以及相关服务的过程，即采购方付出对价，使货物所有权向己方转移的过程。

2. 物资/货物

国际工程项目物资是工程所需全部物资的总称，通常包括构成工程永久部分的各种工程材料、设备、临时工程用料、施工机具及维修备件、施工用料、工程所需机电设备以及其他辅助生活、办公和试验设备等。

国际货物买卖中，采购方付出对价的标的是其工程所需物资及随附服务，交易的标的物即为货物，国际工程项目物资采购也即为国际工程项目货物采购。

3. 工程物流

工程物流有广义和狭义之分，本书所述物流为狭义物流，是指为满足工程需要，所需物资以及相关信息从生产、储存等地向工程物资使用地流动的过程，以及为使流动、保管能有效、低成本地进行而从事的计划、实施和控制的过程。

4. 业主

业主是工程项目的产权所有者、工程项目的提出者、组织论证立项者，是投资等重要事项的决策者，是筹集资金、组织项目实施、项目生产、经营和偿还债务等的当事人。按项目投资来源不同，业主机构可以是公共部门，也可以是私营企业。

5. 承包商

承包商是指承担工程项目施工及设备采购，或是向业主提供项目前期咨询、设计、设备和材料采购、施工与安装、移交等贯穿项目全过程服务的公司、个人或若干个公司的联营体。如果由一家公司与业主签订将整个工程或其中一个阶段的工作全部承包下来的合同，则成为总承包商，如 DB 总承包商、EPC 总承包商。

6. 供应商（卖方/供应方）

国际工程项目货物采购供应商可分为物资供应商、物流服务供应商和采购服务供应商三类。

物资供应商是指为工程实施提供工程设备、材料和施工机械的公司或个人。物资供应商一般不参与工程的施工，但是如果设备安装要求比较高，一些设备供应商（有时称为制造商、生产商）往往既承担供货，又承担安装和调试工作。供应商既可以与业主直接签订供货合同，也可以与承包商或分包商签订供货合同。

物流服务供应商是指向承包商提供工程物资的集港、运输、储存、配送等服务的公司或组织。物流服务供应商一般还可提供办理运输保险、报检报验、通关等项服务。

采购服务供应商是指向承包商提供货物采购服务以及相关事务的第三方组织。

7. 咨询工程师

咨询工程师一般指为委托人提供有偿技术服务或管理服务，对某一工程项目实施全方位的检查、监督和协调工作的专业工程师。

8. 采购方（买方）

指付出对价，使货物所有权向己方转移的一方。承包商、业主均可是物资采购合同中的采购方（买方）。

9. 代理

指代理人按照委托人的授权，代表委托人从事授权范围内的法律行为，由此而产生的权利和义务直接对委托人发生效力，即代理人以委托人的名义，在代理权限内与第三人的法律行为。

代理包括独家代理和一般代理。与国际工程项目货物采购有关的代理人有采购代理、货物运输代理和清关代理。

采购代理是代理人在委托人授权的范围内行事（如为采购方推荐供应商，或与其达成交易），并提取约定比例的佣金而不承担交易的盈亏和交易风险和费用，不垫付资金。

货运代理是根据委托人的指示，为委托人的利益而揽取货物的人，其本人并非承运人。货运代理也可以从事与运送合同货物有关的活动，如储货、报关、验收、收款。

清关代理是根据委托人的指示，为委托人的利益向海关办理货物进出口清关以及与此有关的事宜，并收取佣金。

二、货物采购在国际工程承包项目中的重要性

国际工程项目货物采购是工程所需物资的采购。工程项目的建设过程是各种材料、机械、设备的消耗过程。材料、设备既是满足业主项目需求的物质技术基础，也是承包商施工生产过程的物质基础。工程设计的方案和结果最终要通过采购来实现，采购过程中发生的成本、采购的材料、设备的质量最终影响设计的实现和实现程度，土建、安装的物质基础亦是通过采购实现的。因此，物资采购在工程项目中起着承上启下的核心作用。采购工作的好坏直接影响工程的成本、进度与质量，是国际工程项目的主要控制点之一。

货物采购的重要性首先表现在它在项目三大控制中的价值地位，是项目成本控制的主体和核心部分。在工程项目成本构成中，材料、设备采购成本占项目总成本的比例随项目的性质、特点、承包范围以及项目所在国市场环境的不同而不同，大体在30%~70%，平均在40%以上。采购成本的有效控制可降低项目总成本中的直接费用，从而使工程总成本保持在一个合理水平。因此，有效采购能强化承包商企业的成本领先优势，提高其竞争能力。

由于工程项目的建设过程是各种材料、设备的消耗过程，并贯穿项目始终。任何一种材料、设备未能适时、适地、适量的供应都会造成项目的停工待料，导致工期延误。因此采购进度对工程进度会产生直接影响。此外，对于承包商的最终建设产品而言，在设计水平完好条件下，最终产品的质量除了取决于承包商的施工生产质量与工艺水平，在很大程度上亦取决于承包商在生产过程中消耗，安装在该产品上的材料、设备的质量。可见，采购的质量对工程项目的最终质量会产生重大影响。为使工程项目不间断地进行，就必须不间断地进行材料、设备的适时、适地、按质、按量以及成套齐备地供应。

所谓适时，就是按照工程计划规定的时间通过采购提供各种材料、设备。供应时间过早，会增大仓库和施工场地的使用面积，同时导致资金的占压；供应时间过晚则会造成停工待料，影响工程进度。

所谓适地，是指按照规定的地点提供材料、设备，并尽可能减少采购半径。对于大中型的工程项目，由于单项工程多，施工场地范围大，如果卸货地点不当，则会造

成二次搬运，导致工程成本的增加。

所谓按质按量，是指按照合同技术规范规定的质量标准供应材料、设备，避免高于质量标准导致工程费用的增加，而低于质量标准则又会降低工程质量。按量是指按工程的实际需要量采购，避免出现停工待料和占用流动资金的情况。

当前全球建筑业普遍面临的问题是低效益，低产出，超预算，超进度。调查表明，该情况一定程度上归咎于材料、设备的未能及时齐备的采购供应，以及采购质量问题和价格的超预算。国际工程项目物质基础的问题处理不好，项目的三大控制就是一句空话，利润就更无从谈起。我国国际工程承包商经过近十几年的努力，在市场份额、工程类别、承包方式、施工质量、工程管理等方面都有长足的发展，取得了一定的经济效益。但也面临着利润率不高，效益低下的问题。这其中有管理方面的原因，有技术上的原因，也有观念上的原因。我国承包商比较重视工程技术方面的问题，对可能导致降低工程造价，保证工期和质量的采购问题缺乏足够的重视，将材料、设备采购置于后勤保障的地位。同时，我国承包商企业在装备密集型、技术密集型的国际工程项目中往往还是配合外国工程公司做一些辅助性工作或分包少量工程，这除了不掌握专有工艺技术外，工程建设的采购系统落后也是重要的原因之一。

目前，我国在国际建筑市场上的发展势头良好，除市场份额扩大外，承包形式和工程类别也发生了深刻的变化，正在从原来技术含量低的土建工程承包逐步向技术含量高，综合能力强的总承包方式发展，这对承包商的材料、设备采购能力也提出了更高的要求。

三、国际工程项目货物采购的特点

工程物资采购与一般工业采购和商业采购存在明显差异和不可替代性。其他行业物资采购的很多方法和经济分析工具对于工程物资采购不适用。工程材料、设备采购必须在一定的约束条件下进行，否则一旦停工待料，损失巨大。

国际工程项目货物采购与国内工程项目货物采购相比较，由于承包合同的性质、方式、采购的外部环境等因素存在一定的差异，涉及的问题也有所不同，除具有工程货物采购的一般特点外，还具有国际工程项目货物采购的特殊性。

1. 工程项目货物采购的一般特点

（1）工程项目货物采购不以采购标的的再出售为目的。工程项目货物采购不以采购标的的再出售为目的，其盈利目标是通过实施项目来实现的。

（2）建筑产品的单件性和采购标的多样性和多变性。即使设计相同，采购材料、设备相同，但新的现场环境和不同业主的要求，其采购流程、作业和供应商都各有不用。此外，建筑材料品种规格繁多，近2000多个品种，30000多个规格。如承建一座大型发电厂，在若干年内可能需要大约数万种不同类型和规格的材料及多种设备。

（3）采购成本在工程总成本中占有较高的比例。

(4) 采购的不均衡性。由于工程项目不同施工阶段的材料消耗不同，以及受季节性影响，使得采购在工程实施过程中呈现不均衡性，出现采购高峰和低谷现象。同时，对一个完整的建筑安装工程而言，工程材料、设备的进场顺序往往遵循一定的规律，在不同的施工阶段具有不同的控制重点。

(5) 工程项目不确定因素的影响。工程项目不确定因素经常导致采购实际进度与采购计划的偏离，即便非常精细地预测，也无法排除图纸变动、设计变更、突发事件以及自然条件等很多特殊情况的发生。如由于设计的不充分，导致设计变更，继而引发的施工进度变化可能会导致材料、设备采购计划的重新安排，或不得不实施零星采购、紧急采购、重复采购等。

(6) 承包商自主性有限。工程材料、设备采购受工程设计、技术规范等因素的制约，承包商没有多少自主性。

(7) 工程项目局部的系统性和整体的局部性增加了采购系统运作的复杂性。物资采购工作是一项牵扯到工程建设方方面面的系统工程，工程的复杂性决定了物资采购系统的复杂性。

(8) 工程项目货物采购具有明显的社会性，涉及众多不同的部门与环节。每一部门的延误都可能导致采购进度的逾期，从而造成工期落后。同时每一采购环节的失误都可能给工程带来重大损失。

(9) 工程项目材料、设备总采购周期长。

(10) 工程项目目标呈多元化特征，质量、成本、进度、安全等目标缺一不可。众多目标之间相互争夺资源，彼此矛盾，给物资采购管理带来较大的难度。

(11) 作为物资采购主体的业主、承包商和供应商，其利益往往相互矛盾，比如，业主的质量目标与承包商和供应商的利润目标可能会产生矛盾；承包商的进度目标与供应商的市场目标产生矛盾。因此，在项目周期内，业主、承包商、供应商会不断陷入进度、质量、成本的矛盾与冲突中。而物资采购过程就是一个不断解决与平衡各方矛盾的过程。

2. 国际工程项目货物采购的特殊性

国际工程材料、设备采购是一个复杂的系统工程。其复杂性一方面表现在采购与工程的高度关联性，表现在它与工程进度、质量、成本的密不可分，另一方面表现在采购过程中与业主、国内外供应商、项目东道国、承包商所在国，以及供应商所在国家方方面面的众多当事人之间错综复杂的关系。

目前我国国际工程项目承包市场主要集中在非洲、中东、南亚等经济落后，或正处于恢复和上升阶段的国家和地区。国际工程项目货物采购的实现分别为当地采购、第三国采购或者是国内物资的出口（又称"承包出口"）。中东、海湾国家的工程较多地使用英美标准，其采购的实现大部分是通过第三国和当地采购完成。在经济落后的非洲国家，工程材料、设备部分依靠承包商从国内出口和当地材料的采购。

而在市场经济不很发达的亚洲国家，除去一些小的紧急采购须从当地市场解决以外，工程需要的大量材料和施工机械设备往往都需要从项目所在国以外的国际市场进行采购。

国际工程项目货物采购面对的是一个严格的主合同约束条件，陌生的市场，陌生的生产、政治、经济、文化和商业环境，以及不同的法律制度，这种采购环境的特殊性导致了国际工程项目货物采购的特殊性。其特殊性主要表现在以下几个方面：

(1) 项目东道国工程物资生产状况和供应能力制约了材料、设备采购的范围

国际工程项目的材料、设备进口比例一般都在采购总金额的50%以上。其中承包项目的关键设备主要依靠进口。

(2) 技术规范要求严格，技术标准多样化

在国际工程承包项目中，业主对材料、设备的技术要求、质量标准、原产地等在招标文件中已经做出具体规定，承包商不得任意变更。由于材料、设备的采购依据都是经过流程计算和单元设计后所形成的技术规范，因此，主要材料、设备都是定制的。即便是一些相对通用的仪控和电气，其本身的技术标准也都非常严格，因此，合格的供应商数量有限，主要集中在少数几个技术先进的国家。此外，同一工程中的同类材料、设备可能出现不同版本的标准，或者某些材料、设备的工程设计有意采用某些独家生产的产品或指定供货商，由此可能增加采购成本与时间。同时，技术规范可能要求承包商使用不同于国内的施工工艺，实际用料规律也与国内有很大差别，导致采购量和工程成本的增加。

(3) 采购程序，制度复杂

物资采购是国际工程承包项目的业务活动之一，同时又涉及不同国家间的货物进出口，因此程序多，手续复杂。如在FIDIC条件下，除受采购程序制约外，采购过程受到咨询工程师的全程监督，如采购样品的审报批制、第三方检验制、装船前检验制等要求材料、设备采购的运作流程必须严谨、精细。如果是设备临时进口，还要办理临时进口保函，以及工程结束后的设备复运出口、保函的收回。对于免税项目，则要办理临时进口税收保函。所有这些程序中的每一步骤都涉及申报与审批，关卡重叠，手续烦琐，稍有失误，就有可能使工程进度、质量和成本受到影响。

(4) 资金供应

国际工程项目的资金供应不同于国内项目，需要承包商仔细筹划，认真运作。国际工程承包项目材料、设备采购具有集中性、批量大、时效强的特点，且绝大多数项目东道国材料、设备采购要求采用信用证支付，而承包商资金来源又受到业主资金供应方式，承包商筹资条件的制约。采购高峰期大量资金用于开立信用证，甚至在大额度采购时要求全额滚动式信用证，可能导致承包商资金账户流动资金的占用，加大了合同执行成本。因此，要求承包商在项目执行前期，对资金缺口作出恰当安排，精心计划资金运作。

(5) 项目东道国市场环境

物资采购的实施和绩效与项目东道国宏观环境密切相关。当地及国际市场的价格变化、外汇制度、汇率变动趋势、当地资源的供应以及获得方式、通货膨胀率及其趋势、商业习惯、民俗、宗教文化、安全条例、海关制度、税务制度、法律制度、货物进出口的检验制度以及供应商与业主及政府机构千丝万缕的联系等都会对采购产生重大影响。

(6) 采购半径大

我国国际工程承包项目主要分布在经济欠发达国家，其项目类型目前仍以公路、桥梁、水利、化工等基础性设施为主。项目一般地处边远地区，加大了承包商的采购半径和运输成本。

(7) 信息不对称

信息不对称是承包商国际工程项目货物采购经常遇到的问题。承包商在项目所在国，第三国与采购有关的当事人、机构在经济交往时经常发生信息不对称的情况。如与供货商之间的信息不对称，与业主、咨询工程师之间的信息不对称，与物流、海关、商检、保险、货代等之间的信息不对称，与银行、环保、税务甚至东道国政府机构等之间的信息不对称，都会使承包商在国际工程项目货物采购业务活动中面临高风险和高不确定性。

(8) 运输

运输是国际工程项目货物采购的瓶颈之一，尤其是国际运输，班轮的周期性、租船运输的高运价等是承包商所不能控制的。操作稍有不当，或考虑不周都会严重影响工程进度，增加工程成本。

(9) 隐性成本较高

国际工程项目货物采购的隐性成本经常表现为采购的进度成本，即承包商为尽快完成采购作业向供应商以外的、与采购有关的各当事人支付采购成本外的费用。这些费用的支付与否可能对采购进度产生直接影响。这类第三方费用在工程实施过程中常常远高于投标时的估算值。

(10) 国际工程项目所面临的不确定因素更多

国际市场价格浮动趋势和工程进度计划、物资到场时间要求的冲突，汇率变动趋势可能与资金周转的有效利用发生矛盾等。

(11) 国际工程项目货物采购的双重合同制约

承包商作为国际工程项目货物的采购方是按照承包合同规定的原则、质量与进度要求而订立与供应商的购货合同。因此，当发生采购失误事件时，采购方可能既要承担由于采购失误而造成的承包合同违约责任，又要承担对供应商的违约责任。

第2节 不同承包合同条件下的国际工程货物采购

国际工程项目物资供应的一般模式为业主提供物资、承包商供应物资和分包商供应物资。从目前来看，承包商采购物资居主导地位。我国鼓励以承包工程带动材料、设备出口，一般材料、设备均由国内采购。但如果设计中指定的工程材料、设备国内不生产，或虽生产但不能满足工程需要；或工程所需材料、设备属国家紧缺、控制出口的范围，或有些材料、设备，国内虽可供应，但运距远、运费高、运输时间长，从经济角度不合算，或业主规定材料、设备的原产地或指定供应商等原因，承包商须在当地采购或从第三国采购。

国际工程项目材料、设备采购还取决于项目管理与承包模式。

一、国际工程项目管理与承包模式

目前国际工程承包市场上的项目管理与承包模式主要有以下几种：

1. DBB 模式（Design-Bid-Build，设计－招标－建造）

即设计－招标－建造模式。该模式在国际上较为通用，是世行、亚行贷款项目及以国际咨询工程师联合会（FIDIC）合同条件为依据的项目经常采用的模式。其特点是强调工程项目的实施必须按照设计－招标－建造的顺序方式进行，只有一个阶段结束后另一个阶段才能开始。在该模式下，业主委托咨询顾问进行前期的可行性研究等各项有关工作，项目评估立项后，再委托设计公司进行项目的设计，设计基本完成后编制施工招标文件，随后通过招标选择施工承包商。业主和施工承包商签订工程施工合同，同时选择一家项目管理或咨询公司作为其咨询工程师（本书以后简称"咨询工程师"），授权工程师代表业主管理施工承包商，负责有关的项目管理和协调工作。

2. DB 模式（Design－Build，设计－建造）

DB（Design－Build，设计－建造）模式下，业主首先聘用一家专业咨询公司为其研究拟建项目的基本要求，在项目的原则确定之后，业主只需通过招标选定一家公司（DB 总承包商）负责项目的设计和建造等后续工作。这种模式常以总价合同为基础。DB 总承包商经业主同意可以选择设计和其他分包商，也可以利用自身设计和施工力量完成工程。

在 DB 模式下，DB 总承包商对整个项目负责，项目责任单一；由于设计与施工可以比较紧密地搭接，有利于在项目设计阶段预先考虑施工因素，从而可减少由于设计错误或疏忽引起的变更，也避免了设计和施工的矛盾；同时，在选定 DB 总承包商时，把设计方案的优劣作为主要的评标因素，可保证业主得到高质量的工程项目。在这种模式下，DB 总承包商可以对分包采用阶段发包方式，以缩短工期，因而项目可以提早投产；业主能节约管理费用，减少利息及价格上涨的影响，并可得到早期的成本保证，对项目总的造价做到心中有数。

3. EPC/交钥匙模式（Engineering－Procurement－Construction，设计—采购—建造）

EPC 为全过程总承包，由承包商承担项目的设计、采购和建造。即总承包商根据合同要求负责项目的前期策划，提出方案，待业主评估决策后进行设计、采购、施工、安装和调试，直至竣工移交的全套服务，业主重点进行竣工验收。EPC模式一般采用固定总价合同，不设工程师，由业主代表对项目直接管理，项目主要风险均由EPC总承包商承担。

二、不同承包合同条件下的国际工程项目货物采购

物资采购是国际工程承包项目的重要环节之一，任何一项工程承包合同都会在物资供应或采购方面作出相应的规定，明确承包商在物资供应或采购方面的责任、义务。认真研究合同内容，明确承包商在材料、设备供应方面的合同责任，是进行物资采购前的一项必要工作。

（一）DBB合同条件对材料、设备供应的规定

在DBB模式下，业主授权咨询工程师代表业主管理施工承包商，负责有关项目管理和协调工作。合同中并未具体规定承包商有关工程材料、设备的采购责任，而是对承包商材料、设备供应/提供的责任、范围、来源作出明确规定。材料、设备的提供/供应由施工承包商与供应商/分包商直接订立采购/供应合同并组织实施。承包商的采购全过程，如采购计划、供应商的选择、采购样品的审核、到场材料设备的检验、试验、业主对承包商采购款的支付等由业主授权的咨询工程师代表进行全程监督、管理。DBB模式中还会经常出现业主要求承包商在其指定名单中选择供应商情况。

DBB合同条件下，承包合同对材料、设备供应的一般规定（以FIDIC合同条件为例）如下：

1. 业主责任

（1）业主供应设备范围/清单和免费供应材料的范围/清单。

（2）业主应在合同规定的时间内提供业主设备，供承包商按照合同规定要求、安排和价格，在工程实施中使用。当承包商没有操作、驾驶、占用上述设备时，业主应对业主设备负责。

（3）对于业主根据合同规定"免费供应的材料"，业主应自担风险，按合同规定的时间和地点供应。在经承包商现场目测验收后，如发现短少、缺陷或缺项，业主应立即补足、替换等予以纠正。经承包商目测验收的材料，虽由承包商负责照管、监护和控制，但不解除业主对上述材料在承包商目测、验收时未能发现的短少或缺陷所承担的责任。

（4）业主应根据承包商的请求，在合同规定的时间内，给予承包商合理协助获得与合同有关的项目东道国法律文本；承包商材料设备进口、清关所需许可证和其他官方文件；工程竣工后，物资退场、出关等所需文件；以及承包合同规定应由业主协助提供的文件。

（5）业主人员有权对供应商供应的材料、设备进行检查。并对生产设备的制造进

度及材料的生产和加工进度进行审查。

（6）业主应在合同规定的时间内，以期中付款的方式，按合同规定比例向承包商支付符合承包合同规定要求的材料、设备采购款。

2. 承包商材料、设备供应责任

（1）承包商供应材料、设备的范围/清单。

（2）承包商应提供符合合同规定的生产设备、所有临时性或永久性的货物、消耗及其他物品和服务。

（3）承包商在选择供应商时，应经业主同意或选择业主指定供应商。

（4）承包商应按规定程序，自费向咨询工程师送审材料、设备的标准和合同规定的样品及相关资料，及遵照咨询工程师的指示作为变更的附加样品、供应商信息（如果合同有要求），并注明每件样品的原产地和在工程中的预期用处。

（5）业主人员对供应商供应的材料、设备进行检查时，承包商应为业主检查提供方便和机会。承包商供应的材料、设备在覆盖、隐蔽或包装前，应通知咨询工程师进行检查、检验、测量或试验。如承包商未能发出此类通知，在咨询工程师要求检查时，承包商应予以协助。

（6）当承包商操作、驾驶、指挥、占用或控制某项业主设备时，承包商应对该项设备负责，并按合同规定价格付款。

（7）咨询工程师在对材料、设备进行检查时，承包商应提供所需仪器、工具、装备、文件或其他资料，以及具有适当资质和经验的工作人员。在咨询工程师变更规定试验的位置或细节，或指示承包商进行附加试验时，如经检验，承包商供应的设备、材料不符合合同要求，承包商应承担变更费用。对于未通过检验的材料、设备，承包商应立即修复缺陷，并保证使被拒收项目符合合同规定。承包商应按照咨询工程师指示，在合同规定的合理时间内，将经检验不符合合同规定的材料、设备移出现场，并更换。如未能做到上述要求，承包商应向业主支付由此导致的费用。

（8）承包商应尽力正确使用适宜的运输工具和路线，防止任何道路或桥梁因承包商交通运输过程而受到破坏。

（9）承包商应在合同规定的时间内，将任何生产设备或每项其他主要货物运达现场的日期通知咨询工程师，并负责工程所需的所有货物和其他物品的包装、装货、运输、接收、卸货、存储和保护。承包商应保障业主免受因货物运输而引起的损害赔偿、损失和开支的伤害，并应协商和支付由于货物运输所引起的全部索赔。

（10）就材料、设备供应而言，承包商的月进度报告中应包括：设计、承包商文件、采购、制造、货物运达现场、施工、安装、试验、投产准备和试运行的每一阶段的进展情况的图标和说明；反映制造情况和现场进展情况的照片；关于每项主要生产设备和材料的生产制造商名称，制造地点，进度百分比，以及开始制造，承包商检验、试验、发货和运抵现场的预计日期和实际日期；材料的质量保证文件，试验结果及合格证的副本等。

（11）对于承包商提供的，已运往现场为永久工程用的材料、设备，承包商应向咨询工程师提交采购订单、运输单据及符合合同要求的证明文件，及将其运至现场的费用报表和单据，并证明承包商所供材料、设备：

1）符合投标文件中装运条件的规定；
2）已运至项目东道国或途中；
3）清洁装运单据以及保险费和运费支付证明；
4）合同规定格式的银行保函；
5）已在现场妥善保管的文件。

承包商提交上述单据和文件，并经审核符合要求后，可要求咨询工程师在期中付款证书中，按承包合同规定百分比支付材料、设备采购款。

（12）当工程师指示工程暂停时，如果生产设备的生产或生产设备和材料的交付被暂停到合同规定的时间，或承包商已按咨询工程师指示，标明此类生产设备和材料为业主财产时，承包商有权得到尚未运至现场的生产设备和材料的价值的付款。在咨询工程师发出复工许可指示后，承包商和咨询工程师应共同对受到暂停影响的工程、生产设备或材料进行检查。承包商应负责修复暂停期间发生在工程、生产设备或材料中的任何损蚀、缺陷或损失。

（13）由于生产设备、材料不符合合同要求，承包商应承担其修补缺陷的责任和费用。如果承包商未能在合理时间内修补缺陷或损失，则应在业主可确定的一个日期或不迟于该日期修补缺陷。

3. 咨询工程师责任

（1）咨询工程师对承包商所供生产设备和材料进行规定的试验。

（2）咨询工程师应在合同规定的时间内通知承包商其检验意图，若咨询工程师未在商定的时间内参加检验，承包商可自行检验，并该检验视为是在工程师在场情况下进行的。

（3）咨询工程师可以改变进行规定试验的位置或细节，或指示承包商进行附加试验。

（4）对于未通过检验的材料、设备，咨询工程师应以书面通知的方式拒收该材料、设备，并说明拒收理由。

（5）咨询工程师可要求进行第二次试验，该试验标准应按合同原条款和条件进行。

（6）对于拒收的材料、设备，咨询工程师应指示承包商将任何不符的材料、设备移出现场，并进行更换。

（7）对于承包商每月提交的期中付款证书申请及有关报表和证明文件进行审核后，向业主发出期中付款证书。

由上述合同规定可见,承包商在 DBB 模式下的材料、设备采购供应制约因素多、流程复杂、采购进度慢、作业成本高,同时也对承包商在采购供应过程中的内部接口和外部接口的管理提出了较高的要求。但其最大优势是承包商可部分收回采购款,有利于项目的资金周转。

(二) EPC 合同条件下的工程项目货物采购

在 EPC/交钥匙模式下,由总承包商负责工程项目的全部设计、采购和建造,并承担工程全部责任,业主不过多地干预承包商工作,其工作重点是项目的最终竣工验收。EPC 合同明确规定了承包商材料、设备采购的合同责任。为有效地参与竞争,总承包商一般将整个项目划分成若干相对独立的工作包,由不同的专业分包商负责各个工作包的设计、制造或提供材料、设备,并负责施工与安装。各分包商的工程材料、设备制造或供货、施工由总承包商协调。专业分包商须保证其分包部分的工程施工与其他分包商的工程在设计和管理上的准确衔接。施工用的设备和材料采购一般由专业分包商/供应商进行,但一些重要的大宗材料和设备须经总承包商确认或指定品牌及型号,或直接由总承包商全面负责采购管理,提供给专业分包商。因此,在 EPC/交钥匙模式下,承包商材料、设备的采购完全由总承包商根据业主的项目意图自担风险、自主进行组织实施。

1. EPC 合同条件下采购的一般规定

EPC 合同的规定一般包括采购总体责任、物资采购的进度和质量监控、业主方的采购协助与业主供材。

(1) 承包商采购总体责任

涉及采购责任的合同规定一般包括以下方面内容:除合同规定"业主供材"外,承包商应负责采购完成工程所需的一切物资;承包商应在项目组织机构中设置采购部,为采购工作提供完善的组织保障,负责工程物资采购的具体工作,以及与业主等相关部门的协调工作;负责物资采购运输路线的选择,当物资采购运输导致第三方提出索赔时,承包商应保障业主不会因此受到损失,并自行与索赔方谈判,支付有关索赔款;承包商应根据合同要求编制项目采购程序文件,并报送业主,以此作为监控承包商采购工作的依据。

承包商编制采购进度总计划应符合项目总体计划的要求,并对关键设备给予相应的特别关注;承包商应将即将启运的主设备情况及时通报业主,包括设备名称、启运地、装货港、卸货港、内陆运输、现场接收地等内容;对于约定的主要材料和设备,承包商的采购来源应仅限于合同确定的"供应商名单"以及业主批准的其他供应商;承包商应对采购过程的各个环节对供应商/厂家进行监督管理,包括:厂商选择、制造、催交、检验、装运、清关和现场接收;对于关键设备,承包商应采用驻厂监造方式控制质量和进度。

(2) 业主权利与责任

业主应根据承包商的请求，在合同规定的时间内，给予承包商合理协助获得与合同有关的项目东道国法律文本；承包商材料、设备进口、清关所需进口许可证和其他官方文件；工程竣工后，物资退场、出关等所需文件；以及承包合同规定应由业主协助提供的文件。

业主有权在合理时间内，对现场以及在制造地的设备和材料进行检查，包括制造进度检查、材料数量计量、工艺质量试验等。承包商在此过程中应予合理配合与协助；合同可以约定对采购的重要设备制造过程的各类检查和检验。当设备就绪可以进行检查和检验时，承包商应通知业主派员参加，业主应承担己方的各类费用，包括旅行和食宿。检查或检验后承包商应向业主提供检验报告；业主有权要求承包商向其提供无标价的供货合同供其查阅。

若EPC合同规定业主向承包商提供免费材料，则业主应自付费用，自担风险，在合同规定的时间将此类材料提供到指定地点；承包商在接收此类材料前应进行目测，若发现数量不足或质量缺陷等问题，应立即通知业主或业主代表，在收到通知后，业主应立即补足数量并更换有缺陷的材料；经承包商目测材料，并移交承包商后，承包商应开始履行看管责任；即使材料移交给承包商看管之后，但如果由于材料数量不足或质量缺陷不明显，目测不能发现，那么业主仍要为之负责。

在该模式下，总承包商采购与设计相融合，或称采购纳入设计程序，在进行设计工作的同时，也开展了采购工作；设计工作结束时，采购工作也基本结束，这样既可缩短采购周期，又可提高采购质量、降低工程成本。但是，由于材料、设备采购在工程项目中起承上启下的作用，对总承包商的采购管理提出了更高的要求。值得注意的是，由于越来越多的EPC承包合同规定了业主对承包商物资采购的监督责任，业主对采购的深度介入延长了采购流程，降低了采购效率，侵蚀了EPC条件下的承包商利润，也增加了承包商的采购管理措施实施难度，比如为降低采购成本而采取的"限额设计，限额采购"、价值工程等目标将难以实现。

第3节 与国际工程项目货物采购有关的法律、国际公约和国际惯例

一、国际工程项目货物采购与国际贸易的区别

国际工程物资采购根据其采购的实现条件分为当地采购，从国内出口和第三国采购。

1. 对于从国内出口的材料、设备，与国际贸易中的商品出口在性质和操作手续上有较大的区别，主要表现在：

(1) 出口对象不同

一般出口贸易买卖双方是具有不同国别或独立关税区的两个不同经济实体，卖方的责任只是按照合约中贸易条款交货。而国际工程承包商材料、设备的出口，物资的出口方与进口方为同一主体。

(2) 物品及包装要求不同

一般国际贸易所涉商品单一、批量大，多数是向某个供应商预订生产。而国际工程承包项目中所购材料设备数量、种类繁多，包括施工机具、运输机械及设备、工程材料、劳防和生活用品等，以及自行设计、加工的专用设备等。涉及供应商多，质量监控难度高，协调难度大，包装复杂，尺寸各异，对装箱和储运带来一定难度。

(3) 单证要求不同

一般国际贸易的单证根据信用证条款或合同要求制作，作为向银行议付的单据。国际工程项目材料、设备的出运单证严谨性稍差。但因物资种类繁多，发票和装箱单的制作比较繁琐，其单证的主要目的是使物资运达目的港/地后能在当地海关报关，而且收、发货方是同一主体，一般没有必要对货物单独签订合同，只需凭国际工程承包合同填写出口货物报关单向海关申报。

(4) 一般国际贸易的付款方式为信用证方式。卖方按合同条款交货后，买方即应以合同规定的付款方式付款。而国际工程材料、设备采购款项，在非总承包条件下，一般不是单独支付，而是根据工程合同规定，业主依附于工程进展来支付的，因此承包商要做好融资工作。

2. 第三国采购

对于从第三国采购的材料、设备，由于合同双方是具有不同国别或独立关税区的两个不同经济实体，采购合同的性质和履行过程具有国际贸易的一般特征。

二、与国际工程项目货物采购有关的法律

国际工程项目货物采购既是一种货物买卖的商业行为，也是我国承包商与国内外供应商之间的法律关系。在采购过程中，有与国内、项目东道国和第三方国家供应商签订的购货合同，也有与承运人签订的国际、国内货物运输合同，以及与保险公司签订的保险合同、委托代理合同、第三方检验合同等等。其中与供应商订立的采购合同是最主要，也是最基本的合同。与之签约时会涉及相关的法律和国际商业惯例。在从第三国采购时，合同的另一方当事人与承包商地处不同的国家，由于各国的法律制度不同，对同一问题各国会有不同的规定与解释。国际工程项目货物采购的特点使得承包商可能面临更多的法律冲突。为解决这种法律冲突，一般各国在国内法中规定了解决冲突的办法。

各国/地区有关国际货物买卖的国内法分别如下：

(1) 大陆法国家的买卖法

大陆法体系各国把有关货物买卖的法律编入民法典内，作为民法典的一个组成部

分，对买卖双方的权利义务作了明确规定。对于合同有效成立的各项要件，如订约当事人的行为能力、要约与承诺的规则等，则适用民法总则、民法通则或民法其他部分的有关规定。

(2) 英美法国家的买卖法

英美法国家没有像大陆法国家那样的民法典，它们的买卖法大都是单行法规。其中具有代表性的是英国1893年《货物买卖法》。英国现行的是1979年《货物买卖法》，其主要内容与1893年《货物买卖法》基本相同。美国参照英国1893年《货物买卖法》的模式，于1906年制定《统一买卖法》。其后起草了一部《统一商法典》，买卖法成为该法典的第2篇，取代了1906年《统一买卖法》。该法典于1952年正式公布，现行文本是1977年修订本。美国宪法规定，有关贸易方面的立法权原则上属于各州，联邦只对州际贸易和国际贸易事项享有立法权。《统一买卖法》和《统一商法典》是由一些私人法律团体编纂，须经各州的立法机关以适当立法程序予以采纳，才能取得州法的效力。迄今为止，除保持大陆法传统的路易斯安那州外，美国各州均已采用了《统一商法典》。在英美等国，买卖法的内容主要是规定买卖双方的权利与义务，至于买卖合同的成立及合同的有效性等问题，除买卖法另有规定外，仍依传统的普通法处理。

(3) 独联体国家和东欧各国的买卖法

独联体国家和东欧各国有关货物买卖的法律主要由民法典来调整，这些国家先后签订了若干共同条件。有些东欧国家还制定了一些专门法，其中包括1964年捷克斯洛伐克的《国际贸易法典》，该法典包含有关国际货物买卖合同的内容，采纳了国际贸易中普遍承认的惯例和原则，适用于东西方国家之间的贸易。

(4) 中东伊斯兰国家

大多数中东伊斯兰国家是以伊斯兰法为主体，辅之以传统习惯和习惯法，并在商法、海商法、民法等方面不同程度吸收了西方法律制度的一种混合型的法律框架。伊斯兰贸易法运用伊斯兰教律及其引申出来的适用于现代贸易活动的法规来规范人们的贸易活动，实现贸易服从并服务于伊斯兰的目的。在货物买卖方面，大多数国家承认国际贸易惯例和原则，并融合伊斯兰教商法，用于规范贸易的合法性、成交条件和商业道德等。

(5) 非洲地区

非洲是多种法系并存的地区，主要有非洲习惯法系、非洲普通法系、非洲大陆法系、非洲伊斯兰法系和非洲混合法。目前，非洲各国通常采用统一法和示范法进行国际商法的统一与协调。例如1993年成立的非洲商法协调组织制定了大量的统一法供成员国采纳，并已在成员国内实施。《非洲商法协调组织条约》第二条规定："商法应理解为包括所有调整公司、商人法律地位、债务清偿、担保及执行程序、企业清算及破产的规则，及仲裁法、劳动法、会计法、销售法及交通法及其他部长委员会一致决定应包括的法律。"

（6）中国有关货物买卖的法律

我国没有制定专门的国际货物买卖法，《民法通则》作为一般法调整货物买卖关系。《中华人民共和国合同法》对买卖合同作了专门的规定。该法是我国调整货物买卖关系的主要立法，它同时适用于国内的货物买卖关系与涉外的货物买卖关系。另外，我国于1986年加入《联合国国际货物销售合同公约》，因此，在条件符合时，我国有关的国际货物买卖也适用该公约。

三、有关国际货物买卖的国际公约

1. 国际货物买卖合同的法律适用问题

国际货物买卖合同是一种具有国际性的法律关系，它至少涉及买方和卖方国家的法律，有时还涉及第三国的法律。1985年10月在海牙国际私法外交会议上通过了《国际货物买卖合同适用法律公约》。

《国际货物买卖合同适用法律公约》主要规定了买卖合同应受当事人所选择法律的管辖，当事人选择法律的协议必须是明示的，或者必须根据全部情况，能够从合同的规定和当事人的行为推断出来。当事人所选择的法律可以仅适用于合同的某一部分。在当事人未选择买卖合同所应适用的法律的情况下，合同应受卖方在订立合同时设有营业所的国家的法律的管辖。

《国际货物买卖合同适用法律公约》规定在下列情况下，买卖合同应受订立合同时买方设有营业所的国家的法律管辖：（1）合同是由当事人亲临买方国家进行谈判，并在该国签订的；（2）合同明示规定，卖方必须在该国履行其交货义务；（3）合同主要是依买方确定的条件，并且是同由买方邀请其来投标的人签订的；（4）买卖合同或其任何条款的存在及其实质有效性的问题，应在假定该合同有效的情况下，由按照该公约应予适用的法律来确定。

2. 《联合国国际货物买卖合同公约》

《联合国国际货物买卖合同公约》是当前在国际货物买卖方面最重要的国际公约，包括以下主要内容。

公约不适用范围：（1）购供私人、家人或家庭使用的货物的销售，除非卖方在订立合同前任何时候或订立合同时不知道而且没有理由知道这些货物是供任何这种使用；（2）经由拍卖的销售；（3）根据法律执行令状或其他令状的销售；（4）公债、股票、投资证券、流通票据或货币的销售；（5）船舶、船只、气垫船或飞机的销售；（6）电力的销售。不适用于供应货物一方的绝大部分义务在于供应劳力或其他服务的合同。

公约适用范围：适用于营业地处在不同国家的当事人之间订立的货物买卖合同，在确定公约的适用时，仅以当事人的营业地为标准，对当事人的国籍不予考虑。公约规定，除上述要求外，还必须满足下列两个条件之一，才适用该公约：（1）当事人营业地所在的国家是该公约的缔约国。(2) 国际私法规则导致适用某一缔约国的法律,按照后一种规定,公约也可能适用于营业地处于非缔约国的当事人间订立的货物买卖合同。

公约主要是确定国际货物买卖合同成立的规则以及买卖双方的权利义务,没有涉及合同的有效性和货物所有权移转的问题,因为在这些问题上,各国法律存在着重大的分歧,不易实现统一。所以,除公约另有规定外,这些问题仍须按有关国家的国内法处理。

公约还规定了国际货物买卖合同成立的条件、卖方与买方的义务、救济方法。公约没有涉及货物所有权移转问题,仅规定了风险移转的若干规则。

四、有关国际货物买卖的商业惯例

国际商业惯例是在国际贸易的长期实践中形成的,它不是法律,不具有普遍约束力。但各国法律都允许当事人有选择使用国际商业惯例的自由,一旦双方当事人在合同中采用了某项惯例,它就成为合同的一部分,对双方当事人具有约束力。国际工程物资采购合同,尤其是从第三国采购,具有国际贸易的性质,当事人双方在签署采购合同时,除合同另有规定外,应遵循国际贸易惯例。当双方有争议发生时,仲裁庭也会援引国际贸易惯例进行仲裁裁决。

以下是在国际上影响较大的关于国际货物买卖的商业惯例:

1. 《国际贸易术语解释国际通则2000》

《贸易术语解释国际通则》(International Rules For The Interpretation of Trade Terms,INCC),简称TERMS2000,是由国际商会在1936年制定的,几经修订。1999年为适应国际货物运输方式的新发展和电子数据交换,对该通则做了进一步的全面修订与补充。推出现行文本,于2000年1月1日正式实施。《TERMS2000》对工厂交货(EXW)、装运港船上交货(FOB)、装运港交货运费保险费在内(CIF)、目的港完税后交货(DDP)等13种贸易术语的含义作了具体解释,详细规定了在不同交货条件下买卖双方的权利与义务。该通则在国际上已经得到广泛的承认和采用,是国际货物买卖最重要的贸易惯例。目前国际工程项目货物采购合同中部分采用《TERMS2000》中的DDU、DDP、CIF、FOB、CFR、FCA、CIP等术语。

2. 《跟单信用证统一惯例600号》

《跟单信用证统一惯例600号》(Uniform Customs and Practice for Documentary Credit ICC Publication No. 600),简称UCP600,是用于调整信用证规则的重要国际惯例。信用证在国际货物买卖中广泛运用,但是由于各国法律体系的不同,以及银行,保险,运输等制度和习惯不同导致各当事人对信用证的解释不同,争议与诉讼不断发生,严重影响信用证的使用和发展。为统一各国对信用证的解释,明确各有关当事人的权利和义务,国际商会在1930年制定了《跟单信用证统一惯例》。多年来,《跟单信用证统一惯例》几经修订最终完成 2006 年修订本，即《跟单信用证统一惯例 600 号》，于 2007 年 7 月 1 日正式生效实施。

五、有关国际货物运输的惯例

关于国际运输的惯例有：

1. 《统一提单的若干法律规则的国际公约》（简称"海牙规则"）（International Convention For The Unification of Certain Rules of Law Relation to Bills of Lading）

《海牙规则》是海上运输方面一个十分重要的公约，至今已被五十多个国家所承认。许多国家的航运公司都在其所制发的提单上规定采用该规则，据以确定承运人在货物装船、收受、配载、承运、保管、照料和卸载过程中所应承担的责任与义务，以及其应享受的权利与豁免。该规则规定了承运人最低限度义务，免责事项，索赔和诉讼，责任限制和适用范围以及程序，承运人免责等事项。

2. 《联合国 1978 年海上货物运输公约》（简称"汉堡规则"）（United Nations Convention on The Carriage of Goods By Sea，1978）

《汉堡规则》是一个较为完备的国际海上货物运输公约，明显地扩大了承运人的责任。如承运人的责任期间改变"钩到钩"的传统做法，向装前卸后两个方面延伸，废除《海牙规则》的第 17 条免责条款，增加延迟交付责任。承运人在其责任范围内，对于发生货物灭失、损坏及延迟交货所造成的损失负赔偿责任，并提高承运人对货物的赔偿金额。货主的索赔诉讼时效由 1 年延长为 2 年。《汉堡规则》提出了诉讼和仲裁地点并专门订有管辖权条款。

3. 《海牙—维斯比规则》（Hague-Visby Rules）

国际海事委员会于 1968 年 2 月通过了《关于修订统一提单若干法律规定的国际公约的协定书》，简称《海牙—维斯比规则》，即维斯比规则。维斯比规则主要在下面几个方面修订了海牙规则：提单转让后的性质问题、货损赔偿责任限额的提高、侵权诉讼和"喜马拉雅条款"。其是在维持海牙规则基本精神和原则框架的前提下，对其进行适当修订和补充。海牙规则、维斯比规则主要体现了航运大国承运方的利益，而货主则承担相当大的风险。

4. 《全程或者部分海上国际货物运输合同公约》（简称《联合国运输法公约》或《鹿特丹规则》）（Convention on Contracts for the International Carriage of Goods Wholly or Partly by Sea）

2008 年 12 月 11 日，联合国第 63 届大会第 67 次会议于纽约审议通过了联合国国际贸易法委员会提交的《联合国全程或部分海上国际货物运输合同公约》，并决定于 2009 年 9 月 23 日在荷兰鹿特丹开放签署，公约定名为《鹿特丹规则》。《鹿特丹规则》共有 18 章 96 条，主要是围绕船货双方的权利义务、争议解决及公约的加入与退出等做出一系列规定，其主要的内容和变革有：

(1) 调整范围。为适应国际集装箱货物"门到门"运输方式的变革,《鹿特丹规则》调整范围扩大到"门至门"运输,国际海运或包括海运在内的国际多式联运货物运输合同均在公约的规范范围之内,公约排除了国内法的适用,使公约成为最小限度的网状责任制,拓宽了公约的适用范围。

(2) 电子运输记录。明确规定电子运输记录,确认其法律效力,并将电子运输记录分为可转让与不可转让电子运输记录。

(3) 承运人的责任。承运人必须在开航前、开航当时和海上航程中恪尽职守使船舶处于且保持适航状态,适航义务扩展到贯穿航程的始终。承运人根据公约对货物的责任期间,自承运人或履约方为运输而接收货物时开始,至货物交付时终止。承运人责任基础采用了完全过错责任原则。公约规定,未在约定时间内在运输合同规定的目的地交付货物,为迟延交付,承运人承担迟延交付的责任限于合同有约定时间,并对船货双方的举证责任和顺序做了较为具体的规定,承运人的单位责任限制有较大幅度的提高。

(4) 托运人的义务。托运人应交付备妥待运的货物,及时向承运人提供承运人无法以其他合理方式获取,而合理需要的有关货物的信息、指示和文件。托运人应在货物交付给承运人或履约方之前,及时将货物的危险性质或特性通知承运人,并按规定对危险货物加标志或标签。托运人对承运人承担赔偿责任的责任基础是过错原则,对于承运人遭受的灭失或损坏,如果承运人证明,此种灭失或损坏是由于托运人违反其义务而造成的,托运人应负赔偿责任。增设单证托运人,单证托运人是指托运人以外的同意在运输单证或电子运输记录中记名为"托运人"的人,单证托运人享有托运人的权利并承担其义务。

(5) 海运履约方。《鹿特丹规则》下没有实际承运人的概念,创设了海运履约方制度,是指凡在货物到达船舶装货港至货物离开船舶卸货港期间履行或承诺履行承运人任何义务的履约方。内陆承运人仅在履行或承诺履行其完全在港区范围内的服务时方为海运履约方。海运履约方与托运人之间不存在直接的合同关系,而是在承运人直接或间接的要求、监督或者控制下,实际履行或承诺履行承运人在"港至港"运输区段义务的人,突破了合同相对性原则。海运履约方承担公约规定的承运人的义务和赔偿责任,并有权享有相应的抗辩和赔偿责任限制。班轮运输条件下的港口经营人作为海运履约方将因此受益。

(6) 批量合同。批量合同是指在约定期间内分批装运特定数量货物的运输合同,其常见的类型是远洋班轮运输中的服务合同。公约适用于班轮运输中使用的批量合同,除承诺的货物数量外每次运输项下承托双方关于货物运输的权利、义务或责任等方面适用公约的规定。公约赋予批量合同当事人双方较大的合同自由,允许在符合一定条件时背离公约的规定自行协商合同条款,这是合同自由在一定程度上的回归。

(7) 货物交付。公约赋予收货人收取货物的强制性义务,当货物到达目的地时,要求交付货物的收货人应在运输合同约定的时间或期限内，在运输合同约定的地点接受交货，无此种约定的，应在考虑合同条款和行业习惯、惯例或做法以及运输情形，能够合理预期的交货时间和地点接受交货。公约还对无单放货作出规定，将航运实践中承运人凭收货人的保函和提单副本交货的习惯做法，改变为承运人凭托运人或单证托运人发出的指示交付货物，且只有在单证持有人对无单放货事先知情的情况下，才免除承运人无单放货的责任。如果单证持有人事先对无单放货不知情，承运人对无单放货仍然要承担责任，此时承运人有权向上述发出指示的人索要担保。公约为承运人实施上述无单放货设定了条件，即可转让运输单证必须载明可不凭单放货。

(8) 控制权。货物控制权是指根据公约规定按运输合同向承运人发出有关货物的指示的权利，具体包括就货物发出指示或修改指示的权利，此种指示不构成对运输合同的变更；在计划挂靠港或在内陆运输情况下在运输途中的任何地点提取货物的权利；由包括控制方在内的其他任何人取代收货人的权利。在符合一定条件下，承运人有执行控制方指示的义务；在无人提货的情况下，承运人有通知托运人或单证托运人请其发出交付货物指示的义务。

(9) 权利转让。签发可转让运输单证的，其持有人可以通过向其他人转让该运输单证而转让其中包含的各项权利，主要是请求提货权、控制权。权利转让的同时，义务并不当然同步转让。作为运输单证的受让人，即非托运人的持有人，只有其行使运输合同下的权利，才承担运输合同下的责任，并且这种责任以载入可转让运输单证或可转让电子运输记录为限或者可以从中查明。

(10) 诉讼与仲裁。公约专章规定了诉讼和仲裁，除批量合同外，索赔方有权在公约规定的范围内，选择诉讼地和仲裁地，且运输合同中的诉讼或仲裁地点，仅作为索赔方选择诉讼或仲裁地点之一。各国对这两章的内容存在分歧，允许缔约国对这两章作出保留。

六、有关国际贸易仲裁的公约

《联合国承认和执行外国仲裁裁决公约》(Convention of the Recognition and Enforcement of Foreign Arbitration Awards)，简称《1958 年公约》，是有关仲裁裁决的国际公约。1958 年 6 月 10 日由联合国经济及社会理事会在纽约召开的国际商事仲裁会议上通过，1959 年 6 月 7 日起生效。

该公约主要内容是：承认在一国家领土内做出，而在另一国家请求承认和执行的仲裁裁决，或者一国请求承认和执行其不认为是本国裁决的仲裁裁决时，适用该公约。但作为例外，缔约国可就以下两点宣布保留：(1) 可在互惠的基础上声明，只有对于在其他缔约国的领土内做出的裁决适用该公约，即互惠保留；(2) 只有商事法律关系所产生的争议，才适用该公约，即商事保留。公约明确规定了承认和执行的必要条件。如有下列情况之一时，被申请执行的机关可拒绝执行外国做出的裁决：当事人无行为能力或仲裁协议无效的；被诉人没有得到适当通知或没有机会对案件提出意见的；仲裁事项超出仲裁协议所规定的范围的；仲裁庭的组成或仲裁程序与双方当事人的协议不相符合的；仲裁裁决对当事人尚未发生约束力，或该协议已被仲裁地国家的有关当局撤销或停止执行的。如果当事人证明仲裁程序有欠缺的，执行地法院认为，按照该国的法律，争议的事项不能通过仲裁解决，或者承认和执行该裁决是违反执行地国家的公共政策的，则可以拒绝承认和执行。缔约国应相互承认和执行对方国家所作的仲裁裁决，并且在承认和执行对方国家的仲裁裁决时，不应在实质上比承认和执行本国的仲裁裁决提出更为麻烦的条件或征收更高的费用。申请另一缔约国承认和执行裁决的当事人，应提供经过适当证明的仲裁裁决书的正本或副本，以及仲裁协议的正本或经过适当证明的副本，必要时应附有译本。

我国于1987年1月22日加入该公约，并同时声明：(1) 中华人民共和国只在互惠基础上对在另一缔约国领土内做出的仲裁裁决的承认和执行适用该公约；(2) 中华人民共和国只对根据中华人民共和国法律认定为属于契约性和非契约性商事法律关系所引起的争议适用该公约。

鉴于国际工程项目货物采购的交货条件绝大多数采用《TERM2000》中规定使用的贸易术语，货款的结算使用信用证方式，《贸易术语解释国际通则2000》和《跟单信用证统一惯例600号》等上述与国际货物买卖有关的公约与惯例，对国际工程货物采购具有重要指导意义。

第 2 章 国际工程项目货物采购的组织和职责

> 货物采购在国际工程项目中的重要性决定了采购部的重要性。采购部在国际工程项目中的地位和组织形式，采购部的职责范围的规定以及采购工程师的选择对采购作业的顺利完成至关重要。此外，为满足工程进度和质量的需要，采购部要理顺其与项目部内部各部门之间以及与外部的接口关系。

第 1 节 采购部的地位和组织形式

一、采购部的地位

国际工程项目货物采购工作是一项为施工生产提供物质基础的服务性活动，也是一项经营性活动。货物采购在国际工程项目中的重要性决定了采购部的重要性，它与项目的利润目标，工期密切相关，是保证采购支出化为项目物质基础，并取得项目收益最大化的关键部门，这在总承包项目中尤为突出。国际工程项目采购部组织设计的成功与否取决于三个因素：

(1) 充分意识到采购的重要性，并将采购部视作国际工程项目的重要部门。

(2) 灵活的采购程序，以随时应对情况的变化，以及针对通常情况和各类复杂情况的应变机制。

(3) 称职的，具有高度积极性的员工和能成功地综合项目部内外各类因素的能力。

具备这些条件，建立一个灵活、快速反应、能有效协调各方面关系、具有市场意识和国际采购经验的采购部是项目成功的一半。到目前为止，我国大部分承包商还只是将采购部置于项目后勤供应的地位，强调的是"车马未到，粮草先行"。采购是项目部或承包商企业的一项职能，从表面上看，采购职能只对项目的成本和材料来源有直接影响。在全球建筑业高度发展的今天，采购部应从独立的"采购过程"发展到一个综合过程，即与供应商及各相关部门建立积极、互动的合作关系，这种关系交织在项目的整个过程以及后续工程。随着我国承包工程的国际化发展，如果能从全球的范围，以理想的价格和有限的资源获取成本效益和效率都很高的材料、设备，通过与供应商的关系管理获得供应商良好服务与忠诚，将有助于承包商在国际工程市场的重新定位。现代采购部给工程项目或承包商企业带来的价值将远远超过拘泥于材料、设备价格降价的传统采购部所取得的收益。

以下因素将影响采购部在整个项目中地位。

（1）采购金额在项目总成本中的比重。采购的量越高，就越能引起承包商管理层或项目经理的重视。

（2）项目部的资金状况。在工程项目发生资金短缺，财务状况欠佳时，管理层会对采购业务，以及与采购相关的成本提出要求，强化对采购部的绩效要求。

（3）拟采购材料、设备在项目中的重要性和对市场的依赖程度。

（4）承包商企业的市场定位和市场战略。

（5）工程承包的模式或承包合同的性质。

二、我国目前国际工程项目采购部的组织形式

目前我国承包商企业的国际工程项目货物采购的组织形式大体上可分为以下四类。

1. 集中采购

形式一：总公司集中采购

即总公司、海外办事处二级采购模式。主要见于大型工程公司，或专业性较强的承包商企业。这些公司的国外项目由总公司统一采购供应。实施项目所需的主要采购一般均由总公司或其驻海外办事处操作执行。其组织形式见图2-1。

这种集中化采购模式的优点是：

（1）总公司人力资源丰富，专门从事采购业务的人员在供应商选择、决策、供应商管理、国际货物采购渠道、采购技能等方面都具有一定的经验优势。与之签约的供应商基本经过资格审查，和总公司建立长期的合作关系。采购部专业合同人员可在战略和战术上进行运作，与供应商之间的购货合同通常采用通用合同条件与特殊合同条件的标准格式。

（2）可将总公司海外不同在建项目所需的同类材料、设备集中采购，取得规模采购的优势。

（3）有效控制项目现金流出。

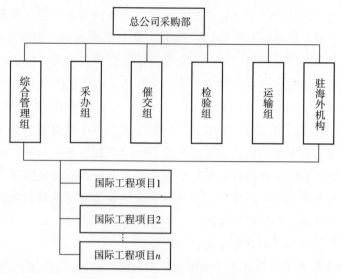

图 2-1 总公司集中采购的组织形式

其缺点是：

(1) 对于国际工程的不确定性和地域特点，缺乏一定的灵活性和快速反应能力。如遇紧急采购，总部采购有时难以适应，进而影响工程进度和成本。

(2) 集中采购的采购作业与单据流程显得漫长复杂，在 DBB 承包模式条件下更为突出。

形式二：项目部自行集中采购

这是一种分散化的集中采购。由于国际工程项目的特异性和地域性，每一项目都有其特定的材料、设备组合和市场环境，总公司集中采购的方法可能不适于各项目的具体需求，而由各项目部自行集中采购。即承包商中标后，项目经理任命采购经理并组建项目采购部。对于总公司而言，这是一种分散化集中采购模式，其组织形式如图 2-2 所示。国际工程项目的地理因素和每一项目的特异性比较适宜采用分散化的采购。此外，由于材料、设备采购是工程项目部可以直接控制的最大一项成本，对项目的效益具有直接的影响，如果项目经理对项目的主要开支不具有决策权，则很难让其对项目的经营结果负责任。此外，在业主指定供应商的情况下，分散采购可能效率更高。

分散化集中采购的优点是：

(1) 对项目的经济效益可直接控制；

(2) 可与供应商直接沟通；

(3) 减少内部（与总公司）协调的冲突，简化采购程序；

(4) 更易于满足业主的要求；

(5) 易于满足对工程项目的不确定性要求。

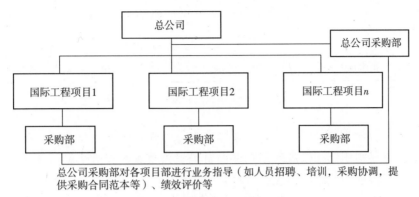

图 2-2 项目部自行集中采购

2. 分散集中混合制采购

对于专业化承包商企业，其国际工程项目常规物资需求和服务基本相同，面临的供应商也是一样的。在这种情况下，一定程度的集中化采购是必要的。这种模式是根据国际工程项目的特点，兼取分散与集中的形式，即重大设备、金额比较高的物资由总公司统一采购；散材等物资根据项目东道国特点和承包合同的性质，因地制宜，由各项目部自行采购。这样一方面利用总公司的经验和资源优势，又兼顾项目本身的经济效益。

3. 将采购主要业务外包给专业公司

由于国际工程货物采购是一个复杂的系统工程，需要专门的技能与专业知识，涉及商业等方面众多领域，承包商中标后为专注于核心竞争力，将主要设备、材料的采购委托给专业公司进行。这种采购外包需要一定的技能并承担一定的风险。目前这种采购形式在我国的承包项目中并不多见。

三、采购部组织结构

采购部是根据国际工程项目目标设置的，是项目组织设计的重要组成部分。其设置的原则与项目的性质密切相关（本小节所述主要指国际工程项目部下的采购部）。

采购部门的建立是采购内部组织的部门化，即将采购部门应负责的各项功能整合起来，并以分工方式建立不同的部门加以执行。规模较大的工程公司或项目，按其执行的专业功能建立部门或设置人员。根据国际工程货物采购的特点和一些项目的通用做法，采购部门的建立可分为以下几个模式：

1. 按照采购过程设立（图 2-3）

采购部以职能结构组建，各职能人员全力完成自己的任务，即每一采购项目是由若干人/部门分段作业，共同完成。

这实际上是一种采购部内部分权式的、职能式组织结构。将整个采购过程细分化，其最大优点是使得采购人员/部门更加专业化，采购部从上至下按照相同职务将各种活

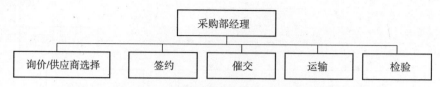

图2-3 按物资供应过程划分的组织结构

动组织起来。当采购部外部环境相对稳定,而且内部不需要进行太多的跨越职能部门的协调时,这种组织结构模式对采购部而言是最为有效的。对于项目环境简单的物资采购而言,职能式组织结构不失为一种最佳的选择。

优点:

(1) 专业化程度高,效率高;由专人负责,易于开拓、稳定市场,选择质好价优的材料、设备。

(2) 有利于培养采购人才。

(3) 职责分明,各段之间有界面,容易暴露问题并及早处理。

(4) 可以提高采购的透明度,防止暗箱操作,有利于防止腐败,除非采购部全体串通一气。

缺点:

(1) 权利集中,对采购经理的职业素质和道德修养要求高。

(2) 该模式如果管理不当,会使得采购作业显得杂乱无章、互相牵制,例如各环节收发转接、购用之间接手人员太多,增加联系上的困难,影响实效。容易造成各自为政、无人负责、各职能之间职责界限不明晰。如供应商交货期的延误是否由于订单提交过晚,还是催交不利,或是材料、设备需求计划不当,可能会因此在采购组织内部产生纠纷,互相推诿。

(3) 由于采购部人员在采购过程中承担不同的职责,立场不同,工作目标未必一致,难免产生本位主义,妨碍横向沟通与协调。由于这种作业模式是由不同人员共同完成采购作业,采购工程师会因为一个环节的羁绊而影响其他采购作业的完成或其他采购项目同一环节的完成。

(4) 由于某一材料、设备的采购是全体通力合作的结果,没有哪一采购是由某一采购工程师独立完成,且都没有完整的决定权,这也使得采购工程师没有成就感。

这种以采购过程和采购职能进行分工并建立部门的模式适合于采购量值巨大,种类多,作业过程复杂,交货期较长,以及采购人员较多的工程公司或项目。

2. 按照采购标的设立(图2-4)

依据工程项目所需要的材料、设备由不同人员/部门负责采购作业的全过程,是一贯式的采购作业。

这是最常见的模式,尤其是大型专业工程公司,这些公司承包的项目类型大体相同,其采购的类目大多类似。

图 2-4　按采购标的划分的组织结构

优点：

（1）此种模式可使采购工程师对其经办的项目非常专业化，发挥'熟能生巧'和'触类旁通'的效果。

（2）可以迅速、有效地对采购材料、设备过程中发生的问题做出反应。在执行合同的过程中比较容易控制整个局面，对合同执行的前因后果也有连贯的理解。

（3）由于其对供应商有取舍的权利，易于与供应商保持良好关系，对供应商进行管理，提高采购质量。

缺点：

（1）由于采购工程师对供应商有取舍权，使得其权力过大容易产生徇私舞弊，贪污受贿。

（2）采购部各部门之间沟通不充分，机构设置比较复杂，需要大量管理人员。

（3）由于工作量太大，采购、催交、质量监检都有相当的专业性，一个人很难全面掌握，因此工作比较粗放，难以满足技术密集型工程的需要。

3. 按照采购区域设立物资采购部门（图 2-5）

国际工程项目货物主要是在当地采购，第三国采购和从国内出口。因此采购部的设立根据采购货物来源不同而设立。

图 2-5　按地区划分的组织形式

区域采购模式是在项目采购部门之下有几个独立的采购单位，每一单位都自行负责各自区域的采购。不同地区的采购，采购手续和交易对象不同，采购工程师的工作条件不同，对采购工程师的素质要求亦有不同，分设不同部门。便于作业管理。

优点：组织管理简单；可以充分掌握采购所在国家或者地区的市场行情；易于安排各个分区的负责人。

缺点：组织不稳定，权力过于集中。

4. 按采购性质划分（图 2-6）

任何一个组织的采购都可大致划分为生产性采购和支持性采购，国际工程项目货物采购也不例外。

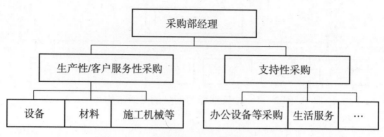

图 2-6 按采购性质划分的组织结构

优点：(1) 便于区分采购成本，进行成本控制。

(2) 有利于发挥采购工程师的技术优势和采购技能。

如上所述，不同的组织结构模式，在管理权的分配、管理的层次与幅度、组织内部不同部门之间的关系等均有所不同。考虑到各种组织结构的特性，其在各种类型项目中的有效性亦不相同，即不同的部门结构适用于不同的工程项目。准确地把握与认识各种组织结构模式，有利于国际工程项目货物采购作业的顺利实施。

四、国际工程项目采购部组织机构的优化设计

国际工程项目采购部的建立无论采用什么模式，其原则是要符合工程项目的目标、性质、规模与特点、适应国际性采购的要求，保证其运作的准确、快速、灵活和反应性、满足国际工程项目的需要、按预期计划行动。其内部各组成部分要各司其职，并注意采购目标与工程项目总目标保持一致。为此，应根据国际工程项目的实际情况与国别状况，对采购部的组织、机构进行优化设计。

对采购部进行优化设计应基于国际工程项目采购部的边界功能特点，即把项目的材料、设备需求与外部供应商的能力联系起来，并具备同时与项目部内、外部不同部门打交道的能力。在国际工程项目环境下，项目内部和外部是两个完全不同的世界，而采购部则必须在内外之间，在不同的环境下进行互动。对采购部的优化设计就是要建立一种机制来满足这种互动关系。

1. 明确采购部的任务

采购部的组织设计必须考虑其面向项目内部的任务，要求采购部门能够将项目材料、设备需求与供应商进行沟通。在认真研究业主的工程意图、承包合同规定、技术要求条件下，采购部的组织设计应满足：(1) 与外部供应商和市场建立有效的商业联系，满足工程项目的材料、设备需求，这是采购部的核心工作。(2) 与项目部内部各部门建立有效联系，了解其采购需求，并准确传达至供应商。

2. 优选采购工程师

采购工程师要素包括个人素质、个人技能与工作热情。就工作任务而言，采购部组织设计既要考虑与外部供应商实现良好互动的人的要素，也要考虑与项目部内部其他职能部门实现有效互动的人的要素，并具有专业技术与采购职业的混合背景。

3. 建立完善的信息系统

没有信息就无法完成采购工作，采购工程师在信息不充分的情况，会做出错误决策，进而可能导致灾难性的后果，因此要建立一个完善的信息系统。与采购有关的信息有交易信息（如材料、设备规格、价格和采购订单等）、商务管理信息（如采购数量和采购成本计划等）、市场信息（材料、设备供应和需求分析、供应商分析）。要通畅三个主要的信息流：外部信息流、项目部内部信息流和采购部内部信息流。

4. 采购决策

采购部组织设计要考虑决策过程内外两方面的因素。内部因素包括保证跨部门的协调，使项目所有的职能部门能够步调一致。外部因素包括采购部门必须做出的与供应商相关的所有选择。采购决策是一个内外部各部门互动的过程，而项目部内部各部门的协调常常是决策过程的关键环节，比如与供应商谈判时，要有设计、施工、财务、合同等部门的参与。

5. 绩效评价

采购部组织设计亦须保证其激励和奖惩措施能够满足采购管理本身的要求，并与项目的战略保持一致。

6. 组织设计

组织设计要根据功能的要求，与国际工程项目的战略、企业文化和奖惩体系以及其他内部机构设置相适应；同时考虑报告关系和控制层级，快捷的速度和反应机制通常是通过较少的决策和控制层级实现的。对于面向施工生产、国际市场和供应商的采购部，其结构设计有三个部分：

（1）外部设计。采购部与项目的外部（如业主、咨询工程师、供应商、物流、海关、银行、保险、检验等部门）互动的组织结构设计。该外部组织结构设计与采购标的的实现密切相关。

（2）中间设计。采购部与项目部内部各部门（如设计、施工、财务、控制等部门）进行互动的组织结构设计，即解释、协调和整合内外部关系。

（3）内部设计。采购部内部各部门/岗位之间的互动关系。

国际工程项目采购部的组织设计除了要满足项目内部之间、内部与外部之间的互动关系，还要考虑国际工程物资市场特点等各个因素。

7. 柔性采购

国际工程项目实施的不确定性是永恒的。面对与国内不同的采购环境以及环境变化，需要采购部的采购供应具有一定的柔性。这就需要采购部的设置，工作程序，采购流程等均具有一定的柔性，以便能对外界变化做出迅速反应。在采购过程中，采购部能否根据业主、施工现场、供应市场、供应商等发生的不确定事件进行分析，科学、准确地做出采购决策，合理实施采购活动是提高采购效率的一个基本方面。采购部的柔性主要体现在以下几个方面：

(1) 缓冲能力：即以不变应万变的能力。

(2) 适应能力：指当环境发生变化时，在不改变采购工作流程基本特征的前提下，作出相应调整，以适应环境变化的能力。

(3) 创新能力：指根据环境变化，在现有资源条件下，采取新措施，影响外部环境和改变内部条件的能力。

国际工程项目采购部应该是灵活的、具有高度适应性的组织形式，能够弥补传统采购部个性的不足，应是一种动态的、扁平化、网络化的组织结构，可根据外部环境的变化做出相应的调整。其不同于传统采购部和总部采购部的刚性组织，具有更大的灵活性和适应性，是对国际工程项目提供柔性物资供应的组织保障。

应当注意的是，柔性只有在不确定性的情况下才能体现其价值。建立柔性采购仅仅是应对不确定性的一种方法，并不表明柔性可以减少不确定性，相反，在某些情况下，为了追求更多的柔性反而会增加不确定性。

五、关于建立适合国际工程项目的柔性采购供应组织形式

采购部的组织形式究竟采取什么模式主要基于确保采购部的各项工作与承包商企业的战略目标以及具体工程项目的性质、特点与目标及项目需求保持一致。没有哪一种模式是万能的，或最好的，各种组织结构总是基于一定的适用条件。

(1) 以工程项目为主营业务的承包商企业特点和项目的分散化、非连续性、阶段化特点决定了国际工程项目管理是由承包商企业组织和项目组织两个层次共同构成的，采购管理也是如此，即企业层采购管理和项目层采购管理。

(2) 国际工程项目实施过程中会经常发生承包商无法控制的不确定性事件，以面对与国内不同的采购环境以及环境变化。环境的变化越复杂，越应该选择更具有柔性的采购组织形式与流程，而柔性好的采购组织更适合运行于变化较复杂的环境。

(3) 就项目层面而言，没有哪一个项目采购部可以有足够的实力独自建立与供应商的战略伙伴关系或完善关系管理。此外，复杂的工程物流系统，也必须有承包商企业层面统一协调。

建立适合国际工程项目的柔性采购组织应能保证适应承包商企业参与不同地域、不同国家、不同内容、不同建设形式的项目。为满足国际工程项目货物采购的需要，建立企业层级柔性采购中心和项目层级柔性采购部的二元采购组织形式，如图2-7所示。由采购中心承担各项目的重要物资、瓶颈物资和战略物资的采购，项目采购部承担一般物资采购或当地物资的采购，从两个层面上保障项目物资的采购供应和企业战略目标的实施。

1. 采购中心的工作目标

采购中心以项目为对象，采购部为基础，由承包商企业工程部、技术部、财务部、质检部等部门人员以及参与采购的各项目部相关人员共同组成，负责本企业所有工程

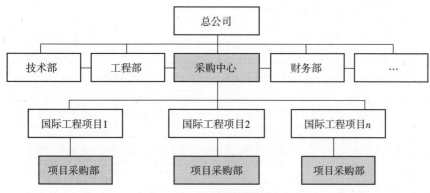

图 2-7 二元采购组织形式

项目重大物资的采购工作。采购中心的职能是根据企业的整体战略要求以及市场条件制定企业的采购战略并付诸实施；按照企业的采购战略和项目具体情况进行供应商的选择、评价和管理、建立与供应商的战略合作伙伴关系、形成并管理企业的供应链；负责完成重大物资的采购工作。

2. 采购中心的组织形式

采购中心由两部分组成，即静态组织部分和动态组织部分。

(1) 静态组织部分

这部分为常设机构，可按照一般企业采购部的组织形式建立。

(2) 动态组织部分

采购中心的动态部分主要有两种组织形式：采购委员会和工作组。

采购委员会：承担企业采购战略问题的处理和重大问题的决策。委员会成员一般包括企业的决策层、相关部门的经理和企业外聘的相关领域的专家等。部门之间的合作对于委员会的成功至关重要。委员会采用动态管理的形式，属于非常设机构，根据企业的需要由采购中心向企业决策层提出。任务完成后委员会解散，日常工作由采购中心的常设机构负责具体落实。

任务型工作组：根据不同的国际工程项目建立动态与静态相结合的团队。以静态的专职采购业务人员为主，同时针对采购的品种、要求和内容的不同，从公司的相关部门抽调专业技术人员参加工作组，共同完成采购和供应商管理的任务。如根据现有项目的需要成立机电产品采购工作组、建筑材料采购工作组、特殊采购工作组和物流采购工作组。其内部组织结构如图 2-8 所示。

这种动、静结合的组织形式，可保证国际工程项目重大采购的基本工作由专门机构完成，同时通过从公司管理层和其他部门抽调相关人员以及企业外的有关专家、学者共同设立动态的委员会和任务型团队，完成各类战略性、难度大、技术性强的工作。在工作完成后动态机构的人员返回原来的机构，动态机构关闭。采购中心的采购流程主要内容如下：

(1) 各项目部根据各自的物资需求计划和进度需要上报采购请求。

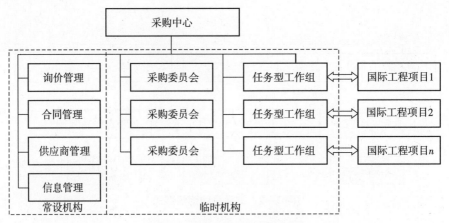

图 2-8 采购中心内部组织结构

(2) 采购中心的信息中心根据项目情况、地域、国别、重要程度、难易程度、进度要求等分类提交采购委员会，并组织相应的任务工作组。

(3) 按照分类不同与相应的供应商与物流商谈判。

(4) 由采购管理中心执行机构具体负责执行并协调有关项目部、财务部、工程部与技术部等，负责各供应商管理。

(5) 所有信息上报信息中心后将在授权条件下对相关部门公开，保证在项目部上报计划后各相关部门即可开始准备，从而最大限度实现同步化。

沟通渠道的畅通是保证采购中心与企业的工程、技术、财务等部门和各项目部进行柔性采购供应的基本保证。通过动态组织建立与各项目部联系并形成沟通机制；与供应商建立战略合作关系，并吸收有关供应商参加采购中心的相应动态组织，与其建立信息沟通的渠道，保持信息畅通，从而保证采购中心能根据需求及其变化迅速做出反应，提高全球采购的能力。

总之，采购部应是具有高度适应性和灵活性的组织机构，可根据外部环境的变化做出相应的调整，这是国际工程货物采购的基础和组织保障。

第 2 节　采购部的职责范围

一、采购部的职责范围

1. 总公司采购部的职责范围

(1) 在总公司的组织下，派人参加项目投标报价和有关合同条款的谈判；

(2) 项目中标后，会同项目经理，任命项目采购部经理并组建项目采购部。在采购经理的领导下，实施并完成项目采购工作；

(3) 指导采购经理和采购工程师的工作，督促采购经理按质量保证体系运作，保证采购质量；

（4）负责制定公司采购工作手册，标准，规定，程序，质量体系文件，统一文件格式。建立商情数据库等基础工作；

（5）负责对采购人员的培训，考核和业务水平的提高；

（6）收集供应商的最新资料，项目业绩，对供应商进行动态管理；

（7）分析市场价格，积累各种设备，材料的价格资料，逐步健全商情数据库。

2. 项目采购部的工作职责范围

（1）保证工程项目三大目标的实现，不间断的提供材料、设备供应和保持物资的最佳库存量。提高采购效率，提高业主的满意度。

（2）保证采购材料、设备的质量。

（3）发展和选择有竞争力的供应商，进行供应商管理。

（4）以最低总成本采购材料、设备和服务。

（5）为提高本公司在国际工程市场上的竞争力作出贡献。

（6）建立采购部与项目部内部各部门和项目外部各相关机构之间的和谐关系。

（7）以尽可能低的管理费用支出完成采购任务。

（8）通过人员培训和组织调整，控制采购的合同风险和法律风险，杜绝来自内外的对采购流程的侵蚀。

三、项目采购经理的主要职责

（1）配合总公司采购部和项目经理组建项目采购部，并负责组织、管理和实施项目采购工作；

（2）根据承包合同明确采购工作的范围、分工及与业主、分包商等的关系和各自的责任，明确采购原则、程序和方法、特殊问题的处理等，并据此编制采购计划；

（3）根据网络计划组织编制采购实施计划，即详细采购进度计划；

（4）结合承包合同性质和要求以及项目东道国市场特点，将总公司采购部编制的通用询价商务文件（询价函、报价须知、合同基本条款、运输要求）改编为适合本项目的询价商务文件；

（5）对项目东道国材料、设备供应市场进行调查。在总承包条件下，根据所需采购设备、材料的特点选择适合本项目的供应商，征求设计部门的意见，经协商一致后由项目经理批准，必要时需经业主确认，或在业主指定供应商名单中选择，并经业主批准；

（6）负责编制采购用款计划，便于财务部进行资金运作；

（7）参与对供应商开立信用证以及业主所开信用证的审核、修改并会同公司财务部、海外经营部进行确认，编制采购工作协调计划；

（8）参与项目分承包合同（含设计、采购、施工分包）谈判及分承包商合同条款的讨论；

（9）接受请购单及相应的询价技术文件并负责审查文件是否齐全、合格；

（10）按进度计划向供应商发出询价文件并接受报价；

（11）负责组织对供应商的报价进行技术和商务文件的综合评审；

（12）负责组织召开供应商协调会，准备好协调会议程；协助技术部/设计部做好技术交底工作；

（13）最终确定供应商后，在授权范围内签订订货合同；

（14）根据合同性质，协调业主申请进口许可证。根据当地海关条例，做好永久进口物资和临时进口物资的分类工作，组织好对订货设备，材料的催交、检查、运输、进口报关和现场交接工作；

（15）督促供应商按时提交 ACF、CF 图及其他设计条件，并要求设计部经理按时确认并由采购部按时向供应商返回经确认的 ACF、CF 图；

（16）组织制定采购工作执行效果测量基准，定期测定采购进展赢得值和实耗值（对于固定总价的总包合同，不向业主提供实耗值）；

（17）定期进行采购计划执行情况检查，检查分析存在问题并研究提出处理措施。按月编制采购情况报告；

（18）处理采购合同执行过程中发生的商务问题，并组织，协调处理有关的技术，质量问题；

（19）督促采购合同管理人员收集、分类、归档采购全过程的质量记录等各类文件；

（20）在项目合同规定的质保期内，负责组织好材料、设备的售后服务工作；

（21）项目结束后，协助做好材料、设备的清场/退场工作，以及临时进口物资复出口（如出口退税）工作，负责编写项目采购工作总结及完工报告。

第3节 国际工程项目货物采购的基本流程

一、采购工作范围

从采购部门收到第一批请购文件开始，经市场调查、询价、采办、催交、检验、报关，直到工程项目最后一批采购的材料、设备运到现场，并进行开箱检验，完成入库手续，竣工后的材料、设备退场，临时进口物资的复出口，清关为止的全部工作。

二、采购的基本流程

承包合同的性质不同，承包商在合同中承担的责任与义务不同，使得采购的工作范围和当事人亦不同，如承包商在 FIDIC 橘皮书、红皮书、绿皮书和银皮书不同条件下的采购在接口关系，工作、责任等的界定各有不同。制定合理有效的采购流程有助于降低采购价格，保证质量和控制采购进度。总承包条件下的物资采购流程见图2-9。

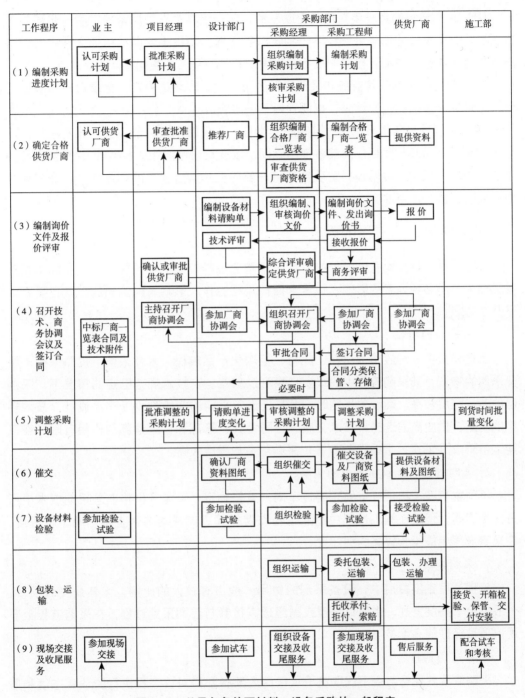

图2-9 总承包条件下材料、设备采购的一般程序

本图来源：蒋良，罗建红《工程建设项目的采购管理》

（1）采购流程应显示承包商材料、设备采购的过程，基本工作范围，以及各工作之间的衔接。显示采购部与项目部内部各部门和外部各有关当事人的接口关系。

（2）采购流程的每一步骤是紧密联系的，前一步骤产出的质量决定后一步骤的产出质量，一个步骤的缺陷可导致下一步骤出现问题。如由于合同或招标文件中对设备技术规范不准确，漏项，检验制度不合理等因素造成到货质量问题。

（3）为充分控制采购业务和采购流程的正式化，应明确界定并记录每一步骤的工作，记录每一步骤的工作结果，以便开始下一步骤。

（4）工程项目货物采购是一种跨职能责任，不仅限于采购部本身，涉及的部门比较多，要求采购部与项目部内部各部门之间，以及与项目部外部各当事人/机构充分的沟通与协作。采购流程明确界定项目部每一部门在采购过程中的相应任务、责任和权力，以防误解和角色冲突。

三、影响采购流程的因素

国际工程项目货物采购流程的设计是采购全过程控制的理想状态。在实际采购业务活动中由于各种因素的影响，很难全面按流程运作。影响采购流程的因素主要有以下几个方面：

1. 采购标的特征

工程物资中，一般施工材料、耗材、标准化产品表现为重复采购、批量采购。重复采购的物资，其采购流程中的很多步骤可以省略。在技术规范已定的情况下，采购部的参与程度较高。而设备采购时，尤其是设备采购的初始阶段（产品设计、技术规范的制定、供应商的选择、技术交底、合同谈判、签订等）采购部的作用有限，在采购运行阶段（催交、运输、付款等）采购部参与程度较高。

2. 采购标的在工程项目中的重要性

不同物资在工程项目中的重要性不同。某些物资，可能其价格在总采购成本中所占比重不高，但其在施工过程中的瓶颈特点使得其采购成功与否直接影响工程进度，在采购流程中应给予较高的关注度。

3. 采购金额

工程项目直接费用中，设备采购的费用一般占有较大的比例，尤其是安装项目，一般会给予高度重视，由项目经理或副经理直接参与前期采购过程，在采购流程上表现出项目经理的高度参与。

4. 东道国国情特征

采购流程的通畅与否不仅取决于承包商内部各部门对该流程执行的认真态度和监督机制，也取决于承包工程的外部环境。如果外部环境险恶，常会发生采购流程扭曲的情况。

5. 采购的风险程度

采购标的的风险程度越高，各部门参与的程度越高，流程的执行越趋于严格化。

6. 采购地点

当地采购，第三国采购和国内出口的材料、设备在采购流程中，操作细节上各有差异。

四、注意事项

1. 找出流程中的控制关键点

控制关键点是对国际工程项目货物采购产生重大影响的步骤，如设计、咨询工程师对样品的审批、供应商的选择、合同的签订、验货付款。建立以采购申请、签订合同、结算凭证和入库单据为载体的控制系统，使各项采购作业均能被控制追踪。

2. 划分各有关人员的责权和任务

即对各项作业人员规定明确的责权和任务，并规定查核办法。如在条件允许的情况下，采购工程师与验收人的设定，物资审批人/付款执行人与询价和供应商的选择人的分离。

3. 注意流程上的先后顺序和时效控制

注意流程的前后一致性和通畅性，如避免同一采购项目，审批部门太多，影响采购实效；避免同一主管对同一采购项目作数次签核；或不同部门的请购方式不同。由于工程项目局部的系统性和整体的局部性，在同一工程项目中，若干个分项工程同时施工作业，导致平行采购发生时，注意平行采购中各采购程序的交叉关系和一致性。

4. 程序繁简应与采购标的金额的大小、重要性程度相适应

注意采购的变化性或弹性范围，如为赶工需要发生的紧急采购应有权宜办法或特别处理流程。

5. 采购程序应适宜

要符合项目东道国商业特点和承包合同性质，并注意采购程序的及时改进，以满足采购作业的实际需要。

第4节 采购部与项目部内部各部门的接口关系

采购是一种跨职能责任，采购部几乎和项目部中每一职能部门都有工作关系，各部门的协调配合与否对采购工作具有结构性的影响。因此，要求采购部与各部门之间进行充分的沟通与协作，并且明确规定采购流程的每一步骤中各部门的任务、职责和权力，避免误解和角色冲突，这是保证采购进度和质量的重要环节。

由于国际工程承包形式的多样化，采购部的接口关系亦有所差别。在项目部内部各部门和采购部都会产生接口关系。影响采购直接结果的部门有：设计部、施工部、控制部、合同部和财务部等。

采购部和主要相关部门的接口关系如下：

一、采购部与设计/技术部门的接口关系

在总承包条件下,由承包商负责设计、采购和施工,这三者之间存在时间上的逻辑关系。对一个大型国际工程项目而言,这三者之间的接口关系就显得尤为重要。

总承包条件下采购部与设计部的接口关系如下:

(1) 设计部负责编制项目的设备表,并据此编制出请购文件(包括数据表、询价图、技术规格书),经控制部门提交给采购部。设计部负责编制设计各专业的材料表(包括技术要求),由项目材料控制工程师汇总,并据此编制项目的材料请购文件,提交给采购部。由采购部加上商务文件,汇集成完整的询价文件,向供货厂商发出询价。

(2) 设计部门负责对供应商报价的技术部分提出评审意见,排出推荐顺序,供采购部门确定供应商用。

(3) 设计部门派员参加由采购部门组织的厂商协调会,负责技术及图纸资料方面的谈判,并最终完成订货合同的合同技术附件。

(4) 采购部门汇总技术评审和商务评审意见,进行综合评审,并确定出拟签订订货合同的供应商名单。当技术评审结果与商务评审结果出现较大距离时,采购经理应与设计经理进行充分协商,争取达成一致结果,否则可提交给项目经理裁定或提出风险备忘录。

(5) 由采购部门负责催交供应商提交的先期确认图纸(ACF)及最终确认图纸(CF),转交设计部门审查确认后,及时返回供应商。若有异议,采购部门应要求供货厂商提交修正后的图纸资料,以便重新确认。

(6) 在编制主进度计划时,对所有设备、材料的采购控制点,按承包合同的进度要求,由采购部门分类提出进度计划方案(包括请购单提出的时间),经设计部门认可,提交项目经理批准(包括项目执行过程中的计划修订)。

(7) 在设备制造过程中,设计部门有责任派员处理有关问题或技术问题以及供应厂商提出的设计变更。

(8) 根据订货合同规定,需由供需双方共同参加检验、监造的环节,采购部门要派员参加,必要时可请设计人员参加产品试验、试运转等出厂前的检验工作。

(9) 由于设计变更而引起的采购变更均应按变更程序办理因设计变更而引起的设备、材料变更的修改和汇总工作。

在非总承包条件下,采购部与设计部/技术部的接口关系与上述接口关系大致相同,只是设计/技术部根据业主提供的技术规范和承包商的投标报价编制设备/材料表并据此编制请购文件,提交采购部。由采购部门加上商务文件,汇集成完整的询价文件,向供应商发出询价。必要时设计/技术部根据业主提供的设计图制作详细的施工图(shop drawing),由业主或咨询工程师确认批准后提交采购部。设计/技术部会同采购部对供应商的技术和商务报价综合评审,制定供应商名单,经项目经理审核后报业

主批准。

由于采购是居于设计和施工的中间环节,设计是采购的上游,设计部的材料、设备技术要求是通过采购部实现的。采购部与设计部的沟通与协作关系将直接影响整个工程项目的实现和实现程度。设计部与采购部经常发生的工作分歧可归结为以下方面:

(1) 经常发生设计变更,或设计深度不够;

(2) 由于市场调查不够,设计标准/规范与当地市场供应有差别;

(3) 对供应商的技术交底不够,使得采购部频繁往返于设计部与供应商之间,增加采购部的工作量和工作难度;

(4) 技术要求限制条件过于苛刻,或指定品牌,指定供应商,使得采购难度增加;

(5) 设计要求与采购的经济可行性目标可能会发生冲突等等。

因此,要理顺采购部与设计部的关系,除要理顺工作关系外,还要在办公地点的设立、沟通方法等外部条件上给予充分的考虑

二、采购部与现场部的接口关系

(1) 所有设备、材料进场时间应符合项目总进度计划要求,由采购部分类提出采购进度计划方案,经施工部门认可,提交项目经理批准。

(2) 采购进度计划经项目经理审批后,采购部门要将设备、材料的供货进度计划提交现场项目经理部,明确设备、材料的到货时间及数量,以及进库的时间要求等,现场项目经理部应根据供货计划,做好接货准备,如存放场地、接货手续、建立接货台账等。

(3) 现场项目经理部应在设备、材料运抵现场之前,根据设备、材料的类型、数量,及其对库房设施和临时堆场不同的等级要求的准备完毕。库房、堆场所必须的设施,如道路、照明、排水、货架以及吊车、机具等设施必须备齐。

(4) 现场项目经理部的库房管理人员必须提前准备好开箱检验用的工具、量具以及必需的仪器等。

(5) 材料、设备运抵现场后,采购人员要及时与库房管理人员进行交接,按库房管理要求,一起进行开箱检验,数量清点和外观检查,做好详细的检验记录,并采取必要的防护措施。对于开箱后较长时间才能安装的设备,双方可办理先收存的备忘录,临安装时,再开箱检验。为避免安装时因缺件影响工期,这类设备需要在装运前做好细致的清点检查。

(6) 材料、设备检验后,双方办理验收入库手续,由库房主管和验收人签字的入库单要返回一联交采购部门留存。

(7) 对于入库的材料、设备,库房管理人员要做好维护、保养工作。开箱检验出现的产品质量、缺件、缺资料等问题,应在检验记录中作详细记载,由采购部门负责

与供应商联系解决。进口材料、设备涉及索赔问题时，需由合同指定检验机构出具证明，由业主或承包商组织有关人员处理。

（8）设备在安装和试车过程中，出现与制造质量有关的问题，采购部应及时与供应商联系，找出原因，采取措施。

（9）现场经理部在项目完工后，要分类将库存物资清点统计清楚，并注明物资的由来（如：变更遗留、设计采购余量等），提交采购部。

（10）采购部要依据多余物资统计报表协助施工部门处理多余物资，做好物资退场/清场，以及临时物资的复出口工作。

三、采购部与财务部门的接口关系

（1）采购部应按期向财务部门提交项目材料、设备预付款及货款的用款计划、信用证开立的时间、办理请款手续、财务经理或会计师应及时筹措资金，按采购合同要求及时向供应商或分包商付款。

（2）采购部门在签订材料、设备订货合同时，采购款项的支付方式、支付条件、支付手续和支付货币等条款内容应征得项目财务经理或会计师的认可，以对承包商最有利的、风险最小的原则进行。对于进口项目的支付货币选择也应由项目财务经理提出建议。

（3）财务部门应按项目 WBS 的分解结构及编码规定编制凭证，并向采购部门提交实际付款清单，以作为检测 ACWP 曲线的依据。

（4）采购部应协助项目会计师做好设备、材料款的结算工作。

（5）采购部应及时收集出口退税所需要的合格单证，协助财务部门办理出口退税手续。

四、采购部与项目控制部门的接口关系

（1）项目材料控制工程师按设计部各专业提出的材料表汇总，并编制材料请购文件，按时提交采购部，由采购部编制材料的询价文件。

（2）费用估算部门应将直接材料（设备和材料）费用预算（按台或类别分）、直接材料相关费用预算（按计账码分）及分包预算与设备、材料请购单同时提交给采购部门。

（3）采购部按期向费用控制部门提交"采购订单状态报告"、"材料、设备费用状态报告"等费用结算、支付进展报告。

（4）采购人工时预算是采购部门根据采购任务、按下达的人工时预算及人工时定额确定的，采购部应按期将"材料、设备采购人工时进度计划"、"材料、设备采购非工资费用进度计划"提交给费用控制部门。

（5）随着与采购工作相关的《项目变更》等的发布，费用控制部门应确定变更所

需的费用预算，采购部门应根据采购变更的范围和影响，提出变更的实施进程，并按时向费用控制部门报告实施结果。

第5节 采购部与项目部外部有关部门/机构的接口关系

一、采购部与业主的关系

承包商与业主为承包合同的主体，双方应严格履行其合同义务并行使各自的权利，承包商承担对所采购的设备、材料符合技术规范，并符合工程质量要求的责任。业主则须依据合同规定的时间与程序，向承包商支付合同规定的金额。

在国际工程项目实施过程中，采购部是将材料、设备的文字形式转化为实物物资的部门。采购部应能及时获取业主、咨询工程师的各种信息与要求，从而将设计部门提出的采购申请与业主要求做比较，为正确提供满足业主要求的产品起到反馈作用。

(1) 承包商采购工作的宗旨应该是向业主提供令业主满意的服务。按业主要求的、经过批准的进度，向项目现场提供符合设计质量要求的材料、设备，而且在成本方面必须控制在费用控制指标之内，从而保证工程项目得以顺利进行，最大限度的满足业主的要求。

(2) 根据与业主签订合同的要求，采购的进度计划，供应商的选择应经过业主确认或批准。

(3) 当业主提出高于设计规范要求时，在满足设计要求条件下，采购部应能向供应商准确描述这些要求。

(4) 在非总承包条件下，业主应及时向承包商提供设备、材料的技术指标/规范等技术文件或图纸，便于承包商编制询价文件，选择供应商，并报业主审核批准。

(5) 对需进口的材料、设备，根据承包合同的要求，及项目东道国关税政策，由业主向有关当局申请进口许可证或有关进口免税的文件。

(6) 如果业主提出要求，采购工程师将与业主一起参加材料、设备的出厂检验和在现场的开箱检验及交接工作。

(7) 对于运抵现场的材料、设备，如存在缺损，采购工程师应及时与供应商联系修理、补供、更换，直至符合质量要求。凡需要索赔的，采购工程师应取得合法的索赔依据，在索赔有效期内向供应商进行索赔，以维护业主的利益。

(8) 在非总承包条件下，采购部应根据承包合同的要求，妥善管理与采购有关的一切装运单据，适时向业主交单，以便及时收款。

(9) 工程项目成功投产运行后，在设备、材料保证期内，采购部应根据需要提供无偿服务。在保证期满后，如果业主要求，采购部也应提供令业主满意的有偿服务，如备品备件的提供等。

(10) 承包商的合同义务全部履行完毕后，应适时将从采购合同中供应商义务中获得的权益转让给业主。

二、采购部与咨询工程师的关系

在非总承包条件下，作为FIDIC条件下三位一体之一的咨询工程师根据承包合同条款，承担项目合同管理，费用控制，进度跟踪和组织协调的责任。对承包商采购的材料、设备进行质量检查与监督，并且协调与业主的沟通。虽然咨询工程师与承包商之间并无直接的合同关系，但对业主来说，双方都是受业主委托，保证提供符合业主要求的建筑产品，二者的目标又是一致的。世行或亚行贷款项目，一般会要求通过国际招标来选聘作为第三方的咨询工程师。但对于当地政府投资项目，业主往往会自行选派咨询工程师。无论面对哪种情况，承包商首先应了解咨询工程师背景，了解其习惯做法和思维模式，并努力调整自己，尽快与其建立起有效的沟通和合作关系。

（1）由承包商采购的材料、设备的质量是咨询工程师控制的重点之一。咨询工程师负责向承包商进行必要的技术交底，若原来设计文件中技术指标不明确，咨询工程师有责任进行解答或确认，避免所购材料、设备不符合要求。

（2）咨询工程师必要时审查供应商提交的技术文件和样品，回答采购过程中供应商提出的问题。对承包商绘制的施工图进行审批。

（3）在供应商选择过程中，咨询工程师审查候选供应商资格，必要时进行现场视察，初步确定供应商名单报业主批准。

（4）采购部应通知咨询工程师材料、设备到场时间和存放地点，提供齐全的材料、设备质量证明文件。咨询工程师在合同规定的时间内，对到场物资进行抽样检查和验收，并出具检验报告，凭以入账，否则不予计量。必要时由采购部和咨询工程师共同派员将检验样品送交合同规定的第三方检验机构。对于分批交货的材料、设备，采购部应及时通知咨询工程师到场批次、数量以及到场时间，以便咨询工程师做好检验准备。

（5）采购部应按照合同的要求，备好应由承包商采购材料、设备有关的全套装运单据，提交咨询工程师，以便咨询工程师签发支付证书。

世行或亚行贷款项目，一般会要求通过国际招标来选聘作为第三方的咨询工程师。但对于当地政府投资项目，业主往往会自行选派咨询工程师。无论面对哪种情况，我国公司现场经理部都必须首先分析咨询工程师的背景，了解其习惯做法和思维模式，并努力调整自己，尽快与其建立起有效的沟通和合作关系。当对合同责任和变更遇有异议和分歧时，应理性分析咨询工程师的处境和作用，加强私下沟通，争取其理解和信任。当咨询工程师行为不规范或出现失误时，应及时以书面形式确认其指令，为以后索赔等工作留下证据，也可以提醒咨询工程师规范其行为。

三、采购部与供应商的关系

供应商不是承包合同的第三方，但是，承包商能否为业主提供满意的建筑产品，在一定程度上取决于供应商的供货质量。采购部在工程承包项目诸多关系中最复杂、最繁琐、工作量最大的是对供应商的关系管理。在总承包条件下，承包商一般可自主选择部分供应商。而在非总承包条件下，业主往往指定供应商供货，或对询价供应商的选择须经业主批准。但无论如何，鉴于供应商对承包工程的实施顺利与否会产生重大影响，采购部理顺与供应商的关系不容小视。

（1）为保证国际工程项目的顺利实施，承包商应选择一批合作良好的合格供应商作为工程材料、设备的供应基础。承包商与供应商的关系既是买方与卖方的关系，又是相互合作、平等互利互惠的关系。只有保持这种关系才能保证供应商向承包商按时提供符合质量要求，价格合理的设备、材料，以及满意的售后服务。

（2）供应商按采购部的询价提供符合询价要求的报价及其他资料。

（3）供应商按订单要求，按时向承包商提供询价文件中要求的技术资料供承包商确认。

（4）采购部应会同设计部/技术部做好一切必要的向供应商技术交底工作。如遇设计/技术变更，应将变更事项，范围及要求等通知供应商。

（5）供应商按时提供符合订单质量要求的设备、材料、包装及软件资料。如果委托运输，应提供安全的运输和保险服务及良好的售后服务。

（6）采购部发出订单后，应根据催交计划督促供应商定期或不定期向采购部提供工厂各方面的变化及商情资料，必要时派员驻厂监造。

（7）供应商应按照供货合同规定的种类、份数及内容，提交装运单据、商业发票和产地证等商业文件。

（8）对于具体项目，必要时由采购部与供应商共同制订项目采购协调程序。

四、采购部与当地代理的关系

按国际惯例，国际工程项目实施过程中，为解决进入项目东道国后所发生的问题和矛盾，承包商委托当地合法代理进行工程实施过程中诸项业务工作。其中材料、设备采购中若干环节需要当地代理协助完成。因此，采购部应注意协调与当地代理的关系，保证采购作业的顺利完成。

（1）需在第三国采购的材料、设备，代理人协助申请办理进口许可证等相关进口批件。

（2）需当地采购的材料、设备，代理人协助询价，并提供与供应商、承运人、保险公司、银行、海关、税务、安全、环保等部门的信息。

（3）协助提供与采购有关的当地法律制度、政策、规则、贸易习惯、宗教/风俗习惯等方面的咨询。

（4）协助沟通与当地政府机构的关系，促进承包商和当地商界的友好关系。

（5）承包商应尊重当地代理，考虑其所提出的建议并认真分析其所提供的信息。

（6）基于代理人与承包商的不同利益关系，以及当地陌生的社会经济环境，注意把握与当地代理关系的度，依靠代理，但不依赖代理，在与代理人交往过程中保持适度距离，以保证本项目与采购有关的商业秘密不被泄漏，保证承包商经济利益不受到损害。

五、采购部与检验、海关/清关代理，货运代理/承运人的关系

检验部门，海关和货运代理是承包商采购过程中三个重要的物流环节，对承包商采购的质量，进度和成本会产生直接影响。这三大部门均不是承包合同的第三方，因此，有必要按照承包合同的目标，理顺与这三部门的关系，确保采购质量。

1. 与检验机构的关系

材料、设备检验部门一般有进、出口国商品检验机构和业主指定的检验机构。这些均为第三方检验。

（1）对于合同规定需要由项目东道国检验机构或业主指定的检验机构检验的材料、设备，根据当地的检验条例由采购部，或采购部会同咨询工程师对进口物资适时提出报验。由检验部门安排时间进行目的港海关或现场检验。采购部在此前应做好一切必要的检验工作（如场地、样品、工具等）。

（2）根据采购合同的规定委托供应商所在地的商检机构进行检验，或委托供应商所在地的商检机构在工厂进行检验。货物商检合格后商检局将出具商检合格证或商检换证单，据此办理海关通关手续。

（3）对于从我国出口的材料、设备，根据海关监管条件或合同要求，由我国商检机构对物资实施装运前检验后办理出口报关。如果办理了异地清关可在异地办理商检，或根据采购合同的规定委托供应商所在第三方检验机构。

采购工程师必须熟悉项目东道国和我国的检验业务，并适时办理检验手续。

2. 采购部与物流/承运人/货运代理的关系

国际工程项目的材料、设备来源部分是通过第三国采购和我国出口实现的。因此国际运输是承包商采购进度控制的难点。国际运输业务取决于采购合同的交货条件，如以 CIF、CFR、DDU、DDP 条件进口，则由国外供应商办理租船订舱工作。由于承包商不熟悉项目东道国的运输规则，一般以 FOB 条件进口的不多，多由对方办理材料、设备的国际运输。

对于从我国出口的材料、设备，必须委托一家具备资质的合格货运代理公司。货运代理公司应熟悉报关、海运等业务，应与海关、海运公司、港务局、港口、出口货物仓库等各机构有着良好的合作关系。采购部与货运代理公司所签合同应包括的内容为：委托货运代理的货物集港、仓储、租船、装船、海运保险以及与采购人员一起准备报关文件、报关等。采购部应及时通报货运代理其物资的流向、数量、时间以及运输要求等。

此外，承包商在与货运代理公司打交道时，应谨慎从事，避免风险。如重大事项必须通过书面传真或电子邮件予以确认，要求货运代理公司将运价，港杂费，报关费等费用明细由承包商书面确认，避免"空口无凭"的运杂费纠纷。一些重要书面文件必须坚持书面签收确认的方式，如承包商递交给货运代理公司的报关文件（如报关单、报关委托书、发票、装箱单等）和货运代理公司递交给承包商的文件（如提单和物资出运后海关签退的报关文件等）。

3. 采购部与海关/清关代理的关系

清关是国际工程货物采购的一个重要环节，通关工作顺利与否直接影响到工程进度。采购部办理通关手续的海关有项目东道国海关和我国海关。

材料、设备的进出口报关专业性强，报关时间紧迫，同其他环节工作的关联性强。出口报关容易出现商品税则归类错误，或与材料、设备商检，出口退税脱节，报关单证制备不准确等问题。进口报关时，由于对项目东道国海关制度不熟悉，如对属于海关监管材料、设备种类不了解，或对临时进口与永久进口物资分类不清楚，清关过程中极易出现问题。同时各国海关对报关人员有不同的规定，如有的国家规定承包商必须委托清关公司办理通关手续等。此外在工程实施过程中会经常出现紧急清关的情况。总之，清关工作不可预见的隐患较多，绝大多数隐患的发生是不可通融的。因此要求采购部与海关建立良好的工作关系，或按照要求委托具有资质、经验丰富的清关代理。

（1）作为采购部，项目前期应了解项目所在国海关的监管制度及相关法规，避免盲目性，提高办事效率。与当地海关加强沟通与联系，如向其介绍承包商以及工程的情况，希望得到配合。

（2）材料、设备进口前，采购部应提前办理临时进口免税证明、临时进口许可证等手续。

（3）注意处理好与当地海关及各部门的关系，必要时可进行礼节性的公关。

（4）委托清关代理时，由其承办承包工程材料、设备进、出口、转关、延期、报废、取得项目清白证书等一切手续。采购部应及时提供有关文件，以便代理承包商填制各种必要表格，制作有关单证，办理有关手续。清关代理应了解、掌握并通知承包商未列入海关法中的某些暂行规定及其变动，及这类规定的实施与变化，使之有精神准备，防患于未然。

（5）承包商与清关代理的关系应该是开诚布公，当通关出现问题时，清关代理应利用自己丰富的海关经验和知识，给承包商出谋划策，解决问题。

值得注意的是，在通关工作中，清关代理只是起辅助作用，起主导作用的仍然是承包商自己。承包商应自始至终做到各种手续完备，文件资料齐全，小心谨慎地照章办事，尽量避免出现漏洞，这是通关工作顺利进行的根本保证。

第6节 采购工程师的职责与素质要求

国际工程项目货物采购将采购工程师置于一个更加复杂、风险更多的市场环境和工作环境内。同时,国际工程项目为节约人力资源,亦不可能像国内采购部一样岗位设置细化,在很多情况下采购人员承担了采购工程师和采购员的双重职责。因此,对采购工程师的岗位职责、工作标准、专业素质、个人能力、道德品质提出更高的要求。

一、采购工程师的岗位职责

(1) 根据设计部/技术部提交的材料表对材料、设备供应市场进行调查,了解搜集拟采购货物的信息。

(2) 向供应商发出询价文件,并对供应商询价文件中的问题及时与设计部/技术部沟通。在非总承包条件下,对供应商提交的样品或技术数据及时报咨询工程师审批,参与与供应商的谈判。

(3) 会同设计部/技术部确定供应商入选和备选名单。

(4) 根据请购文件,确认采购品种、数量、技术规范以及现场使用时间,制订采购计划,报采购经理或项目经理核准。

(5) 在授权范围内参与与供应商的签约,认真审核合同的商务文件,使之符合工程项目目标。

(6) 跟踪供应商生产进度及交货期;审核供应商提交的装运单据;安排提货、报关以及仓库收货;安排验货;如果合同有要求,通知业主/咨询工程师进行现场检验。

(7) 处理所购材料、设备质量纠纷。

(8) 安排向供应商付款。

(9) 建立供应商数据库;定期不定期与供应商进行沟通以及必要的供应商管理;并根据材料、设备市场行情的变化,与供应商协调进行价格调整。

二、采购工程师的专业素质

从事国际工程项目货物采购的工程师由于其工作特点,其专业素质要求应该是融采购管理、技术专长、经济/财务、商务知识、法律税务、语言、信息系统等于一体的多元化人才。

(1) 采购的过程实际上是对供应商选择、管理的过程,即用合同条款规范供应商的商业行为,管理供应商的交货过程,对采购的质量、数量和进度进行控制。采购工程师应具备采购过程管理、供应商管理的能力。

(2) 采购工程师应该是采购标的的行家里手,充分理解业主的项目意图,了解设计部/技术部的设计意图,正确解释技术规范,合理制定合同条款中的品质条款,对供应商在供货过程中出现的技术问题能及时解决。

（3）采购工程师应该具有一定的经济/财务知识背景，如可对项目东道国的经济环境做出评价，判断材料、设备价格的走势和汇率的变动趋势，正确选择支付货币等。

（4）掌握基本的国际贸易知识，如正确选择贸易术语，选择有利于承包商的支付方式，熟知不同运输方式的操作手续，运输路线以及不同航线的运输周期，熟悉运价表结构，分析承运人运价等。

（5）深厚的法律知识是采购工程师搞好本岗工作的必要条件。采购工程师熟知合同条款的法律内涵，理解承包合同与采购合同的逻辑关系，了解通用合同条件与专用合同条件的逻辑关系，了解项目所在国的商法，适用条件，以及不同法律制度的区别，可以综合运用国际贸易条约与惯例。

（6）国际工程项目货物采购的地域特点要求采购工程师有良好的外语基础。这一方面表现在与供应商以及各有关方面的商业沟通，还表现在对合同文件起草、解释时用语的准确性，以及对合同中涉及技术规范等问题时表述的准确性。

（7）采购工程师应能熟练使用计算机及其他信息技术工具（如电子邮件、互联网等）。

三、采购工程师的个人素质

采购工程师的个人素质主要包括：分析技巧、逻辑思维、决策能力、灵活性、合作精神、沟通与交流技巧、市场意识、供应商关系处理、工程意识和技术头脑等等。

分析技巧：分析能力的高低反映人的思维深度和广度，采购工程师应能从不同零散信息中发现基本联系，能将有关问题具体分解成详细内容，能从事态的发展趋势中估计到可能发生的情况，分析问题时能看到有用的细节并提出自己的见解，准确评价材料、设备采购中的复杂情况，提出解决问题的办法。

逻辑思维：采购工程师能将不同信息联系起来，根据自己的学识和经验分析问题，通过经验比较，看到不同事件的差异性及共性，或能看到别人注意不到的问题，将看似无关联的信息联系起来分析整个事态，能分析出不同事态发展的趋势及相互间的关系，能在复杂情况下看出关键问题。

决策能力：能适时对有关情况做出可信的决定，并和使该决定与工程项目的目标一致；能判断出是否需要其他人参与做出决定，在决策前考虑是否存在风险并征求必要的建议，决策后能跟进并确保决策实施。

灵活性：采购工程师能以积极的态度不断调整，不断改进，灵活、有效地对事情的变化作出反应，能主动出击并争取事态变化的最好效果。

合作精神：采购工程师能以积极的态度与别人共事，并将自己融为整体或团队的一部分，妥善处理集体中的矛盾与分歧，注重集体利益和目标，以保证跨部门、跨职能的工作顺利。

沟通与交流技巧：采购工程师应熟悉人类交际学（包括人际关系学、人际传意学、大众传播学）的基本理论和方法，应清楚了解交往是怎样发生的、交往过程受哪些因素影响、交往的各种差异（民族差异、历史差异、性别差异、年龄差异、观念差异）、交往的心理障碍及其克服方法；采购工程师应能运用语言等方法让别人准确理解自己的意图与思路，掌握说服他人的基本方法，并能花适当的时间，与供应商或各有关当事人进行交流沟通，制造生动活泼的交谈气氛。

市场意识：采购工程师应能了解材料、设备供应市场的特点，应用市场调研技巧，利用相关的信息资源，分析目标市场的供应特点，适时地将市场信息运用到采购过程中，开发和发展更适合本项目需要的供应商。

供应商关系处理：按采购目标建立相应的供应商关系，改善供应商的表现，开发利用供应商的能力。采购工程师应能了解供应商情况，正确使用供应商竞争机制，跟进供应商的实际表现，主动改进供应商，使供应商能以为本公司服务为荣，发展使与供应商的合作关系。

工程意识：采购工程师应能理解工程项目实施的组织与运作方式及特点；掌握所采购材料、设备的基本技术要求和制作工艺；了解供应商的生产潜力和相关的技术能力；了解供应商产品的基本成本构成；分析材料、设备的价格构成；了解降低采购价格的可能性，改进供应周期。

四、采购工程师的职业道德

采购部在工程项目实施过程中是资金流出的主要部门，也是项目对外交往的窗口单位，采购工程师的道德品质将会直接影响工程项目的实现程度和承包商在项目东道国的形象。采购部组建后，应制定出采购工程师的行为规范守则，以约束其对外交往中的行为。但无论任何，在选择采购工程师时，其个人的道德品质应成为重要的选择标准之一。

从事国际工程材料、设备采购的工程师应该具有以下职业道德：

（1）遵守国家与采购相关的法律法规。

（2）遵守项目部的规章制度。

（3）保持对公司的忠诚，在不违反法规和政府条例的前提下，在符合应有道德准则的情况下，实现项目的最大利益。

（4）公平、公开，不带个人偏见，在考虑全局的基础上，从提供最佳价值的供应商处采购。

（5）坚持以诚信作为采购工作基础，谴责任何形式的不道德行为和做法。

（6）回避一切危害商业交易公平的利益冲突。

（7）诚实地对待供应商和潜在供应商，以及其他与自己有业务往来的对象。

（8）保持高水平的个人操行。

(9) 拒绝接受供货商或潜在供货商的赠礼。

国际工程项目货物采购人员直接服务于公司的承包项目。恪尽职守，责任心应是采购工程师最基本的工作理念，积极性、主动性和独立性是关键。玩忽职守者任何时候都是被组织所摈弃和淘汰的对象，责任心的大小反映了对工作的热爱程度，是爱岗敬业的具体表现。国际工程材料、设备采购业务工作头绪较多，离不开相互间的协调、配合。此外，具备独立开展业务工作的能力也是对其最基本的要求之一。因此，采购工程师的工作态度必须是积极、主动，其工作过程必须是认真、细致。同时，采购工程师要具有进取心和强烈的忧患意识、旺盛的工作热情、永不满足的工作理念以及自觉服从制度管理的观念。

总之，无论国际工程项目采购部内部的组织形式如何，采购部应该是一个团队，全体成员为实现国际工程项目的总体目标，同心协力，同心同德、全力以赴。

第 3 章 国际工程项目货物采购的前期准备工作

> 材料、设备供应市场研究是承包商中标前投标报价的一项基本工作,是中标后物资采购的前期准备。为满足国际工程承包项目的需要,需要针对所采购的材料、设备进行系统的供应市场等相关情报数据的分析调查、研究、搜集、整理、归纳、分析并了解不同层次供应市场的结构特点及项目东道国市场现状,按照不同要求分解采购清单是供应商考察、选择与决策的基础。

第 1 节 国际工程项目货物供应市场分析

国际工程的实施主要是在境外,其成功与否,部分归因于项目的外部环境。由于项目东道国与国内社会经济环境的巨大差别以及不可控制性,使承包商面临许多与国内不同的情况和承担更多的风险。作为居于工程项目和供应商之间的采购部,处于陌生的市场环境,担负提供项目物质基础的责任,应认识到外部环境与采购部工作的相互依赖关系,分析环境,利用环境,规避不利因素,进而制订出行之有效的采购计划、采购策略或具体的解决方案。

一、项目东道国政治经济环境分析

每一国际工程项目区域、国别不同,外部环境也千差万别,但研究的内容基本相同,主要包括项目东道国的政治、经济、法律、国家体制、宗教文化等内容。

1. 政治环境分析

政治环境是国际工程项目十分重要的环境因素。主要包括项目东道国和地区的社会因素、政治体制、执政党派及有关经济政策和外贸政策，以及国际的和东道国的各种经济法令和条例等。

对政治环境，首先要分析的是对方国家的社会性质、政治制度、对外政策，以及与我国的关系等，其中政治稳定性是必须考虑的关键因素之一。国际工程项目生产周期较长，不稳定的政治环境，如暴力、恐怖事件、经营限制、禁止资本和利润汇回等诸如此类的风险，会使承包商蒙受损失，因此有必要知道如何监测该国政治形势的变化，以及外国政治冲突和困难的产生及其对工程承包的项目影响。此外，政治体制特色、政府机构设置、繁琐的公文申报程序，会影响政府机构的办事效率，造成承包商间接采购成本的增加。

国际工程项目遇到的政治问题主要有政治主权和政治冲突两个方面。政治主权指的是一个国家通过各种法律制裁来维护置于外国承包商之上的权力。这种制裁是有规则的和逐渐演进的，因而是可以预测的，如对国外承包商增加税收就是一个例子。政治冲突则基本上可以分为骚乱、内战和暴力阴谋等。政治冲突对承包商经营的影响表现为直接效应和间接效应。直接效应是反对企业的暴力，如绑架项目部人员、破坏承包项目财产等。间接效应是由政府政策的改变引起的，如对国外承包商税收政策改变等。

总之，一个国家政治的稳定性，是由国内、国际多种因素构成的。一个国家政治环境的变革，可能导致经济环境的变革。因此，在评价一国政治环境时，必须把经济动态变化因素统一起来进行综合考察。只有这样，才能对政治环境做出正确的评价。

2. 法律环境分析

国际工程项目是在一定的法律框架下进行的，项目东道国的法律环境是环境分析中一个需要特别注意的因素。国际工程材料、设备采购的很多经营活动，往往由于符合法律规范而进展十分顺利，但也往往由于法律上的限制而受到阻碍。因此必须了解东道国的外部，内部法律环境。对一个国家的法律环境，应从两方面做出评估：一是它的完善性；二是它的严肃性。对国际工程承包商来说，不仅要懂得国际法律制度，特别是法律的基本思想及其裁决权，而且要了解东道国的国内法，更要对其涉外法有深入了解，如专利法、商标法、广告法、卫生法、竞争法、反倾销法、商检法、合同法，以及有关关税、配额、知识产权、进出口许可证、税务条例、产品安全检验等方面的法律、法规。这些法律法规对国际工程承包活动、货物采购业务产生重要影响。

3. 社会文化环境分析

社会文化环境，对国际工程项目货物采购的影响是多方面的。了解社会文化的重要途径是：分析一个国家的基本文化要素、物质生活、语言、教育文化水平、风俗习惯、宗教信仰、道德观念等。要做到"入国问禁，入境问俗"，通晓该国的国情、民情，才能保证采购作业的成功。同时在不同的国家的采购活动必须与每个社会的文化特质保持一致。

实施国际工程项目货物采购还必须正确认识和理解不同社会文化与行为差异，以避免经营活动的盲目性和失误。如阿拉伯国家的宗教节日可能会成为承包商材料、设备采购进度控制的影响因素。社会文化的影响，存在于一切国际市场的经营活动中，承包商必须适应海外文化，其经营活动和措施也应当与当地的社会文化保持一致。

4. 经济环境与经济制度现状分析

一个国家的经济环境包括国内的生产资源和资源配置，大致包括宏观经济环境和微观经济环境两个方面。认识宏观经济、人口环境，必须了解如下情况：人口和收入水平、经济状况、通货膨胀率、人均国民生产总值。这些指标能反映东道国经济状况，可对市场进行合理估计。国家的经济状况指标是指劳动力、能源成本与能源供应的充足与否、人均消费水平、交通、通讯和汇兑方面的现代化设施等。

项目东道国的经济制度对其市场供应会产生直接的影响。世界上所有国家的经济制度大体区分为两类：资本主义制度和社会主义制度。近年来，出现一种新的经济制度，这种制度把经济生活与宗教联系在一起，如阿拉伯一些国家。此外人口、收入和支出的数据，是对各国经济的基本透视，亦可反映出市场的供给状况。

二、材料、设备市场供应能力分析

对材料、设备市场供应能力分析主要是分析项目东道国对国际工程项目需要的各种材料、设备的提供能力及国际市场供应能力分析，这是决定货物价格的重要因素之一。

1. 项目东道国物资供应市场分析

我国国际工程主要分布在不发达和少部分中等发达国家。这类国家的物资市场供应特点是：

（1）不发达国家。基础设施落后，工业化程度低，生产技术落后，生产能力对供应量有很大的限制。当需求量增加时，价格上涨，当需求量增加到一定程度时，供应能力就成了决定因素，出现了高价也买不到按时供应的材料现象。这种现象对工程的成本、工期、质量都有严重的影响，很多时候是造成工程滞期的主要因素。出现这种现象的原因有三个：1) 提高生产能力本身需要一定的时间，市场对需求量的变化需要一个调整的时间；2) 提高生产、供应能力需要资本的投入。不发达国家的生产者、供应商规模小，投资能力差、限制了其扩大生产的能力；3) 市场需求能力低，使生产者和供应者不敢贸然投入。扩大后的生产能力和供应能力，也就是按工程进度需要配备的供应能力，在工程结束有可能出现设备闲置、找不到活干。此外，任何其他工程的开工，实施都会极大影响对在建工程的物资供应。不发达国家另一个需要注意的问题是零配件供应。不发达国家的生产设备、生产技术落后、设备陈旧，数量少，零配件的供应能力、加工能力都比较差，给设备维护造成很大的压力。

（2）中等发达国家。中等发达国家大多数材料、设备供应市场资源相对丰富，单个工程的实施不会超出其供给能力,最多引起一些价格上涨。在这类国家,供应商的材料报价一般可以反映出当地的市场价格,承包商可以利用市场的竞争机制,货比三家,以较为合理的价格进行采购。另外、这些国家设备零配件的供应能满足要求。

2. 国际供应市场结构分析

从材料、设备供应的角度来看,市场结构问题本质上是一个市场中各个企业之间的竞争关系问题。一般地,按市场中产品的采购方与供应方的多寡、差别程度、进入的自由程度和信息的完全程度,将市场结构划分为完全竞争市场、完全垄断市场、垄断竞争市场与寡头垄断市场四种类型。不同的市场结构决定了承包商在采购过程中的不同地位,因而需采用不同的采购策略和方法。

(1) 完全竞争市场。其市场结构的特点是市场上有大量的采购方和供应方,无论是采购和供应都不能单独影响物资的价格,价格系由参与该产品市场的采购方和供应方共同影响确定,即市场由供给和需求确定,市场透明度高,在产品结构,质量与性能方面,不同的供应商之间几乎没有差异。由于市场进入比较容易,供应商较多,竞争激烈,因而供应商定价比较灵活,易于对承包商询价做出积极反应。属于这类市场的货物一般是标准化建筑材料、电子产品、五金产品等。

(2) 完全垄断市场。由于技术(如专利,知识产权等)或法律原因,供应厂商是市场唯一的供应者,完全控制了该行业市场的全部供给,其产品几乎没有接近的替代品,因而该供应厂商也是相应产品的价格决定者。这种市场只是一种理论的抽象,在现实生活中几乎是不存在的。但在国际工程项目货物采购过程中,如果出现业主指定某一材料或设备的唯一供应商,这实际上是一种局部条件下的人为完全垄断,这种现象可能会出现在诸如业主为保证建筑产品质量、保持技术标准,生产工艺的一致性、或为前期某一生产项目的配套工程而指定供应商等情况。在这种情况下,承包商可能被迫接受垄断企业的销售高价或其他限制条件。

(3) 垄断竞争市场:是一种既有垄断又有竞争,既不是完全竞争又不是完全垄断的市场,是介于完全竞争和完全垄断之间的一种市场。其特征是供应厂商较多;价格处于规模较大的供应商控制之下;不同供应商同一产品之间存在差别,(如质量、商标、销售服务等)。这种市场结构有助于承包商通过价格分析其报价和产品质量的可靠性,也为对供应商的选择提供了广阔的空间。大多数建筑物资属于这种市场结构。需要注意的是,为保证工程质量,对重大设备或关键物资,业主可能会指定供应商范围,从而限制了承包商的选择范围,使得承包商利用供应商之间的竞争程度降低。但在承包商自主选择供应商条件下,对属于这类市场的其他大多数物资,其可能有更多的选择余地。这需要承包商充分利用市场条件,加剧供应商之间的竞争,以获得有利于承包商的销售条件。

(4) 寡头垄断市场。该市场进入障碍明显,通常由少数几个企业占据绝大多数市场份额,这些企业往往具有一定的规模经济。这种寡头垄断市场在物资采购时经常出现在对重大设备、非标设备的采购。

三、项目东道国供应市场环境分析

市场环境分析主要包括影响货物采购过程的各个因素，如当地物资的可获得性及技术指标、采购半径、运输状况、支付习惯、各种税赋等等。

（1）了解材料、设备，施工机械等价格，及当地主要供应商和生产厂家的生产能力，产品技术指标；了解当地流行使用的设备，以及技术规范中要求使用的设备在当地供应情况；了解这些设备零备件的供应情况。材料，设备的购买价格，租赁可能性与租赁价格以及项目配套所需材料和设备。

（2）办公用品的价格以及租赁的可能性和价格。

（3）了解与物资供应有关的费用开支。如日常业务活动中有哪些可能的隐性费用支出，一般数额或占合同比例；当地的进出口程序、报关及清关手续以及相关费用，海关代理的费用，海关的各种税收、税种（如附加税、进口税、海关税、转口税等）税率、课税条件及费用；关税税率表、滞港费、仓储费、清关费及运输过市费等；了解节假日情况及天数，节假日报酬支付办法。

（4）当地外汇管理情况及汇率制度。特别是对外汇的汇入、汇出的限制条件，外汇管制的宽严程度；了解承包合同中当地货币和其他货币的支付比例以及当地货币的可自由兑换性。了解当地货币价值的稳定性及与世界主要货币挂钩的情况；承包合同中如果当地货币支付比例较高，应注意银行是否有相关避险产品。

（5）法律法规。通过当地律师和注册会计师机构了解当地与国际工程咨询或承包有关的法律，如经济合同法、公司法、劳工法、社会保险法、投资法、金融法、外汇管理条例等；了解国外承包商在进行采购等商业活动时是否必须通过代理进行；了解当地有关仲裁规定和法律。

（6）银行与保险。了解当地银行的实力和背景、管理情况、办事效率、各项手续费的收费水平等情况，了解当地银行利率、费率及是否收取利息税；存款和汇款的手续费和方便性，银行现代化办公程度等情况，应特别关注与中国有过业务往来的银行，确定备选合作银行；当地保险公司的守信情况及与中国相应机构的关系；了解保险公司有关金融状况和经济状况；海洋及陆地运输险等各险种的保险费率。

（7）项目东道国物流状况。了解在当地可提供物资供应条件下，潜在材料供应商的主要分布及采购半径、航空路线及费用、海运线路、周转港口及港口费用、装卸费用、海运费用、运距和运价、所需时间等；由港口或机场到工地的公路和铁路的通过性、运输能力和相关费用等；河运各季节的航行通过性和运输能力以及当地气候条件对运输可能造成的影响；项目附近的港口情况、港口费用及装卸费用、与拟建项目并行的公路或水运交通条件；了解当地运输规则，大型的运输商，尤其是河陆联运的运输商各自状况、运输能力及运价；当地运输车辆的租赁费用。

(8) 了解当地的商业习惯，如是货到付款，还是预付款；如需开立信用证/银行保函时当地银行的限制条件或附加条件，在当地采购时对货币支付的限制等。

四、对需从我国出口材料、设备至项目东道国的物流系统分析

需从我国出口物资至项目东道国的物流系统大致可分为以下几个环节：
(1) 各类需从国内出口材料、设备的定购计划；
(2) 选择合适的出口运输方式；
(3) 国内采购和运输；
(4) 国内物资集结或仓储；
(5) 出口报关。

对国内出口承包物资的物流系统应基于服从工程项目三大控制的总体目标，明确约束条件。根据承包合同的要求，综合考虑其他在建项目或续建项目的情况，制定采购方案；分析实际出口材料、设备的种类和数量、工期要求、相关手续所需时间，以及运输成本、运输可靠性，选择合理的运输方式；对于国内采购的货物，分析空运航班和海运航期，以及口岸报关时间，使其与供应商的交货时间相衔接，以便降低口岸的存储费用。对于出口报关，分析报关代理与自行报关的可行性，以及对日后出口退税和项目东道国进口报关工作的便利性，确定是否委托代理报关还是自行报关。

第2节 国际工程项目货物采购清单分析

国际工程项目货物采购清单分析主要是对承包合同中规定的应由承包商采购供应货物的范围、种类、数量，以及货物的属性、采购金额、在施工生产中的作用及与工程的密切程度、业主对货物的要求、进场时间等因素进行具体的归纳分析。其分析结果将直接影响承包商采购方式的选择和采购策略的制定。

一、确定采购范围

国际工程项目物资大致可划分以下几个方面：
(1) 工程用料；
(2) 暂设工程用料；
(3) 施工用料；
(4) 工程机械；
(5) 永久工程机电、设备和生产性设备等；
(6) 其他辅助办公和实验设备等。

在上述范围中，划分哪些由承包商自行采购供应，哪些由业主提供，哪些拟交给各分包商采购。对属于承包商采购供应的范围，再进一步划分哪些可由其他工程调运，

哪些须由本项目采购,最后确定采购清单。

二、分析采购清单

(1) 认真研究承包合同规定、技术规范,理解业主的要求,了解采购标准。承包合同中的技术规范具体规定的不仅仅是最终工程的性能、质量规格,还具体规定了工程材料、设备及施工方法等,这决定了承包商的供应商选择标准。因此承包商应充分了解材料、设备技术规范中对物资标准的规定,了解不同标准之间的差异,尤其是同我国材料、设备标准的差异;此外了解承包合同有无对材料、设备的特殊要求;对同一产品是否有不同标准;了解材料、设备的设计标准与当地该物资的可获得性是否匹配,了解需向咨询工程师报批审核物资的技术要求等。

(2) 分析确定哪些物资由承包商自主选择供应商,哪些物资是在业主指定供应商名单中选择。对指定供应商应给予高度重视,这是因为指定供应商供货,除货物的质量因素外,可能会掺杂其他因素,这给承包商日后询价,谈判签约、履约可能会带来一定的困难或影响承包商收益。

(3) 认真研究工程量表,了解当地或业主要求的施工工艺,测算采购清单中每一或每一类材料、设备和服务的支出可能性并与投标报价加以比较,控制采购成本。

(4) 了解业主对材料、设备采购的产地要求,同时划分哪些物资可以在当地采购,哪些从国内出口,哪些必须从第三国进口。对有产地要求的货物,在询价,供应商选择,合同条款设置,或采购作业时对产地证,或货物上的产地标识给予充分注意。这些问题在海湾国家承包工程时尤其明显。对于需从第三国进口的货物,尤其是设备类货物,绝大多数以信用证方式支付,应提前拟定资金使用计划并做好相应的安排,如开证行的选择等。

(5) 了解当地海关条例,划分采购清单中的临时进口和永久进口货物,以及需要办理进口许可证或进口保函的货物,便于日后办理货物的进出口通关,复出口和出口退税手续。

(6) 根据材料、设备在国际工程项目中的重要性程度,划分出战略物资,重要物资,瓶颈物资和一般物资,或按照 ABC 分类法进行分析,以便采取不同的采购策略。

1) 重要性分析

①战略物资,是指这些物资对国际工程项目至关重要,同时供应市场比较复杂,承包商获得这类物资有一定难度。其特点是:这类物资在工程总造价中占有较大的比重,物资质量的好坏对工程会产生重大影响,并且能够提供这类物资的合格供应商不多。这类物资经常出现业主指定供应商供货的情况,如生产用设备、控制室设备、消防报警系统等。

②重要物资,是指对承包项目来说很重要,获得比较容易。其特点是供应市场比较充足。该物资在工程总造价中比重较高。这类物资属于基本采购,主要集中在三大

材和四小材上，如钢材、水泥、木材、水暖管材、建筑陶瓷等。

③瓶颈物资，是指在工程项目中的重要性并不高，但供应市场比较复杂，供应的可靠性较差，变动因素多，从而成为工程的瓶颈物资。其特点是：这种物资的价值在工程总造价中所占比重不高，但获取这种物资有一定的难度，如难于找到合格的供应商，或业主定制的设备、材料，或采购半径较大，又缺乏可靠的运输保障，或该物资属于供应商的专利产品，在供应市场上处于垄断地位，或为与其前期工程配套而订制的专用物资、资本设备；或承包商获得该产品需要付出较高的代价，如一些新型建筑材料和建筑施工中较少使用的材料。

④一般物资，是指那些在工程承包过程中，其重要性一般，同时又比较容易获得的物资。基本是小件，标准化物资，本身价值不高，市场上容易获得。但这种物资种类繁多，采购量大，采购频率高，交易成本较高，如沙、石、灰、五金、维修备件、办公用品等。

2）ABC 分类法分析

ABC 分类法也被称作 20~80 原则，即 20% 的货物采购占用 80% 的采购支出。

(7) 了解清单中不同货物的采购周期，以便制定相应的采购计划。由于供应市场以及物资属性不同等特点，采购周期差别很大，对某些采购周期长的物资，应在采购计划中适时规定用货部门请购文件的递交时间。计划不周，会影响物资进场时间，延误工期。

(8) 划分物资属性，即其在工程项目中的作用以及使用频率不同，与采购相应的物流活动也不同，如零部件、散材等物资，使用量大，消耗多，采购量大而且频繁，其物流工作量大。而某些特殊物资的采购（如危险品，易燃易爆物资等）、超限设备采购，属于特种物流，应根据当地情况，做出相应的安排。同时，根据物资属性划分共享物资和独用物资，以便整合共享物资采购数量，争取集中批量订货的价格优惠。

第 3 节　国际工程项目货物采购方式分析

采购方式是承包商为获得材料、设备、服务的途径。选择合适的采购方式对适时、适量、适地、适价应地采购具有重要意义。它决定了承包商能否有效的组织、控制资源，以保证项目的顺利实施以及较大利润空间的实现。

国际工程材料、设备采购是多种采购方式的结合。主要采购方式有招标采购、谈判采购、直接采购与间接采购、集中采购与分散采购、电子采购、框架协议采购等。

一、招标采购

招标采购是现代国际社会通用的采购方式，是由招标人（采购方）发出招标公告或通知，邀请投标人（潜在供应商）前来投标，最后由招标人通过对投标人提出的价格、质量、交货期、技术、生产能力和财务状况各种因素进行综合比较分析，并与其签订供货合同的整个过程。招标和投标是招标采购的两个方面，分别代表了采购方和供应商。招标采购一般情况下能做到采购过程的公开透明，开放有效，公平竞争。

招标采购的类型有：公开招标，邀请招标和议标。

1. 公开招标

承包商以招标公告的方式邀请所有供应商投标的采购方式。

公开招标采购的优点在于：

（1）公平、公正、公开、一视同仁、杜绝腐败。

（2）充分竞争、优中选优；提高质量、降低价格。

采用公开招标的约束条件是：

（1）必须有良好的经济环境和法律制度；

（2）完善的招标法律保障和道德或信誉的保证，并已形成有效的监督机制；

（3）足够的供货渠道和供应保障措施能力；

（4）社会认同的技术规范或标准；

（5）良好的专家队伍。

采用公开招标应该注意以下几个问题：

（1）投标报价中必须有非常严格的规格要求，否则中标的供应商可能会提供了满足规格的产品，但不一定总是能提供承包商期望的性能。

（2）中标的供应商通常可能靠降低产品质量来降低价格。提供高质量产品的厂商因没有价格竞争力被淘汰出局，承包商因此而采购了劣质产品；

（3）当某些设备的供应由二、三个生产厂商控制时，很可能形成多头垄断，生产厂商的价格行为非理性化，在这种情况下，公开招标不可能产生竞争。因此供应商之间的联盟关系使招标采购失去意义。

（4）供应商一旦中标，价格不能更改和招标评审小组推荐意见的惟一性，会削弱承包商货物采购决策。

（5）对价格正在下降，或价格水平不是很高的材料，招标的效果可能不大，甚至有相反效果。

（6）由于厂家供货有一定的稳定性，且随着降价的不断进行，利润越来越低，部分供应商就会相互"合作"，影响降价效果，这时应适时引进1~2个新供应商，打破这种合作关系，以取得最好的招标效果。

（7）对招标后配额的分配应慎重。招标后的供货比例对供应商的吸引力和影响力较大，一个好的方案会改变供应商的投标。

（8）招标采购是一种比较复杂的采购方式。编制标书是一项非常复杂、耗时、耗资的工作，占用大量人力资源，招标过程是否顺利，亦取决于承包商的工作能力和工作效率。若组织不严密，工作拖沓，招标的优越性不但不能显示，反而带来更大采购成本的支出，使招标变成一种时间冗长、效率缓慢、代价巨大的采购方式。在运用招标前要仔细审视自己或代理人进行招标的工作效能。若不具备开展此种业务的较高水平，不宜采用。对于工期比较紧迫、物资采购金额不大、技术性不强的非资本货物不宜采用招标采购。

（9）有些货物不适宜以公开招标的形式采购，如承包商所需的物资品种、型号或有关其他条件比较特殊，能够生产和供货的供应商数量有限。此时，承包商在事先估计到若采用招标的方式，响应投标的人不会太多时，应放弃招标。

（10）招标采购过于重视价格因素，而忽略供应商以往服务业绩，对于特殊规格或紧急采购货物难以适用。

总之，招标的采购成本等于全部招标过程所需人力、物力和时间的消耗总和减去使用招标所带来的成本节约。由于招标所需的时间相对较长，而且需要专业人员进行一系列招标、资格审查、评审标书等工作，因此开支较大。但通过投标竞争可以降低购买货物的价格，这是招标所特有的性质，也是开展招标的承包商追求的目标。因此在计算采购成本时，要把以上因素放在总成本综合考虑。在采购材料、设备总额较小的情况下，运用招标所能节省的资金有限，不能抵偿招标人力、物力消耗的巨大开支，所以，最好采用一般的采购方式。

2. 邀请招标

邀请招标是一种有限竞争型的招标方式。具有以下特点：

（1）承包商在一定范围内邀请特定的供应商投标（如通过资格审查的供应商或业主名单上指定的供应商）。

（2）邀请招标无须发布公告，承包商只要向特定的潜在投标人发出投标邀请书即可。

（3）竞争的范围有限，承包商拥有的选择余地相对较小。

（4）招标时间缩短，招标费用也相应降低。

由于邀请招标的方式在一定程度上能够弥补公开招标的缺陷，同时又能相对较充分地发挥招标的优势，因此也是一种使用较普遍的采购方式。邀请招标可以采取两阶段方式进行。当招标人对材料、设备缺乏足够的经验，或对其技术指标尚无把握时，可以通过技术交流会等方式广泛摸底，博采众议，在收集大量的技术信息并进行评价后，再向选中的特定供应商发出投标邀请书，邀请被选中的投标商提出详细的报价。

邀请招标的最大优势是可以缩小范围、锁定目标、速战速决，这样不仅节省承包商的招标费用，还有效地提高了投标人的中标机会。但由于限制了充分竞争，应对选择的投标人提出更高的要求。尽量避免由邀请招标再转入公开招标，以免太过费时、费力、费钱。

3. 谈判招标

谈判招标是一种议标的方式，即先通过有限性招标，再通过谈判确定投标者，以达到化整为零，邀请协商的目的。议标采购主要有以下三种议标方式。

（1）直接邀请。直接邀请某一个供应商进行单独协商，达成协议后签订采购合同。如果一家不成，再邀请其他厂家，直到成功。

（2）比价议标。将投标邀请函送给几家供应商，邀请他们在约定的时间内报价，然后择优录用。

（3）方案竞赛。方案竞赛是承包商进行重大设备采购时常用的一种议标方式。

1）由招标人提出设备设计，制造，安装等基本要求和投资控制的数额、可行性研究报告或设计任务书、场地平面图、有关场地的条件和环境要求等各方面的详细内容，以及其他有关规定。

2）参加竞标的供应商据此提出自己的规划或设计的初步方案，并阐述方案的优点、人员配置、完成时间和进度安排、总投资估算等，一并报送招标人。

3）最后由招标人邀请有关专家组成评审委员会来选出优胜单位，招标人与优胜者签订合同，补偿未中标单位。

在下列条件下，谈判采购比公开招标采购更能满足承包商采购目标。

（1）采购设备独特而又复杂，以前不曾采购过，缺乏成本信息。

（2）当某些材料、设备有多个供应商时，良好的谈判策略一般能成功地促使希望获得合同的供应商进行让步。

（3）当有若干个供应商竞争提供物资，没有供应商能全部满足承包商的价格、交货或规格要求。

（4）当对现存合同进行变更时。

谈判采购优势在于：它适用于特殊规格，独家经营或仅有一、两家经营，而无竞标对象者的货物；有利于紧急采购，及时供应迫切需用的货物；能对一切条款内容细节详细洽谈，更易达到适当价格协议；可选择适当的对象，并兼顾以往供应商服务业绩，确保交货安全；有利于政策性或互惠条件的运用。

谈判采购的弊端：谈判采购是结构性较差的一种采购方式，具有较强的主观性，评审过程难以控制，容易导致腐败和不公正交易。秘密洽谈，易滋生采购人员串通舞弊的机会。同时，无限制的独家谈判，易造成供应商任意抬高价格的可能性。

二、直接采购与间接采购

这是从采购主体完成采购作业的途径来区分。这种划分便于承包商了解与把握采购行为。

1. 直接采购

直接采购是承包商直接向材料、设备制造厂商采购。一般指从产品源头实施采购，以满足施工的需要。目前，国际工程的货物采购部分是直接采购。这主要取决于承包商对供应市场的了解与掌握的程度。

直接采购的基本前提是：采购批量大，承包商有自行储运能力或委托运输，同时采购费用低于间接采购的费用。由于制度原因，直接采购一般仅限于项目东道国当地采购。直接采购的适用范围一般为生产性原材料、元器件，如水泥、钢筋、砂子、模板等。同时对于金额巨大的机器设备，需要技术服务的精密设备等也须直接采购。但由于直接采购的数量巨大，或金额较高，制造厂商会要求采购方预付定金，或提供担保人等。

直接采购的优点是：由于是生产厂商直接供货，环节少，价格相对较低，且时间短，手续简单，信息反馈快，易于供需双方交流，支持，合作及售后服务与改进，易于供应商管理。

直接采购的约束条件是：承包商有丰富的项目东道国市场或材料、设备供应市场经验，对拟采购的同类货物市场价格进行查询和比较，是直接采购的首要条件。对于国际工程项目而言，当承包商进入一个相对陌生的供应市场，一时难以与生产厂家建立直接采购的渠道。直接采购必须做好采购计划与决策，从采购内容和过程上进行严格控制，合同中须有严格的质量保证机制和相应完善的验收制度。

2. 间接采购

间接采购是指通过中间商进行采购，也叫委托采购或者中介采购。即通过第三方实现货物的获得。当直接采购的费用和时间大于间接采购的费用和时间，或承包商对当地市场尚缺乏了解时可采用间接采购的方式。这种采购方式适合于那种标准化产品。但是，由于中间环节增加，导致了不确定因素的增多和信息不对称风险的增加，同时采购价格高，且采购绩效也难以量化。

三、单一采购和多家采购

1. 单一采购

在国际工程项目材料、设备采购中，经常会发生不得已单一采购的情况。这是因为，业主指定供应商；或所需的材料、设备只有一家生产商或供应商，承包商别无选择；或业主指定采购标的的原产地，而该原产地只有一家符合业主要求的供应商；或某一供应商对采购标的拥有专有权；或在发生不可预见的紧急情况下，来不及从别的供应商处获得货物；或为保证原有设备配套技术要求，只能从一家供应商处采购；或采购量太少，不值得再分割；或某个供应商可以提供有价值的，非常出色的产品，承包商无须再考虑其他供应商；或与原工程类似的后续工程，并在第一次招标文件已作规定的采购。从这些特定情形的内容上看，都是除此一家，承包商没有其他的选择，但又必须进行采购，故只能从唯一供应商处采购货物。就双方所处地位而言，在这种采购中，承包商处于不利地位。

单一采购对承包商是一个棘手的问题。由于供应源单一，没有竞争对手，承包商无法获得价格优惠，甚至可能被迫接受供应商报价。此外，一旦供应商由于某种原因，中断供应，承包商将面临停工待料的危险。

单一采购成功的关键在于：制定严格有序的单一采购方式，精心确定采购目标和所需服务，建立完整的采购框架，同时积极发展与供应商的关系，协调好双方利益以及解决分歧的承诺和能力。实际上，在单一采购条件下，每一供应商都是其供应货物的专家，因此建立在相互信任基础上的个性化服务对承包商来说是非常重要的。同时，这种个性化服务是按照工程项目的实际需要量身定做，项目经理的直接参与有利于迅速做出采购决策。在可能的情况下，为确保采购的价值和价格的合理性，承包商应进行外部分析比较，同时还必须制定一个明确规定解决问题、分析问题的解决方案，制定时间期限、供货范围和服务标准等程序用以规范整个采购过程。

2. 多家采购

多家采购是一种传统做法。即从多家供应商处采购货物，利用供应商之间的相互竞争。承包商分散采购，不必担心货源中断。这种采购数量化整为零的作法无法使承包商享受数量折扣的优惠，增加交货管理的负担。这种采购方法适合于数量庞大，或者供应商无法独立供应的物资，适用于标准化货物的采购，不因为供应厂家的不同而发生品质规格的差异。

多家采购应进行严格的询价，供应商选择和供应商管理，建立严格的到货检验制度和科学的检验标准。

四、统购

承包商与供应商议定价格，当需要时即由采购方直接叫货，不必重复请购、询价、议价、订购等作业流程。国际工程货物采购中那些单价不高，但消耗量大的三材采购经常使用这种采购方式

优点：统购可以节省重复请购，采购的时间及人力资本，并且交货迅速，价格稳定。供应商经常处于待命的状态，具有准时制采购的特点，可以减少承包商的库存量。如果发生工程变更，不易发生呆废料。

缺点：由于采购流程简化，控制不严，容易导致采购支出的失控。

约束条件：须认真进行供应商选择和供应商管理。

五、电子采购

即以电子技术，网络技术为基础，以电子商务软件为依据，以 INTERNET 为纽带，EDI 电子商务支付工具以及电子商务安全系统为保障，即时信息交换的在线交易的采购活动，应该是国际工程物资采购的主流方向。

电子采购具有明显的优势：

（1）提高货物采购供应的管理水平，扩大询价、比价的范围，由原来的货比三家到货比千家。

(2) 降低采购成本，节约采购费用，缩短采购周期。

(3) 实现网上采购全过程监控，加强对采购流程以及库存等的控制，杜绝暗箱操作。

(4) 延长服务时间，可实现全天候 24 小时服务。

六、集中批量采购

按照工期，货物种类等因素，将各子项目的物资需求集中采购，或将采购清单整合，按照共享件（如脚手架等）与独用件分类，进行集中采购。这里有两层含义：一是集中需求量。将不同共享物资在一定时间内的需求量进行整合，力求达到供应商的最小批量要求，或将较小批量整合成较大批量，以求争取到更优惠的价格。二是集中向某个供应商采购。这种方案更适用于标准化的货物采购。由于分销供应商经营模式比生产厂家更为灵活，可能代理较多的产品线，而其要求的最小订货量也比生产厂家更低，因此在很多时候向一至两家产品线较全的代理商集中采购是批量采购的一种上佳选择。

优点：集中采购有利于对采购的有效控制。由于工程项目现金流出量的大部分是物资采购，在不影响工期的情况下，对任一时点的采购量的控制可以有效控制资金的有效使用。同时，只有集中才可能形成批量，从而得到供应商的数量折扣，而且定购费用的支出也会因采购统一作业而减少。集中采购、批量采购亦可有效控制采购质量，取得供应商优质服务。

缺点：这种采购方法对承包商可能会产生价格风险，由于批量采购，不能享有市场价格下跌的好处，因此把握好采购时机非常重要。批量采购可能会在一定时间内增加库存量，影响项目的资金流动。集中采购由于受资金供应、采购过程等多方面的影响，采购周期较长，应考虑充足的备购时间，以免影响施工进度。

七、独立采购与外包采购

1. 独立采购

独立采购有两个含义：

（1）是指承包商可以利用自行开发设计的采购系统，完成工程项目的材料、设备采购任务。这种做法的优点是：系统的专用性强，能够适合国际工程的特殊要求。同时项目部员工能够比较熟悉地运用该系统，不必在多种采购系统中花费大量的时间学。一个中型机电安装项目的大大小小的采购订单可能有几千到上万个，工程的独立采购系统可减少交易时间与成本。

（2）是指由承包商自行完成采购需求。

2. 外包采购

外包采购是指承包商将采购职能和活动分离出去，交给专业的采购服务供应商处理。承包商将注意力放在施工生产等核心问题上。外包采购可根据具体情况分为全部外包和局部外包。鉴于国际工程的特点，常见的外包采购多是局部外包。

优点：承包商可利用第三方采购的资源，经验，和市场优势进行优质采购，使承包商更专注于提高自己的核心竞争力。

潜在风险：长期和缺乏机动的采购外包合同使承包商失去对外界的控制；资产发生转移，并引起财务和税务问题；对方一旦违约，承包商将面临巨大损失。

约束条件：

（1）承包商有关部门应具有制定合理、全面、有竞争力合同的能力，以保障承包商的利益；

（2）为达到效益最大化，承包商合同管理应专业、持久；

（3）承包商应具备关系管理能力，各方当事人应互相紧密配合，为其提供有效率和效能的服务；

（4）承包商必须有能力对外包货物的成本有全面分析；

（5）应确保所有的外包流程环节都被考虑到，并能确定相应的成本结构（详见本章第4节）。

八、框架协议采购

框架协议采购具有集中采购、统购的特点。在通过集成一定时期的需求，以框架协议的形式将主要采购业务向少数供应商集中，从而形成相对稳定的供需关系，有效地实现保证供应、降低采购成本、提高效率的目标。

框架协议采购包括单个和多个供应商框架协议。在该采购模式下，承包商一般实行订单管理、定期结算的作业模式。同选定的框架协议供应商签订框架协议，包括所采购货物的品种、规格、技术标准及技术附件、预计货物需求数量、供应商名称、价格（计价公式或价格协调机制）、质量及验收标准、付款、结算方式、交货、运输方式、售后服务保障、双方权利与义务、当市场价格出现较大波动或需求数量发生较大变化、或供应商生产能力受到突发事件影响等特别情况下的应对措施、供应商外委范围、外委资质、原材料技术指标、框架协议有效期、违约责任、纠纷解决方式等基本要素。当发生框架协议涵盖范围内货物采购需求时，由承包商企业根据框架协议约定内容向供应商提交订单，供应商严格依照协议约定和订单要求供货及提供相应服务，与供应商进行定期结算。

框架协议供货尤其适用大批物资或服务的不定期采购。对于具有统一标准，采购总量较多、价格浮动不大、采购频次较高、容易清算的标准化产品等特点的货物，适宜运用框架协议进行采购。框架采购合同是标准化合同，一般为通用合同条件和专用合同条件。

框架协议采购的要求如下：

（1）供应商管理。框架协议采购的前提是对战略供应商和主力供应商的培育和管理。因此，对供应商选拔、考核、管理尤为重要。

（2）过程控制。由于框架协议采购采取集合需求、框架协议、订单管理、定期结算的操作模式，因而实施过程中的过程控制是关键环节。过程控制包括进度控制、质量控制、物流控制等项内容。在签订框架协议时，明确过程控制方案，在实施过程中，高度关注过程控制。

（3）战略协同。在框架协议的采购模式下，企业与供应商之间形成战略合作、战略联盟的全新关系。通过建立更加紧密的沟通、协调、合作和共享机制，形成与供应商之间的战略协同优势。

在框架协议采购模式下，通过严格的遴选机制最终确定的战略供应商和主力供应商在行业内具有很强的实力地位和竞争优势，能够为承包商企业提供更优品质与更低价格的产品与服务，能够与供应商就未来一定时期内的物资需求和供应价格事先达成共识。即使未来出现因外部因素导致的市场价格大幅变动等极端状况，承包商企业和供应商也会基于事先达成的共识，特别是事先约定的价格协调机制，而共同面对风险和寻求解决方法，有效降低承包商企业单独面对市场价格波动的风险。在框架协议采购模式下，承包商企业同供应商之间形成了全新的战略合作关系，供应商有足够的动力来悉心维护自己的战略供应商地位，也有足够的动力去基于承包商企业需求积极提升和持续优化自身的技术水平与运营状况，持续提升所供应物资的性价比，从而更好地服务于企业"降本"目标。

优点：框架协议采购是一种高效便捷的采购方式，易于形成规模效益，控制采购成本和质量。框架协议采购使采购方在提出时间安排和数量要求方面具有更大的灵活性，减少交易费用和交易时间，确保供应的安全性。由于在框架协议中确定了供应商，并进行了资格评审，确定了未来采购的规格、条款和条件，因此能够避免经常性费用。

缺点：协议采购前期的工作比较复杂，成本较高，缺乏一定的灵活性，如不能及时调节供需，预见性差；交货时间、交货地点、供货数量等主要采购要素不确定。框架协议采购中的核心问题是招标价格。由于价格滞后于市场波动，导致的结果往往可能影响物资的质量、供应商的生产积极性和交货期。由于框架协议可能期限较长，涉及面较广，市场行情变化又往往难以掌握，当招标协议价格与市场价格走势不一致，无法抵御由于市场原材料价格大幅波动带来的风险；此外，也有可能会对有效竞争构成危害，管理和监督也有相当的难度。

约束条件：严格进行供应商选择与后续管理，合理制定供货周期，控制资金结算，必要时对采购标的进行二次报价，以保障采购成本。

九、寄售制采购

寄售制采购是指将承包商指定区域仓库内部分场地以租金或免费方式租借给供应

商,作为供应方的仓库,该仓库里的库存可由承包商/供应商管理(一般由承包商管理)。承包商可根据施工生产需要到仓库里提取货物,领取后向供应商交单,并定期结算货款。

优点:这种采购方式从承包商的角度看,具有零库存和准时制的特点,同时,由于寄售采购的承包商一般是按合同规定时间定期结算,从财务角度分析,承包商不仅实现了采购成本最小化,同时在结算货款之前是属于赊购,既达到了融资目的,也节省了交易成本。

约束条件:合理确定寄售采购货物范围,有针对性地选择非标件、紧缺料、远距离、主材料、耗量大的物资为寄售采购范围。严格选择和优化供应商,保证其所提供的货物符合技术规范的要求。订立合同,明确职责,以法律的形式明确供需双方的责任、权利、利益,规范供应商的供货行为。联合盘点,严格单证操作,确保账实相符。建立完善的物资入库质量检验制度。此外,采购合同期限内亦应考虑价格浮动问题。

十、准时制采购

准时制采购(Just In Time,JIT)是一种理想化的采购方式,其基本思想是:在恰当的时间、恰当的地点、以恰当的数量、恰当的质量提供恰当的物资。与传统的为库存而采购的根本区别是面向生产需求的采购。

优点:大量减少库存,节省存货资金的占用,减少借款利息支出,以及与之相关的保管人员的减少。提高采购件质量,降低物资采购价格,消除项目实施过程中的不增值过程,提高项目效益。

缺点:管理成本\交易成本较高,风险大。

约束条件:

(1) 充分了解采购标的所属的市场结构、价格走势;

(2) 最佳供应商选择,并对供应商进行有效的管理及供应商与承包商的紧密合作;

(3) 采购标的质量的零缺陷;

(4) 完善的信息管理系统;

(5) 适度的采购半径;

(6) 快速反应机制,应对突发事件;

(7) 建立相应的采购制度和组织机构。

准时制采购是建立在稳定的和理想的客观环境基础上,在相对稳定的时间和相对稳定的地点向相对稳定的供应商采购相对稳定的物资。由于国际工程项目的不确定性,复杂性,当准时制采购的客观条件发生变化时,会对工程进度产生负面影响。因此,工程项目材料、设备的准时制采购,尤其是国际工程项目只能是有限物资的相对准时制采购。同时能否实施准时制采购要衡量由此带来的收益以及为此付出的成本,并对实施准时制采购的物资类别进行严格选择。

任何采购方式都有其适用范围和必要条件，采购方式选择不当将直接导致承包商国际工程项目经济效益。由于国际工程项目的单件性、采购环境的千差万别、采购标的的千变万化、技术的独特性、复杂性及货物的价值差异和情势紧迫等情况，采购方式的选择受到不同条件限制，选择不当还易造成法律纠纷等不必要争议。此外，国际工程项目货物采购方式不是单一的、绝对的、静止的，在实施过程中根据实际情况，往往会相互融合，交叉选择，以实现国际工程项目完整的货物采购过程。

第4节 国际工程项目货物采购策略分析

采购策略属于职能战略，在项目经营总战略中具有重要的地位，是为项目总体战略目标的实现提供支持和保障。一般而言，国际工程项目货物采购流程是由确定采购策略、需求识别、描述、潜在供应商选择、签约和付款等几个环节构成。经验数据表明，流程前端对采购成本影响的机会越大，则流程后端对采购影响的机会越小，即采购策略选择所占用的工作时间虽然在整个采购供应的流程中所占比例只有5%，但其对整个成本的影响高达40%。

影响采购策略选择的主要因素有：

(1) 国际工程项目的性质、类别、合同条件、采购成本在工程总造价中的百分比。

(2) 采购标的在项目中的重要程度、交易成本、项目资金供应状况、采购数量、货物供应信息对称程度、货物属性、供应商状况、当地市场的供应能力、采购的风险程度以及承包商的采购能力、对采购货物有无特殊要求以及运输条件等。

(3) 物资市场环境、结构，如汇率、物价、市场供应能力、进口管制、垄断与竞争程度等。

需要强调的是，采购策略的本质是由供应商对工程项目物资供应的重要性不同，以及项目各自的约束条件不同决定的，关键取决于承包商和供应商之间力量的平衡。承包商应制定区别化的采购策略。

影响采购策略的因素比较多，可以选择的采购策略也比较多。承包商不但应制定一个符合项目目标的总体采购策略，同时应有具体到每一物资的具体采购策略，即采购总策略是由许多具体策略组成，重要的是了解哪一种策略何时采用最为合适，而且该策略必须符合承包项目的目标，满足项目的约束条件以及项目环境。采购策略必须视情况而定，没有任何一项策略，在任何情况下都是最好的或是最正确的。

一、物资资源导向策略

在国际工程项目货物采购活动中，由于采购标的的价值、采购周期、供应商类型，

物资属性等不同,采购策略亦有所不同

1. 采购金额

物资的价值可以有高、中、低三种。这三种物资对库存资金占用的影响不同,因此采购策略不能完全一样。

(1) 对于采购金额较高的物资,一旦出现积压,会增加库存资金的占用,影响项目流动资金的使用,因此一般采用按需订货的原则。

(2) 对于中等价值的物资应从降低每次采购成本的角度考虑,应采用最小批量原则。在制定最小批量时,要考虑均衡生产时的常规消耗量,以及适度的安全库存量。

(3) 对于低价值的物资,由于该类物资存储对库存占用资金的影响不大,可采用固定批量或者经济批量原则。批量的大小要考虑物资消耗的速度和采购成本之间的平衡。

2. 采购周期

采购货物在市场上的供应量,供应源不尽相同,如第三国采购的货物和当地采购的货物,标准化和非标准化货物等具有不同的采购周期。进口设备、零部件的采购流程不同于当地采购,采购过程异常复杂,仅采购或设备的生产制作本身就是一个完整的项目,可能需数月甚至数年的时间,并且包含着上百甚至上千个活动,加之国际运输等不可控制因素的影响造成采购周期可能延长。因此对此类物资应在项目周期内根据工程进度计划,物资需求计划一次性订购,并适度考虑物资采购提前期的时间跨度,提前订购,按计划交货。对采购周期短的物料,可以按照物资需求计划指导采购。

3. 供应商

货物采购过程中面对供应商大致为固定和临时供应商,单一供应商和多供应商。国际工程货物的供应商,除少部分固定供应商外,大部分为临时供应商。但对固定供应商的采购金额可能在采购总金额中占有较大的比重。因此这部分货物的采购策略是保证生产供应、降低采购成本,强化与供应商的合作伙伴关系。同时根据货物的使用性质和生产组织形式,以协议的方式签订项目周期内的总订货量和单价,随时发出供货指令进行供货;或以明确的订单进行阶段性的供货。对临时供应商的货物采购主要是新产品设计、业主指定供应商、生产急需、设备维护等,其特点是数量小、重复性小。一般采用合同或者现金方式、直接批量进行采购。

4. 物资的适应性

根据采购清单中物资系列和种类的差异程度,部分物资可分为通用物资和专用物资。通用物资可以在工程周期内不同子项目、不同施工阶段使用,造成积压的可能性不大,可以采用批量采购政策(批量的大小要平衡该物资消耗速度、采购成本、价值、采购周期及使用时间等;批量政策可以根据物资性质细分为最小批量、最大批量、周期批量、固定批量等);专用物资是专购专用,计划不周将造成库存积压,一般按物资需求计划量进行采购。

5. 需求计划

价值低和通用物资是以确保施工进度作为采购依据,一般采用订货点,以合同方式进行采购;大部分物资与施工最终产品有关,一般采用标准的物资需求算法进行需求核算,以合同方式进行采购;大批量的重复生产方式,对物资需求是快节奏的,一般是固定供应商,通过协议进行约束,日常供货通过订单指令进行,直接送到生产现场,实现零库存生产。在上述三种情况外,还包括一种人为决策的实际需求,这种需求是根据具体的事件或者是定期的预计消耗产生的需求,一般采用临时和现金采购的方式进行。

6. 物资属性

物资不同的属性对采购策略也存在一定的影响。具有实效性的物资,将根据消耗的速度和失效期限确定采购数量;具有危险性的易燃易爆物资,一般采用最大储备量进行分批采购限制;体积大或者是存储实体受限制的物资,按照直接批量会影响库存存放,一般采用最大储备量进行分批采购限制。

由此可见,从物资资源导向的角度分析,影响采购策略的因素很多,在确定采购策略的过程中,应该从两个方面进行考虑,一是采购计划编制的影响因素,它是解决各种物资采购形式中的采购计划数量问题;其次是对物资采购策略的有效控制和如何从采购计划变成采购合同或者是订单。

二、承包商目标导向策略

每一承包商企业都有其各自的企业经营总体目标,每一承包项目亦会制定其项目实施的总体目标。目前我国承包商企业的国际工程承包目标导向仍然是以在保证工期和质量条件下成本领先策略为主。因此货物采购的目标导向要服从项目的总目标,即在采购过程中降低采购成本,保证采购质量,保证施工生产的不间断进行。为达此目的,建立成本、质量以及数量的各项方案,根据货物采购的实际情况,适时选用。

1. 成本策略

成本策略是以追求适当的价格为目标,尽可能降低采购成本。实现成本策略的方式可通过联合采购、统购、批购,直接采购,间接采购,或准时制采购等方式实现。此外,可根据实际情况季节性备料、利用和规避价格的乖离,如利用施工淡季材料需求减少,价格下降,适当备料(在FIDIC条件下,有材料预付款,可充足备料)。在货币比较疲软的国家,可利用外汇和汇率压低价格,如与供应商签订以当地货币定价,以美元结算的采购合同,随着当地货币的不断贬值,等量的货物将支付较少的美元。

2. 质量策略

质量策略是以追求货物品质为目标,使其采购的货物符合技术规范的要求,避免品质过高或太差,造成使用上的浪费或缺陷。质量策略可通过外包、租赁、政策性采购等方式实现。

3. 数量策略

数量策略以追求适当的数量为目标，既要避免数量过犹不及，发生呆废料，又要防止数量不足，导致停工待料。数量策略可通过现用现购、预购、长期合同、多家供应等方式实现。尤其是现用现购方式可避免由工程变更造成的呆废料问题。

三、战略采购

即承包商通过发展其采购渠道实现货物总成本（总成本不仅包括购买货物或服务的价格，而且还包括使用这些货物或服务的管理费用）最低，而不仅仅实现采购价格的降低，与传统的，以价格为标准的采购方式有本质的区别。战略采购是基于物资和供应市场的细分，针对不同的采购项目和市场结构，使用不同的方法来确保物资和服务的优质采购，提高采购的效率，实现货物采购总成本最低。

（一）物资细分

如前所述，将物资按照其在项目中的重要性程度及供应市场复杂程度划分为战略物资、重要物资、一般物资和瓶颈物资。通过分析发现，这些物资组合也符合2080原则：即20％的物资和供应商将占工程项目采购总额的80％，而80％的物资和供应商将占采购总额的20％。这一分析是确定项目部采购策略的第一步。

1. 战略物资

该类物资既会给项目带来风险，又在工程总造价中占有较大比重，其价格水平的任何细微变化都会对总造价产生影响。同时由于供应市场复杂，能够提供这种物资的合格供应商不多，或者由业主指定供应商。该类物资要求较高的采购能力。根据这些特点，承包商对战略物资的采购策略主要有：

（1）首先必须致力于与质量可靠的供应商建立一种基于双赢的合作关系，通过合作，使供应商也得到好处。

（2）由于该类物资本身价值昂贵，占用项目的流动资金较多，慎重选择支付方式。

（3）对属于该类的所有物资采购要进行实时监控，确保供应商的按时、按质、按量、按价供应和提供较高的服务水平。

（4）根据项目资金供应特点，在不影响工程进度的情况下，选择合适的采购时间。

（5）在设置一定量的安全库存后，尽可能进行严格的库存控制。

（6）条件允许时，可考虑准时制采购。

2. 重要物资

该类物资属于基本采购，采购支出较高，库存占用资金大，付款方式的选择会直接影响项目的现金流。虽然该类类物资在工程总造价中比重较高但供应市场比较充足，供应商数量丰富，采购风险不高。重要物资采购的基本策略是：

（1）致力于降低采购总成本，即除考虑物资价格外，还应考虑运输，存储等各项费用支出的最小化。

（2）对于供应商管理，承包商没有必要花费大量的时间和成本与供应商建立密切关系，保持一般合作关系即可。承包商可利用供应商之间的竞争来实现其采购目标。

3. 瓶颈物资

该组合的物资成本虽然不高，但供应风险很高。供应商数量有限，采购周期长并极易超支。承包商能节省的成本潜力有限，采购该类物资花费的时间和精力有时会超过物资本身的价值，而且一旦失误，将对工程项目产生重大负面影响，因此，供应商保证供应优势高于价格优势。对瓶颈物资的采购策略主要是：

（1）减少任何供应中断的可能性给项目带来的风险。

（2）根据情况采取灵活的策略，如对居优势地位的供应商，应考虑建立稳定的合作关系。

（3）寻求降低对供应商依赖程度的方法，如储备可替代供应商、利用价值分析/价值工程技术，寻找替代产品、减少对该类物资的需求。

（4）在设备设计阶段，尽可能让供应商参与并与其充分沟通。

（5）为保证工程进度，对该类物资需考虑设置较高安全库存量或较大定购批量。制定该类物资采购的替代方案，以防不测。

（6）该类物资采购要求采购工程师具有较高的专业技术素质和采购能力。

4. 一般物资

一般物资基本上都是标准化物资，其特点是在工程项目中重要性一般，市场供应充足、供应商数量丰富，且价格不高。该类物资采购成本即使降幅很大，对总造价而言，也只是相对较小的节约。但这类物资种类繁多，有时占整个工程项目全部采购物资种类的一半以上，而且万一供应中断，暂时不会对项目造成负面影响。对该类物资的采购策略是：

（1）管理成本最小化，即更多考虑采购过程的管理控制，降低交易成本，力争使每一笔交易的管理成本低于价格。

（2）在采购方式上，可利用电子交易平台，集中批量采购等方式，减少交易次数，简化交易流程，节省对这些物资的采购、送货、储存、支付等方面人为耗费的时间。

（二）供应市场细分

如前所述，按供应市场中物资采购方与供应方的多寡、差别程度、进入的自由程度和信息的完全程度，市场结构区分为完全竞争市场、完全垄断市场、垄断竞争市场和寡头垄断市场。不同的市场结构决定了承包商在采购交易中的不同地位，因而需采用不同的采购策略和方法（表3-1）。

供应市场细分   表3-1

市场特点	战略物资	重要物资	瓶颈物资	一般物资
完全竞争市场采购方居于支配地位。供应商反应迅速，货源充足稳定，价格可反映价值，货款可延后支付。	与优先供应商建立合作关系；保持合理的供应商数量及每一供应商的供应量。招标采购。	与供应商建立短期合作关系；在保证供应条件下，降低采购成本。招标采购/集中采购。	立足于降低供应风险，减少依赖程度。保证连续性。招标采购；储备应急供应商/存货缓冲；寄售制采购/委托存货。	严格供应商选择，减少供应商数量，简化交易程序。招标采购/系统订货/外包，准时制采购，现货或寄售采购/委托存货。
完全垄断市场：供应商数量有限，供应商价格联盟，价格高于实际成本，且不易谈判降价，支付条件苛刻。	供应商居于支配地位或与采购方平衡；增加订货批量，保证供应。保持与供应商的合作关系。	供应商居于支配地位；与供应商建立合作关系；保证安全库存量。	与供应商建立合作关系；降低风险，保证连续供应；寻找替代品；制定应急方案；增加备购时间；建立库存缓冲；寄售制采购/委托存货。	保证供应；系统订货，严格控制价格；简化交易流程；减少交易次数；采购外包。
垄断竞争市场：货源比较充足稳定，降价空间小，支付条件严格，可提供较好的售后服务。	供应商居于支配地位或与采购方平衡；与供应商建立合作关系；招标采购，代理采购；减少库存量。	供应商居于支配地位或与采购方平衡；与供应商建立合作关系，供应商控制在两家或以上，价格优先，重在降低总成本，密切重视市场变化招标采购。	建立与供应商合作关系，降低供应风险，保障供应连续性，降低依赖程度，储备替代供应商，增加备购时间；制定应急方案；寄售制采购/缓冲存货。	招标采购/系统订货/外包采购，严格供应商选择；价格优先，重在降低采购总成本；减少库存；准时制采购/寄售制采购。
寡头垄断市场供应商居于支配地位。业主指定供应，定价大大高于实际成本，谈判艰难。	与供应商建立合作关系；加强供应商关系管理，适当增加订货批量；安全库存。	与供应商建立合作关系，准时制采购。	与供应商建立合作关系；保障供应连续性，制定应急方案，降低供应风险；准时制采购/寄售制采购/存货缓冲。	保障供应；严格控制价格；简化交易程序。

根据物资细分和供应市场细分制定采购策略是战略采购的基本模式，是针对不同的采购项目使用不同的方法来确保物资和服务的优质采购，从而提高采购的效率。在战略采购中，承包商依据各种采购活动能否为工程项目带来价值收益以及是否有利于承包商企业战略目标的实现这两点对采购活动进行评估。通过评估采购活动的重要性，选择性地与那些提供重要物资和战略物资和服务的供应商建立长期合作关系，实现双赢。通过战略采购，承包商可完善采购质量、加快采购速度并减少总成本。战略采购使采购从单一的职能部门发展成为承包商制定战略目标的关键决策部门。

分析表3-1，可以看出采购清单中，每类物资组合及不同的市场结构决定了承包商的不同采购策略，同时也说明各策略之间是一种互补关系。

应当注意的是，当承包商决定应用战略采购时，其采购功能已不再是采购部所能实现的了，所以要确保战略采购顺利实施就需要再设计、再调整承包商的内外部组织关系。由于战略采购关系到承包商工程项目的顺利实施和长远战略规划问题，所以应由财务、人力资源，合同等部门作为支持部门完成内外部组织结构的调整。就承包商内部而言，战略采购使采购部门与其他部门紧密联系在一起，须根据组织结构、管理水平以及支持战略活动的专业技巧的水平来决定战略采购由哪些部门实施。对外而言，承包商须发展与供应商适当的战略伙伴关系并做到长期保持伙伴关系。同时战略采购必须运用恰当的技术支持。

可见，实施战略采购的关键因素主要一下几个方面：

(1) 承包商管理层的决策，并为此花费大量时间和采取一切相应的行动，而不仅仅是领导们认为这是个好想法，但不希望投入大量的时间来实施这个计划。

(2) 战略采购的采购团队须具备以下几方面的素质：市场和战略分析，工程项目运作技巧和商业意识，熟悉价格分析和目标成本设计，善于协调承包企业内外部的各种关系和完善的专业技术与采购技术的融合。

(3) 基础设施的支持。

四、多项目联合采购 (pooled procurement)

多项目联合采购是将若干项目物资需求汇总，并联合起来进行集中采购，从而争取获得较优的采购价格，有以下三种情况：

(1) 同一承包企业不同在建项目的联合采购；
(2) 不同承包企业之间在建项目的联合采购；
(3) 同一国家或地区不同在建项目的联合采购。

这种联合采购可通过合同等约束手段建立正式采购联盟来实现。

目前我国国际工程项目物资采购主要是以各承包企业总部或项目部单独采购为主，与供应商签订的合同仅针对具体企业、具体项目。各项目部之间、各承包企业之间联系较少。这种临时、短期的交易无法对供应商建立统一的约束机制和奖惩措施，对供应商的历史业绩亦无法做出合理判断。因此，在价格的基础上与承包商搞短期关系，在质量上也难以控制，承包商不得不强调进行厂内/现场检验和验收检验程序。这种关系日积月累演变为对手关系。此外，基于工程项目建立的采购部，项目竣工后，采购部除保留部分人员外，其他成员随之解散，这种组织方式不利于人力资源的优化整合，亦无法解决资源的保障问题。由于与供应商的短期利益关系，单个项目物资的需求量可能不在供应商的计划产量中。在买方市场状态下，采购方的资源保障不会出现问题；一旦市场需求旺盛，资源供应紧张，处于卖方市场状态下，资源的保障问题就会凸现出来。这不但会增加承包商的投资成本，也影响工程项目的整个工期安排。我国国际工程地区分布主要是发展中国家，资源匮乏是这些国家和地区的主要问题，建筑材料经常处于卖方市场结构，因此多项目联合采购，有助于解决资源短缺问题。

采取多项目联合采购策略要确定联合采购主体、采购时间、采购地点、合理的资金支付方式。采购主体（第三方采购/总公司）组织各承包企业工程项目采购部门、或不同承包企业在同一国家/地区工程项目汇总采购物资种类和数量、制作招标文件、选择供应商等采购前期工作，合理安排采购时间，兼顾各个项目工期要求，保证承包商经营活动的顺利实施。由于多项目联合采购的特殊性，物资采购资金支付方式是采用集中支付还是分散支付应视情况而定。

多项目联合采购的关键环节是供应商的选择和联合采购合同的签订。联合采购条件下的供应商与承包商是战略合作伙伴关系，即为充分利用各方资源，获取特定的商业利益而做出的共同承诺，在兼顾各方利益的条件下，明确共同目标，建立完善的协调和沟通机制，实现风险的合理分担和矛盾的友好解决。这种合作伙伴关系必须具备的要素是：双方的承诺、明确角色和责任、共同分担风险、充分的沟通和反馈、评价履约行为的客观方法以及公平的奖惩机制。承包商联合采购后分摊的协调费用低于联合采购前的费用是维持联合采购稳定持续运转的基本保证。

从物资细分的角度看，适于多项目联合采购的采购标的是标准化的一般物资和重要物资。对于同一国家/地区不同在建项目的联合采购可采用第三方采购的方式实现，即由第三方采购整合同一国家/地区内不同项目的同类物资需求实现联合采购。

五、第三方采购

如前所述，第三方采购具有降低采购成本、获得采购流程和专业知识支持、集中核心竞争力的优势。承包商采购外包决策、平衡好采购外包的利益与风险、选择采购服务供应商是做好第三方采购的关键。要决定是否外包、哪些材料、设备采购实行外包，首先要在两个方面评价自己的采购能力：①评价采购标的在整个工程的战略价值和采购费用的可控性；②评价自己的采购专业知识是否支持特定的采购标的，是否支持相应的供应商开发、采购和为有效管理采购项目所需的供应管理流程。

（一）第三方采购服务供应商类型

（1）进口经纪人和代理商。经纪人或代理商会协助采购方处理所有的产品交易的书面文件。

（2）进口代理。进口代理和采购方签订合约后，以自己的名义向国外供应商购买产品，取得所有权，将产品运送到采购方指定地点，按双方约定价格交货。其采购价格中已包含进口代理的佣金。

（3）供应商子公司。通过国外供应商在本国的子公司进行采购。子公司具有地理和沟通的优势，以及结算上的低汇率风险和可能向采购方提供延期或分期付款的优势。

（4）销售代表。一些供应商雇佣销售代表（销售代理商）作为不同国家或区域的代表。典型的销售代表处理低成本和数量较小的交易合同，并且向供应商索取佣金。

(5) 贸易公司或跟单公司。典型的贸易公司通常是专门处理来自一个或多个国家的各类货物采购。

(6) 咨询公司。一些国家的咨询公司接受采购方的委托，到指定的国家和地区寻找合适的货源，并委托其完成产品采购的过程。

(7) 其他类型中介。在欧美地区，驻区采购办事处（Resident buying office, RBO）进驻批发市场，为世界各地的零售商提供产品信息和市场趋势信息，同时提供采购代理服务。

（二）第三方采购服务的内容

(1) 寻找满足采购方要求的材料、设备。采购服务供应商与供应商紧密接触，还吸引提供新产品的供应商自动找上门。因此，第三方采购服务供应商既能为货物供应商提供潜在的买方，也能为买方提供供应商货源。

(2) 购买货物。通常说，采购服务供应商按照采购方的要求实施具体的采购行为，包括追加订单、特殊订单、新货订单和取消订单等。

(3) 跟踪订单。采购服务供应商可承担跟踪订单，以确认货物是否在特定时间发货，对供应商施加压力，保证货物及时交付。

(4) 集中采购。在某些特殊情况下，集中经营一个或若干大类货物的采购服务供应商，可取得集中采购的优势，可以以较低的价格购买产品。

(5) 处理纠纷。对于某些不按照订单要求发货的供应商，采购服务供应商根据合同，按照采购方的指示处理安装不当、延期交付、包装、检验等问题。

（三）第三方采购决策分析

1. 采购供应细分

承包商首先进行供应细分，从成本和供应风险角度确定项目自营采购和外包采购的项目。如前所述，国际工程项目所需采购的物资很多，每一物资对项目的重要程度，以及采购资源的外部选择性都有所不同。在对采购清单分析的基础上，划分出战略物资、重要物资、瓶颈物资和一般物资。这四类物资由于供应商多寡不同、市场复杂程度不同、供应可靠性不同、物流保障系统不同，因此其采购风险程度不同。战略型物资的采购直接影响项目总目标的实现，以及承包商经营风险。这类采购是承包商采购管理的重心，即使这些物资和服务的成本很高，一般也不考虑外包给第三方。对其他各类物资应考虑其采购特点和承包商对这类物资的采购能力、当地的供应市场情况和外部物流服务能力，进而抉择需要外包的采购项目。采购清单中的重要物资和一般物资都会注重采购成本的降低，外包的重点要落在通过专业化规模采购降低成本。而瓶颈型物资采购关注的是保证供应源的稳定，外包重点是寻找稳定、实力雄厚的采购服务供应商。

2. 采购技能

承包商评估价自己的采购技能，特定物资技术专业知识和管理特定采购开支的能力。有些物资的采购由于其在付款方式、检验手段以及交货条件等方面的特殊性需要一定的采购专业知识的支持。而国际工程项目的采购工程师可能具有技术方面的优势但不具有特定的采购技能。此外，承包商应对每一类采购品种测算其采购成本，同时审查其各自所占用的项目部内部资源及在项目总采购支出中的比重。为项目总体目标的实现释放资源。为加速工程受益速度，对于自行采购时内部资源难以达到的物资可考虑将其外包。

目前，材料、设备采购对于国际工程项目承包商而言，仅仅起到保障供应的作用，其核心竞争力是专业化施工生产。因此承包商很少有标准化的供应商选择决策程序和采购流程。部分承包商在供应商选择、采购作业和供应管理业务活动中仍然保持在劳动密集型、耗时的手工作业阶段，在应用自动化和分析控制技术方面，采购活动也落后于项目部的其他职能部门，而这些不足正是采购服务供应商擅长的。采购服务供应商从最初的搜集供应商资料，到评估供应商，再到采购实施和供应商管理这几方面都有具体规范的流程可供承包商选择。

3. 采购交易成本

即评价材料、设备单项成本与采购它的交易费用的比率。如施工机械，一般价值都比较高，但与其总成本比较起来，交易成本却相对比较低。而散材是低价值、大批量的采购项目，具有比较高的采购交易成本。而较高的交易成本使得这些物资更适宜使用采购自动化系统和第三方采购。

（四）第三方采购风险分析

第三方采购风险是指在采购过程中由于各种意外情况的出现，使采购外包的实际结果与预期目标相偏离的程度和可能性。采购过程中的任何一道环节或一个方面出现偏差，都会影响到第三方采购预期目标的实现，尤其是国际工程材料、设备的第三方采购，由于供应市场的不确定性，工程变更的可能性，技术规范等诸多因素都使承包商面临极高的采购外包风险。

此外，第三方采购可能使承包商失去了对采购的实际控制，并且第三方采购的可逆性差，虽然采购成本减少，但合同成本，采购的服务质量的管理成本增加。

第三方采购的风险因素很多，不同采购风险形成的具体原因也不尽相同，就国际工程材料、设备采购而言，主要有以下几个方面：

（1）宏观环境的不确定性。宏观环境的不利变化必然给第三方采购带来采购风险。如，合同争端使货物进口的第三方无法按期完成采购作业，导致承包商材料、设备无法按期进场。此外，国际工程项目货物采购主要面临的是国际市场和当地市场，如当钢材价格下跌以后，由于疏于对价格的监控和对采购服务供应商的审计，采购外包后的承包商可能面临价格风险而失去通过采购外包降低采购成本的好处。

（2）第三方采购决策缺乏科学性。由于承包商对采购的经验及主观决策，导致第三方采购决策风险，产生与降低成本，增强核心竞争力的初衷相反的作用，如对采购外包项目的判断失误导致承包商失去提高核心竞争力的机会。

（3）信息不对称风险。承包商不能直接控制采购职能，不能保证第三方采购的准确和及时，不能保证对业主服务的质量。

（4）合作风险。第三方采购实际上是一系列委托与被委托、代理与被代理的关系，是完全以信用体系为基础的，存在着采购供应商的稳定性和质量下降或不履行先前承诺等风险。

（5）工程材料、设备采购本身的不确定性所造成的风险。

（五）第三方采购服务供应商能力分析

承包商采购外包策略确定后，选择合适的采购服务供应商无疑是采购外包成功的关键，其原则如下：

（1）采购服务供应商的信誉，即业界知名度、年业务量、客户构成和数目；

（2）采购服务供应商的主营业务，即是否有能力满足承包商在降低采购成本和提高对业主服务水平的需求；

（3）是否具备能够证明其具有良好运营管理能力的成功案例；

（4）根据承包项目的特点，该供应商是否能够作出真正适合承包工程的解决方案；

（5）是否具有一定的资源能力、先进的技术能力；

（6）如在项目东道国选择采购服务供应商，则应考虑其与项目所在地的距离；不同的人文背景能否与承包商的企业文化和理念以及承包项目目标相融合；

（7）是否具有实时更新的信息技术系统。

（六）第三方采购流程的关键环节

1. 制定采购需求建议书

承包商根据项目总体目标和施工计划提出第三方采购要达到的目标，如绩效目标、成本目标和进度目标等。根据目标，设立选择第三方采购供应商的标准，包括价格、响应时间、运作管理结构、高层管理的有效性、质量保护体系、信息技术系统、财务稳定性、对不可预见环境的反应等。通过制定标准，最终确立适合工程项目的第三方采购供应商的范围，制定采购需求建议书。采购需求建议书一般包括项目的基本介绍，如组织结构、业主信息传递需求、产品流程、交易信息以及电脑系统信息等，还包括承包商对采购服务需求的建议要求，如仓库位置、运输路线、运输规模等。

2. 准确界定采购服务需求

明确采购服务的范围和要求是采购外包成功运作的前提条件。通过对服务需求的界定，承包商在评估、选择服务商时才能更具有针对性。服务需求的界定主要包括以下 4 个方面的内容：

（1）职能描述界定，即对采购需要的服务职能及需求数量进行界定，如运输、仓储或包装等。

（2）活动描述界定，明确第三方采购服务供应流程。

（3）服务水平界定，即除了对服务成本界定外，对服务水平进行界定，如订货间隔期、准时交付率、交付的一致性、订货提前期、货损货差补救措施及处理时限等。

（4）服务能力界定，依据承包商采购需求，确定第三方采购服务供应商的服务能力。即是否具备提供运输、仓储以及一揽子集成服务、达到准时制、快速反应，以满足承包商项目总体目标的需求。

3. 通过招标方式评估、选择能够满足企业采购需求和目标的第三方采购服务供应商并签署合同

由于第三方采购服务的不确定性和复杂性，第三方采购对采购方和供应服务方均涉及相当程度的经营风险，为了保护各自的利益、减少风险，双方必须认真协商合作过程中的权利和义务，详细描述采购服务的项目、服务水平、报酬、组织及过程，如绩效目标、奖惩机制以及风险分摊方式等，议定出对双方均有利的采购服务合同，以规范经营。

4. 合同执行和控制

在采购服务实施过程中，承包商应和采购服务供应商建立联合监督机制，核查合同的执行。承包商应及时向第三方反馈业主在施工过程中对采购物资的技术性要求，工程变更等情况。第三方则应随时向承包商报告采购进展情况，如果发生影响原合同条款执行的因素，如改变交付日期等，双方应充分沟通、协商解决问题，排除影响合同执行的不利因素。

5. 采购服务供应商关系管理

承包商应用第三方采购，减轻了项目部采购工作的负荷，但仍需进行关系管理。在关系管理中，承包商与采购服务供应商之间应建立信息沟通与共享机制，双方经常进行有关采购成本、作业计划、质量控制信息的交流与沟通，共同商讨解决采购过程中遇到的各种问题，建立良好的合作气氛，增加系统柔性与应变能力，维护、改善和强化双方合作关系，以保证采购服务的稳定性和可靠性，提高采购服务质量，降低采购成本。

（七）应注意的几个问题

就国际工程项目而言，承包商在实施第三方物资采购时，应注意以下几个问题：

（1）为便于对采购的控制，与第三方采购服务供应商合作初期，该供应商应该只是为实际采购的承包商提供在当地市场或国际市场的采购建议，包括供应商的选择和

进口物流方案设计等，没有最终的采购决定权。随着合作的深入，承包商可酌情适度放松采购的控制权。

（2）要求第三方采购服务供应商向承包商提供一种适合本项目性质、目标的"量身定做"的个性化采购方案并提供个性化服务。

（3）承包商必须对第三方采购过程，采购支出和采购进度进行严密的实时监控，经常拜访采购服务供应商，按时审查其物资供应情况，必要时可派专门人员常驻，以便随时解决采购中出现的问题。

（4）服务协议中严格规定采购服务供应商采购单据的交接时间与内容，便于承包商向业主交单。当单据出现问题时，服务供应商应负责与材料、设备供应商沟通调换，保证承包商准确，及时向业主交单。

（5）对于工程实施过程中可能由于工程变更出现的紧急采购，临时采购等，承包商应与采购服务供应商订有应急措施，以保证物资的临时或紧急需求。对于变更导致前期采购的呆废料，可视变更的性质，酌情委托服务供应商处理，要求其及时向承包商报告处理结果并采取相应的措施。

（6）承包商应与采购服务供应商订立保密协议或条款，要求该服务供应商严格遵守保密协议内容，防止其将承包商的商业秘密，技术设计内容与他人分享，侵蚀承包商的竞争优势。

（7）服务协议应规定承包商在必要情况下改变或终止服务协议的选择，同时一旦第三方采购关系启动，承包商须保证自己能够掌控供应管理知识和流程管理技能，以便在决定终止第三方采购时，采购活动能够继续运转。

（8）处理好项目部内部流程和外部流程的接口关系问题，如处理好项目部物资质量控制体系，结算体系，采购进度控制体系与第三方采购的有效对接以及技术对接工作。

（9）承包商应树立双赢理念。第三方采购思想旨在利用对方业务能力补充自己的不足。鉴于国际工程的特殊性，要求双方在以下方面达成共识：双方共同关注过程控制，保证有效结果；只能成功，不能指望依靠惩罚手段来收回采购成本。

（10）对实施第三方采购的物资，承包商仍然要密切关注其市场价格的变化和数据分析，防止该采购策略成本优势的缺失。

（11）合理制定采购服务供应商报酬/佣金计算方式。

尽管第三方采购在国外已经有了一定的发展，但并没有得到中国承包商的广泛认同。首先，国际工程项目本身的一次性，如果缺乏科学的合作对策，承包商难以与供应商、采购服务供应商建立良好的三方合作联盟。其次，我国国际工程主要分布在发展中国家，尤其以非洲国家的项目居多，这些国家在供应理念上与我们有相似之处，且市场供应、资源环境、市场体制经常处于市场失灵的状态，使得采购外包无法展开。在采购外包业务过程中，承包商与采购服务供应商的沟通理解尤为重要，尤其是当一方是初次涉足当地市场的承包商，而另一方是当地供应商时，本身在观念和管理上就存在差异，双方的需求和意愿又必须通过第三方传达，很容易造成沟通不畅。更主要的是我国承包商"肥水不流外人田"的观念仍然根深蒂固，尤其是在国际工程项目微利的情况下，更不愿放弃对采购的控制权。

第5节 国际工程项目货物采购询价

询价是需采购材料、设备一方、以各种形式直接或间接向卖方（报价方）发出的探询价格等内容的过程。

一、询价工作流程

1. 询价准备

（1）计划整理：采购部根据工程项目执行计划、进度计划和材料、设备需求计划编制询价计划。

（2）组织询价小组：询价小组由采购部、技术人员或材料工程师等组成。

（3）编制询价文件：询价小组根据采购部制定的采购计划及有关采购工作程序和项目特殊要求，在采购计划要求的采购时限内，拟定具体采购项目的采购方案、编制询价文件。

（4）询价文件确认：询价文件在定稿前需经采购部经理确认。

（5）收集信息：根据采购材料、设备的特点，通过查阅供应商信息库和市场调查等途径进一步了解价格信息和其他市场动态。

（6）确定被询价的供应商名单：询价小组从符合相应资格条件供应商名单中，确定不少于三家的供应商，并向其发出询价通知书供其报价。

2. 询价

（1）递交报价函：报价供应商应在询价文件限定的时限内递交报价函，询价小组应对供应商的报价函进行审查。

（2）采购部会同有关技术部门对供应商报价进行审核，作好报价记录，根据供应商报价总体情况，根据项目采购采购需求、业主意图以及承包商的采购原则和策略，按照询价文件中所列中的确定成交供应商的方法和标准，确定一至二名成交候选人并排列顺序。

（3）询价报告。询价小组写出完整的询价报告，经询价小组所有成员及监督员签字后，方为有效。

3. 确定供应商

（1）采购部根据询价小组的书面报告和供应商推荐顺序排列确定最后供应商和备用供应商。

(2) 通知供应商并签订采购合同。

二、询价渠道的建立

询价对象和渠道主要有以下六种：

（1）总承包商和其他承包商。利用一些与承包商比较密切的合作关系可连接成多种渠道，这种渠道的扩散效应是信息反馈的有效和快捷途径。

（2）所在国当地的代理商。充分利用代理商对当地情况、政策、法令、条例和人际关系优势，这是任何外国公司所无法替代的。

（3）国际性供应公司。通过电子信件等与国际供应公司建立业务联系，通过该公司直接从某国市场上购置某国产品。

（4）生产厂商。直接向生产厂询价的方式，比较适用于技术性和专业性很强的产品或专利产品。

（5）查阅当地的供应商名录或互联网。

（6）与中国驻项目所在国大使馆商务处建立联系。

三、询价方式

国际工程承包项目材料、设备的采购，大多采用确定报价模式进行招标。在这种模式下，密封报价给予供应商以最大的竞争压力。但这种模式有其特定的含义和商业道德约定。向供应商发出确定报价的邀请，即是通知供应商递交的报价是最终的，在任何情况下不得修改。但是招标不是在任何情况下都是最佳方式。承包商应考虑制约招标采购的多种因素，灵活地选择询价方式。主要考虑因素有可用的采购时限、产品本身的属性、采购方与供应商的关系等。对于采购进度要求苛刻的项目，灵活的询价采购可能会缩短采购周期。而采购标的的属性决定了承包商进入市场采购时可向供应商提供的产品描述的完整程度，而产品描述的完整程度决定着承包商可采用的询价方式。此外，承包商在采购前并未确定产品的规格及数量，利用较灵活的询价方式可保留变更的灵活性。对于某些材料、设备的采购，承包商与特定供应商频繁的商务关系，议标是省时省力的办法。

四、询价文件的编制

1. 询价文件的基本特征

询价文件与招标文件类似，都是为了完成某项采购而向他方提出的希望订立经济合同的建议。在向他方发出询价书或招标书之前，承包商资金和相应的配套条件应能保证合同签订后履行的需要。两者的区别主要在于价格报出后能否进行更改。与招标文件对应的是投标文件、投标文件要求的是最低合理报价，投标文件一经发出，报价一般即不可更改；而与询价文件对应的是报价单，在谈判过程中，报价方为提高竞争力,往往要对报价单所报的价格进行修改,做出新的报价。

2. 询价文件的类型

根据询价文件的具体内容,可分为订货型和技术订货型两种形式。

(1) 订货型询价:在此类询价书中,询价方明确地提出所要询价设备的技术参数、规格型号等。其基本特征是:"我需要什么"。订货型询价一般是在项目的初步设计完成后、询价方对所询价材料、设备技术含量完全心中有数、并掌握了大量相关资料的前提下采用。

订货型询价书的优点是内容确定、单一、便于报价方就所询价的内容做出明确的答复;缺点是对于不同的询价对象(特别是某些非标准产品),询价方往往要根据实际情况对有关设备加以适当的调整。

(2) 技术订货型询价:此类询价文件一般在询价方初步设计尚未完成或对于工程的某些内容还希望和报价方加以探讨的情况下采用。询价文件一般只提供入口条件,并提出终端产品要求,而对于具体的工艺过程及设备则没有明确要求,希望报价方根据已知条件,自行确定工艺和设备,并根据不同的工艺分别报价。这种询价文件带有在设备询价的同时进行技术探讨的性质,其特征为:"你能给我什么"。

技术订货型询价文件的优点是可能不用再单独编制初步设计,询价方可以节省一定的人力和物力,缺点是增加了谈判的技术难度。这种技术订货型适用于 EPC 工程。

3. 询价文件编制的基本要求

完整、正确的询价文件有助于供应商在最短的时间提出正确、有效的报价。

(1) 标题:应反映所材料、设备的最基本特征,用词准确、简洁,切忌模糊不清。标题通常由以下内容组成:询价方名称、项目名称和文件名称。文件标题名称要使用恰当。

(2) 综合说明部分:该部分可根据项目情况繁简有别,但对项目名称、地址和采购的基本内容,要求准确无误。对工期、交货要求应清晰、明确。

(3) 编写重点突出:由于项目复杂程度和询价书类型的不同,重点肯定会有差异,要根据具体情况适时加以调整。

(4) 忌用文学修饰词:工程询价书属于应用类文体,因此编制时应用工程专业术语,每句话都要确切、实在,忌用浮躁华丽的文学修饰词。

4. 询价文件的构成

询价文件通常由技术文件和商务文件组成。

(1) 商务文件:一般包括:询价函须知(包括报价书的形式、份数、语言、截止日期、有效期、价格分项的构成等)、供货一览表、商务报价表、交货时间、合同基本条件、检验要求、包装要求、产地要求、交货条件、运输要求、保密要求等。

(2) 技术文件:一般包括材料请购单及其附件,由设计/技术部门负责编制。附件通常有以下内容:技术数据表、采购说明书、询价图纸、特殊要求和注意事项、其他术附件。同时在说明书中应指出：如果说明书的具体要求或有关规范与其他相关文件有冲突，生产厂家应该在开展工作、预制或采购原材料前，就有争议的地方向买方提出，请买方澄清。

技术文件的编制应包含采购项目的一般要求及特殊要求，同时既应反映承包商要求，也应反映业主要求。

五、供应商报价单审核

一般物资供应商多按照自己产品的属性与过去的交易习惯印制有利己方的报价单格式，采购人员应该确实了解对方的报价单格式，以免遭受下列情形所造成严重损失，如卖方拒绝延期交货罚款、卖方拒给履约保证金、卖方不履行索赔期限、卖方属地仲裁等不利于采购一方的条件。因此，采购人员须注意报价单是否符合下列原则：

(1) 契约条款的公平性，采购一方是否有优势。

(2) 报价单上所列内容是否符合工程项目的规格与成本，一旦市场价格波动，供应商的诚信度将影响是否履行报价单的约定。

(3) 报价单的内容是否符合采购方的采购内容。

报价单的内容一般为：报价单标题、编号、日期、货物名称、双方共同认同的名称、货物编码、货物单位、单位价格、交货地点、计价方式、品质标准、付款条件、数量约定、交货期限、包装及运输、保险条件、报价有效期限、报价署名、附带事项等。

此外，供应商所供材料、设备若有偏差，应列出偏差表。同时，若被询价的货物有一定加工难度，供应商还应对产品的加工工艺、主要加工设备等做较详细的介绍，必要时应附图纸。

在询价过程中，由于业主指定的供应商大部分是发达国家厂商，存在技术标准差异，技术澄清成为询价中的主要工作之一。

第6节　国际工程项目货物采购的商务谈判

国际工程项目货物采购的商务谈判是在询价，或供应商投标的基础上，在对供应商进行基本筛选后进行的。按照一般商业习惯，签约前，供应商会千方百计地满足采购方的要求，而签约后，供应商的主导作用加强，采购方的要求则必须在合同条件约束下进行。因此充分利用签约前的谈判，完善合同条款是承包商货物采购的主要任务之一，也是其要求能得以满足的最佳时机。承包商在采购阶段的谈判地位不同于项目投标阶段，处于买方地位。为能在采购过程中处于主动地位，获得利益的最大化和满足工程需要，承包商应积极面对与每一供应商的谈判。

一、国际工程项目货物采购商务谈判的准备工作

国际工程项目货物采购谈判是不同国籍的人们之间围绕采购标的的选定、合同签订以及实施所进行的必要活动,是一项融技术性、政策性、艺术性、技巧性为一体的社会经济和国际交往活动。谈判准备工作的充分与否是谈判能否成功的必要条件之一。

1. 信息收集与分析

在商务谈判活动中,谈判成功与否与信息是否充分息息相关,可直接影响谈判的结果。为使谈判有的放矢地进行,尽量避免或减少信息不对称的影响,承包商应认真研究主合同,研究业主意图与需求,研究供应商的供货可能性以及市场地位,研究工程总体计划以及具体的资源计划。信息收集与分析的内容包括以下几个方面:

(1) 供应商以及项目东道国有关政策法令、贸易政策等。

(2) 采购标的信息,如采购标的的特点、技术参数、市场价格以及设备的基础要求等。详细了解供应商报价,分析供应商定价策略。

(3) 谈判对手信息。

1) 资信与地位:掌握对方是否具有签订合同的合法资格,了解对方的资本、信用和履约能力以及权限和谈判时限。尽量直接与材料、设备制造商谈判,避免和中间商或代理谈判。如需与中间商谈判,要详细了解其与制造厂家的关系。

2) 谈判作风:了解谈判对手的谈判作风和可能采取的策略,以及对方的心理特征,行为模式及民族特点等。

3) 信任程度:了解对方对己方的经营能力、财务状况、付款能力、谈判能力、商业信誉等方面的评价。通过对这些情况的了解,可以更好地设计谈判方案,争取主动。

其他情况 - 如谈判对方主谈的个人背景,包括履历、信念、性格、家庭成员、兴趣爱好等。

2. 自我分析

分析潜在的交易过程中,采购方自己所处的优势/劣势地位。一般地,承包商在谈判中的地位取决于业主对供应商的要求、供应商的市场地位、采购标的在项目中的位置以及工期地和工艺、技术的难易程度。

在采购谈判中,承包商虽然处于买方地位,但这并不意味着经常处于优势/主导地位。如在业主指定供应商情况下形成的相对垄断,或当承包商的采购金额在供应商生产经营活动中所占比重微不足道,而不足以引起供应商的兴趣,或采购标的处于寡头垄断市场等,都可能使承包商在采购谈判中处于劣势/被动地位,影响承包商的议价能力和可能性,承包商应对此应有充分的心理准备。

3. 确定谈判方案

谈判方案包括谈判主题和目标、议程安排(时间和地点)、确定谈判议题。

(1) 谈判目标的确定

谈判目标应确定优先顺序，分析可行性，循序渐进，逐步深入。

目标1：质量，即材料、设备的质量、规格、技术条件必须满足项目要求的目标。

目标2：交货期，即为满足工期要求，就供应商交货期进行磋商。

目标3：成本，即为符合承包商战略采购，进行材料、设备价格的磋商。

目标4：交货条件，即对供应商交付和服务要求，即送货、安装、调试、售后维修服务等。

这4个谈判目标相辅相成，即质量、工期、价格以及交货条件、售后服务之间互相影响，当供应商满足某一目标时，可能会影响承包商另一潜在目标的实现，如质量与价格。一般情况下，承包商将满足质量和工期要求作为谈判的首要目标。对于谈判目标，应确定每一目标实现的最高和最低限度并保持适度弹性。

(2) 采购谈判主题的确定

谈判每一阶段都有相应的主题，承包商与供应商就交易过程中的具体问题进行磋商，如与质量有关的议题、与交货期有关的议题、与价格和付款条件有关的议题，以及与售后服务有关的议题。所有这些议题制约了承包商的谈判目标。承包商应理清思路，分清主次。

(3) 采购谈判时间和地点的确定

时间：以使双方有充分的机会为谈判做准备为宜。

地点：应选择可以产生心理优势等相关因素的地点。如由于某些自然心理优势，大多数的谈判者喜欢选择所在企业进行谈判。

为更好地完成采购谈判，满足工程需要，准备几个切实可行的备选方案，一旦采购谈判陷入僵局，根据实际情况，启用备选方案，或更改目标和主题，或重新选定谈判供应商，以确保原谈判的继续进行或新一轮采购谈判的立即启动。

(4) 谈判策略的选择

根据实际情况选择让步策略、合作策略、规避策略、竞争策略和妥协策略。

(5) 建立谈判团队

首先应确保团队全体人员对谈判策略和目标达成共识。

团队结构应包括专业技术人员和商务人员，对于重大采购，可配备合同管理方面的专家。对于沟通方式，应确定团队内部沟通方式和团队外部的沟通方式。而对于任务分工，则应确定主谈、辅谈、资料整理、信息提供、谈判记录、谈判分析等。

(6) 跨文化准备（见本章第7节）

国际工程项目货物采购的商务谈判是承包商采购决策的关键环节，又是一种跨文化谈判。不同的文化背景影响谈判者的思维方式，决策方式，谈判冲突解决方式，谈判语言以及谈判协议的内容和执行。因此，参与商务谈判的人员须熟悉谈判对手国家的文化特性，把握对方的价值观、思维方式、行为方式和心理特征，建立跨文化的谈判意识,认识到不同文化背景的谈判者在需求、动机、信念上的不同,学会了解、接受、尊重对方文化,切不可片面理解在自己国家得到认可的东西在其他国家也同样行之有效。其次,在文化问题上,应敏锐洞察谈判对手文化准则、社会习俗和禁忌,谨守中立,学会尊重,并注意翻译的质量,克服沟通障碍。

二、谈判策略

无论是供应商还是采购方,其基本的谈判策略为:竞争策略、合作策略、规避策略、让步策略、妥协策略。承包商在对供应市场和采购清单分析的基础上,了解自己在不同物资类别采购中的不同市场地位,即分析自己是处于买方市场还是卖方市场。在采购谈判中究竟采取什么策略,取决于承包商与供应商在供应市场的关系以及交易结果的重要程度(图3-1)。

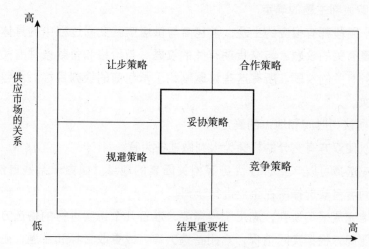

图3-1 谈判基本策略矩阵

1. 竞争策略

适用情形:(1)承包商处于买方市场;
(2)供应市场拥有众多的供应商;
(3)产品差异小;
(4)不考虑与供应商建立长远关系等。

策略要点:(1)正确确定交易范畴;
(2)精确测算采购成本;
(3)准备替代方案,以防谈判失败;
(4)遵守竞争规则,如坚持目标及底线,不泄漏目标;
(5)正确制定谈判条件;
(6)策略性运用时间。

2. 合作策略

适用情形：（1）从长远考虑，建立与其合作关系；

（2）期待双赢，各有所得；

（3）谈判标的具有差异性，不易获得等。

谈判原则：谈判双方本着彼此信任，诚信，兼顾双方利益的原则。

策略要点：（1）理清问题，确定自己想要什么和能放弃什么以及约束条件，鉴别对方的需求；

（2）了解问题，满足实际需求；

（3）找出解决方案；

（4）确定解决方案。

在买方市场条件下，承包商一般采取竞争策略、合作策略，而在卖方市场条件下，承包商一般合作策略、规避策略，让步策略，妥协策略。由于双方在谈判中的不同地位而采取的不同谈判策略的交叉会产生不同结果（表3-2）。

不同谈判策略的交叉对谈判结果的影响　　　　表3-2

	规避策略	让步策略	竞争策略	合作策略	妥协策略
规避策略	双方避免在议题上达成目标，也不采取任何会损害双方关系的行为。	在双方关系上，让步者对规避者表现强烈的关心；规避者则尝试将彼此的互动降到最低。	竞争者很强势，规避者则回避。竞争者尝试介入时，规避者则试着将彼此的互动降到最低。	合作者对彼此的议题和关系表现强烈关切，但当规避者逃跑时，合作者可能会放弃。	妥协者对彼此的议题和关系表现颇为关切，而规避者想逃避，妥协者可能放弃。
让步策略		双方避谈彼此的目标，以迁就对方，缓和彼此的关系。	竞争者予取予求，让步者则一味讨好。竞争者是大赢家。	合作者对议题和关系表现强烈关心；让步者想取悦合作者。关系稳固，合作者得到较好结果。	妥协者对议题和关系表现某些关切；让步者想取悦妥协者。双方在焦点问题上达成目标。
竞争策略			双方都想追求各自的目标，忽略彼此的关系，造成冲突、不信任和敌意。	竞争者只在乎达成目标，合作者对议题和关系，表现强烈的关切。	竞争者只在乎解决问题，妥协者关心议题和关系，彼此竞争竞争者获利。
合作策略				双方都追求达成目标，并在乎彼此目标、信任及良好关系的维系。	合作者对彼此的议题和关系，表现强烈的关心。妥协者只有某些程度的关切
妥协策略					双方以一个有限的方法，在议题上达成目标，并尝试不损害双方关系。

对承包商而言，在商务谈判过程中，比较棘手的是与业主指定供应商，或处于垄断地位的供应商进行谈判。这些供应商深知自己的优势地位，利用承包商在卖方市场的劣势、双方信息不对称、工期以及业主需求的双重压力，给承包商议价带来一定的困难。面对这种情势，承包商可采取如下策略：

(1) 局部整合策略。承包商将整体目标分割成若干个小目标和小方案，逐个同对方讨价还价，不断实现小目标和小方案，获取局部利益，若干局部利益则整合为整体利益。

(2) 扩大方案的选择范围。承包商从不同角度分析同一问题，就某些问题和合同条款达成不同的约束条件，如不能达成无条件的，可以达成有条件的协议，不能达成永久协议，可以达成临时协议等。

(3) 虚设门槛。利用供应商无法做到的项目设置障碍，再于适当的时机将之移开，而造成假性让步。

(4) 交叉对抗。当供应商在某一议题上发动攻势，承包商可在另一议题发起反击，以间接反击的方式表示不愿引发僵局，藉此表达不满，并隐含进一步报复的可能。

(5) 找出双赢的解决方案。双赢存在于绝大多数的谈判中。每个谈判都有潜在的共同利益，而共同利益就意味着商业机会。承包商在谈判中应强调双方共同利益的存在。

(6) 制造竞争对手。即增加供应商名单。承包商的每一次谈判都有其特定目标和议题，因此要求有特定的策略和相应战术。在某些情况下首先让步的一方可能被认为处于软弱地位，致使对方施加压力以得到更多的让步，然而另一种环境下，同样的举动可能被看作是一种谋求合作的信号。采取合作的策略，可以使双方在交易中建立融洽的商业关系，使谈判成功，各方受益。但纯粹的合作关系也是不切实际的，当对方寻求最大利益时，会采取某些竞争策略。与竞争相结合的合作策略会促使谈判顺利结束。这就要求承包商在谈判前制定多种策略方案，以便随机应变。

由于谈判中双方都想获得自身利益的最大化，处理谈判双方利益冲突的关键在于创造双赢的解决方案，合作策略可在一定程度上避免谈判陷入僵局。但有时利益的冲突在所难免，如果双方就某一个利益问题争执不下，互不让步，即使强调"双赢"也无济于事，此时应引用客观标准。

在谈判中还应注意的问题是，交易与关系是相互关联的，谈判最终应该有两个结果，一个是交易的量化结果，如价格、交货期、交货条件、规格要求、售后服务等。另一个是与供应商的关系结果，如双方及时协商的必要性、可靠性、澄清双方的目标以及确保在出现问题时，双方都给予对方质疑的权利。这种利益共享的合作关系所产生的信任，有益于随后在合同履行过程中承包商与供应商的关系互动与协调，以及承包商在国际工程市场上长期战略目标的实现。

第7节 国际工程项目货物采购的跨文化准备

一项成功的国际工程项目货物采购战略的制定必须建立在对目标市场，国家或地区之间存在的文化差异和相似之处的完整、透彻了解的基础上。

一、文化

所谓文化就是个人或社会的核心价值观、信仰、规范、知识、法律和行为标准，是一个国家民族精神与情感的载体。一个社会的文化是一代代传下来的，它与语言、宗教、风俗、法律等诸多方面是紧密相连的，即一个社会的文化。道德、伦理终将反映在商务人员的处事行为之中，影响他们的商务活动。所谓"文化差异"是指由于文化背景不同导致特定人群之间的价值评判标准和行为准则的不同，从而使他们对于特定事物具有不同的态度和行为。

社会文化的不同使得国际工程项目货物采购面临许多挑战和风险。与商务活动有关的最重要的文化组成包括语言、宗教、物质文化、教育、社会组织、道德与伦理、政治体制、礼仪、经济体系、法律体系和管理文化的等，而社会结构、种族与肤色、地理特征、自然环境等因素，也会对这种差异产生影响。此外，文化本身并不是孤立的，它必然体现了一国经济、政治、法律等方面的特征，并对这些方面产生深远和复杂的影响。

在国际商务活动中引起冲突的文化因素主要有价值观的差异、民族情结和母语情结阻碍、商务礼仪、思维方式、风俗习惯等

二、文化差异对国际工程货物采购的影响

承包商进行国际工程承包是一项跨国经营活动，即在有着不同的政治哲学、法律传统、价值观念以及民族心理的国家中经营，面对的是与其本国、本企业完全不同的文化环境与背景，以及由其所决定的价值观念和行为准则。这种文化背景的差异必然会对国际工程项目的顺利实施产生巨大影响。就国际工程项目货物采购而言，承包商面对众多不同国别的供应商群体，以及与采购业务有关的各国商务部门/机构，其面临的文化差异、风俗习惯、法律制度、商业习惯等增加了承包商采购环境的复杂性，对采购效率、过程和结果可能会产生负面影响，并将最终影响到项目的顺利实施。因此，文化差异可能会对国际工程项目货物采购及国际工程项目产生一定的风险，承包商对此应有足够的心理准备。

就国际工程项目货物采购而言，由文化背景的差异而产生风险主要表现如下：

（1）由于对双方的政治、经济、法律，尤其是社会文化环境缺乏足够地了解，文化敏感性差，双方往往依据自身的文化，对来自对方的信息做分析和判断，从而产生

误解和冲突，可能导致承包商市场机会损失和交易成本的增加。

（2）双方在交易过程中没有足够的思想准备，缺乏文化适应能力和解决文化冲突的技能，同时未能建立起相互信任和理解的协调机制，容易产生非理性反应。

（3）由于许多沟通障碍，如双方对时间、空间、事物、风俗习惯、宗教信仰、思维方式、价值取向等的不同认识，造成沟通的难度，导致沟通误会，甚至演变为文化冲突。由于不同国家政治体系的特殊性质、特殊的价值观，承包商有时会无意中冒犯某种政治价值观而受到抨击和抵制。此外，语言上的障碍，亦会严重影响双方的准确交流，加之翻译水平不尽如人意，因而造成误解。

（4）由于文化差异，相同的行为表现并不意味着其文化上的一致，使得承包商对采购的管理更为复杂。

成功的国际工程项目货物采购，要求采购人员能够克服对本国文化的依赖性和由此可能引起的偏见，从而在通晓目标市场国文化环境的基础上，和该地区的相对于自身处于异域文化情境中的供应商群体进行有效地交流，以达到成功实施采购的目的。

三、我国国际工程项目货物采购主要分布地区的文化与市场环境对比

我国国际工程承包市场主要集中在亚洲、非洲和中东地区。中东地区工程项目业主一般要求采用欧美标准，项目材料、设备主要购自欧、美等工业发达国家。而非洲和亚洲国家，部分物资从国内出口、部分在第三国采购和在当地采购。可见国际工程项目货物采购面对的是一个范围广阔的供应市场、不同文化背景的供应商群体和不同制度背景下的机构/部门。

1. 中国文化

（1）追求群体和谐。强调个人、整体、社会三者之间的协调，重视以伦理关系、价值观取向为基础的和谐稳定。中国人具有勤劳、善良、谨慎、稳妥甚至中庸的民族性格，崇尚实干，讲求统一与和谐，善于运用平衡和协调来代替冲突和对立。

（2）重人情，轻法理。中国是一个关系本位社会，中国人在世俗生活中与人交往、建立关系时，普遍根据人与己之间的关系前提做出对相互之间关系的判断和对行为反应的选择。

（3）中国文化具有高不确定性回避的特征，人们习惯于接受较明确的指令，对于不确定的事则含糊其辞，敷衍了事。

（4）尊重传统，崇拜权力，惧怕权威，对领导过分依赖，讲究等级次序。

（5）中国的组织特征以较强的不确定性回避为主，这意味着需要制定许多规章制度以规避风险。"求稳怕变"。不喜欢谈"变"，因循守旧。

（6）推崇集体主义和艰苦奋斗的精神，鄙视个人主义，进而导致了平均主义思想。

(7) 权利差距大，决策权相对集中。中国的组织存在较大的权力距离，雇员往往倾向于在很大程度上依赖于等级体系以及上司发出的清晰明了的指示。决策权相对集中，员工的参与程度较低。

2. 日本文化

日本文化受中国儒家思想文化影响很深，道德意识已深深积淀于日本人的内心深处，并在行为方式中处处体现出来，同时在中国文化的基础上创造出其独特的东西。

(1) 日本人具有强烈的群体意识，集体决策。日本文化所塑造的日本人的价值观念与精神取向都是集体主义的。以集体为核心，认为压抑自己的个性是一种美德，人们之间的关系和谐是最为重要的。受群体意识的影响，在提出建议之前，须与公司的其他成员商量决定，日本人的商务决策时间很长，合同条款也是集体商议、各部门都同意的集体决定的结果。而且一旦决定下来，行动十分迅速。

(2) 日本人注重建立个人之间的人际关系。要与日本人进行合作，朋友之间的友情、相互之间的信任是十分重要的。一旦这种关系得以建立，双方都十分注重长期保持这种关系。日本人认为，双方既然已经十分信任了解，一定会通力合作，即使万一做不到合同所保证的，也可以再坐下来谈判，重新协商合同条款。合同在日本一向就被认为是人际协议的一种外在形式。如果周围环境发生变化，使得情况对公司利益不利，若对方坚持合同中的惩罚条款，或是不愿意放宽合同条款的规定，日本人就会感到极为不满。

(3) 日本是个礼仪社会，有许多严格的礼仪，尊重并理解日本人的礼仪，并能很好地适应，并尊重他们的行为，是与日本人商业交往的基础。日本人重视人的身份地位，在日本社会中，人人都对身份地位有明确的概念，每个人非常清楚自己所处的地位，该行使的职权，知道如何谈话、办事才是正确与恰当的言行举止，在商业场合更是如此。

(4) 要面子是日本人最普遍的心理，从不直截了当地拒绝对方，说话总是转弯抹角，含混其词。另外，当对方提出要求，日本人回答"我们将研究、考虑"时，不能认为此事已有商量的余地或对方有同意的表示，只能说明他们知道了对方的要求，不愿意当即表示反对，使提出者陷入难堪尴尬的境地。同样，日本人也不直截了当地提出建议。他们更多的是将对方向自己的方向引导，特别是当他们的建议同对方已经表达出来的愿望相矛盾时，更是如此。

(5) 日本人在商务活动中很有耐心，主要表现在准备充分、考虑周全、洽商有条不紊、决策谨慎小心。为一笔理想交易，他们可毫无怨言地等上两三个月。只要能达到他们预想的目标，或取得更好的结果，时间对于他们来讲不是第一位的。日本人的耐心还表现在注重个人友谊、相互信任。而建立友谊、信任就需要时间。

3. 欧、美文化

欧、美国家是国际工程项目货物采购，尤其是设备采购的主要货源地。欧、美每个国家都有自己的文化和市场环境,难以一言以蔽之。与欧、美供应商打交道,东西方文化碰撞的问题更加突出。

欧洲文化是西方文明的代表。欧洲人崇尚智慧和理性,讲求科学和民主,信仰宗教力量,追求道德与灵魂的净化。对欧洲文化影响最大的四种哲学思想是人文主义、理性主义、完整主义和实用主义。这四大哲学思想构成了欧洲不同地区的核心价值观和文化特征。美国文化则充满逻辑原则、理性精神和契约规则,高度开放性特质,重法制、重公平竞争,但人与人之间缺乏凝聚力与和谐精神。僵化的传统不多,全社会都重视突出个人的作用,提倡个人主义和理性主义。

欧美国家的文化特点如下:

(1) 信奉竞争、和平,注重结果,追求实利,对表面的礼仪式性东西看得很淡,而对实质性的问题都非常敏感。语言坦率,着眼于尚未解决的问题,同时避免把个人关系与业务联系在一起。由此,注重结果的美国文化强调"人、事分开"。这种价值观的取向,表现为决策者和决策权限的差别。在商务谈判中,西方人表面看来是一两个人出场,但其身后却往往有一个高效而灵活的智囊群体或决策机构,决策机构赋予谈判者个体以相应的权限,智囊群体辅助其应对谈判中的复杂问题。主谈人员被决策机构赋予相应的权限,能够对谈判中涉及的多数问题当场做出决定。

(2) 美国人交流方式比较注重现在、自我和实际行动。个人完全可以代表公司做出决策。美方派出的商务代表通常有足够的权力,这意味着他们可以直接对议题做出决策,期望对方也有类似的权力。在国际商务活动中如果发生冲突,西方人愿意将矛盾公开,投入大量的时间和努力,对有争议的问题进行专门沟通,以达到预期目的。美国人认为只有把问题讲出来,将冲突的细节具体化,通过对话了解与冲突有关的各方观点,逐个解决每一个细节问题,才能最终解决双方的冲突。美国人强调问题的客观存在,注重事实和数据,在沟通中公开阐述自己的不同意见。如不能很快地达成协议,美国人则会感到失意或失败。

(3) 西方人的法律价值观念使得他们对于纠纷的处置,用法律的手段,而不是靠良心和道德的作用。西方很多个人和公司都聘有法律顾问和律师,遇有纠纷时则由律师出面处理。西方人对协议/合同内容规定得十分详尽,针对突发事件和可能发生的事件制定尽可能多的条款。

(4) 西方文化认为人作为社会的存在物,总是双重地存在着。一方面作为独立的个体而存在,另一方面作为社会的一员而存在。个人的存在被看成群体存在的前提,整个社会极力推崇个人主义、强调自我价值实现,并以个人成功衡量人生价值,喜欢标新立异、独树一帜、我行我素、独来独往。同时在国际商务活动中,西方人又比较侧重于强调集体的权力,强调个人的责任。

(5) 西方人十分看重时间,认为时间是有限的,时间就是金钱和财富。其时间观是直线型的,事情都按顺序列在这条直线上,在谈判前往往制定议事日程和详细的时间表。为充分利用有限的时间，商务活动的每个环节都应制订计划，时间单位被划分得很细。人们做任何事都要严格遵守日程安排，一次只干一件事，该干什么的时候就干什么，不论完成与否必须停止，不影响下一项安排或让下一个人等候。对美国人来说，约定就是信誉，就是承诺。无论是参加商务谈判还是社会交往，不守时被认为是不可靠或不负责的表现，迟到是要受到惩罚的。在国际商务谈判中，美国人严格遵守双方约定的最后期限，并写进合同中，运用法律手段来要求双方遵守所订的时限。美国人通常希望在相对较短的时间内达成协议，习惯按照顺序开展复杂的谈判工作，从一个阶段过渡到另一个阶段。比如依次解决价格、包装和交货期等问题，最后的协议则是这些小协议的总和。对美国人来说，衡量一个谈判的成功与否，就是看解决了多少小问题。

(6) 西方人注重个人隐私，讲究个人空间，不愿意向别人过多提及自己的事情，更不愿意让别人干预。

4. 中东阿拉伯伊斯兰教文化与商业环境

中东地区的大多数国家在民族特征、语言、宗教、风俗、商务礼仪等诸多方面具有广泛的共同性。中东的地域特征使得阿拉伯人具备适应环境的超强能力和对群体强烈的依赖性，蔑视权威、热情好客、粗犷剽悍。阿拉伯伊斯兰教文化特点是以宗教规定的行为规范为核心，以阿拉伯人原有的文化为基础，尽可能地吸纳一切有利于阿拉伯人发展的其他文化因素，使之为伊斯兰教义服务。在这种以伊斯兰教为本的文化中，宗教占据着统治地位，影响着国家的政治、经济活动和日常生活。伊斯兰教义规定穆斯林的信仰、义务及经商习惯，是阿拉伯人的精神支柱，也是阿拉伯文化的核心。就商业思想而言，阿拉伯伊斯兰教把公平交易上升到宗教善行的高度，以诚实、忠信和公正的态度进行商业交易，是对真主的责任，隐瞒货物的缺点，或利用他人的无知获得利润，是被穆斯林禁止的。当公平交易从经济原则成为宗教伦理原则时，其必然扩展到社会生活的各个领域，成为其待人接物的准则和道德行为的评判标准。

阿拉伯半岛的地理位置使经商成为阿拉伯人的天然职业。一般来说，阿拉伯人重感情、讲信誉、精于计算、重视合同、不短斤缺两、善于讨价还价。彼此间的友谊是建立稳固商务关系基础上的。阿拉伯人信奉"君子一言，驷马难追"，认为口头协议是具有约束力的。所以，在中东开展商务活动，如果能同当地供应商交朋友，结下友谊，是交易成功的一半，尤其是能够与王室成员建立某种特殊关系，或结交权贵可获得更多的商业机会。此外，中东阿拉伯人行业内裙带关系普遍，往往兄弟、父子、叔侄在同一行业内从事贸易活动，对一方的报价很快会遍及整个亲戚网，毫无商业机密而言。

在阿拉伯国家开展商务活动需要通过代理进行。如果没有合适的阿拉伯中间商，商务活动则举步维艰。因此，选择有一定社会关系的中间代理商至关重要。这种社会关系主要指建立起与王室成员合作信任的关系。在阿拉伯国家，王室成员多涉足商界，"合情合理"地给予这些人一些经济上的好处是可以被人们理解和接受的。

在中东地区进行商务活动应注意以下问题：

（1）谨慎选择代理。几乎所有政府承包工程项目都实行公开招标，在项目投标过程中，普遍采用当地公司代理制。比如科威特，其法律规定，任何外国公司在科威特进行的任何商务活动，或是采取与当地公司合资的方式，或是必须由当地公司做代理。因此，无论承包工程还是货物采购，应谨慎选择当地代理，考虑代理的政治、社会背景、与政府部门、业主及中央招标委员会的关系，是否与之有广泛而密切的联系。这种社会关系主要指建立起与王室成员合作信任的关系。同时考虑代理的从业经验、合理的收费比例，并明确定位与代理公司的合作关系。

（2）部分阿拉伯国家实行自由贸易政策，部分国家对进口货物实施技术性贸易壁垒，如沙特，根据沙特阿拉伯标准组织的有关规定，部分进口产品必须依据沙特阿拉伯国际规范认证标准获得认证，方可进入沙特阿拉伯市场。国际规范认证标准给予海湾地区生产的产品优惠待遇，但对其他国家的产品提出了超出必要的贸易限制要求，并征收与成本无关的从价费用，同时缺少必要的透明度。

（3）海湾国家的供应商习惯于信用证支付。对于大额度采购，甚至要求全额滚动式信用证，这将增大项目资金账户的流动资金占用，加大了合同执行成本。

（4）顺应伊斯兰宗教信仰对商业活动的影响。伊斯兰教教规中最重要的礼拜、施舍、斋戒和朝觐等四项活动，可能占据和影响部分商业活动时间。阿拉伯国家重大节日较多，其对工程项目的实施和货物采购周期、通关等会产生影响，在制定采购计划时应予以充分考虑。另外，进口许可证或其他官方文件的申领、批复较缓慢，承包商要有足够的心理准备。此外，许多阿拉伯国家的作息时间是星期五休息，星期四下午则为周末。如果与阿拉伯人联系业务应该尽可能选择周一到周四，而不能选择星期四下午或星期五。函电回复，特别是周四来电，应该及时处理，否则会因为休息时间的不同，时差原因而延误时间。因此，承包商对于采购合同中规定的交货期应考虑一定的缓冲时间。在制定进度表时，最好具有一定的灵活性。总之，在中东阿拉伯国家的商务活动日程不能安排得太紧，应留有余地。

（5）注意阿拉伯人的交流特点。与阿拉伯人进行商务谈判，尤其是重要议题的谈判，自备翻译是明智的选择。阿拉伯人合同文件一般使用详细和重复的语言，修饰词较多。为避免误解，尽量把所有内容都写到合同中去。由于阿拉伯人经常以使谈判对手从开价中偏离的程度，来衡量自己在谈判桌上的成功与否，在与阿拉伯供应商议价时，明智的做法是，开价时应留有足够余地，为漫长的谈判过程留出议价空间。此外，阿拉伯人在签约后，如果想要撤销合同，经常会以神的旨意为借口终止合同。

（6）阿拉伯人普遍认为耐心是一种美德，其谈判风格有两个突出的特点：一是"从来不急"，二是"当面不争"，进展速度非常慢，双方初次见面谈论几个小时与商务主题无关的事情是经常的。所以在中东从事商务活动，配合对方悠闲的商务节奏，慢慢地向前推进才是上策，不能期望一两次就能谈成，也忌以施加压力的方式促使其快速做出决定，否则欲速则不达。

5. 非洲文化与商业环境

非洲大陆地域辽阔，地理条件千差万别，再加上地区分割，种族迁徙和外来文化的传播等因素，造成了非洲大陆文化的极其多样性。整体一致性与多样性并存是非洲文化的总体特征，对非洲的了解应把非洲文化的外部总体特征与其内部个性差异结合起来。非洲人性格倔强、热情、自尊、外向、天性乐观、公共道德意识较强。非洲大多都是发展中国家，除政府官员，特别是高官的文化程度较高外，受教育水平总体较低。个别非洲国家政治形势不太稳定，法律制度不健全，商业信誉度不高。受经济发展水平的制约，技术较为落后，工业化程度不高，在当地采购的数量和金额在整个国际工程项目货物采购总额中所占比例不高。同时网络技术发展不健全，电子商务在非洲商务活动中所占比例有限，交易方式简单，通常是一手交钱，一手交货。由于非洲地区经济技术落后，路途遥远，交通不便，因此，运输成本较高。此外，部分非洲国家实行进出口货物装船前检验制度，在实际操作中增加了承包商的费用，延误交货期。在非洲进行商务活动应注意以下问题：

（1）非洲国家长期经济落后、政治不独立，非洲人内心深处具有很强的自尊心和敏感性，任何的不屑或者厌烦都可能使他们的自尊心会受到伤害，可能会因此破坏谈判的融洽气氛。此外，在与非洲人打交道时，应避免谈论对方国家的政治体制、宗教信仰、种族等敏感性话题。

（2）非洲总体教育水平较低，但商人不同。非洲商人精于商务谈判，既会讨价还价，也能妥协让步，因此，运用灵活的谈判技巧，对于货物采购具有非常重要的意义。了解对方的业务范围、经济实力、信誉程度等，并本着最终谈判的结果能够为双方带来好处和实惠的原则，在不损害自己根本利益的原则下，向对方做出适当的妥协与让步，最后达成双方都能接受的"双赢"协议。谈判过程中要提前准备好第一方案、替代方案以及一旦谈判出现僵局甚至破裂时所采取的对己有利的方案；收集整理谈判中所需要列举的数据、过程、时间、地点、证明人等诸多涉及事实的证据；周密设计谈判中自己一方可以向对方做出让步的最高限度以及要求对方能够妥协的最低程度。

（3）就宗教信仰而言，90%的非洲人有宗教信仰，主要有基督教、伊斯兰教和原始宗教。传统宗教仍在非洲保持独特的地位，影响着非洲人的思维方式和行为规范。不同信仰的人，礼俗各不相同，很难笼统介绍非洲的文化习俗。非洲地区曾经是英、法、比、葡等西方国家的殖民地，长期的殖民统治，受到较多西方文化的影响，尤以城市最为明显。知识阶层，包括政界、文化界、工商界人士，所受的几乎都是西方的教育。国家虽已独立，而仍以原殖民国家的语言为官方语言，如东非用英语，西非用法语，因而有所谓"英语非洲国家"、"法语非洲国家"之称。同非洲人交往，一般可按西方礼俗行事，对伊斯兰教徒，须尊重其特有的礼俗。

（4）非洲人的时间观念淡漠，无论职务和受教育程度高低，守时的观念都普遍淡薄，这主要是因为非洲国家基本仍然处于初级农业社会阶段，生活节奏缓慢、交通不便、惰性十足。"时间就是金钱，效率就是生命"的现代理念在非洲几乎没有，办事拖沓。对于时间，如果不是书面约定，其可信度很低。谈判时，他们较少准时到会，即使到了也要寒暄一阵才会开始正式谈判，对此，应有必要的耐心，适应其生活节奏，不能操之过急，尽量按照其生活习惯，使对方感到对其的尊重与关照，增进认同感。

（5）非洲人的权利意识很强，由于历史的原因，整个非洲从事商务谈判的人员对业务不一定很熟悉，因此与其洽谈时，应把所有问题乃至各个问题的所有细节都以书面确认，以免日后产生误解或发生纠纷。但只要形成文字，订立了合同，非洲人一般会守信用。此外，对非谈判，切莫过于随便。服饰在非洲人心目中往往是身份和经济实力的表现形式，注意不同场合的着装，汽车也尽可能地擦得干干净净。

（6）非洲人办事效率低，技术、管理手段落后，因此对供应商的选择不但要考察他的资信情况，同时考察其教育背景和层次，所受文化教育程度越高，双方合作、管理的理念越易于沟通和达成共识。

（7）在非洲许多国家十分重视形式上的规范，如表示感谢、问候、祝贺、道歉等均使用正式的信函，送别、告别也要写送别信、告别信等。而且此类信函要求称谓得体、行文通俗易懂、谦称或敬称语恰当，格式要规范等。在非洲，大部分人已经习惯了接受别人的礼物。在其潜意识中，只要不是偷或抢，向别人要东西并不可耻，为提高办事效率，可考虑给有关人员准备礼物。

（8）非洲国家的很多经济法规和经济制度复杂程度不亚于中国。其法律有西方大陆法体系、外来宗教法体系、英美法体系、当地习惯法体系。法律制度的差异是产生法律冲突的一个主要原因，当某项交易应受何国法律支配、发生争议时当事人应到哪国法院寻求救济，并不是只要在合同中加入法律选择条款或法院管辖条款，即可解决上述问题。由于其法律制度的多样性，承包商很难根据该国法律透彻了解对合同当事人权利和义务是如何规定的。

（9）由于当地法律的不规范及官员的腐败，在非洲国家的工程建设和一般商业活动中，普遍存在支付佣金的现象，这导致采购成本的增加。

从商业环境上分析，承包商在国际工程货物采购过程中，亦应注意如下问题：

（1）国际上通用的贸易结算方式，在非洲往往得不到很好的利用，中国的银行普遍不接受非洲银行开出的信用证，须由西方银行担保。对于从我国采购的设备，由于当地银行的信用度较差，常常发生无法兑付的情况。因此不能仅凭当地银行出具的信用证明发货。发运前，须要求对方提供的欧洲银行或信用度较高银行的信用担保，否则将存在收款风险。此外，非洲人计划性普遍较差，即便与其商谈的贸易条件从理论上讲已没风险，但实际履约时，经常会出现意外，如无法按时交货等。应积极利用当地的支付习惯，采用寄售，付款交单的方式，降低采购成本。

（2）非洲当地货币与美元的汇率兑换是经常变动的，存在较高的汇率风险，如果工程进度款、货款以当地货币结算，要实时掌握该国金融市场的变化情况，利用时间差进行控制、降低风险。此外，非洲各国均实行不同程度的外汇管制，承包商需充分了解项目东道国相关规定，做到心中有数，谨慎交易，避免进口物资付款和对非洲出口物资的收款的风险。

（3）非洲大多数国家的工业非常落后，工程施工所需要的材料和施工机具大部分要从国外进口，且价格高、采购周期长，需要承包商做好施工计划管理，认真编制施工组织设计和施工方案，特别是材料使用和机具使用计划要提前编制。此外，部分非洲国家实施全面进口装船前检验计划，可能会增加承包商货物采购的交易成本和周期，承包商应了解当地政府对进口货物实施装船前检验计划的指定机构及该机构在中国的办事处，以及供应商所在国办事处的联络方式等。

（4）由于非洲地区经济技术落后，工业化程度不高，在当地采购的数量和金额在整个工程货物采购总额中所占比例不高，大部分从我国出口。因此，承包商应认真考察从中国至项目东道国的运输路线，运输方式，运输周期，目的港卸货条件等。非洲一些国家由于经济不发达，港口硬件一般甚至落后，卸货还停留在人工阶段，导致货物运输效率很低。目前，中国至非洲的工程物资运输主要是空运和海运，一些内陆国家没有海运，货物到港后还需转公路或铁路运输，有些国家没有空运，货物也需转运。此外，中国至非洲国家的海运主要是集装箱运输。承包商须了解非洲相关国家海关的规定，如有些货物有特定的包装要求。

四、规避跨文化风险的措施

文化差异是一种客观存在，为减少和降低文化差异导致的国际工程项目货物采购风险，承包商应加强跨文化意识，正确识别、认识和理解文化差异，采取必要的措施和进行跨文化管理。

1. 跨文化管理

跨文化管理应该是项目管理及采购管理的内容之一，是对涉及不同文化背景的人、物、事的管理，是针对不同文化环境，设计有效的组织战略和结构，有效利用人力资源，保证国际工程项目和货物采购的顺利实施。在国际工程项目实施过程中，与外部文化、环境进行全方位接触的是采购部，因此，采购部作为项目部的窗口单位，应是跨文化管理的重点部门。要成功地进行跨文化商务活动，应注意以下几个问题：

（1）在缺乏对文化差异的根本认识之前，承包商不能根据自己的文化观念"自作主张"，应克服"自我参考准则"，观察由外部事件引起的各种变化和应采取的策略，控制民族优越感的影响，宽容不同文化，谨守中立。

（2）进行跨文化诊断，分析对方和己方的文化状况。要成功地进行跨文化商务活动，了解异国文化，首先要理解本国文化，做到知己知彼。分析对方的文化状况，主要包括：1）文化的对立性，即分析双方在目标、规范、价值观等方面的差异，寻找文化协同的途径，进行文化融合；2）文化的复杂性，即分析对方国家宏观文化的公开与不公开方面，并做出分析；3）文化的多样性，即了解各种文化的差异程度或相似程度；4）文化的互相依存性，即采取合作共事的态度，创造互相友好的局面。这样，在从一种沟通情境转入另一种情境时就能在沟通方式上做出必要的调整。

（3）正确选择商务人员，以适应文化差异。国际工程项目货物采购的文化风险主要在于具有不同文化的"人"，在于隐含在"人"的大脑中的"文化"。因此，参与国际采购的工程师必须能执行项目战略，忠实地代表和维护承包商的利益，同时具有丰富的专业知识和对异域文化的适应能力，并具备在多元文化环境下工作所必需的特定素质。

（4）进行跨文化培训。跨文化培训可使采购工程师具有文化差异意识，能了解和把握影响人们行为的文化因素，不仅能够对付文化差异，而且具备文化敏感性和跨文化沟通的技能。跨文化培训主要包括以下几个方面：

1）语言培训。克服语言障碍，是获得文化差异感受能力的最基本的途径。进行语言培训，除了使采购工程师能够以东道国语言或可供双方使用的第三国语言与东道国的同事或对手进行交流以外，还应懂得有关东道国和主要供应商的语言，知识以及该国语言所蕴含的真正意义。

2）培训文化自我意识。文化自我意识的培训就是让受训者了解本国文化中的价值观、行为、态度以证实文化对行为的影响。摆脱狭隘的民族观念，克服"自我参照准则"。文化自我意识的培训可以提高受训者按照某种标准和原则来控制自己的思想、感情和行为的自觉性。文化的自我意识是一种经验性的学习，只能通过与具有不同文化背景的个人之间的相互交往来实现。文化自我意识的培训也是一个渐进的过程。

3）培训文化敏感性和适应性。敏感性培训是为了加强采购工程师对不同文化环境的反应和适应能力，促进与不同文化背景的人员之间的沟通和理解，从而使他们的行为和决策为他国国民所接受。

（5）建立跨文化管理组织机制。承包商企业应认识到跨文化管理对长期利益的重要性，建立一种组织制度，为跨文化管理配置所需资源，以保证跨文化管理的有效实施。

2. 充分发挥当地代理人的作用。代理人除帮助承包商寻找工程项目外，还向承包商提供当地的政治、经济、法律、文化等信息。承包商企业应选择具有当地文化背景或熟悉当地文化背景，具有良好而广泛的人际关系网络的当地代理人。这样的代理人可成为承包商与当地社会的桥梁，有助于承包商实施跨文化管理。

3. 遵守共同的市场交易规则。在国际商务活动中，虽然各国供应商企业都有适合自己经营的操作规范，但还存在国际上约定俗成的惯例。为使合同双方相互信任和理解，进行成功的交往，必须建立一个相互承认的交往条件，如双方都能接受的、相互之间共同遵循的市场交往规则，以弥补商业交往中的文化差异。

案例 3-1

ABC 分析法在中国石油海外企业当地采购的应用

中国石油工程建设公司（以下简称 CPECC）是以承包石油、石油化工工程项目为主业的大型国有企业。苏丹市场是 CPECC 较为成熟的项目接替区域，也是持续创效的海外经营重点地区。按照采购地点的不同，苏丹境内各项石油工程全程施工所需物资的供应分为中国国内采购、苏丹当地采购和第三国采购。当地采购作为采购体系中的重要部分，是指在苏丹境内所执行的系列采购业务，主要包括紧急需求物资采购、临时需求物资采购和在当地采购经济可行的物资等。当地采购的供应商主要是苏丹境内的生产企业、国外产品代理销售商、普通经销商等。当地采购的工作目标是以低成本解决现场的物资需求。

根据实际统计数据，公司 2006 年全球采购合同总金额为 3515 万美元，其中苏丹喀土穆当地采购总金额约 413 万美元，占 11.75%。在过去的数年内，公司当地采购工作量随着在建项目数量急剧增加而猛增，然而只有 1~2 名负责当地采购的工作人员。在这种情况下，必须优化当地采购管理体系，以最少的人力、物力、财力实现最好的经济效益。

一、当地采购 ABC 管理体系的创建与运转

1. 分析采购数据，建立 ABC 比重图表

对当地采购数据进行统计整理，建立采购管理台账。ABC 分析法的分析步骤首先要求计算出各类采购物资的金额及其比重，并排序。根据公司内部的实际数据，2006 年 CPECC 苏丹当地采购物资的分类见表 1。

CPECC 苏丹当地采购物资分类统计 表 1

分类/排序	名称	采购金额（美元）	占总金额比例（%）
A 类：1	柴油	2110760.08	51.15
2	水泥	694787.54	16.84
3	钢材	32837816	7.96
4	工业气体	287684.66	6.97
B 类：5	电工产品	18235818	4.42
6	润滑油	127382.74	3.09
7	轮胎	93213.98	2-26
8	汽车配件	79410.49	1.92
9	办公设备	70723.01	1.71
10	管配	41742.81	1.01
C 类：11	其他	110110.75	2.67
合计		4126552.40	100

2. 区别主次，优化当地采购管理体系

由表1可见，柴油、水泥、钢材和工业气体这4物资的采购金额占采购总额的比重之和超过83%，所以列为当地采购重点控制和管理的A类部分，特别是占采购总额51%的柴油，作为重点控制采购物资。电工产品、轮胎、润滑油、汽车配件、办公设备管配等，尽管品种不多，但是占采购总额的比例为14%左右，作为B类物资管理。其他物资虽然规格品种较多，占采购总额的比例仅为3%左右，属于重要性较小的采购部分，作为C类物资进行一般化管理。

3. 突出重点，实现ABC管理体系高效运转

CPECC苏丹分公司研究了本公司在当地的实际经营情况，在应用ABC分析法时，权衡管理力量和应用后的经济效果，对上述三类采购对象区别管理。

（1）对A类物资实施重点控制，集中招标采购。在保证现场施工需求的前提下，及时合理地制定和调整采购数量和批次。在项目施工高峰期，集合多个项目整体采购数量，进行单批次大批量采购，发挥采购数量大的优势，提高竞标力度，降低采购成本。

（2）对B类物资实施次重点管理，加大供应商管理力度。2006年，公司先后考察了80多家当地供应商，引进了20多家新供应商，淘汰了10多家竞争力差的供应商。其中，对于汽车配件的采购采取了单一供应商的策略，集中在当地总代理商处采购，建立长期合同关系，获得了稳定的价格和商业折扣。

（3）对C类物资采取日常的一般化管理，建立指导价格数据库。在采购的日常管理中，通过收集市场价格信息，制定价格比较目录，包括历史采购价格比较、类似产品采购价格比较、供应商报价比较等内容。由此建立指导价格信息数据库，从中确认合同价格与市场价格相比是否在合理的范围之内，以控制采购价格。在轮胎、蓄电池、灭火器等物资的采购中，控制最高价格，有效地控制了采购成本。

二、A类物资采购管理实施过程

2007年CPECC苏丹分公司对柴油和工业气体两项A类物资的采购进行重点管理。

1. 柴油采购管理

柴油是公司在当地采购最大的单项采购物资，主要用于项目执行地点的营地生产、生活所需。2006年，苏丹政府为弥补约26亿美元的财政赤字，将柴油的价格提高了每升0.12美元，涨幅达25%~30%。仅此一项就导致公司年采购成本增加50万~70万美元。为了消化柴油涨价带来的成本压力，必须采取积极有效的应对措施。

（1）采购环境调查

公司对当地柴油采购环境进行了为期3个月的市场调查，发现2006年前后当地柴油采购环境发生了较大的变化，包括柴油的油源、供应商、供应渠道、价格构成、运输、市场特性等（见表2）。为此，需要重新评估当时执行的柴油采购方式，以期获得更好的经济回报。

柴油采购环境对比分析　　　　　　　　　　　　　　　　　　　　　　　表2

柴油	06年底前采购环境	06年底后采购环境	变化原因
油源	油源紧张	稳定供应	中心城市建设年产500万吨的炼油厂，柴油供应由紧张转变为稳定供应
供应商	29家	9家	市场竞争加剧，优胜劣汰
价格构成	喀土穆市场价+运输成本	主要为运输成本	政府管制柴油销售价格（出厂价），运输成本成为采购价格构成的关键影响因素
运输	供应商运输为主	第三方物流为主	第三方物流运作在苏丹柴油市场全面展开
市场特点	卖方市场	买方市场	买方对包含运输费的现场柴油价格有主导权

(2) 供应商能力评价

首先，收集供应商信息。为评价供应商的能力，公司研究设计了柴油供应商供应能力评价问卷。根据多年来对当地市场的了解，在29家柴油供应商中重点选择了6家并进行问卷。对这些调查问卷进行汇总、整理和分析结果可见表3。

其次，供应商的价格信息分析。对于表3中供应商供应能力评价总分大于80分的3家供应商C、D、E公司，以及原供应商A公司，邀请其就公司的柴油采购进行报价，报价结果见表4。

柴油供应商供应能力评价问卷汇总分析　　　　　　　　　　　　　　　　表3

供应商	柴油储备能力（40%）	运输能力（30%）	财务能力（10%）	特殊情况应对能力（10%）	内部运营管理（10%）	加权总分（100%）
A（原供应商）	36	26	5	5	5	77
供应商B	34	24	6	5	5	74
供应商C	38	28	8	8	8	90
供应商D	37	27	7	7	7	8
供应商E	36	26	8	8	9	8
供应商F	33	26	7	6	6	7

供应商报价一览表（单位：SDD/升）　　　　　　　　　　　　　　　　表4

项目现场	供应商A			供应商B			供应商C			供应商D		
	单价	运费	总价	单价	运费	总价	单价	运费	总价	单价	运费	总价
甲	98	26	125	97.28	15.56	112.84	95.66	17	112.66	96.2	16.7	112.9
乙	98	23.87	122.87	97.28	16	113.28	95.66	19	114.66	96.20	21.11	117.3
丙	100	17.46	119	97.28	13.78	111.06	95.66	16	111.66	96.2	18.11	114.3

由表4数据可以看出，在柴油价格构成中，A、B、C、D四家供应商在喀土穆市场的报价（单价）差并不大，价格构成中差距较大的是从喀土穆运输到现场的运输费用。运费差距决定了供应商的最终报价差距。

(3) 采购策略调整

比较 C、D、E 三个供应商的合同价格与原供应商 A 的合同价格，C 公司的价格比原供应商 A 公司的价格降低 10%（每升降低了当地货币 10SDD，约合 0.05 美元）。如果将供应商由 A 公司更换为 C 公司，按照 2007 年的柴油需求量计算，预计一年可节约成本 22.5 万美元。原供应商 A 公司免费为项目现场提供了 6 个储油罐，如果更换供应商，3 个项目现场需要新增 6 个储油罐。6 个储油罐的购买、运输、吊装等费用合计大约为 4.8 万美元，储油罐使用寿命为 10 年，作为固定资产，成本分摊后每年约为 0.48 万美元。据此测算，更换柴油供应商可节约采购成本 22.02 万美元，能够弥补苏丹政府提高柴油价格带来的一部分影响。基于以上综合调查与分析，2007 年 CPECC 苏丹分公司与供应商评价得分最高、报价最低的 C 公司签订了新的柴油供货合同，完成了供应商的替换。

2. 工业气体采购管理

通过分析价格的构成和项目需求特点，公司决定调整工业气体的供应模式，把原来的"供应商喀土穆交货 + CPECC 运输到项目现场"改为"供应商就近供应"方式，利用供应商的各地库存，就近提取气体。这种方式既削减了运输成本，降低了路途耗损，又减少了安全隐患。2007 年实际节约工业气体采购成本 13.2 万美元。

公司在苏丹当地采购管理中不断探索和创新，2007 年在未增加当地采购人员的情况下，运用 ABC 分析法，优化当地采购管理体系，柴油和工业气体两项物资共节约采购成本 36.1 万美元。当地采购工作的改善还提高了以下几个方面的绩效：

1) 质量绩效。与一些供应商建立了长期战略伙伴关系，提高了采购产品的质量和供应商的服务质量。

2) 数量绩效。明确采购管理中的主次因素，减少库存物资积压和资金占用，强化了采购资源利用效果。

3) 时间绩效。提升了采购人员订单处理效率。

4) 价格绩效。实现了采购成本的控制和利润的增长。

运用 ABC 分析法，在分门别类地确定不同物资的不同采购方式的同时，公司将供应商作为一项战略资源，实现了从供应商选择、供应商认证到与供应商合作等供应商管理创新。加强与供应商的长期合作，建立战略伙伴关系，减少了供应商数量，有效地降低采购成本，有利于提高本公司的国际竞争力。

作者：郭炜、齐济、陈献红

第 4 章 国际工程项目货物采购的质量控制

> 国际工程项目货物采购的质量关系到承包商能否向业主交付符合合同要求的建筑产品，关系到承包企业的生存。货物采购的质量控制包括建立采购质量控制体系、编制质量控制文件、货物检验、供应商选择以及供应商供货过程控制等内容。

第 1 节 国际工程项目货物采购质量控制体系与工作范围

国际工程项目的生产特点本质上属于加工性质，材料、设备构成了建筑产品的实体部分，并从根本上决定着产品的质量。建筑产品的瑕疵除施工生产原因外，部分可追溯到生产过程中所使用、安装的材料、设备的质量或设计缺陷。因此，材料、设备采购的质量关系到承包商能否向业主交付符合合同要求、业主满意的建筑产品，关系到承包企业的生存。

一、货物采购质量控制机构

国际工程项目货物采购质量控制机构实际上是由业主和承包商共同构成。

（一）业主

如前所述，无论在何种承包模式下，主合同一般都规定业主人员有权在合理时间内，对现场以及在制造地的设备和材料进行检查，包括制造进度检查、材料数量计量、工艺质量试验等。承包商在此过程中应予合理配合与协助；合同可以约定对采购的重要设备制造过程的各类检查和检验。当设备就绪可以进行检查和检验时，承包商应通知业主派员参加，检查或检验后承包商应向业主提供检验报告；业主有权要求承包商向其提供无标价的供货合同供其查阅。可见，承包商配合业主人员对设备、材料采购的计划审查、采购样品审核批准、供应商认定、设备生产过程检查也是承包商货物采购质量控制的内容之一。

（二）承包商

材料、设备采购的质量控制体系作为承包商工程质量控制和采购管理的子系统，主要由项目质量控制部，采购部，设计部等部门组成。此外，材料、设备供应商在质量控制中亦承担重要角色。

1. 质量监督/控制部

质量监督/控制部门承担对工程实施全面质量监督的责任，负责设计、建造、施工、材料设备采购、安装等方面质量监督/控制，其监督/控制活动应基于两个指导性文件：监督/控制的工作内容和监督/控制计划。这两个文件适用于所有的采购项目。

就货物采购的质量控制而言，其工作内容主要包括以下几个方面：

(1) 研究技术规范对材料、设备的质量要求，准确理解业主意图。

(2) 识别采购质量风险，进而明确质量监督的任务。

(3) 对采购文件进行质量审核；对采购方式、供应商选择的质量进行评价；对供应商的质量保证体系、供应商质量计划进行审核；如果供应商没有达到质量管理体系的要求，或没有遵守合同规定的质量要求，将供应商列入"黑名单"，通知采购部。

(4) 对采购部的工作进行质量跟踪、监督，并提出改进建议。

(5) 向采购部提供采购质量风险方面的建议；进行质量保证的风险监督。

(6) 撰写质量监督报告，说明不足及改进措施。

监督计划则根据特定的采购项目，按材料、设备种类，由质量监督/控制部门制定。

质量监督/控制部门的工作并不覆盖全部的货物采购，主要通过对关键点监督/控制的方式建立对采购标的物质量的信心。根据物资在项目中重要性划分，对一般物资，其关键监督/控制点通常仅设置在性能试验和最终验收上，且只做抽样检查。对重要物资、战略物资和瓶颈物资，质量监督/控制则应贯穿采购过程的各个阶段。此外，质量监督部门不能代替采购部、供应商对供货、制造过程中的质量控制，也不减轻其对采购标的质量的任何责任。

2. 采购部

采购部是采购质量控制的执行者。采购部经理根据物资清单，负责材料、设备采购质量的全过程控制。采购部经理可根据材料、设备在项目中的重要性、价值、采购的复杂程度以及质量风险等，对战略物资、重要物资和瓶颈物资的采购，必要时建立质量保证小组，承担有关质量控制的具体工作，由采购部经理直接负责。采购部经理对采购质量控制的具体职责有以下几个方面：

（1）对其所负责的材料、设备采购过程的安全性和质量负责；

（2）确保采购的产品/服务满足合同质量条款的规定；

（3）确保采购部成员具备必要的质量管理素质；

（4）确保将所有的质量控制目标合理分解到采购部的每一成员；

（5）确保将业主需求转化为适当的采购文件（如采购计划、规范和合同等），并通过制定可以接受的量化标准使质量控制有据可依；

（6）确保供应商拥有完备的质量管理体系，并通过质量认证部门的资质认定，否则考虑由该供应商承担采购项目的风险；

（7）制定质量管理战略和内部质量管理计划文件；

（8）确定供应商的质量计划是否满足合同中的质量条款；

（9）确保质量控制符合项目风险管理计划要求；

（10）当供应商存在质量管理问题时，采取相应措施，并对其在质量保证方面存在的重大缺陷监督加以整改；

（11）与质监部、设计部、业主/咨询工程师建立联系制，沟通与质量有关的问题。如对质量问题有异议时，向质监部、设计部、业主/咨询工程师报告或咨询；

（12）对于存在严重违反合同要求的供应商，或认定供应商未能达到规定的质量标准，采购经理有权将该供应商列入黑名单，并通知该供应商。

二、采购质量控制的工作范围与流程

（一）工作范围

货物采购质量，顾名思义，就是采购方在实施货物采购过程中所采购的产品质量、服务质量等若干方面的总和。采购质量控制则是对所购物资实施的质量保证，是整合采购流程、提高采购效益的一种有效手段。因此，采购的质量控制包含两个方面的内容：一是对采购标的物的质量控制，保证所采购的材料、设备质量符合业主要求，符合技术规范和合同要求，达到预期使用目的，这里既包括供应商交付产品的质量，也包括供应商货物交付过程中的服务质量；二是对采购工作本身的质量控制，即保证承包商采购工作有序、高效进行，满足国际工程承包项目的总体目标。

（二）采购质量控制流程

为此，承包商应对采购的全部活动进行计划，建立程序，形成文件，以此对采购进行全面质量控制。采购质量控制应包括以下几个方面的内容：

（1）准确理解业主的质量要求；

(2) 供应商选择；
(3) 执行适当的验证；
(4) 检验程序；

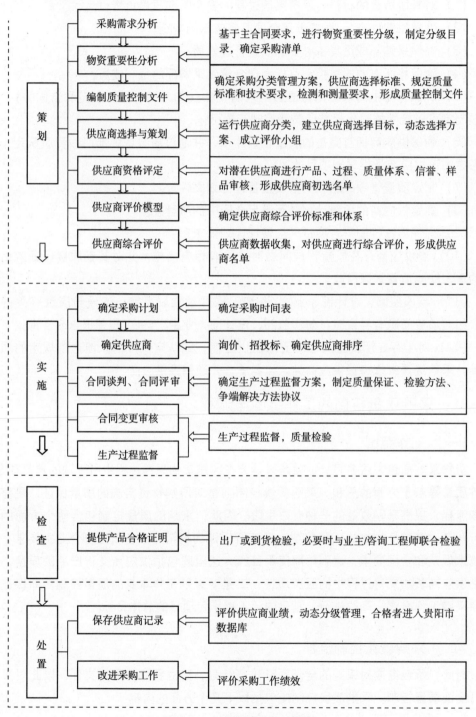

图 4-1 采购质量控制流程

（5）进货检验和试验；

（6）检验和试验记录；

（7）适当标识并使其可追溯；

（8）材料、设备的搬运、贮存、包装和防护；

（9）质量记录；

（10）采取纠偏或改进措施。

采购质量控制流程如图 4-1 所示，货物采购质量控制的关键点是：采购合同的编制、供应商选择、质量保证协议、检验方法协议、进场检验程序、进货控制和进货质量记录。承包商应与供应商建立密切的工作关系和反馈系统，以保证采购材料、设备的质量，保证采购工作的高效进行，避免争议和迅速解决争议。

第 2 节　采购文件与采购合同的编制

一、采购文件的内容

编制采购文件是采购质量控制点之一，是指导采购活动、控制采购过程的技术质量管理文件，也是签订采购合同和进货检验、试验的依据。采购文件包括采购标的的质量控制和采购工作的质量控制。

1. 采购标的的质量控制内容

（1）采购文件的编制依据是由设计部门提交的，或业主技术规范中规定的材料、设备要求。采购文件的内容应至少包括采购产品的准确标识，包括类别、型式、等级、状态、数量和其他准确的标识方法，防止误购；采购材料、设备的技术和质量要求，包括标准、规范、图纸、检验规程及其他有关技术资料，包括产品、程序、人员的认可和鉴定要求的名称，以及其他明确标识和这些技术、质量要求所适用的有效版本，以防止购入不合格品。

（2）当材料、设备有特殊要求时，采购部应会同其他有关部门与供应商签订技术协议书，明确对供应商提供材料、设备的特殊技术要求及质量责任，如试制、试验、试用程序、原始记录、技术协调、试加工、匹配试验、复验鉴定和装机使用的要求，交货状态及特殊的检验方法和其他特殊的质量控制要求，以防止购入不合格品。

（3）对供应商质量保证能力和交付能力的要求，制定出适用的质量体系标准的名称、编号和有效版本。

2. 采购工作质量控制内容

这部分内容包括以下几个方面：

项目的质量目标及控制要求；采购部门的组织机构和职责范围、与其他相关部门的接口关系；采购人员的素质要求；采购工作基本程序及要求；采购计划和采购进度计划；采购文件控制程序；采购分包过程的管理规定；采购产品的验证规定；监视和试验活动的管理规定；现场物流服务过程的管理规定；采购产品的交付及交付后服务的管理规定；采购资料的管理规定；质量记录的管理规定；采购管理文件的修订规定；工程物资现场中转站选址原则及方案；物资运输规范；现场物资仓储验收规范；保管保养规范；现场物资作业流程；现场物资管理岗位责任制；现场物资管理质量控制图等。

采购文件应按规定的程序履行审批手续，审批人员应签字负责。

由于国际工程项目的实施环境和条件、市场环境等因素的变化和影响，为保持采购文件的适宜性，应定期对其进行审核，以检查其有效性。审核应由设计部门会同采购部门和质监部门共同进行。此外，承包商可根据材料、设备在项目中的性质分成若干等级，将采购文件划为关键件、重要件、一般件（或材料），在采购文件中注明供应商等级和要求，分别按不同的要求实施控制，以指导采购。此外，采购文件的编制还要注意文件的可操作性以及文件中各分项内容之间的接口关系。

二、采购合同中与质量控制有关的条款

采购合同是承包商向供应商传达采购文件的一种方式，是就某一具体采购标的物，按照采购文件的内容加以细化，并加以质量控制的依据，是承包商对供应商实施具有法律约束力的控制方法。采购合同中与质量控制有关的主要条款包括品质条款、检验条款、索赔条款、支付条款。应该注意的是，合同中的任何一项条款都与采购标的物的质量控制有关，采购方应认真执行。

（一）品质条款

采购合同中的品质条款是承包商与供应商签订采购合同时，向供应商传达其采购标的特性的条款。承包商的每一项采购都是为了满足承包工程的需求。材料、设备的有效供应要求承包商充分理解业主对建筑产品的最终要求，准确理解技术规范对采购标的的规定，了解标的物的功能、规格、技术性能等在满足业主要求时应该发挥的功效。因此，承包商如何合理，正确地规定采购合同标的的品质要求，是采购质量控制的一个重要方面，也影响到采购的全过程。制定合同中的品质条款，即在合同中描述材料、设备的技术、功能要求，以及如何检测、检验这些功能，质量可靠性等要求是采购质量控制关键点之一。

1. 采购标的物的品质规定要求

国际工程项目货物采购种类繁多，其主要涉及设备、材料、零部件等，其质量的表示方法与要求各有不同。无论是招标采购还是其他采购方式，对采购标的物品质描述的基本要求是科学、规范、准确、有针对性，能够反映标的物的基本特征，并能准确表达下述采购意图：与供应商沟通采购方的品质要求；规范采购合同的主要内容；建立验收、测试与品质检验标准。

对采购标的物品质的描述须明白易懂，同时只应有一种解释，不允许存在由于表达不明确而引起不同的解释。因此，应尽量选用标准。如果需要对采用标准中的某些指标做变动，这些变动应选用意义单一、肯定的文字，忌用形容性的字和词，以及模糊的表达方式，如"最新型号"、"优良品质"、"先进水平"等，同时注意语法和修辞，防止因错别字、漏字、标点符号使用不当而影响对质量条款内容的理解和执行。需要有译本时，注意翻译的准确性及与各条款的一致性。这是因为，一旦合同成立，对采购标的物的描述不仅是当事人之间权力、义务的依据，也是在出现争议时，进行协商调解、仲裁与诉讼的基础。

此外，当采购标的物的品质可用多种方法表示时，选择最能表达质量要求的方法，避免日后引起不必要的质量纠纷。

2. 采购标的物的品质规定方法

（1）设备

技术规格与图纸共同构成设备采购的品质要求。采购合同中的供货范围和技术文件应详细、具体、准确说明采购设备的技术规范、设备所处的工艺条件、制造和检验标准、设备的接口条件、尺寸要求、附属设备以及土建工程的限制条件、试车和验收要求。

设备的技术规格一方面反映了业主的技术要求，另一方面也是供应商选择的重要标准和依据。技术规格的编制，应做到标准化操作。所要求的事项及内容的排序应形成相对稳定的模板，一方面防止技术要求内容表述遗漏，另一方面让供应商快速准确地领会采购方的意图。此外，为使业主和供应商对供货产品的技术要求不发生歧义，由设计部门提供的技术规格须表达得非常清楚、确切。必要时对复杂设备的技术规格按层次逐级分解，如规定一级技术指标、二级和三级技术指标。如采购电梯时，电梯的一级技术指标规定载重量、轿厢规格等基本性能，二级技术指标规定电梯油缸性能等，三级技术指标则规定电缆防火、防燃、油缸中的液压油品质等详细数据。通过技术指标细化，确保采购质量。设备技术要求必须准确，一旦出现错误，日后不易察觉，造成采购失误。

某些项目东道国要求承包商采购的设备须是经过认证的产品，如伊朗。因此承包商在采购前要先确定设备是否符合规格。这主要是因为产品在采购后需要一段较长时间去检验确认品质的一致性，或当产品检验时，要利用特殊的检验设备，而此项设备不易取得，或为保证采购标的的安全性能。当产品经过事先认证时，要先视察供应商的生产过程，以确保产品符合规定。通过认证后，将商标、型号、材料、产地及其他证明材料录入合格产品记录。

（2）材料

国际工程项目所涉及的材料种类繁多，包括构成工程实体的各种材料、结构件、周转使用件、机械零配件以及不构成工程实体的其他材料。采购标的物的自然属性以及在工程项目中的作用不同，其品质描述方法各有不同，一般为规格、型号、商业标准、等级、性能参数等。其品质描述的原则与设备相同，即材料的技术规格须清楚、确切，应能反映业主的技术要求，并使业主和供应商对供货产品的技术要求不发生歧义。

1）规格

规格是品质描述的主要方法，包括设计规格（设计图纸），商业标准和原料及制造方法规格

设计规格：由承包商根据业主的技术要求或规格执行，或由承包商进行规格设计。值得注意的是，如果由采购方提出材料的化学或物理规格以及附带工程设计图说明其需求时，采购方就承担了一定的风险，如：采购方要求供应商按照其规定的化学成分供应油漆，则采购方承担了油漆质量的全部责任。日后当产品在很短的时间内褪色时，责任归采购方。若此方案是由业主提出的，则责任在业主。

原料及制造方法的规格：这种质量的规定方法要求供应商精确说明所使用的材料及其加工方法。如采购方在采购化学药品时，会以安全为由要求生产商提供原料及制造方法描述。或者要求涂料的生产商在涂料生产中增加或减少某种化学原料等。此种方法因成本昂贵，采购方承担较大的责任，检验成本也比较高，较少使用。

性能规格：性能规格在理论上是对采购标的品质描述中比较完善的方式，它以数字或者文字叙述采购方对采购标的物的能力要求、效率和其他性能的具体品质要求。性能规格又叫功能性规格。只描述产品的能力，如电线的功能性规格只说明耐热度、电阻等导电能力，而不去描述制造材料、制造方法。功能性规格规定品质标准的优点在于容易编制规格，保障获得精确的功能，在复杂的产品中利用规格更能将品质描述清楚。

化学和物理性能规格：这种规格描述是按原料区分，适合于某些原材料产品、化学制品等。以及按原材料区分的某些制成品，如线材、管材、电缆、办公用品等。这种方法要说明对化学性能和物理性能的要求，可采用样品、标准、商标或牌号的方式规定品质要求，应明确约定哪些是采购方不能接受的缺陷和瑕疵，并约定不合格的标准。采用这种品质规定方法，关键是供应商的选择。必须选择有能力和诚实的供应商。因为，由供应商承担设计、制造的责任，若能力不足，无法提供合格的产品，若供应商缺乏职业道德，可能会使用低劣材料。所以使用功能品质规定方法时，必须选择最佳供应商。

2）商业标准

商业标准是对某些标准化材料的完整说明，包含制造某一产品时原料及技术的品质，包括尺寸、化学成分等，也包含对材料及技术的测试方法。如锣帽、活塞、管材及电子产品都已经按照商业标准进行生产。购买具有商业标准的材料类似于购买具有品牌的货物。关键问题是如何制定检验方法与程序。标准化产品一般除了当场视检外，

需定期查验，以确定供应商交付的材料是否符合品质要求。因此，在采购前，先规定好材料品质的检验程序以及必须满足质量标准的实验结果。

主要工业国家，如美国，苏联。德国，英国和法国等都已经制定了完整的国家标准。其他国家的国家标准一般都以上述主要工业国家中某一个国家的标准为准，并结合本国的特殊需要而定。国际标准是在国家标准的基础上逐渐发展起来的。我国的工程承包主要在发展中国家进行，发展中国家一般使用国际标准，便于维修，减少零件储备。有些项目东道国对承包商采购进口产品规定必须符合一定的标准，如伊朗规定，进口的产品，必须以书面形式（形式发票）登记货物的技术规格和标准号码，然后由伊朗工业部确认。提交的进口许可证必须含有伊朗工业标准协会（ISIRI）确认的相关标准。伊朗接受的工业标准有：伊朗国家标准、国际标准（ISO、IEC、ITU、CODEX）、欧洲国家标准（EN）、北美国家标准、日本标准（JIS）。

3）品牌或商标

商标和品牌是品质的象征，订购品牌货就是订购品质。在类似品质的产品中，品牌产品价格较高，一般也能在品质上提供保证。国际工程项目中某些材料、设备采购，业主通常规定了品牌。品牌产品容易描述规格的内容，节省采购时间及降低采购费用，检验成本也相对低廉。对检验的要求是对商标的目视认定。值得注意的是，间接采购时，可能存在品质的变异，对此要严格控制。品牌产品尽量采用直接采购的方式，避免供应来源太多。

4）同类品

业主在招标文件中有时规定："A 品牌或同类品"。"同类品"一般指"原料的品质相同并能执行所规定的功能"，或者说相似的原料品质与相似的制造技术。但是，比较原料品质容易，但比较制造技术相对困难，比如生产的精密度、零件的适用度、完工的形态、颜色等等。"相同"的重点是：所执行的功能是否与指定品牌的产品相同，承包商在采购时应向业主澄清何谓"同类品"，对"同类品"作出定义。

总之，科学、合理、正确、准确地规定采购材料、设备品质要求，是控制货物采购质量的一个重要方面。一旦品质确定之后，供应方即承担交付符合合同质量要求的材料、设备的责任，否则供应商可被视为违约交货。

（二）检验条款

检验条款是采购质量控制的另一重要条款。它常和质量条款，索赔条款联系在一起。

检验条款的主要内容有检验时间、检验地点、检验机构、检验证书、检验依据与检验方法、检验标准与方法复验等。

设备进口合同中规定的检验方式通常是：以设备出厂前或装运港的检验证书作为议付或提示付款的依据；设备到达目的港后，采购方保留对设备再行检验的权利（即复验权），其检验结果作为采购方是否接受该设备并进行索赔的依据，此即通常所说的最终检验。

材料进口的检验由双方在合同中约定检验时间，地点与检验机构，规定双方的检验权与复验权。

就检验条款而言，由于签约时，采购方的重点放在采购标的物的品质、支付、运输、交货期等合同内容上，对检验条款的重要性缺乏足够的重视，使得检验条款内容过于简单。此外，我国承包商在采购合同中经常使用的是格式条款，无论采购标的物的属性如何，其检验条款都是一样的，一旦双方发生质量争议，因其内容过于简单，在处理争议时往往会感到力不从心。因此，要充分考虑所采购材料、设备的"个性"特征，根据采购标的的特点，在合同中加以明示，确定检验条款中的每一项内容具体明确、切合实际、科学完善，明确双方的责任，并尽可能剔除供应商提出的对采购方不利的条款。

签订采购合同的检验条款时，一般应采用出厂前或装船前检验、到货后复验的方法，同时规定，若采购方发现货物的品质等与合同不符且属于供应商责任时，可凭检验证书向其提出退货或索赔。此外，明确规定检验标准和方法、复验期限、地点和机构等。根据货物的特性和检验所需时间长短不同，以及检验的技术条件和复杂性，合理规定复验时间和地点，如机电仪器产品和设备的复验时间可相对长一些。复验时间关系到合同标的品质等索赔的期限，若超过规定的期限提出索赔，供应商有权拒赔。复验地点的选择与检验时间密切相关，地点选择不恰当，实际检验的时间无法保障。如检验条款规定为"采购方得于货到目的口岸之日起 XX 天内向卖方提出索赔"，显然于采购方不利。进口设备还必须订明试车投产期限和质量保证期限。

（三）索赔条款

采购合同中的索赔条款一般规定的基本内容是：当一方违约时，另一方提出的索赔依据、索赔期限、索赔方法和索赔金额的计算方法等。索赔的依据，主要规定提出索赔必须具备的证据以及出证机构。提出索赔时必须按规定提供齐全、有效的证据，否则可能遭到拒赔。索赔的期限，主要是根据合同标的物的不同特性，而规定长短不同的期限。一般货物规定为货物到达目的地后 30 天或 45 天；对于机、电、仪货物，一般定为货物到达目的港或目的地后 60 天或 90 天，一般不超过 180 天。但对有质量保证期的设备索赔期，可长达 1 年或 1 年以上。对于国际工程项目材料、设备采购的索赔期的规定不宜太短，防止超过索赔期而被拒绝。双方可在合同当中规定："如在有效期内，因检查手续和发证手续办理不及，可先电告对方延长索赔期若干时间"。由于签约当时难以预料发生违约造成的损害程度，对损害赔偿金额一般不做详细规定。同时应注意避免带有惩罚性的语句，因为一些国家法院认为这类条款不能是惩罚性的，以免在某些情况下索赔条款成为无效条款。

索赔条款的内容在很多情况下与检验条款密切相关，因此在实践中可将此两个条款合并为"检验与索赔条款"。

(四) 支付条款

在国际工程项目货物采购中，进口货物的最大风险是质量风险。有些材料、设备受市场环境、生产条件、供应商所在国等诸多因素的影响，在交易过程中采购方对货物质量难以有效控制。对于质量争议，虽然，承包商可凭合同，通过双方协商、仲裁或法律等程序解决，但在这一过程中，必将耗费大量人力、物力和财力，且最终也未必都能使问题圆满解决。因此，承包商事先采取一定措施，利用支付条款对货物质量风险进行防范，就显得尤为重要。

(1) 合理利用信用证"软条款"，规避质量风险

国际工程项目货物采购中，尤其是大型设备，或金额比较高的货物，信用证是主要付款方式。承包商可利用信用证的特点（详见第 9 章内容）控制供应商的交货质量。信用证与采购合同是两个独立的文件，银行仅凭信用证项下的单据付款，因此，采购方可在信用证单据条款设计上充分考虑如何防范质量风险，以及一旦发生质量问题如何保护自身利益。通过单据控制方案，合理利用信用证"软条款"达到质量控制的目的。

所谓信用证的"软条款"，是指在不可撤销的信用证中加列一种条款，结果使开证申请人实际上控制货物质量和交易过程，如客检/签证条款，即采购方或其指定人检验的条款。如采购方在信用证中规定有关货物质量的检验证书由申请人或其指定人在装运前开立并签字的条款，并要求此类证书作为供应商向银行交单议付的单据之一。此外，承包商在申请开证时，除要求作为议付单据的检验证书由申请人或其授权人出具签字外，还要求其签字与开证行的预留签字样一致。

利用信用证控制采购标的物质量的方法还有：采购方开立信用证时，将体现货物的各项参数以及这些参数的合格范围通过单据条款在信用证上明确地表述出来，全面、正确、准确描述货物，可以在一定的程度上达到控制采购标的物品质的目的。在信用证中规定这些参数必须罗列在检验证书中，为银行审核单据时提供审单依据，一旦检验证书未显示必要的品质数据，无论是出于供应商有意无意的疏忽，或检验结果不符合采购方的要求，银行都可以以单证不符的理由拒付，起到品质止付作用。此外，采购方在开立信用证时可在信用证单据条款中规定出具检验证书的机构，在检验单据条款中，规定检验报告的内容与格式，附加条款中列入尾款支付条款，掌握质量控制的主动权。

在信用证附加条款中列入尾款支付条款。该条款既是一种预防品质风险的措施，也是一旦发生质量问题时的一种补救方法。由于将货款分割成跟单项下的支付以及一定比例的尾款支付，可使供应商在生产或供货时对品质的监控多一份责任，否则必然

会有部分货款无法收回。同时对采购方也增加了对货物质量控制的主动性，减少由于质量不佳而引起的损失。

(2) 不同结算方式结合使用，优势互补，以保证货物质量

在国际工程项目货物采购过程中，每一种结算方式各有其优缺点，采购方可依据采购标的的性质、交货条件、金额等具体交易特点，将不同结算方式灵活搭配使用。如要求供应商提交履约保函、预付款保函等，以确保其按时、按质、按量交付合同规定的货物。采购方可在信用证单据条款中要求供应商向指定银行提交履约保函，使采购方银行开立的信用证与供应商银行开出的履约保函同时生效，以达到防范货物品质风险的目的。

此外，在采用信用证支付时，切不可由信用证支付全部合同金额，合理规定尾款支付比例，即规定货到后，经采购方检验验收后，或设备安装、调试、试车合格后，或保质期后支付余款。

（五）单据条款

单据条款是采购合同中有关要求供应商在履约过程中应向采购方提交单据的种类、份数、内容的规定，以此规避可能发生的质量风险。采购方可在合同中规定，要求供应商做到以下几点：

(1) 货物装运后向采购方通过快递提交正本提单一份，同时，为达到此目的可要求将快邮收据或船长证明作为提交单据的一部分。采购方可凭从快递公司或船长那里收到的正本提单，先行提货并检验，一旦发现质量问题，在单据到达开证行时，如单据中存在实质性不符点，可要求开证行对外拒付，为采购方其后依据合同与供应商解决货物质量问题争取主动。同时采购方亦可避免向开证行申请开具提货担保函所面临的风险。在国际工程物资采购过程中，尤其涉及近洋运输时，有时会发生货物比单据先到的情况，为避免产生滞港费，采购方通常会向开证行申请开具提货担保函，凭以向船公司提货。而开证行一般会要求采购方承诺，无论将来收到的单据是否存在不符点，均放弃拒付或拒绝承兑的权利，这就使其面临货物质量不佳而又无从拒付的风险。采取上述措施可避免这一风险。

(2) 提交装船通知副本及传真回执。采购方可根据通知中的有关细节如承运人、船名、航次、装运日期、装货港、卸货港等情况，向海事机构调查核实船踪、货名、数量等情况，一旦发现问题，可及时采取相应措施，有效地预防信用证欺诈行为的发生。

三、质量保证协议

当采购材料、设备技术含量高、结构复杂、生产难度大，仅靠采购合同难以满足承包商的质量要求时，须签订质量保证协议，进一步规定采购标的的技术规范、质量

保证要求和验收方法等。质量保证协议是采购合同的附件，与采购合同具有同样的法律效力。质量保证协议的作用在于：通过该协议订立对供应商品质保证的要求，同时通过对供应商的适当控制，保证采购产品的质量。在文件中，承包商与供应方要达成内容明确的质量保证协议，协议中规定的采购标的物品质保证要求应得到供应商的认可，而且品质要求应充分考虑其有效性、成本和风险等因素。根据采购标的物的具体情况质量保证协议可包括下列主要内容：

(1) 双方共同认可的产品标准；

(2) 由供应商实施质量管理体系，由第三方对供应商的质量体系进行评价；

(3) 承包商的接受检验方法；

(4) 供应商提交检验、试验数据记录；

(5) 由供应商进行全检或抽样检验与试验；

(6) 检验或试验依据的规程/规范；

(7) 使用的设备工具和工作条件，明确方法、设备、条件和人员技能方面的规定等；

(8) 不合格品的处理方法；

(9) 质量争端的解决方法。

就采购标的物的特性而言，有些物资需为项目要求专门设计、定制，有些是标准化产品，有些物资则因其工艺简单，可通过最后的检验和实验来判断其质量。因此，质量保证协议内容应考虑采购标的的特性、业主需要、设计复杂性和成熟性、制造复杂性、安全性、经济性以及产品的工艺要求等，制定适合特定采购标的物的质量保证协议。对保证的程度要求过高，脱离产品的实际需要，增加不必要的监督、验证活动，会使承包商承担过多的外部质量保证费用，同时供应商准备过多的证明文件，影响其生产进度与价格。但是，对质量保证程度要求过低，增加了产品包含不合格项的风险，一旦发生质量问题，会严重影承包商工期、质量的控制目标，成本亦会相应增加。因此，双方在签订质量保证协议时，应对所承担的风险、费用等进行全面考虑和权衡，以适合合同要求的功能范围为前提，制定一个恰如其分的质量保证协议。

编制质量保证协议应考虑的因素如下：

1. 设计复杂性

指采购标的物设计的难易程度，包括产品结构设计、计算的难度、设计工作涉及专业范围的广度、可靠性设计和分析的难度、产品成套性方面的设计难度、设计工作量的大小等因素。一般情况下，只有设计复杂或涉及的专业领域多的产品，才有必要加强设计质量控制。

2. 设计成熟程度

指已规范化的以及经过性能试验或现场使用考验过的设计所占设计总工作量的比例。对于承包商特殊订购的产品，有不少是属于供应商在基型产品基础上发展的变型产品，其基本结构变化不大，有时需增加一些已经过试验证实的特殊附件，这类产品设计较成熟。设计较成熟的产品即使设计较复杂，因经验丰富，成功把握很大，承包商可以给予充分的信任。有些复杂产品要求供应商根据工作原理进行全新设计，或者只能参考现有产品的结构进行改装设计（改动量较大），或者产品中的主要部件要采用新原理设计等，属于设计成熟性较差的情况，承包商应对设计加强控制。

3. 制造复杂性

即现行制造工艺的可用性、是否需要开发新工艺、所需工艺的种类和数量、各工艺对产品性能的影响等。制造复杂性包括了产品加工、检验、试验、装配、安装等工作的难度。承包商应重点分析合同产品中主要零部件所需的关键工序和特殊工序，并结合供应商的生产设备、测试手段、人员素质、管理水平等质量保证能力一起考虑。

4. 产品特性

即采购标的的复杂程度，分析研究影响合同标的物的使用功能的关键质量特性和与之相关的质量特性。采购标的物的特性直接影响设计、制造和检验等工作的难度，因此，对其特性的分析，可以估计设计、制造和检验中的难点，结合考虑供应商的生产能力等因素，并在质量保证协议中明确规定承包商的采购质量要求。

5. 经济性

因质量保证方法而附加的预防、鉴定等外部质量保证活动的费用与产品，一旦发生故障所造成的经济损失。从经济角度考虑也是质量保证协议的一个重要因素，否则势必造成质量保证方式越全面、越严格越好的错误倾向。质量保证的要求越严格，需要加强控制、监督、提供、文件证明的环节也就越多，这些外部质量保证活动所需支付的费用，将由外部质量保证成本加上风险费，在采购标的物正常价格外，以附加费加价支付。因此，提出质量保证的要求越多，需附加的外部质量保证费也越高，产品获得严格质量控制的信心也越足，发生故障的风险就越小。承包商需权衡这两者之间的利弊。

四、检验方法协议

检验方法协议主要是对供应商货物的检验方法，标准提出明确的规定，防止由于检验方法的不一致所产生的对采购标的评价的不一致而引起质量争议。协议中规定的品质要求和检验，实验，试验与抽样的方法应得到双方认可和充分理解。检验协议的内容一般包括：

(1) 检验项目；

(2) 检查数量；

(3) 检验依据，标准，标准的版本等规定；

(4) 检验规程；

(5) 检查参数；

(6) 检验时间、检验地点；
(7) 使用的设备工具和条件；
(8) 判断的依据；
(9) 双方交换检验数据的方法；
(10) 双方相互检查或试验方法，设备，条件和人员技能等方面的规定。

第3节　供应商质量保证能力控制

国际工程项目货物采购质量的另一个关键控制点是对供应商质量保证能力的控制。供应商是承包商实施国际工程项目的资源之一，供应商的业绩影响承包商的业绩，其产品的质量直接影响承包商的产品质量，供应商的质量体系运行如何，很大程度上决定了承包商建筑产品质量是否稳定，是否能够满足要求。因此，承包商对供应商的质量管理体系有指导和监督义务。

一、供应商选择过程中质量保证能力控制

评价选择供应商，首先要使供应商明确承包商的质量保证要求，使其与承包商达成共识，接受评价并努力满足业主的质量要求，成为合格供应商。由于国际工程承包项目的生产过程与一般制造业具有不同的特点，其单件性、一次性、不可逆性以及严格的生产周期，要求供应商必须提供符合质量要求的产品。因此在设计供应商质量保证要求时，应遵循下列原则：

(1) 普遍性

国际工程物资采购涉及供应商行业众多，这些供应商分布在不同国家和地区，因此设计质量保证要求时，应考虑质量保证要求应能普遍被接受。

(2) 项目特点

大部分国际工程呈现一定的专业化特点，如化工、电力、高速公路等项目的实施对供应商有不同的要求，质量保证要求的设计应符合行业特点。

(3) 可考核性

对供应商质量保证要求应具有可考核性，如设计一定的量化指标等，促进供应商不断改进，提高产品质量。

(4) 可操作性

为使供应商质量保证要求被供应商接受而且贯彻实施，应具有可操作性。

按照质量体系的四个要素：组织机构、资源、过程、程序，将供应商质量保证要求分为各要素进行控制，即管理职责、质量体系、合同评审、设计控制、文件和资料控制、采购、产品标识和可追溯性、过程控制、检验和试验、检验、测量和试验设备的控制、检验和试验状态、不合格品的控制、纠正和预防措施、搬运、贮存、包装、

防护和交付、质量记录的控制、内部质量审核、培训、服务等。

二、供应商质量保证分类

从质量保证要求考虑，一般来说可将供应商分为三类，如表4-1所示。

A类供应商：生产供应国际工程项目中具有关键特性的瓶颈物资、重要物资、战略物资。

B类供应商：生产供应对项目具有战略意义的、重要特性的重要物资、有特殊要求的物资、在接收检验时不能验证其特性的一般物资。

C类供应商：生产供应其他物资。

按质量保证要求划分国际工程承包项目物资，A类产品数量不多，但采购金额可能比较高，由于处于建成项目的关键部位，是业主竣工检验的关键点，因此其质量保证要求应规定为其应具有健全的质量保证体系，且持续运转正常，以确保设计、生产、安装、服务全过程处于受控状态，产品质量满足合同规定要求。B类产品亦属于重要物资范畴，采购金额较高。供应商提供的产品，虽不直接影响竣工试车运转，但却可能影响其正常使用，因此其应具有完整的检验系统，通过检验系统控制，以确保供应商提供的产品在最终检验和验证时符合规定的要求。C类物资一般属于标准化物资，有成熟的检验标准，一般通过外观检验和数据测试可判断其质量程度，所以一般只需其提供经检验验证合格的质量证明文件即可。

供应商质量保证要求分类　　　　　　　　　　表4-1

序号	质量保证要素	A类供应商	B类供应商	C类供应商
1	管理职责	★★★	★★	★
2	质量体系	★★★	★★	★
3	合同评审	★★★	★★★	★
4	设计控制	★★★	☆	☆
5	文件和资料控制	★★★	★★★	★
6	采购	★★★	☆	☆
7	产品标识和可追溯性	★★★	★★	★
8	过程控制	★★★	★★	★
9	检验、测量和试验设备控制	★★★	★★★	★
10	检验和试验状态	★★★	★★★	★★★
11	不合格品的控制	★★★	★★	★
12	纠正和预防措施	★★★	★★	★
13	搬运、贮存、包装、防护和交付	★★★	★★★	★★★
14	质量记录的控制	★★★	★★	★
15	内部质量审核	★★★	★★	☆

续表

序号	质量保证要素	A 类供应商	B 类供应商	C 类供应商
16	培训	★★★	★★	☆
备注				

注：★★★ 表示要求供应商提供全部文件。
　　★★　表示要求供应商可按实际要求提供，比 A 类供应商文件要求少。
　　★　　表示要求供应商提供文件可按实际要求提供，比 B 类供应商要求文件简单。
　　☆　　表示不适用。

上述质量保证要求对 A、B、C 类供应商并不是所有场合都适用，承包商可根据实际情况对不适用条款删减或调整。

三、供应商质量保证评审

对供应商质量保证评审内容可归纳为下述八个基本要素，供应商质量保证评审报告见表 4-2。

供应商质量保证评审报告　　　　表 4-2

评审内容	满足条款数	需改进数	不满足条款数	检查条款数
管理职责、质量体系、文件资料、质量记录控制				
合同评审、设计控制、过程控制				
采购控制				
产品标识和可追溯性、检验与试验、检验与试验状态				
检验、测量和试验设备的控制				
不合格产品控制、纠正和预防措施				
内部质量审核、培训				
产品交付及服务				
评审意见				

1. 管理职责、质量体系、文件和资料控制、质量记录

（1）供应商有完善的质量目标和方针，并形成正式文件。

（2）建立相应的组织机构，明确规定与质量有关的各类人员的职责、权限、相互关系。

（3）为保证质量体系的正常运转提供了适当的资源，包括经培训的人员和检测手段。

（4）供应商定期进行质量评审。

（5）供方建立并有效实施了质量体系。

（6）在合同执行的最初阶段能编制符合质量体系要求且宜于控制的质量计划。

（7）制定了管理文件和资料的管理程序。

（8）对与产品质量要求和质量体系有关的文件和资料，包括外部提供的原始文件实施了管理。

（9）制定并执行了质量记录的收集、编目、借阅、归档、存贮、保管和处理程序。

（10）质量记录填写正确、完整、字迹清晰、能准确地辨识。

2. 合同评审、设计控制、过程控制

（1）制定并实施了用以核查业主要求和满足合同要求能力的合同评审程序。

（2）拥有设计权限的供应商有有关设计控制的程序，并满足规范或合同中规定的要求。

（3）供应商进行过程控制以保证质量符合要求。

（4）对工艺、检验和试验规程实施了符合性监控。

（5）对重点工序、特殊工序进行控制。

3. 采购

（1）制定并执行了控制采购质量的程序。

（2）供应商对采购的产品能进行验证并妥善保管。

4. 产品标识和可追溯性、检验与试验、检验与试验状况。

（1）从产品接收到生产、交付、安装，供应商制定并执行了产品标识程序。

（2）制定和实施了进货检验和试验的程序或质量计划。

（3）按照质量计划或书面要求进行了过程检验和试验，检验人员得到授权，并且具有必要的检验手段。

（4）按照质量计划和程序进行了最终检验和试验。

（5）需要紧急放行或例行放行时，能作好产品标识和记录，有可靠的追回程序。

（6）能全面准确地填写各种检验试验记录。

（7）能按规定在生产、安装和服务的全过程妥善保存检验、试验状态识别标记。

（8）对用于检验和试验状态的印章标签、检验状态记录能有效管理。

（9）明确对确定控制和验证过程能力及产品特性所需的统计技术的要求。

5. 检验、测量和试验设备的控制

（1）当发现设备不合格时对已验证的结果的有效性能进行评定处置。

（2）保存了检验、测量和试验设备的检定记录或校准记录，必要时能提供查询。

6. 不合格品的控制、纠正和预防措施

（1）制定并实施了对不合格品的控制程序。

（2）制定并执行了纠正和预防措施。

7. 内部审核、培训

（1）制定并执行了内部质量审核以验证质量活动符合计划安排，确保质量体系的有效性。

(2) 审核结果能准确、及时地通报有关部门，督促整改。

(3) 供应商企业内部培训制度健全，对与质量有关的人员的培训要求、培训计划、考核情况都有明确记录。

8. 产品交付、服务

(1) 对产品的交付情况进行了严格控制。

(2) 有完善的售后服务。

四、供应商质量控制的组织管理

国际工程材料、设备供应商的质量控制与国内工程的供应商质量控制在组织机构上应该是一样的，由质量控制部门与采购部共同负责，供应商质量保证能力评价管理组织及分工见表4-3。

供应商质量保证能力评价管理组织及分工　　　　　表4-3

	设计	采购	质量管理	检验
采购策略		★★	★	
供应商选择	★	★★	★	
质保要求评审		★	★★	
与供应商签约		★★	★	
与供应商签订技术协议	★★	★	★	
到场检验		★★	★★	★★
供应商监督		★	★★	
供应商评级		★	★★	

注：★★　主要负责部门。
　　★　相关部门。

质量控制部门对供应商质量保证能力评价总负责，并组织现场评价、样品鉴定、派驻质量工程代表、监控、评级等活动。有条件的国际工程承包项目，尤其是总承包项目，应成立专门的供应商质量控制部门，将外部的现场评审监督管理组织与到场检验联合组成供应商控制管理部门，其职责应包括：

(1) 供应商能力评价控制、负责现场质保要求评价、定期不定期监督检查（必要时派驻质量代表）。

(2) 通过到场检验结论，统计分析确定供应商所交付材料、设备的质量。

(3) 供应商质量管理，这是供应商管理组织的主要工作，主要负责供应商质量保证系统的监控，处理质量争端，编制、维护供应商清单。

供应商管理是一种综合管理，供应商质量管理活动机构确定后，部门人员应具备以下素质：

1）具有一定管理、技术专长，特别是生产、质量管理经验。

2）有审核、检验产品的经验。

3）有较强语言文字表达能力，和外语表达能力及谈判经验。

(4) 供应商质量评价的信息管理。

供应商评价资料是供应商质量管理的客观证据，评价资料管理是评价管理的一个重要活动。

由于供应商评价是由不同部门按其相应的职能来进行的，因此评价资料由不同的部门各自管理，导致资料分散，易散失，管理方式不同，查询极不方便。同时不同的归口，造成人力、财力的浪费。因此，所有供应商评价资料应统一归口管理，即由供应商控制（管理）部门管理。

五、供应商质量计划

质量计划是由供应商在合同框架内需提交的详尽说明产品或合同的质量实施、资源及其活动程序安排的文件，经采购部或质监部会同设计部门审核后，作为合同的一部分，是质量保证的基本依据。它通过明确合同的要求和条件，确认风险区域，进而制定有效的质量计划，建立供应商质量体系，为质量控制创造必要的条件。如需提交质量计划，必须作为合同的一个条款单独提出。

是否要求供应商提交质量计划，应考虑以下因素：

(1) 材料、设备的复杂性和创新性；

(2) 供应商以往的业绩；

(3) 承包商以往进行相似采购时遇到的问题；

(4) 拟采购的物资在项目中的重要程度；

(5) 供应商以往实现质量要求曾有过的失误；

(6) 供应商信誉等级；

(7) 供应商质量管理体系的认证等级和成熟程度；

(8) 质量计划的成本。

供应商制订质量计划的工作程序是：在项目投标/询价阶段，由于不可能搜集到足够详尽的信息资料，供应商只需制定一个质量计划的大纲。由承包商对质量计划进行审核。签订合同时，供应商应向承包商提交具体的质量计划。如果其提交的解决方案不被接受，应要求其修改计划，以满足承包商的质量要求，并将完善后的质量计划纳入合同。

承包商应根据技术规范的要求及材料、设备采购过程中可能发生的潜在质量风险，统筹考虑供应商质量计划、确定供应商是否需要提交质量计划、审核质量计划与技术规范的一致性，避免供应商转嫁质量风险，对经确认的质量计划作出的变更进行审议和评估,监督供应商执行质量计划。质量计划的变更须在双方认可的条件下进行。如果承包商否决供应商的质量计划,则需向供应商说明理由。

六、供应商供货过程质量控制

供应商供应的产品不同,则质量控制方式和程度亦不同。但主要是通过签订采购合同和进货检验对供应商进行控制。承包商在采购合同中须根据材料、设备的类别、需要量和交货时间,明确规定采购标的的技术要求、服务范围、双方的经济责任、损害赔偿等,从法律上确保承包商的利益。在合同履行过程中,通过过程控制、进货检验实施对供应商供货的质量控制。如对供应的材料规定承包商不予接受的不合格品率批次,以保护承包商利益。承包商在进行进货检验时,应查验供应商的证明文件,是否符合所签合同中规定的技术要求。承包商如果没有质量检验能力,必要时可委托第三方进行质量检验。进货检验的内容一般应包括以下内容:质量证明文件齐备,填写的内容和技术文件要求符合规定,各项技术指标、有效时间符合要求,物资牌号、规格、型号、数量、交货时间、检验日期与证明文件符合并满足要求。通过对供应商产品质量的检验,掌握其产品质量状况,及时沟通质量信息以达到对其产品质量的控制。

第4节 材料、设备检验

检验是材料、设备采购工作的一个里程碑,在采购文件中对该项工作的工作程序应做出明确的规定,以实现质量检验的鉴别功能、"把关"功能、预防功能和报告功能。完成该里程碑的标志是检验人员/机构签发检验证明书。

一、检验工作的内容

(1) 了解业主的质量要求和技术文件规定的质量特性和具体内容,熟悉检验标准,选择检验方法,并与供应商签订检验方法协议;
(2) 供应商开工准备会;
(3) 编制检验计划;
(4) 与检验机构签订委托检验合同;
(5) 通知咨询工程师/业主检验时间;
(6) 在制造厂检验与监制/现场检验;
(7) 编制检验报告。

二、检验工作的程序

(1) 材料、设备检验的组织工作;
(2) 审核供应商质量体系文件和实施情况;

(3) 了解订单及技术附件的情况，了解检验要求，制定检验计划；
(4) 驻厂监造；
(5) 实施检验（生产前检验和生产后检验）；
(6) 材料、设备至现场入库前开箱检验。

三、检验计划和检验要求

1. 编制检验计划

采购合同签订后，根据合同规定的进度、供应商提供的生产进度表和设备、材料检验项目、确定设备、材料的检验计划，包括各个阶段的检验时间、检验内容和各方参与人员如表4-4所示。

总体检验计划　　　　　　　　　　　　　　　　表4-4

项目名称					总体检验计划			编制人：	编制日期：
装置名称：								第　页	共　页
序号	位号	材料、设备名称	数量	供应商	检验机构和检验内容	计划检验时间	业主/咨询工程师参加人数	承包商参加部门与人数	检验报告提交	备注

2. 检验要求

(1) 检验会议

设备、材料制造加工之前，项目检验负责人应召开预检验会议，审查供应商的检验提纲及计划，确认以下内容：检验方法协议、检验项目、停止点和见证点、检验时间、参加人员及通知方式、检验结果的确认方式。

(2) 前期检验会议和后期检验会议

根据材料、设备的检验情况，承包商必要时召开中期检验会议和后期检验会议，以解决检验中发现的问题。

3. 检验工作的实施

材料、设备的检验应按采购合同文件规定的标准规范和承包商的检验规定进行，并应按采购标的类型分别制订出检验要求。

4. 检验报告

检验报告是对设备、材料进行检验、监制和其他质量检查的真实情况的记录。检验报告应包括以下内容：合同号、受检设备、材料的名称数量、供应商名称、检验场所、起始时间、各方参加人员的姓名、职务；检验记录，包括检验会议记录、检验项目记录和文件审查记录。列出未能目睹或未能得到证明的主要事项并加以注明。如果需要，应附有实况照片和简图和检验结论，对不符合质量要求的问题，应明确其影响程度和范围并应明确提出结论或挂牌标记，说明可以验收、有条件验收、保留待定事项或拒收等。

5. 第三方检验

对有特殊要求的设备、材料，对合同中有特殊检验要求的，或项目东道国规定的检验，应委托有资格能力的第三方进行检验。要明确第三方检验要求、范围、检验内容、检验深度、双方的责任和义务，并签署委托合同。

6. 不合格品的处理

在检验过程中发现不合格问题，应要求供应商填写"不合格品单"，并对有不合格问题的设备、材料做出标记，并按照双方签署的质量保证协议中规定的对不合格品的处理方法进行处理。对于暂时无法解决的不合格问题，要求供应商停止生产，提出返修方案并征得承包商的同意。对不合格问题的处理应做出"报废"、"让步使用"、"返修"的处理结果。承包商检验人员应填写"不合格品报告"，详见表4-5。当让步使用时，需经设计人员、业主/咨询工程师认可。

不合格品报告　　　　　　　　　　表4-5

承包商名称		共　页	第　页
报告编码：			
项目名称		序号	
装置名称		位号	
供应商		材料、设备名称	
生产/交货日期		检验日期	
不合格内容		处理意见	
		检验人签字	

7. 检验合格证明书/认可报告

采购的材料、设备经最终检验合格且出厂文件完整，承包商检验人员及业主代表应向供应商签发检验合格证明书/质量认可报告。在检验合格证明书/认可报告中应说明，该证明书不能解除供应商对产品技术规格和技术要求的最终质量保证。

四、现场开箱检验

现场开箱检验是采购质量控制的另一道程序。通过开箱检验合格后即可将运抵现场的设备、材料移交给施工管理部门下设的库房管理。办理好入库手续即完成了采购工作。

承包商在开箱检验前应制定出开箱检验计划。该计划应按施工、安装的先后顺序排序，从而满足施工安装的要求。同时还应通知库房管理人员准备好开箱所需的机具、工具等，并做好设备、材料的入库准备，如按不同保管要求和安装地点，安排入库区域等。

参加开箱检验的人员应有采购管理、施工管理所属库房管理、业主代表/咨询工程师参加。对于关键设备、大宗散材还应请供应商代表参加开箱检验。若其明确不参加或未按计划时间到场也不影响开箱检验的有效性。对于进口设备、材料，则应按照项目东道国海关条例、海关监管条件，申请进行开箱检验。

开箱检验的依据是箱件清单、装箱单及图纸资料。开箱检验内容包括以下几点：

（1）检验包装箱是否完好，唛头标记的正确性，如果包装箱有损坏，应做出记录并拍照；

（2）根据装箱单、图纸、资料核对箱内货物的规格、型号、数量、主要结构尺寸、安装尺寸；

（3）检查外观质量有无碰伤、变形、机械损伤、油漆剥落、锈蚀等；

（4）检查附件、备品备件、专用工具、机具的数量是否与装箱单一致并检查其完整性；

（5）检查装箱的文件、资料、图纸是否齐全；

（6）开箱检验完成后应做好复箱工作并做出检验合格或不合格的标识。对于不合格的设备、材料不能办理入库手续，只能暂存。同时应做出开箱检验记录。若合格则由参加检验的各方代表签字确认，即可办理入库移交手续。如检验发现有漏、缺、损、残等异常问题，均应详细填写"设备、材料开箱检验记录表"，并及时由供应商签字认可。对于进口的设备、材料需由检验机构出具证明文件，以作为向供应商索赔的依据。

五、现场试运行阶段的性能试验

大型工业项目往往都有一些大型机组，这些机组的交货状态一般都是以若干单台设备，甚至有的设备还是以完整的部件状态交货，如发电机组、大型的整流变压装置、大化肥装置的大型压缩机组等。这些机组由于各方面的原因而不可能在制造厂完成性能试验。其性能试验只能在现场经过安装、调试、单机试车后负荷运行时才可能对其机组进行性能测试。进行性能试验时应该有业主代表、咨询工程师、项目采购部、供应商代表、项目施工管理人员、现场开车人员等参加。

性能试验项目及应该达到的性能指标在订货合同及技术附件中均有明确规定。测试将按预定方案逐项进行。如果所有需要测试的项目及指标均达到合同规定的设计要求则验收通过，并做出详细的测试记录，参加试验的各方代表签字认可。如果某项指标未达到要求，则应分析原因，提出整改意见，由责任方负责整改，直至达到合格为止，以便最终验收通过。对于这种类型的设备，只有经过性能试验合格后采购才能做到最终移交完毕。

六、检验的质量控制

（1）确认检验方法、检验依据技术文件的正确性、有效性。对材料、设备检验结果进行核查，确认检验所得数据符合检验方法、检验依据的规定要求。

（2）确认检验工作程序、技术依据及相关要求符合检验程序文件的规定。

（3）检验的原始记录及检验报告数据完整、填写及签章符合规定要求。

（4）查验检验凭证（报告、记录等）的有效性、凭证上检验数据填写的完整性，查验材料、设备数量、编号和实物的一致性，确认签章手续是否齐备。

（5）建立检验岗位责任制，明确各部门、各类人员在检验工作中的任务、责任、权限和相互关系。

第5节 设备采购的质量控制

国际工程项目设备采购工作贯穿项目的全过程，与项目的设计、采购、施工、安装和验收等各个环节密切相关，国际工程项目设备采购流程如图4-2所示。

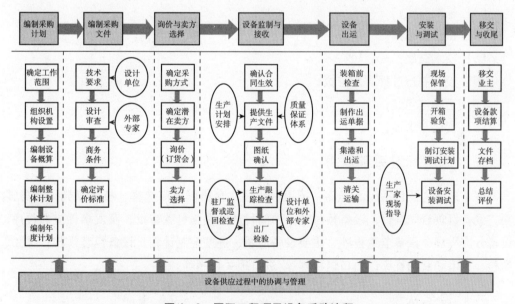

图4-2 国际工程项目设备采购流程
本图来源：张力友：《国际工程承包项目的设备供应管理》

在国际工程项目中，设备是工程成败的关键，项目的设计、采用的新技术和新方案、新工艺，最终体现在所采购的设备上。为确保项目一次试车成功，同时又能取得较好的经济效益，对设备采购进行质量控制是工程质量管理的重中之重。对这类设备采购，通常需要用复杂或相对特殊的技术手段保证采购的质量。

在国际市场上进行设备采购，承包商可能面临较大的质量风险。采购的质量风险是指设备采购过程中导致质量不合格事件发生的概率及其产生的后果。由于信息不对称、合同漏项、市场调查不周等因素，造成承包商在供应商选择、设计、生产制造、运输与安装调试等阶段的工作失误而导致采购标的物的质量问题。设备采购的商务内容比材料采购复杂得多，容易出现供货范围和责任范围缺漏项的情况，其中包括大量的配套产品，辅助工程等，这些配套产品的质量直接影响到设备质量。此外，国际工程项目的设备通常为定制设计，设计工作量较大，尤其在采购周期较短的情况下，这种风险更不易控制。而有些设计上的失误和损失可能要等到设备验收或安装、运营后才显现出来。如何规避设备采购的质量风险是每个承包商所要研究的重要课题。承包商应认真研究合同条款和技术规范，在市场调查的基础上，对设备采购各个环节可能发生的质量风险进行识别和评估，制定相应的措施，从而将设备采购质量风险控制在可以接受的范围内。

设备采购的质量控制主要包括以下几个环节：

(1) 制定设备采购程序；

(2) 设备选型；

(3) 采购方式；

(4) 供应商选择；

(5) 技术交底；

(6) 设备制造过程质量监督；

(7) 运输与包装；

(8) 安装与调试。

一、制定标准采购程序

设备采购主要包括以下程序：招投标程序、合格供货商选择、技术谈判、商务谈判、设备订货合同签订、设备预付款、中间付款和最终付款审批、突发事件应急程序、设备分交程序、设备监造程序、主要设备质量、进度控制计划、设备包装规程；报关、商检、集港和装船程序；出口退税程序/进口报关程序等。

二、设备选型

设备选型以满足业主的需求为出发点，注重业主要求和建议，考虑业主将来运营生产中易损件和备品备件的采购问题，方便业主以后对设备的使用和操作。但是，切不可为了获得业主的批准，盲目选用高于合同要求的设备。采用的设计、制造、试验及验收标准规范要恰当，注意区别不同标准间的要求差别。套用过高的标准规范，会使日后采购成本增加，交货周期延长。在采购技术文件的编制中做到既满足合同要求又不超出标准，需要对合同有深刻的理解和具备熟练的专业技术。

三、招标采购

设备采购方式一般为：公开招标或邀请招标；询价比价；竞争性谈判；单一来源采购。采购方式的正确选择可有效地控制设备成本、质量、进度。国际工程设备采购以公开招标或邀请招标方式居多。

1. 招标文件中技术文件的编制要点

招标文件的编制是采购质量的控制点之一。而招标文件编制中的关键部分是设备技术文件的编写，它直接关系到招标结果，关系到设备采购的质量。

技术文件一般包括以下主要内容：供货范围、技术要求、技术资料、技术服务和检验。

（1）供货范围

供货范围列在设备需求一览表中，需供应商承担的其他任务（如设计、制造、发运、安装、调试、培训等）要加以说明。供货内容按分项开列，应包括备件、维修工具及消耗品等。备件可以分为三大类：一类是按照标准或惯例应随设备提供的标准备件；第二类是招标文件中规定可能需要的备件；第三类是保证期满后需要的备件。维修工具和消耗材料也分类报价：一类是随设备提供的标准成套工具和易耗材料，第二类是招标文件中提出要求的工具内容。供货范围内容要明确、细致，尽可能用直接语言在醒目的地方给出，其次应与业主的采购规划一致。

（2）技术要求

应详细说明采购设备的技术规范。设备的技术规格、性能是判断设备在技术上是否符合要求的重要依据，所以在招标文件中对设备的技术规格和性能要规定得详细、具体、准确。对工程项目采购中的主体设备和材料的规格及与其关联的部件，也应叙述得明确、具体，并随附图纸，反映出工程设计及其中准备安装的永久设备的设计意图和技术要求。这也是鉴别投标者的投标文件是否做出实质性反应的依据。招标文件中规定的设备应符合总的标准体系，如投标者在设计、制造时采用独自的标准，应事先经业主审查批准。如果技术规范中的规定与上述标准不一致时，以技术规范中的规定为准。

编写技术要求时应注意以下几点：

1）写明具体订购设备的型号、规格和性能要求、结构要求、结合部位的要求、附属设备以及土建工程的限制条件等。

2）在保证设备的质量和有关设备布置相协调的前提下，要使投标者发挥其专长，不宜对结构的一般形式和工艺规定得太死。

3）注意说明供应的辅助设备、装备、材料与土建工程和其他相关工程项目的分界面，必要时用图纸作为辅助手段进行解释。

总之，承包商应对设备所应达到的技术标准和最低要求做出详细说明，防止不切实际地拔高，或将同类产品中所有最好的参数汇集成招标产品，导致资源浪费，质量风险增加，甚至导致招标失败。此外，技术文件的编制人员不可能完全掌握所招标设备的全部制造标准的名称，也无需将某一设备的所有技术标准在技术规范书中一一列出（除非有特殊要求的），因为一个有经验的、合格的供应商应该能够遵守相关的制造标准。在这种情况下，技术规格书可以用总结性的条款进行处理：如"本技术规范书并未充分引用有关的标准规范，但供应商应保证提供符合相关工业标准的产品"。在采购工作中，对某一设备可能会引用不同国家的标准，往往会发生对同一问题，不同的标准之间有差别，对此可采用如下条款："本节所列举的标准如与卖方所在国（或买方）的标准发生矛盾时，应按较高的标准执行，或报请业主确定"。

此外，对技术要求应尽可能有量化指标，避免笼统和含糊，以致于该项要求无法考核。如对有噪声要求的，应明确距离主体设备多远、多少分贝；对有密封要求的设备，应具体规定采用的标准。供投标人报价用的附图应尽量采用当时设计条件下所能达到的设计深度，并采用最新版本，以减少业主在以后履行合同中因改变设计内容所带来的风险。对于质量保证期的规定要充分考虑设备的特点和实际运行环境，既能保证生产作业的要求，又能减少投标人对风险的过分考虑，以降低标价。由于设计变更造成设备（数量、参数）的改动必将导致合同价格的改变，成为供应商索赔的根源，因此技术文件必须表达这样一种概念，凡涉及规范的改动，必须及时通知业主（同时应尽快转达中标方），并以升级版的方式（或其他方式）完成。

(3) 技术资料

1) 规定投标者在投标时提交的图纸、文件和说明书要求。按合同条件所要求的，随装箱发运一整套出厂文件，包括装箱单、合格证、图纸、说明书、各工序检验和试验报告。

2) 招标文件中有与安装设备有关的土建工程尺寸妨碍设备合理布置，可以在投标时提出修改建议并写入规范偏离表，必要时应附有修改土建尺寸的建议图。一般招标文件规定投标文件对土建尺寸不要有较大改变。如果签订合同后卖方才提出土建和设备尺寸不吻合，则只能修改设备设计而买方不承担任何额外费用。

(4) 技术服务部分

说明安装调试、培训内容。

(5) 售后服务等

1) 明确安装责任的归属问题，如果由承包商自行安装，应明确供应商是否派人指导。如果由供应商安装，则应明确承包商是否需要提供诸如机具、劳力等条件。如当承包商对设备进行安装、调试，由供应商进行技术指导和监督时，供应商应派出有能力的技术人员担任此工作，并应明确承担上述人员所需费用（包括劳务费、交通费、食宿费、保险等一切费用）的方式。

2) 应规定供应商负责对承包商/业主的操作维修人员进行技术培训，培训计划须在投标书中列出。

3) 应规定供应商在质量保证期内的责任和义务。在质量保证期内，由于供应商设备所用原材料或制造工艺缺陷而造成的故障或损坏，供应商应及时到现场予以免费修理或更换。质量保证期可在合同条款中规定，一般为设备验收之后12个月或设备抵达现场后12~18个月，以先到者为准。

(6) 检验

说明设备在加工制造过程中的检验、出厂的试验、交货检验和竣工试验。规定检验和试验的项目，其技术要求和内容也应在本节说明。

1) 制造厂进行的检验和试验，由供应商（制造商）进行，包括对原材料进货的检验、制造加工组装的检验、整机性能考核试验、外观检查、包装直至出厂检验。一般应规定试验未通过者不准装箱发运。承包商有权派人到制造厂进行监督。除了规定检验的标准和程序之外，还要规定承包商是否派人赴供应商工厂检验以及派出人员的人数、工作期限和费用承担等。即使买方派人进行了检验，在交货后发现货物不符合合同要求时，买方仍有权要求赔偿。

2) 在工地进行的检验和试验，由承包商组织，供应商派代表在工地监督。设备抵运现场后，进行开箱检验，对设备外观和数量进行检验。设备调试期间，双方共同对设备进行测试考核，各项指标达到合同要求后，双方签署验收证书。应明确规定设备测试考核的项目、程序、方法和标准以及未通过测试考核的处理方法。对于复杂的设备也可在招标文件中提出考核总的要求，而在订合同时再确定具体测试考核要求。

目前我国承包商招标文件中对技术文件的编制已经积累了相当的经验。但由于工程项目流动性大，标书编制人员的经常变动导致承包商在某些技术方面没有形成权威，出现对不同项目使用条款、内容基本相同的标书，只是对某些参数作了修改，其他内容全部照抄，供应商的合理建议在新标书中得不到修改和体现。如此反复，既增加了技术评标的工作量，又使供应商认为承包商的设计仍停留在一个低档次的水平上。

2. 投标标价技术评审要点

技术评审主要根据业主的要求，考察所提供设备的规格、型号、数量、经济性能、可靠性、主要参数和其他重要性能指标、使用寿命，包括易损件、结构特点、含材质配置、运行特性、检修条件、制造质量等因素，以及是否具有招标文件技术规范中规定的生产效率。在实际采购中，一般根据设备的不同特点与实际需要，进一步细化上述因素。但是，一种复杂的设备往往有几十种甚至上百种技术参数可以考虑，如果每一种技术参数及性能都作为评标因素，规定出相互比较的标准，则制定标准及评比的工作量十分繁重。这种巨细兼顾有时反而会冲淡主要参数及性能的重要性。所以实际上往往只确定以若干性能参数作为评审时应考虑的因素。

不同投标人的设备在细项的技术参数中可能会有差异，或与招标文件中的要求产生偏离，在允许范围内的偏离是可以接受的，但超出一般技术指标中允许偏离的最大范围，最高项数的投标应作为废标处理。可接受的偏离作为量化评比要素予以考虑和比较时，应注意对投标文件中主要技术指标不能简单地看其有或无，比较时也不应用"接受"、"满足"等这类模糊词语，应进行量化比较，而且应要求投标人提供响应的证明资料。

设备采购的评标，一类是以费用为评标基础的评标价法，包括综合评标法、最低投标价评标法、设备寿命周期评标法；另一类是以积分为评标基础的综合打分法，包括百分制法和综合评定法。评标涉及的因素很多，承包商应在分门别类、分清主次的基础上，结合设备采购的特点，确定科学的评标方法。

最低投标价法一般适用于具有通用技术性能标准，或者招标人对其技术性能没有特殊要求的设备，由于这类设备的性能质量相同，或容易比较其质量级别，所以可仅以投标价格作为评标考虑的唯一因素选择投标价最低者中标。

综合评标价法是以投标报价为基础，将各评审要素按预定的方法换算成相应的价格，在原投标价上增加或扣减该值而形成评标价格。各种设备的性能效率等技术参数各不相同，招标文件一般都列明所要求的技术规格的各项基准参数，同时要求投标书详细列出所提供设备的各项技术参数，并提出可靠的证明材料以及已售别处而正在运转的同样设备的有关参考材料。招标人在评标时一面参考投标人提供的材料，另一方面根据自己的经验做出判断。各种技术参数比基准参数质量每降低1%或每相差一个计量单位，按价格若干计算，加在报价之上，计算在评标价中。另外，如果当设备性能超过招标文件要求而使业主受益时，评标时可以考虑给予一定比例的优惠，在投标价中减去一定的金额。设备的性能质量及生产能力的评标标准是最不易确定的，技术参数千差万别，技术参数偏离招标文件要求对设备的性能质量及生产能力究竟有利还是有弊，利弊多大，是专门技术问题，有时很难量化规定。这方面的标准有赖于承包商技术知识和实践经验的积累。

以设备寿命周期成本为基础的评标价法是评价设备采购后运转期若干年内的各项后续费用。设备采购后运转期若干年内的各项后续费用，如零件、油料及燃料维修等很高，有时甚至超过采购价。不同标书提供的同一种设备运转期后续费用的差别可能比采购价格间的差异更为重要。在这种情况下可采取以设备寿命周期成本为基础的评标价法。在综合评标价法的基础上进一步加上一定运行年限内的费用作为评审价格，除了综合评标价法折算的费用外还需加上以贴现值计算成现值加以调整的费用。

综合打分法是按预先确定的评分要素重要程度的分值比重，并细化每一项达到某一程度的得分标准，由评标委员分别对各投标书的报价和各种服务进行评审记分，得分最高者中标。有些设备质量性能很重要，但又难以数量化，单凭报价又不适宜，而按照采购价与运转期后续费用间的关系，又不必采用寿命周期成本法时就可以采用综合打分法。综合打分法评标考虑因素更为全面，可以将难以用金额表示的各项要素量化后进行比较,从中选出最好的标书。综合打分法的缺点是各评标人独立给分对评标人的水平和知识面要求高,主观随意性较大。另外,大型设备招标时,投标人提供的设备型号不尽相同,有时难以合理确定每一性能和与不同技术性能有关的评审要素应得的分数,有时甚至会忽视某一投标人设备的一些重要特点。

综合评定是对商务和技术分别进行评审,每一部分都可以采用综合打分法或评标价法来进行评定。根据商务评审和技术评审的结果,综合评定最优投标书。

采用科学的评标方法是设备采购质量控制的另一控制点。无论采用哪种评标方法,对技术标的评审应重于商务标。

四、供应商的选择

设备供应商的选择是设备采购质量控制重点,选择标准详见第7章内容。

在设备采购过程中,下列问题应引起承包商注意:

(1) 在国际工程设备采购中,凡资质一般的供应商,其投标报价普遍较低,标书内容不详细,细节问题往往避重就轻,进而导致在合同履行过程中,因界限不清而产生纠纷,造成费用的增加。同时,由于报价低,为提高其利润,一旦中标后,供应商的合作态度较差,对业主/承包商的设计变更提出过高的要价。因此,对于低报价的供应商应引起承包商的警觉。

(2) 投标文件有时很难准确反映设备在设计、选材和制造方面所固有的缺陷和不足,很难了解关键的、反映内在质量优劣的主要技术指标,设备在应用中的局限性,以及设备本身对环境、配套装置和工具的特殊要求和维修成本。

(3) 由于信息不对称,设备供应商在签约后,可能因各种原因而不能及时、完全按照合同的规定履行责任和义务,又不及时向承包商说明情况,擅自违约,变相地继续"执行合同",照常装船发运、凭单议付。这些问题经常发生在承包商部分付款或全部付款之后,供应商往往利用其技术上和经验上的优势,在承包商尚未发现问题之前先发制人。比如为转移视线,对承包商的环境、配套设施、原材料、专用工具乃至操作条件和人员素质变得十分挑剔,一旦抓住机会,就会小题大做,乘机推卸其违约责任。

(4) 在业主指定供应商,或指定供应商范围的情况下,承包商会遭遇行业垄断或变相垄断的风险。此类供应商十分注意商业保密和技术垄断,使承包商在签约前只能得到有限信息,而且签约后也难以及时获得充分、完全的信息。在无法直接利用供应商提供的信息情况下,承包商不仅在设备选型问题上难免盲目,且在技术和商业谈判、签订合同条款时无法采取针对性的策略,以使合同真正起到限制风险和保护承包商合法权益的效果。这对承包商设备采购的成本和质量控制可能会产生一定的负面影响。

五、编制每台设备的质量控制计划

对于设备采购中的标准设备，由于工艺差别不是很大，设备的种类和形式相差很小，因此，使得编制详细的检查质量控制计划和检查数据表成为可能。如采购水泥厂设备回转窑，其结构、技术标准和生产方式大同小异，可分别编制轮带、托轮等大型铸（锻）钢件和筒体等大型钢结构件的制造质量控制计划和检查数据标准，使得设备的监造人员的检查有据可查，并提高设备生产中出现质量问题的检出率，从而有效地保证设备的质量。

六、技术交底

在供应商报价基础上，应对供应商就采购设备进行技术交底，详细介绍业主要求、设备的供货范围、技术要求、设备所处的工艺条件、制造和检验标准、设备的交接口条件和尺寸要求、试车和验收要求、非标设备详细设计图纸的答疑、澄清、合同技术附件的解释以及现场技术协助的要求。同时供应商技术人员在对设备情况全面透彻了解以后，要根据自己的制造和设计经验对设备的选型、选材和特殊要求和设计人员进行交流并对设计人员考虑不周之处提出自己的意见和方案，在征得设计人员的同意后，进行修改、补充和完善。在技术交底的基础上，要求供应商进行最终的正式报价。

七、合同签订

承包商在签署采购合同时应注意以下问题：

（1）合同签署是一项相当专业化的工作，承包商应选择熟悉此项业务的技术人员协助工作。

（2）合同必须明确双方承担的责任，义务和利益。

（3）合同文字应严格准确，避免使用有二意的词汇。与国外供应商签订合同的外文文本应请外文专家仔细修改推敲，避免歧义。

（4）在合同正文中不能详细说明的事项，可以以附件形式作为补充文件。附件应在合同正式文本中提及，也应视为合同的组成部分，附件同样需要经过双方签字，与合同正文有同样的法律效用。

（5）订立好索赔条款，支付条款，检验条款，运输条款，技术服务条款。

（6）合同每修改一次都要经过两人以上过目检查，直到确定无误后才签署。合同一旦签字，即产生法律效力，双方应认真执行。

八、设备制造过程中的质量控制

对设备形成过程进行有效监控，是设备采购的重要环节。从供应商原材料采购、备料、加工等各个制造环节实施有效的监控，确保设备的质量满足合同的要求，是设备质量检验的一种补充形式。

1. 审查供应商/制造厂商质量计划

供应商/制造厂商在制造开始前须编制质量计划。质量计划列出主要的工艺流程、检验要求及关键控制点或关键工序。承包商根据双方所签采购合同及质量保证协议书内容对供应商的质量计划进行审核，增加或更改某些控制点。如业主有要求，承包商将质量计划提交业主最终审批。通常，质量计划须在第一个控制点之前获得批准。质量计划经同意后，制造厂即可开始其制造活动。

2. 对关键控制点或关键工序的检查

在设备制造周期内对控制点或关键工序的检查是对设备实施制造过程质量控制最重要手段。控制点根据实际情况可分为有两种：停工待检点和见证点。对于停工待检点，未经承包商派员检查，供应厂商不能进行下一步操作。对于见证点，承包商的质监人员可根据实际情况、拟检查项目的重要性及监督计划的执行情况而定。如果检查结果不符合要求，质检人员需向制造厂签发书面意见，要求其采取措施进行纠正，并限期答复。

3. 驻厂监造

采购设备中某些大型精密、技术要求高、检测困难的设备，由于项目东道国检测手段不足，可通过驻厂监造借助制造厂商的检测手段进行检测。有些设备运到施工现场后一次就位安装，不再进行拆检，不可能查出内在质量问题，也只有通过驻厂监造才能了解到真实情况。有的设备不能任意解体，但在监造时可对关键零部件进行中间检查。如大型转动设备的转子需进行动平衡试验，而施工现场不具备设备解体进行该项试验，无法判定动平衡是否合格，只有在设备制造过程中才做得到。因此，对于工程中的关键或有特殊技术要求的设备，承包商可自行派质检人员驻厂实行设备制造全过程监督和控制，并在权限内处理日常产生的各类问题。监造过程中亦可以对设备的防锈防潮措施、油漆质量、包装质量、发运港口的仓储条件和设施进行察看，通过对防锈、防潮、包装、运输情况的了解，可及时提醒供应厂商、港方、船方改善发运条件。通过监造亦可有意识地搜集到对承包商有用又却不属于合同范围的技术资料，这有益于承包商的设计、施工、安装、调试和设备检修。

因此，对于须驻厂监造的设备应在合同中加以明确，规定出厂前监造检验项目。由供应商/制造厂提交设备的监造计划供承包商审核，承包商对其计划中的遗漏，与检验标准不符之处进行补充、修改，双方确认后作为承包商驻厂监造的依据。在设备制造的关键阶段，也要求设计方驻厂，现场解决出现的各类技术问题。承包商驻厂监造人员应认真学习检验大纲、合同、图纸资料和检验标准，据此制订设备检验细则，了解检验重点，掌握检测方法。

制造厂商出于本身利益往往找借口妨碍承包商监造人员实施检验，或视察时禁止质检人员查阅制造图、靠近在制设备，不准与操作人员交谈，或以安全为由，将承包商检查限制在一定范围内。对此，承包商应争取供应厂商的协调配合。同时强调承包商驻厂监造的合同责任。

此外，设备生产过程的质量控制，驻厂监造和检验不能相互替代的，两者的作用是相辅相成、互为补充的。

4. 质量监督报告

承包商质检人员根据质检工作细则对控制点检查完成后，需对检查结果逐项评价并编制检查报告。或要求设备生产厂每月向承包商提供设备的质量趋势报告，如实反映设备的质量，如业主有要求，向业主提交质量趋势报告。

5. 定期评估制造厂商

在设备制造周期内，每个质检人员对其所辖工厂需进行定期评估，评估范围主要涉及设备能力、工艺状况、检验方法、文件管理等方面。这种评估较侧重于技术方面，其不等同于质保审查。

6. 包装与运输

设备运至现场前要经过长途运输，中间环节多，运输风险大，在运输过程中包装容易破损，造成设备丢失缺件、受损、锈蚀和降低精度等，因此对进口设备的包装质量要求较高。为防止和减少上述情况的发生，应对供应商设备出口装运规定包装规范并纳入合同附件，要求供应商严格执行。有些国家设备制造厂与包装分属两个企业，设备的包装要由制造厂委托包装公司包装。因此，设备出运前，设备供应商须提交包装设计方案由承包商审核。在方案中，供应商须按照采购合同中规定的包装条款，由供应商向包装公司提出合适的包装要求，并监督检查包装质量。供应商的包装设计方案审核通过后方可对设备进行包装发运。此外，待运设备的解体和设备的包装一样是一项重要，但又比较复杂的工作。这项工作好坏与否，对设备装船配载以及设备的保护和防护都有很大影响。

关于设备运输，详见第 10 章有关内容。

九、设备检验

对于从国外采购的设备要进行口岸验残、开箱检验、安装检验。

1. 口岸检验

采购设备的口岸检验主要是核对设备箱件标记，要求批次清楚，收货箱件数量准确，对到港设备和包装的损坏情况进行检查。当发生设备箱件损坏、短缺、被撬情况时，及时向检验部门和保险公司申请，会同承运人、港方人员查明残损原因，分清原残、船残、工残情况后取得船方或港务部门的签证，作为残损索赔依据。残损箱件原则上在港就地检查，查清箱内设备是否因箱子损坏而受到损伤。口岸验残有困难时可办理易地检验手续，由责任方签证并修复包装后启运，以免运输过程中损失扩大。

设备残损责任划分为原残、船残和工残。

(1) 原残。设备由于发货厂商的原装短缺、残损、规格不符、品质低劣、包装不符合合同规定，造成设备的损坏，均属于制造厂商/发货人的责任。

(2) 船残。采购设备在国外港口造成箱件残损、短缺、水湿、油污和装船时短卸，或因船方配载不善、积载不良、捆扎不牢，或船舶不具备适航条件、装备不良等原因造成货损均属船方责任。

(3) 工残。设备运抵港区后，因港区装卸不当、保管不善造成损坏、丢失属目的港港区责任。自目的港至现场运输阶段由于承运人的过失造成设备的损坏、丢失属承运人责任。

2. 开箱检验

设备的开箱检验是在规定的防锈期、索赔期，按照图纸资料、装箱单和检验标准，对运至现场设备的包装、外观、数量、名称、规格型号进行详细核对，在不降低和损坏原有设备性能的前提下，有选择地对关键设备或有疑问的设备进行理化和性能试验，如对重要构件和焊缝作无损探伤或其他特殊形式的试验。批量零部件抽查发现质量问题时，扩大比例直至全部。未经开箱检验的设备不允许安装。开箱检验实施过程中要抓住疑点，深入查疑，由表及里地发现问题。开箱检验时可按照合同、技术规范、标准、供应商提供的技术资料找出与之不符点。开箱检验亦需要进行必要的品质检验，承包商除具备必要的常规测试手段外，还要利用项目东道国的地区优势，借助专业性工厂、研究所、实验室的检测力量和设备，进行设备品质检验的外协与委托。

开箱检验工作占用力量多，花费时间长，技术要求全面，并要求在规定的时间内完成。对已开箱检验的箱件按设备本身的具体要求进行分级分类存放，对温度、湿度有特殊要求的设备应采取温湿度管理。检验中发现的、而责任又在供应商的问题要认真做好记录，据理谈判和索赔。索赔方式可针对设备的具体问题在谈判中商定，一般采取补供、委托修理、降价、更换、退货等方式。

3. 安装检验

安装检验是设备在安装过程中，除不能拆卸的部位、铝封的技术专利，拆卸后不能恢复原有精度或易导致零部件损坏的部位外，通过清洗、安装、调试、单体试车和联动试车，对设备制造质量进行的检查。如设备需解体清洗时，检查设备的装配精度，检查只有安装以后和在安装过程中才能检查的构件，几何精度；受压容器、阀门作气密和水压试验，重要焊缝作探伤检查等；对开箱检验处理过的残损部位进行复查，监造时发现的设备质量问题在现场检验时复查，以求彻底消除缺陷。

第6节 货物采购质量控制文件

国际工程项目货物采购质量控制的各程序须以文件的形式固定下来，并为这种质量控制文件化制定必要的措施。

材料、设备采购控制文件应符合下列要求：

(1) 材料、设备采购过程中所有质量控制文件必须详细、客观、明确和一致。

(2) 质量控制的范围、目的，特别是条件和资格必须清楚，确保当发生质量争议时，质量控制文件的内容不被曲解。

(3) 采购过程中的所有历史数据应被正式记录下来。

(4) 所有质量控制文件应具有连续性和可追溯性。

(5) 所有质量控制文件的签署须符合合同要求。

(6) 任何质量控制文件的更改应注明更改性质，并由质检部门监督审核。

第5章 国际工程项目货物采购进度控制

> 材料和设备采购是现场施工和安装的最重要先决条件之一,设备和材料的供货及其配套文件的交付进度直接影响下游工作的展开,因此,采购进度控制对工程如期竣工十分重要。采购进度管理主要包括进度计划和进度控制,供应商交货期管理等内容。

第1节 国际工程项目货物采购计划

国际工程项目货物采购的进度控制是指在一定的资源约束条件下,为实现承包工程一次性特定目标而对设备、材料采购的计划、组织、协调和控制。其中,计划是把国际工程项目所需材料、设备的采购工作范围用时间(进度)和资金(估算)表示出来,是所有采购管理活动分析、控制和预测的基础,反映了采购执行过程中各管理活动及内外部交付文件的相互关系,使整个采购工作有序进行;组织是划清采购过程中各方当事人的责任、权利和义务,通过一定的形式和制度建立高效的组织保证体系,确保材料、设备采购计划的顺利实施;协调主要是针对采购的不同阶段,所涉及的承包商内部各部门之间,承包商与业主、咨询工程师、供应商以及项目东道国有关政府部门和机构之间的沟通与协同,使采购供应的整个过程均衡进行,控制是对采购计划实施动态控制,经常的对实际采购过程与采购计划进行对比,发现问题,及时进行调整,确保国际工程项目所需材料、设备的按时到场,最终实现采购目标。采购进度的目标是按照工期要求,满足工程对材料、设备的需求,保证适时、适地、按质、按量以及成套齐备地供应，确保项目总进度目标的实现。

FIDIC 合同条件特别条件第 7.1 款规定："依照合同专用条款 14.1 款，承包商在接到工程师发布开工令之后的 56 天内，递交一份完整、详细的采用关键路径法或另一种网络分析系统的施工进度表，由工程师批准。施工进度表必须详细表明工程的不同单元与分单元；提出工作内容之间的顺序及关系，完成一项工程的次序，以及某一作业的启动如何依赖于其他作业完成。施工进度表还需表明承包商采购的设备及永久工程设备的情况，以及采购这些设备的现场交货日期。施工进度表一经工程师批准即成为合同的正式进度表。"

国际工程材料、设备采购计划是基于项目的主进度计划编制的。项目主进度计划一般为多级网络计划，进行分级管理，材料、设备采购计划多属于二级网络计划内容，是承包商编制采购进度计划的依据，受项目主进度计划的制约。材料、设备采购进度计划根据其在项目中的重要性程度可纳入二级或三级进度计划。但是关系到关键活动的材料、设备应纳入二级进度计划。采购部在服从于项目的一级和二级计划的前提下，编制和执行采购计划（三级计划）和作业计划（四级计划）。由图 5-1 可见，工程二级进度计划包括各部之间接口与协调的施工与安装进度计划。

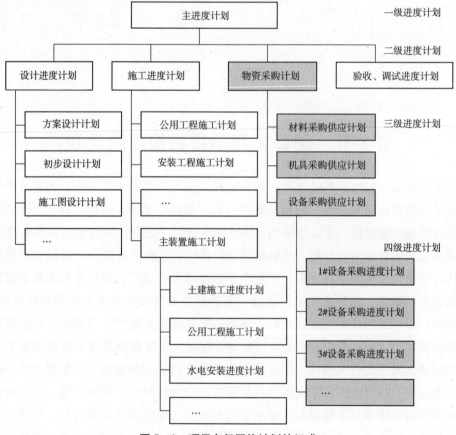

图 5-1 项目多级网络计划的组成

采购进度控制应该是通过系统地组织、计划使采购过程中各相关活动有序地、合理地与项目进度交叉进行。采购各阶段按项目发展环环相扣，做到材料、设备采购与施工进度一体化。为此目的，对材料、设备采购应做到计划、组织、协调、控制一体化。

一、采购计划的编制

国际工程材料、设备采购计划是项目采购经理根据项目计划的要求，为实现项目目标，对项目采购工作的目标任务、采购原则、采购重点和方法等总体构思而形成的书面文件。它是项目计划在采购方面的深化和补充。编制项目采购计划是项目初始阶段的工作，是在对市场进行分析，对货物来源、价格、质量性能等做出分析比较的基础上，根据项目的总体目标、项目合同、项目管理计划和项目实施计划、项目进度计划、工程总承包企业有关采购管理程序和制度而编制的，是指导采购工作的具体而详细的指导性文件。

1. 采购计划的编制原则

采购计划的编制原则应强调其与工程现实环境紧密结合的可操作性，与设计、施工计划紧密结合及可调整的灵活性原则。

作为国际工程项目货物采购的指导性文件，具有与现实情况紧密结合的可操作性是对采购计划的核心要求，也是采购计划编制成功与否的关键所在。在采购过程中，有很多突发的、不可预见的因素，例如工程材料价格的突然上涨、自然灾害对交货期的推延影响等。为了使采购计划在实际业务中充分发挥指导作用，在编制计划时，要充分考虑现实因素，甚至通过对采购计划进行多方案的比较和选优，以便确定一套与现实紧密结合的计划。

此外，要充分考虑与设计和施工的紧密结合，特别是在三个工作领域交错进行时，就显得更加重要。在国际工程整体计划编制的过程中，要始终贯穿上下工序紧密结合的项目计划系统观念，即整个项目的计划是一个完整连贯的有机系统。要求采购计划充分地与设计和施工计划紧密衔接和整合，以保证整个项目的计划系统地协调运行。当设计计划或者施工计划发生变更时，采购计划能够相应地做出调整和更正，以适应设计计划或施工计划及实际工作的要求。

由于国际工程项目所处的特殊环境，采购计划的编制要充分考虑到很多无法预计的因素，确保采购计划有适当的可调整的灵活性或弹性。在实施过程中，要有足够的费用空间和时间幅度来调整采购费用和供货周期，以满足工程效益最大化和进度控制的需要，做到大目标刚性控制，小目标柔性控制，即对工程进度和费用具有重大影响的关键物资和设备进行刚性控制，对工程进度和费用有一定影响，但是影响较少的辅助材料和设备进行柔性控制。

2. 分析影响采购进度的具体因素

编制采购计划，首先要分析物资清单中所有拟采购物资在工程中的位置，划分重要物资、战略物资、瓶颈物资和一般物资，尤其是处于关键路径上的材料、设备。同时分析需要量和需要时间，确保与项目主进度目标、成本目标、质量目标一致，同时保证运输计划、资金使用计划、借贷计划等的综合平衡。其次分析影响采购进度的具体因素，国际工程项目货物采购涉及的内容较多，且复杂。承包商主要应考虑以下几个因素：

(1) 技术规格和参数

在材料、设备采购中，承包商应根据业主的要求、技术水平和市场调查所掌握的信息，确定技术规格、参数和要求。业主要求的技术水平和通过市场调查所掌握的有关信息是确定材料、设备技术规格、参数和要求的主要依据，忽略其中的任何方面都会造成延误和损失。

(2) 时间因素

材料、设备采购时间与工程施工进度相互衔接，注意各种不同类目的材料、设备以及同一类目，基于工期需求时间不同的材料、设备的到场时间。在编制采购计划时应根据工期要求周密考虑每一材料、设备的最佳到场时间。

(3) 成本因素

在国际工程承包项目实施过程中，大多数承包商带资承包，其中部分资金为国内贷款。过早采购，提前用款，物资、设备在现场搁置待用，承包商要支付一定的利息，增加采购成本。但采购拖延，又会增加采购进度风险。

(4) 采购周期

考虑材料、设备采购从请购到生产制造、交货、运输及到场所需时间。在 DBB 承包模式下，还要考虑向业主/咨询工程师报批样品，及供应商审核所需时间。

(5) 集中采购和分批采购的利弊分析

特别是同一类目一次性采购或分批采购价格会有所不同，分批采购的价格会高于集中大批量采购价格。但一次性大批量采购的物资，由于使用时间不同，会占压资金。

(6) 合理存货

尤其是材料采购，库存过多会造成资金占压，存储费用增加，甚至会因数量大于需求而造成浪费，或因仓储时间过长影响物资质量或造成销蚀以及二次搬运。而仓储不足，又会影响现场使用，延误工期。

(7) 协调管理能力

国际工程承包项目一般都具有一定的采购规模，协调管理多批多项、不同性质、不同类目的采购，是一项复杂的系统工程。承包商对采购的组织工作是否有效，直接影响到工程的顺利实施。

(8) 采购捆包

承包商在采购时，尤其是在招标采购情况下，按项目的需要对拟采购的材料、设备根据各方面因素分类捆包，合理划分供货范围，便于选择供应商/分包商。采购捆包既要合理，又要防止发生缺漏项。捆包主要考虑以下几个因素：

1) 市场结构情况。不同的供应商/分包商所提供的材料或设备亦不相同，设备和材料的供应商应分开。即使同一类设备，也要视同一制造商一般所能提供的设备性能，型号等情况分别捆包。同属机械设备，重型通用机械与轻型专用设备的制造商不同，不宜捆在一起。另一方面，有些国内企业能提供技术要求不太高，而价格又比较便宜的设备，而有些技术要求很高的设备，国内厂商一般无力制造。采购捆包就应考虑这种市场结构。

2) 采购组合。当同一项目的不同分项，或同一承包商平行在建项目需要同类、同质设备、材料时，可考虑组合捆包。这样可增加采购规模，降低采购成本。

3) 需要时间。在项目实施过程中，对采购材料、设备的时间要求各有不同，大型项目有时延续若干年，采购计划应瞻前顾后，相互衔接，通盘安排。如铁路建设项目的工期大约需要 3~5 年或更长时间，所需钢轨、枕木规格一致，数量大，但需要时间、地点不同。是否作为一个捆包一次采购，应从资金成本、运输条件、仓储能力以及仓储期各种费用等各因素综合考虑。

4) 竞争条件。捆包大小应适度，金额较高的采购捆包对大供应商极具吸引力，而金额较低的合同或内容单一的采购捆包可以吸引更多实力一般的供应商。

5) 市场惯例、运输及其他费用。在国际工程物资市场上，大宗采购在短期内可能会引起价格变动。此外，将若干小金额物资组成一个大的捆包，除可降低投标报价，还可节省运费。

6) 用货地点。某些项目的特点，如铁路、公路等项目的建设，应考虑适宜的交货地点。如进口材料、设备可要求供应商将同一合同项下的货物酌情在项目东道国不同地点交货，以节省运费。

在总承包条件下进行设备采购时，采购捆包是面向设计和面向市场的捆包。面向设计的捆包以设备的品种或种类考虑，要考虑由承包商进行设计和制造的设备采购和无设计采购。而前者又分为成套采购和带设计的部件采购，该类设备的采购还要考虑标准设备部件采购，非标准设备部件采购以及按图采购设备的部件采购，便于设备技术规范的编制。而面向市场的捆包，除考虑设备的品种和规格，数量和进度要求外，还应考虑上面所提各种因素以及厂家的生产能力和市场供应风险等因素。

(9) 资金供应状况及支付方式

国际工程材料、设备采购受承包项目资金供应方式的影响。在 FIDIC 条件下，承包商工程物资采购款项的支付主要来自国内贷款、预付款和进度款。不同国家对预付款有不同规定，而业主进度款的支付会经常由于各种原因不能如期结算。此外，由于国际工程物资采购中的第三国采购部分的货款主要以信用证方式结算。由于信用证本身的特点、信用证的开立时间、信用证金额受承包商资金来源、资金供应方式以及资金使用时间的影响。因此，承包商在采购捆包时，亦应考虑支付方式和项目资金供应状况，避免同一时间内开立多张金额较高的信用证。

(10) 材料、设备采购的特殊要求

在国际工程项目货物采购中，经常出现业主对材料提出加工图纸要求、加工母材要求、加工工艺过程要求、最终出厂前检验实验等特殊要求。对于业主的不同要求，也是承包商采购捆包的考虑因素之一。

二、采购计划的内容

材料、设备采购计划一般包括如下内容：

(1) 描述项目采购任务的范围、数量，确定采购清单，明确承包商与业主以及分包商在项目采购各方面的分工及责任关系，明确工程的衔接点，安排采购分阶段或步骤进行的时间表。

(2) 说明业主对项目采购工作的特殊要求，以及承包商对业主要求的意见和拟采取的措施。

(3) 对采购原则作出规定。国际工程材料、设备采购原则应该是：
1) 最佳性价比原则；
2) 质量保证原则；
3) 安全保证原则；
4) 进度保证原则。

(4) 采购费用、进度、质量控制目标、要求和措施。承包项目材料、设备采购的费用/进度控制目标应服从整个项目的费用/进度控制目标。在采购计划中，应明确规定费用、进度、质量控制的要求和目标。制定采购进度的主要控制目标和要求，长周期设备和特殊材料采购的计划安排。

(5) 项目材料、设备采购特殊问题的说明。如关键设备的采购，不按正常程序采购的特殊设备，要求提前采购的设备，超限设备的采购和运输，现场组装的设备等。

(6) 当设备设计由供应厂商负责时，应具体规定设备设计的认可时间、提交的参数清单要求、提交的方法和确认、审核方式。

(7) 物资采购协调程序。规定采购部与业主以及分包/供应商的协调程序和通信联络方式、采购文件的传送和分发范围、确定业主/咨询工程师审查确认的原则和内容、采购文件的有关要求扩展到下一层次的规定等。

(8) 项目材料、设备采购采取的措施。如项目采购的组织、协调，解决特殊问题的方法，第三国采购计划等。

(9) 采购前的准备工作。诸如文件编制，询价厂商的资格预审、招标、评标方式等。

(10) 现场采购管理要求。

(11) 为完成项目材料、设备采购任务的其他问题说明。诸如市场结构、供货能力、潜在竞争性、财务状态、法律地位等。项目采购计划经项目经理审批后（必要时提交给业主/咨询工程师确认）由采购经理发布。

三、采购量的计算原则

(1) 计算用量应根据工程量清单、技术规范等，主要由工程技术部门计算和汇总。投标阶段的采购供应量计算比较原则和粗糙，在编制采购计划时应准确而详细。

(2) 工程材料的用料计算主要考虑工程正常需要量、正常损耗、非正常损耗，以及当地施工生产特点，和技术规范规定的施工工艺要求。

(3) 合理考虑施工用量的周转，根据工程特点和当地习惯及价格进行合理选择。

(4) 施工机具设备的购置，应根据工程的内容和特点，采取购买、租赁和分包等多种方式比较确定。应谨慎购买新工程机械，一方面因为工程完成后的机具残值量大，必然会降低本项工程的效益。另一方要认真研究项目东道国的有关规定，如有些国家规定作为分包的承包商购买施工机械时，应以总承包商的名义购买，工程竣工后容易就工程机械的归属问题产生争议。

第2节 采购进度计划

材料、设备的进场时间是国际工程项目进度控制的充要条件。而采购进度计划是国际工程项目货物采购计划在采购进度控制方面的细化，是采购进度管理的依据。完善的采购进度计划可避免因交货期紧张而增加费用、避免因紧急采购而使采购活动失去竞争性，同时避免因交货延期而影响整体工程进度。编制采购进度计划要符合科学、合理、可行，尽量留有余地。采购部门按工期要求，对所有设备、材料的采购分类提出交货进度计划方案，经设计部门认可，提交项目经理批准。如业主有要求，可提交业主批准。同时采购部在实际采购工作中对采购计划应进行动态优化和调整，确保物资采购进度满足现场施工需要。由于每一工程项目都由若干分部，分项工程组成，每一分部、分项工程都有特定的物资需求，施工又往往采取立体交叉作业，采购进度计划应符合配套供应的原则，必须按照每一分部，分项工程的特定需求在品种，数量和时间上配套供应，既不能缺项，又不能颠倒。

一、采购进度计划的内容

1. 交货进度计划

由于整个工程项目中所要采购的材料、设备种类繁多，涉及材料、设备规格、技术要求、数量、制造周期、价格、资金状况以及信用证开立时间等，因此，要制定一个详细交货进度计划，以确保采购有序而稳妥地进行。

编制交货进度计划首先要明确约束条件。根据合同文件、工期要求、工程量清单确定采购汇总表，测算主要材料、设备、构件、配件等需要量及到场时间、国内出口材料、设备到货时间要求、超限设备运输措施计划、国外采购材料、设备，检验仪器，工具等需求量、种类和时间要求。

计划的编制采用"逆推法"，根据工期要求，首先确定各个采购材料、设备的使用/安装日期，将材料、设备的到场日期作为采购的目标日期，考虑制造/供应周期、合理运输时间、货物来源、市场供应、资金供应、供应商选择等情况，进而确定请购单提出时间，确定询价、报价、评审签订合同，合同履行等各控制点。此外，对于关键路径上的材料、设备，瓶颈物资、长周期设备，应考虑不确定因素的影响，在可能的情况下，可设置缓冲时间，增加计划的宽裕量。交货进度计划一般多采用带进度日期（时标）的横道图（甘特图）方法。

2. 供应商交货期管理计划（详见本章第5节）

3. 催交进度计划

所谓催交，是设备、材料采购合同签约后，承包商在供应商生产、制造过程中，为得到满足合同规定交货时间而采取的一系列活动。编制催交进度计划的依据是订单提交日期，合同规定的交货日期和设备、材料制造进度等，据此编制出对每一供应商的催交进度计划。按设备和材料对整个工程项目进度计划影响程度，尤其是处于关键路径上的货物，规定催交材料、设备种类、催交频度、催交形式、催交进度报告内容等。催交方式可分为会议催交、电话催交、驻厂催交等对各供应商实施催交工作，定期完成催交进度报告。

4. 检验进度计划

编制检验进度计划的依据是订单。编制计划时应依据订单中对每一个供货厂商所制造的每台设备、每一批材料中规定的中间检验项目及检验时间、出厂检验项目及检验时间，对每一供应厂商做出一个检验进度计划。而且该检验计划还应根据供货厂商提交的检验申请中的检验时间来确定检验进度计划时间或检验时间的变化。若检验时间有变化，则应修正计划并对其变化实施控制，最终以保证进度计划的完成。为充分利用人力资源，节省差旅费，在编制检验进度计划时，还应综合考虑检验出行路线，同一出行路线上的各个供货厂商的检验时间要尽量衔接好。

5. 运输计划

编制运输计划最重要的控制点是：采购部经理与现场施工经理根据项目主计划、施工计划决定每台设备、每批材料运抵现场的时间。而影响设备、材料运抵现场时间的因素有设备、材料是否能够按时交货、运输方式、运输路线、自然条件等。因此，在编制运输计划时要综合考虑各方面的影响，最终使运输计划切实可行。对于国际工程材料、设备采购，除超限设备运输由承包商自行组织之外，一般设备、材料运输都委托各供应商代办运输。但承包商在订单中应明确运输安全、运输方式并控制运抵现场的时间。对于成套进/出口的设备、材料，承包商将按合同规定的交货批次（如规定两船或三船交货）及每批交货设备、材料的名称、数量以及各供应商提供设备，材料的集港时间、收货人、到货地点等。一般承包商会在发货港口选择货代公司并与之签订货代合同，以便由货代公司或承包商办理集港收货、仓储、报关、装船等事宜。对于成套出口项目的运输计划则应分别编制内陆运输和海运计划（包括最终集港时间、报关时间、装船及商检）。

对于上述各计划，既要保证计划满足项目的总体进度计划，又要留有一定的余地，既要保证计划的准确性，又要确保各计划之间的配合性。如果各计划未能有效配合，只要其中有一个因素变动，就会造成整体计划的延误。

二、设计、采购、施工进度一体化

1. 将设计纳入采购计划

在总承包条件下，承包商承担设计、采购与施工的合同责任。设计部门/院提供各种材料、设备的技术参数、选型和规格。对于部分设备，设计部门/院还要提供供应商制造所需的详细图纸。设计对采购的影响是直接的，如详细设计深度不够、图纸不到位、规范错误、设计漏项、供货范围不清晰等问题，会对采购活动的及时性、工作范围划分的准确性产生负面影响。特别在非标准设备采购时，上述影响和制约作用尤为明显，两者之间的接口内容将大幅度增加，工作进度难以估计和量化，接口管理复杂。如果设计工作完全结束之后再着手采购工作，由于采购标的客观上需要一定的制造周期，会延长设备、材料的交货期。

将采购纳入设计，可使建筑产品在设计阶段和进入施工阶段之前就考虑供应链上各种资源的约束条件，并根据这些具体的约束条件对设计所采用的材料或设备进行选择性的优化处理，减少采购环节中不确定性因素对项目的干扰。因此，设计和采购在项目过程中的合理交叉，将采购纳入设计程序，处于同一控制体系，使得设备、材料的交货数量及交货进度随时得以调整、控制，从而避免时间、成本浪费。比如在进行石油化工装置设备安装项目中，常常会发生设备供货与工艺系统的连接、设备材质等与装置设计要求不一致的情况，或出现缺件、损件等。这些问题可能往往在设备安装，甚至设备单机试运时或系统联运时才发现，严重影响工程收尾、试运转、开车，影响计划进度。此外，替代件的临时设计、临时制造、紧急施工等使得相应部分的成本增加，造成不必要损失。采购与设计的合理交叉，在设计过程中，要求与设备紧密相关的仪表、控制、零部件等划归与设备一起设计、供货，或为满足工程工艺需要，要求供应商修改设备内部流程、设计参数、材料材质等即可避免上述问题的发生。因此，材料、设备采购工作在基础工程设计阶段，依据工程图就可以运作，关键设备可以在工艺设计阶段进行询价，以缩短采购周期。

2. 利用软件技术对采购计划进行动态管理

材料、设备采购进度计划是根据主进度计划编制的，不同材料、设备的采购，其先后逻辑关系亦基于主进度计划，当主进度计划发生变化时，采购计划应能做到自动更新、调整，实时动态地反映主进度计划对采购的需求，实现工程项目货物采购计划的动态管理。

目前各承包商使用的 MIS（Management Information System）系统，应将主进度计划与材料、设备采购联动，否则就只能提供物资采购事务的分类统计管理，而物资采购中的关键数据：如采购时间、采购数量，则只能由人工估计，效果难以保证。如果将物资采购中的采购时间、采购数量等关键数据由采购软件根据主进度计划实时提出，MIS 依此进行物资采购中后续的事务管理及报表统计，可实现采购与施工一体化（详见本章第 4 节）。

3. 应充分考虑施工进度计划

为保证工期，材料、设备采购供应与施工进度的相互衔接，统筹到货先后与施工顺序的关系，采购过程中的运输、检验等各环节亦应以工程项目为中心编排计划，编制设备、材料到货时间表，根据实际情况与施工部门定期召开材料到货对接会，并按项目组织采购和货款结算。

4. 采购进度计划缓冲管理

在国际工程项目货物采购中亦可应用缓冲管理的方式，保证采购进度与施工进度一体化的实现。合理设置缓冲的缓冲管理是关键链技术的重点之一，应用关键链项目管理，通常在项目尾期设置项目缓冲，把从前分散于各个单独任务的缓冲时间累计到了项目的最后，以保证整个项目的按时竣工。在采购阶段应用缓冲管理，即把部分项目缓冲时间放在采购环节上，是预计将采购标的在计划到场时间前的一定时间交付，以防止不确定因素造成的延误。缓冲的设置是为了预防采购过程中可能产生的风险，尤其是那些采购周期长、生产技术复杂、物流水平要求高、处于项目关键路径上的货物采购，而不是每个采购项目都需要设置缓冲。由于国际工程项目材料、设备采购中的不可预见因素较多，为降低采购的进度风险给总工期造成负面影响的可能性，对采购清单中的瓶颈物资、重要物资及处于关键路径上的物资设置时间缓冲或库存缓冲。如图 5-2 和图 5-3 所示，应用缓冲管理，承包商可以更加灵活地安排重要材料或设备的到货日期，而不是仅仅依靠供应商所承诺的到货日期，预防供应商推迟供货等不确定性因素可能给项目带来的风险。

缓冲时间的长短取决于材料、设备在项目中所处的位置，生产制造周期，生产工艺难易程度，市场供应以及运输安排等因素。

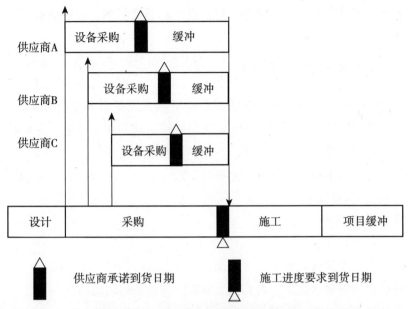

图 5-2　材料、设备采购阶段的缓冲管理

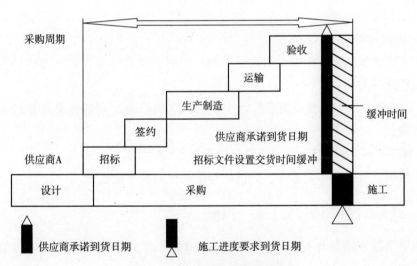

图 5-3　采购周期的缓冲管理

第 3 节　国际工程项目货物采购进度控制

所谓采购进度控制,就是在采购过程中进行计划进度与实际进度的比较,发现偏离,及时采取措施纠正。进度控制的主要任务是按照合同要求和规范进行工作,通过交付货物的质量和提交情况、变更记录等检查合同执行是否正常,防止出现瓶颈问题和不可控事件,同时检查采购进度执行情况,如实际进度与计划进度有偏差,找出原

149

因，纠正偏差，或根据实际情况修正计划，或采取必要措施，改变现有工作方式，防止风险后移。

一、采购进度影响因素分析

要对采购进度进行有效控制，必须对影响采购进度的因素进行分析，采取措施，尽量缩小计划进度与实际进度的偏差，实现对采购进度的主动控制。影响国际工程项目货物采购进度的因素很多，主要有：

（1）采购流程不畅或采购进度计划不科学；

（2）工程变更/设计变更；

（3）业主要求不当；

（4）不可抗力后果；

（5）项目东道国风俗习惯和商业惯例；

（6）承包商内部管理混乱，各部门之间缺乏有效沟通和协调；

（7）合同当事方违约，如不严格履行合同义务、违反法律规定、公司破产；

（8）国际政治经济环境影响，业主的经营状态和资金的影响，采购标的的质量缺陷、设计缺陷等的影响；

（9）供应商选择不当；

（10）与项目东道国有关机构沟通不利，主要表现在清关、第三方检验等政府部门的繁琐程序等方面；

（11）运输延误，尤其是国际运输，航次，航期运输时间等因素是承包商所不能控制的因素；

（12）在 DBB 条件下，咨询工程师对承包商采购样品审批时间。

影响采购进度的诸多因素中，人的因素是最主要的干扰因素。

二、采购进度控制的方法、措施

采购进度控制措施包括组织措施、技术措施、合同措施、经济措施和信息管理措施。

1. 组织措施

建立采购进度目标控制体系，将实现进度目标的责任落实到采购部具体进度控制人员。采购部应建立采购进度控制的工作责任制度，说明采购工程师在货物采购过程中进度控制的具体职责。建立切实可行的进度控制工作体系，包括例会制度（技术会议、协调会议等）、进度计划审核及实施过程监督制度、各类文件审核程序及时间限制等。严格执行项目部建立的完整的变更控制系统，一旦发生变更（如设计变更），各方应遵循事先建立的变更程序，及时审核和批准变更。建立激励机制，对采购工程师在采购过程中进行的有效进度控制工作进行考核，利用激励手段（奖励、惩罚、表扬、批评等方式），以督促其进行进度控制。

2. 经济措施

经济措施是指用经济手段对采购的进度控制进行影响和制约。如制定材料、设备采购对外付款程序，对供应商的预付款及尾款支付与供应商的交货进度挂钩。

3. 管理技术措施

管理技术措施是指运用各种项目管理技术，通过各种计划的编制、优化实施、调整而实现对采购进度有效控制的措施，如建立实用和完善的采购进度控制的程序文件；采用横道图计划、网络计划技术等，编制材料、设备采购进度计划，利用计算机和各种应用软件辅助进度管理，包括进度数据的采集、整理、统计和分析。

4. 合同措施

合同措施是指采购进度计划须符合主合同进度计划要求，每一材料、设备的采购供应合同须严格规定供应商的交货时间。按照合同规定的进度控制目标，采用合同规定的进度控制方法，对采购进度进行控制。进度控制的合同措施主要包括：选择恰当的合同模式、制定科学、合理、严密、完善的合同进度条款，按当事方签订的合同进行管理，即在处理采购实施过程中遇到的任何进度问题，均应依据合同规定进行处理。合同中对与进度有关的内容应做出明确规定，除了规定严格的进度条款和违约罚金外，还应规定具体的合同进度控制措施。如供应商须按照进度计划制定更详细生产交货计划，采购部门将按照已确认的计划对实际进度进行控制和测量，及时发现合同执行过程中的异常问题或可能存在的虚假的进度报告。因此，承包商应把好合同进度条款的质量。

5. 信息管理措施

信息管理措施是指在采购进度控制过程中，通过对采购进度信息进行有效管理，掌握最新的信息，确保决策正确性。信息管理措施主要包括：(1) 建立采购进度文档管理系统和信息沟通制度，保证信息渠道畅通。(2) 规定信息传递的方式和方法。(3) 建立信息管理组织。

6. 检查跟踪措施

采购进度计划要进行定期跟踪检查。对重要物资要经常、定期进行检查，检查已供应的材料，设备、已完成的供货合同、加工图纸、制作过程以及实际供货状况。

7. 优化采购流程、组织和信息共享

通畅的采购业务流程应具备优化、无冗余、平行作业的基本属性。合理的，扁平化的采购组织结构，以及建立对采购数据的唯一性录入、动态更新和维护的机制，可以快速地寻找并评价供应商、询价、形成采购订单、审批、跟踪采购情况。

三、采购过程进度控制

国际工程项目货物采购中的商务环节和物流环节过程复杂，周期长。每一环节都是一项客观活动,其活动时间是不能通过承包商加班加点努力工作可以压缩的,有些活动也是承包商不能控制的。因此,承包商应识别和确定采购过程中的控制点。经验数据表明,材料、设备采购的各个阶段对工期的影响频率不同(见表5-1)。

采购各环节对工期的影响　　　　　　　　　　　　　　表5-1

工期延误的原因	对工期影响的频率
材料、设备制造	50%
采购及验收	50%
运输	70%
通关	50%

1. 设立采购进度控制点

(1) 供应商交货时间。将供应商交货时间作为供应商选择因素之一。

(2) 材料、设备生产。(详见本章5节)。

(3) 运输。材料、设备采购国际货物运输的控制点在运输方式,运输路线和第三方物流的选择(详见第9章第2节)。

(4) 进出口清关。材料、设备进出口清关是承包商采购进度控制的难点之一,也是非承包商控制因素。该控制点的关键如下。

对于从第三国采购的货物,规定供应商单据提交的内容和时间,如远洋运输的货物,供应商在设备、材料船运后15天内寄正本发票一套、装箱单直接寄给收货人,邮政收据正本作为议附单据之一,以便在货物到港后及时办理报关、报检手续,避免造成滞报。

做好进出口货物报关统计,由项目部对统计数据的准确性进行确认。报关人员在进行报关统计同时也应对相关货物的用途和性能进行了解,以便做好商品归类和海关质询应答准备;同时了解项目东道国和我国海关制度、监管方式、通关要求,理顺与清关代理的关系;做好材料、设备与单证状态跟踪及报关单据的准备工作,如进出口货物报关单、货运单证以及备用单证等;建立正常通关和紧急通关程序,做好通关的前期、中期及后期管理。

2. 采购作业周期控制

材料、设备因供应商所处地域、生产周期不同,其采购作业周期亦不同。将采购地区划分为当地采购、第三国采购及国内出口,列出从国内外采购的作业程序,分别视实际情况设定采购作业期限,据此逐项为每一采购作业程序设定所需时间及控制点。

当地采购作业控制点:询价、订购、交货。

第三国采购作业控制点:询价、订购、装船、到港、通关。

国内物资出口控制点:询价、订购、国内出口通关、集港装运、到港、进口通关。

采购部收到请购单后，根据工期计划或请购部门限定的材料、设备到场日期和采购部预定询价完成日期填写"采购进度控制表"（见表5-2）。每一阶段完成后，将实际完成日填入该表，并填入下一阶段预定进度。同时根据采购进度计划、订货结果、材料、设备生产计划、监造周报、巡查、出厂验收报告等统计数据，及时获取进度偏差信息，汇总成表格或图形形成进度偏差报告，会同各有关部门定出纠偏措施。对于逾期未完成的采购作业，由采购部填写"采购交货逾期分析表"（见表5-3），并提出补救措施，送计划部门/请购部门审核，以便及时采取相应措施。

采购进度控制表   表5-2

工程项目名称：   年 月 日

序号	采购作业内容	计划时间	实际完成时间	备注
请购部门	材料、设备需要时间			
物资编码	招标/询价时间			
品名	订购时间			
规格	装运时间			
单位	到港时间			
数量	到场时间			
使用工序/区	填写人签字			

采购进度逾期分析表   表5-3

序号		请购部门		采购经办人	
品名					
工程计划要求到场时间		延误天数		使用工序	
供应商名称				未交数量	
逾期交货原因及拟采取措施（含保证事项）				最终完成情况	
请购部门意见					

第4节 工程项目货物采购计划控制的软件技术

在工程项目建设中，物资采购必须按计划进行招标、投标、合同签订、催交、验收等，相对于进度计划而言，无论物资到场延迟还是提前，都将造成资源（包括人力资源、施工场地等）及财务浪费；因此物资采购计划应是实时动态的计划，它应相对准确地与项目的实际进展相匹配。目前国际上各大承包公司普遍利用各种IT技术对工程项目的材料、设备采购计划进行动态管理。对于不同的管理角色、不同的项目，其管理的方法可能会有所不同。但采购管理软件基本上都是将物资作为项目的资源投入，以工程主进度计划为中心，实现物资采购的计划动态控制。工程项目采购管理软件应用的关键在于采购部门须根据工程项目建立物资采购控制清单；选择合适的主进度计划并能及时上传；主进度计划能与材料、设备采购建立联动关系；建立相关制度，推动工程项目部对所属各项目的计划编制与更新，同时形成依据主进度计划进行项目管理的管理习惯与工作习惯。

一、工程项目材料、设备采购管理软件基本内容

1. 建立材料、设备采购清单

根据项目需求及管理要求，确定物资计划控制范围，与主工程进度计划关联。一般来说，对于那些采购周期较长，与主进度计划关系较为密切，处于关键路线上的材料、设备应列入物资计划的管理范围，对于一般的材料与设备，如果其采购过程简单，市场供给充足，则可以采用事务管理的方式进行（如项目的 MIS 管理系统），无需制定详细的计划与主进度计划联动，以减少管理难度与工作量。

工程项目采购管理软件一般对物资资源的管理采用树状结构，即按照物资资源在不同计划控制深度上的划分方法，分为不同的层次深度，以适应不同的管理阶段。根据物资采购清单在工程项目实施过程中渐进明细的规律，采购管理软件可采用角色划分，即在项目的不同阶段，当材料、设备的具体型号、规格尚不能完全确定时，先按角色处理，待项目进一步明细后，再进行资源替换，软件可保留相关的计算关系。

2. 建立物资采购分类码

在物资采购计划的管理过程中，对材料、设备从不同角度进行时间、成本、事务等分类管理，如采用资源分类码，对物资采购从不同角度进行属性分类编码。采购分类码在软件中作为资源代码处理。

物资采购分类码是区别不同类别的物资，按不同属性要求进行管理；主要考虑以下几个方面：

（1）采购流程的区别。由于材料、设备属性不同，采购的实现条件不同，国别来源不同，其采购流程亦不同。如主设备可能分为：招标、合同签订、起运、验收接货；而辅助设备只分为：询价、合同签订、验收接货。

（2）采购合同。不同性质的采购合同、采购过程不同。

（3）行业通用编码。采用行业惯用编码。

3. 编制主进度计划

4. 将材料、设备与主进度计划关联

由于材料、设备采购时间计划是基于主进度计划，将采购计划与主进度计划合理关联，以便在主进度计划发生变化时，采购计划自动更新，实时动态地反映主进度计划对物资采购的需求，实现材料、设备采购计划的动态管理。为避免错误，该关联工作在主进度计划批准的前提下，由专业进度计划工程师会同物资部共同完成。由此完

成材料、设备采购计划中的时间进度计划自动与主进度计划的联动，采购部门无须更新，软件即能真实反映主进度计划对物资的需求，包括时间、数量等等。

5. 加载材料、设备需求

不同材料、设备的采购，其先后逻辑关系是由主进度计划确定的，将采购计划中的物资与主进度计划中使用该物资的作业进行关联。

物资名称与编码：使在与主进度计划关联时不能修改。

数量：分类预算数量、实际数量，其他数量由软件自动计算。

作业分类码：用于从主进度计划作业的角度对所需资源进行统计分析。

6. 编制物资管理的主进度计划

主进度计划对材料、设备使用时间的确定分为两类，一类是由主进度计划作业时间确定，另一类是由计划工程师在作业的工期范围内自行确定。采购软件自动以作业的开始日期为基点，计算延时与工期，以维持材料、设备采购计划与主进度计划的协调与统一性。

材料、设备采购的进度计划是在作业的工期范围内，以作业的开始日期为基准点，通过资源的工期、延时、开始日期编制。由于以主进度计划的作业开始日期为基准点，一旦主进度计划的作业开始日期发生变化，所有对材料、设备使用需求计划的时间随之变化，自动实现动态计划；由于资源延时只能为正，因此采购管理软件资源开始日期，应为资源在主计划中的开始使用日期。对于物资采购计划的编制而言，采购计划是按物资在主进度计划的开始使用时间进行倒排计划的。

7. 调整物资需求合理分布

在物资采购计划管理中，物资的采购数量经常不是沿主进度计划中作业的工期均布的。这可以通过资源曲线来定义物资的使用在资源工期范围的分布情况。

8. 定制资源曲线

实现资源在资源工期范围内的合理分布，更准确地反映工程项目施工中材料、设备的供应强度及费用的分布强度。

9. 物资采购计划中的事务管理

物资采购的事务管理主要是指，物资采购部门的采购流程的管理，如招标、投标、订货、运输、报关、验收等等；事务管理的时间依据是主进度计划中，使用该物资的作业，对该资源的需求时间，以此为基点进行倒排得到物资采购计划中事务的进度计划。

工程项目采购管理软件提供材料、设备在主进度计划中准确的使用时间，使物资采购能与主进度计划紧密结合，提高采购时间与数量的准确性，大幅度节约投资成本。

由于材料、设备到达现场的时间提前于使用时间，采购管理软件可通过自定义字段来实现这一要求。如：主要设备提前10天、材料提前4天、辅机提前8天等。

10. 采购事务数据

工程项目采购管理软件可通过定制总体更新，由软件自动形成现场要求的供货时间。运行总体更新，软件根据当前的主进度计划的变化，刷新相关的供货时间。

通过上述 10 个步骤，工程项目采购管理软件完成了主要物资采购计划的编制，由此建立一个与主进度计划联动的实时、动态物资采购计划。

二、工程项目采购管理软件在采购进度控制方面的应用

工程项目采购管理软件在采购进度控制方面的应用主要体现在以下几个方面：

(1) 工程项目采购管理软件中的资源分配模块，可全面、准确地从不同角度，实现对物资采购供应的汇总与分析，可直接生成 Excel 图表，方便地做图形分析。通过 Excel 的数据源，实现复杂报表。计算机可以自动更新报表，以便采购部准确掌握主进度计划的采购需求，减少工作量，提高工作效率。

(2) 由于采购计划中的时间进度计划自动与主进度计划联动，能真实反映主进度计划对物资时间、数量等方面的需求。采购部可据此更新实际采购进度，核实采购完成情况。采购部登录到工程项目采购管理软件，供主进度计划管理人员在项目建设过程中参考。对于一些关键材料、设备，由于供应商原因，不能按主进度计划完成采购，工程项目采购管理软件亦可自动反映出来，采用修改主进度计划的方式，反过来符合物资采购计划进度。工程项目采购管理软件还可根据用户的要求，自动计算出由于关键物资的制约，最合理的主进度计划的预测计划、资源平衡等。

物资采购部门通过更新物资采购状态，向主进度计划提供准确的采购信息。

(3) 工程项目采购管理软件可建立无数目标计划，并可以同时跟若干个目标计划进行对比分析，从不同角度、不同时间，将当前计划保存成目标计划，实现将物资采购进度与目标进度对照，实现对物资采购进度的对比控制。

总之，工程项目材料、设备采购的计划管理，如果不与主进度计划实现联动，计划就会变成静态计划。采购进度与主进度的协调将主要通过会议沟通的方式实现，其准确性、工作效率难以保证。目前大多数承包商都通过建立 MIS 系统，对材料、设备采购进行精确管理。但是，MIS 系统如不能将主进度计划与材料、设备采购进度实现联动，则只能提供物资采购的事务性分类统计管理，而物资采购中的关键数据如采购时间、采购数量等，只能由人工估计，效果难以保证。如果能将工程项目材料、设备采购管理软件与 MIS 系统结合应用，根据主进度计划，实时确定材料、设备采购中的关键数据，如采购时间、采购进度，采购数量等。MIS 可依此进行物资采购中后续的事务管理及报表统计，以减少采购的时间成本。

第 5 节　国际工程项目货物采购接口管理

国际工程项目作为由人流、物流、资金流和信息流组成的系统，由于其主体的多元性，内部和外部环境的复杂性、多重性以及技术复杂、工期长等特点，项目接

口比较复杂。而材料、设备采购是在上述复杂、多元化环境下，要求专业性、社会性和时间性的统一。由于材料、设备采购在设计和施工中具有承上启下的作用，因此做好采购与各有关部门及外部的接口管理是采购进度控制的重要内容之一。国际工程材料、设备采购的接口关系有承包商与供应商的接口关系，采购部与工程项目其他部门上下游的接口关系，以及与业主、咨询工程师、东道国有关各部门以及与第三方物流的接口关系。采购进度的有效控制在一定程度上取决于所有这些接口管理的效率。图5-4是以货物采购工作为中心，说明采购部与项目部内部和外部各有关部门的工作关系。

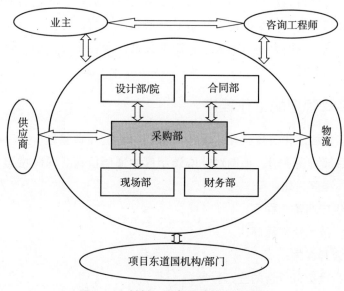

图5-4 材料、设备采购接口关系图

一、材料、设备采购接口管理的总原则

国际工程项目材料、设备采购接口工作包括三方面：实体接口，组织接口和合同接口。实体接口是客观存在的，是工程项目的有机连接，如到场设备的安装与工程实体的接口。在组织方面，包括有合同关系的接口和无合同关系的接口。有合同关系的接口如业主与承包商，承包商与供应商，无合同关系的接口，如承包商与咨询工程师等。此外还存在不同合同之间的接口，如设计与施工、设计与采购、施工与采购等。组织接口和合同接口与国际工程项目的承包模式有关，是项目前期策划阶段的主要工作。

就材料、设备采购而言，内部接口管理应以尽量减少接口为原则，建立统一的组织机构，划清各角色的职责，确定相互之间的管理接口界面、工作流程和工作汇报关系等，并予以公布，要求项目部成员遵照执行，形成工作规范，防止角色冲突或工作重复；适时进行相关数据维护，提供明确和一致的信息；接口管理要覆盖各相关方，强调专业化原则，保证接口明确，责权清晰，降低接口风险；同时简化接口，提高效率。属于上游接口的问题应在上游环节解决，不能流入下游环节。此外，通过有效的沟通和激励，加强各相关方的联系、理解和合作，减少内耗。采购的部分工作量用于内部跨部门沟通上，有沟通就有成本，有障碍，有冲突，有误解，最好的沟通就是不需要沟通。要做到不需要沟通就是要通过一定的制度安排和技术手段达到信息共享。

项目部内部的接口管理比较容易实现，但与供应商或与其他第三方的接口管理可能会经常出现各种各样的问题，其中最主要原因是界面责任不清。外部各有关方的接口管理亦应遵循降低接口风险、简化接口、提高效率的原则，制定清晰的与采购有关的各当事人的接口界面，并尽量遵循接口统一和层次多样的原则，也就是与同一当事方的接口要统一化。同时分清合同关系和制度关系，尽量将接口纳入合同轨道，便于通过合同进行接口管理。

二、各接口管理的工作程序

为使采购工作程序化、规范化，便于各部门之间的接口管理，加速采购进度，采购部应根据项目部协调手册，编制对外协调制度并遵照执行。同时按照采购流程，编制每一流程运作程序，如：

(1) 合格供应商备选程序；
(2) 招标、技术谈判程序；
(3) 商务谈判程序；
(4) 材料、设备订货合同签订程序；
(5) 材料、设备预付款、中间付款、最终付款审批程序；
(6) 突发事件应急程序；
(7) 工程变更处理程序；
(8) 咨询工程师报批程序；
(9) 材料、设备交付程序；
(10) 材料、设备监造程序；
(11) 材料、设备包装规程；
(12) 报关、检验、保险、集港和装船程序；
(13) 出口退税程序；
(14) 各采购流程变通程序；
(15) 货物交接程序。

各程序应说明运作规则、事项、要点和要求、注意问题以及运作该程序需具备的上游条件等。这样可以达到接口清晰，管理简洁，忙而不乱、事半功倍的效果。

总之，接口管理的各项措施目的在于最终增强承包商材料、设备采购整体工作效率，控制采购进度和质量，将小问题解决在特定范围之内，使之不会对工期产生负面影响。

三、承包商内部接口管理

1. 采购与设计之间的接口管理

材料、设备采购与设计之间的接口管理工作要明确定义设计输入和输出，包括各种设计所需的接口，保证采购部门在非标准材料、设备采购业务中能及时得到任何更新的信息。注意监督和评价设计部门/院和供应商之间的沟通，实现接口顺畅和无障碍衔接，防止出现严重的设计成果交付延期和材料、设备制造过程中因设计变更或图纸参数未及时更新造成的重复工作和质量问题以及可能产生的进度问题，更要防止因设计和制造接口未处理好而产生的现场安装问题。

2. 采购与施工安装之间的接口管理

材料、设备采购受土建施工、安装调试等下游环节的影响。其接口管理直接影响到到货物资在现场的安装使用。在项目执行过程中，经常会出现现场变更、施工进度延期、部分工序提前施工等要求，可能会造成设备选型变更、材料规格变更，交货延期或提前，造成合同管理计划、资金计划等连锁反应，导致承包商工作被动或某些合同管理工作的反复，从而发生额外费用。此外，采购和施工还易发生现场接货问题。如由于接口关系管理不善，对已至现场的材料、设备，无人接收，或是起吊设备、堆放场地尚未准备好，造成人为资源浪费。采购部应会同施工部或库管部门编制货物交接程序手册，并在采购文件中作为通用合同条款规定供应商通常在发货规定时间内向承包商发装运通知，告知到货的详细信息，如规格、数量、外形尺寸等。施工部/库管部据此做好接收准备，如存放场地、起吊设备、接收手续、建接货台账等等。因此，在工程管理中，应尽可能地将材料、设备采购和土建施工的接口提前管理，建立接口管理手册，在适当的时间和地点解决。

四、承包商与业主/咨询工程师的接口管理

由于业主及咨询工程师直接决定着工程的具体内容，对整个项目几乎拥有着绝对的控制权和话语权，并在整个项目组织体系中处于承包商之上。因此，承包商与业主及咨询工程师之间能否拥有良好接口管理和沟通，对采购进度有着至关重要的影响。

1. 承包商与业主的合同关系决定了其接口管理可纳入合同轨道

业主是承包商的上帝，处理好与业主的接口关系，对承包商至关重要。承包商要正确理解业主的设计意图和要求，定期向业主汇报设计/工程进展，交换意见。保证沟通渠道通畅。材料、设备采购中出现的设计与市场供应的矛盾应及时与业主沟通，防止采购延误。对于合同中就采购问题规定应由业主完成的工作，如申请进口许可证，供应商名单审批等，对于由于业主原因导致的采购变更，材料、设备采购单据付款结

算等应在合同附件中明确双方的责任、义务以及工作程序。

2. 承包商与咨询工程师的接口管理

FIDIC 条款规定："对于承包商按照合同规定提供的材料和设备，咨询工程师有权在其生产、安装或准备过程中检查和检测这些材料和设备。如果这些材料和设备不是在承包商的车间或场地内生产、安装或准备，承包商应为咨询工程师在那些车间和场地进行检查和检测提供许可，这些检查和检测也不能解除合同规定的承包商应承担的任何责任。"该规定说明，承包商在采购材料、设备之前，须将采购标的样品或技术资料报咨询工程师批准，得到批复之后才能订货。而承包商报送样品、资料的符合性以及咨询工程师的批复时间对承包商的采购进度将产生直接影响。承包商与咨询工程师在采购过程中的接口可见图 5-5。

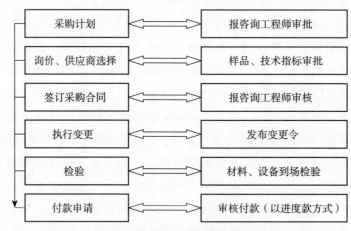

图 5-5　承包商与咨询工程师在采购过程中接口关系

熟悉合同条款，遵守合同要求，尊重咨询工程师的权威性，搞好与咨询工程师的关系是采购工作中处理好采购与咨询工程师接口管理的基础和工作重点之一。严格按照合同条款要求，凡是合同要求需要咨询工程师批复的，一律事先履行批复手续。承包商内部应了解咨询工程师的组织结构，明确咨询工程师报批程序、时间要求、报送资料/样品内容、书面要求、业主工程变更导致的紧急采购/追加采购等处理程序以及向咨询工程师递交采购单据要求付款的程序等。对于咨询工程师的指示和批复，不论是书面的还是口头的，凡属合同范围内的，承包商须执行这些指示，如确实有困难，应及时与咨询工程师沟通，取得咨询工程师的谅解；对于超出合同范围的要求、增加承包商采购成本的指示，应立即致函咨询工程师，说明情况。采购与咨询工程师的接口管理应该是技术性、灵活性和制度性的结合。

五、承包商与供应商的接口管理

承包商需对供应商的资质、材料、设备质量、交货进度等对业主承担责任和风险。

采购过程中，承包商与供应商的接口管理涉及采购各个过程，其接口关系可通过合同进行管理。

国际工程项目货物采购的设备数量有限，其控制点主要在制造进度和质量问题；而大宗材料种类和规格繁多，采购进度控制工作量大。每台设备或每批材料的按时交货对保证项目整体进度都是至关重要的。因此，在材料、设备采购合同中，除了规定严格的进度条款和违约罚金外，还应规定具体的合同进度控制措施，如供应商定期汇报制、定期例会制、承包商驻厂监造等。承包商根据材料、设备在项目中的重要性和复杂程度进行定期检查，及时发现采购合同执行过程中的异常问题，特别要控制项目里程碑的实现情况，及时处理采购管理和施工生产中存在的问题，并监督改进措施的实施和落实，防止进度控制流于形式。此外，承包商与供应商之间的接口细节可在协调手册予以明确规定，该手册应作为采购合同一部分供双方共同遵守执行。

第6节 国际工程项目货物采购交货期管理

交货期管理是国际工程项目货物采购管理的一个里程碑，其主要任务是督促供应商按合同规定的期限提供材料、设备和技术文件，以满足工程设计和现场施工安装的要求。故该过程的管理工作贯穿于合同签订后直到设备、材料制造完毕，并具备进行出厂检验条件的全过程。

一、供应商交货期的构成

国际工程项目货物多种多样，既有标准化产品，也有非标准化产品，其生产特点决定了交货期长短，是非承包商控制因素。承包商应掌握采购标的的生产特点，根据工程项目的工期要求，以及物流等诸因素，合理确定请购时间，订单发出时间，通过缩短和控制交货期构成中的行政作业前置时间，通过加强与供应商及各有关方的有效沟通，实现采购进度控制目标。

供应商交货期由以下六项前置时间构成，所有前置时间的总和又称之为累积前置时间。

1. 行政作业前置时间

行政作业前置时间所包含的时间存在于采购与供应商之间，共同为完成采购业务所必需进行的文书及准备工作，包括供应商选择、准备采购订单/合同、签发订单或签订合同等，及供应商接受订单、安排生产，使订单进入生产流程。

2. 原料采购前置时间

供应商为完成承包商订单，需向其自己的供应商采购必要的原材料，不同生产模式其原材料采购前置时间不同。

（1）订单生产型模式

产品的生产是在收到客户订单之后开始的。依订单生产的形态，原料的采购占总交货期时间相当大的比例。另外，供应商的供应商亦有处理订单的前置作业时间。

（2）组合生产模式

产品的组合生产也是接受承包商订单后开始，所不同的是一些标准零件或次组装已事先备妥。主要标准零配件、材料和次组装已在订单之前完成，置于半成品区。一旦接到订单，即可按承包商要求从标准件或次组装中快速生产出所需产品。

（3）存货生产型模式

供应商收到承包商订单产品前，已经加工生产完毕，存入仓库。签约后即可安排运送并确定到货时间。

3. 生产制造前置时间

生产制造前置时间是供应商内部生产线制造出合同标的的生产时间，包括生产线排队时间、准备时间、加工时间、不同工序等候时间以及物料的搬运时间，其中非连续性生产中，排队时间占总时间的一半以上。在订单生产型中，非加工所占时间较多，所需交货期较长。存货生产型因生产的产品是为未来订单做准备的，交货期相对较短。组合生产型对少量多样的需求有快速反应的能力，交货期较存货生产型为长，较订单生产型则短。

4. 运送前置时间

供应商生产完成后，将货物从供应商的生产地送到承包商指定交货点所花费的时间。运送时间的长短与承包商采购半径、交货频率以及运输方式有直接关系。

5. 验收检验前置时间

该时间包括卸货与检查、拆箱检验、完成验收文件将材料、设备运至合同指定地点。

6. 其他零星的前置时间

包括一些不可预计的外部或内部因素所造成的延误以及供应商预留的缓冲时间。

二、影响供应商按期交货的原因分析

1. 供应商原因

（1）供应商生产能力不足。供应商所接受订单超过其生产能力。另外，供应商接受订单时对采购方的需求状况、时间要求及验收标准未加以详细分析即接受订单，事后发现无法按期交货。

（2）分包不善。供应商由于设备、技术、人力、成本等因素的限制，除承担产品的一部分制造过程外，将部分制造工作外包。由于分包商未能尽到履行制造之责，导致产品无法组装，延误交货。

(3) 有些供应商争取订单时候很积极，一旦订单到手，便有恃无恐，不积极履行合同责任。

(4) 由于生产工艺、设计的原因，产出率偏低，次品率高。须花费较多时间对不合格品加以改造。

(5) 材料欠缺。

(6) 报价错误。供应商因报价错误，以至尚未生产即已经预知面临亏损或者利润极其微薄。因此交货不积极，或者将其产能转移到其他获利较高的订单上，导致延迟交货。

2. 承包商原因

(1) 备购时间不足；
(2) 承包商不能准确理解业主的设计意图；
(3) 承包商未能向供应商准确传达业主的技术要求；
(4) 设计变更或规格临时变更；
(5) 采购计划不科学；
(6) 紧急采购；
(7) 供应商选择不当；
(8) 催交不积极；
(9) 未能及时供应设计材料或模具等；
(10) 技术指导或技术交底不周；
(11) 低价订购货物；
(12) 承包商对国际采购业务不熟练或缺乏必要的了解，或经验不足；
(13) 对供应商的付款条件过于苛刻；
(14) 检验工作延误；
(15) 采购流程设计不合理；
(16) 承包商逾期开证；
(17) 采购方式选择不当；
(18) 承包商订购数量。

3. 其他因素

(1) 供需双方缺乏协调合作或沟通不畅。工程项目施工部门与采购部门沟通不畅；或者施工计划与采购计划衔接不畅；施工部门未考虑浮动时间，未设定合理的延误时间；计划过于保守；采购计划未将市场变动因素和对国外运输状况缺乏必要的了解等因素考虑在内，造成实际交货时间与计划交货时间不符，致使交货延误。

(2) 不可抗力。战争、罢工、自然灾害、经济原因、政治或者法律的原因（政府之间关系的改变）等。

(3) 运输延误。这是国际工程物资采购中交货延误的主要因素之一，安排运输的一方可能因运输方式，运输路线等原因导致不能按时交货。

(4) 合同因素。双方所订立的采购合同条款内容有误，或双方责任、义务条款不清，或双方对同一合同条款有不同的理解，但又缺乏必要的沟通等。

三、交货期管理基本程序和内容

1. 交货期管理计划要点

任何一个国际工程项目，材料、设备采购中的交货期管理都是必不可少的重要环节。国外工程公司对催交工作十分重视，为确保按时到货，保证工程顺利进行，不惜投入很多人工时，一般约占项目采购业务所用人工时总数的30%。

交货期控制分为内部控制和外部控制，如图5-6所示。

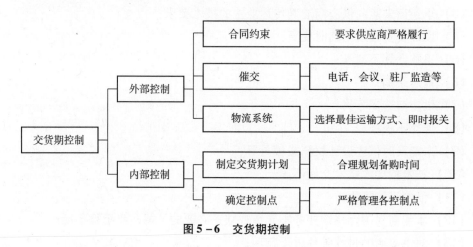

图5-6 交货期控制

(1) 在合同中明确规定要求供应商提供生产作业计划（重大产品）和交货时间计划。生产作业计划应该包括设计作业、采购作业、工具准备、组件制造、次装备作业、总装备作业、完工试验及装箱交运等全部过程。此外，应明确规定供应商必须编制实际进度表，与预期进度表进行对照，并说明延误原因及改进措施。

(2) 合理规定备购时间。即将申请采购、采购、供应商准备、运输、检验各项作业所需要的时间，予以合理的规划。

(3) 厂家实地查证。对于重大项目的采购，除要求供应商根据制造进度按期提交进度表外，应派员前往供应商处进行监督，查验。此项内容应在合同中明示列入合同条款同时列明监察费用的归属问题。

(4) 当事双方的信息沟通。对供应商准时交货的管理，双方应订有资源共享计划，一旦一方有变动，可立即通知对方。便于消除阻碍及时交货的不利因素。

(5) 对于工程变更，修改，重建，拖期等，项目部要及时通知采购部门，便于对停止、或减少、或追加订货的数量做出正确的判断，并尽快通知供应商。

(6) 准备替代来源。供应商不能如期交货的原因很多,且有些是属于不可抗力的原因。采购人员应未雨绸缪,多联系其他来源,以备不时之需。

(7) 加重违约罚金条款。订立合同时候,应合理制定供应商逾期交货的违约罚款条款或及采购方采取的救济措施,如解约等,使得供应商不存侥幸心理。

(8) 特案处理。

2. 基本程序

(1) 检查供应商是否接到采购合同;

(2) 制订交货期管理计划;

(3) 催交供应商应提交的制造进度表、交货进度表等;

(4) 催交供应商应提交的图纸和技术文件;

(5) 检查供应商主要原材料采购进展情况;

(6) 检查配套辅机和主要外协件的采购进展情况;

(7) 最终确认中间检验、出厂检验试验的项目和时间;

(8) 检查设备、材料的制造、组装、检验、试验和装运的准备情况。

3. 内容

(1) 制订交货期管理计划并检查供货厂商是否接到订货合同。

(2) 催交供应商应提供的技术文件,催促供货厂商按照合同规定,按时向承包商提交一份详细的制造进度表,说明供应商关于设计和制造的关键日期,以及预测的交货日期,以便监测和催交工作的开展。尤其是在合同中要求供应商提供的先期确认图,最终确认图等技术文件,应检查其进度和设计返回情况,并做好设计中出现问题的联络工作。在有些情况下,由于招标或签约时设计深度不够,后期发生的设计变更造成长线设备订货后又发出变更修改通知单,或因某些因素,未将供应商的报批图纸及时返回,造成厂商等待或认为业主已默认,使设计修改意见得不到反映等情况都是导致材料、设备延期交货,或交货后设备建造图纸与详细设计不一致,给现场安装、调试带来困难的因素之一。因此,要及时地对供应商的资料做出反应,给出处理意见。

(3) 检查供货厂商主要原材料的采购进展情况,并检查供应商主要外协件和配套辅机的采购进展情况。

(4) 检查设备、材料的制造、组装、试验、检验和装运的准备情况。检查各关键工序是否按生产计划进行。交货期管理人员应不断评估供货厂商的进度状态,确保全部关键控制点的进度。

为避免由于供应商交货延误而导致工期延误,采购工程师要对供应商交货期进行有效控制,做到交货期管理的计划、执行与处理(见表5-4)。

交货期管理计划　　　　　　　　　　　　　　　表 5-4

计划内容	执行	处理
1. 确定交货日期和数量，确定合理备购时间和各部门提交清购单时间	了解供应商备料情况	对交货延迟进行分析
2. 了解供应商生产设备、生产效率	承包商提供必要技术支持	考虑是否有必要更换供应商
3. 供应商提供生产计划或交货日程表	了解供应商生产进度。检验其提交的生产进度计划。了解供应商生产瓶颈，协助处理	执行供应商奖惩办法，适时考虑向替代供应商发订单的必要性
4. 给予供应商合理的供货时间	承包商加强交货前的稽催工作	完成交易后图纸资料等收回
5. 了解供应商物管及生产能力	交货期及数量变更的通知，妥善处理遗留问题。	选择优秀供应商
6. 准备替代来源	承包商尽量减少规格变更	对滞期交货的供应商进行经济处罚或提出滞期索赔

应该注意的是，在进行招标/询价采购时，供应商的交货期是承包商选择供应商或评标时的参考因素之一。在工期相对紧张的情况下，承包商应考虑确定一个适宜的交货期。有时为赶工期，会出现压缩供应商交货期的现象。在订单型供货条件下，供应商生产计划排序紧凑，而供应商所提出的交货期也留有一定的余地，是可压缩的。当双方在交货期上有较大分歧时，承包商应以审慎负责的态度，协商一个切实可行的交货期，不宜以是否授标为由要求供应商压缩交货期。尽管签合同时压缩了交货期，但合同签订以后，主动权在很大程度上转移到供应商处。由于国内外的生产环境、产品的市场环境不同，不能用国内的观念处理交货期问题。为争取订单，供应商签约时有时会违心接受不可能实现的交货期，但在实际履约时承包商可能会在交货期问题上遭受更大的经济损失。这是因为供应商生产的计划性，不可能把后签订单提到前面来完成。对任一用户迟交货而引起的违约罚款，对供应商都是百分之百的损失，除非有更大的利益驱使。此外，市场竞争日趋激烈，供应商通过投标获得的订单利润空间有限，其不可能在人时费昂贵的情况下，用加班的方式来完成订单。即使采购方同意付一定的赶工费，但加班时间亦要受到相关法律、法规的限制。因此，在很多情况下，签约时供应商就已预见到不能按期交货，由此可能引起的争执是其意料之中的。若在此期间，采购方再提出一些设计变更，会成为供应商逾期交货的借口。

逾期交货的违约罚款一般不超过 10%~15%，若违约罚款太高，供应商一般不会接受。多数情况下，在商务谈判过程中，供应商都会在交货期和罚款比例条款上与承包商讨价还价，以期将该数额降至最低限度。即使真的出现延期交货，供应商亦会以各种理由来推卸自己的责任。最终结果是承包商的与之有关的施工计划都会受到影响，从而造成重大经济损失。

第 7 节　国际工程项目设备采购的进度控制

设备采购具有采购周期长，作业环节不确定因素多，易发生设计变更，在业主、承包商以及供应商之间没有库存缓冲时间等特点。设备采购的一次性，以及其在工程项目中的重要地位，使设备设计、采购成为工程项目中关键路径上的工作和主要不确定因素。为使设备满足工期要求，以一种近似准时制的方式实施对设备设计、采购的进度控制，对承包商尤为重要。

一、设备采购计划

设备采购计划依据设备在工程项目所处的地位，一般属于工程项目二级或三级进度计划内容。对于非标准设备的采购，当由设备供应商承担设计时，则设计成为设备采购计划的一部分。设备采购计划是将采购的范围用时间（进度）和资金（估算）表示出来，提出进度里程碑要求，承包商或供应商据此制定的具体进度控制计划均须满足里程碑要求。因此，应严格进行供应商关于设备供应进度控制方法和业绩的资格预审，在采购合同中明确进度管理体系和进度控制的要求。

国际工程项目设备采购主要为以下几种类型：

（1）非标准设备。一般多为关键路径上的设备，通常须进行专门设计。其技术要求高、设计、制造难度大，周期长，价格也比标准设备高，可纳入二级计划内容。

（2）标准通用设备。设备市场正常供应的、列入供应商产品目录的设备，可纳入三级进度计划内容。

（3）进口设备。技术难度大，国内不具备设计和制造条件的、国内供货制造进度不能满足需要的、国产比进口费用还高的设备可以考虑进口，或业主指定原产地的，由于其采购周期，采购环节和采购难度增加，考虑其获得的难易程度，纳入二级或三级进度计划。

二、设备采购计划的主要内容

设备采购计划是物资采购计划的细化，计划内容一般包括设备采购的工作范围、组织机构和岗位职责、概算、进度安排、用款计划、采购方式、合同类型选择、供应商选择标准、设备监制、安装调试、沟通协调等。设备采购计划还包括特殊问题说明，例如关键设备的采购、要求提前采购的设备、超限设备的采购与运输、现场组装的设备等。此外在计划中还应将某些关键设备的采购、制造完成列为里程碑事件。同时，应说明业主对设备采购工作的特殊要求，确定业主审查确认的原则和内容。明确承包商、业主、分包商、供应商在设备采购任务方面的关系，并规定采购部门与业主以及制造厂商等的协调程序。具体说，就是明确采购活动使用的方法、行动的次序和步骤、里程碑进度和各项采购活动应完成的时间、制定适用的程序、各种设备到现场的时间顺序满足设备安装与调试的时间要求。

编制设备采购计划，首先要分析影响设备采购进度的各个因素，根据项目主进度计划确定各个设备的到场日期，根据设备的制造周期，计算订单日期，从而制定招评标计划和设备设计计划。

(1) 制造周期。定义为从订单日期到装运（设备制造、设备设计、原材料采购、出厂包装、运送到港口、等候船运）的时间。

(2) 招标日期。根据设备的制造周期、设备的重要程度和对供应商的了解程度等因素，确定采购包，制定招标、评标计划，确定发标日期。

(3) 设计完成日期。非标准设备技术资料的提交、反馈、和最终设计结果的审核日期。

设备具体的制造周期和交付时间可能会持续几个月或几年不等，尤其是进口设备，很多因素是承包商无法控制的。因此在询价、签约阶段应进行充分的调研并根据以往的经验，增加设备采购计划的裕量。计划裕量的长短取决于每一设备的预期风险、供应商的可靠性程度、设备在项目中的重要性程度。计划裕量应控制在一定范围内，既要避免设备延误交货而影响关键路线上的工作，又要避免设备过早交付而造成的临时库存和二次搬运。

承包商设备采购文件至少应当包含下列内容：

(1) 准确陈述对供应商所供设备或服务的技术、进度和质量要求；

(2) 在供应商负责设计情况下，应具体规定设计的认可时间，向设计方提交设备参数清单，提交日期和提交方式；

(3) 检验、检查和验收要求，以及用于设计、标识、包装、装卸、运输和贮存等工作的专用说明和要求；

(4) 确定供应商应提交的文件。如编制并提交承包商审查或认可的程序和细则，技术规格书，检查记录以及其他质量保证记录；供应商制定并由其负责保管的质量保证记录，以便必要时查阅；

(5) 质量保证记录的复制、分发、保存、维护和处置的管理要求；

(6) 有关建立不符合项管理制度的规定，以及对不符合项处理进行报告和批准的要求；

(7) 把采购文件的有关要求扩展到下一层次的规定，包括便于承包商进入生产地和查阅记录的规定；

(8) 明确质量计划中检查点的时间要求和其他特殊质量要求；

(9) 供应商文件提交限期的规定。这类文件包括：供应商质量保证大纲或质量保证手册、质量计划、制造总进度计划、重要的试验大纲/程序、特殊工艺程序、质量保证记录等；

(10) 在备品备件和更换件的采购文件中，规定备品备件须满足与原物项相同的技术要求和质量保证要求；

(11) 设备采购付款计划；

(12) 供应商设备供应进度计划违约控制措施。

三、设备采购过程的进度控制

（1）审核供应商提交的交货进度计划和生产计划能否满足设备安装与调试的时间要求。

（2）在采购过程中审核供应商提交的具体采购进度文件并控制其执行。

（3）对关键设备的采购进度进行跟踪检查，如设备的设计进度、原材料采购与制造进度、储运进度等。

（4）对设备采购进度计划进行调整。当设备采购进度计划偏离原进度计划时，应更新采购进度计划，使设备采购进度满足总进度目标的要求。

（5）依据设备在项目中重要性程度，采用里程碑付款方式，在采购合同中设立里程碑支付点和罚款点。不用或尽量少用依据供应商设备制造进度完成百分比付款的合同方式。

（6）制定接口管理手册，保证设计、采购和施工各个环节、设备供应商与承包商、承包商各个部门和各部门内部、工程各个阶段能够流畅地沟通交流，顺利地衔接。编制详细的、具有可操作性的进度计划管理合同附件，详细列出每一项关键设备、文件图纸、施工安装活动、工作接口的具体日期及违约控制措施。文件均经审查和谈判最终确定之后，成为日后计划执行的法律依据。

四、设备制造过程进度控制

设备制造过程为：设计、生产技术准备、零部件加工制造、装配调试、涂漆、防锈和包装。

1. 设计进度控制

（1）要求设备供应商在合同规定的时间内提交满足项目进度计划要求的，详细的设计进度计划，该计划必须应包括以下内容：各类设计文件和图纸的预期完成时间；按合同规定，各类设计文件和图纸的审核期限；拟采用设计方法的一般描述以及专业设计人员和设备的详细情况；各阶段设计评审、联络会的安排。向承包商提交初步设计日期、合同规定的时间期限，审核设计方提交设计文件并及时提出审核意见的日期。

（2）确定设计方的合同责任，在合同中规定明确的设计控制点。

（3）编制设计接口控制管理手册。

（4）对设备供应商设计进度进行对口管理。

（5）设计进度月报或定期报告制。

（6）设计、采购、施工协调会制。

（7）制定设计变更程序。

（8）在数据库管理情况下，要求设备供应商定期提供更新的设计文件出版计划目录清单，详细列出文件的编码、标题和出版日期等。

2. 制造进度控制

设备制造过程进度控制是指以设备制造总进度计划为基准，依据设备供应商提交的、经承包商审核认可的设备制造进度计划，对与设备制造有关的活动进行管理的全部过程。

(1) 编制设备制造过程进度控制工作细则

设备制造过程进度控制工作细则是以总进度计划为基础，以供应商提交的设备制造进度计划为依据，针对设备制造过程编制的，应包括以下内容：

对供应商设备制造计划进行审核，看其是否合理、有无重复和漏项，是否满足工期要求、制造顺序的安排是否符合逻辑，是否符合设备的工艺流程要求；建立设备制造过程的关键控制点；进度控制的方法，包括时间安排、进度检查日期、收集数据和进度报表形式、数据统计分析方法等；进度信息的沟通、联系渠道；出现进度问题的处理方法和程序；与进度控制相关的设备制造其他文件的合理性、全面性和可行性。

对单体设备供应商提交的设备制造进度计划须进行审核，经确认后方可执行。通常，设备供应商提交设备制造进度计划后，在满足关键控制日期要求的情况下，设备制造过程的大多数工作安排都具有相当大的灵活性，以便协调其内部各方面的关系。承包商只要定期检查即可。

(2) 设备制造过程中的进度控制内容

这是设备制造进度计划能否实现的关键过程。在设备制造过程中，承包商驻厂监造，一方面进行质量监督，一方面进行进度监督。及时检查和审核供应商提交的进度统计分析资料和进度控制报表，当发现实际进度偏离计划目标时，须及时与供应商协调，采取措施纠正偏差。掌握不合格零部件对进度的影响情况。了解因废品而重新投料补件的加工进度，督促设备供应商采取措施追上生产计划安排的进度。作好设备制造的进度记录，对收集的进度数据进行整理和统计，并将计划与实际进度比较，从中发现是否出现进度偏差。分析进度偏差将带来的影响并进行工程进度预测，从而提出可行的修改措施，重新调整进度计划并付诸实施。定期向业主汇报设备制造实际进展状况，按期提供必要的进度报告。定期和不定期与设备供应商沟通，及时分析设备制造进度状况，核实已完工程量。及时组织验收工作，并整理设备制造进度资料。

案例 5-1

EPC 合同模式下核岛设计采购进度控制

一、项目概述

岭澳一期工程核岛的设计采购由法玛通公司整岛供应，包括设计、采购和制造，业主参与设计文件的审查和岛间设计接口的控制。核岛和常规岛的设计采购是唯一没有实现自主化的部分。岭澳二期工程作为核电自主化依托项目的主要目标之一是实现自主设计、按部件采购。

二、进度接口

核岛设计采购进度控制的主要难点表现在：设计接口多，除设计院之间的接口外，还有设计院与制造商之间的接口、设计院内部各个专业之间的接口等；采购量大，设备材料技术要求高，缺乏供货商资料，对设备材料的制造工期没有准确的数据；国内核电产品市场小，供货商能力有限。设计采购的目标是满足现场施工、调试和投产的需要。因此，设计、采购活动的目标日期由现场各个物理单元（如标高层或区域）的开工日期减去数个月倒推得到。现场各个单元的开工日期称为"进度接口"。

进度接口主要包括：

1）各个系统开始调试的日期（Z）按系统编排；

2）通风安装开工时期（MHL）、主电缆托盘安装开工日期（ML）按厂房的标高层编排；

3）管道安装开工日期（MA）按施工区编排；

4）各个设备的安装/引入日期。定义了各类进度接口以及设计、采购活动与进度接口之间的时间间隔，相当于制定了设计、采购进度计划编制的基本规则。各类进度接口的具体日期由《工程二级进度》给出。将所有的进度接口从《工程二级进度》中提炼出来，单独制成表格。

三、设计采购进度计划的编排思路

设计采购进度计划的编排与设计采购的逻辑密切相关。根据岭澳一期的实践经验，核岛设计采购的基本框图见图1。按照该图的逻辑，将采购活动的设计分为3个大类：系统相关设计、施工相关设计和设备材料采购。

四、系统相关设计

系统相关设计包括编制系统手册、按系统出版的电气/仪控施工文件及调试/运行文件。其进度计划应按逐个系统编排。

1. 系统手册第一阶段

这一阶段主要包括系统的工艺流程图、机械设备清单等，是系统功能设计阶段；另外，在该阶段的初期，设计院内部先出一个工艺流程图的初稿，以便开始总布置图和详细布置图的设计；在该阶段的末期，工艺流程图正式出版，开始管道布置图的设计。第一阶段的系统设计手册在该系统的调试开始日期（Z）之前26个月提交。

2. 系统手册第二阶段

本阶段主要包括系统的逻辑图、模拟图、阀门清单等，是系统功能设计的补充；第二阶段的系统设计手册在该系统的调试开始日期前19~23（Z）之前17个月提交。第2阶段系统手册是在施工设计前完成。

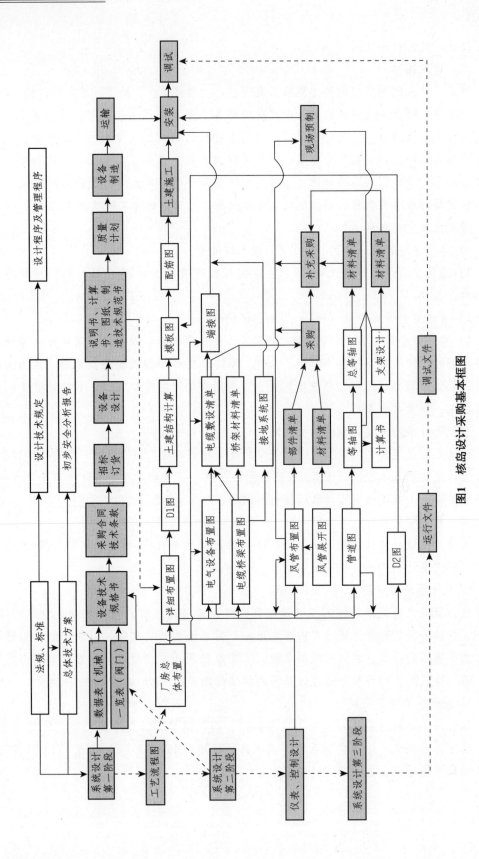

图1 核岛设计采购基本框图

3. 系统手册第三阶

这一阶段主要包括系统的电气图、仪控图、仪控一览表等。另外，系统安全准则、调试程序、运行程序等系统相关的文件也陆续出版。第三阶段的系统设计手册在该系统的调试开始日期之前 9~13 个月提交。第 3 阶段的系统设计手册是在施工设计阶段对系统的最后深化。

4. 电气、仪表施工文件

电气安装图、仪表安装图等虽然属于施工文件，但由于设计和施工进度计划的安排是按系统进行的，因此也纳入系统相关设计的类别。跨岛电缆清单在所属系统的电气安装开工日期（MLb）之前 9 个月提交，次电缆托盘、电缆清单、连接图、仪表安装图在 MLb-5 个月提交。

在理清核岛工艺系统设计的内容之后，还需要根据系统的复杂程度进行分类，根据其重要性分别对其设计进度进行控制。根据工艺系统包含的控制回路数量及逻辑复杂性将所有核岛系统分为 3 类：重系统、轻系统、一般系统。重系统主要包括 RRI（设备冷却水系统）、RCP（反应堆冷却剂系统）、RCV（化学和容积控制系统）、REA（反应堆硼水补给系统）、RIS（安全注入系统）、VVP（主蒸汽系统）等；轻系统主要包括通风系统及相关的冷冻水的冷却系统、电源系统、配电系统、起重系统等；一般系统主要包括所有其他系统。各种系统需经调试才可确定其应有功能和设计功能是否实现，系统的设计以系统调试开始日期为基准点，以此日期倒推并结合工艺系统设计的经验工期建立其进度规则。

五、施工相关设计

施工相关设计包括各个专业的施工文件，土建接口图（D 图）、总布置图、详细布置图。各个专业的布置图由于直接和施工文件相关，也考虑纳入施工相关设计的类别。核岛的功能设计是按系统进行的。但是，由于核岛厂房内管线密集，很多房间空间有限，同一个系统的管线穿越多个房间，若施工设计也像常规岛一样按系统进行，则很容易造成管线之间"打架"的现象，而且布置也不美观。因此，核岛施工设计选择按厂房的物理单元（按区域或厂房+标高层）进行，而施工也随之按物理单元进行。核岛施工设计计划应按物理单元编排，单个标高层或区域的施工设计的典型进度逻辑图如图 2。其中，土建接口及施工设计中括号中的数字 N 表示在 W1 日期前 n 个月出版，D1/D2/D3/Dx 分别表示第一/第二/第三阶段土建接口图和装修接口图。

1. 按厂房+标高层的活动

A. 详细布置图。这是施工相关设计最先进行的活动，在系统设计手册第一阶段的工艺流程图初稿完成后开始。

B. 土建接口和施工设计图。第一阶段土建接口图（D1）在详细布置图完成后开始，之后进行第二阶段土建接口图（D2）、第三阶段土建接口图/装修接口图（D3/Dx）的设计；土建施工模板图、配筋图在相关标高层的 D2 图之后进行。D3/Dx 图主

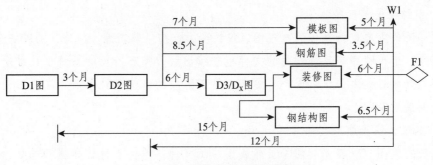

图 2　施工设计典型进度逻辑图

要是为土建装修图提供接口。每一标高层相关的 D 图和施工图出版时间，都应有明确的进度规定。例如，可规定 D1 为在 W1 后 15 个月；D2 为在 W1 后 12 个月；D3、Dx 为在 W1 后 6 个月；模板图为在 W1 后 7 个月；配筋图为在 W1 后 5 个月（其中 W1 为相应标高层的土建结构开工时间）。

C. 管道设计图。在系统手册第一阶段的工艺流程图出版后，开始该标高层管道图的设计，为区域管道图的设计提供基础。

D. 通风设计图。包括风管展开图和风管布置图的设计。其中，用于预制的风管布置图的出版时间为该标高层通风开始时间（MHL）之前 9 个月，以保障风管的预制。

E. 电缆托盘设计。主电缆托盘布置图出版时间为该标高层主电缆托盘安装开始时间（ML）之前 6 个月，以保障主电缆托盘的预制。次电缆托盘（属按系统出版的文件）随后开始设计。

2. 按区域的活动

按区域进行的设计活动主要是管道设计。在完成标高层的管道图设计后，开始该标高层的所有相关区域的管道图的设计。如图所示的 n 个区域，每个区域的设计进度安排都以该区域的管道安装开始日期（MA）为参照。各个区域的 MA 日期由现场施工进度给出，设计过程中可能需要设备制造商提供技术接口，从而需要与该区域的设备设计采购进度相匹配。随后进行管道等轴图、支架图的设计。用于预制的等轴图和支架图的提交时间为该区域的管道安装开工时间（MA）之前 10 个月，安装图的提交时间为 MA−8。

设备设计是按单台设备或一类相同设备/材料来进行，一般是在初步设计完成之后进行，设备设计的 1 个重要成果是设备采购技术规格书的提交。技术规格书的提交进度需要根据采购进度的安排进行倒推。在后面的采购进度编制部分将会详细介绍。材料安装设计进度应以下 3 个日期为基准点进行编制：某一安装区的管道安装开始日期（Ma）；厂房某楼层通风管道安装开始日期（MHL）；厂房某楼层电缆桥架安装开始日期（ML）。根据核电工程建设经验，确定设备/材料安装文件的出版应遵循如下规则：管道现场预制文件的交付时间应在 Ma 之后 8 个月内；管道安装文件的交付时间应在 Ma 之后 6 个月内；风管制造文件的交付应在 MHL 之后 8 个月内；通风安装文件的交付应在 MHL 之后 5 个月内；整个楼层的主电缆桥架文件交付时间应在 ML 之后 5 个月内。

六、材料、设备采购

1. 采购模式。岭澳二期采购分包模式分为 3 大类，即：

A 类包：包括承包商进行设计和制造的成套设备，该类设备采用成套采购模式。

B 类包：带设计的部件采购，该类设备的采购又分为 3 类：标准设备的部件采购模式；非标准设备的部件采购模式；按图采购设备的部件采购模式。

C 类包：无设计的采购模式。

2. 采购分包的原则

在核电项目管理中，核岛设备分包主要有：(1) 面向设计院的分包，即以设备的品种或种类考虑分包，以便于设备技术规范的编制，称为技术分包。技术分包的划分相对较为稳定，设计院是技术分包的主体。(2) 面向市场的分包，即采购分包。采购分包除了要考虑设备的品种和规格外，还考虑采购的数量和进度要求、厂家的生产能力和市场供应风险等因素。根据情况的变化，采购分包可以合并、拆散，因此，采购分包直到发标前都有可能随着情况的变化而调整。

采购分包的划分主要考虑以下几个方面的内容：

1) 按照设备类型：基本上同类设备放入同一类的采购包中；
2) 成套采购的设备（例如固体废物固化线）：划成单独 1 个采购包；
3) 考虑设备级别：例如有级设备和无级设备分开划包；
4) 按照厂家制造能力：供应商的生产能力是设备分包的重要根据，采购包将视市场供应的变化做出动态的调整。

3. 采购分包

核电站设备材料采购工作最大的难点是采购分包的划分既要合理，又要防止发生缺漏项。结合已有的经验，在岭澳二期核岛划分了近 1000 个采购包（其中主包 300 多个，其他包为主包相关的备品备件和专用工具），并对采购包进行了编码。在岭澳一期采购分包的基础上，通过与设计院、潜在供应商等的交流与沟通，按照专业对核岛机械设备和材料划分成 9 类包，即：(1) LOT120 主回路设备类，细分为 3 个子包；(2) LOT123 PMC 设备类，细分为 6 个子包；(3) LOT130 容器设备类，细分为 13 个子包；(4) LOT131 消耗品类，细分为 7 个子包；(5) LOT134 泵类，细分为 10 个子包；(6) LOT140 大宗材料类，细分为 18 个子包；(7) LOT150 通风设备和材料类，细分为 16 个子包；(8) LOT160 保温材料类，细分为 3 个子包；(9) LOT190 核岛阀门类，细分为 14 个子包。每类包又根据设备属性、级别、厂家的制造能力等因素划分成若干采购包，核岛机械设备和材料总共划分成 90 个采购包。

4. 进度方案

岭澳一期的实践已经证明，岭澳一期核岛设备材料的供应在进度上能完全满足现场的需求。因此，岭澳二期采购计划的编制可以充分利用岭澳一期的经验数据（特别是设备制造工期）。采购计划的编排采用"倒推法"，首先确定各个采购包内设备材料的付运日期（作为采购的目标日期），再确定制造周期，进而计算出采购包下订单的日期，最后制定招评标计划和设备采购技术规格书出版时间。采购进度编制的典型逻辑关系如图3。在进度编排时，首先确定主包进度，然后安排备品备件和专用工具的进度。

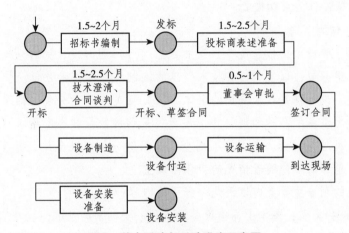

图3　单个采购包采购进度示意图

（1）制造周期

设备制造周期有狭义的制造周期和广义的制造周期。狭义的制造周期就是指设备制造本身所需要的时间；广义的制造周期除包括设备制造本身外，还包括设备设计、原材料采购、出厂包装、运送到港口、等候船运等时间段，即从下订单/签合同到付运日期的时间段。在采购进度中应采用广义的制造周期，然后由供应商再进行设备制造进度的细化工作。每个设备具体的制造周期是多长，在采购进度编制的初始阶段尚无法准确确定，主要参考以往经验，然后通过与各潜在供应商的交流、调研，再调整设备和材料的制造周期。

（2）招评标进度

确定采购分包的下订单/签合同日期后，根据设备和材料的复杂程度倒推出开标、发标和技术规格书的提交日期。根据下述规则安排各个采购分包的招评标进度：①采购包的技术复杂程度和是否国际招标（英文标书还是中文标书），招标书准备时间一般为1.5～2个月；②采购分包技术复杂程度，投标商投标书准备时间一般以1.5～2.5个月，国外供应商投标参与则一般安排2.5个月；③采购分包技术复杂程度和投标商的数量，一般技术澄清、评标、谈判时间为1.5～2.5个月；④公开招标金额大于5000万元的采购合同，以及议标金额大于1000万元的采购合同，须报董事会审批，时间一般 0.5~1 个月。

(3) 与供应商的接口

与供应商的接口主要有：①用于发标的技术文件；②用于订单的技术文件；③供应商反馈给设计院的设备接口。

(4) 设备材料催交

依据合同交货计划清单和有关设备管理数据库，由工程控制处负责设备材料的总体催交和归口管理，在设备材料交货日期前进行提前催交；同时业主 QC 监督人员和驻厂代表则分别密切跟踪设备、材料的制造进展，并进行催交和反馈延误信息。

(5) 调试阶段

对现场缺件和安装损坏的再供货建立管理数据库，由设计采购部催交，工程控制处协助。

作者：钟波、王耀华、左丽红、范凯、徐顺

第6章 国际工程项目货物采购成本控制

> 国际工程项目货物采购成本控制是项目成本控制的主体和核心部分。采购成本控制的内容主要包括建立成本控制体系、制定目标成本、依据目标成本的要求对每项成本费用进行控制及纠正可能出现的偏差,并能支持工程项目目标的实施。物资采购成本控制应该是动态,全过程控制,避免事后的弥补性"控制"。

第1节 国际工程项目货物采购成本分析

一、采购总成本分解

承包商货物采购成本控制是工程成本控制的主体和核心。采购成本控制不仅仅是对采购价格的控制,而且还是从根本上控制影响采购支出的各种要素。采购总成本是构成工程实体的材料、设备以及与工程项目有关的各采购标的物的成交价格及在采购业务活动中发生的费用总合,是承包商与货物采购有关的各项活动共同影响的结果。采购总成本包括以下两个方面的内容:

1. 采购费用分摊到每台设备、每批材料上所支出的各种费用的总和,主要由采购直接成本(采购价格)和间接成本(采购作业成本、维护成本、质量成本等)构成。
2. 某一工程项目货物采购全部费用的总和。

采购总成本的构成包括如下内容。

(一)采购直接成本

为使采购标的所有权向己方转移而向材料、设备供应商支付的费用,即采购价格。

按照采购来源不同,其价格构成各有差异。

(1) 当地采购货物的价格构成:市场价格、运杂费等。

(2) 第三国采购货物的价格构成:CIF 价/DDU 价,或其他成交价、运杂费、关税税费等。

(3) 国内采购材料、设备价格构成:国内成交价、全程运杂费,进出口关税税费等。其中全程运杂费包括国内运费、远洋运费、保险费、当地运杂费。

国内运费 = 国内运杂费 + 港杂费

远洋运保费 = 基本运费 + 附加费 + 保险费

当地运杂费 = 上岸费 + 装卸费 + 运杂费

根据业主要求,承包商采购的备品、备件价格。

国际工程经常发生超限设备运输,需采取特殊措施。对于超宽、超高、超重的超限设备,因采取特殊运输措施,其运杂费用较高。

(二) 采购间接成本

(1) 采购作业成本

采购业务活动过程中的内部消耗,即订购成本。

1) 申请采购所付人工费、办公费、主管部门审批费。

2) 估价、询价、比价、议价、采购、签订合同、催交、通信联络费、监造费、办公费、交通费、公关费(包括承包商为尽快完成采购作业而不得不向供应商以外的第三方支付的费用,例如清关协调费、运输协调费)等。

3) 检验费用、交通费用、检验仪器仪表费用等。

4) 货物搬运所花费的成本。

5) 会计入账、支付款项等所花费成本。

6) 供应商关系管理费。

7) 采购人员现场津贴、人身保险费、护照和签证费、工作准证、居住证办理费。

8) 代理费。包括清关代理费、中间商佣金、采购代理商费、运输代理费、第三方检验费。

9) 厂商现场服务费。一些设备控制系统等需要生产厂商到现场提供安装指导、调试服务发生的费用。

(2) 维持成本

所购货物入库后成为存货,为保持存货而发生的成本即为维持成本,包括以下内容:

1) 存货占用资金所应计的利息、仓库费用、保险费用、存货破损和变质损失等。

2) 进库成本:物料搬运费用等。

3) 缺货成本。

缺货成本是指由于存货供应中断，供应商逾期交货而造成的损失，包括材料供应中断造成的停工损失以及为解决库存材料中断之急，而紧急采购所致采购发生的费用、因物资短缺导致现场停工待料所产生的实际损失，如工期延误所致的损失。

（3）质量成本

由于供应商交货品质瑕疵，而产生的替补、退换、维修以致索赔等发生的费用，以及由此导致工期延误所发生的全部费用的总和。该成本不是物资采购的必要成本，只在特定情况下发生。

（4）资金成本

各种短期贷款利息，如采购垫支贷款利息，进口货物关税垫支贷款利息，保函贷款利息等。采购过程中，承包商向供应商支付采购预付款及货款，向业主申请采购进度款，当出现进度款不能满足付款需要时，如进度款支付比例低于货款支付比例、或进度款支付滞后等，承包商可能需要申请短期贷款以垫支采购货款，而发生的利息计入采购成本，另外，进口材料、设备通关时需缴纳关税，这部分费用虽应由业主缴纳，但为加快通关进度，一般由承包商垫付，若垫付资金巨大，承包商也可能以短期贷款解决，这部分贷款利息计入采购的资金成本。

由于国际工程项目货物采购是一个多专业、多业务交叉运作的过程，引起采购成本发生的环节多、周期长，影响成本的因素常因项目性质、采购标的的特点、项目东道国市场环境等不同而产生差异。尤其是采购往往不是单一产品合同、单一运输操作，一般多是一个合同项下可能涉及多种产品，一次运输可能包括多类物资，采购人员的一次外出可能完成数个合同的签订。所以由于业务过程的特殊性，要准确计算出某一采购标的的采购总成本比较困难，有时甚至无法实现。但是根据国际工程项目货物采购作业的一般规律、采购标的特点、市场状况，大致可估算出某一货物的采购总成本和成本分解情况，如表 6-1 所示。

某项目五级保护采购成本分解　　　　　　　　　表 6-1

采购项目名称：五级保护	单位成本（美元）	占该项目采购总成本比例
价格（发票价格）	60.5（FOB 价）	68.7%
运输费	6	6.8%
保险费	1.96	2.2%
运输代理	0.03	0.003%
进口关税和第三方检验（含代理佣金）	2.05	2.3%
流通过程费用	0.41	0.4%
库存利息	0.97	1.12%
存储费用	0.92	1.1%
不合格品内部处理费	0.52	0.56%

续表

采购项目名称：五级保护	单位成本（美元）	占该项目采购总成本比例
不合格品退货费	0.14	0.15%
付款利息损失	0.53	0.63%
包装	5.97	6.7%
订购成本	8	9%
合计	88	100%

表6-1中，由于所购产品是业主指定供应商，其采购总成本中，除采购价格外，间接成本中的作业成本所占比重较大，其次是运费和包装费。由此可见，采购价格、作业成本是单项货物采购总成本控制的基础。因此，为全面控制采购成本，仅仅消减供应商价格是不够的，还要大幅度消减所占份额最大的成本项，实现总成本最小化。同时，既要关注整个项目货物采购总成本控制，也要注意控制单项物资采购的总成本。而前者的控制既与单项物资采购总成本有关，也与工程项目物资采购目标、策略有关。值得注意的是，降低物资采购成本固然重要，但供应商优质的物资和服务，及时、快速、灵活的供货，可靠的货源保证亦可节约承包商物资的质量成本、存货成本等，对采购总成本也会产生重大正面影响。

二、货物采购成本控制在工程成本控制中的地位

虽然采购成本仅仅是工程项目最终产品的中间成本，但在整个项目产品形成过程中却占有重要分量。降低设备、材料的采购成本，降低由采购产生的资本占用可直接影响承包商最终建筑产品的总收益，对承包商的资金周转产生积极作用，进而对工程项目的成本控制产生重大影响。

材料、设备费构成了工程项目的直接成本，因此其采购价格、采购资金占用的高低对工程成本至关重要。

国际工程项目固定单价合同中的工程量清单一般包括分部工程概要、工程量、单价等内容。单价费用构成包括：

(1) 人工及其有关费用；

(2) 材料费及其一切有关费用；

(3) 机械设备的提供；

(4) 临时工程；

(5) 开办费、管理费及利润。其中（2）项中的"材料费及其一切有关费用"在单价中占有较大比例，直接影响工程总造价。

国际工程固定总价合同的费用构成包括：设计费用、采购费用（包括采购服务费用）、施工费用、项目管理费和其他费用，如图6-1所示。设计、采购和施工费是工

程成本的主要部分。其中采购费用在项目造价中占有比例最大，可达60%~70%，甚至更多。

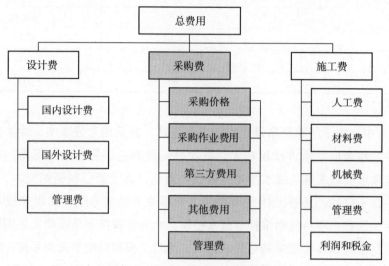

图6-1 国际工程总承包费用构成

第2节 国际工程项目货物采购成本控制体系

采购成本具有综合性特征，成本的形成受到材料、设备采购各业务环节、各层面、各项要素与各项活动的影响，任何单项的措施与单方面的努力，都难以使成本控制起到实效。通过建立相关的制度和工作程序、工作依据和明确各相关人员的工作责任，建立一个完整的采购成本控制体系，对采购环节诸要素进行科学规范和有效管理，在保证采购标的质量的前提下，找出并减少不必要的成本成分，通过确定最优"性价比"，进行采购决策，实现减少采购支出、提高采购效率的目的。采购成本控制体系是工程项目成本控制体系的子系统，和其他控制体系一样，其成功与否不但取决于体系本身的可靠性、先进性、完备性，更取决于其是否正常运转。承包商采购成本控制是连续性的微观控制，在成本控制体系的构筑和实施过程中，应贯彻全员化、规范化、细化、量化、动态化的采购过程控制原则。

一、采购成本控制对象

如前分析，国际工程项目货物采购包括材料、设备价格和与采购有关的全部成本支出。因此，采购成本控制对象不局限于材料、设备的价格，还包括作业成本、质量成本、物流成本等。采购成本控制既包括采购价格，也包括对引起采购成本发生的原因进行控制。

二、采购成本控制主体

采购成本控制主体是对成本的发生负有责任的有关人员,具体包括:
(1) 对国际工程项目货物采购各项业务活动有决策权的管理层;
(2) 对采购成本的发生具有重大影响的技术/设计人员;
(3) 对采购作业活动负有责任的采购人员;
(4) 专设成本管理部门(如控制部)成员等。

三、采购成本控制的原则

1. 政策性原则

正确处理质量和成本的关系,不能片面追求降低采购成本而忽视采购质量。用舍弃质量的办法降低成本,表面上控制了成本,实际上是最大的浪费。

2. 全面性原则

采购作业过程各环节都与成本有关,因此在采购成本控制中,要求实行全面、全过程成本控制。采购成本控制绝不是采购部可以独立进行的,涉及设计/技术、计划、物流、库管、施工等各部门。应按成本控制指标,层层分解到各成本控制主体,分级归口管理。一般地说,控制的范围愈小,责任愈明,效果愈好。

3. 例外管理原则

国际工程项目本身的不确定因素多,以及国际工程货物采购不确定因素,环节多,过程复杂的特点决定了采购成本控制应坚持原则控制与灵活管理、例外管理相结合的方式。例外管理原则就是采购主管人员集中精力于脱离预算标准较大的"例外事项"。凡是数量较多、金额较大或者连续不断出现的,甚至个别特殊情况,都可以作为例外管理。

四、采购成本控制体系

1. 计划管理

(1) 采购预算

采购预算以工程预算为编制依据,是工程预算在物资采购方面的细化。在具体实施工程项目物资采购之前,对采购成本进行估计和预测,是对整个项目资金的理性规划,其既对项目采购资金进行合理配置和分发,又要求建立资金的使用标准,以便对采购实施过程中的资金使用随时进行检测与控制,确保项目资金的使用在合理范围内浮动。在采购预算的约束下,提高项目资金的使用效率,优化项目采购管理中资源调配,查找资金使用过程中的一些例外情况,有效地控制项目资金的流向和流量,从而达到控制项目采购成本的目的。

同时,采购预算使物资采购的目标得到细化,落实到最基本的单元,使总目标的实现建立在可行的基础之上,降低采购的成本风险。因此运用采购预算管理可对工程物资采购成本进行事前预测、事中控制、事后考核。采购预算的起点按合同、作业项目等,将耗费细化到最直接的作用单元上,是最准确的支出。

将采购预算量化,是将采购操作规范、采购业务活动过程分解并数量化的过程,与采购管理工作精细化、标准化相辅相成,组成有效的管理体系。采购管理制度、操作规范具有定性的含义,而采购预算则是定量的约束,通过定性、定量两个体系的融合,有效控制采购费用的支出。

采购部作为采购预算的执行部门按照其业务类型、责任和权利,围绕国际工程项目的总体目标,以业务预算、资本预算为基础,以现金流的平衡为条件进行编制。预算编制要求将预算目标通过数量体系体现出来,并将这些指标分解落实到采购部每一部门、每一采购单元。

材料采购预算根据计划采购量、近期询价结果确定。

材料费 = 材料预算价格 × 设计数量

此外,还要考虑材料运输损耗(一般为1%~4%)、材料管理费(一般为材料价值的2%~3%)、材料价格的上涨指数和一定幅度的冗量。

设备采购预算:设备费 = 设备预算单价 × 设计数量。

采购预算的编制主要有以下几个步骤:

1) 确定工程项目的总体目标。采购部门作为项目的一个部门,在编制采购预算时要从项目的目标出发,确定项目总体目标和采购目标的一致性和两者之间的相互协调。

2) 制定明确的工作计划。采购部经理必须了解本部门的业务活动,明确其特性和范围,制定出详细的工作计划表。

3) 确定所需的资源。采购部经理要对业务支出做出切合实际的估计,确定为实现目标所需要的人力、物力和财力资源。

4) 确定较准确的预算数。确定预算数据是采购预算的难点之一,主要基于材料的计划采购量、设备实际需要量,基于市场调查和对供应商询价的结果。

5) 修改预算。由于国际工程项目货物采购各业务环节不确定因素较多,预算的偏差值与实际有所差异,因此应根据实际情况选定一个偏差范围。偏差范围的确定可根据承包商经验数据,项目东道国市场情况等设定。采购经理应比较实际支出和预算的差距以便控制采购成本。

编制采购预算应注意以下几个问题:

1) 编制预算之前,要进行充分的市场调查。

2) 为最大限度地实现工程项目总目标,应制定切实可行的采购预算编制程序、修改办法、执行情况分析等。

3) 根据国际工程项目货物不确定因素较多的特点,确立适宜的假定,以便预算指标建立在一些未知而又合理的假定因素基础上,便于预算的编制和采购管理工作的开展。

4)每项预算应尽量做到具体化、数量化。但这并不意味着对工程项目未来采购活动中的每一个细节都作出细致的规定。如果对极细微的支出也作琐碎的规定,可能致使采购各部门/岗位缺乏相应的灵活性,从而会影响到采购的效率。

5)为防止采购预算与项目目标冲突,一方面应当使预算更好地体现计划的要求,另一方面应当适当掌握预算控制的度,使预算具有一定的灵活性。

6)采购预算同采购计划一样,不能一成不变,在预算执行过程中,要对预算进行定期检查,如果项目面临的采购环境或项目自身已经发生重大变化,应及时进行修改或调整,以达到预期目标。

(2)物资需求计划

物资供应计划是对工程项目施工安装所需材料、设备的预测和安排,是指导和组织采购的依据。该计划一般由项目的技术人员编制,依据工程量清单、设计文件、施工工艺、施工方案等计算各分部、分项工程的需求量以及整个工程的估算使用量。材料需求计划包括一次性需求计划和各计划期的需求计划,是采购部门确定经济采购量和编制材料采购计划的主要依据。

在确定计划需求量的基础上,经过数量、时间综合平衡,提出经济采购量,即工程项目一定期间材料存货相关总成本达到最低的一批采购数量。存货相关成本是指为形成和维持材料采购管理而引起的各项费用支出,其总额随材料数量、价格等属性的变化而增减,主要由订货成本、购买成本、储存成本和缺货成本四部分构成。确定经济采购量的目的,是使与材料有关的上述四项成本总和达到最低。根据施工项目的一般情况,由于订货成本和储存成本相对较小,重点考虑购买成本和缺货成本之和的最小化,最终得出一定期间的经济采购量。

2. 采购管理

国际工程物资采购工作涉及面广、环节多、不确定因素多,采购成本的形成受到采购业务各环节、各层面、各项要素与各项活动的影响,任何单项的措施与单方面的努力,都难以使成本控制起到实效。因此,有必要建立一个完善的采购制度,确保采购工作有章可循,规范采购人员的操作程序,保证最终的产品质量和降低采购成本(详见本章第4节)。

3. 价格管理

材料、设备价格是国际工程成本控制的重要内容,也是物资采购成本控制的源头和核心。采购价格管理是依据工程项目的总目标、物资采购的总原则和外部市场情况,通过对物资采购价格的审核、认证,对价格在采购过程中的运行情况实施管理(详见本章第4节内容)。

4. 优化设计

国际工程总承包由承包商负责设计。在工程招标投标机制下,技术决定经济,经济制约技术，工程设计是成本控制的源头，该阶段是形成工程价格、影响采购成本的首要阶段。设计方案决定了材料、配件、设备及工艺的选择和使用，预算了工程项目的造价，包括材料、设备直接成本和间接成本。因此该阶段减少采购成本的机会多、金额大、付出的代价小。总承包商与设计单位应进行充分沟通，利用设计单位对工程系统性有比较全面的认识，对各环节的重点、充分的把握，对工艺设备的参数要求和技术条件均能熟练掌握的技术优势，要求其尽可能对整个工程进行设计优化。

5. 合同管理

建立合同签订标准和审批程序，确定合同审查机制，避免合同陷阱、对合同执行的时间、成本、质量情况进行追踪管理；对合同变更和变化进行有效控制。及时总结合同完成后的执行效率和供货商的总体表现，为以后的采购决策提供依据。建立合同履约金制度，保证从招标投标到合同履行的全过程控制。

6. 采购资金管理

(1) 建立采购资金管理制度，如建立一套各部门、各专业合理分工又相互制约的付款审批程序，从多个不同角度审批对外付款文件，既满足供应商的合理付款要求，又严格把关，杜绝提前、超额对外付款。其步骤如下：收到供应商提交的相关文件单据后，采购部、财务部、技术部、使用部门要对货物进行验收、检查单据是否符合合同的各项要求，进出口货物要检查报关、清关、商检手续是否完备，供应商要求付款是否与合同要求付款时间相符，是否纳入到资金使用计划，符合要求的填制对外付款通知书，不符合要求者填制拒付理由书。付款通知书和拒付理由书采取联签方式。

(2) 严格执行"用款计划"申报制度，对材料、设备采购的用款计划、采购资金的申请、划拨、采购货款的支付方式、支付时间结算要进行全过程监督。

采购成本控制，具体到单项货物采购，其采购成本全过程控制要点包括以下几点：

(1) 事前规划：根据供应商评选制度选择合格的供应商；查询以往的采购记录及当前市场情况；了解买卖双方的优劣势；掌握影响价格涨跌的特定事务、历史事件；制定适当的技术规范、避免发生围标，或指定供应商供货。

(2) 事中执行：寻求两家以上合格的供应商来报价；制作底价或编定预算；要求供应商提供报价单或成本分析表；报价分析或成本分析。

(3) 事后考核：选择价格适当的供应商；约定价格调整的特定因素；长期合同应定有价格公式；利用数量折扣或现金折扣；查核发票价格与定购价格是否合理；价格差异分析；采购价格进入价格数据库。

五、采购成本控制报告

在采购成本控制过程中，表达成本控制结果，并有助于实施成本控制的文件都属于成本控制报告。采购成本控制报告是国际工程项目成本控制报告的一个分项，不仅用以表达成本控制执行的成果，也是采购成本控制策略和措施制定的依据。在采购成本控制过程中,采购预算、采购成本控制主体、成本控制报告,这三个方面是相互联系,相互协调和相互制约的。采购发生的实际成本与采购预算比较的结果,通过成本控制报告提供给项目成本控制部门。

1. 采购成本控制报告

采购成本控制报告应体现全面性、可比性、准确性、可操作性和相关性。

全面性:一方面是将采购成本分解,从影响采购成本的主要费用出发,既考虑材料、设备的采购价格,又考虑采购作业的费用支出;另一方面是指各采购成本控制主体对其职责范围内的采购作业进行成本控制。

可比性:是指采购成本控制报告的内容应着重比较和分析,通过实际与预算之间的比较,以及不同时间、不同物资与历史数据或同行业之间的比较,预见在采购成本控制中存在的问题。

准确性:是指报告的内容和数字,能切实地反映采购成本的实际状况。

可操作性:是指报告的内容通俗易懂,便于掌握,资料的取得具有一定的科学性,便于计算、分析。

2. 采购成本控制报告体系

根据项目部的组织结构、施工生产组织设计和项目的承包模式,采购成本控制报告体系可能各有不同形式。采购成本控制报告体系的一般形式见图6-2。

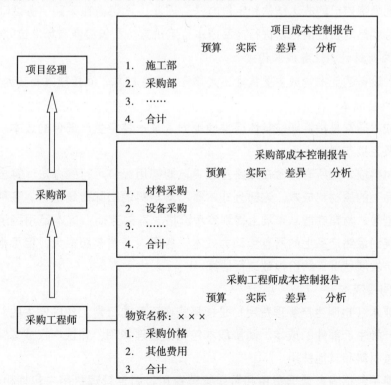

图6-2 采购成本控制报告体系的一般形式

实际采购成本与采购预算比较的结果,是通过成本控制报告提交的。报告的内容着重实际与预算的比较,强调差异并分析原因。

第3节 国际工程项目货物采购直接成本控制

材料、设备价格是国际工程项目货物采购成本控制的源头和核心,也是承包商和供应商的利益焦点。采购过程中影响材料、设备价格的因素比较多,其中包括供应商市场地位、供应商选择、供应商定价策略和成本结构、货物在市场上的稀缺程度、最佳采购时间和数量、承包商采购方式的选择、物资在项目中的重要程度、安全库存需要量等因素。

一、供应商报价分析

由于国际工程项目货物需求具有不定时间、不定地点的特点,为维持与供应商长期的业务关系,以及在保证稳定供货基础上的公平、合理价格,有必要对供应商的材料、设备成本进行必要的分析和研究,清晰和明确其成本的各种组成,尤其是对于非标准材料、设备的成本构成,承包商应做到心中有数,一方面确定供应商报价的合理性与真实性,一方面与供应商竞争对手进行比较。但是,供应商报价过程中都会倾向于尽可能地隐瞒自己的成本结构和定价方法。因此,承包商在采购业务活动中,第一个基本任务就是对供应商报价进行产品成本、定价方法和供应商市场地位分析。

1. 供应商材料、设备成本构成

材料、设备的成本构成主要包括三大部分:直接成本、间接成本和其他成本。

(1) 直接成本

直接成本通常是指能够被具体而准确地归入某一特定生产部件的成本。即直接消耗的材料及直接花费的人工。

直接材料成本是所有包含在最终产品中,能够用经济可行的办法计算出或能追溯到最终产品上的原材料成本。这部分成本需了解材料的国际市场价格。各种配件根据其规格、型号、材料亦能从市场上得到参考价格。直接劳动力成本是用经济可行的办法所能追溯到最终产品上的所有劳动力成本。各国人工费差距很大,但可根据供应商所在国经济发展状况、物价指数进行估算。

(2) 间接成本

间接成本(也叫生产管理费用)是指那些在工厂的日常工作中发生的,不能直接归入任何一种生产部件的成本。间接成本包括:管理费用、知识产权成本、间接制造成本、间接材料和其他费用。

管理费用包括固定管理费用和可变管理费用。固定管理费用中包括租金、保险、财产税、折旧和工商管理费,等等。设备折旧是固定管理费用中比较典型、也是金额最大的项目。可变管理费用主要包括：①水、电、暖、气等费用；②材料等的供应服务、财务管理费用等；③广告、科研、销售、促销、行政人员的工资以及法律费用，等。

知识产权成本包括设计费和文件资料费。设计费与设备的类别、级别、结构、制造难度等有密切的关系，可以根据材料与制造费用的一定比例来计算，一般为这两项费用的6%~9%。

间接制造成本包括质量检查、监察、热处理、预热、防腐和包装等费用。质量检查与检测数量和级别有关。

(3) 其他成本

主要包括材料、设备的运费、备品备件的费用、供应商的合理利润、增值税（VAT）和设备移交给买方之前的保险金。其中VAT的计算比较简单，套用VAT公式直接计算即可。运输费用与设备的规格、重量和运输距离有关。备品备件与所需的备件种类与数量有关，比较容易得到。但也有可能因为对国外市场行情的不了解，对成本分析出现与实际价格偏离较大的问题。因此应将测算价格与市场相同或相似产品的价格进行充分比较，修正测算结果。

了解供应商的实际成本结构并不容易，对于业务关系一般的供应商，其不愿意向承包商提交成本结构。但了解供应商的供应价格、影响因素及定价方法无疑有助于对供应商的成本结构分析。

2. 供应商定价方法

(1) 成本加成定价法。该方法是供应商最常用的方法。它以成本为依据在产品的单位成本基础上加上一定比例的利润。该方法的特点是成本与价格直接挂钩。这种方法一般在卖方市场条件下使用。

(2) 目标利润定价法。即以利润为依据制定价格。供应商依据直接成本和间接成本以及预期价格，通过盈亏平衡分析出保本产量或销售量，根据目标利润算出保本量以外的销售量，然后分析在此预计的销售价格下销售量能否达到。如果销售量不能达到要求，则调整价格进行重新计算，直到在制定的销售价格下实现的销售量能够满足利润目标为止。

(3) 理解价值定价法。这是以市场承受力以及对产品价值的理解程度作为定价的方法，经常用于对品牌产品、备品、备件的定价。

(4) 竞争定价法。这种方法依产品的市场竞争环境和竞争地位而定。

(5) 投标定价法。由各供应商根据对手可能提出的价格以及自身预期利润而定。

3. 影响供应商报价的因素

影响供应商报价的因素除生产成本外，还有承包商因素、市场条件等，如供应商的定价策略、行业地位、采购标的物的核心技术、知识产权、经济环境、产品在市场上的稀缺程度、品牌积累、承包商采购数量、承包商交货时间要求、采购标的特性、产品的设计水平、制造标准与检验水平、生产周期和供应商的生产负荷能力等。

(1) 市场条件

供应商的价格受市场条件与经济环境的影响，可能与成本不完全直接相关。根据价值规律，价格围绕价值上下波动，波动幅度由市场条件决定。当对供应商产品需求旺盛时，供应商产品价格通常上涨。在存在众多竞争对手的材料、设备市场上，供应商报价具有一定的可比性，其价格具有一定的真实性。价格一般能反映价值。但是，当市场上竞争对手数量有限，尤其是一些大型的、生产多种产品的跨国公司对市场具有较强的控制能力，市场垄断取代市场竞争，供应商不会轻易作出价格让步，即使市场上供大于求，价格也不会下降。在国际工程项目货物采购过程中，经常出现业主指定供应商的情况。对于这种人为的行业垄断，采购方须接受市场上现行价格，或找到避开这些价格的方法。

(2) 经济环境

供应商所在国经济环境也是影响材料、设备价格的重要因素。在经济不景气时，需求不旺，材料、设备的价格中只要包括原材料与人工成本，维持供应商开工即可。而在经济环境良好，需求旺盛时，采购方须付出更高的价格才能获得同样的服务。

(3) 承包商订货数量

许多供应商采取浮动定价方法，一定的价格对应于一定的订购数量。

(4) 承包商对供应商的重要程度

从商业观点看，供应商为在市场上建立自己的形象，乐于与拥有良好声誉和业绩的公司业务往来。为获得这类采购方的订单，供应商会提供价格优惠。此外，供应商的营销战略使得供应商可能为开拓某一地区的市场而给予采购方以价格优惠。但经过一段时间后，该优惠价格可能会恢复原价格水平。

(5) 供应产品对承包商的价值

某些产品（如设备的零备件等）对承包商具有一定的价值，其与生产成本不具有任何联系。如在某些情况下，备件的供应对于承包商的连续生产至关重要，因此经常发生承包商不得不以高于成本数倍的价格购买零备件的情况。

(6) 设计条件与水平

良好的设计水平将会降低制造难度，减少制造成本。

(7) 采购标的特性

国际工程项目货物采购中有标准化产品和非标准化产品之分。对于标准化产品，由于生产工艺成熟，市场进入相对容易，供应商众多，易形成价格竞争，其价格几乎全部取决于成本结构。但有相当一部分属于非标准化产品，这些货物构成较复杂，通用性差，不能形成采购批量，市场可比性差。此外，非标产品设计制造标准与检验级别亦会造成材料费、设备制造和设备检验与采购管理费用的大幅提高。如检验级别由二级提高一级，会使设备制造成本提高 10%~20%，使设备检验与采购管理费用大幅增加。

(8) 核心技术

材料、设备的核心技术是供应商最大的竞争资本,假如供应商的核心技术始终领先,不能复制,不能替代,其所提供的价格必然高于一般供应商价格。

(9) 设备生产周期与供应商的负荷水平

设备生产周期过短,供应商任务饱和,为完成订单而不得不赶工,由赶工发生的费用将由采购方承担;如果设备生产周期过长,资金占用加大,管理费用会增加;供应商负荷水平过低时,将导致摊入的固定管理费用过高,从而造成设备价格的升高。

(10) 采购半径

工程项目或采购方所在地与供应商的距离,以及运输的便利与否决定了采购价格中的运输成本。

(11) 支付条件

同一货物在不同交易条件下,价格会有所区别,比如,采取预付款和信用证方式,价格是不同的。

(12) 支付币种

在确定货物价格时,合同双方会采用对自身有利的货币成交;当货币的选择不利于当事人另一方时,其会考虑到汇率风险,降低合同价格,规避风险。

(13) 风险程度

在交易过程中,如果供应商承担了较大供货风险,势必增加供应商的成本,也会使供应商提高报价。

影响承包商采购价格的因素有时有承包商自身原因所致,比如承包商采购工程师的专业技术能力、采购技巧、综合分析判断能力等都会对采购价格产生影响。采购人员的采购能力包括:对供应商报价提出多种方案并进行比价,择优决策的能力;材料、设备使用现场情况的认知能力;准确地对采购标的进行描述,了解其内涵结构,形成成本判断的能力等。综合分析判断能力的不足,容易将复杂问题简单化,可能会失去一些事实上是至关重要的价格影响因素,造成价格判断的失误。

二、采购价格管理

价格管理是采购成本控制的主要内容,是依据工程项目的总目标、采购预算、采购原则和外部市场情况,通过对采购价格的审核、认证,对价格在采购业务活动中的运行情况实施管理的过程。

1. 价格管理体系

价格管理体系是采购成本控制的核心,通过承包商内部各有关部门(如采购部、控制部、设计部、财务部、合同部、施工部等)处理从外部市场环境输入的各种价格信息,并以该信息为基础,进行决策和协调体系的各项活动。这一体系是具有体现价格管理分工、协作以及相应权责关系的结构模式,通过该体系成员的共同努力,最大限度提高采购资金使用效率、优化价格、降低成本,通过职能、责任的划分和既定秩序,进行采购各阶段的分段价格管理工作,价格管理体系职责规定详见表6-2。

价格管理体系职责规定 表6-2

部门	价格管理职责
项目经理	控制工程成本,批准采购预算、对战略物资、重要物资的采购价格行使决策权
采购部	汇集物资需求、负责市场调查、询价、制定初步价格,协调与供应商关系,负责物资采购全过程管理
控制部	工程成本控制,大宗材料、设备价格审核
合同部	审核采购合同条款
财务部	审核采购部用款计划,用款申请,结算方式等
设计/技术	编制材料表、提供采购标的技术文件和数据,参与供应商选择
施工部	提出用货需求、用货时间

价格管理体系首先应强化国际工程项目部内部价格管理,强化组织和规章制度的建立,正确运用询价、比价方法,做到按质论价、按实论价,充分发挥办公自动化的作用,努力寻求各类物资需求的最佳性价比,着眼于控制价格源头,并对物资采购价格进行动态化和全过程管理。

此外,价格管理体系是在充分了解和掌握工程项目现场施工实际状态、施工进度、对物资的到场要求、整个物流动态、边际要求、合同履行情况、供货使用情况的基础上,对大宗物资进行必要的价格审核,确保物资采购的价格管理既规范化,又满足约束条件的要求。

物资采购价格管理是依据国际工程项目的总目标和外部市场情况,通过对价格的审批认证,对价格在物资采购过程中的运行情况实施管理。物资价格审批认证是通过分析测算、调查核实等手段,对物资采购价格的合理、合法性进行批准的管理活动。价格管理与价格审核在业务主体上应由采购部、控制部负责,战略物资、重要物资则由项目经理审核批准。价格审批认证一般是在个别成本的基础上,以行业市场平均成本为依据,界定采购物资的价格,审核认定各类供货价格的合法性和价格水平的合理性。

该系统应以文件形式规定价格管理办法,明确体系的层次、职能部门、分工关系、沟通关系以及控制范围等。通过建立价格管理框架,制定规章制度,规范操作规程,约束经营活动,统一管理口径,达到价格管理的目的。

2. 价格管理信息系统

目前物资采购价格已成为国际工程项目效益的焦点,建立物资价格数据库,是进行价格管理,科学决策的必要手段,也是物资采购价格管理体系的重要组成部分。价格管理信息系统运用价格动态信号、价格情报资料等，是承包商分析供应商报价和采购价格决策的基础。

采购价格信息主要有以往国际工程项目物资采购价格的历史数据、实时更新数据，主要供应商所在国市场条件、经济环境或经济政策等。同一材料、设备既要有横向数据，又要有纵向数据，便于承包商的比价。材料、设备价格的具体数据应包括生产成本、税收、利润、租金、采购合同价款、运杂费、经营管理费、仓储保管费、利息、损耗等变化情况，以及凡是引起这些变化的各种因素。

三、采购价格的确定

1. 关注国际、国内建筑材料市场供求变化和价格走势

市场价格受供求变化而上下波动，有时甚至出现瞬息万变得情况，因此在确定材料、设备成交价格时，必须对其在国际市场价格走势作出正确判断，避免定价上的盲目性。

2. 做好价格分析

对价格进行纵向和横向分析比较，如将采购标的物的历史价格与现行价格进行比较，与替代品的价格进行比较。

3. 必要时进行成本分析

成本分析考察价格的方式与价格分析不同，成本分析只考虑价格和成本的关系。当需要进行大量成本分析时，由设计/技术部门或专职成本分析师进行。采购方可要求供应商提供包括成本账目的报价单，逐项检查供应商成本细目和自己成本分析之间的差异，分析供应商报价的合理性和真实性。

四、降低采购价格的措施

1. 运用功能成本分析方法

（1）设计阶段

总承包条件下，由承包商进行设计。设计方案决定了材料、设备、配件等的选择。因此设计是采购成本、采购价格控制的源头。

在设计阶段，设计人员往往从技术角度出发，追求技术先进性，忽视产品的功能成本及价值分析，从而带来了诸多的材料成本问题：如材料的系列化、通用化、标准化程度不高，非标准件过多、采用不成熟的新材料和新工艺，导致材料成本过高。

单纯依靠控制管理费用、改进工艺，成本下降的空间有限。在满足业主需求条件下，运用功能成本分析，改变设计方案中材料的选用，科学地选择既满足功能要求，同时费用又相对低廉的材料，充分发挥这些材料的内在潜力和作用，大量减少材料的功能过剩和成本浪费，降低建筑工程的材料的采购成本。

（2）采购阶段

材料采购成本的控制，包括采购量控制和价格控制。通过对材料、设备功能成本

的比较分析，选择最优的，而不是最贵的，实现在保证质量的同时又不一味地追求高价，节约高价物资和最优物资之间的差价，控制采购的成本。如对同种不同型号设备的选择，或对同种型号不同生产厂家的设备选择时，力求做到：提高功能，降低成本，大幅度提高价值；功能不变，降低成本，提高价值；功能有所提高，成本不变，提高价值；功能略有下降，成本大幅度降低，提高价值；提高功能，适当提高成本，大幅度提高功能，从而提高价值。

2. 招标采购时的价格控制

在项目投标时，即应着手确定潜在供应商，是控制材料、设备采购价格的重要环节之一。一般情况下，业主在招标文件中对本项目材料、设备，尤其是关键部位的设备和重要材料都会列出指定供应商名单，规定投标人须在名单中选择。指定供应商一般都处于卖方市场，即使承包商项目中标后，以竞争性招标方式采购，其材料、设备价格难有下调的空间。承包商在项目投标时要认真研究业主的招标文件，分析业主提出的供应商名单，以询价方式与一些材料、设备供应商先行沟通，再以投标差异的方式，根据自行掌握的信息，在项目投标文件的材料、设备指定供应商名单内增加若干数量供应商，以期在未来项目中标后，能够在材料、设备的招标投标采购中形成竞争，从而达到控制采购价格的目的。在项目投标文件中，每项设备采购包的潜在供应商以3~5家为宜，并拉开档次，形成高、中、低档供应商并存，为中标后控制材料、设备采购价格打下良好基础。

承包商在项目中标后，进行材料设备招标采购时，对投标人的报价分析和评审是控制材料、设备采购价格的另一重要环节。一般而言，在材料、设备采购的招标文件中都会为投标人设计通用格式的投标报价表供其填报，同时要求提供细化的分项报价，以便评审。根据一般惯例，当总价与分项价格不符时，以分项价格为准。因此在价格评审时，主要审核其分项报价。通过分析投标人的分项报价，找出其报价的不合理之处和隐含的价格上调因素，是评标阶段控制材料、设备采购价格的关键，即分析投标人的分项报价中是否隐含价格上调的因素，比如有意缩短报价有效期，或为获得差价利润，更改配套零部件规格、数量或者生产厂家。对上述问题，要求投标人作出书面澄清，延长报价有效期至招标文件规定时间，补齐或修改零部件报价，以获得符合招标文件要求的报价，也使得各投标人的报价水平保持在同一基准上。此外还要分析比较各投标人的分项报价中主要设备和零部件、备品备件之间的价格差异。对其中明显不合理的报价，要求投标人作书面澄清。尤其要注意那些采取降低主要部件价格，调高次要零部件、备品备件价格的报价策略的投标人。通过分析比较，挤掉供应商报价水分，达到控制材料、设备采购价格的目的。

3. 灵活运用采购合同条款

一般而言，材料、设备供应商总是希望尽可能早、尽可能快地得到合同款，以便减轻自己的资金压力。而采购方为能更好地控制合同的执行，同时也为有计划地控制资金支付,对货款支付也有一定的要求。材料、设备订货合同中有关付款计划、履约保函/保证金、货款支付方式、质保期、违约金等条款的灵活应用,对材料、设备订货合同最终价格的形成会产生直接影响。一般在招标文件所附合同条款中规定了付款进度比例(预付款、到货验收付款、质保金等)。在采购方资金支付计划可以调整的情况下,增加一期进度款比例,可减轻供应商前期资金投入的压力,也借此要求供应商对合同总价给予一定优惠。

此外,对于那些有长期良好合作关系的供应商,在确保材料、设备订货合同顺利执行的前提下,减少履约保函/保证金比例,也会减轻供应商资金负担,以此可要求供应商在总价上给予优惠。

对于个别需要供应商总成的设备采购,如能与供应商及其主要部件的分包商达成委托付款协议,改变付款方式,将原来向供应商支付的部分货款,改为由采购方以专款专用的方式直接向供应商的材料、设备分包商付款,以减轻分包商的资金负担,获得分包商的价格优惠,从而降低设备合同总采购价格。

在项目部资金充裕,或者银行利率较低时,对某些材料可采用现金交易或货到付款的方式,争取供应商的价格折扣。

4. 采购方式的选择

采购方式的选择亦可影响采购价格的高低。建筑材料采购的方式应根据标的物的性质、特点及供货商的供货能力等条件进行选择,主要包括公开竞争性招标采购、有限竞争性招标采购、询价采购、直接采购和框架协议采购等。采用公开招标采购、邀请招标采购、竞争性谈判等采购方式,能较好达到比价、比质、比服务、比交货期的目的。在业主指定供应商情况下,为制造竞争,可邀请指定供应商以外的2~3家供应商报价,增加供应商名单数量。

国际工程项目和国内工程项目一样面临物资专业多、品种多的特点。对于可从国内采购的材料、设备,框架协议采购能做到既经济合理,又能满足使用。由于参加协议供货招标投标的供应商均是生产厂商,没有中间经销渠道,厂商的投标让利往往能"一步到位",因而协议供货的价格优惠幅度较大。

实施多项目联合采购,集中各项目同类材料,化零为整,在考虑运费后也可采用"集中采购"方式。不同承包企业在同一国家或地区的不同项目之间,或同一承包企业在不同国家或地区的不同项目上的同类物资亦可采用"联合采购"(由承包商企业总部统一采购),以集体替代个体谈判的力量,避免被供应商各个击破,达到"以量制价"的目的,争取供应商的数量折扣。

避开代理商、批发商、零售商,去掉中间环节直接为承包商提供功能适宜、质量优异、价格低廉的材料。

5. 采取内外兼顾策略

掌握人民币升值的机会,加强"外购"的活动能力,通过国内外询价、比价,获取较低采购成本的物资。

6. 实施财税导向策略

熟悉与运用投资抵减、优惠关税等政府法规，以降低购入成本；学习外汇交易方式，合理管理外汇风险；争取以软币计价结算，并选用延期付款方式支付货款。

五、价格条款

价格条款是国际工程项目货物采购合同的核心条款，其内容会对合同其他内容产生重大影响，是承包商采购成本控制实现的重要途径。因此订立好合同价格条款对合同的顺利履行，采购成本控制都具有十分重要的意义。市场价格波动、数量变动是采购过程中经常遇到的问题，承包商在订立合同时应注意下列问题：

（1）国际工程项目的不确定性特点使得部分材料的名称、规格及数量具有不确定性，需要根据施工变化情况随时调整，应将供应商应满足承包商材料的调剂要求作为重要条款列入合同。

（2）对属于框架协议采购范畴的，在协议中订立最高限价条款，价格向下浮动，由承包商自主采购，最终采购价由采购方决定。采购方实际采购时应对不同品牌相同配置的货物进行比较，以满足采购需求、质量和服务相等为前提，与价格低者成交。

（3）谨慎订立价格调整条款。价格调整条款的基本内容是按原料价格和工资的变动计算合同的最后价格。对于生产周期较长、金额较高的设备采购合同，供应商为防止因通货膨胀导致的原材料价格上涨，而要求在合同中订立价格调整条款。合同订立时，只规定初步价格，同时规定，如原料价格、工资发生变化，供应商保留价格调整的权利。

价格调整公式如下。

$$P_1 = P_0 \left(a + b \frac{L_1}{L_0} + c \frac{M_1}{M_0} \right) - P_0$$

式中　　P_1——应付给供应方的调价金额；

　　　　P_0——合同价（基本价）；

　　　　a——代表包括在合同价中的不变部分－利润和管理费，一般在百分之五（5%）至百分之十五（15%）之间；

　　　　b——估算的合同价中的劳务费所占的比例；

　　　　c——估算的合同价中的材料费所占的比例；

　　　　L_0，L_1——分别代表基期和调整日期的来源国有关产业的劳务价格指数；

　　　　M_0，M_1——分别代表基期和调整日期的来源国主要原材料的价格指数。

采购方应在合同中规定系数 a、b 和 c 的值。

价格调整条款实质上是供应商转嫁国内通货膨胀、确保利润的一种手段。在适用价格调整条款时，采购方应注意下列问题：

1）由于这类条款是以工资和原料价格的变动作为调整价格的依据，因此，在使用时，须注意工资指数和原料价格指数的选择，并在合同中予以明确。此外，根据实际情况也可引用物价指数作为调整价格的依据，如规定在合同期间物价指数的变动幅度超出一定的范围，价格即作相应的调整。签订此类条款时应注意，各国家的物价指数系统都是非常复杂的体系，对同一种材料或设备，有几种物价指数，运用不同系列物价指数调整价格，计算结果可能相差很大，比如，日本的设备指数，有设备物价指数和建筑设备物价指数，运用不同系列中设备物价指数调整价格，计算结果是不一样的。这说明，如果在合同中订立物价指数，应仔细分析和对比各种不同系列下的物价指数。

2）使用价格调整条款时，应明确合同价格的调整是有条件的，只要用来调整价格的各个因素在合同期间发生的变化，从总体看没有超过约定的限度，合同规定价格对双方当事人就仍有约束力，双方必须严格执行。从这个意义上讲，合同规定的价格也就是最终价。

3）对于交货或完工期在十八个月以内的简单合同，没有必要设立价格调整条款。

（4）对于大宗材料的采购合同，若采用非固定价格时，为减少非固定价格条款给合同履行带来的不稳定因素，消除双方在作价方面的矛盾，应明确规定具体作价标准、作价时间和方法。

1）明确规定作价标准。定价标准可根据货物种类与特性以及市场实际情况采取以国际市场价格为准、以当地市场价格为准、双方协商价格或交易市场价格为准。

①国际市场价格。目前国际市场价格定义尚不明确，国际市场价格通常指某种货物在主要集散市场上的交易价格，如钢材、木材、铝合金等。如果不存在主要集散市场，可以项目所在国或进口地现行交易价格为准，或以国际市场价格结合进口地市场价格为准，但应在合同中写明。在具体计算时，应注意此类价格所包含地地区、品质和条款等方面的差价。

②由双方协定价格。这种定价方法，由于缺乏客观标准，双方有较大的讨价还价的余地，但双方意见不一致时，可能会导致合同履行中断，影响承包商工期。

2）谨慎选择作价时间。在采用非固定价格时，作价时间的规定非常重要。对于进口材料、设备，可规定装船前作价、装船时作价或装船后作价。对于采购方而言，采用装船后作价比较有利。

从法律的角度考虑，采用非固定价格应充分考虑对合同成立的影响。由于双方当事人并未对合同的主要交易条件，即价格取得一致意见，因此存在着按这种方式签订的合同是否有效的问题。目前大多数国家的法律认为，合同只要规定作价办法，就是有效的。按照《联合国国际货物销售公约》的规定，具体价格可以不确定，只规定作价办法或原则即可。如果未规定作价办法，合同价格可以依有关法律规定予以确定。但是如果合同价格应根据合同当事人所约定的标准确定，而没有这样的标准，其合同是否成立，各国法律有不同的规定。因此，为避免合同争议，双方在合同中应明确订立具体的作价方法。

六、价格与交货期

就国际工程项目而言，承包商迫于工期的压力，对材料、设备采购的交货期会格外关注，这是因为一旦物资不能按时到场，将影响工程项目的工期，由此导致赶工费用的支出和因工期原因业主提出的索赔额可能远高于物资采购的价格。因此，价格的高低可能不是决定因素。如果不能确定供应商能否按时交货，则最低报价不一定是最低成本。

第4节 国际工程项目货物采购间接成本控制

一、降低采购作业成本的措施

1. 采购方式的选择

采购方式的选择既影响采购价格的高低，也影响采购成本的增减，如竞争性招标采购，通过比价的方式可能会达到采购价格最低化，但采购成本不一定最低，招标前期承包商投入大量人力、物力、财力编制招标文件、组织投标、评标，其费用支出也是很可观的。从降低采购作业成本的角度分析，采用框架协议采购、集中采购、电子商务等能达到减少成本的目的。

对于从国内采购的材料、设备，框架协议采购能有效实现承包商企业的采购作业成本控制。增加一个订单，会增加询价成本、供应商资格审查、走访供应商、谈判、收货和付款的成本。在某些情况下，订单成本可能会高于采购标的的价值。框架协议采购改变了"一单一议、一评审、一合同"的局面，能简化手续、提高效率，避免低效重复地询比价，有效减少采购工作量，保证及时供应，实现承包商在一定时期内对同类物资需求的有效集合，形成规模采购效应，在供应商的选择和价格等要素的谈判上掌握话语权，占据主动地位，有效实现采购成本控制目标。框架协议采购一般由承包商总部进行谈判和签署，由项目部进行采购管理。

为达到降低采购成本的目的，可采用电子商务的方式，尤其是比价采购。由于比价与直线采购相比，由线到面、由纵到横形成立体，同时比采分离，采购成本管理中的费用相对上升，人力相对增加。电子商务使市场虚拟，需采购的材料、设备从价格信息、质量和市场反应无需投入大量人力、物力和时间，货比三家不再需要到远近不同的实际市场调查研究，在电子商务平台上仅需1~2人就可实现瞬时分析，并不断跟踪监控，使货比三家成为一种随时随地的成本管理行为，降低比价采购自身的管理操作成本。此外，电子商务信息的公开性使得比价采购的透明度达到极限，也使采购市场范围扩大、延伸到世界各个角落，实现全球物流配采比价。

2. 完善采购制度

由于国际工程项目的材料、设备采购金额巨大,横向关系复杂,如果没有一套严密而周全的程序和制度,可能会出现浪费,甚至贪污、受贿等腐败现象。而严格周密的采购程序与管理可以从制度上最大限度地抑制此类不良现象的发生,因此建立严格的采购制度,规范采购活动,提高效率,杜绝部门之间扯皮与采购人员的不良行为,可以有效降低采购作业成本。

建立完善的采购制度,设计合理的采购程序,并严格执行之,使采购工作有章可循。同时,采购人员的成本意识、决策水平直接影响到成本的发生,对采购成本负有重要责任。就采购成本的日常控制而言,成本的发生与采购部、项目部其他相关部门,与各采购人员的工作和活动密切相关,他们对其职责范围内的成本负有责任。

完善的采购制度,包括采购工作流程、供货商的准入制度、采购的流程审批制度、价格评价体系、采购激励制度等几个主要方面:

(1) 根据工程项目的承包模式,国际工程项目货物采购职能部门的设立可能各有不同,但无论是按采购标的设岗,还是按采购环节设岗,或按物资属性设岗,既要使采购权力不过分集中,达到互相制约和监督,又不能影响各岗位采购工程师的工作积极性,同时有针对性地、细化采购的工作流程,并对每一工作环节,制定相应的工作规范,形成采购制度。这种由工作流程所制约的采购制度,可规范采购活动,提高效率,并尽可能杜绝部门之间经常会产生的推诿,角色冲突和预防采购人员的不良行为。在保证物流、资金流、信息流畅通的前提下,有效控制采购过程,使采购流程更有效率和效益,从而更好地控制采购成本。在采购制度中规定物资采购的申请、授权人的批准许可权、采购流程、相关部门(特别是财务部门)的责任和关系、各种材料采购的规定和方式、报价和价格审批等。例如,在采购制度中规定超过一定金额的采购须附上三个以上的书面报价等。

(2) 建立供应商准入制。对潜在供应商的审核标准既要符合供应商选择标准的要求,又要符合工程项目的实际情况,在供应商满足技术性能的基础上做好议价工作,对其报价要进行横向和纵向比较,确定合适的价格依据。必要时对供应商的成本构成进行分析比较,从而确认最终的价格和选择最终的合适供应商。

(3) 建立价格评价体系。定期或不定期地对所采购的物资价格进行收集整理归类,形成一个比较完善实用的价格资源库,以备随时调用、参考、比较。该价格评价体系要求具备对货物的性能特点重量、单价、价格时效性,以及是否具有其他的附加价值等做出备注,以便在作价格比较时能正确判断。原则上采购的价格不能超过体系中的价格水平,否则要做出详细的说明。对于重要物资,应不断更新数据,做出评价和再评价,另的外采购人员应积极寻找货源,货比三家,不断地降低采购成本。

(4) 采购人员的尽责、尽力、尽心,直接影响采购成本控制体系能否正常运作和控制效果。为最大限度地控制采购成本,保证采购质量,建立对采购人员的质量评价和成本评价的绩效评价制。设计有针对性的分类任务成本书，将采购成本控制的任务分解、细化、量化、结构化和制度化。同时约定针对各任务书的奖惩办法，对达到成本控制目标的采购人员进行奖励，对没有完成采购成本任务书规定的采购人员，允许分析原因，申诉理由，合理确定对其惩罚的额度。

3. 严格执行材料采购计划，如果材料采购计划制订得较为科学严密，就必须严格执行，切忌在材料采购中随心所欲，或冲动行事，尤其是经济采购量一旦确定，就必须遵守。

4. 价格与质量的平衡。有些材料，使用高质量的产品往往会节省用料，可是减少使用量。而使用低质量的产品，耗用材料多，反而会增加开支，此外，低质量材料还易造成损耗和返工，额外增加成本。

5. 恰当地提货和运输方式

材料采购一旦完成，则应选择最恰当的提货和运输方式。及时提货会产生仓储成本，推迟提货会产生供应风险；直接运输到工地会因环境恶劣而增加材料损耗，先运输到现场则会增加运输成本和仓储成本，这些都需要恰当地评估。

二、物流成本控制

物流成本，一般指采购过程中将货物从生产地/储存地移动至现场使用、安装前发生的费用，包括运费、存储、装卸、配送、报关、信息等方面发生的费用，是国际工程项目货物采购成本项中所占比例较高的一项成本支出，其中运费支出占有较大份额。物流成本具有计算要素难以确定、实际操作难度大、核算方法难以统一的特点。就国际工程项目采购物流而言，物流成本部分作为价格构成计入采购价格，部分可单独计算。

1. 物流成本影响因素

影响国际工程物流成本的因素主要包括：订货周期、采购半径、采购标的特性、库存水平等。其中采购标的特性和采购半径是影响物流成本的主要因素。例如，采购标的的高低会直接影响物流成本的大小，即随着采购标的价值的增加，与其有关的每一物流活动的成本都会增加。运费在一定程度上反映采购标的移动的风险，价值越高，对其所需使用的运输工具要求也越高，而存储成本、包装成本等也会随着采购标的的价值的增加而增加。此外，采购标的易损性对物流各环节都会有不同的要求。

2. 降低物流成本的途径

（1）物流合理化。物流合理化是使一切物流活动趋于合理，以尽可能低的成本获得尽可能好的服务。

（2）物流质量。加强物流质量管理，减少和降低各种不必要的费用支出，降低物流过程的损耗，从根本上降低物流成本。物流质量管理关键在于它一方面满足现场施工进度的要求，使材料、设备准时到场；另一方面做到确保采购标的完好状态。

(3) 确定经济合理的库存量，实现现场物资的存储优化。
(4) 选择最佳物流服务供应商。
(5) 合理降低运输费用（详见第 10 章第 2 节）。

值得注意的是，高水平的物流服务是建立在高水平的物流成本之上的。同时，物流也是由多个效益背反的要素所构成，如减少库存费用，必然会增加运送次数，库存成本的降低必然会导致运输成本的增加。因此，对物流成本应综合平衡，避免为达到某一单一目的而损害项目的整体利益。

三、采购质量成本控制

采购的质量成本，即在货物供应过程中由于质量不良而造成的成本损失。它包括采购过程中出现的任何风险所造成的相关损失，以及为避免这些风险所进行的前期投入，比如为处理所购物资的缺陷而花费的工作时间、支出的费用等。可见采购质量成本大致可划分为：预防成本和故障成本（主要是内部损失成本）。

国际工程项目货物采购中的质量问题主要来自两个方面：货物质量问题和供应商质量问题。货物的质量问题主要体现在产品的品质和交货上，比如所购货物本身品质有瑕疵，某些性能指标不能达到采购方的规格要求，或由于采购方变更采购要求，而使现有货物无法满足新的质量标准。在产品交货方面，质量问题主要表现在：运输过程中造成的产品损坏、来料包装破损、来料标识破损或缺失、货物错发和来料混装等。

采购方对缺陷货物采取措施进行修理、补救而产生的各项费用，比如不合格产品的分析检验费用、退换货的运输成本、改用其他替代产品或替代供应商导致的支出增加、与供应商联系磋商或派人去供应商生产现场调查监督的费用，及质量不良造成停产的损失费等都属于质量成本中的故障成本。可见采购质量成本控制要从采购的预防成本入手，建立货物验收标准，制定一系列工作规范，从而降低所购货物的故障成本，比如建立分工明确的组织机构、执行清晰的供应商认证程序、定期评估供应商的绩效、制定明确的质量标准。对采购合同进行审查，审查所购物资的规格、型号、等级等内容是否详细、具体，审查所购货物的质量要求和包装要求、标准及有关检验事项，以及是否符合有关法律和规定等。

建立严格的货物入库验收制度是防止不合格物资进库的关键。验收时，严格按合同中标准进行。为把住质量关，验收时必须注意两点：防止不按标准验收和防止降低标准验收。如经检测，发现所购货物与合同规定不相符，应及时将信息反馈给有关部门，以便做出恰当的处理。

严格付款制度。即把付款与质量实施结合起来，对于货到付款的物资，要审查、核实所购物资是否符合合同规定品质要求，按验收结果付款。对一些无标准货物，或无法按标准验收的货物和一时难以判断合格与否的货物，其货款的支付更应慎重。只有当货物达到质量验收条款后，方可考虑付款。对于凭信用证支付的货物，应在信用证中合理使用"软条款",严格审核供应商提交的装运单据。

第5节 国际工程项目货物采购外汇风险管理

一、国际工程项目货物采购外汇风险的识别

所谓外汇风险是指以外币计价的资产或负债由于外汇汇率变动所引起的其价值上升或下降的可能性或不确定性。外汇风险有三种类型:交易风险、会计风险和经济风险,其中国际工程物资采购所涉及的主要是外汇风险类型中的交易风险,即以外币计价结算的应付债务或应收账款由于外汇汇率变动引起其价值变化的可能性或不确定性,具体到国际工程货物采购外汇风险,主要是指在工程项目业主支付币种和进口材料、设备支付币种不一致的情况下,当汇率发生变化时使负责采购的承包商实际采购成本发生变化的可能性,如果业主所支付币种正好是进口材料设备所支付的币种,则承包商在这笔具体的材料设备采购中没有外汇风险。

国际工程项目业主的支付币种一般可分为两种情况,如图6-3所示:一是项目支付币种为当地币和不超过三种的外币;二是项目支付当地币和一种外币(如美元)。对第一种情况,如果工程项目国际物资采购支付币种与业主所支付的外币的币种一致,则没有外汇风险,图6-3中以 N 来标示;但如果工程项目国际物资采购支付币种是业主所支付货币以外的币种,则采购面临外汇风险,图6-3中以 Y 来标示,比如,业主支付英镑、美元和欧元,但材料设备进口需要支付日元。对于业主支付币种的第二种情况,由于业主只支付一种外币,国际材料设备采购更易产生外汇风险。图6-3中箭头越粗表示越容易产生外汇风险。

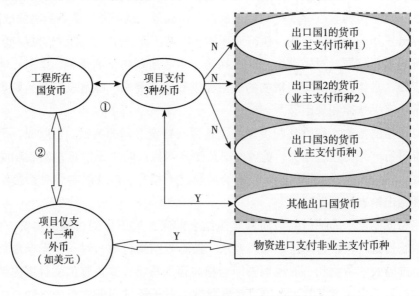

图6-3 国际工程项目货物采购外汇风险识别

二、国际工程项目货物采购外汇风险的衡量

外汇风险衡量的一般步骤是：首先确定一定期间外币流入量和流出量净额，即净现金流量，然后对期间内的汇率变动范围进行预测，最后确定各种外币的不确定现金流。对于国际工程物资采购来说，外汇风险衡量的期间是从采购合同签订到采购合同结算的过程，净现金流量是净流出量，即采购合同价款额。由于国际工程进度款支付时，对于进口材料设备所支付的非业主支付币种一般是按照投标截止日前28天的汇率进行折算支付的，如果采购合同结算时材料设备支付货币相对于业主支付货币贬值，则承包商会从中受益，相反，如果采购合同结算时材料设备支付货币相对于业主支付货币升值，则承包商会有损失。比如，某一国际工程项目业主的支付币种是美元，但其中工程项目所需的某一大型设备标书规定必须从日本进口，计价结算货币为日元，合同价款为1.2亿日元。已知投标截止日前28天的美元和日元的汇率为120，则工程进度款结算时业主应支付给承包商100万美元。假如采购合同结算时日元贬值，美元和日元的汇率变为150，则承包商只需花80万美元即可买到1.2亿日元，而业主支付给他的却是100万美元，承包商从中获益；然而，假如采购合同结算时日元升值，美元和日元的汇率变为100，则承包商需要花120万美元才能买到1.2亿日元，比业主的支付多花了20万美元，如表6-3所示。表6-3表示的是国际工程物资采购外汇风险的衡量，假定该国际工程项目材料货物采购中，只有日元货款支付与业主支付币种不一致。表中不确定的现金流是净流出量的可能范围与业主支付100万美元的差值。

国际工程项目货物采购外汇风险衡量　　　　表6-3

采购支付币种	日元
净流出量（日元）	120000000
期末汇率的可能范围	100.00～150.00
净流出量的可能范围（美元）	800000～1200000
不确定的现金流（美元）	-200000～200000

外汇风险是一种投机风险，既可能给当事人带来损失，也可能带来收益，稳健的经营者看重的是外汇风险一旦发生可能带来的损失，因此，在对外汇风险进行衡量之后，需要有一个风险评价，如果认为风险发生可能带来的损失小于对风险进行管理所需花费的成本，则不必进行采取措施，但若认为外汇风险的发生可能带来不愿承担的损失，则必须对面临的外汇风险采取有效手段进行管理。

三、国际工程项目货物采购外汇风险管理手段与对策

由于外汇风险产生的三要素是货币、时间和汇率，即对外资产或负债是以外币计

价结算、交易从成交到交割有时间间隔、时间间隔内外汇汇率发生变化，因此可以从材料设备进口的计价结算货币选择和防止汇率变化对采购不力的角度对国际工程物资采购外汇风险的管理。

1. 选择货币法与合理利用调价公式

在外汇风险的产生中，以外币计价结算是外汇风险产生的根源；具体到国际工程项目货物采购外汇风险，其产生的根源在于采购支付币种与业主支付币种不一致，因此，在可能的情况下，应根据实际需要的外币种类和数量，要求业主支付多种外币，以尽量减少采购支付币种与业主支付币种的不一致。如果在采购中能够以业主支付币种作为计价结算货币，则可彻底消除该采购的外汇风险。如果不能争取到以业主支付币种作为计价结算货币，在承包合同中没加入含有汇率因子的调价公式的情况下，可尽量选择相对业主支付货币有贬值趋势的货币作为采购的计价结算货币；如果在承包合同中加入了含有汇率调整因子的调价公式，则采购中应尽量选择相对业主支付货币有升值趋势的货币作为采购的计价结算货币。

含有汇率调整因子的调价公式在国际工程物资采购外汇风险管理中是一把双刃剑，如果劳务、材料或设备出口国货币呈贬值趋势，则承包商在与业主签订合同时，应争取在价格调整公式中去除汇率调整因子，或者改变劳务、材料和设备出口国，否则工程结算款有可能被调低。例如，某国际公司签约尼泊尔河道防护工程项目，工期两年，合同金额700万美元，美元支付比例为66%（支付外币只有一种），计划从印度进口材料，合同调价公式中含有汇率调整因子，签约时1美元=35印度卢比。在项目实施过程中虽然印度价格指数增加，但由于印度卢比贬值到1美元=40印度卢比，汇率调整因子=35.8/40=0.895，最终该项目调减30多万美元。因此，在考虑利用汇率调整因子防范外汇风险时，承包商应该仔细分析出口国的货币汇率走势，保证价格调整公式计算的结果为调增。

2. 利用外汇交易方式

在国际工程物资采购外汇风险管理中，可用的外汇交易方式有即期外汇交易、远期外汇交易、外币期权交易和外币期货交易。即期外汇交易一般用在下面的投资法与BSI的方法中，远期外汇交易、外币期权交易更为常用。

(1) 远期外汇交易

远期外汇交易是一种先成交、在成交后一定时间后再进行交割的外汇交易方式，买卖双方成交时在合同中约定外汇买卖的数量、汇率和将来交割的时间，到交割日按成交时的合同约定进行交割。远期外汇交易用于防范外汇风险的主要原因在于其在成交时就把将来外汇买卖的汇率给固定住了，在成交时就可以确定将来买卖外汇的成本或收入，从而防范将来汇率变动可能带来的损失。比如在国际工程物资采购外汇风险的衡量小例子中，国际工程项目业主支付美元，而设备进口需支付日元，一旦日元相对美元升值（与120的汇率相比），则承包商进口多花费的美元将得不到补偿，采购成本增加。承包商可以采用远期外汇交易防范这一风险。假定预计采购设备结算日为某年9月，现在是该年3月，美元和日元6个月远期汇率为115（如果大于120对承包商更有利），则该承包商在3月份买进6个月日元远期，到9月份交割日只要花费是104万美元就可买到1.2亿日元，从而将防范外汇风险的成本锁定在4万美元（104万－业主支付100万）。

利用远期外汇交易防范外汇风险的好处是锁定了将来可接受的成本支出，但同时却也失去了从汇率变动中获益的机会，比如上例，到采购支付日只要即期市场上美元与日元的汇率大于120，则承包商的采购成本就会降低。外币期权交易可以很好地克服远期外汇交易防范外汇风险中的这种呆板。

（2）外币期权交易

所谓外币期权交易指的是交易双方达成货币买卖的协定汇率，期权买方支付期权保险费后获得在交易到期日或到期日前以协定汇率向期权卖方买卖一定数量货币的权利，这一权利可以放弃。期权买方利用外币期权交易防范外汇风险，其最大的损失是期权保险费，如果交易到期日的即期汇率对期权买方更为有利，则其会放弃权利的执行，从即期外汇市场买卖外汇。比如上例，承包商可利用外币期权交易防范日元升值的风险，作为期权买方，承包商与期权卖方的协定汇率为假定为115，期权保险费为2万美元，假如期权交易到期时即期汇率为100，则承包商行使权力，按115的汇率从期权卖方买进1.2亿日元，假如到期时即期汇率大于115，比如即期市场汇率为150，则承包商可以放弃权力，从即期外汇市场买进1.2亿日元，只花费80万美元。此例中，承包商防范外汇风险的成本锁定为不超过6万美元（1.2亿日元/115－100万美元＋2万美元期权保险费），如果即期市场汇率大于115，这一成本会逐渐降低，比如即期市场汇率为120时，这一成本变为2万美元（1.2亿日元/120－100万美元＋2万美元期权保险费）；当即期市场汇率为120时，这一成本变为2万美元，当即期市场汇率为123时，这一成本变为0，当即期市场汇率大于123时，承包商可以从这一防范外汇风险的手段中获益，比如即期汇率为130时，这一收益为变为5.7万美元（100－1.2亿日元/130万美元－2万美元期权保险费），如图6－4所示。

（3）采取投资法或BSI方法

所谓投资法就是利用手中流动资金在即期外汇市场上买入将来要支付的外币应付账款，由于付款未到期，先存入银行或购买货币发行国的国库券进行投资，投资到期日与将来应付账款到期日一致，投资到期收回，支付外币应付账款。比如，上例中的承包商可以先用美元买进将来要支付的日元，存入银行，存款到期用于支付日元进口货款。在承包商美元流动资金比较充裕而且预期日元将大幅上升时可以采用投资法。如果承包商预期日元将升值，欲采用投资法但手头流动资金缺乏，承包商可以在衡量美元银行贷款利率、日元存款利率和预期日元变动率后去银行借一定数量的美元，美元贷款的期限和业主支付日期一致，然后在即期外汇市场买进日元，存入银行进行投

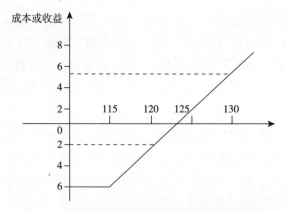

图 6-4 外币期权交易防范外汇风险成本与收益

资,投资到期收回支付应付日元货款,然后在贷款到期日归还银行美元贷款的本金和利息,这就是 BSI 的方法,即借款 - 即期外汇交易 - 投资(Borrow-Spot-Invest, BSI)。

BSI 的方法实际上也是把未来购买日元的美元成本固定,比如上例承包商防范日元进口货款升值的风险,若采用 BSI 法,假定美元贷款利率为 10%,日元存款利率为 4%,即期外汇市场汇率为 120,从即期买入日元存入银行到货款支付日的期间为 6 个月,则承包商可以从银行借入 98.04 万美元,按 120 的汇率买进日元存入银行,存期 6 个月,存款到期的日元本息和为 1.2 亿日元,用于支付进口货款,假定美元贷款时间也是 6 个月,承包商美元贷款的本息和为 103 万美元,其中 3 万元(103 万 - 100 万)美元是防范外汇风险的成本,承包商在上述已知条件下采用 BSI 法实际上相当于在货款支付日的即期外汇市场上花 103 万美元买入了 1.2 亿日元,从而将购买日元的汇率固定在 117 的汇率水平,这一汇率水平实际上在承包商决定是否采用 BSI 法防范风险时就能明确计算得出,承包商如果预期在未来 6 个月汇率不会超过 117 的水平,甚至会更低,则可采用 BSI 法。

第7章 国际工程项目供应商管理

> 供应商是承包商实现国际工程项目的资源之一。应对供应商进行采购合同周期的全过程管理,即从供应商市场分析、供应商选择、材料、设备采购招标投标、签订采购合同、监督合同履行,直至供应商完成全部采购合同规定义务为止时的采购全过程动态管理,从而满足工程项目成本、质量和进度目标。供应商管理主要包括:供应商选择、供应商关系管理,供应商激励机制和供应商绩效评价。

第1节 国际工程项目货物采购供应商选择

一、国际工程项目材料、设备供应商问题

供应商是承包商实现国际工程项目的外部资源之一。供应商的业绩影响承包商的业绩,其产品的质量直接影响承包商的产品质量,交货期与价格直接影响项目的工期与成本。因此,应对供应商进行采购合同周期的全过程管理以及为实现承包商市场目标和竞争优势的战略关系管理。

国际工程项目的管理模式决定了对材料、设备供应商的管理方式。比如在总承包条件下,承包商按照合同约定对工程项目的质量、工期、工程造价等向业主负责。总承包商可将所包工程中的部分工作发包给具有相应资质要求的分包商。分包商按照分包合同的约定对该项目总承包商企业负责。总承包商将材料、设备采购权下放给分包商,由各分包商设立自己的采购部门,根据自己分包工程的特点和进度制订采购计划。这种分散的采购模式造成各分包商与供应商的采购量零星化,仅限于为当前项目的物资采购交易。在材料、设备供应商的选择过程中,供应商为享受更

多的利润，可能会隐瞒材料设备质量和自身信誉等有关信息，而材料设备的验收、检查属于工程总承包商后期控制的内容，供应商难免借机交付低劣的材料设备，为工程质量埋下隐患。因此，供应商与工程总承包商之间不见面或不接触的博弈增加了采购风险。

国际工程项目的地域性、一次性和临时性特点，使得大多数供应商数量、类别随项目的不同而改变，承包商与供应商的关系也经常随工程项目的不同而改变。国际工程项目承包商与各供应商之间多属于一次性交易，竞争多于合作，合作关系可能仅限于项目周期内，采购过程是典型的非信息对称的博弈过程。由于缺乏战略上的合作和相互间协调，经常出现交易纠纷，如由于承包商对质量的有效控制只能采用事后把关的方式，需要通过各种有关标准如国际标准、行业标准等进行检查验收。这种缺乏合作的质量控制会导致承包商采购部门对采购物资质量控制的难度，增加了供需之间运作中的不确定性。

虽然目前各国际工程项目都建有现场局域网，但包括供应商在内的各参与方彼此之间仍然缺少以项目为中心的协作信息交流平台。在以总承包商为核心的承包管理中，总承包商是其他各方面进行信息交流的中介。在这种情况下，信息传递层次多，信息在各参与方之间的流通缓慢，容易造成信息滞后现象，影响供应商关系管理，对项目进度造成不利影响，增加项目总成本。

业绩良好的供应商是高质量建筑产品的保证，是承包商企业重要的外部资源，也是承包商项目管理的一部分。对供应商的管理实际上是一种价值管理，其主要体现在以下几个方面：

（1）有助于提高业主对承包商建筑产品的满意度；
（2）有助于国际工程建设项目的稳定实施，并按时交付；
（3）有助于保证采购质量、降低采购成本；
（4）有助于提高承包商企业的竞争优势。

二、影响供应商选择的因素

国际工程项目材料、设备供应商的选择与国内工程物资采购、一般制造业和一般商业采购供应商选择相比，具有不同的影响因素。

（1）选择过程中多方控制。不论以哪种合同形式进行国际工程承包，业主一般都会对部分材料或设备指定供应商。有些供应商与业主具有长期供货关系，他们之间订有价格协议。业主短名单中的供应商作为项目主合同的一部分，是承包商必须接受的。也有些业主规定的指定供应商可能存在过时、与产品要求不符的问题。部分业主的合格供应商名单使用较久，名单中很多厂商已经兼并或转产，或要求的设备不在名单厂商的生产范围之内。当主合同允许承包商推荐其认为合格的供应商时，须经业主批准后方能进入短名单。

（2）即使同类项目，由于项目地域、国别不同，业主偏好不同，其供应商的选择标准亦有所不同，而且符合项目特定要求的供应商数量有限。

（3）在总承包条件下，由承包商进行的设计有时难以符合项目东道国市场环境的要求，增加了承包商对供应商的选择难度。

（4）承包商作为采购方在供应商的营销战略中的所处地位不同，如果供应商将承包商视为借以开发新市场的重要客户，承包商将获得认真的服务，在今后的交易过程中容易获得较优惠的价格和及时的交货。否则，承包商将难以得到满意的服务。

（5）国际工程项目的单件性，使得每一新项目中都会使用一些新材料、设备和新工艺。这使原有供应商不能满足或不能全部满足项目施工的要求，这种技术上的改进，对供应商的要求也随之改变。此外，工程项目的国别特点和一次性特征也导致供应商与承包商合作关系的短期性倾向，更具有临时性和动态性的特点，使得承包商对供应商的选择和管理难度增加。

（6）项目东道国供应市场或材料、设备国际市场的信息不对称以及信息来源的有限性限制了承包商对供应商的有效选择。这有时会成为妨碍承包商对供应商选择的主要因素。

（7）国际工程承包项目的建设周期长、资金密集等特点对供应商的资金实力、技术实力、关系处理等实力要求都较高。

（8）供应商的行业地位、知名度，采购标的物的生产周期以及项目规模等都会对供应商的选择产生影响。

三、供应商选择流程

1. 国际工程项目分析

（1）全面分析承包项目的技术要求。

（2）分析业主意图。

（3）分析主合同，分析承包商的采购范围、工期要求及成本控制范围，明确采购的约束条件。

（4）分析物资采购清单中的类别、数量、时间要求、资源的实现条件。

（5）确定采购策略，针对施工项目的要求，确定供应商的可靠范围和程度。

2. 供应商环境分析

根据项目技术要求及供应商环境，确立可操作、符合实际的供应商选择目标。其中保证供应质量、降低成本、满足施工用料是首要目标。

3. 建立供应商评价标准

供应商综合评价指标体系是承包商对供应商进行综合评价的依据和标准。该系统应符合全面性、简明科学性、稳定灵活性、可操作性原则。

4. 建立评价小组

评价小组成员必须有决策者、设计者、专家、直接参与管理及使用者。并应尽早与初选供应商建立联系，了解供应商的真实想法，知己知彼，以保证评价的客观性。

5. 供应商参与

主要是调查、收集有关供应商的生产、运作及外围关系等的全面信息。

6. 供应商评价

根据评价小组的经验，采用一定的技术手段、评价方法进行供应商评价。

四、供应商选择的原则

供应商选择是材料、设备采购的一项前导性工作，承包商应根据采购需求确定对供应商评价的标准体系或原则。承包商要根据业主意图、项目要求建立全面、系统的供应商选择标准，审核供应商的商务能力、技术能力和质量保证能力

国际工程材料、设备供应商一般有两种：一是生产领域的供应商，即工程物资的直接生产厂家；二是流通领域的供应商，即中间供应商。对生产领域供应商的评价可从其生产许可证、生产设备、检测手段和质量保证能力等方面入手，能直接对其产品生产情况、设备和质量控制手段进行评价，感观性强；而对于中间供应商，评价时只能侧重于产品质量、库存政策、系统能力、兼容性和对特殊需求的回应能力，在社会信誉和使用经验上存在一定的风险，因而，应优先考虑生产厂家，着重从以下几个方面对其进行考查：

（1）质量保证能力

包括全面质量管理、质量体系认证（项目东道国或业主要求的认证）、样品鉴定、产品质量的一致性等。

（2）商务能力

供货业绩、资信、行业地位、财务状况、履约状况、供应商报价、数量折扣、运输费用、供应商交货时间、交货能力、接受紧急订货的能力、服务理念和服务标准（物流能力等）以及服务改善能力等。

（3）生产技术

技术水平、当前的设备制造能力和优势、各项技术和工艺的水平、设计手段等以及供应商人员的技术优势是否有助于采购方从一系列可选方案中做出正确的选择。

（4）其他

地理位置、所在国家的政治经济及政策的稳定性、所在国家的关税和退税政策，是否存在独家销售安排、产品责任险、侵犯他人专利等。

五、供应商评价

对供应商的商务审核的目的主要是确定该供应商是否具有满足为本项目供货的最

低能力、合同履约能力、其合同履行是否有风险、供货成本是否符合项目成本控制的要求等。

对供应商的技术审核的目的是确定供应商的技术水平和所供应的材料、设备是否成熟、可靠，是否符合业主要求，供应商是否有足够的技术人员和制造设备满足承包项目的需要和工期要求，保证对项目的持续稳定的供货。

对供应商质量保证体系的审核是确定潜在供应商的质量保证体系运行情况。

此外，对供应商所处的外部环境亦应进行审核，以尽量减少外界因素对采购合同履行的干扰。

一个合格的供应商应具有上述几个方面的能力，任何部分的不满足要求，都会给承包商的项目实施带来风险。

对于国际工程项目中所需关键、重要设备、备件、材料，且订货量大、金额高的潜在供应商应有选择地派员进行现场调查，或对原顾客现场调查，并获取其文件化质量信息。调查内容主要是质量体系和特定质量保证能力，如资源（人员、设备等）、资格、业绩、质量、产品执行标准、体系文件、采用的标准和财务状况等。收集有关的质量记录和证明材料并将这些材料计入供应商档案。承包商的实地调查必要时可请咨询工程师共同参与，以便与业主的进行协调与沟通。

对非关键设备、备件、材料的供应商采取函件调查的方式。由采购部向供应商函寄调查表、询价表或业绩调查表要求其按要求和时限及时返回，并要求供应商提供质量方面的有关证明材料，将这些材料计入供应商档案。同时通过第三方认证的方法，对流通领域的供应商通过看货、抽查检验或用产品合格证证明确认，剔除明显不适合进一步合作的供应商后，确定合格供应商初选名单。

由于多数建筑材料和机械备件是一个差异化较少的市场，供应商多，容易运输，容易替代，而某些专业化材料、设备比较复杂，产品差异大，公司各有专长，因而其供应商的选择与管理策略不同。同时由于运输成本高，项目东道国本地化采购是必不可少的，认真调查本地市场供应商供应能力是供过于求还是供不应求，以及周边地区项目拟建或在建情况，酌情选择供应商，把有条件的供应商纳入准时/适时送货系统，尽量减少库存，降低工程的总成本。

根据实地和书面调查结果确定供应商候选名单，由质量管理人员、相应的专业技术人员和财务人员等组成供应商评价小组，根据项目的具体要求以及业主意图，对名单内的供应商进行评价，提出不合格或合格建议，报项目经理审核，必要时报业主批准并列入合格供应商名单。承包商应在合格名单中，结合价格水平，交货条件择优选择（至少从2~3名合格供应商中选择）。评审通过的供应商纳入合格供应商管理。另外，可在采购文件中规定，如果在采购过程中，实际供应商不在名单中、且无例外采购审批手续，项目财务部可拒绝付款并对有关人员进行处罚。在对供应商进行资格审查过程中，承包商应注意，不能为凑足"2~3名"的数量或为形成所谓形式上的

"竞争",或因资源紧张而放松标准。

在业主指定供应商情况下,承包商亦需对其指定的供应商进行评价,评价合格后方可选用,并将其纳入合格供应商管理。对不合格者应告知业主,要求更换供应商或向其推荐合格名单上的供应商。

值得注意的是,在供应商评价中,一般都会将供货时间、质量和成本以及供货服务作为四个主要指标。但是,由于供应商考察人员水平不同,对供应商企业供货能力和质量水平的判断结果也不同。自身管理水平较低的承包商企业,判断供应商的基准也会较低。很多承包商企业往往把"具有生产所需材料、设备的工艺、技术和经验"作为供货和质量保证的标准。在选择几家具备这种能力的供应商之后,价格最便宜的被作为选择标准。实际上,能够供货和能够长期优质供货有根本区别。供应商的质量管理体系、设备维护能力、员工技能和培训机制、技术水平以及计划管理和采购能力都决定着供应商能否长期供货。所以,对供应商进行多方考察,把多项关键内容用作供应商评价的要素考虑,才能选出真正的合格供应商。

供应商选择是供应商管理的基础。选择适当的供应商是国际工程项目实现材料、设备无障碍供应的基础。传统的采购管理往往倾向于一种物资有多个供应商,这样感觉上比较保险。而现代采购管理的趋势是减少供应商数量,并且与之建立互信、互利、互助的长期稳定的合作伙伴关系,这样可以简化采购计划及调配,形成经济采购批量,争取优惠,减少供应商的专用工艺设备,简化运输管理,减少库存,从而有利于质量控制,降低产品的成本。有鉴于此,项目部对于供应商的选择应该更加谨慎,必须综合考虑供应商的各个方面的表现,在严格认证前提下,选择少数供应商,与其建立合作伙伴关系。

第2节 供应商关系管理

一、国际工程材料、设备供应商管理的特点

如上所述,国际工程项目材料、设备供应商既有为某一项目而选择的短期、临时性供应商,又有为实现承包商企业长期战略目标的供应商。两种类型的供应商都应纳入承包商的供应商管理体系。供应商管理体系的核心是:承包商企业突破传统企业组织的有形界限,有效整合其企业内、外部资源,根据实际情况,与供应商建立长期或短期的合作伙伴关系和合理的工程项目物资供应结构,最大限度地降低风险、强化竞争优势,最终实现企业的战略目标。建立既有基于项目周期的、其管理流程是以项目生产管理为起点的供应商管理,又有服从于承包商战略目标的供应商管理。而服从于承包商战略目标的供应商管理的管理流程不再以建筑生产管理为起点,而是延展到对上游供应商的统筹安排,是供应商与承包商企业的集成。

对于建立基于项目周期的供应商管理,其理想状态是双方构成一个直接面对在建

项目的集体，如同一个企业内部的不同部门一样主动、默契地协调工作，如建立工程项目全过程协作机制、让供应商参与并共同进行开发、设计，在供应商与企业之间建立一种基于团队的工作小组，共同解决具体项目供应过程以及制造过程中遇到的各种问题。

国际工程材料、设备供应商管理具有如下特点：

(1) 系统性。既对自身，也对供应商整体系统优化，改变传统的只注意企业自身的管理模式，将管理范围延伸到工程项目供应链的全过程。

(2) 松散性。与供应商主要以合同或协议作为双方合作的基础，是介于承包商企业与市场之间的一种"中间组织"，既超越了一般的交易关系，又不存在控制与被控制的隶属关系，是一种相对松散的组织形式。

(3) 独立性。供应商与承包商企业均为相互独立的法人实体，双方遵循自愿互利原则达成平等关系，彼此间只是实现利益驱动下的优势互补。

(4) 互补性。供应商与承包商企业都拥有各自特定的核心优势，相互之间进行资源共享、优势互补。

(5) 协同性。供应商管理是一种以竞争为基础、以协同为主导的协同竞争模式，在协同竞争过程中获取更大的竞争优势。

(6) 共赢性。供应商管理的出发点就是为了"互利"，在相互信任和相互依赖的基础上通过合作，获取大于各自"独立"或"对立"行动所得到的利益。

(7) 多元性。国际工程物资供应商一般由多个不同类型、不同国家和地区的企业群组成，其结构模式复杂。此外，既有长期合作伙伴，也有临时性伙伴，但都是为竞争而合作，靠合作来竞争。

就国际工程项目而言，承包商在材料、设备采购过程中，业主意图始终处于采购的中心地位，承包商应力求实现业主、承包商、供应商"多赢"的格局。

二、供应商关系模式

承包商与供应商的关系受多方面因素影响。在不同的市场环境和经济约束下，双方之间的关系是不同的。影响承包商与供应商关系的因素主要有：资源范围、供应商数量、业主项目意图、物资分类、物资技术复杂度、采购环境复杂度和合作时间等，如表7-1所示。就国际工程项目而言，物资供应的短期性、一次性、阶段性、唯一性、地域性以及物资采购在不同项目中的不同特点与方式、项目的可获得程度与间隔，没有哪一种供应商关系适合所有项目、所有的物资供应和所有的供应商。但是，虽然工程项目对某一业主而言，重复建设可能性不大，但就承包商而言，类似项目在不同地区、国家不断地重复建设，又使得承包商与某些供应商关系得以延续。

供应商关系形式 表 7-1

影响因素	关系模式		
	虚拟供应商	供应商基础关系	合作伙伴关系
供应商数量	多	中	少
物资分类	重要物资	一般物资	战略物资
技术复杂性	一般	一般	高
采购环境	一般	一般	复杂
合作时间	短	短	长

一般情况下，任何一个项目下，任何一个承包商与材料、设备供应商关系模式都是多元化的，如当供应商数量较少，承包商与供应商合作时间较长，承包商与供应商应建立伙伴式的供应关系；当供应商数量较多时，承包商与供应商合作时间较短，适合建立虚拟企业关系。

1. 供应商基础关系模式

供应商基础关系模式是一种松散的、互为交易和竞争对手的关系。在这种关系模式中，退出障碍低，供应商替换容易，价格是双方交易的主要动力。采购方总是试图将价格压到最低。当采购方要求降价时供应商总是以已经亏损不能再降、或者降价须缩短付款期、加大采购量为交易条件。由于许多供应商是以短期销售目标为基础的报酬结构，短期目标促成短期行为，不可能把大量时间投资于建立长期关系。这种关系下，供需双方互相戒备、避免过多的信息交流，不能共同进行质量改进、成本降低和缩短供货期的活动。在国际工程材料、设备采购过程中，由于工程项目的一次性和地域性，许多材料、机具、设备采购都是基于这种基础供应商关系模式。当承包商企业初步进入某一项目东道国或某一区域市场，在供需关系尚未稳定条件下，交易型基础关系模式是一必然的发展阶段。

2. 供应商一般性合作关系模式

一般性合作供应商关系模式的基本特点是，双方关系仍以采购方为主，采购方与供应商的关系是有保留和有限的，双方的信息共享虽然有所拓宽，但不包括一些敏感信息。企业之间的联系范围和相互作用比以往更加广泛。在一般合作供应商关系模式中，供应商为采购方提供增加价值的机会，采购方则对供应商采取积极的交流态度。采购方一般会采取进一步合作的态度或帮助供应商解决出现的问题，避免问题的继续存在。但在这种模式下，由于双方仍处于较为松散的关系，任何一方的退出合作比较容易。此外，由于双方更多的彼此了解，有助于双方关系的深化。

3. 供应商伙伴关系模式

供应商伙伴关系模式是建立在供应商合作关系模式基础上的，这时的采购方和供应商都了解对彼此的重要性，采购方已将其视作重要的外部战略资源。同时，双方进入彼此的内部环境,都把关注点放在中长期收益上,而不仅仅是当前的、短期的收益上,所以能够采用更加主动的方法去联合进行战略计划开发,积极分享敏感信息和致力于共同解决问题,互相锁定,退出比较困难。

三、供应商管理的基本要求

(1)选择数量合适的供应商。承包商的最佳供应商数量不可太多,也不可太少。单一供应商易于保持质量的一贯性,避免间接费用的发生,比如每一项目物资采购在招标以及招标文件工作上所花费的费用。但这种高度依赖意味着工程项目的高风险,一旦供应出现问题,则意味着工程项目的失败。因此,同类物资采购的供应商,至少应有两个,以便产生竞争,使合作也成为供应商的愿望。但同一采购项目的供应商过多,将增加承包商管理难度和管理成本。对于在项目东道国当地采购材料、设备的供应商选择数量,如果当地建筑材料行业水平低,无法选出优秀的供应商,可以采用多家供应商。如果供应商能力很强,与其选多家供应商来管理,不如将精力放在如何建立好供需关系,利用信任、稳定的合作关系来规避风险。

(2)在工程项目货物采购中,降低采购成本是非常必要的,但也必须确保供应商的适当利润。将采购目标仅限于节约成本,会迫使供应商不断降价,最后导致采购物资质量得不到保证、交货期无法保证、供应商最终可能不能、或不能按要求完成供货,导致施工工期无法保证或只能加大投入确保工期。这对受限于工期要求的承包商是致命的。

(3)承包商和供应商之间要建立适当的沟通渠道,及时沟通,从而促进问题的迅速解决,避免因延误或争议造成费用的损失。

(4)承包商通过第三方审核的方式,对供应商的质量体系进行考察和确认。评价其质量表现、对其提供的样品进行确认性检验,针对具体情况和具体产品确定采取何种方法。

(5)与供应商的合作并不是对其提供的"采购产品"的放任,应当适时进行测定、检验。监视的方式有多种,例如驻厂检验、进货检验等。

(6)鼓励供应商实施持续的质量改进并参与联合改进,保持持续的质量改进以提高供应商业绩,使其获益,从而也使承包商获益。为此,承包商可以与供应商制订联合改进计划,一起进行改进,在改进中增进双方的理解,并实现知识共享

(7)供应商早期参与承包商设计,知识技术共享,降低设计风险、减少变更、节约采购成本和时间。

(8)与供应商合作,共同确定发展战略,减少双方风险,获得更大的发展机会。此外,稳定的合作伙伴熟悉工程施工特点,能根据施工安排制订合理的供货计划,保证供货的及时性和供货质量,缩短解决日常问题的时间,有利于双方集中精力搞好临时突发事件及长期性计划工作。

(9) 对供应商不断进行优胜劣汰管理，淘汰不合格供应商，开发有潜质的供应商，推陈出新。承包商与供应商之间并非是从一而终的既定关系，双方都会不断地审视和衡量自身利益是否在和对方的合作中得以实现，不符合自身利益的合作伙伴最终会被摈弃。

四、供应商分类管理

有效的供应商关系管理是建立在对所需材料、设备进行合理分类基础上的。对于承包商来说，不可能对所有供应物资都有足够的选择权去选择供应商，比如项目中的某些专用设备，其相应的维修备品备件，很多情况下只能由原设备供应商处购进；某些专用材料、设备供应商数量有限，或业主指定供应商等，都制约了承包商的选择权。因此，在资源有限的情况下，承包商应根据自身情况和采购项目的重要性程度以及从市场上获取的难易程度，采取不同的供应商关系管理。为更好地体现采购的价值，提高供应商的关系价值，承包商需要在对自己与供应商的力量对比进行分析的基础上，对供应商的类别和关系进行明确定义，对供应商进行分类管理，加强管理的针对性，提高管理效率。

1. 根据供应商经营规模与产品分类

按供应商的规模和经营品种划分，可将供应商分为行业领先供应商、专业供应商、量小品种多型供应商、夹缝型供应商。

行业领先供应商是指那些生产规模大、经营品种也很多的供应商，这类供应商的经营状况一般良好，具有较强的竞争实力，此类供应商经常会成为业主指定供应商。

专业供应商是指那些生产规模大、经验丰富、技术成熟，但经营品种相对少的供应商，此类供应商也经常会成为业主指定供应商。

量小、品种多型供应商是指生产品种多，但规模较小的供应商，这类供应商的竞争能力较弱，主要供应一般建筑材料或机具等。

夹缝型供应商是指那些经营品种少、规模也十分小的区域型供应商，其竞争能力弱，潜力小，但经营方式比较灵活。这类供应商主要是供应砂石料等地产物资。

2. 根据承包商与供应商的关系紧密程度划分

依据承包商与供应商的关系紧密程度可以将供应商划分为短期交易型、长期伙伴型和渗透交易型。

短期交易型供应商是指承包商与供应商之间的关系是短期的交易型关系，是简单的买卖型关系。双方交易仅停留在短期的交易合同上，各自关注的是如何实现自己的利益最大化，而不是双赢。当交易完成后，双方的关系也就自动终止。

长期伙伴型供应商是指承包商与供应商建立起一种长期的合作关系。双方的交易是从双方的长远利益出发，相互配合，不断改进产品质量与服务质量，共同降低成本，提高双方的竞争能力。长期伙伴关系是一种超出买卖关系的合作，合作的范围可遍及各公司内的多个部门。

渗透型供应商是在长期伙伴关系的基础上发展起来的。其管理思想是把对方公司看作是自己公司的延伸，是自己的一部分，因此对对方的关心程度大大提高。为能够参与对方的业务活动，有时会在产权关系上采取适当的措施，如相互参股、投资等，以保证双方利益的共享与一致性。在组织上也采取相应措施，保证双方派员加入对方的有关业务活动。

3. 根据供应商物资在项目中的重要程度划分

根据供应商物资在项目中的重要程度可将供应商分为四类：战略物资供应商、重要物资供应商、瓶颈物资供应商和一般物资供应商。一般而言，20%的供应商需要80%的管理精力。

（1）战略物资

由于这类物资在工程总造价中占有较大的比重，供货产品质量的好坏对工程会产生重大影响，而且能够提供这种物资的合格供应商数量有限，或经常出现业主指定供应商供货的情况，供应市场比较复杂，承包商获得这类物资有一定难度。同时由于供求双方势均力敌，相互依存度较高，双方关系侧重于追求合作。供应商管理特点应侧重于追求技术与生产合作，同时使得承包商能够获得货源保证和价格优势。这种合作伙伴关系要求承包商在其组织内部建立适应战略合作伙伴关系要求的经营理念和信息沟通协调机制，将采购伙伴供应商视为企业经营发展的合作伙伴。对于这种类型的供应商，承包商应浓缩同类物资供应商数量，大幅提高在供应商中采购集中度。鉴于国际工程物资采购的高风险性，对于战略物资供应商，一般可保持在2~3家，同时将供应商划分为ABC三个等级，与A级供应商签订长期合作协议，建立伙伴关系。对于A级供应商，采购量应达到项目需求或企业需求量的一定百分比。对于B级、C级供应商，采购量可依次递减。

（2）重要物资

由于此类物资属于基本采购，采购支出较高，库存占用资金大，但供应市场比较充足，供应商数量丰富，采购风险不高。承包商没有必要花费大量的时间和成本与供应商建立密切关系，保持一般合作关系即可。承包商可利用供应商之间的竞争，选择信誉好、资金实力雄厚的此类供应商。对于此类供应商的服务水平要求放在第一位，要求供应商能够送货、退货、换货以及提供良好的售后服务等，保证产品质量，将产品的价格放在次位。

（3）瓶颈物资

此类物资成本虽然不高，但供应风险很高。供应商数量有限，采购周期长并极易超支。承包商能节省的成本潜力有限，采购该类物资花费的时间和精力有时会超过物资本身的价值，而且一旦失误，将对工程项目产生重大负面影响。同时，承包商与瓶颈物资供应商的力量悬殊较大，一般没有讨价还价能力。因此，供应商保证供应优势高于价格优势。由于任何供应中断的可能性会给项目带来风险，承包商应根据情况采取灵活的策略，发挥智慧，在情势不利的情况下扩大自己的筹码，处理好双方的关系。对居于优势地位的供应商，考虑建立稳定的合作关系，寻求降低对供应商依赖程度的方法，储备可替代供应商。同时，在设计阶段，尽可能让供应商参与并与其充分沟通，减少采购风险。

（4）一般物资

一般物资都是标准化物资，其特点是在工程项目中重要性一般，市场供应和供应商数量都很丰富，价格不高。但这类物资种类繁多而且松散，有时占整个工程项目全部采购物资种类的一半以上。在工程施工中从基础结构到安装都离不开这类物资，因此时间特征不突出。该类物资采购成本即使降幅很大，但对总造价而言，也只是相对较小的节约。而且万一供应中断，暂时不会对项目造成负面影响。由于供求双方对彼此都无足轻重，关系极不稳定。这部分物资大多数在项目东道国当地完成采购。承包商应采用灵活策略，甚至需要整合部分供应商，缩减供应商数量，实施集中采购。在引入竞争机制，使采购价格保持较低水平的同时，防止过度竞争可能带来的质量风险，建立相对稳定的供应商名单，保持有序竞争，简化采购管理程序，建立承包商的采购优势地位。

无论处于何种类型的供应商，由于每一项目的物资采购都有其具体目标和采购规范，承包商应对供应商的供货过程和操作提出明确要求，具体工作原则、守则、规章制度、作业要求应以书面文件的形式加以规定，以保证供应商的供货有序进行。承包商与供应商之间是一种动态的关系，由于双方目标的不一致，使得承包商与供应商的关系联盟并不会总是很理想。承包商需努力与供应商寻求持续改进关系的渠道。

4. ABC分类方法对供应商进行分类

对供应商进行ABC类划分，即：

A类供应商占总供应商数量的20%左右，但其供应的物资价值占工程项目采购物资价值的60%~70%左右。

B类供应商占总供应商数量的60%左右，其供应的物资价值占工程项目采购物资价值的20%左右。

C类供应商占总供应商数量的20%左右，其供应的物资价值仅占工程项目采购物资价值的10%~20%左右。

这样划分出ABC三类。A类供应商，为项目提供了大部分的物资供应，并且数量少，对其进行重点管理是降低采购供应成本的潜力所在和主要途径，因而要投入主要精力，进行重点管理。而对于BC类供应商，因其所提供的物资比重小、数量多，则可以减少精力的投入，作一般管理，它们不是降低采购供应成本的重点。ABC分类管理方法的应用，减轻了工作量，加强了管理，提高了效率，是一种科学、实用的供应商管理方法。

五、循序渐进的供应商管理

（1）国际工程项目部分物资采购是在项目所在国当地实现的，一般为项目大量耗用的砂石料、五金等。对这些物资供应商除质量要求外，基本要求是保证按时、按量供应，与供应商是基础关系模式。由于承包商采购量较大，双方在项目周期内共同利益点很多。在与供应商基础性关系模式基础上，根据承包商在当地市场战略计划，可考虑与供应商演变成一般性合作关系。另外，承包商为了风险管理的需要，针对这类物资中每一种材料可寻找 2~3 个供应商。按 ABC 法将供应商分级，与 A 类供应商签订项目周期内的合作协议，建立伙伴关系。对于 A 类供应商，承包商的采购量应达到该类物资项目需求量的 80%；对于 B 类供应商，承包商的采购量应达到需求量的 20%，对于 C 类供应商可视项目需要，必要时启用。值得注意的是，如果当地建筑材料行业水平低，无法选出优秀的供应商，可以采用多家供应商。如果供应商能力很强，与其选二至三家供应商来管理，不如将精力放在如何建立好供需关系，利用信任、稳定的合作关系来规避风险。

（2）国际工程项目的单件性和一次性，使得瓶颈物资供应商很难与这种采购比例、采购时间和采购量难以预测的承包商建立长期的合作关系，关系也难以处理。同时由于瓶颈物资在项目中的特殊性，又使得瓶颈物资供应商对承包商重要程度加深，一旦延误，会极大影响工程进度。解决问题的关键不在于增加瓶颈物资的库存量，而需要分析形成瓶颈的原因，设法突破瓶颈。处理与这类供应商的关系时，承包商一方面需要事先寻找多个供应渠道，一方面应努力寻找替代品或替代厂家，或将瓶颈物资供应商转化为重要物资供应商，即寻找或建立瓶颈物资的第三方供应商。也可以在与一般物资供应商建立了信赖关系后，将瓶颈物资的供应商和替代供应商的资料逐步传递给一般供应商，要求其在可能的条件下提供服务。

（3）重要物资供应商管理的要点是：为保证物资长期可得以及产品质量，需要通过企业高层之间交流建立合作型战略伙伴，结为双赢的伙伴关系。

（4）将重要物资供应商转化为战略物资供应商，即将一般性的伙伴关系供应商转化为关键性伙伴关系供应商。重要度和市场复杂度都高的物料供应商对企业非常重要。

六、建立供应商管理网络

尽管国际工程承包项目的短期性、一次性和地域性制约了承包商与供应商的合作关系的发展，但是将国际工程市场作为自己主业的承包商应将各短期合作的合格供应商有选择地逐步发展成为其战略计划的合作伙伴，建立供应商网络，逐步发展与供应商的战略联盟，并对供应商网络进行管理，追求物流、资金流和信息流的集成同步化，与各供应商通过整合模式建立战略联盟网络关系，降低整个供应网络的总成本，提高业主满意度。

承包商应明确自己在网络中的管理角色,制定网络整体战略,根据自身的核心优势和优化选择的战略联盟企业,通过制定统一的标准和建立统一的信息平台,实现信息共享和快速传递,带动物流的合理流动,实现网络资源整合,从而达到缩短工期、降低工程总造价、提高网链竞争力和满足业主个性化需求等目的。理想的供应商网络管理最终目的是建立以承包商企业为核心,与工程材料、设备供应商建立长期的战略联盟关系,为承包商提供更优惠的价格和更高质量的产品服务。通过内部资源整合,促进信息的共享互动并带动物流和资金流的合理流动,实现整个网络各个环节的高效协作,形成优质高效的工程运作体系,最终降低整个供应网络的总成本,提高工程质量,缩短工期,提高整体竞争能力和水平。在供应商战略联盟网络关系的建立和维护过程中,应要求各供应商做到:在项目建设前期,各节点企业需共同建立长期的统一目标体系,并在项目实施中对目标进行动态控制调整。在诚信和透明信息交流基础上,加强企业间工作的透明度和相互之间的沟通,建立并完善信任评价体系,促进良好信任环境的形成。通过建立统一的信息平台,加强各方及时、透明和公正地沟通,及时解决冲突,最大限度减少冲突带来的损失。这种战略联盟尤其适合于承包出口的材料、设备供应商。

七、供应商合同关系管理

供应商合同关系管理包括合同与协议、合同模型、合同管理、合同关系、法律关系、违约责任、赔偿损失条款、担保条款、保密条款、资产保存和维修条款、价格变动条款及索赔条款等。

八、供应商关系风险管理

国际工程项目货物采购风险部分来自于与供应商的关系,尤其是来自于与承包商建立起合作伙伴关系的供应商。这类供应商大都是项目的重要物资、战略物资等的供应方,承包商对其具有一定的依赖性,同时与供应商的合作伙伴通常只有部分目标重合,因此双方的合作不可避免地存在着不确定性。供应商关系风险直接影响到国际工程承包项目的成败与否。

承包商与供应商的关系风险主要包括三个方面的内容:

1. 关系风险

供需双方在传统上是一种对立关系,双方都尽量将责任、风险、成本等转嫁给对方。另一方面由于双方目标不尽一致,各自的工作方法、管理方式、思维模式、组织文化等方面存在差异,同时也可能在日程安排、成本分摊、利益分配等方面而存在分歧,这些都可能导致彼此之间的矛盾和冲突。

供应商关系风险主要存在于双方缺乏必要的沟通造成相互信任的缺乏而产生的风险。国际工程项目货物采购的进度与质量风险往往是由于双方沟通不善造成的。此外,承包商对供应商的影响力随着采购合同的订立可能发生某些变化，供应商会为追求自身利益而采取不合作态度或机会主义行为。

2. 绩效风险

绩效风险是指在双方合作的情况下，仍无法达到合作目标的可能性，即与合作情况无关的所有能够导致采购失败或损失增加的危险。因此，对战略物资、重要物资和瓶颈物资供应商的选择应更加慎重，加强双方的交流与沟通，加大合作力度，做到防患于未然。可采用两个以上的供应商来规避上述风险。因此，在选择供应商合作伙伴之初就应将合作可能带来的好处尽可能明确地加以告知，使双方达成共识，并对双方的责任与利益进行明确的界定。

3. 道德风险

道德风险是指由于信息不对称，采购方无法观察到供应方的行为，供应方可能做出有损采购方利益的行动。当供应商按自身利益行动时，有时会给采购方带来损失，比如供应商采用低劣的原材料以获得成本降低的好处，特别是当采购标的产品存在经验属性，产品的质量在短期内难以辨别时，供应商更有可能采取这种方式。供应商的道德风险降低承包商对业主的服务水平，损害了承包商的商业信誉。完善的激励/约束机制、可靠的信息共享渠道、高尚的道德风险机会成本及坚持以业主为中心的理念是控制和防范道德风险的措施。

九、承包商与供应商的知识转移与共享

供应商关系管理不仅仅将供应商视为材料、设备的提供者，也不仅仅局限于供应商单向地向承包商提供重要的知识。供应商关系管理过程中，信息共享和知识学习密不可分。两者可从不同层次提高供需双方相互信任的程度，协调双方的利益分配，促进与供应商合作关系的发展。

基于双方的资产专用性和资源优势，一方面供应商为承包商提供技术、产品支持，另一方面承包商也为供应商提供其所需的技术资源或技术服务。承包商对供应商的知识转移包括3种模式：

（1）构建基于Internet的供应商联盟。供应商联盟是一种以网络平台为联系纽带的供应商协会，通过该协会可以促进承包商对其供应商的知识共享。承包商对供应商共享知识的途径可以是一对一的共享方式，也可以是一对多的共享方式，但无论是哪种方式，其知识共享包括多种途径。例如营造企业合作的共同文化、定期举行供应商会议等。

（2）联合技术管理小组。联合技术管理小组是由承包商、供应商二个企业的技术专家共同组成的合作团队，是为了深化与供应商合作关系而常设的一个跨组织机构，（对某一特定项目，在项目周期内，可由业主、承包商和供应商三方组成），小组成员可以不完全固定，依据项目的实际需要而确定合适的人员。其主要任务包括根据承包

商项目目标和业主的技术要求提出的某一特定任务需求的技术协同活动、或为解决双方各自在生产实际中存在的技术疑难问题进行现场指导和咨询、通过开展相关技术或系统的培训工作进行供应商技术的知识交换与共享。

（3）定期知识共享与交换制度。与供应商联盟不同，定期知识共享与交换制度一般发生在承包商企业与供应商之间，是与两个企业相关联的特定知识。该制度包括两方面的内容：一是承包商定期举行供应商评价工作，分析总结供应商的产品或设备在项目周期内的供应过程或使用状况，并及时反馈给供应商，为下一项目提供采购依据；二是承包商定期对供应商产品进行性能等方面的业务学习和知识分析，提高供应商供货的针对性。

这些系列举措都有助于发展与供应商之间的关系，促使他们分享有价值的知识。

十、供应商绩效评价（详见第16章，第4节）

采购部应对每一份合同实施跟踪考核，对供应商的供货的实际表现进行评价，纳入供应商管理档案。承包商可根据评价结果作出进一步采购决策。对供应商绩效评价的具体指标体系包括质量指标、经济指标、供应指标和服务指标等。

（1）质量指标。质量是用来衡量供应商的最基本的指标，每一采购方在这一方面都有自己的标准，供应商质量标准主要包括来料批次合格率、来料抽检缺陷率、来料使用报废率、来料免检率等。

（2）经济指标。主要是价格与成本、价格水平、报价行为、降低成本的态度与付款行动。

（3）供应指标。指准时交货率、交货周期、订单接受变化率。

（4）合作与服务指标。包括对投诉的灵敏度、反应与沟通、合作态度、售后服务、用户培训等。

（5）其他支持活动。供应商是否积极接纳采购方的有关参观、访问、实地调查等。

对业绩考核较差以及不能及时履约的供应商应进行处罚，如暂停供应商资格、取消供应商资格、列入黑名单等。

（1）暂停供应商资格。凡出现延迟交货现象，影响工程建设的（不可抗力除外）；不按合同约定提供售后服务或出现质量问题不能及时解决的；提供的产品不合格，经换货后仍不合格的；经考查发现管理松懈、技术落后、财务状况恶化的；与承包商发生经济诉讼（在诉讼期内）的供应商。

（2）取消供应商资格。凡提供虚假材料骗取供应商资格；供货业绩较差，根据考核丧失履约能力的；无正当理由不履行合同或协议的供应商。

（3）列入供应商黑名单。因供应商的产品质量问题造成承包商生产事故、非计划停车、停工、经济损失严重、影响重大的；采购过程中（包括招标，询比价）出现串标、恶意报价等严重欺诈行为的供应商。

在对供应商作出评价后,必须尽快通知供应商评价结果,使其了解到自己在竞争者中的等级,便于其不断改进绩效。

第 3 节　供应商激励机制

在国际工程项目货物采购过程中,信息非对称现象普遍存在,承包商与供应商的采购合同基本上是在信息非对称情况下执行的,由于双方利益的不一致以及合同环境的不确定性难免导致供应商出现道德风险和机会主义倾向。对于承包商而言,只有使供应商行动效用最大化,才能使其自身利益最大化,因而,必须对供应商的工作进行有效的激励。即承包商和供应商之间的利益协调关系就转化为信息激励机制的设计问题。所以,如何设计对供应商的激励机制,对保证国际工程项目货物采购目标的实现是非常重要的。激励机制的设计要考虑供应商个体差异,体现公平、一致原则,正面激励与负面激励结合。对供应商的激励机制的设计主要考虑以下几个方面:

1. 价格激励

承包商与供应商在战略上是相互合作的关系,在利益上应该是互利的。这种利益分配主要体现在价格上。合理价格能增强供应商的积极性。利润的合理分配有利于双方合作的稳定和运行的顺畅。承包商在选择供应商过程中,对供应商的投标报价,不能一味强调低价格策略,应综合各项因素,给予合理的评价。价格激励本身也隐含一定风险,即承包商在选择供应商时,如果过分强调低价格,选择报价较低的供应商,而将一些整体水平较好的供应商排除在外,其结果可能会影响施工质量、竣工时间。当然,看重眼前的利益是导致这一现象的一个不可忽视的原因,但出现这种劣质供应商排挤优秀供应商的根本原因是:在签约前对供应商的不了解,没意识到报价越低,意味着违约的风险越高。因此,使用价格激励机制时要谨慎从事,不可一味强调低价策略。

2. 订单激励

供应商获得更多的订单是对其一种极大的激励,特别是同一材料存在多个供应商时,给予较多的订单一般能起到较好的激励作用,可使供应商能够考虑到以后的利益而提供真实可靠的生产供应信息,从而降低承包商采购风险,如承包商在签订采购合同中明确地提出,如果第一批货物的数量、质量与合同相符,则下一批货将会加大订货量,从而使供应商考虑到今后货物的利润而严格履行合同义务,或在签约时提供供应商真实信息。

3. 商誉激励

商誉是供应商企业的无形资产,来自于承包商对供应商的评价,对供应商极其重要。在激烈的竞争市场上,供应商的市场份额和业务量取决于其过去的供货质量与合作水平。从长期来看,供应商必须对自己的行为负完全的责任。因此,供应商积极努力工作，可以改进自己在市场上的声誉，从而提高未来收入。从国际工程项目物资市场供应的角度看，国外供应商更看重自己的声誉，也拥有比较高的商业信誉。他们为着自己的声誉，也为着自己的未来利益，努力提高自身生产、供货与合作水平。这是经过市场经济的长期洗礼而形成的无形资产，是他们在激烈的市场竞争中颇具实力的一个重要原因。我国部分供应商企业尚未养成良好的合作精神，履行合同的意识较差，如不能按时、按质、按量交货等。在同供应商业务来往中，坚持信守合同，依法经营，努力创造广泛认同的双方良好的氛围的同时，对那些商誉好的供应商提供销售市场，或通过某些方式公开奖励，赞扬表现优秀的供应商，以起到激励作用。

4. 信息激励

信息对供应商意味着生存，获得更多的信息意味着拥有更多的机会、更多的资源，从而获得激励。信息激励具体体现在以下几个方面：

(1) 定时发送给供应商表现报告。报告内容包括准时交货率、发运错误率、订单准确率、不合格率、退货率等等。

(2) 与主要供应商经常进行有关成本、质量控制等方面信息的交流与沟通，以保持信息的一致性和准确性，便于价格的确定和质量的把关。

(3) 及时将所需物资的质量变化情况、工艺变化、设计变更等对物资提出的新要求告知供应商，以利于供应商能够及时调整生产，满足要求。

(4) 注重信息的反馈，如允许供应商对承包商政策和决策提出建议和意见等。

信息激励机制的建立，也在某种程度上克服了由于信息不对称而使国际工程项目货物供需之间相互猜忌的弊端，并消除由此带来的风险。

5. 组织激励

为保证供应商具有不断改进供货服务的动力，消除承包商和供应商之间可能存在的采购流程问题，以及降低双方的关系磨合所产生的费用，在保证质量和供应的条件下，同一项目周期内的同一材料，或者相同材料组合，或不同项目的重要物资、瓶颈物资和战略物资，在符合项目技术和工期要求的前提条件下尽可能减少供应商数量。通过与供应商协调和信息共享等方式，使得供应体系与承包商的生产体系相融合。同时，对保留的供应商关系进行优化，充分利用双方资源，避免与供应商之间存在重复操作。整个过程的重点是与尽可能少的供应商建立起可靠的、长期的战略合作关系。

6. 淘汰激励

为使供应商竞争保持在一个适度的水平，必须建立对供应商的淘汰机制。淘汰机制是一种负激励。淘汰激励是在供应商群内形成一种危机激励机制，让所有合作者都有一种危机感。供应商为能在供应商群体中获得优势的同时自己也获得发展，就必须承担一定的责任和义务，对自己承担的供货任务，在成本、质量、交货期等方面负有全方位的责任。这一点对防止短期行为和"一锤子买卖"给承包商带来的风险也起到一定的预防作用。危机感可以从另一个角度激发供应商企业发展。

供应商淘汰激励机制可采用两种方式、基于两个方面：①采购部门根据定期的供应商评估，评估结果不合格或排名靠后；②使用部门出现重大质量问题。同时，黑名单制可作为对供应商淘汰机制的补充。在对供应商做出取消合格供应商资格后，根据具体取消的原因，对于违规情节严重的供应商，将其列入黑名单。列入黑名单的供应商视违规严重程度采取以下一项措施：①一年内不得进入合格供应商目录；②三年内不得进入合格供应商目录；③五年内不得进入合格供应商目录。

7. 采购/供应合同设计

采购/供应合同是供应商和采购商为进行产品交易而签订的具有法律效力的、明确双方权利义务的书面协议。通过合同条款的设计，以书面的形式规定各自的责任、利益的分配、可能出现的意外情况及处理方式、风险的分担。进入20世纪90年代以来，美国学者 Yehuda Bassok，Ravi Anupindi 等人对合同设计中的柔性进行深入地研究，提出了几种具有实践指导意义的模型，如：备货（Backup）合同、最低购买价值/数量合同、带期权的分期承诺合同、滚动水平柔性合同等，这些合同将数量柔性作为一种商品在供应商和采购商之间进行买卖，共享合作利润和共担风险，实现合作总体利益的最大化。

第4节　与供应商管理有关的信息技术

国际工程项目货物采购的供应商管理离不开信息技术的运用（详见第16章）。与供应商有关的信息技术有以下几种：

1. 以 Internet 互联网为基础设施

无论是企业内部的 Internet 网，还是企业之间的 Extranet 网，均是按照 Internet 原理，设计互联，同样具有 Internet 的优质特性，再加上防火墙（Firewall）以及 HTTP 加密传送等解决方案，实现了 Internet、Intranet、Extranet 的无缝连接，形成全球性网络，促成了大量信息在全球范围的快速、准确、及时地流动，为国际工程项目货物采购的供应商管理提供了条件。

2. 电子数据交换技术 EDI

EDI 是一种直接应用的报文传递方式。它建立了一套完全标准化的商业报文格式，并通过使用专用增值网（VAN），由企业内部的计算机应用系统自动生成报文传向相应的贸易伙伴。可以帮助企业缩短供应链，压缩库存，提高效率，通过减少迟延和错误来提高企业生产质量和服务水平。但 EDI 系统是企业之间的专线网络，成本高昂，系统复杂，仅在具备规模经济的大企业之间才可能设立，中小企业无法进入。其次，EDI 系统变化弹性低，有特定的订单发票格式，不能随意更改，这对于承包商企业同供应商之间只想保持短期合作关系是不利的。

3. 基于 Extranet 的企业间电子商务

Extranet 建立在 IP 为基础的因特网上，通过最普遍的 HTML 编写工具制作界面。

能够很好地克服专线网上 EDI 的局限性，同时继承 EDI 系统的优点，即大大降低信息处理成本、进一步促进及时生产策略、压缩供应链等，而且还提供电子货币、电子信用卡等支付手段来简化企业之间的交易手续，提高交易效率。当然，由于 Extranet 上交换的信息属于机密资料，必须有相应的技术来解决网络安全问题。

4. 有效的信息沟通渠道

信息技术提供的沟通渠道十分丰富，除上述的 EDI 以外，还可以通过收发 E-mail 来迅速传递消息，在企业设立的 WEB 站点上收集信息，直接进入企业的大型数据库去获取资料，跨地区、跨国界召开电话、视频会议等各种渠道进行信息沟通。

5. 企业资源计划（ERP）系统

ERP 系统同样是围绕供应链这个核心概念，把客户需求、企业制造活动以及供应商的制造资源整合在一起，并对供应链上的所有环节进行有效管理。它支持整个供应链上物料流通体系中供、产、需各个环节之间的运输管理、仓库管理等。应该说，当 ERP 和 EDI、电子商务相互融合起来以后，企业内部与外部资源就好似一个虚拟企业中所共有的资源协调、同步地运作起来，共同为顾客创造价值，这正是我们在虚拟一体化中实施供应商战略所要达到的最终目的。

第 8 章 国际工程项目货物采购的交货条件

> 承包商根据承包合同中业主对原产地、技术规范的要求以及当地建筑材料、设备市场供应等情况需从第三国进行的采购,具有国际贸易性质。由于承包商与第三国供应商分处不同的国家,采购合同的主体除受各自国家贸易法律,法规的制约外,还要按照国际贸易惯例履行合同,如对价格条件的约定,以便规范双方的交易行为。

第 1 节 国际工程项目货物采购的价格条件

国际工程项目货物采购中部分采购具有国际贸易性质。承包商根据承包合同中业主对原产地、技术规范的要求以及当地建筑材料、设备市场供应状况等情况从第三国采购或从国内出口。在这种采购条件下,由于承包商与第三国供应商分处不同的国家,采购合同的主体除受各自国家贸易法律,法规的制约外,还要按照国际贸易惯例履行合同,如对交货条件的约定等,以便规范交易行为,加速采购进度,防止争议的发生。

一、国际贸易术语综述

价格条件又称贸易术语(以下称"贸易术语"),是用来表示货物的价格构成、交货地点以及风险、责任和费用划分等问题的专门用语。国际货物采购中的采购方和供应商之间货物的交接是一项时间性强、面广、线长、环节多的复杂工作,具体交易中要确定交货地点、划分风险转移的界限和双方责任和费用等。在上述问题中,交货地点是核心问题,它的确定往往对其余问题有决定作用,交货地点不同,承包商承担的风险、责任和费用亦不相同。例如承包商为自己收货的便利，或根据项目东道国具体情况，在合同中约定以 DDP 条件交货，则在该交货条件下，由供应商安排运输并支付全程费用、承担全程运输风险、办理货物在进出口地的出入境手续，在合同约定的进口国某地点或项目现场将货物交给承包商，而承包商只需在指定地点受领货物即可，货物的风险在承包商受领货物后转移至承包商。所有这些具体问题均可以以贸易术语的方式约定。在国际工程项目货物采购业务活动中，合同双方当事人有时不可能对其中的权利和义务规定得非常详细、具体，因此在签订合同时，选用某种贸易术语，既简洁、明了，又可以补充合同中的某些不足。

在国际工程项目货物采购中使用贸易术语亦有利于双方交易磋商和订立合同、核算价格和成本、解决履约当中的争议，也有利于其他有关机构开展业务活动。由于每种贸易术语都有其特定的含义，因此双方只要商定按何种贸易术语成交，即可明确彼此在交接货物方面所应承担的责任、费用和风险，由此简化交易手续、缩短洽商交易时间，有利于双方迅速达成交易和订立合同。由于贸易术语表示了货物的价格构成，买卖双方确定成交价格时，必然要考虑采用的贸易术语中包含的费用，有利于双方进行比价和成本核算。此外，由于贸易术语的一般解释已成为国际贸易惯例，是国际商界所遵循的一种类似行为规范的准则，买卖双方商订合同时，如对合同条款考虑欠周，使某些事项规定不明确或不完备，致使履约过程中产生的争议不能依据合同的规定解决时，可援引有关贸易术语的一般解释来处理。国际工程项目货物采购业务活动中离不开承运人、保险公司、银行、海关、商检等机构，而贸易术语及有关解释贸易术语的国际贸易惯例的相继出现，为这些机构开展业务和处理业务实践中的问题提供了客观依据和有利条件。

二、《国际贸易术语解释通则》

目前国际上使用范围最广，被大多数国家或组织所自觉遵守的有关贸易术语的国际贸易惯例是由国际商会制订的《国际贸易术语解释通则》。该通则近似有国际公约的普遍适用性，因此具有国际通用性，为大多数国家所接受。目前普遍使用的是《国际贸易术语解释通则 2000》（表 8 - 1）。

《国际贸易术语解释通则 2000》规定的 13 种贸易术语一览表　　表 8 - 1

组别	术语缩写	术语英文名称	术语中文名称
E 组发货	EXW	EX Works	工厂交货（……指定地点）
F 组	FCA	Free Carriage	交至承运人（……指定地点）
主运费未付	FAS	Free Alongside Ship	船边交货（……指定装运港）
	FOB	Free On Board	船上交货（……指定装运港）
C 组	CFR	Cost and Freight	成本加运费（……指定目的港）

续表

组别	术语缩写	术语英文名称	术语中文名称
主运费已付	CIF	Cost, Insurance and Freight	成本、保险加运费付至（……指定目的港）
	CPT	Carriage Paid to	运费付至（……指定目的港）
	CIP	Carriage and Insurance Paid to	运费、保险费付至（……指定目的地）
D组货到	DAF	Delivered at Frontier	边境交货（……指定地点）
	DES	Delivered EX Ship	目的港船上交货（……指定目的港）
	DEQ	Delivered EX Quay	目的港码头交货（……指定目的港）
	DDU	Delivered Duty Unpaid	未完税交货（……指定目的地）
	DDP	Delivered Duty Paid	完税后交货（……指定目的地）

承包商作为材料、设备采购中的买方，应掌握《国际贸易术语解释通则 2000》中的 13 种贸易术语，并能分析不同贸易术语所代表的价格间的差别，以及双方责任、义务和风险的划分，从而决定选择在当前环境下对承包商最有利的贸易术语。

《国际贸易术语解释通则》在应用中应该注意以下几个问题：

（1）《国际贸易术语解释通则》不能与合同明示条款相冲突。由于国际贸易惯例仅在合同含义不明确或内容不全面时才对合同有补充和解释的作用，因此《通则》不得对抗与之相异的明确的合同条款。

（2）《通则》并不是适用于所有国家的对外贸易活动。某些区域不适用某个惯例，或某些区域有自己的惯例。这是由于某个地区的国家在政治、经济、文化等方面存在着某种共性，因而存在区域性的惯例，例如《1941 年美国对外贸易修订本》，在北美、拉美一些国家被长期使用，并具有一定的影响。而在与伊斯兰国家进行交易时，必须使用伊斯兰地区的惯例。此外，目前国际上还有其他类似的国际贸易术语解释规则，如《华沙－牛津规则》。因而即使表面相同的术语，依照不同的惯例也会有不同的解释内容。因此，承包商在与不同国家的供应商进行交易时，应注意对方国家适用的是何种规则，双方对这些术语的理解是否一致。

（3）在使用《通则》时，不得不同时考虑一些国际上通行的行业性的惯例和规则，因为这些通行的习惯做法和规则，使《通则》适用范围仅限于某一行业，有时可能与《通则》发生冲突或不一致。

（4）《通则》涵盖的范围仅限于采购合同当事人的权利义务中与已售货物（不包括"无形的"货物，如电脑软件）交货有关的事项。对运输、保险、融资合同的相关当事人的权利和义务并无任何规定。与采购合同有关的其他几个附属合同，如运输合同、保险合同等应依据各自合同规定和其他相关法律、惯例来调整当事人的权利义务。例如《通则》中的贸易术语不适用于运输合同中的术语（尽管有时字母组合相同），尤其不适用于各种租船合同中的贸易术语。应在运输合同中对与贸易术语类似或相同字母组合的术语明确约定。否则，一旦发生争议，《通则》对贸易术语的解释将不能自动扩展和适用于运输合同。

（5）《通则》涉及货物进出口清关、包装的义务、买方受领货物的义务，以及提供证明各项义务已完整履行的文件的义务。

（6）尽管《通则》对于采购合同的执行有着极为重要的意义，但合同中可能引起的许多问题却并未涉及，如货物所有权和其他产权的转移、违约、违约行为的后果以及某些情况下的免责等。这些问题必须通过采购合同中的其他条款和适用的法律予以解决。

（7）贸易术语的内涵只是采购合同的一个重要组成部分，是决定合同性质的关键因素，构成合同的核心内容，但它不能取代合同条款，亦不能成为合同当事人一切权利、义务的唯一依据。

（8）作为国际贸易惯例的《通则》本身不是法律，不具有强制性。此外，由于不同的国家、不同的组织、不同的企业、不同的法人有不同的情况，《通则》的使用并不是毫无限制的。当适用《通则》的某些术语的规定给自己带来不便或不符合自身利益时，交易双方都有可能对《通则》的适用采取某些限制性措施，或对此惯例进行修改或根本不采用。

第 2 节　国际工程项目货物采购中常用贸易术语

《国际贸易术语解释通则 2000》（以下简称《通则 2000》）所列 13 种贸易术语中，适用于国际工程项目货物采购的贸易术语有如下 11 种，见表 8-2。

适用于国际工程项目货物采购的贸易术语　　　　表 8-2

组别	术语缩写	术语英文名称	术语中文名称
E 组发货	EXW	EX Works	工厂交货（……指定地点）
F 组	FOB	Free On Board	船上交货（……指定装运港）
主运费未付	FCA	Free Carrier	交至承运人（……指定地点）
C 组	CFR	Cost and Freight	成本、加运费付至（……指定目的港）
主运费已付	CIF	Cost, Insurance and Freight	成本、保险费加运费（……指定目的港）
	CPT	Carriage Paid to	运费付至（……指定目的港）
	CIP	Carriage and Insurance Paid to	运费、保险费付至（……指定目的地）
D 组货到	DES	Delivered EX Ship	目的港船上交货（……指定目的港）
	DEQ	Delivered EX Quay	目的港码头交货（……指定目的港）
	DDU	Delivered Duty Unpaid	未完税交货（……指定目的地）
	DDP	Delivered Duty Paid	完税后交货（……指定目的地）

一、EX Works 工厂交货（……指定地点）

1. 基本内容

按照《通则2000》的解释，采用EXW贸易术语成交时，卖方在其营业处所（工厂、工场、仓库、商店等）将尚未经出口清关，且未装载于任何提货运输工具的货物置于买方控制之下后，即完成交货。买方承担自卖方所在处所提取货物至目的地所需的一切费用和风险。即卖方在其所在地或其他指定的地点将货物交给买方处置后，即完成交货，除非双方另有约定，卖方不负责办理出口清关手续或将货物装上买方提供的任何运输工具，买方必须承担从卖方所在地受领货物到目的地的全部费用和风险。该术语是卖方承担责任、费用和风险最小的术语。

在EXW条件下，卖方承担的义务如下：

（1）卖方提供符合合同规定的货物和商业发票或有同等作用的电子数据，以及合同可能要求的、证明货物符合合同规定的其他任何凭证。

（2）卖方应买方要求并由其承担风险和费用，在需要办理海关手续时，卖方必须给予买方一切协助，以帮助买方取得货物出口所需的出口许可证或其他官方许可。

（3）卖方必须按照合同约定的日期或期限，或如果未约定日期或期限，按照交付此类货物的惯常时间，在指定的地点将未置于任何运输工具上的货物交给买方处置。若在指定的地点内未约定具体交货点，或有若干个交货点可使用，则卖方可在交货地点中选择最适合其己方的交货点。

（4）卖方必须给予买方有关货物将于何时何地交给买方处置的充分通知。

（5）卖方须支付为将货物交给买方处置所需进行的查对费用（如查对货物品质、丈量、过磅、点数的费用）。卖方自付费用提供为货物运输所需的包装并作适当标记。

（6）应买方要求并由其承担风险和费用，卖方须给予买方一切协助，以帮助其取得由交货地国/原产地国所签发或传送的，为买方出口/进口货物可能要求的和必要时从他国过境所需要的任何单据或有同等作用的电子数据。

（7）应买方要求，卖方须向买方提供投保所需的信息。

买方承担的义务如下：

（1）买方按照采购合同规定支付价款。

（2）买方自担风险和费用，取得任何出口和进口许可证或其他官方许可，在需要办理海关手续时，办理货物出口的一切海关手续。

（3）买方按时按地受领货物。

（4）买方承担受领货物后的一切风险。

（5）买方须支付自受领货物之时起与货物有关的一切费用；及在卖方将货物交给买方处置而买方未受领货物或未给予卖方相应通知而发生的任何额外费用，前提是卖方已将该项货物正式划归合同项下。需要办理海关手续时，买方须支付货物出口应交纳的一切关税、税款和其他费用,以及办理海关手续的费用。

(6) 一旦买方有权确定在约定的期限内受领货物的具体时间和/或地点时,须就此给予卖方充分通知。

(7) 买方须向卖方提供已受领货物的适当凭证。

(8) 买方须支付任何装运前检验的费用,包括出口国有关当局进行强制检验的费用。

2. 适用范围和注意问题

本贸易术语是实际交货价,适用于从与工程项目所在国毗邻、且陆路接壤的国家进行的采购,同时采购半径不大,采购方可自备运输工具的情况。由于采用该贸易术语,供应商承担的责任、费用和风险最小,因此其价格构成近似于成本价,对采购方有一定的吸引力。在对全程运输路线、费用合理安排和规划的基础上,可降低采购成本。但在该贸易术语条件下,采购方的责任、费用和风险是所有贸易术语中最大的,采购方应慎重选择。此外,如果采购方不能在供应商所在国办理出口通关手续,则不适宜采用此贸易术语。

二、CFR (Cost and Freight) 成本加运费 (……指定目的港)

1. 基本内容

按照《通则2000》的解释,采用CFR术语成交时,卖方在装运港货物越过船舷时完成交货义务。卖方须支付将货物运至指定目的港所需运费,但交货后货物灭失或损坏的风险以及由于各种事件造成的任何额外费用即由卖方转移到买方;CFR术语要求卖方办理出口清关手续。该术语仅适用于海运或内河运输。如当事各方无意越过船舷交货,则应使用CPT术语。

在CFR条件下,卖方承担的义务如下:

(1) 卖方提供符合合同规定的货物和商业发票或有同等作用的电子数据,以及合同可能要求的、证明货物符合合同规定的其他任何凭证。

(2) 卖方自担风险和费用,取得任何出口许可证或其他官方许可,并在需要办理海关手续时,办理货物出口货物所需的一切海关手续。

(3) 卖方自付费用,按照通常条件订立运输合同,经由惯常航线,将货物用通常可供运输合同所指货物类型的海轮(或依情况适合内河运输的船只)运输至指定的目的港。

(4) 卖方须在装运港,在约定的日期或期限内,将货物交至船上。

(5) 卖方须承担货物在装运港越过船舷为止时的灭失或损坏的一切风险。

(6) 卖方须支付交货为止时与货物有关的一切费用及从装运港至目的港的运费和其他一切费用(货物的装船费和根据运输合同由卖方支付的、在约定卸货港的任何卸货费;及货物出口需要办理的海关手续费用及出口时应缴纳的一切关税、税款和其他费用及根据运输合同规定，由卖方支付的货物从他国过境的费用）。

（7）卖方须给予买方说明货物已按规定交货的充分通知及任何其他通知，便于买方能够为受领货物采取通常必要的措施。

（8）卖方须自付费用，毫不迟延地向买方提供表明货物载往约定目的港的运输单据。该单据须载明合同货物，其日期应符合约定的装运期要求，使买方得以在目的港向承运人提取货物，或便于买方通过转让单据或通过通知承运人出售在途货物。

（9）卖方须支付为货物装船时所需进行的查对费用（如核对货物品质、丈量、过磅、点数的费用），并付费用提供符合其安排的运输所要求的包装并作适当标记。

（10）应买方要求并由其承担风险和费用，卖方须给予买方一切协助，以便于其取得由装运地国和/或原产地国所签发或传送的、为买方进口货物可能要求的和必要时从他国过境所需的任何单据。应买方要求，卖方须向买方提供投保所需的信息。

买方承担的义务是如下：

（1）买方支付货款。

（2）买方自担风险和费用，取得任何进口许可证或其他官方许可，并在需要办理海关手续时办理货物进口及从他国过境的一切海关手续。

（3）在卖方按规定交货后，在指定的目的港从承运人处收受货物。

（4）承担货物在装运港越过船舷之后灭失或损坏的一切风险。买方未按第（5）条规定给予卖方通知，买方须从约定的装运日期或装运期限届满之日起，承担货物灭失或损坏的一切风险，但以该项货物已正式划归合同项下为限。

（5）当买方有权决定装运货物的时间和/或目的港，买方须就此给予卖方充分通知。

（6）买方须支付自卖方交货时起，除主运费以外的一切费用及货物在运输途中直至到达目的港为止的一切费用（除运输合同另有规定外）；及包括驳运费和码头费在内的卸货费（除运输合同另有规定外）；及在买方未给予卖方通知时，则自约定的装运日期或装运期限届满之日起，货物所发生的一切额外费用（以该项货物已正式划归合同项下为限），及在需要办理海关手续时，货物进口应交纳的一切关税、税款和其他费用，及办理海关手续的费用，以及需要时从他国过境的费用（除非这些费用已包括在运输合同中）。

（7）买方须接受卖方提交的符合合同规定的输单据。

（8）买方须支付任何装运前检验的费用，但出口国有关当局强制装船前检验除外。

2. 适用范围和注意事项

本贸易术语是装运港交货价，在国际工程项目货物采购中一般适用于下列情况。

（1）小批量，零星货物采购。由于成交数量不多，一般采用班轮而不是租用整船运载货物，由供应商安排运输较为方便，采购方也较易接受。

(2) 当国外运价水平较低时可考虑使用该术语。但为保证采购方进口货物的安全，有必要在采购合同中规定国外供应商租用信誉好的船公司的船承运进口货物，并委托 SGS 或劳合社这类信誉卓著的机构派人在装船前验货、监装并出具检验证以保证采购方利益。

(3) 由采购方办理货物运输保险，便于采购方根据货物性质、特点和航线合理选择险别以及保险公司和保险条款。但是采购方应注意保险公司对装船前的货损是否赔偿。此外按 CFR 术语订立合同时，采购方需特别注意供应商货物上船后发装船通知的问题，便于采购方办理保险。

三、CIF（Cost, Insurance and Freight）成本、保险费加运费付至（……指定目的港）

1. 基本内容

按照《通则 2000》的解释，采用 CIF 条件成交时，卖方在装运港货物越过船舷时即完成交货，并支付将货物运至指定目的港所需的运费，但交货后货物灭失或损坏的风险及由于各种事件造成的任何额外费用即由卖方转移到买方，卖方办理货物在运输途中灭失或损坏风险的海运保险手续并支付保险费。CIF 术语只要求卖方投保最低基本险。如买方需要更高的保险保障，则需要与卖方明确达成协议，或者自行做出额外的保险安排。CIF 术语要求卖方办理货物出口清关手续。

在 CIF 条件下，卖方承担的义务如下：

(1) 卖方必须提供符合合同规定的货物和商业发票，以及合同可能要求的、证明货物符合合同规定的其他任何凭证。

(2) 卖方须自担风险和费用，取得任何出口许可证或其他官方许可，并在需要办理海关手续时，办理货物出口所需的一切海关手续。

(3) 卖方须自付费用，按照通常条件订立运输合同，经由惯常航线，将货物用通常可供运输合同所指货物类型的海轮（或依情况适合内河运输的船只）装运至指定的目的港。卖方须按照合同规定，自付费用取得货物保险，并向买方提供保险单或其他保险证据，以使买方或任何其他对货物具有保险利益的人有权直接向保险人索赔。

(4) 卖方须在装运港，在约定日期或期限内，将货物交至船上。

(5) 卖方须承担直至货物在装运港越过船舷为止时货物灭失或损坏的一切风险。

(6) 卖方须支付货物交至船上为止时的一切费用，包括装船费；保险费；及根据运输合同由卖方支付的、在约定卸货港的任何卸货费用；货物出口需要办理的海关手续费用及出口时应缴纳的一切关税、税款和其他费用；以及根据运输合同规定由卖方支付的货物从他国过境的费用。

(7) 卖方须给予买方说明货物交至船上的充分通知，以及要求的任何其他通知，便于买方能够为受领货物采取通常必要的措施。

(8) 卖方须自付费用，毫不迟延地向买方提供表明载往约定目的港的通常运输单据，该单据须载明合同货物，其日期应符合约定装运期，使买方得以在目的港向承运人提取货物。

(9) 卖方须支付规定交货所需进行的查对费用（如核对货物品质、丈量、过磅、点数的费用）。卖方须自付费用，提供符合运输要求的包装，包装应作适当标记。

买方应承担的义务如下：

(1) 买方须按合同规定支付价款。

(2) 买方须自担风险和费用，取得任何进口许可证或其他官方许可，并在需要办理海关手续时，办理货物进口及从他国过境的一切海关手续。

(3) 买方须在指定目的港从承运人处收受货物。

(4) 买方须承担货物在装运港越过船舷后货物灭失或损坏的一切风险。

(5) 买方须支付自卖方交货时起，除主运费以外的一切费用及货物在运输途中直至到达目的港为止的一切费用（除运输合同另有规定外）；及包括驳运费和码头费在内的卸货费（除运输合同另有规定外）；及在买方未给予卖方通知时，则自约定的装运日期或装运期限届满之日起，货物所发生的一切额外费用（以该项货物已正式划归合同项下为限），及在需要办理海关手续时，货物进口应交纳的一切关税、税款和其他费用，及办理海关手续的费用，以及需要时从他国过境的费用（除非这些费用已包括在运输合同中）。

2. 适用范围和注意问题

本术语是装运港交货价，适用于国际工程项目货物采购中的零星、小批量货物的进口，特别是国外装运港为偏远港口或国外运价水平较低的情况。由于 CIF 条件本身的特点，如 CIF 条件下的卖方并不保证货到目的港以及象征性交货的特点，采购方可能要承担较大的风险：如货款两空，或不能按时收货，或所收的货物品质、数量、包装等与合同规定不符，或收到的单据与合同规定不符等。因此采购方进口货物要慎用 CIF 术语。这是因为该术语条件下，由国外供应商租船订舱，采购方对此缺乏相应的控制力，很容易在以交单时间为准转移货物所有权、凭单付款的情况下，由于船期延误等原因形成重大经济损失，或发生货、款两空的损失。

如必须采用该术语时，为保证到货安全，采购方有必要在采购合同中规定下列内容。

(1) 规定供应商租用船运公司的船级、船籍、船龄等要求，避免惯例或公约对供应商约束过于宽松所导致的运输途中货物风险扩大，同时防止船公司为补充燃料或以其他理由单方面决定"合理"停靠低价燃料港，或途中拉拢其他客户而耽误船期。

(2) 规定合理的约束条款，将付款义务推迟，以达到预防供应商与承运人相互勾结，付款后保证收货的目的。在以信用证作为结算方式时应慎用 CIF。

(3) 签订预防性条款。如检验条款，防止供应商以次充好、以假充真，而且有利于区分责任。

(4) 改变 CIF 术语对采购方不利的规定,例如改变 CIF 术语的性质,把 CIF 术语的凭单交货、凭单付款改为货到凭单付款。

四、CPT（Carriage Paid To）运费付至（……指定目的/港）

1. 基本内容

按照《通则2000》的解释,在 CPT 条件下,卖方向其指定的承运人交货,支付将货物运至目的地的运费。买方承担交货之后一切风险和其他费用。这里的"承运人"是指任何在运输合同中,承诺通过铁路、公路、空运、海运、内河运输或上述运输的联合方式履行运输或由他人履行运输的人。如果还使用后续承运人将货物运至约定目的地,则风险自货物交给第一承运人时转移。CPT 术语要求卖方办理出口清关手续。

在 CPT 条件下,卖方承担的义务如下:

(1) 卖方须提供符合合同规定的货物和商业发票或有同等作用的电子数据,以及合同可能要求的、证明货物符合合同规定的其他任何凭证。

(2) 卖方须自担风险和费用,取得任何出口许可证或其他官方许可,并在需要办理海关手续时,办理货物出口货物所需的一切海关手续。

(3) 卖方须自付费用,按照通常条件订立运输合同,依通常路线及习惯方式,将货物运至指定的目的地约定点。如未约定或按照惯例也无法确定具体交货点,则卖方可在指定的目的地选择最适合其目的的交货点。

(4) 卖方须向其指定的承运人交货,如需要续运的承运人时,则向第一承运人交货,以使货物在约定日期或期限内运至指定的目的地的约定点。

(5) 卖方承担货交承运人前,货物灭失或损坏的一切风险。

(6) 卖方须支付直至货交承运人时与货物有关的一切费用和货物运至目的地的运费,包括根据运输合同规定由卖方支付的装货费和在目的地的卸货费;及在需要办理海关手续时,货物出口需要办理的海关手续费用及出口时应缴纳的一切关税、税款和其他费用,以及根据运输合同规定,由卖方支付的货物从他国过境的费用。

(7) 卖方货交承运人后,须向买方发出装运通知,及要求的任何其他通知,便于买方受领货物。

(8) 卖方须自付费用向买方提供按照运输合同所涉及的通常运输单据或电子数据。

(9) 卖方须支付货交货交承运人时所需进行的查对费用及提供符合其安排的运输所要求的包装的费用,包装应作适当标记。

(10) 应买方要求并由其承当风险和费用,卖方须给予买方一切协助,帮助买方取得由装运地国和/或原产地国所签发,买方进口货物可能要求的,和必要时从他国过境所需的任何单据,以及应买方要求,向买方提供投保所需的信息。

买方应承担的义务如下:

(1) 买方须按合同规定支付价款。

(2) 买方须自担风险和费用,取得任何进口许可证或其他官方许可,并在需要办理海关手续时,办理货物进口及从他国过境的一切海关手续。

(3) 买方须在卖方按规定交货时受领货物,并在指定的目的地从承运人处收受货物。

(4) 买方须承担卖方自货交承运人时起货物灭失或损坏的一切风险。一旦买方有权决定发送货物的时间和/或目的地,买方须就此给予卖方充分通知。如买方未能给予卖方通知,则买方须从约定交货日期或交货期限届满之日起,承担货物灭失或损坏的一切风险,但以该项货物已正式划归合同项下,即清楚地划出或以其他方式确定为合同项下之货物为限。

(5) 除从装运地至目的地运费外,买方须支付自卖方货交承运人时起的一切费用及货物在运输途中直至到达目的地为止的一切费用及卸货费(运输合同另有规定除外)。在买方有权决定装运时间和地点,但未给予卖方通知时,则自约定的装运日期或装运期限届满之日起,货物所发生的一切额外费用由买方支付,但以该项货物已正式划归合同项下,即清楚地划出或以其他方式确定为合同项下之货物为限。在需要办理海关手续时,货物进口应交纳的一切关税、税款和其他费用,及办理海关手续的费用,以及从他国过境的费用由买方支付,除非这些费用已包括在运输合同中。

(6) 在卖方所交单据符合合同规定条件下,买方须接受该运输单据。

(7) 买方须支付任何装运前检验的费用,但出口国有关当局强制进行的检验除外。

2. 适用范围和注意事项

CPT 贸易术语属于出口国/港交货价,其买卖双方责任和费用的划分与 CFR 相同,但风险转移的界限不同。本术语适用于任何运输方式,在集装箱运输条件下可实现门到门运输,在项目现场向承包商交货。但是采用此术语时应注意,由于该术语风险以卖方货交承运人为界,采购方承担供应商货交承运人以后的风险,导致采购方风险加大。尤其是在采购方有权决定交货时间和地点,而未能通知供应商的情况下,风险转移的时间前移。

五、CIP(Carriage and Insurance Paid to)运费和保险费付至(……指定目的地)

1. 基本内容

按照《通则 2000》的解释,卖方向其指定的承运人交货,支付将货物运至目的地的运费,订立保险合同并支付保险费。CIP 术语要求卖方投保最低基本险。如买方需要更高的保险保障,则需要与卖方明确地达成协议,或者自行作出额外的保险安排。"承运人"指任何在运输合同中,承诺通过铁路、公路、空运、海运、内河运输或上述运输的联合方式履行运输或由他人履行运输的人。如果需后续承运人将货物运至约定目的地,则风险自货物交给第一承运人时转移。CIP术语要求卖方办理出口清关手续。

在CIP条件下,卖方承担的义务如下:

(1) 卖方须提供符合合同规定的货物和商业发票或有同等作用的电子数据,以及合同可能要求的、证明货物符合合同规定的其他任何凭证。

(2) 卖方须自担风险和费用,取得任何出口许可证或其他官方许可,并在需要办理海关手续时办理货物出口所需的一切海关手续。

(3) 卖方须自付费用,按照通常条件订立运输合同,依通常路线及习惯方式,将货物运至指定的目的地约定地点。若未约定或按照惯例也不能确定具体交货点,则卖方可在指定的目的地选择最适合其目的的交货点;卖方须按照合同规定,自付费用取得货物保险,并向买方提供保险单或其他保险证据,以使买方或任何其他对货物具有保险利益的人有权直接向保险人索赔。

(4) 卖方须在约定日期或期限内向承运人交货,或如有后续承运人时,向第一承运人交货,以使货物运至指定的目的地的约定点。

(5) 卖方须承担货交承运人前,货物灭失或损坏的一切风险。

(6) 卖方须支付货交承运人为止时的,与货物有关的一切费用以及运费,包括装船费和根据运输合同应由卖方支付的在目的地的卸货费;及保险费和货物出口需要办理的海关手续费用,以及货物出口时应交纳的一切关税、税款和其他费用,以及根据运输合同由卖方支付的货物从他国过境的费用。

(7) 卖方货交承运人后须给予买方说明货物已按规定交货的充分通知,以及要求的任何其他通知,以便买方能够为受领货物而采取通常必要的措施。

(8) 卖方须自付费用向买方提交通常运输单据或具有同等作用的电子数据。

(9) 卖方须支付货交承运人时所需进行的查对费用及提供符合其安排的运输所要求的包装的费用,包装应作适当标记。

(10) 应买方要求并由其承当风险和费用,卖方须给予买方一切协助,帮助买方取得由装运地国和/或原产地国所签发,买方进口货物可能要求的,和必要时从他国过境所需的任何单据,以及应买方要求,向买方提供投保所需的信息。

买方承担的义务如下:

(1) 买方须按照合同规定支付价款。

(2) 买方须自担风险和费用,取得任何进口许可证或其他官方许可,并在需要办理海关手续时办理货物进口和从他国过境所需的一切海关手续。

(3) 买方须在卖方按合同规定把货交承运人后,在指定的目的地从承运人处收受货物。

（4）买方须承担卖方货交承运人后，货物灭失或损坏的一切风险。一旦买方有权决定发送货物的时间和/或目的地，买方须就此给予卖方充分通知。如买方未能给予卖方通知，则买方须从约定交货日期或交货期限届满之日起，承担货物灭失或损坏的一切风险，但以该项货物已正式划归合同项下，即清楚地划出或以其他方式确定为合同项下之货物为限。

（5）买方必须支付自卖方货交承运人之时起与货物有关的一切费用；及货物在运输途中直至到达约定目的地为止的一切费用及卸货费（运输合同另有规定除外），如买方未按规定给予卖方交货时间的通知，则自约定装运日期或装运期限届满之日起，货物所发生的一切额外费用，但以该项货物已正式划归合同项下，即清楚地划出或以其他方式确定为合同项下之货物为限。当需要办理海关手续时，买方承担货物进口应交纳的一切关税、税款和其他费用，及办理海关手续的费用，以及从他国过境的费用（除非这些费用已包括在运输合同中）。

（6）一旦买方有权决定发运货物的时间和/或目的地，买方必须就此给予卖方充分通知。

（7）买方须接受卖方提交的，符合合同规定的运输单据。

（8）买方须支付任何装运前检验费用，但出口国有关当局强制进行的检验除外。买方须支付因受领单据或有同等作用的电子数据所发生的一切费用，并偿付卖方因予协助而发生费用。应卖方要求，买方必须向卖方提供办理投保所需用的信息。

2. 适用范围和注意问题

本贸易术语属于出口地/港交货价，买卖双方责任和费用的划分与 CIF 相同，但风险转移的界限不同。本术语适用于任何运输方式，因此在集装箱运输条件下可实现门到门运输，在项目现场向采购方交货。但是采用本术语时应注意，由于该术语风险以货交承运人为界，导致采购方可能要承担供应商货交承运人后在出口国内陆运输时的风险，因此采购方风险增加。尤其是在采购方有权决定交货时间和地点，而未能给与供应商通知的情况下，风险转移的时间前移。此外，采购方在 CIP 条件下的风险与 CIF 条件下的风险类似。

六、DES（Delivered EX Ship）目的港船上交货（……指定目的港）

1. 基本内容

按照《通则2000》的解释，卖方在指定目的港船上向买方交货，买方处置货物后，卖方即完成交货；卖方承担货物运至指定的目的港船上交货前的一切风险和费用，不负责办理货物进口清关手续。

在 DES 条件下，卖方承担的义务如下：

（1）卖方须提供符合销售合同规定的货物和商业发票或有同等作用的电子数据，以及合同可能要求的、证明货物符合合同规定的其他凭证。

（2）卖方须自担风险和费用，取得任何出口许可证或其他官方许可或其他必要文件，并在需要办理海关手续时办理货物出口和从他国过境所需的一切海关手续。

（3）卖方须自付费用订立运输合同，将货物运至指定目的港的指定的点。如未约定或按照惯例也无法确定具体交货点，则卖方可在指定的目的港选择最适合其目的的交货点。

（4）卖方须在约定的日期或期限内，在指定的目的港，指定的卸货点，将货物于船上交给买方处置，以便货物能够由适合该项货物特点的卸货设备从船上卸下。

（5）卖方须承担目的港船上交货前，货物灭失或损坏的一切风险。

（6）卖方须支付目的港船上交货前的、与货物有关的一切费用及货物出口需要办理的海关手续费用及货物出口时应交纳的一切关税、税款和其他费用，以及按照（4）的内容交货前从他国过境的费用。

（7）卖方须给予买方有关指定船只预期到达目的港时间的充分通知，以及要求的任何其他通知，以便买方能够为受领货物而采取通常必要的措施。

（8）卖方须自付费用向买方提交提货单和/或通常运输单据或具有同等作用的电子数据，以使买方得以在目的港从承运人处受领货物。

（9）卖方须支付为交货所需进行的查对费用（如核对货物品质、丈量、过磅、点数的费用）。卖方须自付费用提供为交付货物所要求的包装（除非按照相关行业惯例，合同所指货物无需包装即可交货）。包装应作适当标记。

（10）应买方要求并由其承担风险和费用，卖方必须给予买方一切协助，以帮助买方取得由装运地国和/或原产地国所签发或传送的、为买方进口货物可能要求的任何单据或有同等作用的电子数据。应买方要求，卖方必须向买方提供投保所需的信息。

买方应承担的义务如下：

（1）买方须按合同规定支付价款。

（2）买方须自担风险和费用，取得任何进口许可证或其他官方许可，并在需要办理海关手续时办理货物进口所需的一切海关手续。

（3）买方须在卖方按规定在目的港船上交货时受领货物。

（4）买方须承担卖方目的港船上交货之时起货物灭失或损坏的一切风险。当买方有权决定在约定期限内的时间和/或在指定的目的港受领货物的地点，买方必须就此给予卖方充分通知。如买方未按通知卖方，则必须自约定的交货日期或交货期限届满之日起，承担货物灭失或损坏的一切风险，但以该项货物已正式划归合同项下，即清楚地划出或以其他方式确定为合同项下之货物为限。

（5）买方必须支付自卖方目的港船上交货之时起与货物有关的一切费用，包括为受领货物所需要的货物从船上卸下的卸货费；及如货物交给买方处置而未受领货物，或未通知卖方目的港交货时间（当买方有权决定交货时间时），由此而发生的一切额外费用，但以该项货物已正式划归合同项下，即清楚地划出或以其他方式确定为合同项下之货物为限。买方承担货物进口所需办理的海关手续费用及应交纳的一切关税、税款和其他费用。

（6）买方须接受卖方目的港船上交货后提交的提货单或运输单据。

（7）买方须支付任何装运前检验的费用，但出口国有关当局强制进行的检验除外。

（8）买方须支付因受领单据或有同等作用的电子数据所发生的一切费用，并偿付卖方因给予协助而发生的费用。

2. 适用范围和注意问题

本术语属于实际交货价，适合采购金额较高的材料、设备。由于该术语是供应商在合同规定时间内在目的港船上向采购方实际交货，对于采购方按时收货比较有保障。同时可免去其货物运输风险，只需在目的港船上受领货物即可。

七、DEQ（Delivered EX Quay）目的港码头交货（……指定目的港）

1. 基本内容

按照《通则2000》的解释，卖方在指定目的港码头将货物交给买方处置后，即完成交货，不负责办理进口清关手续。卖方承担将货物运至指定的目的港并卸至码头的一切风险和费用。买方办理进口清关手续并在进口时支付一切办理海关手续的费用、关税、税款和其他费用。

在 DEQ 条件下，卖方承担的义务如下：

（1）卖方须提供符合合同规定的货物和商业发票或有同等作用的电子数据，以及合同可能要求的、证明货物符合合同规定的其他任何凭证。

（2）卖方须自担风险和费用，取得任何出口许可证或其他官方许可或其他文件，并在需要办理海关手续时办理货物出口和从他国过境所需的一切海关手续。

（3）卖方须自付费用订立运输合同，将货物运至指定目的港的指定码头。如未约定或按照惯例也无法确定具体码头，则卖方可在指定的目的港选择最适合其目的地码头交货。

（4）卖方须在约定的日期或期限内，在指定的目的港码头上将货物交给买方处置。

（5）卖方须承担在目的港码头买方处置货物前，货物灭失或损坏的一切风险。当买方有权决定在约定期限内的时间和/或在指定的目的港受领货物的地点时，买方必须就此给予卖方充分通知。如未通知卖方，则必须自约定的交货日期或交货期限届满之日起，承担货物灭失或损坏的一切风险，但以该项货物已正式划归合同项下，即清楚地划出或以其他方式确定为合同项下之货物为限。

（6）卖方须支付从装运港至目的港的运费及在目的港码头货交买方前发生的一切费用；及货物出口需要办理的海关手续费用，及货物出口时应交纳的一切关税、税款和其他费用，以及交货前货物从他国过境的费用。

（7）卖方须给予买方说明指定的船只预期到达时间的充分通知，以及要求的任何其他通知，以便买方能够为受领货物而采取通常必要的措施。

（8）卖方须自付费用向买方提交运输单据或具有同等作用的电子数据，以使买方得以提货，从码头上搬走。

（9）卖方须支付为目的港码头交货所需进行的查对费用（如核对货物品质、丈量、过磅、点数的费用）及提供交货所需要的包装和费用（除非按照相关行业惯例，合同所指货物无需包装即可交货）。包装应作适当标记。

（10）应买方要求并由其承担风险和费用，卖方须给予买方一切协助，以帮助买方取得由装运地国和/或原产地国所签发或传送的、为买方进口货物所需的任何单据或有同等作用的电子数据。应买方要求，卖方必须向买方提供投保所需的信息。

买方应承担的义务如下：

（1）买方须按照合同规定支付价款。

（2）买方须自担风险和费用，取得任何进口许可证或其他官方许可并在需要办理海关手续时办理货物进口所需的一切海关手续。

（3）买方须在卖方目的港码头交货时受领货物。

（4）买方须承担卖方在目的港码头交货时起货物灭失或损坏的一切风险。当买方有权决定在约定期限内的时间和/或在指定的目的港受领货物的地点，买方必须就此给予卖方充分通知。如买方未按通知卖方，则必须自约定的交货日期或交货期限届满之日起，承担货物灭失或损坏的一切风险，但以该项货物已正式划归合同项下，即清楚地划出或以其他方式确定为合同项下之货物为限。

（5）买方须支付自卖方目的港码头交货时起与货物有关的一切费用，包括在港口搬运货物以便继续运输或存入仓库或中转站的一切费用。如货交买方处置而未受领货物，或当买方有权决定在约定期限内的时间和/或在指定的目的港受领货物的地点，未通知卖方，由此而发生的一切额外费用，但以该项货物已正式划归合同项下，即清楚地划出或以其他方式确定为合同项下之货物为限。买方支付货物进口所需办理的海关手续费用以及应交纳的一切关税、税款和其他费用以及继续运输的费用。

（6）买方有权决定在约定期限内的时间和/或在指定的目的港受领货物的点，买方必须就此给予卖方充分通知。

（7）买方须接受卖方提交的提货单或运输单据。

（8）买方须支付任何装运前检验的费用，但出口国有关当局强制进行的检验除外。

(9) 买方须支付因受领单据或有同等作用的电子数据所发生的一切费用,并偿付卖方因给予协助而发生的费用。

2. 适用范围和注意问题

本贸易术语属于实际交货价,适合采购金额较高的材料、设备。由于该术语是供应商在合同规定时间内在目的港码头向采购方实际交货,对于采购方按时收货比较有保障。同时可免去采购方货物运输途中的风险,只需在目的港码头受领货物即可。由于该术语规定由买方办理进口许可证,因此采购方应在货物到港前办好进口许可证等相关手续。

八、DDU(Delivered Duty Unpaid) 未完税交货
(……指定目的港)

1. 基本内容

按照《通则2000》的解释,在 DDU 条件下,卖方在指定的目的地将货物交给买方处置后,即完成交货。卖方不办理进口手续,也不承担从运输工具上卸货的责任。卖方承担将货物运至指定的目的地的一切风险和费用,不包括在需要办理海关手续时在目的地国进口应交纳的任何"税费"(包括办理海关手续的责任和风险,以及交纳手续费、关税、税款和其他费用)。买方必须承担此项"税费"和因其未能及时办理货物进口清关手续而引起的费用和风险。

在 DDU 条件下,卖方承担的义务如下:

(1) 卖方须提供符合合同规定的货物和商业发票或有同等作用的电子数据,以及合同可能要求的、证明货物符合合同规定的其他凭证。

(2) 卖方须自担风险和费用,取得任何出口许可证或其他官方许可或其他文件,并在需要办理海关手续时办理货物出口和从他国过境所需的一切海关手续。

(3) 卖方须自付费用订立运输合同,将货物运至指定目的地。如未约定或按照惯例也无法确定具体交货点,则卖方可在的目的地选择最适合其目的的交货点。

(4) 卖方须在约定的日期或交货期限内,在指定的目的地将在交货的运输工具上尚未卸下的货物交给买方或买方指定的其他人处置。

(5) 卖方须承担直至货物在目的地指定地点交买方处置前灭失或损坏的一切风险。

(6) 卖方须给予买方有关发运货物的充分通知,以及要求的任何其他通知,以便买方能够为受领货物而采取通常必要的措施。

(7) 卖方必须支付全程运费及在目的地交货前与货物有关的一切费用;货物出口需要办理的海关手续费用,及货物出口时应交纳的一切关税、税款和其他费用,以及交货前货物从他国过境的费用。

(8) 卖方须自付费用向买方提交在目的地交货受领货物可能需要的提货单和/或

通常运输单据或具有同等作用的电子数据。

（9）卖方须支付为在目的地交货所需进行的查对费用（如核对货物品质、丈量、过磅、点数的费用）。卖方必须自付费用提供交货所需要的包装（除非按照相关行业惯例，合同所指货物无需包装即可交货）。包装应作适当标记。

（10）应买方要求并由其承担风险和费用，卖方必须给予买方一切协助，以帮助买方取得由装运地国和/或原产地国所签发或传送的、为买方进口货物可能要求的任何单据或有同等作用的电子数据。应买方要求，卖方必须向买方提供投保所需的信息。

买方承担的义务如下：

（1）买方必须按照合同规定支付价款。

（2）买方须自担风险和费用，取得任何进口许可证或其他官方许可或其他文件，并在需要办理海关手续时办理货物进口所需的一切海关手续。

（3）买方必须在卖方目的地交货时受领货物。

（4）买方须承担自卖方在目的地交货时起货物灭失或损坏的一切风险。如买方没有办理进口许可和必要的海关手续，则须承担由此而发生的货物灭失或损坏的一切额外风险。当买方有权决定在约定期限内的时间和在目的地受领货物的指定地点时，买方必须就此给予卖方充分通知。如买方未能通知未卖方，则必须自约定的交货日期或交货期限届满之日起，承担货物灭失或损坏的一切风险，但以该项货物已正式划归合同项下，即清楚地划出或以其他方式确定为合同项下之货物为限。

（5）买方须支付卖方自目的地交货时起与货物有关的一切费用；如买方未履行办理进口许可和必要海关手续的合同义务，由此而发生的一切额外费用，但以该项货物已正式划归合同项下，即清楚地划出或以其他方式确定为合同项下之货物为限。买方须支付货物进口所需要办理的海关手续费用以及应交纳的一切关税、税款和其他费用以及继续运输的费用。

（6）当买方有权决定在约定期限内的时间和/或在指定的目港受领货物地点时，买方必须就此给予卖方充分通知。

（7）买方须接受卖方提交的适当的提货单或运输单据。

（8）买方须支付任何装运前检验的费用，但出口国有关当局强制进行的检验除外。

（9）买方必须支付因受领单据或有同等作用的电子数据所发生的一切费用，并偿付卖方因给予协助而发生的费用。

2. 适用范围和注意问题

本术语属于实际交货价，适用于采购金额较高的材料、设备。该术语由国外供应商安排全程运输并承担全程风险，免去采购方货物风险。此外，由于该术语是供应商在合同规定时间内在进口国指定地点向采购方实际交货，对于采购方按时收货比较有保障，采购方只需在目的地指定地点受领货物即可，便于采购方实现在现场门到门收货。但由于该术语规定由买方办理进口许可证和办理海关手续,货物运至项目东道国并入境前,采购方能否办妥上述手续十分重要。只有在采购方办妥海关手续并缴清关税后,货物才准予入境,对于海关监管条件比较严格、结关困难、而且耗时的国家,采购方有时不能及时顺利地完成结关手续或取得进口许可证,致使进口货物入境受阻,使得供应商不能在约定地点履行交货义务,由此产生的额外风险由采购方承担。因此,此术语适用于在自由贸易区内以及定有关税同盟的国家的物资采购。

此外,当采购方有权决定确定在规定时期内收取货物的具体时间和地点时,应给与国外供应商充分通知,否则,自规定的交货日期期满时,货物的风险从供应商转移至采购方。

九、DDP（Delivered Duty Paid）完税后交货（……指定目的地）

1. 基本内容

按照《通则2000》的解释,卖方在指定的目的地,办理完进口清关手续,将在交货运输工具上尚未卸下的货物交与买方,完成交货。卖方必须承担将货物运至指定的目的地的一切风险和费用,包括在需要办理海关手续时在目的地应交纳的任何"税费"（包括办理海关手续的责任和风险,以及交纳手续费、关税、税款和其他费用）。如供应商希望将任何进口时所要支付的一切费用（如增值税）从卖方的义务中排除,则应在采购合同中明确写明。

在DDP条件下,卖方承担的义务如下：

(1) 卖方须提供符合合同规定的货物和商业发票或有同等作用的电子数据,以及合同可能要求的、证明货物符合合同规定的其他凭证。

(2) 卖方须自担风险和费用,取得任何出口许可证和进口许可证或其他官方许可或其他文件,并在需要办理海关手续时办理货物出口和进口以及从他国过境所需的一切海关手续。

(3) 卖方须自付费用订立运输合同,将货物运至指定目的地。如未约定或按照惯例也无法确定具体交货点,则卖方可在目的地选择最适合其目的的交货点。

(4) 卖方须在约定日期或交货期限内,在指定的目的地将在交货运输工具上尚未卸下的货物交给买方或买方指定的其他人处置。

(5) 卖方须承担在目的地指定地点交货前货物灭失或损坏的一切风险。

(6) 卖方必须支付在指定目的地交货前发生的费用,以及交货时与货物有关的一切费用及货物出口和进口所需要办理的海关手续费用,及货物出口和进口时应交纳的一切关税、税款和其他费用,以及交货前货物从他国过境的费用。

(7) 卖方须给予买方有关货物发运的充分通知,以及要求的任何其他通知,以便买方能够为受领货物而采取通常必要的措施。

(8) 卖方须自付费用向买方提交卖方在目的地指定地点交货时,买方受领货物可能需要的提货单和/或通常运输单据或具有同等作用的电子数据,以使买方受领货物。

（9）卖方须支付为在目的地指定地点交货所需进行的查对费用（如核对货物品质、丈量、过磅、点数的费用）。卖方须自付费用提供交货所需要的包装（除非按照相关行业惯例,合同所指货物无需包装即可交货）,包装应作适当标记。

（10）卖方须支付买方为取得单据或有同等作用的电子数据所发生的一切费用,并偿付买方因给予协助发生的费用。应买方要求,卖方必须向买方提供投保所需的信息。

买方承担的义务如下：

（1）买方须按照合同规定支付价款。

（2）应卖方要求,并由其负担风险和费用,买方必须给予卖方一切协助,帮助卖方在需要办理海关手续时取得货物进口所需的进口许可证或其他官方许可。

（3）买方须在卖方在目的地指定地点交货时受领货物。

（4）买方须承担自卖方在目的地指定地点交货时起货物灭失或损坏的一切风险。如买方没有应卖方要求协助其办理货物在进口地的清关手续,则须承担由此而发生的货物灭失或损坏的一切额外风险。当买方有权决定在约定期限内的时间和/或在指定的目的的/港受领货物地点时,买方必须就此给予卖方充分通知。买方未按规定通知卖方,则必须自约定的交货日期或交货期限届满之日起,承担货物灭失或损坏的一切风险,但以该项货物已正式划归合同项下,即清楚地划出或以其他方式确定为合同项下之货物为限。

（5）买方必须支付自交货时起与货物有关的一切费用,及如买方未履行协助卖方办理进口许可证和海关清关手续的义务、或当买方有权决定在约定期限内的时间和/或在指定的目的/港受领货物地点时,买方未就此给予卖方充分通知,由此而发生的一切额外费用,但以该项货物已正式划归合同项下,即清楚地划出或以其他方式确定为合同项下之货物为限。

（6）当买方有权决定在约定期限内的时间和/或在指定的目的地/港受领货物的点,买方必须就此给予卖方充分通知。

（7）买方须支付任何装运前检验的费用,但出口国有关当局强制进行的检验除外。

（8）应卖方要求并由其承担风险和费用,买方必须给予卖方一切协助,以帮助卖方取得为按照本规则将货物交付买方需要的、由进口国签发或传递的任何单证或有同等作用的电子数据。

2. 适用范围和注意问题

本术语属于实际交货价。在本术语条件下,采购方的责任、费用和风险最小,适用于采购金额较高、数量较多的材料、设备。该术语由国外供应商安排全程运输并承担全程风险,从而免去采购方货物风险。此外,由于该术语是供应商在合同规定时间内在进口国指定地点向采购方实际交货，对于采购方按时收货比较有保障，采购方只需在目的地受领货物即可，尤其在集装箱运输条件下，便于采购方实现在现场门到门收货。在使用该术语时，采购方须注意的是，由于该术语规定由供应商办理进口许可证和办理海关手续，采购方给予必要的协助是 DDP 条件下买方义务之一，其前提条件是：供应商有此要求并承担责任和风险。如果采购方在满足上述两个条件下未给与协助，采购方将承担违约责任及由此产生的货物灭失或损坏的额外风险。

十、FOB（Free On Board）船上交货（……指定装运港）

1. 基本内容

根据《通则2000》的解释，在 FOB 条件下，买方负责派船接运货物，卖方应在合同规定的装运港和规定的期限内，将货物装上买方指定的船只，并及时通知买方。货物在装船时越过船舷，风险即由卖方转移至买方。卖方要负担风险和费用，领取出口许可证或其他官方证件，并负责办理出口手续。采用 FOB 术语成交时，卖方还要自费提供证明其已按规定完成交货义务的证件，如果该证件并非运输单据，在买方要求，并由买方承担风险和费用的情况下，卖方可以给予协助以取得提单或其他运输单据。

在 FOB 条件下，卖方承担的义务义务如下：

（1）在合同规定的时间或期限内，在装运港，按照习惯方式将货物交到买方指派的船上，并及时通知买方。

（2）自负风险和费用，取得出口许可证或其他官方批准证件。在需要办理海关手续时，办理货物出口所需的一切海关手续。

（3）负担货物在装运港越过船舷为止的一切费用和风险；

（4）自付费用提供证明货物已交至船上的通常单据。如果买卖双方约定采用电子通讯，则所有单据均可被具有同等效力的电子数据交换（EDI）信息所代替。

买方承担的义务如下：

（1）自担风险和费用取得进口许可证或其他官方批准的证件。在需要办理海关手续时，办理货物进口以及经由他国国境的一切海关手续，并支付有关费用及过境费。

（2）负责租船或订舱，支付运费，并给予卖方关于船名、装船地点和要求交货时间的充分的通知。

（3）负担货物在装运港越过船舷后的一切费用和风险。

（4）接受卖方提供的有关单据，受领货物，并按合同规定支付货款。

2. 适用范围和注意问题

本术语是装运港船上交货价，适用于从我国承包出口的物资，由承包商自行安排委托承运人集港、装运、报关、检验，易于控制运输进度，选择最佳承运人。

十一、FCA（Free Carrier）交至承运人（……指定地点）

1. 基本内容

按照通则2000的解释，卖方在指定地点将货物交给买方指定的承运人，当卖方将货物交给承运人照管并办理了出口结关手续后，就算履行了其交货义务。FCA术语适用于包括多式联运在内的各种运输方。

在FCA条件下，卖方承担的义务如下：

（1）自负风险和费用，取得出口许可证或其他官方批准证件，在需要办理海关手续时，办理货物出口所需的一切海关手续。

（2）在合同规定的时间、地点，将符合合同规定的货物置于买方指定的承运人控制下，并及时通知买方。

（3）承担将货物交给承运人之前的一切费用和风险。

（4）自负费用向买方提供交货的通常单据或具有同等效力的电子数据。

买方承担的义务如下：

（1）自负风险和费用，取得进口许可证或其他官方证件，在需要办理海关手续时，办理货物进口和经由他国过境的一切海关手续，并支付有关费用及过境费。

（2）签订从指定地点承运货物的合同，支付有关的运费，并将承运人名称及有关情况时通知卖方。

（3）承担货物交给承运人之后所发生的一切费用和风险。

（4）根据买卖合同的规定受领货物并支付货款。

2. 适用范围和注意问题

本术语是装运地/港货交承运人价，适用于从我国承包出口物资的集装箱运输，由承包商自行安排委托承运人装运、报关、检验。

第3节　其他贸易术语

一、FAS（Free Along Side）装运港船边交货（……指定装运港）

按照《通则2000》的解释，卖方在指定的装运港将货物交到船边，即完成交货。买方必须承担自那时起货物灭失或损坏的一切风险。FAS术语要求卖方办理出口清关手续，如当事方希望买方办理出口手续，需要在合同中明确写明。

二、DAF（Delivered at Frontier）边境交货（……指定地点）

按照《通则2000》的解释，卖方在边境的指定的地点和具体交货点，在毗邻国家海关边界前，将仍处于交货的运输工具上尚未卸下的货物交给买方处置，办妥货物出口清关手续但尚未办理进口清关手续时，即完成交货。"边境"一词可用于任何边境，包括出口国边境。因而，用指定地点和具体交货点准确界定所指边境，是极为重要的。但是，如果当事各方面希望卖方负责从交货运输工具上卸货并承担卸货的风险和费用，则应在合同中明确写明。

《国际贸易术语解释通则 2000》买卖双方责任、费用、风险划分一览表　表 8-3

术语	交货地点	运输	保险	风险转移	出口手续	进口手续	备注
EXW	卖方工厂/营业处所	买方	买方	货物置于买方控制之下	买方	买方	卖方义务最小，适用于任何运输方式
FAS	装运港船边	买方	买方	装运港船边	卖方	买方	只适用于海运和内河运输
FOB	装运港船上	买方	买方	装运港货物越过船舷	卖方	买方	只适用于海运和内河运输
FCA	买方指定的承运人	买方	买方	货物置于承运人控制之下	卖方	买方	适用于任何运输方式
CFR	装运港船上	卖方	买方	货物在装运港越过船舷	卖方	买方	只适用于海运和内河运输
CIF	装运港船上	卖方	卖方	货物在装运港越过船舷	卖方	买方	只适用于海运和内河运输
CPT	卖方指定的承运人	卖方	买方	货物交给第一承运人时	卖方	买方	适用于任何运输方式
CIP	卖方指定的承运人	卖方	卖方	货物交给第一承运人时	卖方	买方	适用于任何运输方式
DAF	边境指定地点	卖方	卖方	货物置于买方控制之下	卖方	买方	任何，主要是公路，铁路
DES	目的港船上	卖方	卖方	货物在目的港船上置于买方控制之下	卖方	买方	适用于海运和内河运输
DEQ	目的港码头	卖方	卖方	货物在目的港码头置于买方控制之下	卖方	买方	适用于海运和内河运输
DDU	进口国指定地点	卖方	卖方	货物置于买方控制之下	卖方	买方	适用于任何运输方式
DDP	进口国指定地点	卖方	卖方	货物置于买方控制之下	卖方	卖方	卖方义务最大，适用于任何运输方式

第 4 节　贸易术语与采购合同各条款的关系

一、国际贸易术语与采购合同的关系

国际贸易术语是国际贸易惯例之一。其和采购合同的关系主要体现在以下几个方面：

（1）国际贸易惯例是以当事人的意思自治为基础的。惯例本身不是法律，它对交易双方不具有强制作用，故双方有权在采购合同中做出与某项惯例不符的规定，只要合同有效成立，双方均遵照合同规定履行。一旦发生争议，法院和仲裁庭也要维护合同的有效性。但如果双方都同意采用某种惯例来约束该项交易，并在合同中做出具体

规定时，则该项约定的惯例就具有强制性。如果合同中没有做出明确规定，在合同执行中发生争议时，受理该争议的司法和仲裁机构也往往会引用某一国际贸易惯例进行判决或裁决。

（2）当事人在合同中对各项主要交易条件及要求作出了具体规定，但不可能对合同履行过程中出现的所有问题都事先规定清楚，对于在合同中未明确规定的问题，或合同条款本身的效力问题，都可能涉及习惯做法和惯例的使用。因此国际贸易惯例与合同条款之间存在解释与被解释、补充与被补充的关系。

（3）国际贸易惯例可以明示或默示地约束合同当事人，而合同条款又可以明示地排除国际贸易惯例的适用。国际贸易惯例可以解释或补充合同条款的不足，但不能用来修改或修正内容明确无误的合同条款，当惯例与合同条款发生矛盾时，合同条款的效力优于国际贸易惯例。

（4）对于内容不明确或相互矛盾的合同条款以及合同未作规定之处，法院或仲裁庭可以按照适用的国际贸易惯例解释或补充合同，除非当事人已明示地排除国际贸易惯例的适用。

因此，国际贸易惯例虽然不具有强制性，但对国际工程材料、设备采购活动的指导作用不容忽视。

在国际工程项目货物采购合同中，除合同的标的条款、材料、设备名称描述、技术规范与技术要求、数量、包装与之无直接关系外，其他所有条款均与贸易术语有着密切的联系。在合同中一旦确定了贸易术语，不仅直接关系到采购材料、设备的价格构成，还会影响到合同的性质和争议的处理与解决。

二、运用贸易术语的原则

运用国际贸易术语应遵循以下原则。
（1）贸易术语的运用不得违背承包合同的内容。
（2）不得违背法院或仲裁地所在国社会公共利益。
（3）不得与同争议案同时适用的某国法律的具体规定相冲突。
（4）不得与内容明确无误的合同内容相冲突。
（5）在合同中明确规定贸易术语的来源、版本、避免双方产生歧义。
（6）为满足合同当事人的特殊约定，对贸易术语添加条件时应慎重，同时必须是适当的和明确的。

三、贸易术语与采购合同各条款的关系

1. 贸易术语与价格的关系

贸易术语说明了货物的价格构成。如果卖方承担的责任、费用较多、风险较大，采购价格相对要高。如在DDP条件下中，供应商承担全部责任、费用和风险在目的地

指定地点向采购方交付已经办结进口通关并支付关税的材料、设备，是所有的贸易术语中供应商承担的责任、费用和风险最高的一种，因而其合同价格也最高。而 EXW 是采购方承担全部责任、费用和风险在供应商营业处所提取货物，因而其合同价格最低。

2. 贸易术语与交货条件的关系

(1) CIF、CFR 属于装运合同，即推定交货（象征性交货）。在 CIF 和 CFR 条件下，国外供应商只要按合同约定的运输方式、时间和地点，将合同规定的材料、设备装入开往约定目的港的船只、取得货运单据并向承包商交单，供应商就算已履行交货任务。FOB 既可是实际交货，也可是象征性交货。

(2) DDU 和 DDP 均属于到货合同，承包商只需在目的地指定地点（如现场）受领货物即可。但在以 CFR 术语采购时，合同应规定供应商将货物装船后，在约定时间内向承包商发出符合合同规定内容的装运通知，以便承包商及时办理运输保险。

(3) 在 CFR、CIF 条件下，目的港名称一般不得笼统规定为"南非主要港口"等，应规定为一个具体的目的港，或如有需要，规定不超过 3 个的选择港。目的港还应规定为非内陆城市，且为有直达班轮航线、装卸条件好、费用较低的安全港，如有重名，在合同中还应注明目的港的国别。

(4) 在采购合同中，为保证安全、准时到货，不管采用何种贸易术语，均应争取规定"禁止分运"、"禁止转船"条款。

(5) 采用 FOB，应注意装船费负担问题，对此可在合同中明确规定负担方，或以 FOB 变形条件说明，如 FOB Liner Terms（FOB 班轮条件）等。

3. 贸易术语与运输方式的关系

贸易术语是与一定的运输方式相联系和相适应的，不应将仅适用于以船舶作为运输工具的水上运输的贸易术语使用于明确规定采用诸如铁路、公路、航空运输以及多式联运等其他运输方式的合同中。

4. 贸易术语与保险条款的关系

在以 DDU，DDP 条件采购时，合同无需订立保险条款。在 CIF 条件下的采购，采购合同双方须就运输保险问题，订立详细的保险条款，具体约定保险险别、保险起止时间、投保加成等。

5. 贸易术语与支付条款的关系

(1) CIF、CFR 贸易术语条件下，均为卖方凭单据交货、买方凭单据付款，在采用信用证支付方式时，详细规定供应商交单的种类、内容与份数。

(2) 在 DDU、DDP 条件下，由于是在目的地指定地点承包商处置、受领货物，其付款方式不适宜凭单付款，承包商可按双方约定的付款方式付款。

6. 贸易术语与检验条款的关系

(1) 检验时间和地点的确定。采用 CIF、CFR 条件时，供应商于装运港交货，风险也于装运港船舷转移，在检验时间和地点的确定上，应选择采用"到岸品质、重量

(数量)"的做法,以控制货物质量风险。根据《国际贸易术语解释通则2000》的规定,如使用CIF,为证明供应商履行交货义务而在出口国进行的检验及出口国政府规定出口国必须办理的强制性检验,其费用均由供应商负责。在供应商发货之前,承包商派人到出口国对有关货物进行检验,其费用应由承包商负担;在进口国复验的费用,原则上应由承包商负担。在实际采购作业时,如果经复验发现供应商所交材料、设备不符合同规定,而又确属供应商责任所致,承包商向供应商索赔时,可将复验费用列入索赔金额之内。

(2) 在DDP和DDU条件下,材料、设备多属于到货检验。

7. 贸易术语与索赔条款的关系

如前所述,就国际工程项目货物采购合同而言,索赔包含三种情况:一是向供应商索赔,二是向承运人的索赔,三是向保险人的索赔。其中第二和第三种索赔均与贸易术语的选用有关。

(1) 向承运人的索赔。一般来说,向承运人索赔由签订运输合同的一方进行。如FOB术语条件下,由承包商签订合同并向承运人索赔;在CFR、CIF条件下,签订运输合同的是供应商,应由供应商向承运人索赔。

(2) 向保险公司的索赔。在国际货物运输保险中,一般并不要求被保险人在投保时必须具有保险利益,只要在被保险货物发生损失,被保险人要求损失赔偿时具有即可。采有FOB、CFR贸易术语,保险由承包商自行办理,由承包商进行索赔。但CIF术语下,保险虽然由供应商办理,但风险依然在装运港船舷转移,且供应商将保险单据转让给承包商后,只有承包商具有保险利益,所以保险索赔仍然由承包商办理。

(3) 在DDP和DDU条件下,供应商在目的地指定地点交货,其运输途中的风险均由供应商承担直至在目的地交货时为止。供应商在目的地交货时,承包商如发现货物与合同不符,不论是承运人的责任,还是保险人的责任,均与承包商无关,承包商只需向供应商索赔。

8. 贸易术语与合同争议处理和解决的关系

采购合同双方在履行合同过程中,发生争议是难以避免的。如前所述,解决争议,无论是通过仲裁或诉讼,除依照合同和法律外,还会考虑适用于该项交易的惯例。根据惯例处理争议,首先是有关贸易术语的惯例。根据合同中选用的术语,参照有关合同条款,确定合同性质,从而明确双方当事人的权利和义务。

第5节 贸易术语的选择

在国际工程项目货物采购中,贸易术语是确定合同性质、决定交货条件和价格构成的重要因素之一。选用适当的贸易术语可促进采购合同的订立、便于合同的履行和提高项目的经济效益。为此,承包商应对贸易术语的合理选用给予足够的重视。在选择贸易术语时，主要考虑下列因素。

1. 版本

目前国际上有三种解释贸易术语的国际贸易惯例：《1932年华沙—牛津规则》、《1941年美国对外贸易定义修订本》和《国际贸易术语解释通则》。采购双方在合同中应明确所使用的贸易术语适用于何种惯例，以便明确责任，防止不必要的纠纷和争议。

2. 运输条件

《通则2000》分别对13种贸易术语适用于何种运输方式作了明确具体的规定，因此承包商采用何种贸易术语，应考虑自身运输能力和安排运输有无困难。对于从我国境内出口物资，承包商均可安排运输。对于从第三国采购的物资，一般由国外供应商安排运输，可相应选择DDU、DDP、DES、DEQ、CIF和CFR等。

3. 运费

运费是采购成本中的重要组成部分，尤其是大宗货物，其运费在价格中所占比重更大。因此选用贸易术语时，应考虑货物经由路线的运费收取情况和运费变动趋势。一般来说，为避免承担运费上涨的风险，可以选用由对方安排运输的贸易术语，比如按D组中的某个术语进口。

4. 港口装卸条件和港口惯例

由于各国港口装卸条件不同、运费水平不一样，有些港口还有一些习惯做法，交易中往往难以把握。所以承包商在选择贸易术语时，应考虑国外及项目东道国目的港装卸条件和港口惯例，例如非洲口岸较少使用CIF班轮条件。一般来说，进口货物时，若国外装运港的条件较差、费用较高，则可谨慎考虑选用CIF或CFR。而项目东道国港口作业条件差时，可考虑CIF班轮条件。

5. 支付方式

就国际工程项目货物采购而言，部分货款以信用证方式支付。严格地说，由于信用证处理的是单据，只有F组和C组术语才适合信用证结算方式。在D组术语中，供应商若仅提交运输单据，并不能证明其履行义务完成，还需把货物运往目的地指定地点向买方交货，既交单还需交货。在这种条件下使用信用证结算方式，必然会导致与信用证所规定的买卖双方应尽义务发生矛盾。

其次，在不同的支付方式下，应选用合适的贸易术语，以利于承包商资金融通和周转。如使用远期信用证，承包商宜采用CIF或CFR，运费由供应商负担；而承包商远期付款，有利于其资金融通。

6. 货源情况

国际工程材料、设备采购品种很多，不同类别的货物具有不同的特点，其在运输方面各有不同的要求，安排运输的难易不同，运费开支大小也各有差异。此外合同金额大小也直接涉及安排运输是否有困难和经济上是否有利。在小批量采购，又无班轮通航的情况下，负责安排运输的一方势必会增加运输成本。承包商在选择贸易术语时应考虑到上述情况，以便节省运费。

7. 风险程度

国际工程材料、设备采购一般要经过长途运输，货物在运输过程中可能会遇到各种风险，如自然灾害、意外事故等，特别是当遇到战争，或正常的国际采购遭到人为障碍与破坏的时期和地区，则运输风险更大。承包商在选用贸易术语时，应考虑不同时期、不同地区以及不同运输路线的风险情况。一般来说，出口不宜采用目的地交货的术语，如 DES、DEQ、DDU 和 DDP 等。进口一般不宜采用出口国内陆交货的术语，如 EXW。此外，鉴于货物运输发生货损货差后，承包商在索赔时处于的不利地位，为避免运输保险索赔产生的风险，承包商采购时宜采用 DDU 和 DDP 交货条件。

8. 政府的干预程度

有些国家的政府为扶植本国的航运业和保险业，常常规定出口时以 C 组术语交货，还有些国家的政府为增加外汇收入或节省外汇支出，要求在出口时用 F 组术语，而在进口时使用 C 组术语。

9. 工期要求

为保证工期，须严格控制材料、设备到场时间。因此，往往需采用 D 组术语订立"到达合同"。D 组中所有贸易术语均要求国外供应商在合同规定时间内保证货物到达；在承包商可自行安排运输的情况下，可酌情考虑 EXW；在运输便利情况下，亦可考虑 FCA，便于承包商控制货物风险，现场交货。

在国际工程项目货物采购中，影响贸易术语选择的各种因素错综复杂地交织在一起的。而各因素对术语选用的影响，有的是相协同，有的则相矛盾，例如为保证到货时间选择 D 组术语，但该组术语价格构成相对较高，增加了承包商采购成本。因此，承包商应综合各种因素，全面权衡利弊后做出选择。

第 9 章　国际工程项目货物采购结算

> 在国际工程项目货物采购中，采购货款的支付是最复杂也是最重要的环节之一，其所涉及的内容主要包括采购支付工具和支付方式的选择问题，对于保证采购双方的利益具有举足轻重的作用。

第 1 节　国际工程项目货物采购的支付工具

国际货物采购中货款的支付很少使用现金，大多使用票据作为支付工具。票据是由出票人在票据上签名，无条件约束自己或指定他人，以支付一定金额为目的的证券。票据是可以流通和转让的债权凭证。国际货物采购中常用的票据包括：汇票、本票和支票。

一、汇票

1. 汇票的定义与基本内容

汇票（Bill of Exchange, Draft）是一个人向另一个人签发的、要求见票时或在将来的固定时间或可以确定的时间，对某人或其指定的人或持票人支付一定金额的无条件的书面支付命令。汇票一般包括以下基本内容：出票人（Drawer）、受票人（Drawee）、收款人（Payee）、付款日期、出票日期和地点、付款地点和出票人签章等。

按照各国票据法的规定，汇票的要项必须齐全，否则受票人有权拒付。汇票不仅是一种支付命令,而且是一种可转让的流通证券。

2. 汇票的分类

汇票在使用过程中,存在不同的形式以满足不同的需要。按汇票开具人不同,汇票可分为银行汇票和商业汇票;按是否附有单据,汇票可分为光票和跟单汇票;按付款时间的不同,汇票分为即期汇票和远期汇票。

一张汇票往往可以同时具备几种性质,例如一张商业汇票同时又可以是即期的跟单汇票,一张远期的商业跟单汇票,同时又是银行承兑汇票。

3. 票据行为

汇票作为国际采购结算中最常用的支付工具,在使用过程中通常涉及出票、提示、承兑、付款等程序。如需转让,通常经过背书行为转让。汇票遭到拒付时,还要涉及做成拒绝证书和行使追索等法律权利。

(1) 出票

出票人在汇票上填写付款人、付款金额、付款日期和地点以及收款人等项目,经签字后交给受票人的行为。

(2) 提示

持票人将汇票提交付款人要求承兑或付款的行为,包括承兑提示和付款提示。

(3) 承兑

付款人对远期汇票表示承担到期付款责任的行为。付款人在汇票上写明"承兑"字样,注明承兑日期,并由付款人签字,交还持票人。

(4) 付款

对即期汇票,持票人在提示汇票时,付款人即应付款;对远期汇票,付款人经过承兑后,在汇票到期日付款。

(5) 背书

汇票抬头人在汇票背面签上自己的名字,或再加上受让人的名字,并把汇票交给受让人的行为。汇票经背书后,收款权利便转移到受让人。汇票可以经过背书后不断转让下去。对于受让人来说,所有在他以前的背书人以及出票人都是他的"前手",而对出让人来说,所有在他让与以后的受让人都是他的"后手",前手对后手负有担保汇票必然会被承兑或付款的责任。

(6) 贴现

远期汇票的持有人如想在付款人付款前取得票款,可以经过背书将汇票转让给贴现的银行或金融公司,贴现的银行或金融公司将扣除从贴现日至到期日的利息后的票款付给持有人,这便是贴现。

(7) 拒付

持票人提示汇票要求承兑或要求付款遭到拒绝,均称拒付,也称退票。如果付款人因死亡或宣告破产而使付款不可能时也称拒付。当汇票被拒付时,持票人应及时做成拒付证书，作为向其"前手"进行追索的法律依据。

二、本票

本票（Promissory Note）是一个人向另一个人签发的，保证于见票时或定期或在可以确定的将来时间，对某人或其指定人或持票人支付一定金额的无条件的书面承诺。由工商企业或个人签发的称为商业本票，由银行签发的本票称为银行本票。商业本票有即期和远期之分，银行本票则都是即期的，在国际采购中使用的本票多为银行本票。

三、支票

以银行为付款人的即期汇票即是支票（Cheque, or Check），出票人在支票上签发一定的金额，要求受票的银行见票后立即支付一定金额给特定人或持票人。出票人在签发支票时应在付款银行存有不低于票面金额的存款，如果存款不足，会遭到银行拒付，这种支票是空头支票，开出空头支票的出票人应负法律责任。

第2节 国际工程项目货物采购的非信用证支付方式

一、汇付（Remittance）

又称汇款，是指付款人主动将货款通过银行付给出口人。付款人（买方）在汇款时可以采取三种不同的方式：

1. 汇付的种类

（1）电汇（T/T）。汇出行接受汇款人委托后，以电传方式将付款委托通知收款人当地的汇入行，委托它将一定金额的款项解付给指定的收款人。电汇因其交款迅速，在三种汇付方式中使用最广。但因银行利用在途资金的时间短，所以电汇的费用比下述信汇的费用高。

（2）信汇（M/T）。信汇和电汇的区别，在于汇出行向汇入行航寄付款委托，所以汇款速度比电汇慢。因信汇方式人工手续较多，目前有些银行已不再办理信汇业务。

（3）票汇（D/D）。票汇是以银行即期汇票为支付工具的一种汇付方式。由汇出行应汇款人的申请，开立以其代理行或账户行为付款人，列明汇款人所指定的收款人名称的银行即期汇票，交由汇款人自行寄给收款人。由收款人凭票向汇票上的付款人（银行）取款。

2. 汇付方式下货款的支付

在国际货物采购业务中，使用汇付方式的有定金，预付款及尾款的支付。此外，见单付款和交单付现也有采用汇付方式的。

（1）交单付现（Cash Against Documents, CAD）

即买方付款后，卖方交单，买方付款是卖方交单的前提条件。一般操作流程为：

卖方按照合同约定在出口地完成出口装运后，备妥提单等相关单据在出口地向进口地银行或代理人提示单据并收取货款。

1）供应商向出口地银行提示单据并收取货款。进口方先通过当地银行（汇出行）将货款以电汇或信汇方式汇给出口地银行（汇入行），并指示汇入行在供应商提交指定单据时付款。汇入行根据汇出行的汇款指示通知供应商，供应商向出口地指定付款银行提示货运单据并要求银行付款，付款行取得货运单据后向卖方付款，并将货运单据寄交进口地汇出行。汇出行收到货运单据后，通知采购方领取单据。采用这种方式时，采购方汇付在先，收货在后。汇付属于商业信用，业务涉及的银行并无检查单据及保证付款的责任，如果该银行不按照采购方的指示接受符合条件的单据，或出现其他问题后，采购方对进口货物和货款难以控制，因而采购方的风险较大。

2）在进口地银行见单付现。即供应商在进口地向采购方指定银行或代理提交单据并收取货款。采购方因为和进口地往来银行比较熟悉，容易审核货运单据，控制货款，同时又不会占压自身的资金，对采购方风险相对较小。

(2) 预付货款

预付款是为允许提供的劳务或产品而预先支付的货币。预付款是一种支付手段，其目的是解决合同一方周转资金短缺。预付款不具有担保债务履行的作用，也不能证明合同的成立。收受预付款一方违约，只需返还所收款项，而无须双倍返还。此外，法律对预付款的使用有严格规定，当事人不得任意在合同往来中预付款项，而对定金则无此限制。预付款有如下几个特点：

1）预付款的数额没有任何限制；

2）支付预付款方不履行合同的，并不丧失预付款，收受预付款的一方违约的，也不需要双倍返还预付款。各方的违约责任通过合同约定的其他条款来定，如果没有约定违约责任的，一般不承担违约责任。

预付款对买方来说最不安全，因为他会面临卖方不交货、卖方交货延迟、卖方交错货、单证出现问题以及对资金流动产生压力等风险。

二、银行托收

1. 托收的定义

托收是由债权人（出口方）签发汇票，委托当地银行通过其在债务人所在地的银行或代理行向债务人（进口方）收取款项的结算方式。

2. 托收方式的当事人

(1) 委托人，即开出汇票，委托银行向国外付款人收款的出票人，也就是国际货物采购中的出口方。

(2) 托收行，即接受委托人的委托，转托国外银行向国外付款人代为收取款项的银行。

(3) 代收行,即接受托收行的委托,代向付款人收款的银行。

(4) 付款人,即汇票的受票人,是国际贸易中的进口方。

根据托收的定义,委托人与托收行,托收行与代收行之间是委托代理关系。此外,托收方式可能还有另外两个当事人:提示行和"需要时的代理"。提示行指跟单托收项下向付款人提示汇票和单据的银行,可以是代收行本身,也可以是与付款人有往来账户关系的其他银行。"需要时的代理"是在发生拒付时,委托人指定的在付款地代为照料货物存仓、转售、运回等事宜的代理人。

3. 托收的种类

按托收项下的汇票是否附有货运单据的标准,一般将托收分为光票托收和跟单托收。

(1) 光票托收

指汇票不附带货运单据的托收。由于不涉及货权的转移或货物的处理,光票托收的业务处理非常简单。它主要适用于向进口方收取货款差额、贸易从属费用等。

(2) 跟单托收

指汇票附带有货运单据的托收。国际货物采购结算中使用的托收一般都是跟单托收。在跟单托收业务中,单据的移交条件有付款交单和承兑交单两种:

1) 付款交单。付款交单指卖方的交单以买方的付款为条件,也就是说,买方支付货款后才能向代收行赎取货运单据,从而获得货物所有权。付款交单又分为即期和远期两种。

即期付款交单指单据寄到进口方所在地的代收行后,由代收行向进口商提示,进口商审单无误后立即付款赎单。付款交单多指这一类型。

远期付款交单指进口商见票并审单无误后,立即承兑汇票,于汇票到期日付款赎单。在汇票到期前,汇票和货运单据由代收行保管。远期付款交单的业务流程与即期付款交单大致相同,不同之处在于,若出口商出具的是远期汇票,则有承兑这一票据行为的发生。进口商要等票据到期日付款后方能得到单据。

2) 承兑交单。承兑交单指卖方的交单以买方承兑汇票为条件,也就是说,买方在汇票上履行承兑手续后,即可从代收行取得货运单据,凭此提取货物。等到汇票到期日,买方再付款。

远期付款交单和承兑交单虽然都适用于远期汇票的托收,但对进口方而言,承兑交单更有利。因为进口方只需承兑就能获得单据,提取货物,可以尽早投入生产。

4. 托收结算方式的特点

托收方式是由债权方开出汇票,要求债务方付款。结算工具的传送方向与资金的流动方向相反,因此,属于逆汇法,也称出票法。

托收方式属商业信用。出口方赊销货物后能否收回货款完全取决于进口方的信誉,而且出口方的资金至少要占压从出售货物到收回货款这段时间,所以,出口商面临的风险和负担是多重的。使用托收方式,可免除进口方开立信用证时的资金占用,有利于进口方的资金流动。

第3节 国际工程项目货物采购的信用证支付方式

一、信用证的主要内容与特点

信用证(Letter of Credit,L/C),是指开证银行应申请人的要求并按其指示向第三方开立的载有一定金额的、在一定的期限内凭符合规定的单据付款的书面保证文件。信用证是目前国际贸易中最主要、最常用的支付方式。信用证主要内容包括以下几个方面的内容:

(1) 对信用证本身的说明。如其种类、性质、有效期及到期地点。
(2) 对货物的要求。根据合同进行描述。
(3) 对运输的要求。
(4) 对单据的要求,即货物单据、运输单据、保险单据及其他有关单证。
(5) 特殊要求。
(6) 开证行对受益人及汇票持有人保证付款的责任文句。
(7) 国外来证大多数均加注:"除另有规定外,本证根据国际商会《跟单信用证统一惯例(1993年修订)》即国际商会600号出版物(《UCP600》)办理。"
(8) 银行间电汇索偿条款(t/t reimbursement clause)。

信用证支付方式有如下特点:开证行承担第一性的、而且是独立的付款责任;信用证是一项自足文件,信用证虽然是根据买卖合同开立的,但一经开出,就成为独立于买卖合同以外的一项约定;信用证是一种单据买卖,各有关当事人处理的是单据,而不是货物、服务和/或其他行为,银行只负责单证、单单之间的表面相符。

二、信用证的主要当事人及其权利与义务

1. 开证申请人(applicant)

开证申请人指向银行申请开立信用证的人,在信用证中又称开证人(opener)。开证申请人保证到期付款赎单;保证支付各项费用;开证行有权随时追加押金、有权决定货物代办保险和增加保险级别而费用由开证申请人负担。

2. 开证行(opening/issuing bank)

开证行是指接受开证申请人的委托开立信用证的银行,它承担保证付款的责任。开证行向开证申请人收取手续费和押金,可以拒绝受益人或议付行的不符单据;承担第一性付款责任,付款后如开证申请人无力付款赎单时有权处理单、货。

3. 通知行（advising/notifying bank）

通知行是受开证行的委托，将信用证转交出口人的银行，它只证明信用证的真实性，不承担其他义务。

4. 受益人（beneficiary）

指信用证上所指定的有权使用该证的人，即出口人或实际供货人。受益人收到信用证后应及时与合同核对，不符者尽早要求开证行修改或拒绝接受或要求开证申请人指示开证行修改信用证；如接受则发货并通知收货人，备齐单据，在规定时间向议付行交单议付；对单据的正确性负责，不符时应执行开证行改单指示并仍在信用证规定期限交单。受益人在被拒绝修改或修改后仍不符时，有权在通知对方后，单方面撤销合同并拒绝信用证；交单后若开证行倒闭或无理拒付，可直接要求开证申请人付款；收款前若开证申请人破产可停止货物装运并自行处理；若开证行倒闭，而信用证还未使用时，可要求开证申请人另开。

5. 议付银行（negotiating bank）

指愿意买入受益人交来的跟单汇票的银行。根据信用证开证行的付款保证和受益人的请求，按信用证规定对受益人交付的跟单汇票垫款或贴现，并向信用证规定的付款行索偿的银行，又称购票行、押汇行和贴现行；一般就是通知行；有限定议付和自由议付。议付行议付后可处理（货运）单据，如果议付后开证行倒闭或借口拒付，可向受益人追回垫款。

6. 付款银行（paying/drawee bank）

信用证上指定付款的银行，在多数情况下，付款行就是开证行。

7. 保兑行（Confirming Bank）

是受开证行委托对信用证以自己名义保证付款的银行，在信用证上加批"保证兑付"，是不可撤销的确定承诺。保兑行独立对信用证负责，凭单付款，付款后只能向开证行索偿，若开证行拒付或倒闭，则无权向受益人和议付行追索。

8. 承兑行（Accepting Bank）

对受益人提交的汇票进行承兑的银行，亦是付款行。

9. 偿付行（Reimbursement Bank）

指受开证行的委托，代开证行向议付行或付款行清偿垫款的银行（又称清算行），只付款不审单，只管偿付不管退款，不偿付时开证行偿付。

三、信用证的一般收付程序

（1）开证申请人根据合同填写开证申请书并交纳押金或提供其他保证，请开证行开证。

（2）开证行根据申请书内容，向受益人开出信用证并寄交出口人所在地通知行。

（3）通知行核对印鉴无误后，将信用证交受益人。

（4）受益人审核信用证内容与合同规定相符后，按信用证规定装运货物、备妥单据并开出汇票，在信用证有效期内，送议付行议付。

（5）议付行按信用证条款审核单据无误后，把货款垫付给受益人。

（6）议付行将汇票和货运单据寄开证行或其特定的付款行索偿。

（7）开证行核对单据无误后，付款给议付行。

（8）开证行通知开证人付款赎单。

四、信用证分类

信用证按照不同的标准有不同的分类。

1. 以信用证项下的汇票是否附有货运单据，划分为跟单信用证及光票信用证

（1）跟单信用证（Documentary Credit）指凭跟单汇票或仅凭单据付款的信用证。此处的单据指代表货物所有权的单据，如海运提单等，或证明货物已交运的单据，如铁路运单、航空运单、邮包收据等。

（2）光票信用证（Clean Credit）指凭不随附货运单据的光票（Clean Draft）付款的信用证。银行凭光票信用证付款，也可要求受益人附交一些非货运单据，如发票、垫款清单等。

在国际货物采购的货款结算中，绝大部分使用跟单信用证。

2. 以开证行所负的责任为标准，划分为不可撤销信用证和可撤销信用证

（1）不可撤销信用证。指信用证一经开出，在有效期内，未经受益人及有关当事人的同意，开证行不能片面修改和撤销，只要受益人提供的单据符合信用证规定，开证行必须履行付款义务。

（2）可撤销信用证。开证行不必征得受益人或有关当事人同意有权随时撤销的信用证。不可撤销信用证上应注明"可撤销"字样。但《UCP600》规定：只要受益人依信用证条款规定已得到了议付、承兑或延期付款保证时，该信用证即不能被撤销或修改。它还规定，如信用证中未注明是否可撤销，应视为不可撤销信用证。

3. 以有无另一银行加以保证兑付，划分为保兑信用证和不保兑信用证

（1）保兑信用证。指开证行开出的信用证，由另一银行保证对符合信用证条款规定的单据履行付款义务。对信用证加以保兑的银行，称为保兑行。

（2）不保兑信用证。开证行开出的信用证没有经另一家银行保兑。

4. 根据付款时间不同，划分为即期信用证、远期信用证和假远期信用证

（1）即期信用证。指开证行或付款行收到符合信用证条款的跟单汇票或装运单据后，立即履行付款义务的信用证。

（2）远期信用证。指开证行或付款行收到信用证的单据时，在规定期限内履行付款义务的信用证。

（3）假远期信用证。信用证规定受益人开立远期汇票，由付款行负责贴现，并规

定一切利息和费用由开证人承担。这种信用证对受益人来讲，实际上仍属即期收款，在信用证中有"假远期"(Usance L/C payable at sight) 条款。

5. 根据受益人对信用证的权利可否转让，划分为可转让信用证和不可转让信用证

(1) 可转让信用证。指信用证的受益人（第一受益人）可以要求授权付款、承担延期付款责任，承兑或议付的银行（统称"转让行"），或当信用证是自由议付时，可以要求信用证中特别授权的转让银行，将信用证全部或部分转让给一个或数个受益人（第二受益人）使用的信用证。开证行在信用证中要明确注明"可转让"(transferable)，且只能转让一次。

(2) 不可转让信用证。指受益人不能将信用证的权利转让给他人的信用证。凡信用证中未注明"可转让"，即是不可转让信用证。

6. 信用证的其他种类

(1) 循环信用证。指信用证被全部或部分使用后，其金额又恢复到原金额，可再次使用，直至达到规定的次数或规定的总金额为止。它通常在分批均匀交货情况下使用。在按金额循环的信用证条件下，恢复到原金额的具体做法如下：

1) 自动式循环。每期用完一定金额，不需等待开证行的通知，即可自动恢复到原金额。

2) 非自动循环。每期用完一定金额后，必须等待开证行通知到达，信用证才能恢复到原金额使用。

3) 半自动循环。即每次用完一定金额后若干天内，开证行未提出停止循环使用的通知，自第 × 天起即可自动恢复至原金额。

(2) 对开信用证。指两张信用证申请人互以对方为受益人而开立的信用证。两张信用证的金额相等或大体相等，可同时互开，也可先后开立。它多用于易货贸易或来料加工和补偿贸易业务。

(3) 对背信用证。又称转开信用证，指受益人要求原证的通知行或其他银行以原证为基础，另开一张内容相似的新信用证，对背信用证的开证行只能根据不可撤销信用证来开立。对背信用证的开立通常是中间商转售他人货物，或两国不能直接办理进出口贸易时，通过第三者以此种办法来沟通贸易。原信用证的金额（单价）应高于对背信用证的金额（单价），对背信用证的装运期应早于原信用证的规定。

(4) 预支信用证。指开证行授权代付行（通知行）向受益人预付信用证金额的全部或一部分，由开证行保证偿还并负担利息，即开证行付款在前，受益人交单在后，与远期信用证相反。预支信用证凭出口人的光票付款，也有要求受益人附一份负责补交信用证规定单据的说明书，当货运单据交到后，付款行在付给剩余货款时将扣除预支货款的利息。

(5) 备用信用证。又称商业票据信用证、担保信用证。指开证行根据开证申请人的请求对受益人开立的承诺承担某项义务的凭证。即开证行保证在开证申请人未能履行其

义务时，受益人只要凭备用信用证的规定并提交开证人违约证明，即可取得开证行的偿付。它是银行信用，对受益人来说是备用于开证人违约时，取得补偿的一种方式。

五、信用证支付条件下采购方的风险

由于信用证本身的特点，承包商作为开证申请人，在信用证业务中存在一定的风险。

1. 来自开证行的风险

（1）双方权利义务关系不对等

承包商申请开证时要填制由开证行提供的开证申请书。在申请书中除指示开证行开立信用证的具体内容外，承认开证行有权接受"表面上合格"的单据，对于伪造单据、货物与单据不符或货物中途灭失、受损、延迟到达等，开证行概不负责。对于单证相符，开证行付款后申请人就必须赎单，否则开证的押金无法收回。由于双方权利义务关系的不对等，使得开证申请人从开证行赎回的单据只是表面上的合格，是否伪造、变造、货物与单据是否不符，这些风险只能由采购方独自承担。

（2）开证行占用开证申请人资金

承包商申请开证时，要向开证行交付一定比例的押金或其他担保品，押金的数额取决于开证行对开证申请人资信情况的审核，一般为信用证金额的10%~30%。在没有物权凭证的情况下（如航空运输），开证行会收取信用证金额100%的押金。这部分资金一直由开证行占用，直到承包商向开证行付款赎单时才进行结算，极大地影响了承包商的资金流动。

2. 来自受益人的风险

（1）单据诈骗风险

供应商作为受益人，在信用证业务中的义务是按信用证条款的要求制单，保证单证一致、单单一致，并在信用证规定的期限内交单。这样信用证限制受益人要提交合格单据。而开证行的义务是按信用证要求审单。但根据跟单信用证统一惯例第15条中规定，"银行对任何单据的形式、完整性、准确性、真实性、虚假性或法律效力，或对于单据中载明或附加的一般及，或特殊条件，概不负责；银行对任何单据中有关货物的描述、数量、重量、品质、状况、包装、交货、价值或存在，概不负责。"一旦出现受益人向开证行提交假单据，该规定就成了银行的免责条款，所有的风险都转移至开证申请人。

（2）单货不一致的风险

单货不一致是承包商在信用证业务中面临的最大风险，即所制的单据虽然符合信用证的要求，但受益人所交货物的质量不符合信用证的要求。受益人一般在制单时，对于采购标的的品名、数量、规格等内容按照信用证要求进行复制，在出口时受益人所在国的检验、海关等机构对这些内容也会进行审核。但货物的质量是否符合合同的要求，在操作时有一定的难度。开证申请人对于货物质量的控制只能间接地通过开证申请书,在信用证中增加一些品质检验条款。对开证申请人最为有利的是派人在装船前对货物进行检验,然后由开证申请人签发检验证书作为银行议付单据(即客检条款)。但该类条款,受益人会当作不公平条款来提出修改。因而信用证较常见的是受益人自身签发的品质检验证书或受益人所在地官方检验检疫机构签发的品质检验证书,但前者不具备太大的可靠性,后者的品质检验大多数只是流于形式。开证申请人只能在付款赎单后,提货检验。一旦发现货物品质与合同不符,只能根据合同与供应商协商解决。

开证申请人面临的以上风险,可以从以下几个方面进行防范:

1. 对来自开证行的风险防范

信用证业务中,对于开证申请书中涉及的开证行和开证申请人的权利义务关系,开证行拥有绝对的主动权,双方权利义务关系的不对等是由信用证制度本身的缺陷所引起的。开证申请人所能做的是选择业务素质高的银行作为开证行,这样一旦与受益人出现纠纷,开证行会协助开证申请人与国外银行进行协调。另外选择开证行时最好是与之经常有业务往来的银行,在该银行留有良好的资信记录,使开证行减少或免收开证保证金,减少对开证申请人的资金占用。

2. 对来自受益人的风险防范

(1) 了解受益人的资信情况,认真审核供应商提交的装运单据。资信良好的受益人即使在产生交易纠纷的情况下,也能协商解决,更不会出现造假单的情形。严格供应商选择是承包商风险防范的主要内容。在履约过程中,双方在合同中应规定货物承运人资质,认真审核海运提单的真实性。另外对方发装船通知后,承包商可通过相应的机构(如国际海事局、劳埃德船级社调查中心等)追踪载货船舶的航运动态和有关船舶的情况,核实提单的真实性。一旦发现单据欺诈,承包商可援引信用证欺诈例外原则,寻求司法救济,及时要求法院出止付令,禁止开证行对外付款,避免损失。但该止付令应在开证行实际支付或承兑之前发出。

(2) 由专门的检验机构进行装船前检验。对于单货不一致的问题,开证申请人除在信用证单据条款中加列质量检验条款外,最有效的方法是由第三方检验机构进行装船前检验,其签发的检验证书作为供应商交单议付的单据之一。这类检验条款对受益人和申请人都较公平,检验的专业性和权威性也能得到保障,同时其所承担的民事赔偿责任有别于官方商品检验机构承担的行政责任。比如由瑞士通用公正行等出具的船上商检证,虽然此类商检证的费用较高,但承包商如果认为采购标的质量风险较大时,可以此规避风险。

六、采用信用证方式付款应注意的问题

(1) 按时开证

如果合同规定了开证日期,进口方应在合同规定的期限内开立信用证;如果合同

只规定了装运期的起止日期,则应让受益人在装运开始前收到信用证;如果合同只规定最迟装运期,则应在合理时间内开证,以使卖方有足够的时间备妥货物并出运,通常掌握在交货期前一个月至一个半月左右。

(2) 保证信用证内容的完整与自足

信用证是一个自足文件,有其自身的完整性和独立性,对于应在信用证中明确的合同中的贸易条件,必须具体列明,不能使用"按某某号合同规定"等类似的表达方式。

(3) 信用证的条件必须单据化

《UCP600》规定,如果信用证载有某些条件,但并未规定需提交与之相符的单据,银行将视这些条件为未予规定而不予处理,因此,进口方在申请开证时,应将合同的有关规定转化成单据,比如,合同以CFR条件成交,信用证应要求受益人提交已装船,注明运费已付的提单。

(4) 在CIF/CFR条件下,谨慎选择信用证支付方式。鉴于CIF"卖方凭单交货,买方凭单付款"的象征性交货特点,以及信用证项下,开证行"单证相符"的对外付款特点,两者都强调单据的重要性和唯一性,因此也加大了采购方的风险。所以在订立CIF/CFR采购合同时,应谨慎选择信用证支付方式。

第4节 银行保函

一、保函的定义与性质

保函(Letter of Guarantee, L/G),又称保证书,是指银行、保险公司、担保公司或个人应申请人的请求,向第三方开立的一种书面信用担保凭证,保证在申请人未能按双方协议履行责任或义务时,由担保人代其履行一定金额、一定期限范围内的某种支付责任或经济赔偿责任,是依据其规定的条件生效,由担保人以保函中规定的任何单据为基础做出决定的,是不可撤销的。

银行保函包括履约保函、预付款保函、投标保函、维修保函、预留金保函、税款保付反担保函、海关风险保证金保函等。

二、保函的当事人及其权责

(1) 委托人(Principal),向银行或保险公司申请开立保函的人。委托人的权责包括在担保人按照保函规定向受益人付款后,立即偿还担保人垫付的款项;负担保函项下一切费用及利息;担保人如果认为需要时,应预支部分或全部押金。

(2) 担保人(Guarantor),保函的开立人。担保人的权责是:在接受委托人申请后,依委托人的指示开立保函给受益人;保函一经开出就有责任按照保函承诺条件,合理审慎地审核提交的包括索赔书在内的所有单据,向受益人付款。在委托人不能立即偿还担保行已付之款情况下,有权处置押金、抵押品、担保品。如果处置之后仍不足抵偿,担保行有权向委托人追索不足部分。

(3) 受益人(Beneficiary),是有权按保函的规定出具索款通知或连同其他单据,向担保人索取款项的人。受益人的权利是:按照保函规定,在保函有效期内提交相符的索款声明,或连同有关单据,向担保人索款,并取得付款。

三、保函与备用信用证的比较

保函和备用信用证作为国际结算和担保的重要形式,在国际金融、国际租赁和国际贸易及经济合作中应用十分广泛。由于二者之间日趋接近,甚至于有人将二者混同。事实上,二者之间既有基本类同之处,又有许多不同之处。

1. 保函与备用信用证的类同之处

(1) 定义上和法律当事人的基本相同之处

保函和备用信用证,虽然在定义的具体表述上有所不同,但总的说来,它们都是由银行或其他实力雄厚的非银行金融机构应某项交易合同项下的当事人(申请人)的请求或指示,向交易的另一方(受益人)出立的书面文件,承诺对提交的在表面上符合其条款规定的书面索赔声明或其他单据予以付款。保函与备用信用证的法律当事人基本相同,一般包括申请人、担保人或开证行(二者处于相同地位)、受益人。申请人与担保人或开证行之间是契约关系。

(2) 应用上的相同之处

保函和备用信用证都是国际结算和担保的重要形式,在国际经贸往来中可发挥相同的作用,达到相同的目的。

在国际货物采购过程中,交易当事人往往要求提供各种担保,以确保债项的履行,如招标交易中的投标担保,履约担保;设备贸易中的预付款、还款担保、质量或维修担保;国际技术贸易中的付款担保等,这些担保都可通过保函或备用信用证的形式实现。从备用信用证的产生看,是作为保函的替代方式而产生的,因此,它所达到的目的与保函有一致之处。

(3) 性质上的相同之处

国际工程项目货物采购中的保函大多是见索即付保函,它吸收了信用证的特点,越来越向信用证靠近,使见索即付保函与备用信用证在性质上日趋相同。具体表现在:第一,担保人银行或开证行的担保或付款责任都是第一性的,虽然保函或备用信用证从用途上是发挥担保的作用,即当申请人不履行债项时,受益人可凭保函或备用信用证取得补偿,当申请人履行了其债项,受益人就不必要使用(备用信用证就是如此得名的);第二,它们虽然是依据申请人与受益人订立的基础合同开立的,但一旦开立,则独立于基础合同;第三,它们是纯粹的单据交易,担保人或开证行对受益人的索赔要求是基于保函或备用信用证中的条款和规定的单据,即只凭单付款。因此,有时将保函称为"担保信用证"。

2. 保函与备用信用证的不同之处

(1) 保函有从属性保函和独立性保函之分，备用信用证无此区分。

保函在性质上有从属性保函和独立性保函之分。传统的保函是从属性的，是基础合同的一个附属性契约，其法律效力随基础合同的存在、变化、灭失，担保人的责任是属于第二性的付款责任，保函申请人是否违约，应根据基础合同的规定以及实际履行情况作出判断，而这种判断经常要经过仲裁或诉讼才能解决。所以当从属性保函项下发生索赔时，担保人要根据基础合同的条款以及实际履行情况来确定是否予以支付。

独立性保函则不同，它虽是依据基础合同开立，但一经开立，便具有独立效力，是自足文件，担保人对受益人的索赔要求是否支付，只依据保函本身的条款。

独立性保函一般都要明确担保人的责任是不可撤销的、无条件的和见索即付的。保函一经开出，未经受益人同意，不能修改或解除其所承担的保函项下的义务；保函项下的赔付只取决于保函本身，而不取决于保函以外的交易事项，银行收到受益人的索赔要求后应立即予以赔付规定的金额。见索即付保函就是独立性保函的典型代表。

独立性保函已成为国际担保的主流和趋势，原因主要在于：第一，从属性保函发生索赔时，担保银行须调查基础合同履行的真实情况，这是其人员和专业技术能力所不能及的，且会因此被卷入到合同纠纷甚至诉讼中。银行为自身利益考虑，绝不愿意卷入到复杂的合同纠纷中，使银行的利益和信誉受到损坏，而趋向于使用独立性保函。而且银行在处理保函业务时，正越来越多地引进信用证业务的处理原则，甚至有的将保函称为担保信用证。第二，独立性保函可使受益人的权益更有保障和更易于实现，可以避免保函申请人提出各种原因如不可抗力、合同履行不可能等等来对抗其索赔的请求，避免因诉讼所致时间，费用支出等缺陷，可确保其权益不致因合同纠纷而受到损害。

备用信用证作为信用证的一种形式，并无从属性与独立性之分，它具有信用证的"独立性、自足性、纯粹单据交易"的特点，受益人只以该信用证为准，开证行只根据信用证条款与条件来决定是否偿付，而与基础合约并无关。

(2) 保函和备用信用证适用的法律规范和国际惯例不同

由于各国对保函的法律规范各不相同，到目前为止，尚未有一个可为各国银行界和贸易界广泛认可的保函国际惯例。独立性保函虽然在国际经贸实践中有广泛的应用，但大多数国家对其性质在法律上并未有明确规定，这在一定程度上阻碍了保函的发展。

四、国际工程项目货物采购常用保函

1. 预付款保函

预付款保函也称履约保证书，起着保护采购方利益的作用，在供应商未按合同履行交货义务的情况下，采购方可在有效期内凭保函索回预付款。在设备采购合同中，通常采用带有预付性质的分期付款或延期付款支付部分价款。供应商开立预付款保函，如供应商未能按期交货，银行保证及时偿还采购方已付款项的本金及所产生的利息。

使用预付款保函应注意以下问题：

（1）因为预付款保函的开立银行承担第一性、直接的付款责任，所以要求出具保函的银行应是国际第一流的、信誉好的大银行，以保障采购方的利益。

（2）由于各种原因保函不能生效（例如保函以开立银行收到采购方预付款、或供应商收到采购方预付款的书面确认后才正式生效），而供应商又不能按合同规定履行其交货义务，则采购方就不能凭保函保障自己的利益，保函也就失去其"承担责任"的意义，因此不能接受有条件生效保函。

（3）一般情况下，预付款保函金额应是预付款的金额。对于预付款的付款时间和交货周期较长、金额较高的合同，保函金额应为预付款金额加上从预付款支付到买方索偿这段时间的利息、利率由双方事先商定。除保函另有声明外，保函担保金额不因合同被部分履行而减少。

（4）保函的有效期应从开立日始至装船日，或实际交货日。为防止保函到期地点与到期时间的差异，应要求保函有效期至合同最迟装船期后若干个工作日后。此外，预付款保函的时效与货物完全抵达有着密切的联系。应要求卖方银行在预付款保函中注明"全部货物"到齐后预付款保函才能自动失效。

（5）坚持卖方银行开具的预付款保函是以买方为受益人的无条件保函，即见索即付保函。卖方银行应凭买方书面退款要求，无条件向买方支付连本带息的预付款金额。此外，不能接受预付款保函要求买方索偿预付款时需提供由卖方银行认可的第三方出具"货物不到港"证明方能取回预付款。

（6）保函如果因故需要修改，必须事先经受益人和委托人的同意。

因银行保函无统一格式，采购方收到保函时应认真审核，一旦出现问题，应立即要求供应商通知银行进行修改。为避免因修改保函浪费时间，在商务谈判阶段应事先就保函基本内容、条件和格式进行商谈，达成一致后作为合同附件。作为采购方，要注意密切关注供应商的履约情况，一旦发现违约，立即提交索赔，否则，就有可能影响其在保函项下的权益。

2. 出口履约保函

出口履约保函指担保银行应申请人（出口人）的申请开给受益人（进口人）的保证承诺。保函规定，如出口人未能按合同规定交货，担保人负责赔偿进口人的损失。

采购方在收到履约保函，并确认保函的内容与条款可以接受之后，通过双方约定的银行开立信用证。信用证生效的同时履约保函开始生效。一般来讲，出口商开立的履约保函会是"暂不生效的"，但注明其生效的条件是进口商开立有效的信用证，两者同时生效，互相制约。此外，双方签约时，可事先约定供应商履约保函的条件、金额、生效时间和地点等内容作为采购合同附件，以规避正式保函的风险。

3. 质量保证金保函

质量保证金保函，即采购方在收到货物后，支付或承诺支付100%的货款，同时由供应商通过银行向采购方开出一定金额的质量保证保函，以保证一旦发生属于卖方的质量保证范围内的质量事故时，采购方可得到及时的赔偿。这种保函的格式多种多样，一般由双方事先约定。这种保函，对银行来说，属高风险保函，银行方面主要会在支付凭证及条件方面予以特别考虑，并提醒保函申请人注意。

第5节　国际工程项目货物采购支付方式的选择

对于国际工程项目货物采购支付方式的选择，应结合工程采购标的的特性、物资需用时间、交易的风险程度、供应商资信以及采购金额等选择最适合工程项目货物采购的支付方式。由于不同支付方式对买卖双方的负担和风险不同，具体到某一笔交易采取何种支付方式最为合适，需要考虑以下因素，并能够把不同的支付方式结合使用。

一、支付方式选择需要考虑的因素

在国际货物采购中可以采用的结算方式如汇付、信用证和银行保函等在成本费用、风险等方面存在较大差异，如表9-1所示。在国际工程货物采购中选择支付方式时，应该考虑以下各项因素。

各种支付方式的比较　　　　　　　　　　表9-1

支付方式		手续	费用	供应商风险程度	采购方风险程度	资金负担
汇付	预付货款	简单	小	最小	最大	不平衡
	货到付款			最大	最小	
信用证		最多	大	小	大	较平衡
托收		稍多	稍大	中	中	不平衡

1. 双方信用状况

每一种付款方式对交易双方都是利弊兼备，不存在对双方完全平衡的方式。因此，付款方式的最终选择很大程度上取决于贸易双方的商业信誉。若交易双方互相了解，且充分信任，则双方为降低交易成本、增强竞争力，会选择快捷、简便、费用低廉的结算方式，虽然这种付款方式的风险可能比较大。相反，对于不了解的供应方，则要选择安全性较大的支付方式，来弥补双方缺乏信任的风险；或在选择商业信用结算方式前，对对方进行全面的资信调查并辅之以担保性的附属结算方式。无论采用何种支付方式，交易双方的信用是首要考虑的问题，对对方资信的掌握程度是选择支付方式的前提。

2. 市场行情

市场行情对交易双方的谈判能力有很大的影响力。如果是卖方市场,卖方就有较强的谈判能力,其谈判能力不仅表现在价格、交货期限等方面,付款方式的选择也是重要的一方面。在卖方市场条件下,卖方一般要求选用安全性较高、收汇较快的付款方式,如信用证、预付货款等,但对进口方的则意味着费用较高、资金负担较重。而在买方市场条件下,付款方式的选择可能更灵活、经济。

3. 交货方式

在国际货物采购中,有两类交货方式:实质性交货和象征性交货。《2000年国际贸易术语解释通则》按交货性质的不同,将13种贸易术语分为实质性交货(实际交货,Physical Delivery)和象征性交货(推定交货,Constructive Delivery)。不同的交货方式对付款方式的选择有不同的影响。

(1)实质性交货。卖方在规定的时间、地点将货物交给买方或买方指定人,就完成了交货任务。在这种情况下,装运单据的交付不能代表货物的交付。在实质性交货下,采用信用证方式结算,当卖方办理完装运后,就意味着已经实际交货,买方的付款赎单或承兑赎单都失去意义,单据实际上不能控制货物所有权,此时的信用证不过是赊账的变体。所以,在实质性交货方式下,如DDP、DDU、DES、EXW等,最好采用预付货款或货到付款的形式。

(2)象征性交货。卖方以装运单据的交付代替货物的交付,买方凭卖方及时提交齐全、正确的单据付款。如FOB、CFA、CIF术语下,当卖方在规定的时间、地点把货物装上指定的运输工具,并将取得的运输单据交由买方时,即完成了交货,货物所有权也就发生了转移,尽管此时买方没有实际收到货物。可见,象征性交货是典型的"凭单交货,凭单付款",属于单证结算的托收或信用证都可以采用。

4. 运输方式

象征性交货是"凭单交货,凭单付款",其中的"单"必须为代表货物所有权的运输单据才有意义。然而并不是所有的运输单据都是物权证明,如表9-2所示。

海、陆、空、邮运输单据的名称及其法律性质　　　　　表9-2

运输方式	运输单据名称	单据的法律性质
海上运输	海运提单(Marine Bill of Lading)	物权凭证
海上联运	联合运输提单(Combined Transport B/L)	物权凭证
海陆联运	多式运输单据(Multimodal Transport Document)	非物权凭证
航空运输	航空运单(Air way Bill)	非物权凭证
陆上运输	铁路运单(Rail way Bill)	非物权凭证
邮政包裹	邮包收据(Postal Parcel Receipt)	非物权凭证

前两种运输单据具有法律上物权凭证的性质,当货物运出后,若遭遇到买方拒付,出口方可利用所掌握的海运提单或联合运输单据,主动采取补救措施,可以考虑使用灵活的商业信用证结算方式。其余四种运输单据不具有法律上物权凭证的性质,当货物出运后,出口方无法掌握在运货物的所有权和处置权,此时若发生拒付,出口方会陷入被动。在选择支付方式时,应考虑不同运输方式,以避免风险的发生。

5. 交易规模

由于大金额交易意味着较大的风险,买卖双方都希望能够安全收货和及时收汇,可以选择费用较高、安全性较大的结算方式支付货款;如果是小额买卖,费用高的结算方式成本太高,则以电汇、票汇、或托收为宜。根据交易规模理性地选择适合的结算方式,可以节约费用、降低成本,并且有针对性的规避风险。

6. 国别风险

世界上每个国家和地区的发展程度不同,各国的政治、经济风险也不同。我国银行界把非洲、中东及东南亚地区定位高风险地区,对于这些地区的交易应该从严掌握。

7. 各国法律与惯例

各国法律与惯例的冲突是选择支付方式应考虑的因素之一。目前国际上针对主要结算方式制订的国际惯例,如《UCP600号》,使得交易各方有据可依,并可按照规则规范使用、统一管理。但也有些新型的附属结算方式尚未有被广泛接受的规则或管理条例,因此双方采用时,应统一适用的法律或惯例条文。

就国际工程项目货物采购而言,在支付方式的选择上,与国际贸易有一定的差别。国际工程部分材料、设备是非标准化产品,大多数是业主指定供应厂商,按照工程技术规范特定的参数、规格生产制造。这些供应商多是规模较大、信誉较好,因而较少发生欺诈问题。同时,即使双方在交易过程中产生争议,但迫于工期的压力和业主指定供货的要求,承包商更换供应商的可能性几乎没有,其采购标的的风险更多的是在质量、交货期和售后服务等方面。这对支付方式的选择亦会产生影响。承包商支付方式的选择应本着资金占用时间短、资金风险小、收取货物安全有保障的原则。

二、各种结算方式的结合使用

在国际货物采购中,买卖双方根据各种因素选择对自己有利的结算方式,除了单独采用一种结算方式外,可以将各种结算方式综合运用,既有利于达成交易,又减少货物风险。

1. 基本结算方式的结合使用

(1) 信用证与汇付结合使用

在信用证结算下,定金、预付款或余款常以汇付的方式支付。在大笔交易中,要求进口商支付一定金额作为定金,以减少供应商部分资金负担,便于供应商备货。定金常以迅速、便捷的方式支付,如汇付,其余主要货款日后按照信用证结算。另外,对某些货物数量不易控制,且允许有较大幅度增减的货物进口时,往往先开立信用证,凭装运单据支付货款,待货到目的地后再核实实际数量、检验设备安装调试、运行合格后将余款以汇付方式支付。

(2) 信用证与托收结合使用

这种结合运用的做法又称作"部分信用证、部分托收",即一笔交易的货款部分用信用证支付,部分用托收支付。其原因是:部分货款用托收支付,可以减少进口方的开证费用和押金,另一部分采用信用证支付,可以降低全部货款采用托收支付的收汇风险,是一种折衷的组合。

2. 信用证与附属结算方式的结合使用

(1) 与银行保函〔或备用信用证〕的结合使用

银行保函(Banker's Letter of Guarantee)和备用信用证(Standby L/C)属于担保类的附属结算方式。银行保函是银行应申请人的请求向受益人开立的保证文件,由银行或其他金融机构作为担保人并以第三者的身份向受益人保证,如申请人未对受益人履行某项义务,担保银行将承担保证书规定的付款责任。银行保函一经签发并经受益人接受后,即构成了法律上有效的担保合同。

由于银行保函种类多,并具有较大的灵活性,与各种基本结算方式结合使用,以银行信用来弥补商业信用结算方式的不足,保证采购方资金和采购标的的安全。

1) 进口预付款保函与预付货款的结合。国际工程项目货物采购货款的支付若采用了预付货款,对出口方来说最为有利,但进口方风险较大,会担心出口方能否按期交货或交符合规定的货物,若出口方违约,则应该退回预付款。为了减少预付货款结算的风险,进口方可以要求出口方提供银行保函(有履约保函、预付金退还保函、或质量保函),当出口方不按期交货、交货不符、或拒退预付款时,担保行则给予进口商保函规定金额内的赔偿。

2) 进口保函与货到付款(赊销 O/A)的结合。对于处在买方市场条件下的标准化材料,供应商为扩大订单,吸引客户,也会同意接受赊销方式。但为防范风险,供应商一般要求进口方提供银行保函(如付款保函),保证进口方在提货后的规定时间内按合同付款,若发生进口方拒付,担保行则负责保函规定价款的支付或赔偿。

同样,保函还可以与托收、信用证结合使用,来平衡贸易双方的利益风险。尤其是程序比较简单、花费时间少的见索即偿保函的应用,是汇付、托收等结算方式逐渐被大量采用的一个重要原因。

3) 进口预付款保函与信用证的结合。即双方在合同中约定,采购方支付一定合同比例的预付款,并申请开立信用证,供应商开立进口预付款保函。信用证开立后,暂不生效。信用证的生效以供应商的进口预付款保函的开立并生效为条件。

(2) 国际保理业务的综合使用

国际保理是指保理商以提供融资便利为目的、或为使供应商免除管理负担、或为使供应商免除坏账风险、或出于上述任何两种或全部目的，而承购应收账款的行为。国际保理业务是一种综合性的融资结算业务，为非信用证结算方式下的出口商提供信用销售控制（credit control）、出口贸易融资（export trade finance）、销售分户账管理（maintenance of the sales ledger）、应收账款收取（collection of receivable）、及坏账担保（full protection against bad debts）等的综合性短期服务。

随着卖方市场转化为买方市场，进口方要求采用 O/A，D/A 贸易结算方式。为了弥补出口方的风险，国际保理作为一种包含短期融资、信用保险、坏账担保及账款管理的综合性金融服务业务与托收、汇付结算方式结合使用，使出口方能安全、及时地收回货款，减少出口方对进口方进行资信调查和账户管理费用开支，同时免去进口方开立信用证的费用，降低了进口方的成本。

具体结合运用：贸易货款支付按照 D/A 或 O/A 方式，出口方将 D/A 或 O/A 下的短期应收账款卖断给保理商，不仅获得短期融资，还将货款的催收、账款的管理，进口方的信用调查以及坏账担保都转给保理商负责承担。保理业务的使用使出口方只管按期交货，进口方只负责到期付款，保理商承担结算的一切风险。

贸易结算的非信用证化在一定程度上促进了国际保理服务的发展，保理服务则保障了手续简便、资金周转快的 O/A，D/A 等方式的发展。发达国家的实践证明，O/A、D/A 与保理业务的综合运用促进了发达国家间贸易的增长。

(3) 与福费廷业务的结合使用

对于资本品的进出口，一般金额较大，期限较长，双方承担的风险也较大，无论采用哪一种支付方式，贸易双方的资金、风险负担往往都不平衡。并且由于国际债务危机的加深，即使采用信用证结算，双方风险仍然很大。包买票据（又称"福费廷"）是一种为远期信用证支付方式下（收款时间一般超过 180 天）的出口方提供付款保证和融资服务的业务，即包买商向出口方无追索权地购买已经由债务人所在地银行承兑或担保的远期汇票或本票。

大宗货物交易中，叙做包买票据业务，可以获得包买商（或包买辛迪加）的中长期融资，并且包买商无追索权买断债权凭证，意味着承担票据到期索偿的全部责任和风险，免去了出口方远期收汇的风险。

具体运用：进出口双方达成资本品贸易，按即期信用证方式支付货款，同时征询包买商意见要求叙做包买票据业务，包买商进行资信与贸易核实后，签订包买合同，进出口双方签订贸易合同。当出口方发货后，签发汇票，便可向包买商交割规定单据，此时出口方已经完成了发货、收汇的义务与权利。包买商将代替出口方成为新的债权人，继续与进口方和担保行之间的结算业务——包买商寄单与担保行申请担保，进口方借出单据并寄交担保债权凭证，待到远期信用证下汇票到期日，包买商提示到期汇票，进口方支付票款。

附录 9-1　跟单信用证实例

Documentary Letter of Credit

1	Issue of a Documentary Credit：BKCHCNBJA08E SESSION：000 ISN：000000	49
	BANK OF CHINA, LIAONING, NO.5 ZHONGSHAN SQUARE, ZHONGSHAN DISTRICT, DALIAN, CHINA	
2	Destination Bank：KOEXKRSEXXX.	20
	MESSAGE TYPE：700：KOREA EXCHANGE BANK, SEOUL, 178.2 KA, ULCHI RO, CHUNG-KO	
3	Type of Documentary Credit：IRREVOCABLE	40A
4	Letter of Credit Number：LC84E0081/99	20
5	Date of Issue：060916	31C
6	Date and Place of Expiry：061115 KOREA	31D
7	Applicant Bank：BANK OF CHINA LIAONING BRANCH	51D
8	Applicant：XXXXXX CO., LTD	50
9	Beneficiary：SANGYONG CORPORATION CPO BOX 110 SEOUL KOREA	59
10	Currency Code, Amount：USD7380	32B
11	Available with…by：ANY BANK BY NEGOTIATION	41D
12	Drafts at：45 DAYS AFTER SIGHT	42C
13	Drawee：BANK OF CHINA LIAONING BRANCH	42D
14	Partial Shipments：NOT ALLOWED	43P
15	Transshipment：NOT ALLOWED	43T
16	Shipping on Board/Dispatch/Packing in Charge at/from：RUSSIAN SEA	44A
17	Transportation to：DALIAN PORT, P.R. CHINA	44B
18	Latest Date of Shipment：061030	44A
19	Description of Goods or Services：	45A
	100SETS OF ELECTRIC ROLLING DOOR MACHINE (FULL SET)	
	USD73.80/SETCIFDALIAN, CHINA (INCOTERMS2000)	
	MARKINGIEN ANH, CHINA.	
20	Documents Required：	46A
	(1) SIGNED COMMERCIAL INVOICE IN 5 COPIES	
	(2) FULL SET OF CLEAN ON BOARD OCEAN BILLS OF LADING MADE OUT TO ORDER AND BLANK ENDORSED, MARKED "FREIGHT PREPAID" NOTIFYING XXXCO., LTD. TEL 86-411-3680288	
	(3) PACKING LIST/WEIGHT MEMO IN 4 COPIES INDICATING QUANTITY/GROSS AND NET WEIGHTS OF EACH PACKAGE AND PACKING CONDITIONS AS CALLED FOR BY THE L/C.	
	(4) CERTIFICATE OF QUALITY IN 3 COPIES ISSUED BY PUBLIC RECOGNIZED	

SURVEYOR

(5) BENEFICIARY'S CERTIFIED COPY OF FAX DISPATCHED TO THE ACCOUNTEE WITHIN 3 DAYS AFTER SHIPMENT ADVISING NAME OF VESSEL, DATE, QUANTITY, WEIGHT, VALUE OF SHIPMENT, L/C NUMBER AND CONTRACT NUMBER

(6) CERTIFICATE OF ORIGIN IN 3 COPIES ISSUED BY AUTHORIZED INSTITUTION.

(7) INSURANCE POLICY /CERTIFICATE IN 02 ORIGINALS COVERING ALL RISKS FOR 110POT OF INVOICE VALUE BLANK ENDORSED INDICATING CLAIM PAYBLE BY PORTOF CHINA

21　Additional Instructions: 　　　　　　　　　　　　　　　　　47A

(1) CHARTER PARTY B/L AND THIRD PARTY DOCUMENTS ARE ACCEPTABLE

(2) SHIPMENT PRIOR TO L/C ISSUING DATE IS ACCEPTABLE

22　Charges: 　　　　　　　　　　　　　　　　　　　　　　　71B

ALL BANKING CHARGES OUTSIDE THE OPENNING BANK ARE FOR BENEFICIARY'S ACCOUNT.

23　Period for Presentation: 　　　　　　　　　　　　　　　　48

DOCUMENTS MUST BE PRESENTED WITHIN 15 DAYS AFTER THE DATE OF ISSUANCE OF THE TRANSPORT DOCUMENTS BUT WITHIN THE VALIDITY OF THE CREDIT

24　Confirmation Instructions WITHOUT 　　　　　　　　　　　49

25　Instructions to the Paying/Accepting/Negotiating Bank: 　　　78

(1) ALL DOCUMENTS TO BE FORWARDED IN ONE COVER, UNLESS OTHERWISE STATED ABOVE.

(2) DISCREPANT DOCUMENT FEE OF USD 50.00 OR EQUAL CURRENCY WILL BE DEDUCTED FROM DRAWING IF DOCUMENTS WITH DISCREPANCIES ARE ACCEPTED.

26　Advising Through "Bank: KOEXKRSE XXX" 　　　　　　　57A

MESSAGE TYPE: 700: KOREA EXCHANGE BANK SOUTH KOREA. 178.2 KA, ULCHI RO, CHUNG-KO

第10章 国际工程项目物流

> 物流是国际工程项目材料、设备采购的外部保障。国际工程项目物流工作内容包括选择合适的运输、保险、集港或仓储、检验、报关等几个环节。

第1节 国际工程项目物流概述

国际工程项目物流是狭义的工程物流,是指为满足工程需要,按照国际分工协作的原则,依照国际惯例,利用国际化的物流网络、物流设施和物流技术,实现工程货物以及相关信息从生产、储存等地向工程物资使用地的国际流动,以及为使保管、运输能有效、低成本地进行而从事的计划、实施和控制的过程。国际工程项目物流兼有国际贸易物流与工程物流的双重特点。

我国国际工程项目的物资供应部分依靠国内相关部门承担,其特征表现为对外承包出口。其物流体系大致可分为:选择合适的出口运输方式,国内采购和运输,国内物资集结或仓储、检验、出口报关等几个环节。部分物资通过当地采购和第三国采购实现,工程物流由项目部在项目东道国安排或由供应商安排完成。无论以哪种方式实现,都涉及国际物流问题。完善的国际物流系统是实现国际工程承包项目的外部保障。

一、国际工程项目物流系统的组成

国际工程物流是一个系统,所涉及的基本环节有运输、包装、发货前验收、检验、货运代理选择、集港、订舱、进出口报关、运输保险、国外清关、出口退税等。

（1）运输。这是国际工程项目物流的主要环节。根据采购地点的不同，国际工程项目货物运输具有内外运输三段性和两段性特点。所谓运输三段性是指从国内出口物资时，国内运输段、国际运输段和货到目的地/港后至现场的运输。两段性是从第三国采购的货物运至目的地/港以及至现场的运输。

（2）储存。对于从国内出口的材料、设备，需在装运口岸储存集结待运。储存待运时间的长短取决于港口装运与国际运输作业的有机衔接。

（3）检验。主要包括我国工程物资出口前的质量、数量等法定检验和物资进口后当地检验机构的检验。

（4）通关。通关是国际工程项目物流的重要环节，由我国海关和进口国海关分别对进出口货物办结海关法规定的全部手续。

二、国际工程项目物流的特点

（1）个性化特征。国际工程项目由于国别不同，地理环境不同，工程项目性质、技术规范要求不同，对材料、设备需求及实现条件亦不相同，每一工程的物流方案都具有个性化特征，即每一新项目开始，都需要重新配置物流供应系统模式。同时工程物流往往需要应用特殊的、大型甚至是超大型的技术设备或交通运输设施，而它的一次性又导致这类物流作业的实施不能照搬过去的模式和方案，以往再好的物流方案也只能使用一次。

（2）每个工程项目物流都由多个环节构成。工程项目物流的运行过程中，每一环节相互影响、互相制约，前一环节的失误会导致后一环节的实施，甚至影响整个物流系统的运作。

（3）物流服务需求量的不均衡性。物流需求量与工程项目实施的不均衡同步。一般规律是，项目的实施动员阶段，为保证按时开工，需要从国内调运部分材料、机具、设备，物流需求量大，但不频繁。进入项目中期，大规模的开挖，土建施工需要大量的材料，物流需求量随之加大，主要表现为当地采购产生的物流。随着工程的深入，安装成为项目的主要施工活动，物流的复杂程度增加，并呈现出多元化特征。项目期末，物流需求量又渐小。当工程结束后，剩余物资及机械、设备的退场、转场、复出口等使得物流需求量又有所增加。因此，在整个工程项目实施阶段，物流需求量是极不均衡的。

（4）物流管理要求高。工程项目物流是根据工程主进度计划、物资采购计划的要求提出的。为保障进度目标的实现，保证采购的材料、设备按时到达现场，节约施工成本，要求物流实现准时制供应，即保证对采购物资的运输、集港、报关、检验等各环节按照计划，有序进行。而这些活动的完成均须采购部与项目部内外各有关部门、机构的有机配合与协同，因此对工程项目物流的管理要求较高。

(5) 国际工程项目物流涉及众多当事人。国际工程项目物流涉及众多当事人包括承包商企业、供应商、分包、业主、货运代理企业、运输企业、仓储包装企业和两地或多国的海关、商检、保险、银行等部门。

(6) 物流服务地点的变动性。国际工程项目的固定性导致项目物流服务地点的变动性,尤其是铁路、水利、道路类项目,随着工程建设的不断延伸,物流服务地点是在不断变动。

(7) 物流风险因素多。由于国际工程项目的不确定性因素多,约束条件严格,距离长,地域广阔,中间环节多,环境复杂,系统庞大,非承包商控制因素多,使承包商面临一定的风险。因此,为保证工程项目的顺利实施,确保工程物资的安全性、物流实施的可靠性和及时性,一般要求除设计物流方案外,还应有备选方案或应急方案。

(8) 物流费用较高。由于上述原因,国际工程项目物流费用一般占工程物资采购总成本的15%左右。主要费用包括:运保费、运杂费、包装费、通关费、检验费、进出口关税税费或关税保证金等众多费用。此外,物流效率的高低还会影响到物资占用资金的数量和施工效率。低效率的物流活动或者使材料库存过大,浪费资金;或者库存不足造成停工待料,这些都会增加国际工程项目成本。

(9) 国际工程项目物流流程周期较长,特别是对大型项目从采购、运输、仓储到使用安装,其物流过程有时要经历几年。

(10) 国际工程项目物流运输方式范围广泛,包括国内、国际物流,运输方式涵盖了海运、空运、铁路、公路、内河、国际联运等诸多方式。

三、国际工程项目物流的要求

为保障国际工程项目的顺利实施,对国际工程货物在质量、可靠、安全、效率、柔性、经济方面都要求建立较高的物流保障系统。

(1) 质量要求。保障采购货物完好无损到达现场,确保物流过程零索赔。

(2) 安全要求。国际物流涉及的国家多、地域辽阔、在途时间长,易受气候、地理条件等自然因素和社会政治因素的影响,在组织国际物流、选择承运人、运输方式和运输路线时应趋利避害,确保货物安全。

(3) 效率要求。快速准时,满足工期要求。

(4) 经济要求。国际工程物流环节多,备运时间长,应选择最佳物流方案,控制物流费用,降低采购成本。

(5) 柔性要求。当工程项目环境、物流环境、条件发生变化时,可迅速调整物流系统,满足工程项目的需求。

总之,国际工程项目物流环节多、风险大,如何合理的筹划和计划全程货运,控制货物的在途时间、保证货物安全、减少物流成本都是承包商企业所要直面的问题。

四、国际工程项目物流模式

国际工程项目物流模式主要有承包商自营物流和第三方物流。由于国际工程项目物流的跨国性、复杂性，承包商企业经营范围的限制，国际工程项目物流的实现本质上是第三方物流，只是在范围、形式和规模上有所区别。仅就货物运输而言，目前绝大多数的承包商企业除国内运输段外，尚不具备自营运输的能力，其他段内运输仍需委托第三方或由供应商安排实现。因此，第三方物流是目前国际工程项目的主要物流模式。

五、国际工程项目物流风险

国际工程项目物流在运作过程中存在着一定的风险，这是国际工程项目本身的特殊性和国际物流的客观环境和复杂性决定的。

（1）物流系统本身的功能要素、与外界的沟通就已经很复杂，国际工程项目物流涉及的内外因素更多、范围更广阔，从而导致其运作难度和风险的增大，复杂性增加。

（2）不同国家的物流环境差异迫使国际工程项目物流在不同法律、人文、习俗、语言、科技、设施环境下运行，也大大增加物流的难度，复杂性和风险。

（3）由于更远的距离、更长的前置时间、承包商对物流专业知识的缺乏以及国际工程项目物流的约束条件等，导致不确定因素增加。

（4）物流中介机构的广泛建立，及各国政府对物流领域的干预导致承包商对物流成本的控制能力降低。

（5）在采用第三方物流时，还存在失控风险、合作风险和信息不对称风险。承包商不能直接控制物流职能，不能保证供货的准确和及时，以及物流服务供应商服务的稳定性和质量下降或不履行先前的承诺等风险。

六、国际工程项目物流方案的设计

物流方案设计是国际工程项目管理的环节之一，是围绕国际工程项目所涉及的物流活动进行详细设计的过程，即把物流系统的各个环节联系起来进行整体的设计和管理，以最佳的结构、最好的配合，充分发挥其系统功能和效率，实现整体物流系统运行合理化，以满足工程项目的需要。

国际工程项目物流方案设计主要考虑项目的工期、成本、风险、效率、柔性等因素。在物流方案设计时，可将工程项目物流中每项工作的各种方案（时间、费用等均不相同）以网络图的形式进行比较和决策，从中选出能按期完成而总费用低的方案付诸实施。同时在计划执行过程中根据变化了的情况进行必要地调整，或做出新的决策。国际工程项目物流方案的设计一般可依靠第四方物流服务供应商解决。

七、第四方物流（4PL）

根据安德森咨询公司的定义，所谓"第四方物流供应商"是一个供应链的集成商，它对公司内部和具有互补性的服务供应商所拥有的不同资源、能力和技术进行整合和管理，提供一整套供应链解决方案。从概念上看，第四方物流服务供应商可能不拥有物流设备、设施以及其他任何固定资产，但通过对整个供应链的影响力，提供综合的供应链解决方案，控制和管理特定的物流服务，而且对整个物流过程提出解决方案，并通过电子商务将这个过程集成起来。

根据国际工程项目物流特点，第四方物流可有助于承包商更好的解决工程物流问题。

（1）国际工程项目物流的一次性，整体性，复杂性、不确定性特点，需要合同式、外协式的物流服务，需要能够提供"统筹控制全局"服务的协作组织者。该组织者应具备很好的协调和整合资源的能力，将工程物流环节进行细化和专业化的分工，并形成网络，实现工程物流的成功运作。在这点上，由于国际工程物流带有跨国性质，涉及范围、职能部门多，更加需要良好的计划和统筹能力，用良性的运作机制衔接工程项目的多个要素，最终实现项目目标。

（2）国际工程物流实施技术的复杂性，要求物流服务供应商必须满足其全面且个性化的需求。工程物流往往需要应用特殊的、大型甚至是超大型的技术设备及国际交通运输设施，而它的一次性又导致这类物流作业的实施不能照搬过去的模式和方案，容易出现突发性问题，需要物流专家和技术人员作支撑，需要物流服务供应商依靠强大的信息系统网络，通过整合、综合、集成的方法，充分利用国家、国际、社会资源来完成这一复杂的物流活动。

（3）国际工程项目物流实施环节的不确定性、风险性，要求承包商必须重视应急方案的设计，因而要求物流服务供应商们提供相应的充分而全面的风险评估、规避风险的比选方案设计和全过程的质量管理。

第2节 国际工程项目货物运输

货物运输是国际工程项目物流的最主要环节之一，其任务是将国内采购或制造，经检验合格后的设备、材料从制造厂安全正点地运输到施工现场的过程。其工作范围包括选择承运人、制定或确认运输方案和路线、包装、运输、保险等，在要求安全、准时将货物运抵现场的基础上，应控制其费用的经济合理性。

国际工程项目部一般没有独立的运输部门，对于当地采购和第三国采购的材料、设备由物资供应主管或采购部进行运输决策，由其负责选择物流服务供应商和日程安排，确定货物的登记和运费，负责必要单据的制作，对装运的货物进行跟踪并处理发生在装运过程中的货物灭失和损毁的索赔等等。在满足货运需求的同时使货运成本最低是承包商必须考虑的问题。由于国外运输的复杂性,在考虑运输方案时要考虑运输的服务质量、工期等诸多因素,而不仅仅是降低运输成本。所采购的货物由于采取不同的运输方式而需要不同的运输时间,可能会产生不同的结果。有些货物可能由于运输方式不当,运输时间过长而导致现场停工待料。此外对承运人选择不当,导致货物的丢失或损坏,所以选择承运人和选择供应商同样重要。

如前所述,国际工程项目货物运输根据货物来源不同,分为三段式和两段式。对于从国内出口货物,由产地至装运港运输、国际运输至目的港由承包商企业国内有关部门承担办理。货物到目的港后至现场段由项目部安排。第三国采购货物为两段式(或一段式),即货物从出口国至目的港的国际运输由供应商安排,目的港至现场的运输,由项目部安排,或由供应商安排直接由产地运至现场(本章不讨论当地采购的货物运输)。材料、设备供应贯穿项目始终,则运输问题也随之贯穿始终。可见,承包商运输管理任务繁重、复杂。同时,承包商必须认识到运输并不能增加材料、设备本身的价值,但却是货物采购中的一个重要成本要素。尤其是在 FOB、DDP 或 DDU 交货条件下,其材料、设备价格构成中运费成本占有较大比例,因此应通过对运输管理使其达到采购成本最小化,达到运输环节上的准时制。这就要求采购工程师必须具备一定的专业采购知识与技能,如贸易术语的内涵、国际航运惯例、航期、航班周期、货物的运输等级和类别、运费的计算、各种运输方式的特点等,了解当地运输作业习惯、运输规则以及项目周边地区的路况、地理环境,并根据物资清单、物资来源、工期要求,对国际工程项目的整体货物运输编制详细计划,优化运输作业。

一、运输计划的编制

按国际工程项目合同及采购进度计划的要求,编制运输计划。

编制运输计划首先要明确约束条件,即满足工期,保证质量,节约成本。

(1) 对国内出口物资,计划重点是大型、关键设备的运输安排,包括运输前的准备工作、运输时间、运输方式的选择,人员安排等。

(2) 集装箱发运检查。

(3) 选择承运人或第三方物流服务供应商。

(4) 对从第三国采购的货物要检查供应商运输计划、货物文件清单和准备情况。

(5) 委托办理通关、保险业务。

(6) 按要求编制到货台账及运输状态报告。

(7) 对在当地采购的物资,洽商承运人。

二、运输准备工作

承包商与业主签订承包合同(或分包合同)时,应在合同或合同附件中明确下述内容：

(1) 工程项目名称。

(2) 收货人全称、简称、通信地址、电话、传真、邮政信箱号码、邮政编码、电子邮件地址等。

(3) 收货通知人（一般为运输代理）全称、简称、电话、传真、邮政信箱号码或邮政编码、电子邮件地址。

(4) 目的港口（或最终目的地）名称，根据实际情况，目的港可以是一个也可以是该国的某几个港口。

(5) 运输标志（Shipping Mark），即唛头，一般使用拉丁字母或字母与阿拉伯数字组合，要求字数简练，不采用图案或几何图形作运输标志。

(6) 各种单证（如提单、发票、原产地证明、保险单等）的要求与份数。

上述内容要求准确无误，在合同执行中不宜更改。合同签约人应以书面形式（传真或信函）通知采购部及有关部门。

国内采购发运工作要与国外项目部配合进行，掌握货物目的港有关情况，如港口泊位深度、吊装、储运能力等。了解工程项目所在国对船公司及保险公司的要求。有些国家要求必须使用本国或本国所在航运协会的船舶运输，有些国家（如突尼斯等）规定运输保险必须在本国的保险公司投保。承包商要根据货物准备情况和工程项目要求，决定启运时间和装货港，确定运输代理（国际货运代理公司一般也可作报关代理），并进行海运询价，确定货物集散仓库或码头堆场。

三、运输方式的选择

运输计划一经确定，即可根据物资清单的内容选择运输方式。运输方式的选择主要考虑如下因素：运输条件、运输可靠性、运输路线、运输时间和费用以及发生货损的几率。

与国际工程项目货物有关的运输方式有：海洋运输、航空运输、公路运输、铁路运输、国际多式联运、散装运输和集装箱运输等。这些运输方式的送达速度、输送重量、运输的连续性、保证货物的完整性和安全性等各项技术性能以及运费各有不同。

1. 海洋运输

海洋运输是目前国际工程项目货物的主要运输方式。其优势是通过能力大、运量高、运费低。不足之处在于受气候和自然条件影响较大，航期不易准确，风险较大，速度相对较慢。

2. 航空运输

航空运输具有运输速度快，货运质量高，安全性较高，货物破损率较低，不受地面条件限制的优点。与其他运输方式相比，航空运输的包装简单，包装成本较低。航空运输的局限性表现在运费较其他运输方式高，不适合低价值物资；飞机舱容有限，对大件货物或大批量货物运输有一定的限制；飞机飞行安全容易受恶劣气候影响等等。因此，适宜运送紧急采购、赶工所需物资等。

3. 公路运输

公路运输的特点是机动灵活、简捷方便，在短途物资集散运转上比铁路、航空运输具有更大的优越性，尤其在实现"门到门"运输中，其重要性更为显著。而且无论海运和空运，都要依赖公路运输来完成最终两端的运输任务。但公路运输载重量小，不适宜装载重件、大件物资，不适宜走长途运输；车辆运行中震动较大，易造成货损货差事故，同时运输成本较高。

4. 国际多式联合运输

国际多式联合运输具有组织运输的全程性，运程凭证的通用性，托运手续的简易性等特点。实行联运后，货主托运货物，只要一次托运、一次结算，就可以在目的地收货，即一次起票全程负责、分段计费、相互结算。对于从第三国采购的材料、设备，不必先运回国内再出口，可委托有跨国服务网络的国际货运公司直接组织境外运输。采用国际多式联运的方式，可大幅降低运输费用和进口税费，减少运输中转环节和时间、加快运输速度。多式联运的主要和典型方式为集装箱海陆多式联运，是一种能为工程企业大幅降低货运成本和税费支出，并且安全的门到门的运输方式。

5. 集装箱运输

是以集装箱作为运输单位，自动化货物运输的先进的运输方式，它可适用于海洋运输、铁路运输及多式联运等。其特点是安全、迅速、简便和高效。建筑材料中的水泥、玻璃、石棉制品、陶瓷制品、设备等都可以采用这种运输方式，由于其对运输设备有特殊要求，所以运费比较高。

为解决工程急需与运输时间的矛盾，在运输方式的选择上应以满足工程需要为原则。比如中国—非洲货物集散功能尚不完善，航班少，运输不及时，服务功能不健全，目的港口能力有限，大部分物资直航有困难，需转运。中国到东非主要港口的散货船班次少，集装箱船每周一班；当工程急需大型国产机械设备时，一般采用框架式集装箱运输，尽管运费较高，但时间有保障。少量急需物资可零担空运或包机运输。

按照运输条件可将货物运输分为普通货物运输和特种货物运输。这里的运输条件主要指在运输与保管过程中所采取的不同安全措施。与工程项目关系密切的普通货物主要有材料（水泥、木材、钢材）、交电器材及小型机械（单件重量0.5—4T）。特种货物主要有机械设备中的长大笨重货物（指单件长度在6M或以上，高度大于2.7M，宽度大于2.5M的货物）、危险品（施工中使用的易燃、易爆物品）、贵重物品（如精密仪器、仪表等）。体积小、价格高、易损坏、易丢失的货物须选择集装箱（整箱或拼箱）运输；可行走设备较多时以使用滚装船为宜，避免装卸船时对货物的损坏。承包商要了解项目东道国对船公司的要求，挂靠港口、航班及港口作业情况。此外，有些国际工程项目由于所处国家地理位置不同，运输路线亦需特殊考虑。如巴林虽是沿海国家，但其港口大型吊装设备有限，特种物资不能直达，只能采取中国—迪拜—巴林的国际多式联运方式。又如，尼泊尔与中国陆陆接壤、公路相通，但由于自然环境恶劣、公路条件差，除少量急需普通物资和危险品采用公路运输方式外，一般均采用中国—印度—尼泊尔的水陆联运方式。

四、国际货运代理

国际工程项目货物运输地域面广，中间环节多，情况复杂，承运人和托运人不可能亲自处理每一具体运输业务，许多业务可委托代理人代办。国际货运代理通常是接受客户委托完成货物运输的某一个环节或与此有关的各个环节，可直接或通过货运代理及其雇佣的其他代理机构为客户服务，也可以利用他的海外代理人提供服务。其主要服务范围如下：

(1) 订舱（租船、包机、包舱）预订车辆、托运、仓储、包装；
(2) 货物监装/监卸、集装箱拼箱/拆箱、分拨、中转及相关短途运输服务；
(3) 国际多式联运、集运；
(4) 国际快递业务；
(5) 代理报关、报验和保险；
(6) 誊制有关单据、结算及交付运费杂费；
(7) 咨询及其他国际货物运输和过境货物运输代理业务。

鉴于国际货运代理承揽的业务范围较广，几乎包括了承包商物资出口和进口物流可能遇到的各个方面，因此此类业务可交由国际货代完成。目前我国80%-90%的海运和空运是通过各类代理实现的。国际货物运输风险大，国际货代繁多，如何选择货代是承包商物资进出口需要解决的问题之一。合作服务的货运公司太少，不利于进行比价和评估方案；过多则容易分散企业在货运公司的业务量而降低货运企业的重视程度。此外，无效、低效运输计划和方案也会增加承包商企业的工作量和延误决策时间，更不利于合作伙伴关系的形成。承包商企业可根据自己的实际情况从如下几个角度进行综合考虑和评估：

(1) 了解货运代理的实力和经营特色。货运或货运代理企业的实力可体现在垫资能力、擅长的运输方向和货运量、操作经验和专业程度等，只有充分了解了货运企业的业务能力和信誉程度，了解货运或货代企业经营特色，才能为承包商的货物运输提供安全保障和优质服务。

(2) 考察货运代理企业在本行业上下游中所处的地位和稳定性。有实力的货运/货代公司，除本集团网络外，亦应与行业上下游企业（如船公司、航空公司、铁路部门、港口服务公司、报关行等）保持稳定紧密的合作关系，这是货运企业提供整个流程优质服务的基础和保证。国际运输市场价格变动频繁，航线改变且经常调整，货运公司的合理报价以及报关行在货物归类上的合理操作可减少承包商损失。所以，货运/

货代在本行业不论中游、下游都应有相应成熟的系统支持，以便能以完整的系统平台为承包商企业的货运任务提供可靠、流畅、全方位的服务。

(3) 了解货运公司的网络系统状况。货运行业属运输服务业，在国际工程项目中主要借助货运系统网络为承包商提供跨国运输服务，所以货运/货运代理企业与国外货运网络的构成与合作的畅通与稳定决定了国际工程项目货物运输的成败。

五、包装和运输要求

包装和运输要求是工程项目货物采购中对采购标的的包装、运输事宜向供应商提出的通用性要求。

1. 包装的一般条件

(1) 在运输中，包装箱（或其他包装形式）须能经受各种运输方式（公路、铁路、海运、内河、空运）和多次装卸而不出现破损。

(2) 在现场气候条件下，有些物资可能需要较长时间内露天存放，其包装须能经受当地气候条件的露天存放。

(3) 对于运输时包装箱须码垛，以缩小存放空间和面积时，包装箱必须能承受其码垛重量而不破损。

(4) 应视物资性质及特点进行妥善包装。

(5) 承包商收货后与开箱之间的间隔时间最多为 12 个月。

(6) 有些设备、机器及附件的敞口处，应涂抹黄油并用堵头或盲板密封、紧固。

(7) 供应商应根据物资特点及运输条件，切实采取防雨、防潮、防锈及防震等措施。

(8) 供应商应对每一包装箱的装箱内容、尺寸和重量进行检验，并最迟在产品出厂发运日期前 15 天，用电报或传真向承包商提供有包装箱号的装箱清单，及每一包装箱的尺寸和重量的装箱证明书。

2. 包装责任

(1) 对从第三国采购的物资，承包商应在合同洽谈时，具体说明发运港及到达地点的环境条件、装卸及运输条件，以便供应商按要求完成合理的产品包装设计。供应商的包装设计图纸必须经过承包商的确认方可实施。

(2) 供应商应详细说明必要的存放条件，以便承包商按要求存放产品。

(3) 如果由于包装不当和内部保护措施差而在装卸或运输中发生产品的损坏或遗失，则供应商应自费对缺损的产品进行修理、更换或补供。

(4) 在当地采购运输途中，如果由于当地承运人的责任造成产品的损坏或遗失，应由承包商向其委托的运输部门和保险公司索赔，在索赔尚未解决的情况下，为不影响工程进度，供应商应先进行修复和补缺。

3. 唛头标志

承包商应对采购的物资规定一个本工程通用的运输标志，并通知供应商。由供应商在装运时在每个包装箱的两个主要侧面上刷制。运输标志应用中文/英文以不褪色的油漆、油墨或防水颜料,以清晰工整的字体做出。

4. 装箱单和其他资料

详细规定供应商应该提交的单据,如:

(1) 装箱单 xx 份(一份在箱外小盒中,一份在箱内,一份快邮给承包商);

(2) 产品质量合格证书 xx 份;

(3) 工厂检验报告(或记录) xx 份;

(4) 产品安装说明书 xx 份;

(5) 产品操作维修说明书 xx 份;

(6) 重要材料的理、化及机械性能数据表;

(7) 未安装在主机上的零部件、工具、备品备件明细,并在零部件、工具、备品备件上标签,写明名称、规格、数量以及在总装图上的序号。

5. 注意问题

(1) 临时进口和永久进口物资一定要彻底分开(如可规定不同运输标志,以利区分)。

(2) 包装时要对每件物资的尺寸和重量细心测量,做好记录。海关很难对大宗工程货物的尺码一一查验,但重量查验相对容易,所以重量要求准确。

(3) 易损易丢的物资要包装、捆扎好,小发电机和小电机等要摘下另行包装。裸装货物要用防水罩盖好,较重部件要放在拖板上并备好吊索。设备要做好防锈处理并打上带有设备序列号和规格数据的铭牌。

(4) 对于从国内出口的物资,由于都持中国原产地证明,包装、集港前要将进口物资上的国外标识清除,以避免不必要的麻烦。

(5) 物资需按类别,如设备、零配件、五金工具、电器、劳保用品、食品等分别包装,不得混装。

(6) 以书面形式通知供应商(或承包商)发货标记、货物集散仓库、港口堆场的地点、电话、传真、联系人。要求供应商在物资启运前以书面形式按每一包装件提供下列内容:货物名称、规格型号(零配件系列号)、单价、外形尺寸、毛重、净重、装箱单、产品厂检证明、产品说明书等。

六、危险品装运

所有危险品的罐式、箱式包装应遵守项目东道国政府和有关部门的条例和规定。供应商在交货前 60 天应向承包商提交保护措施及事故处理办法的说明书。

七、超限货物运输

超限货物运输属于非正常运输,须要专门的运输工具和特殊技术技能,强调安全可靠、万无一失。对超限物资（每个包装箱毛重为5公吨或更重，或包装箱单件重量超过20公吨长超过12米，宽超过2.7米，高超过3.5米），供应商应在每个包装箱的两个侧面刷上重心和起吊标志，以便于装卸和搬运作业。此外供应商应在发运前45天向承包商通报超限设备的详细内容并额外提供每件包装的详细包装外形图一式三份。

对于货物到达目的港后至现场的运输，可委托当地运输部门完成，但运输前要进行详尽地调查研究，一般包括运输公司、运输方式的选择、沿途与运输有关的因素。制定大件设备运输方案，内容包括运输路线、交通运输条件、运输机械状况、运输方式和方法、装卸方案以及运输设施、机械、材料、经费等。

八、货物运输的催单和跟踪

催单是指向承运人施加压力从而使其提供优于并快于正常的发送服务并确定在途货物的位置。这些业务可委托国际货运代理完成。目前我国承运人卫星定位系统尚不完善，对在途货物的跟踪有一定难度。催单和跟踪的主要内容为：物资转运的日期、对货物的描述、航班号、承运人、启运地、目的地、运输路线等。

九、紧急运输机制

由于材料、设备供货的成套性和复杂性，零部件漏运和少发情况不可避免。另外，现场施工、安装进度调整，设计变更等因素可能导致紧急采购、运输。为此，建立紧急运输通道对确保材料、设备按时进场至关重要。根据物资属性、项目东道国地理位置、交通状况，建立不同的紧急运输通道，如空运通道、陆运通道。

十、运输费用

国际工程项目中材料、设备采购成本构成中运费占有较大比重，一般能占到采购总额的14%~18%。海运运费在总运费支出中约占90%以上。可见优化工程材料、设备运输，削减运费，尤其是海运运费对降低工程成本意义重大。

（一）运费的计算

1. 海运运费

（1）班轮运费：班轮运费是由基本运费和附加费两部分组成

1）基本费率（basic rate）是指每一计费单位（如一运费吨）货物收取的基本运费，有等级费率、货种费率、从价费率、特殊费率和均一费率之分。

2）附加费（surcharges），是为了保持在一定时期内基本费率的稳定，又能正确反映出各港的各种货物的航运成本，班轮公司在基本费率之外，又规定了各种费用。

燃油附加费（BAF），在燃油价格突然上涨时加收；

货币贬值附加费（CAF），在货币贬值时，船方为实际收入不致减少，按基本运价的一定百分比加收的附加费；

转船附加费（transshipment surcharge），凡运往非基本港的货物，需转船运往目的港，船方收取的附加费，其中包括转船费和二程运费；

直航附加费（direct additional），当运往非基本港的货物达到一定的货量，船公司可安排直航该港而不转船时所加收的附加费；

超重附加费（heavy lift additional）、超长附加费（long length additional）和超大附加费（surcharge of bulky cargo），当一件货物的毛重或长度或体积超过或达到运价本规定的数值时加收的附加费；

港口附加费（port additional or port surcharge），有些港口由于设备条件差或装卸效率低，以及其他原因，船公司加收的附加费；

港口拥挤附加费（port congestion surcharge），有些港口由于拥挤，船舶停泊时间增加而加收的附加费；

选港附加费（optional surcharge），货方托运时尚不能确定具体卸港，要求在预先提出的两个或两个以上港口中选择一港卸货，船方加收的附加费；

变更卸货港附加费（alternational of destination charge），货主要求改变货物原来规定的港口，在有关当局（如海关）准许、船方又同意的情况下所加收的附加费；

绕航附加费（deviation surcharge），由于正常航道受阻不能通行，船舶必须绕道才能将货物运至目的港时，船方所加收的附加费。

3）班轮运费计算标准

通常有按货物重量、尺码/体积、重量/尺码，选择其中收取运费较高者计算运费；按货物 FOB 价收取一定百分比作为运费，称为从价运费；按每件为一单位计收；由船货双方临时议定价格收取运费，称为议价。

4）班轮运费计算步骤

首先选择相关的运价本；其次，根据货物名称，在货物分级表中查到运费计算标准和等级；再次，在等级费率表的基本费率部分，找到相应的航线、启运港、目的港，按等级查到基本运价；然后再从附加费部分查出所有应收（付）的附加费项目和数额（或百分比）及货币种类；接着，根据基本运价和附加费算出实际运价；总运费＝运价×运费吨。

(2) 租船运费

程租合同中有的规定运费率，按货物每单位重量或体积若干金额计算；有的规定整船包价（lump sum freight）。费率的高低主要决定于租船市场的供求关系，但也与运输距离、货物种类、装卸率、港口使用、装卸费用划分和佣金高低有关。合同中对运费按装船重量（in taken quantity）或卸船重量（delivered quantity）计算，运费是预付或到付，均须订明。特别要注意的是应付运费时间是指船东收到运费的日期，而不是租船人付出的日期。

(3) 装卸费用的划分

装卸费划分为：船方负担装卸费，又称"班轮条件"；船方不负担装卸费（free in and out，F. I. O.）采用这一条件时，还要明确理舱费和平舱费由谁负担，一般都规定租船人负担，即船方不负担装卸、理舱和平舱费条件（free in and out，stowed，trimmed，F. I. O. S. T.）；船方管装不管卸（free out，F. O.）条件；船方管卸不管装（free in，F. I.）条件。

(4) 集装箱海运运费

目前集装箱货物海上运价体系较内陆运价成熟，基本上分为两个大类，一类是沿用件杂货运费计算方法，即以每运费吨为单位（俗称散货价），另一类是以每个集装箱为计费单位（俗称包箱价）。

1) 件杂货基本费率加附加费：基本费率＋附加费。基本费率是参照传统件杂货运价，以运费吨为计算单位，多数航线上采用等级费率。对于附加费，除传统杂货所收的常规附加费外，还要加收一些与集装箱货物运输有关的附加费。

2) 包箱费率（box rate）：以每个集装箱为计费单位，常用于集装箱交货的情况，即 CFS－CY 或 CY－CY 条款。常见的包箱费率有以下三种表现形式。

第一种 FAK 包箱费率（freight for all kinds），即对每一集装箱不细分箱内货类，不计货量（在重要限额之内）统一收取的运价。

第二种 FCS 包箱费率（freight for class），按不同货物等级制定包箱费率，集装箱普通货物的等级划分与杂货运输分法一样，是 1－20 级，但是集装箱货物费率差级远远小于杂货费率级差，一般低价货的集装箱收费高于传统运输，高价货集装箱收费低于传统运输；同一等级的货物，重货集装箱运价高于体积货运价。可见，船公司鼓励高价货和体积货装箱运输。在这种费率下，拼箱货运费计算与传统运输一样，根据货物名称查得等级，计算标准，然后套相应的费率，乘以运费吨，即得运费。

第三种 FCB 包箱费率（freight for class or basis），这是按不同货物等级或货类以及计算标准制订的费率。

2. 航空运费

计费重量就是据以计算运费的货物的重量。

(1) 重货（High density cargo）

重货是指那些每 6000 立方厘米或每 366 立方英寸重量超过 1 千克或者每 166 立方英寸重量超过一磅的货物。重货的计费重量就是它的毛重。如果货物的毛重以千克表示，计费重量的最小单位是 0.5 公斤。当重量不足 0.5 公斤时，按 0.5 公斤计算；超过 0.5 公斤不足一公斤时按一公斤计算。如果货物的毛重以磅表示，当货物不足一磅时，按一磅计算。

(2) 轻货（Low density cargo）

轻货或轻泡货是指每 6000 立方厘米或每 366 立方英寸重量不足 1 千克或者每 166

立方英寸重量不足1磅的货物。轻泡货物以它的体积重量（Volume Weight）作为计费重量，计算方法是：不考虑货物的几何形状分别量出货物的最长、最宽、最高的部分，单位为厘米或英寸，测量数值的尾数四舍五入。将货物的长、宽、高相乘得出货物的体积。将体积折合成公斤或磅，即根据所使用不同的度量单位分别用体积值除以6000立方厘米或366立方英寸或166立方英寸。体积重量尾数的处理方法与毛重尾数的处理方法相同。

(3) 多件货物

在集中托运的情况下，同一运单项下会有多件货物，其中有重货也有轻货，此时货物的计费重量就按照该批货物的总毛重或总体积重量中较高的一个计算。也就是首先计算这一整批货物总的实际毛重；其次，计算该批货物的总体积，并求出体积重量；最后，比较两个数值，并以高的作为该批货物的计费重量。

（二）运费的削减途径

影响运费的因素很多，主要考虑因素如下：

1. 货物名称和用途

常用的海运运价是等级运价本和单项费率运价本。这种运价本把承运的货物定为若干等级，每一等级制定一基本费率，归属某一等级的货物按相应费率计算收取运费；另一种运价本对各项货物分别制定基本费率，凭货物名称所注的费率计算收取运费。无论哪种形式的运价本，货物名称始终是影响货物运价的基本因素之一。如施工用低碳铜电焊条（WELDING ELECTR LOW CARBON STEEL）运费等级为w8级，若写为电焊条（WELDING Ros），则为w13级。有些物资除名称外，还要写明用途，如施工用铁锹为W10级，而农用铁锹为W7级。

2. 运价本

每一船公司都有自己的运价本，内容大同小异，要寻找有利于货方的小异并合理利用。一般应注意，如每个船公司所列基本港略有不同，如货物运往巴塞罗那，有些船公司可直航，有些船公司则需转船。应由将货物的目的港订为基本港的船公司承运。

3. 合理改善包装

国际工程材料、设备的海运费一般采用尺码吨/重量吨（M/W）的计费方式，以尺码吨为主。如何达到以重量为计算标准的货物，其包装减轻到最低限度，而以尺码为计算标准的货物其体积压缩到最合理程度是承包商应考虑的问题。降低整批货物的体积得从该批货物的整体包装入手，采取优化、组合的方式对包装进行整合，以达到降低运费的目的。在包装过程中应注意以下原则：小型货物集中包装，同类、同形状货物集中包装、摞装、套装填充。

船公司通常以理货公司统计的设备体积数据作为计算运费的依据，但当船公司对理货公司的数据产生怀疑时，一般要求以与货主商定好的第三方检验数据为准。在设备出运时,由于设备出口时多为裸装,只有小部分精密设备采用木质或铁质包装。理货公司在检查裸装设备时,一律按照长方体形状计算其体积,设备的长、宽、高分别取该设备的最大值,并且检测时货物的吊装耳朵、垫木、盘等也包含在内。因此对技术含量不高、拆卸和组装方便的设备和部件,如钢结构、非标件、大型设备的壳体等在制造成型时进行解体、分割运输,运至现场后再按照对应的标号进行组装。对于一些制造简单、技术含量极低的设备应尽量保持其材料的形状,待运至现场后再组装成形。对体积庞大的制造设备如果可能,尽量保持半成品的形状,包括设备的壳体、大型非标件等。设备制造成型后,应尽量避免增加其附加件,如一个支座会增大设备体积,造成运费大幅度增加。直径超过两米以上的管状设备,应将设备进行分片,扎制成片状进行捆装,以增加临时支座的形式进行包装和运输。

4. 联合运输,运价分摊

与在同一东道国,或同一航区内不同国家的我国承包商建立货运信息共享机制,合理规划运输量,分摊运输成本。在东道国从事工程承包项目的国内企业,可在国内或者当地建立联系和信息共享制度,共同委托,联合发运,当地港口或仓库分拨,费用分摊,降低成本。对于不同系统的承包商企业,可通过中国对外承包工程商会或者大型货运公司沟通协调和组织,在不影响工期的条件下,将这些有着共同运输方向的承包商企业货运信息联合起来,形成国际货物的合作运输。这无论对于大宗的材料、设备的散货运输,还是常规的集装箱运输,这既有利于降低运输成本,又有利于货物运输计划的规划和提高运输效率。对于国际工程项目货物海运散货,或较小的数量体积,安排航线和预定舱位都很困难,但集成为较大货量的货后,则不论对货代公司还是船公司都会有较大讨价还价的余地。对于原需拼箱的货物,集成后可选择集装箱整箱运输,可享受运输公司的整箱优惠费率。同时,对于船期安排和尽早起运,以及集装箱内陆送货、内陆联运,则有非常大的便利性和可操作性。

5. 运输附加费

出口物资部分使用班轮。班轮运费率在一段时间内相对稳定,但附加费经常变动,甚至超过基本运费。有些班轮附加费变化频繁且变化幅度大,比如燃油费、货币贬值费、港口拥挤费和港口附加费,承包商应密切注意上述四项附加费的变化,抓紧有利时机出运。

6. 运输路线

承包商在选择运输路线时应尽量避免转运,如必须转运,中转点不同,其费用支出也不同,转船手续也不一样,二程、三程船公司要价有高有低。比如可考虑在香港转船,香港为世界航运大港,船公司挂靠该港多、船次密、转运快,有些目的港经香港转运时所用的外运本中列为基本港,即使二程船公司需再转船运抵,也不加收转船附加费。

7. 合理利用集装箱运输

集装箱有规定的承重范围,在发运组织上尽量将集装箱装满并达到合适的重量体积比，以降低货物运输的单位成本。合理利用集装工具的最大装载量可有效降低单位运输成本。但在联运条件下要注意全程对装载量的规定，进行分析后再选择。在涉及多式联运或内陆的整箱运输时，要考虑和确定全程道路或运输工具对集装箱重量的限制，提前核定装箱的具体重量，以免影响货物的全程运输流程。

此外，提高超限物资的集装箱运输比例，降低运费成本。承包商自用设备和工具材料超限占相当大的比例，对于超限物资一般采用散货发运，运输成本高，组织和计划难度大。海运条件下进行散货运输，船难找、价难降、船期长、货难配；铁路运输需对超限物资支付高达100%甚至200%的超限运费。对于超限物资，除必须散货发运的专用设备和不好拆分的设备工具外，可尽量在发运前对超限货物进行分解和拆卸，使之能符合集装箱运输的条件，尽量利用集装箱进行发运（包括采用特种集装箱甚至改装箱）。集装箱运输航次多，可选择的集装箱船公司多，可满足工期要求。

8. 优选货代公司

承包商企业与一定范围的国际货运/货代公司形成较为固定的合作伙伴关系，往往更能得到货运企业在费用优惠合理基础上的优质服务，为承包商企业的货运服务及成本控制提供最大的帮助。

9. 租船运输

由于工程设备量大、发运集中，可以采取租船的方式运输。绕过货代和无船承运人，直接和船公司进行接触和谈判。虽然货代和无船承运人报价一般较轮船公司低，但因其本身无船，得从国外的船东租用船只，常常造成船期和运输船只的不稳定，致使租船人往往得不偿失。由于工程材料、设备形状不规则和超限，决定了它对运输船要求较高如杂货船或特种船。承包商可与船公司签订包运合同（即将某个年度或一定时期内的备运货物按照事先约定好的价格、条款交给该船运公司运输），与船公司结成战略合作伙伴关系，以获得较低的运费价格。承包商与船公司签订海运合同时应尽量争取对自己有利的运输条款，如在滞期和速遣条款上可要求签订CQD（CUSTOMARY QUICK DESPATCH，按照港口惯常装卸率装卸）条款。由于工程设备杂乱和港口的作业条件差，常导致港口装卸速度慢，货物装卸船时很容易造成滞期。如果采用CQD条款则意味着不限定具体的装运时间，货主可以有效避免滞期费的发生。

10. 书面确认承运人的收费项目，确保其报价是包干价，防止其后发制人

11. 了解运输公司的操作流程与其密切配合

比如提早订舱，切勿赶在船期的截关期前一两天自行送货到仓库或码头后再通知运输公司。集装箱运输时，当实际装箱情况发生变化后要及时更改报关文件。海关在例行查货时发现实装数量与报关数量不一致，会扣货调查。这会产生查柜费、码头堆存费用，以及海关罚款。

12. 控制供应商发货时间

根据工期要求和空运航班和海运的船次以及口岸报关时间通知国内供应商发货。

采用空运一般可以实现零库存，减少存储费用。对于海运，由于货物运输量大，种类多，以及港口及报关作业的时效性和复杂性，决定了在出口口岸仓储的必要性。在集装箱运输条件下，由于各船均采用了班轮条件，挂靠港口时间固定，为承包商合理计算货物的仓储时间提供便利。但在散货运输条件下，因船只数量有限以及航线和靠港的随机性，造成了承包商对合理支出仓储费用的困难。

总之，材料、设备运输虽不能增值，但处理得当，可极大降低运输成本。此外节省运输成本还应与工期和确保运输质量相平衡，不能因为节省运费而延误工期或使货物受损。

第3节　国际工程项目货物运输保险

一、国际工程项目货物运输保险的合同背景

运输保险是国际工程项目货物采购中不可缺少的环节，也是承包商按照承包合同要求履行工程实施期间照管工程之责的一个方面。以 EPC 项目为例，FIDIC 标准合同条件规定："承包商应从开工日期起承担照管工程和货物的全部责任，直到颁发工程接受证书之日止，……除除外责任外，承包商在负责照管期间致使工程货物或承包商文件发生任何损失或损害，承包商应自行承担风险和费用，修正该项损失或损害，使工程、货物和承包商文件符合合同要求。"这一规定要求承包商应确保货物运输风险与工程保险的无缝对接。此外，国际工程项目货物运输是国际贸易环节中的一个重要环节，有关操作要按照规定程序和规范进行。可见，国际工程项目货物运输保险是在双重合同条件下进行的，因此，既要在内容上满足承包合同条件下商业风险的合理保障与转移，又要从形式上符合国际贸易规范。

因此，国际工程项目货物运输保险是在国际工程承包合同条件下，以国际工程有关的材料、设备等货物为保险标的，以供应地至项目所在地现场的运输过程为保险期限的财产保险。投保标的包括：一切需从国内出口至项目东道国的材料、设备，如运输车辆、施工设备、工程材料、生活材料等；需从第三国进口的货物以及在当地采购的货物。货物在运输过程中遇到自然灾害、意外事故或其他外来风险而遭受损失是难以避免的，货物运输保险正是对这种货损加以赔偿的一种经济补偿行为，具有转嫁风险、补偿个体损失的功能。

二、货运保险承保的风险和损失

国际工程项目货物运输保险因运输方式不同可分为海洋运输货物险、陆上运输货物险、航空运输货物保险和邮包运输货物保险。不同运输方式的货物保险，保险人承保的责任有所不同，但所保障的范围是相似的。由于海洋运输是国际工程材料、设备采购中主要运输方式，因此海运货物保险在运输险中占有重要地位。

(一) 承保的风险

包括自然灾害、意外事故和各种外来风险。

自然灾害是指由于自然界变异引起破坏力量所造成的现象,是人力不可抗拒的灾害事故,如恶劣气候、雷电、海啸、地震、洪水等,是保险公司承保的主要风险。

意外事故一般指人或物体遭受到突然的、非意料之中的事故,如船舶搁浅、触礁、沉没、碰撞、火车倾覆、出轨、飞机坠落等。

外来风险是指由于外来原因引起的风险,一般的外来风险包括偷窃、雨淋、短量、玷污、渗漏、破碎、串味、受潮受热、锈损、钩损。战争,罢工和交货不到、拒收货物等是特殊外来风险。

(二) 承保的损失

被保险人因被保险货物遭受自然灾害,意外事故和外来风险而受到的损失,包括货物本身损坏或灭失。该损失或灭失按损失程度不同又分为全部损失和部分损失:

1. 全部损失 (Total Loss)

是指保险标的因保险事故的发生而遭受的全部损失。全部损失可分为实际全损、推定全损、协议全损和部分全损。

(1) 实际全损 (Actual Total Loss)。指保险标的实际完全灭失。构成海上保险标的实际全损的条件有下列几种:保险标的物已经完全灭失;保险标的物已丧失原有的用途或价值;被保险人对保险标的物失去所有权,并无法挽回;船舶失踪达一定时期仍无音讯。

(2) 推定全损 (Constructive Total Loss)。指保险标的物在遭遇保险事故之后,虽然尚未达到全部灭失、损毁或变质状态,但是完全灭失将是不可避免的,或者恢复、修复该标的物或运送货物到达原定目的地所耗费用,估计已达到或超过其实际价值或保险价值。保险标的物可以被视为推定全损的情况有:保险标的物在海上运输中遭遇保险危险之后,虽然尚未达到灭失的状态,但据估计完全灭失将是不可避免的;保险标的物遭受保险危险之后,使被保险人丧失了对保险标的物的所有权,而收回这一所有权所花费用估计要超过收回后标的物的价值;被保险货物受损后,其修理和续运到原定目的地的费用估计要超过货物在目的地的完好价值;被保险船舶受损后,其修理或救助费用分别或两项费用之和将要超过船舶的保险价值。

(3) 协议全损 (Agreed Total Loss)。在某些情况下,保险标的物所遭受的损害既不是实际全损,又没有达到推定全损的要求,但基于维持保险人与被保险人之间良好的业务等因素的考虑,双方一致认为,如以全损为基础进行赔偿,更有利于对于保险合同规定的理解,有利于保险业务的开展。因此,保险人应被保险人的要求按全部保险金额进行赔偿。严格地说,协议全损非指保险标的物真正达到全部损失的程度,而是保险人处理某些损失赔偿的一种方式。

(4) 部分全损(Partial Total Loss)。凡是货物中可以分割的某一部分发生全部损失时,称为部分全损。

2. 部分损失(Partial Loss)

指保险标的物的损失没有达到全部损失的程度。部分损失按其性质可以分为单独海损和共同海损。

(1) 单独海损(Particular Average)。指保险标的因意外、偶然的或其他承保危险所直接导致的损失,是船方、货方或其他利益方单方面所遭受的损失。

(2) 共同海损(General Average)。指在海洋运输中,船舶和货物等遭受自然灾害、意外事故和其他特殊情况后,为了解除共同的危险,采取合理的、人为的措施所引起的特殊牺牲和合理的额外费用。内容包括牺牲的实施和费用的支出。由于牺牲的实施与费用的支出都是为保全船货的共同安全所做出的,共同海损损失由受益的船方和货方分摊。如果船货分别投保了船舶和货物保险,则应由各自的保险人代为承担损失赔偿。

(三) 费用

指为营救被保险货物而支出的费用,包括施救费和救助费。

(1) 施救费(Sue and Labor Expenses)。指保险标的在遭受保险责任范围内的灾害事故时,被保险人或其代理人、雇佣人或保险单的受让人等为抢救保险标的、为防止损失扩大所采取措施而支出的费用。

(2) 救助费(Salvage Charges)。指保险标的在遭受保险责任范围内的灾害事故时,由保险人和被保险人以外的第三者采取救助行为而向其支付的报酬。

三、货物运输保险险别

保险险别是保险人与被保险人履行权利和义务的基础,也是保险公司承保责任大小及被保险人缴付保险费的依据。各国保险组织都制定有自己的保险条款。在国际保险市场上比较通用的保险条款是英国伦敦保险协会条款。我国出口货物运输保险是按照中国人民保险公司制定的保险条款(CIC),各国保险公司也普遍接受伦敦保险业协会所制订的《协会货物条款》(Institute Cargo Clause,简称 I. C. C.)。

(一) 我国货物运输保险险别

我国货物运输保险主要有海上货物运输保险、陆上货物运输保险、航空货物运输保险和邮包险。

1. 海上货物运输保险

海上货物运输保险险别主要有基本险和附加险以及根据海上运输的特性承保的专

门险。

(1) 海上货物运输保险的基本险

主要有平安险（Free From Particular Average，简称为 FPA）、水渍险（With Particular Average，简称为 WP）和一切险（All Risks）。

1) 平安险。被保险货物在运输途中由于恶劣气候、雷电、海啸、地震、洪水等自然灾害造成整批货物的全部损失或推定全损。由于运输工具遭受搁浅、触礁、沉没、互撞，与流冰或其他物体碰撞以及失火、爆炸等意外事故造成货物的全部或部分损失。在运输工具已经发生搁浅、触礁、沉没、焚毁等意外事故的情况下，货物在此前后又在海上遭受恶劣气候、雷电、海啸等自然灾害所造成的部分损失。在装卸或转运时由于一件或数件整件货物落海造成的全部或部分损失。被保险人对遭受承保责任内危险的货物采取抢救、防止或减少货损的措施而支付的合理费用，但以不超过该批货物的保险金额为限。运输工具遭遇海难后，在避难港由于卸货所引起的损失，以及在中途港、避难港由于卸货、存仓以及运送货物所产生的特别费用、共同海损的牺牲、分摊和救助费用。运输合同订有"船舶互撞责任"条款，根据该条条款规定，应由货方偿还船方的费用。

由于平安险是海上货物运输保险中责任最小的一种险别，其保险费率也最低，一般适用低值、粗糙、无包装的大宗物资，如矿砂、钢材等。

2) 水渍险。除承保上述平安险的各项损失和费用外，还负责被保险货物由于恶劣气候、雷电、海啸、地震、洪水等自然灾害所造成的部分损失。

水渍险一般适用于不易损坏或不因生锈而影响使用的物资，如五金材料、部分施工机械、机床、散装金属原料等。

3) 一切险。承保上述平安险和水渍险的各项损失和费用。负责被保险货物在运输途中由于外来原因所致的全部或部分损失。

一切险是海上货物运输保险中承保范围最大的一种基本险别，其保险费率也最高。所谓外来原因是货物以外客观存在的可能发生的危险。由于货物在途时间长，造成货损的外来原因日益增多，如碰损、破裂等。为适应投保人对外来原因致损货物的风险而寻求保险保障的需求，保险人设立了一系列附加险。所以，一切险实际上是平安险、水渍险和一般附加险的合并。

(2) 海上货物运输保险的附加险

1) 一般附加险。(General Additional Risk) 承保一般外来原因引起的货物损失，亦称普通附加险，它们包括在一切险之中。若投保了一切险，则无须另行加保。若投保了平安险或水渍险，则由被保险人根据货物特性和运输条件选择一种或几种附加险，经与保险人协议加保。我国保险公司规定一般附加险如下：

偷窃、提货不着险（Theft, Pilferage and Non-delivery-T. P. N. D）；

淡水雨淋险（Fresh Water and/or Rain Damage）；

短量险（Risk of Shortage in Weight）；

混杂玷污险（Risk of Intermixture and Contamination）；

渗漏险（Risk of Leakage）；

碰损破碎险（Risk of Intermixture and Contamination）；

受潮受热险（Sweating and Heating Risk）；

钩损险（Hook Damage Risk）；

包装破损险（Breakage of Packing Risk）；

锈损险（Risk of Rust）。

2）特殊附加险。承保由于特殊外来风险所造成的损失，共有下列险别：

战争险（War Risks）；

罢工险、舱面险（On Deck Risk）；

进口关税险（Import Duty Risk）；

拒收险（Rejection Risk）；

交货不到险（Failure to Deliver Risk）。

（3）海上货物运输保险的责任起讫（仓至仓条款 Warehouse to Warehouse Clause - WW Clause）

即保险责任自被保险货物运离保险单所载明的起运地发货人仓库或储存处所开始生效，包括正常运输过程中的海上、陆上、内河和驳船运输在内，直至该项货物到达保险单所载明目的地收货人仓库或储存处所，或被保险人用作分配、分派的其他储存处所或非正常运输的其他储存处所为止。如未抵达上述仓库或储存处所，则以该项货物在最后卸货港全部卸离海轮后满60天终止。如在上述60天内被保险货物需转运至非保险单所载明的目的地时，则以该项货物开始转运时终止。

（4）基本险的除外责任

1）被保险人的故意行为或过失所造成的损失；

2）属发货人责任所引起的损失；

3）陆上货物在保险责任开始前，被保险货物已存在品质不良或数量短差所造成的损失；

4）被保险货物的自然损耗、本质缺陷、特性以及市场跌落、运输延迟所引起的损失和费用；

5）战争险和罢工险条款规定的责任及其除外责任。

2. 陆上货物运输保险

陆上货物运输保险的基本险有陆运险和陆运一切险，两种险别仅限于铁路和公路运输。陆运险和陆运一切险的保障范围分别与海上运输险的水渍险和一切险大体一致，其保险责任起讫采用"仓至仓条款"，即保险责任自被保险货物运离保险单所载明的起运地发货人仓库或储存处所开始生效，包括正常运输过程中的陆上和与其有关的水上驳运在内,直至该项货物到达保险单所载明目的地收货人仓库或储存处所时,或被保险人用作分配,分派的其他储存处所为止。如未运抵上述仓库或储存处所,则以被保险货物运抵卸货车站后满60天为止。

陆运险和陆运一切险的除外责任与海洋运输险的除外责任相同。

3. 航空货物运输保险

航空货物运输保险的基本险有航空运输险和航空运输一切险,分别与海上运输险的水渍险和一切险大体一致。其保险责任起讫时间也采用"仓至仓条款",其最长责任期限为到达卸货地卸离飞机后满30天终止。

陆上货物运输险和航空货物运输险的除外责任与海上货物运输险的除外责任相同。

4. 进口集装箱运输特别条款

(1) 进口集装箱货物运输保险责任按原运输险保险单责任范围负责,但保险责任至原保险单载明的目的港收货人仓库终止。

(2) 集装箱货物运抵目的港,原箱未经启封而转运内地的,其保险责任至转运目的地收货人仓库终止。

(3) 如集装箱货物运抵目的港或目的港集装箱转运站,一经启封开箱,全部或部分箱内货物仍需继续转运内地时,被保险人或其代理人必须征得目的港保险公司同意,按原保险条件和保险金额办理加批加费手续后,保险责任可至转运单上标明的目的地收货人仓库终止。

(4) 集装箱在目的港转运站,收货人仓库或经转运至目的地收货人仓库,被发现箱体有明显损坏或铅封被损坏或灭失,或铅封号码与提单、发票所列的号码不符时,被保险人或其代理人或收货人应保留现场,保存原铅封,并立即通知当地保险公司进行联合检验。

(5) 凡集装箱箱体无明显损坏,铅封完整,经启封开箱后,发现内装货物数量规格等与合同规定不符,或因积载或配载不当所致的残损不属保险责任。

(6) 进口集装箱货物残损或短缺涉及承运人或第三者责任的,被保险人有义务先向有关承运人或第三者取证,进行索偿和保留追索权。

(7) 装运货物的集装箱必须具有合格的检验证书,如因集装箱不适货而造成的货物残损或短少不属保险责任。

(二) 伦敦货物协会保险条款

《协会货物条款》的现行规定于1982年1月1日修订公布,共有6种险别:
(1) 协会货物条款 (A),简称 ICC (A);
(2) 协会货物条款 (B),简称 ICC (B);
(3) 协会货物条款 (C),简称 ICC (C);
(4) 协会战争险条款 (货物) (IWCC);

(5) 协会罢工险条款（货物）（ISCC）；

(6) 恶意损害险（Malicious Damage Clause）。

以上六种险别中，（A）险相当于中国保险条款中的一切险，其责任范围更为广泛，故采用承保"除外责任"之外的一切风险的方式表明其承保范围；（B）险大体上相当于水渍险；（C）险相当于平安险，但承保范围较小些。（B）险和（C）险都采用列明风险的方式表示其承保范围。六种险别中，只有恶意损害险，属于附加险别，不能单独投保，其他五种险别的结构相同，体系完整。因此，除（A）、（B）、（C）三种险别可以单独投保外，必要时，战争险和罢工险在征得保险公司同意后，也可作为独立的险别进行投保。

四、投保

（一）材料、设备的分类

由于材料、设备品种繁多，承包商在办理保险手续时，首先将拟投保货物进行分类。

(1) 一般货物。指不易损坏的货物，如钢材、木材、砂石以及其他类似散装货物。

(2) 一般易损货物。指一般情况下不容易燃烧、破碎、渗漏、湿损，挥发或在受到碰撞和包装破裂时有一定损坏但不显著的货物，如铜管铜线、电动五金、变压器、开关等。

(3) 易损货物。指比较容易破碎、易损的货物，如仪器、仪表等。

(4) 特别易损货物。指如玻璃器皿、石膏制品等。

（二）国际工程项目货物运输投保原则

国际工程项目货物运输保险的基本原则如下：

(1) 确保工程承包合同和材料、设备采购合同之间上下游的无缝衔接。

(2) 在传统商业货运保险条款基础上考虑工程的具体特点，附加相应的扩展条款，以最大限度保障货物风险。

(3) 实现财务支出的最小化。

（三）投保程序

1. 核定标的及保险金额

对于从国内出口的物资一般以 CIF 价计算保险金额，投保加一成。对某些关键设备可要求 CIF×120%，甚至达到 180%。旧施工机具在使用中提过折旧后账面净值较低，在投保时，作价应以货物全部灭失后所得赔偿额与实际价值相等为原则。对于从第三国进口的货物，根据实际情况，可要求供应商在办理保险时投保加一成，重大货物可酌情提高加成。

2. 确定险种

(1) 险别

办理国际货物运输保险时，必须综合考虑各方面的因素，才能做到合理、有利，防风险隐患于未然。对于运输的材料、设备的投保险别主要考虑以下几个因素：货物的种类、性质和特点，货物的包装情况，运输情况（包括运输方式、运输工具、运输路线），装卸过程中的损耗以及目的港/装运港的安全程度（如东非某些港口治安情况极差，货物失窃现象时有发生），目的地的政治局势，货物的残损规律，运输季节等。

根据上述要求和原则考虑选择适合的险别，甄别哪种风险最大、发生几率最高，并结合不同险种的保险费率加以权衡，综合评估之后，选择适合实际情况的保险险别。就保险费率而言，水渍险的费率约相当于一切险的1/2，平安险费率约相当于一切险的1/3。目标市场不同，费率亦不同，亚洲国家一般为1.5%，非洲国家则会高达3.5%。对于低值、裸装的大宗生产材料如砂石料、钢材、铸铁制品投保平安险即可。对于不大可能发生碰损、破碎或容易生锈但不影响使用的货物，如铁钉、铁丝、螺丝等小五金类产品，投保水渍险。石棉瓦板、水泥板、大理石等建筑材料，主要损失因破碎所致，应在平安险基础上加保破碎险。施工机具等可酌情投保一切险。对无法装入船舱内的货物，如大型机械设备，还应投保"舱面险"和"锈损险"。必须注意的是，由于包装不良或由于包装不适合国际货物运输一般要求，而使货物受损，保险公司不负赔偿责任。此外，如遇老龄船运输、特殊风险区域时，都有可能按照约定加收附加保险费。

(2) 附加条款

根据实际情况投保战争险或罢工险。

(3) 扩展条款

承包商根据工程需要附加不同于常规货物运输保险的责任，如"工程险、货运险分摊条款（50/50）条款。"例如中国平安财产保险股份有限公司向监管部门备案的条款规定：

1）一旦材料、设备运抵工地，被保险人应立即检验其运输途中可能发生的损失，若裸装货物损失明显，被保险人应在货物运输险下提出索赔。

2）若包装的货物未立即开箱，需放置一段时间，则被保险人应观察、检验外包装是否有货损迹象。若货损迹象明显，被保险人应在货运险下提出索赔。

3）若货物外包装无货损迹象，且货物仍处于包装状态，直至开箱时才发现货损，该损失将视为发生在运输期间，除非从损失的性质上有明显的证据表明损失确实发生在运输终止后。

4）若无明显证据确定损失的发生时间，则该损失将由工程险及货物运输险各分摊50%。

如工程险和运输险免赔条件不同,每一保险单下的免赔额度应按照50%的比例在各保单的保险人之间按分摊。

需要指出的是,上述扩展条款的使用,通常适合于工程险和运输险为同一保险人,否则可能出现不同保险人相互推诿的现象,不利于承包商的索赔。

3. 预约投保

国际工程项目货物运输是在工程项目周期内持续进行。对于从国内出口的材料、设备,与承包商有固定业务关系的保险公司接受预约投保和航次投保,即在工程初期或开工前,由承包商与保险公司签订预约保险合同,就确定的工程项目、标的范围、运输范围、风险单位、基准价格、加费因素等进行约定。具体运输时,按照国际贸易惯例和规定,根据实际情况,按照预约的保险条件予以承保,出具符合惯例的航次保险单。

预约投保有专用的"启运通知书",通知书中有货物名称、价值、件数、险种、起止地点等内容。该"通知书"须在货物启运前送达保险公司,保险公司视同投保。特别是内陆运输或内河运输到出境港口的货物,必须预约投保,以保证途中发生货损时得到及时的赔付,并利用保险金重新订购设备。

4. 正式投保

货物装船后并取得海运提单后,要立即办理投保手续。正式投保所需的文件主要有:运输投保单、海运提单正本(复印件)、形式发票(正本或传真件),还应提交船运公司的运费发票(复印件或传真件)。

(四) 国际工程货物运输保险应注意的问题

(1) 防险比保险更重要。保险是转移和分散风险的工具。虽然风险造成的损失由保险公司负责理赔、但承包商在索赔过程中费时费力,也要付出不小的代价。

(2) 合理选择险别。

(3) 了解货物保险的时间范围,正确运用"仓至仓条款"。鉴于国际工程货物采购的特殊性及其物资来源,承包商应合理使用"仓至仓条款"。对于从第三国进口的货物,一般以CIF/CIP条件或DDP/DDU条件成交,要求供应商按照承包商提出的险别投保运输险,务必要求使用仓至仓条款,或根据实际需要,延长货物进入收货人仓库后保险终止时间。对于从发货人仓库至装运港的内陆运输系供应商风险,此段运输所致货损,承包商即使在"仓至仓条款"条件下也无法凭保险单索赔。对于从国内出口的物资,承包商在办理运输保险时也务必使用"仓至仓条款"。注意各保险公司对仓至仓的不同时间范围。有的保险公司规定卸离海轮后满30天为止。因业主、海关、单证等各种原因滞港的货物,应及时办理延长保险时效手续,一般允许延长30—60天不等。

为确保国际工程货物采购过程与工程施工过程的无缝衔接,如货物起运前,集港期间的临时储存风险,预约投保时应规定保险人的保险责任自货物运输或物流安排过程中有风险的一刻开始,经正常储存、运输,直至货物进入施工现场规定的最终储存场所与建筑安装工程保险衔接后终止。按照惯例,保险单对运输期间的时间不超过60天,如有特殊原因,可与保险公司协商在免费或适当加费的情况下延长,但最长不超过180天。

(4) 明确索赔条件和索赔时效。对于从第三国进口的物资,应明确规定保险单的受益人为承包商。保险的索赔时效,一般从货物在最后卸货港全部卸离海轮算起,不超过2年。

(5) 合理选择保险条款。对于从国内出口的货物,运输保险由我国保险公司承保;从第三国进口的货物,在CIF/CIP条件下,与供应商协商安排。但承包商应意识到,在CIF/CIP条件下,对于确属承保范围内的风险所致货损,向保险公司索赔的是承包商。而由供应商安排的保险可能导致索赔的延误。同时各保险公司在办理理赔时,其理赔程序、单证要求、索赔时效,以及不同保险公司对风险的认定、残损检验/公正鉴定程序等都会有所不同。因此,承包商在与供应商签约时,就保险问题应根据实际情况,合理选择保险条款。如规定本项目凡从第三国采购的货物统一采用伦敦货物协会险,便于货损分析和办理理赔手续。而且,如需投保一切险,伦敦货物协会A险比其他保险条款一切险的除外责任少。

(6) 保险属地问题。目前我国国际工程项目主要集中在发展中国家,这些国家的保险大致分为三种情况:

1) 对承包商选择境外保险供应商没有明确规定;

2) 规定境内外之间流动的标的除外,在其境内的财产必须在属地国注册的保险公司承保,即国际工程的建筑安装工程保险及第三者责任险等保险标的在坐落于属地国境内地财产须在属地国投保,进出口货物运输保险可根据价格条件的规定选择在境外或境内投保;

3) 规定所有与工程项目有关的保险,无论是运输险或工程险都要在工程所在国投保(常见于一些阿拉伯国家)。

面对不同的法律环境,承保商应当在满足符合当地法律规定的前提条件下,最经济地安排有关保险。目前我国在不发达国家承包的工程多由工程所在国家政府发包,这些国家的保险多属于上述第3)种情况。这些国家的国有保险公司一般特点是费用较高、效率低下、服务较差、理赔不及时。因此承包商应就货物运输的保险事宜与保险公司及时沟通,将货物的发运港、目的港、到港时间和现场检验等事项及时通知保险公司。如果承包商通过核算或在同等条件下选择中国境内的保险公司,则可通过保险公司的国际合作网络,以再保险的方式进行投保。

五、货物防损

材料、设备在运输过程中发生货损,保险单赔偿往往不能充分弥补由此带来的工期与成本损失，通过将操作上的严格管理和完善的保险方案相结合，才能预防货运风险造成的严重后果。因此承包商应做到风险的事前预防和控制。

（1）对运输路线、运输工具进行调查，了解目的港卸货条件及环境，以确定可能发生货物延迟、损坏或偷窃的地点，并采取防范措施。

（2）相关单据的内容应具体说明要求索赔的原因和详细情况。

（3）优选承运人，充分利用承运人的卫星跟踪系统，对每一批货物的运输情况进行跟踪了解。

（4）针对货物的装卸、理舱情况，研究待运货物的包装方法，提高理舱技术和安全性，使其适合运输途中的自然灾害、意外事故和外来风险。

（5）正确安排运输路线、货物包装、运输标志等。

（6）编制防损手册，使索赔保持在最低水平。

第4节　国际工程项目货物进出口通关

通关即结关、清关，是指货物进入一国关境或申请出境，发货人或收货人按国家法律规定要求履行申报、查验、缴税和放行等责任，办结海关手续的一项海关制度。通关作为一种海关制度，不仅反映在货物经过海关的短暂期间，而且表现为货物在进出口环节办结根据各国海关法/条例对不同性质的货物进出口时所规定的一些实体条件，是实体要求与程序手续的统一。各国海关法/条例体现了一个国家的海关制度，承包商必须被动服从。

国际工程项目货物采购在其流转过程中，承包商至少要办理四次通关手续（特殊情况下可能会多次）。对于从国内出口的货物在出境时要根据中华人民共和国海关法办理货物的出口通关，对于从第三国进口的货物以及我国出口货物进入项目东道国时，要根据该国海关法/条例办理货物的进口通关；工程结束后，必要时办理临时进口物资复出口的通关，以及复运进口原从国内运出的设备或在国外施工期间购买的机械设备的通关。

我国国际工程项目涉及的物资种类众多，产地遍及很多国家和全国各个省市，出口到多个国家，各国进出口货物严格的商检、通关程序在一定程度上制约着货物的及时运输，对项目工期有着至关重要的影响。

一、国际工程项目货物的出口通关

（一）我国海关关于对外承包工程进出口货物的规定

凡经批准从事对外承包工程、劳务合作等业务的公司出运因对外承包工程所需国产设备、材料、施工机械及劳务人员公用生活物资，须持下列单证向海关申报：(1) 出口货物报关单；(2) 出口货物清单；(3) 对外签订的经省以上主管部门批准的承包合同和企业批准证书；（4）如运出的物资中，有列入国家限制出口和实行出口许可证管理的商品，须提交出口货物许可证；（5）如属于列入国家商检机构实施检验出口商品种类表的，须提交国家商检机构出具的检验证明。

承包工程结束后，原从国内运出的专用施工机械设备或物资复运回国入境的，应按临时出口办法报关。第一次报关时的复运期限是半年，半年后如需延期可继续申办，时限不得超出承包项目合同期限。承包工程公司须填写进口货物报关单一式二份，并提交原出口时经出境地海关签章的出口货物报关单向入境地海关申报。海关查验单证核实货后予以放行。承包商企业如果用在国外收入的外汇购买进口在国内使用的设备、物资，以及承包工程项下进口国家限制进口的货物，须按规定办理进口物资的归口审批手续并申领进口许可证，并报请国家商检部门检验出证，海关凭证征税放行。

（二）国际工程项目货物出口通关的特点

国际工程项目物资出运多采用分批、集中发运的方式进行，其出运时需要报关的货物不仅量大、货杂，而且专业性强。每批出运通常涉及几十种材料、设备的出口报关。运输时间以及船舶到港时间的不确定性，制约了材料、设备的装运和报关时间。此外，承包商材料、设备出口环节多，比如商检、报关、出口收汇核销、出口退税等，环环相扣，彼此制约，系统性强。出口通关在材料、设备各项出口业务中处于中心地位，前期的商检、申领出口许可证、物资分类、准备单证是为顺利通关奠定基础，而顺利通关又是出口收汇核销、出口退税的必要条件。

（三）报关单位

报关单位是指在海关注册登记或经海关批准，向海关办理进出口货物报关纳税等海关事务的境内法人和其他组织。企业只有经过报关注册登记，取得《报关注册登记证明书》后，才具有报关权，方可开展进出口货物的报关业务。不具有报关权的企业必须与有报关权的企业签订代理合同，由其出面向海关报关。报关单位可分为专业报关企业、代理报关企业和自理报关。

1. 专业报关公司（Customs Broker）

接受进出口货物收发货人的委托代理报关，但仅以该收发货人的名义向海关办理报关纳税等海关事务。以谁的名义报关，直接关系到由谁承担申报法律责任和由谁缴纳税费的问题。一般递交给海关的"报关录入凭单"上盖申报单位公章，而递交给海关的"预录入报关单"盖代理报关单位公章。

2. 代理报关企业（As Agent for the Shipper & Consignee）

是接受承揽，承运范围内的进出口货物收发人的委托，以进出口货物收发人的名义或自己的名义向海关办理承揽运输货物报关、纳税等海关事务的国际货物运输公司、国际船舶代理企业。代理报关企业的一般为国际货物承运人、承运代理人。

3. 自理报关（Shipper & Consignee as Declarant）

是有进出口经营权的进出口货物收发货人依法准予进出口货物的贸易型、生产型单位。

（四）报关员（Activity Member for Apply to Customs）

报关员是指取得《报关员资格证书》，依法在海关注册，并经海关批准，取得《报关证》，代表所在企业向海关办理报关纳税等海关事务的专业人员。

（五）通关前的准备工作

货物出口报关是一项十分复杂的工作，包括许多环节和步骤，其中按规定的内容和方式向海关申报出口货物的具体情况、递交海关规定的单据以及单据的完整性是报关的核心环节。

1. 货物报关前分类、统计

我国目前使用国际通用的 HS 编码制度，该制度规定了某一货物的税率、许可证条件、检验检疫条件等。国际工程项目货物具有数量多、品种多、种类散、专业性强的特点，其中包括生活物资、施工机械、设备、材料等，正确查询出口货物的税则号、准确的税则归类是确定出口物资监管条件的依据，是报关工作的重点，同时也是难点。如果报关人员不能准确了解物资用途、规格等则很难做出正确归类。如发生归类错误，很可能在确定物资的监管条件时出错，从而导致通关受阻。承包商工程技术人员应会同报关人员根据税则归类（HS）编码对出口物资逐项分析归类，包括申报名称、归类、报关时间的确定等，为顺利通关作好精细的准备工作。物资清单中同一品种不同型号、价格的物资很多，归类时相类似物资采用不同编码号可能导致不同税率和出口手续。此项工作要求较高的 HS 编码查询技巧、对相关物资用途和性能有必要的了解以及与国外项目部保持沟通，必要时可利用网络资源进行查询和验证。归类后应尽快确定出运物资的监管措施。对有出口商检、出口许可证要求的物资应尽快办理相关事宜，取得相应监管证书，以备出口报关之用。

此外，物资分类时亦应考虑该物资在项目东道国海关进口时其临时进口与永久进口的属性。同时对物资申报名称的翻译应专业化，防止在项目东道国进口通关时受阻。

对出口物资报关进行统计，并填制报关统计表后，提交国外项目部，就相关统计数据的准确性进行确认。报关人员在进行报关统计的同时也应对相关物资的用途和性能进行了解，以便做好物资归类和海关质询应答准备。

由于工程项下物资出口具有重复性特点，承包商企业应建立物资报关信息库，在以后项目出运物资报关时，可直接从信息库里调用。

2. 单据的准备

出口物资一般是托运在前，报关在后。要先办理出口物资托运运输手续，缮制全套报关单据,并根据集港日期及时向海关申报。全套报关单据包括基本单证、货运单证、官方单证和备用单证。

基本单证包括出口货物报关单、发票、装箱单、代理报关委托书、出口收汇核销单。

货运单证包括装运单、空运单等。

官方单证包括出口许可证、出境货物通关单、原产地证书、商检证等。

备用单证包括出口货物清单、《工程承包合同》副本、企业批准证书等。

(1) 在上述所有单证中,报关单是最重要的单据。报关单填写质量如何,直接关系到报关效率以及承包商的经济利益。填写出口货物报关单应注意,所填内容应与箱单、发票、合同内容一致,做到单单相符、品名与编码相符、数量及单位应与该出口物资的海关统计单位一致。承包商应根据出口物资品名,查阅海关税则,确定该出口物资所需监管条件。若出口物资为商检产品,则应提前向有关检验机构申请报验或委托代理在装货港当地申请报验,为以后顺利通关出运创造条件。值得注意的是,由于承包商企业很多时候将出口物资的商检和报关交由不同人员负责,如果这些人员缺乏必要沟通,很容易出现同一物资的报关信息与商检信息不一致的情况,从而导致报关人员在现场申报时因出口货物通关单的信息与报关单信息不一致而不能通关。

(2) 商业发票主要是对出口货物数量和金额的说明,装箱单是对出口物资包装的说明,是整套报关单据的核心。在报关单分割完毕后,对每票报关单制作相应的发票、装箱单。制作标准是简单、准确、明了。在制作商业发票和装箱单时,应注意确保相关信息符合信用证和工程承包合同的要求,以及相关数据同报关单数据的一致性。

(3) 报关单预录入凭单。商业发票、装箱单制作完成后,对应报关单预录入凭单上相关信息,填制报关单预录入凭单。

(4) 申领出口收汇核销单。核销单作为报关必备单据之一,在出口报关前向当地外汇主管部门申领。通常一票报关单对应一份核销单。加盖公司核销专用章和公司公章后,通过"中国电子口岸网"对相应的核销单在直属海关进行口岸备案,以备报关使用。

(5) 打印装货单。装货单又称"下货纸",是报关和装船的必备单证。通常由企业采用船代提供的格式自行制作,并交由船代审核签章。因为装货单是制作提单的依据,所以在制作装货单时,应确保收货人名称、地址和通知方等信息准确无误。通常一票报关单对应一份下货纸。

(6) 准备合同复印件。工程承包合同主要商务部分复印件。

(7) 申领出口货物通关单和其他监管证书。在办理这类出口监管单证时,应保证其与报关单信息的逻辑性和一致性。此类单证的申领,一般需要较长时间,如果报关时发现有误,已没有充足时间进行更改。

单证制作完成以后,报关人员应认真进行检查、核对。在核查时,应以商业发票和装箱单为核心，确保单据信息与货物情况保持一致，以及保证单据之间的逻辑性。

（8）合理分割报关单。由于工程出口物资量大，根据海关要求，应将出运物资按金额的大小分为若干票报关单进行报关。分割报关时应考虑增值税发票开立情况，酌情进行合理分割。

（六）物资的准备

出口物资必须在海关监管范围内等待准予装上运输工具。海关只接受已经运抵监管区接受监管出口货物的报关。因此承包商报关人员准备货物，既要满足海关这一监管要求，又要满足港区对运输工具承接出口物资的时间、地点要求。一般海运出口，在船离境 48 小时前进入码头海关监管区，空运出口在飞机起飞前 24 小时前进入空港机场。因此提前将出口物资准备好是顺利通关的必要条件。如果是工厂送货，承包商可将货物发运到承运人指定的集装箱中转站，由中转站负责将货物依次装入集装箱。如果要求产地装运，则承运人可将空箱运至出口方的仓库，装箱之后，直接将集装箱运至堆场。在出口货物装箱过程中，应选取合理的装箱方式。为防止短装或错装，确保通关，承包商应到现场查看装货情况，并要求集装箱中转站按承包商要求的装箱方式装货。

（七）出口通关基本流程

我国货物出口报关基本流程包括申报、查验、征税、放行、结关。

1. 申报（Declare Cargos'Details at Customs）

发货人或其代理人在出口货物时，应在海关规定的期限内，以书面或者电子数据交换方式向海关报告其出口物资的情况，并随附有关货运和有关单据、文件，向海关申请审查放行，并对所报告内容的真实准确性承担法律责任的行为。具体申报程序如下。

申报程序：

（1）备齐出口货物。

（2）办理报关委托。

（3）准备报关单证。包括承包工程生产物资、生活物资出口报关应备文件、承包商海关备案编码、出口报关单（按规定填制）、出口退税核销单（也称退税黄联）、外汇核销单、发票（即形式发票，价格为 FOB）、承包工程合同（或分包合同）复印件。有些材料、设备出口根据海关监管条件还需制备商检单、卫生检疫单、出口许可证等。

（4）填制报关单。

（5）报关单预录入。在收到船舶预计抵港时间通知后，报关员将备妥的资料，按顺序整理好（报关单、商业发票、装箱单、通关单、外汇核销单、装货单等），到海关预录入处交预录入公司录入数据，并要求在录入完成后打印"报关单样单"，进行认真审核。报关单预录入时可能由于各种原因导致录入数据出现错误,如果报关人员未能及时发现并纠正,待电子申报完成后再进行修改,将给报关工作带来很多麻烦,进而影响现场交单环节的通关工作。

预录入完成并审核无误后,即可要求预录入人员将数据向海关进行电子申报。电子数据传输到直属海关审单中心对数据进行审核。主要审查企业是否已具备与出口货物对应的监管条件。如遇退回重报,则意味着申报数据有误或缺少某些监管条件,需退回修改。退回重报的常见原因有数据输入有误、监管条件不全等。报关人员应综合考虑船舶到港时间和可利用的报关时间,做出正确的处理。如果无法做到及时更改,则必须将问题物资从该票报关单中删除,以保证其他物资的顺利报关出运。

(6) 向海关递交报关单。该环节要求企业凭纸质单证向海关现场申报。海关在接到相关单证后会进行严格审核。由于预录入失误或在报关单证制作过程中过失,很可能出现审核不能通过的情况。

(7) 海关接受报关。

(8) 海关审查。海关审核无误后,在报关单和装货单上加盖通关章,制作关封交港口海关进行现场查验。如海关审核发现错误,则将报关单退回接单处,要求报关员填写电子数据删改单对错误信息进行修改。对已完成电子申报的报关单进行修改,必要时还得同直属海关审单中心联系,就相关问题进行解释。如无法及时修改,与海关协商能否出具保函,先行报关装船,并在规定时间内补办相关监管证书。在协商无效的情况下,以不影响其余货物出口报关为准,从报关单中删除该项货物。

承包商在申报时应注意报关地点和报关期限,即出口货物的发货人在设有海关的启运地,办理报关手续;出口货物的报关时限为装货的 24 小时前。

2. 查验(Physical Check by Customs)

对进出口货物进行实际核查,以确定其报关单证申报的内容是否与实际出口货物相符。

(1) 查验的地点

在海关监管区内的进出口口岸码头、车站、机场、邮局或海关的其他监管场所进行。

(2) 海关查验的操作程序

海关确定查验后,由现场接单关员打印《查验通知单》,必要时制作查验关封交报关员;安排查验计划,由现场海关查验受理岗位安排查验的具体时间,一般当天安排第二天的查验计划;海关查验货物时,出口货物的发货人或其授权报关员应当到场,并负责协助搬移货物、开拆和重封货物的包装;海关认为必要时,可以径行开验、复验或者提取货样;查验结束后,由陪同人员在《查验记录单》上签名、确认。

(3) 海关查验的时间承诺

海关查验部门自查验受理起,到实施查验结束、反馈查验结果最多不得超过 48 小时，出口货物应于查验完毕后半个工作日内予以放行。

(4) 配合查验

海关对报关单经审核后，在海关认为有必要查验时，对报关人员发出书面或电子报文形式的"查验通知"。报关代理企业应负责及时通知委托方，按照海关查验计划，到达查验现场，配合海关查验货物。

(5) 径行开验

径行开验是指海关在报关人不在场的情况下，自行开拆货物，进行检验。

3. 征税

根据《海关法》和《进出口关税条例》的有关规定，除国家另有规定，出口货物均应征收关税。报关人在接到海关发出的纸质《税费交纳通知书》后可以支票、汇票、现金的形式在海关规定的时间内向海关指定银行支付办理税费交纳手续。对于实行中国电子口岸网上缴税和付费的海关，可根据海关发出的电子税款缴款书和收费票据通过网络向海关指定银行缴费。出口货物以海关审定的货物离岸价格，扣除出口税后作为完税价格。离岸价格不能确定的，由海关估价。

4. 放行

海关在接受货物出口申报后，经过审核报关单据、查验货物、依法征收税费后，对出口货物作出结束海关现场监管决定的行为。

海关的放行方式是：在出口货物的海运装货单或空运总运单上签"海关放行章"。在纸质海关放行时，须通过计算机将"海关放行"报文发送给海关监管货物的现场、仓库、卡口等。在试行"无纸通关"申报方式的海关，海关放行并不等于结关，因为在一定时间内，已放行的货物仍在海关监管之下，直到海关结关为止。因此各种单证、账务在海关放行后尚处于"待处理或台账"阶段，直至结关后才能结账、归档。

5. 结关

对于出境储存后的货物，还要在规定的时间内，办理核销、销案、申请解除监管手续。

为及时办理出口收汇核销和出口退税，货物装船完毕后，报关员应及时到海关通关处办理结关手续，打印出结关单一式四份，两份企业留底，一份出口收汇核销专用，一份出口退税专用。如果货物装船时发生溢短装，报关人员则需填制电子数据删改单进行相应修改。

(八) 报关方式 (Mode of Declaration Customs)

按照《海关法》的规定，进出口货物的发货人或其代理人，在进出口货物时，可以纸质报关单或电子数据报关单两种方式向海关申报。一般条件下，报关人应同时采用这两种方式申报。在特定情况下，经海关许可才可采用其中的一种。

2001年1月我国实行新的海关通关作业，由原来各隶属海关的审单权提升到直属海关，直属海关审单中心集中审单后，由隶属海关业务现场接单，并按指令查验、放行。

新通关模式流程为电子申报、集中审单、现场接单、征税查验、海关放行。

（1）报关单电子数据申报。报关人按照海关规定将填制的纸质"出口货物报关单"中的数据录入海关电脑系统，备齐随附的全套单证向海关申报。报关单数据录入可采用终端录入（由报关人或其代理人在海关报关大厅委托专门预录入企业使用连接海关计算机系统的终端录入）、自行 EDI 方式录入和委托 EDI 方式录入（委托专门预录入企业以 EDI 方式录入）。

（2）直属海关审单中心集中审单。直属海关在接到电子报关数据后，通过计算机系统对报关企业和报关员资格认证后，进入计算机"自动审核报关单电子数据"系统，包括规范性审核、专业化审核。审结通过，审核结果发布。只有审核通过的报关单才能进入下一程序，习惯上称为"通过预审"。

（3）隶属海关接单审核，征收税费。报关人收到海关审单中心发布的"现场交单"信息后，现场海关接受申报。报关人打印出纸质《进/出口货物报关单》，签章后，加上其他规定单据，按顺序备齐后，递交隶属海关（海关现场）办理交单审核，交纳税费手续。海关关员接单后，经审核无误后签章，发放《税费专用缴费通知单》或《查验通知书》等文件。

（4）查验。对于确定的查验货物，海关发《查验通知书》，通知报关人员备查，最后的查验结果显示在查验作业单上，并由查验关员，报关人和见证人签字，对查验结果正常，且已缴纳税费的，转入下一放行环节。

（5）放行。由放行环节的海关关员操作放行系统，放行货物。一般海关关员会在提运单上加盖"海关放行章"并签名，批注日期。系统核销出口许可证、舱单等各项备案电子数据，并给予该票货物的境内唯一"放行编号"，并将此编号通过网络传递至海关监管场所及卡口，保管人即可出口装运货物。

（九）出口转关

转关是指依照有关法规规定，允许海关监管的货物由关境内一设关地点转运至另一设关地点办理出口海关手续的行为。

当尚未办结海关手续的货物需要长途运输，不能由出境地海关实际监管时，按照海关规定，发货人可向起运地海关申请办理转关，但必须具备的条件是承载转关货物的运输工具和装备具备密封装置和加封条件。

出口转关运输货物的通关程序如下：

（1）出口货物发货人或其代理人应向启运地海关申报出口转关运输货物。

（2）发货人或其代理人在申报前应填制出口转关运输货物申报单、出口货物报关单，交启运地报关自动化系统，并打印成正式的转关运输申报单和出口货物报关单各一式三份。

（3）发货人或其代理人持转关运输申报单、出口报关单及随附有关货运单、商业单据向启运地海关办理报关纳税手续。

（4）启运地海关在办理出口货物的报关、纳税手续后，签发出口转关联系单，并将上述单据制作关封，交申请人带交出境地海关。

（5）出境地海关在货物出口后，向启运地海关退寄回执，证明出口转关运输货物监管工作的完结。

（十）出口报关单的填制和使用（详见第11章，第2节）

出口货物报关单是由海关总署规定统一格式和填制规范，由报关人填制并由报关员代表报关企业向海关提交办理货物出口申报手续的法律文件。报关单的填写质量，相关文件的申领，都直接关系到报关速度、企业效益，也直接影响到海关的征税、查验和放行。按照海关《进出口货物申报管理规定》和《进出口货物报关单填制规范》的要求，完整、准确、有效地填制报关单是承包商办理物资出口工作环节中的必备技能。

目前很多承包公司把出口报关必备文件、单证的准备工作委托给第三方物流，其带来的隐患是，商业发票和装箱单上的货物名称及英文表达是否准确，填报关单的品名、HS编码及海关统计计量单位的运用是否恰当，这都将会影响到出口退税和承包商在项目东道国当地海关进口时的征税问题。

（十一）海关担保制

目前，我国海关接受的担保有保证函和保证金两种形式。保证金指向海关交付现金或其他有价证券来保证履行义务；而保证函是由担保人按照海关要求向海关提交的订有明确的权利和义务的海关文件。在下列情况下，海关接受担保申请：

（1）暂时进出口货物。

（2）国家限制进出口货物，已领取了进出口许可证件，因故不能及时提供。

（3）出口货物不能在报关时交验有关单证如发票、合同、装箱清单等。而货物已运抵口岸，亟待提取或发运，要求海关先行放行货物，后补交有关单证的。

（4）正在向海关申请办理减免税手续，而货物已运抵口岸，亟待提取或发运，要求海关缓办进出口纳税手续的。

（5）经海关同意将海关未放行的货物暂时存放于海关监管区之外的场所的。

（6）经海关总署特准的其他情况。

对国家限制进出口货物，在进出口时不能交验也未申领到有关许可证件和其他批准证件，海关不接受担保申请。对要求减免税货物，在未办结有关海关手续前，报关人申请担保先期放行货物，应交付保证金。保证金的金额相当于有关货物的进口税费总和。海关收取保证金后向报关人出具《保证金收据》，报关人凭以向海关办理销案、退还保证金手续。在担保期限内如果担保人要求办理有关货物的进口手续，可在海关同意的情况下将保证金抵作税款并补交不足部分或退还多余部分。凡采用保证函方式申请担保的，担保人应按海关规定的统一格式填写保证函一式两份，加盖印章后一份留海关备案，另一份交由报关人留存，凭以办理销案手续。出具保证函的担保人应为中国境内法人。对应纳税货物如果要求用保证函缓缴税款，应由缓税单位的上级机构或开户银行担保。

担保人必须于担保期满前，向海关办理销案手续。担保期由海关根据情况决定。对未能在担保期内办理销案手续者，海关可视情况分别采取下列处理方法：

(1) 将保证金抵作税款，责令报关人按规定补办进出口手续，并处以罚款。

(2) 责令担保人缴纳税款或通知银行扣缴税款后处以罚款。

二、项目东道国货物进口通关

国际工程项目实施过程中，尤其是在资源匮乏、大部分依靠进口的国家承包工程，进口通关十分频繁。通关环节的顺利与否，直接影响项目的如期进行，严重时，还会造成工程滞期。面对完全陌生的环境，进口通关如果处理不好，可能会成为工程实施的瓶颈问题。因此应最大限度地做好通关工作，创造保证项目正常实施的必需条件。

（一）进口清关前的准备工作

1. 了解项目东道国海关对货物的进口管制、进口检验制度、进口关税体制和关税税率等，以避免盲目性

(1) 了解当地的进口许可证制

进口许可证是指各国在有关法律、法规中对特定货物进口管理的规定，并责成海关在这些货物进境时凭国家主管部门签发的批准证件放行，以保证货物合法进口。

各国办理进口许可证的程序大体如下：

承包工程合同正式签订后，制定进口物资清单，并致函业主陈述进口要求（即申请书）；业主审核后，致函国家有关主管部门；承包商持上述两封函件及进口物资清单到有关主管部门审核批准（审核时间一般在10~15天），核准后签发进口批准文件。

此项工作最重要的一点是"时间性"，一般以货物到港前取得进口批准文件为原则。承包商在办理进口许可证时，应了解该国有关部门的工作效率和有关时间规定（如最迟出证时间、正常提货时间等）；根据货物所在地地理位置和运输方式等因素，确定发货时间，以免货物滞港造成经济损失。有些国家准许一个进口批准文件批准的货物分批进口，发票货物名称、型号、数量必须与申请进口单证上相关内容一致。另外，有些国家的进口规定经常变化，货物进口前需向海关部门咨询。如伊朗商业部在每年伊朗元旦（3月21日）具体颁布允许进口、限制进口和禁止进口的货物名单，海

关根据需要随时禁止某些商品的进口。

(2) 了解当地海关的进口管制条件

由于承包工程的物资进口不同于一般贸易商品进口，大多数国家根据货物进口特定目的及产权将承包工程的进口物资分为临时性进口和永久性进口，在管理方式及所需进口手续等方面也有其特殊性。

永久性进口物资是指产权属于业主或已在工程中消耗的物资，如：安装在工程上的永久性设备、建设永久建筑物所需的材料、维修施工机械设备的零配件以及项目员工的劳保用品、食品、药品等生活必需品等。这些物资在进口时按规定一次性交纳海关税之后，不必复运出境。

临时性进口物资是指产权属于承包商的物资，如：施工机械设备、仪器、车辆、活动房屋、家具及家用电器、医疗器械等。对于临时性进口物资，各国海关根据工程项目性质的不同（如经济援助项目、国际银行或组织贷款项目、政府部门或各类企业招标项目等）在管理方式上有很大区别：如：只在进口时按有关税率收取关税，或6个月收取一次临时进口关税直至承包工程合同期满（工程延期可办理临时进口延期手续）或终止，或需向海关交纳相当于税款的保证金，或要求银行出具临时进口设备担保等。

各国的相同之处是：临时性进口物资在工程竣工或合同终止后一定时间内必须复运出境，或准许临时性进口设备按规定完税后转为永久性进口。

(3) 了解当地海关的进口关税体制

了解项目东道国海关对进口物资的适用税则、税率、计征方式以及海关估价方法。目前绝大多数国家使用《商品种类和编号协调体系》（HS 编码制度），根据本国的经济政策和对不同国家进行差别待遇。除少数国家使用单式税则，多使用复式税则，对进口品的关税多采用从价税的方式。

(4) 了解当地海关的进口检验制度

承包商在办理进口批准文件时，应了解该国对进口物资检验的有关规定。目前很多发展中国家对进口物资实施原产地由其认可的检验机构对货物进行检验的规定，如装船前检验，其检验结果将通过进口国 SGS 等分支机构转交海关及进口商。检验报告是进口货物报关的重要文件之一，未经此类检验合格的货物海关不准许进关。

(5) 了解当地海关的进口清关程序

了解项目东道国通关程序、清关地点和清关时限要求。此外，各国海关对向海关办理进口报关人员的资格亦有不同规定。有些国家允许承包商自理清关，但有些国家规定必须委托当地的清关代理代办。

2. 委托清关代理

作为国际工程承包商，在不熟悉或不完全掌握当地清关手续的情况下，以委托当地报关行做清关代理为宜。这一方面是由于不同国家海关的规定、报关手续的繁杂和业务要求需要专业报关人员，清关代理可满足这一要求。另一方面可充分利用清关代理对当地税制的了解，合理规避和减少关税等费用，并可将报关、运输、办理关税保函等清关事宜一揽子交给清关公司办理，避免多方承办造成各环节之间相互摩擦和脱节。通过清关代理，可加速物资进口的清关，其保证工期和节约清关成本的作用是显而易见的。

国外清关代理的工作范围和国内清关代理基本一致，主要是受进出口货物所有人，或其代理人的委托，为其进出口物资承担办理各种海关手续，如填制进出口货物报关单，报关预录入，代客办理向海关申请企业备案登记手续，陪同海关验货，对货物税则归类，计算税费，提货，咨询服务，代办申请减免关税保函手续，合同备案登记、转关、临时性进口延期、设备报废、承包工程项目清白证书等一系列涉及海关事务的手续，以及代理货物运输、保险业务。一般而言，清关公司均兼营与报关有关的业务（如货物运输、办理关税保函和保险等），已形成配套的一条龙服务体系。清关代理既要向货物、物品的所有人负责，又要向海关负责，属于双向负责的中介代理机构。

(1) 清关代理的选择

承包商可根据驻当地使领馆、经商处、海关、商会、业主或其他国际承包商的推荐，选择组织机构健全、资金雄厚、信誉好、业务范围广泛、通关能力强、价格低的国际货运代理或专业报关行为清关代理人。在条件允许的情况下，可通过招标方式选择，或对清关代理人进行必要的考核（通关能力、工作效率、佣金等）后签订正式委托合同。对于大型项目的货物，如须经不同口岸进出关时，不宜每个口岸都聘用一家，以少而精为原则。

(2) 清关代理委托协议

该协议应明确服务范围、时间界限、职责义务、服务条件、查验地点和惩罚措施。将报关可能产生的风险尽可能转嫁给清关代理。

关于时间界限，即代理方承担清关责任的开始时间，可以委托方向代理方递交合格单证时间为准，或以货物到港时间为准，或以货物到港后查询通知时间为准等。无论以哪一个为准，都应有一个具体时间或时间范围，有一个可参照的时间作为起始点。

关于地点，一般为清关货物口岸地点、海关查验地点和交货地点。协议中须确定一个不会产生歧义的货物交货地点。对于须直接运至现场的货物，如果现场范围广，则应在合同中加列交货地点由委托方现场指定条款。

关于单证审核，对于委托方向代理方提交的单证，如有不符合海关要求的情况，代理方有责任和义务帮助委托方提出切实可行的解决方案。代理方审核并接受单证后，如发现单证不符或不合格情况，代理方要承担全部责任。

关于理赔，协议应规定，口岸查验如发现货物受损须理赔时，代理人有义务协助理赔，可不承担货物滞留口岸的责任。如代理方未能向委托人报告货物受损情况，则由代理方承担一切责任和费用。

关于费用，根据协议范围以固定价格签订合同为宜，包括海关查验货物时可能出现的罚金应包括在内。

关于处罚条款，规定代理人逾期和不合格交货的赔偿责任，同时规定在指定时间内，且进出关手续齐备的条件下形成的滞关罚款，应由清关代理人承担。

关于关税和关税保函，规定代理人应为委托方合理规避和减少关税等费用提供解决方案。关税保函有效期应从货物清关开始至工程竣工日止或更长，要求代理人办理关税保函的费用应与一年期的费用相当。

(3) 清关代理流程

清关代理基本流程如下：委托方提交单证，代理方接受合格单证，代理方填写报关单并办理清关手续，海关审核报关单证合格，代理方代缴税费，船到提货，货到海关指定地点查验，海关查验后放行，代理方在规定的时间内在目的地交货，委托方在目的地接受合格交货，委托方按合同规定结清代理费。承包商自己要了解并熟悉清关代理流程，做到心中有数。

清关代理有助于承包商加快通关过程，但在通关工作中起主导作用的仍然是承包商自己，清关代理只是起辅助作用。承包商应自始至终做到各种手续完备，文件资料齐全，小心谨慎地照章办事，尽量避免出现漏洞，这是使清关工作顺利进行的根本保证。

3. 公共关系管理

公共关系管理对国际工程项目起到润滑剂的作用。项目初始阶段，承包商要与当地政府进行必要的沟通，如拜会当地政府官员、工程管理部门、劳动部门、环保部门、税务部门以及海关关长，向其介绍承包工程概况，告知企业要在当地施工，希望得到配合，创造良好的生产环境。

4. 根据项目东道国的关税体制做好物资进口清单归类、细化工作

与清关代理一起针对清单向当地海关咨询和核实，确保无海关管制货物。同时将物资分为永久性进口和临时性进口两大类。在此基础上，建立物资分类和编码系统。将需要国外组织、采购的货物分离出来，进行询价、订货和信息收集工作，非开工急需的货物可以后单独组织进口和清关。

(二) 进口通关作业

各国进口通关手续不完全相同，但主要手续大同小异，亦都十分繁杂，承包商应详细了解进口通关具体要求。各国规定进口货物到达后，应在规定的工作日内办理通关手续，特殊情况下可在货到前，预付进口税后，先行办理报关手续，至日后再结算进口税。对逾期提货，可办理存栈报关，在保税仓库储存。对于通关地点，目前大多数国家的通关地点不一定要在货物抵达港进行，可在海关监管之下将货物运达指定地

点进行清关。各国海关规定，进口税款用当地货币结算，如使用外币，则按当日当地汇率折算后缴纳。对在海关规定日期内未办理报关手续者，海关有权将货物存入候领货物仓库，但一切责任和费用由进口方承担。

1. 进口通关基本流程

在代理报关条件下，物资发运后，承包商应向代理人提供业主证明文件（即业主向海关证明同意承包商为本工程施工进口待结关的设备物资）、货运提单、商业发票、装箱单、原产地证书等。由清关代理在规定时间内审核完毕后，由代理方填写报关单并办理清关手续，海关审核报关单证合格，代理方代缴税费，船到提货，货到海关指定地点查验，海关查验后放行。代理方在规定的时间内，在目的地交货，委托方在目的地接受合格货物，委托方按合同规定结清代理费。代理人将海关签章后的文件退还承包商，以便货物复运出境。

在自理清关条件下，货物发运后，承包商需将提单、发票、装箱单等交业主审查，由业主向有关部门申报以确定减免税，并批准该批货物进口，货物到港后即可凭进口批准文件等向海关申报验放。承包商查阅海关税则，确定货物编码、税率和监管条件，自行计算税费后，领取申报单，按要求填写货物编码、货值并自行计算结果。向海关递交申报单和海关要求的单据，并缴纳税费后海关接受申报。海关审核申报单和相关单据及已付款额，审核无误后向收货人签发盖章、签字并编号和登记的海关许可和付款凭证。承包商可持报检单、报关单和相关单据申请报检。海关在审核报关单据、查验实际货物和付款凭证后，在报关单上盖放行章，海关对货物的监管结束。凭海关放行文件和提货单即可提货。以上过程中如出现问题，有关人员将签署修改意见，须重新办理，包括修改替换原电脑申报单、给出新编码和申报人对修改后的申报单或打印的申报单补充材料签字等。

为尽快通关，发货后，承包商应与船公司或船舶代理保持联系，确定船到港时间、地点（如需转船应确认二程船名），并提前与船公司或船舶代理确认换单时间、手续及换单费、凭带背书的正本提单或全套正本提单，去事先联系好的船公司和船舶代理部门换取供通关用的提货单。

2. 承包商应出具的文件（各国海关有不同要求）

单据齐备且准确无误是顺利通关的关键，任何一个环节的延误都将会推迟整个工作。要清楚各种文件的作用、对象和所需数量。各种文件的不同版本要标记清楚、妥善保存。考虑到以后查询、退关、存档等需要，每套清关文件的原件要至少准备三套以上，同时还应准备多套复印件。需要注意的是，临时进口货物和永久进口货物要严格分开并归类、细化，不能多处出现同一种货物。

临时进口货物清关主要涉及以下文件。

海关申报单、委托报关协议书或业主授权信、临时进口保证金收据或海关认可的保函、东道国海关总署给执行海关的公函、形式发票、进口申请表、装箱单、原产地证明、海运发票、海运提单、海关提货单、商检证明书，某些国家和地区指定SGS检验等，以及各种车辆国际行驶执照（某些国家和地区规定，用以办理临时执照）、施工机械、车辆底盘号、发动机号、公路运输还需要车主证明书、车辆行驶证、驾驶员驾驶执照复印件。有些阿拉伯国家还需有公证部门对所发货物没有停靠过以色列、没有使用以色列的原材料、与以色列没有任何关系的公证证明文件。

通关完成后，提交发票、装箱单、进口申请表和原产地证明的复印件各一份由海关加盖公章后返还给承包商，供临时进口物资出境时使用。

临时进口物资若日后转为永久进口，则须重新履行永久进口手续。如果合同完成后又在原业主处执行新合同或找到新的业主，则要以新保函替换原保函，否则会导致海关没收原保函。如果由承包商或供应商制作形式发票，发票内容应按物资类别分别制作，其目的在于区分永久性进口物资和临时性进口物资。各国海关一般按进口物资类别征收关税，因此在制作形式发票时需考虑合理避税问题，便于临时性进口物资复运出境。各国海关一般规定，临时性进口货物应在原入境口岸复出境；需运到其他设关地点复运出境时，应及时办理转关运输手续，方可由海关验放并在有关单证上签章核销。

永久进口物资的清关手续与临时进口货物的大致相同，但须提供进口许可证原件。有些国家实行海关领地办法，即由当地海关在工程所在地划出一定面积的场地，作为海关在该工程的领地，用于存放尚未办理完成海关手续而滞港的货物。这些货物一般由海关监管车辆运至海关领地，海关验放后即可提出使用。

3. 通关过程中可能涉及的各种费用

（1）关税

（2）船代费用

船代费用主要是船代公司组织卸货、集装箱管理（包括滞箱费）及集装箱押金等费用，其中押金部分在归还集装箱后还要退还。船代费用可以在收到清关公司缴款通知后自行去交，也可由清关公司垫交。但清关公司会相应收取一定的手续费，一般是垫付金额的2.5%–5%，为节省时间，最好由清关公司垫付。

（3）港杂费用

港杂费用是指港内设备使用、库房使用、集装箱场地占用等费用，也是在收到清关公司缴款通知后自行去交，亦可由清关公司垫交。

（4）清关运输费用

根据货物不同，清关公司有相应的收费标准。散货是以重量吨/尺码吨收费，按两者中较高者计算；集装箱则以40或20英尺集装箱为单位计费；车辆清关则按车收费。此外，还有一些办公杂费、公关费、垫付资金手续费、VAT等。如果是由清关公司负责运输，还要相应支付运费。货物转运到目的地后，要及时检查货物的情况；集装箱运输时，应查看铅封的完好情况，及时组织卸货，避免发生不必要的滞期费。

4. 通关管理

物资进口通关作业是与工程项目密不可分的一个子系统工程,各步骤环环相扣,每一步骤的失误都会导致下一个步骤的延误,以致影响整个通关作业,继而可能导致工程滞期。因此,承包商应将通关管理作为项目管理的一部分。

通关管理的主要内容包括以下几个方面:

(1) 在物资采购计划基础上,制定进出口通关计划,将整个工程所需通关的物资按进场时间、进口来源、永久物资和临时物资归类列出物资通关清单,并排出时间顺序。明确不同来源、不同类别物资通关作业的控制点。确定不同时期的管理重点,合理确定通关起始和完结时间,并安排专门人员进行通关作业或与清关代理协同作业。

(2) 建立报关单审核制,对通关代理填制的报关单要设专门人员进行审核,防止因报关单有误构成瞒报、伪报而带来的风险和损失。

(3) 保持与当地海关/海关关员的友好关系,建立必要的公共关系联系。

(4) 根据通关计划,建立货物发运/装运通知、单据传递等联络系统,掌握供应商交货安排,预测货物到港时间。

(5) 建立与清关代理的联系制度,做好货物到港前的一切准备。

(6) 制定紧急通关措施,处理好正常通关和紧急通关的关系。国际工程项目实施过程中除正常通关外,由于供应商逾期交货、运输延误或计划不周等各种原因,导致现场面临停工待料的可能,因而经常会出现紧急通关的情况。有些国家海关规定有快件清关程序。对于没有快件清关程序的海关,如正常通关需要 3-5 天,难以满足现场对物资的需求。为尽快通关,需要采取紧急措施,设法取得海关配合,请求海关特事特办,对通关作特别处理,而不是被动地等待海关放行。因此有必要根据当地实际情况,建立切实可行的紧急通关程序。

(7) 对通关文件归类存档,列表说明,以备日后使用,或接受核查和后期临时进口物资的复出口。由于临时进口物资在工程结束后要运出项目东道国,复出口通关时,当地海关会对前期进口的通关物资进行核查,确保出口。因此每批物资通关以后,应将各种有关文件如采购合同、运输合同、海关申报单、发票、提单、证明等存档。对某些细节需做出说明的,应说明处理过程、理由、结果等,以备日后查阅参考。对于工程实施过程中,通关物资发生损失、报废、再出口等情况,应及时做好记录,避免项目结束后,产生海关手续问题。临时进口的机械设备,如项目尚未结束,需要延长使用期的,应到海关办理手续。

(8) 国际工程物资供应与采购具有高峰和低谷的时间特点,相应的,通关也具有高峰和低谷期。从国内出口物资都是集中发运,集中到港,这一时期内,通关工作量大而且繁杂。这就要求承包商务必做好前期准备工作,投入一定的人力和物力。如遇报关经办人回国,调动等,应做好交接工作。

三、原出口物资复进口退关

承包工程结束后，原从国内运出的专用施工机械设备或物资复运回进境，监管方式为"退运货物"。承包工程公司须填写《进口货物报关单》一式二份，并提交原出口时经出境地海关签章的《出口货物报关单》向入境地海关申报。如海关已签发了出口货物退税专用报关单，报关人需将该报关单退交海关，现场海关凭加盖有已核销专用章的外汇核销单、出口退税专用联正本（海关留存复印件，正本退还企业）或国税局《出口商品退运已补税证明》以及保险公司证明等有关资料办理手续，同时签发一份进口货物报关单。如企业办理了退税手续，则应向税务局申请《出口商品退运已补税证明》，在办理退运报关时随报关单等一并递交海关，才予办理退关。

出口物资设备退运进境时，若该批出口货物未收汇，凭原出口报关单、外汇核销单、报关单退税联向进口地海关申报退运进口，应同时填制一份进口货物报关单（备注栏注明原出口报关单号）。若出口货物部分退运进口，海关在原出口报关单上批注实际退运数量，金额后退回企业并留存复印件，海关核实无误后，验放有关货物进境。承包商企业凭相应进口报关单抵扣核销。

为提高原出口物资复进口报关工作效率，承包商要提前做好以下工作：

（1）清点确实需要回运物资的数量、名称，并列出详细清单后转给原出口单位的管理部门和货运代理，并做好外管局核销工作。

（2）出口单位收到后应尽快查找相关物资出口时的原始报关单，核对名称后办理完税工作，并取得相关批文。完税工作完成并取得证明后，再通知开始装船发运，以避免进口时产生不必要的港口费用。

（3）装船后，迅速将提单、清单、发票等文件转国内收货人，加盖公章后转货运代理（船到港前三天），办理相关进口手续。

四、境外采购货物进口

对于在国外施工期间购买的用于工程的施工机械设备等，原则上我国已经不批准二手机电产品或设备进口，但承包工程属于国内公司在境外经营承包工程，因此承包商可将剩余物资运回国内。其手续如下：

（1）制作完整的设备物资明细清单，（货物名称、件数、型号、规格、产地、价值、尺寸等），向中国驻项目东道国使馆商务处申请回运物资批文，并将批文迅交国内原出口单位及相关部门。

（2）由原出口单位向商务部有关机电产品进口处办理申请进口设备批文。待批文下达后方可装船发运回国。由于设备物资价格关系到进口关税及进口后二次验关核准价格，应谨慎填报。

经境外采购的物资等同于一般贸易进口，其报关的基本材料有：提单正本、清单及发票正本（各一式两份）、进口单位提供的旧机电进口批文。

一般情况下，船到港三天开始报关，报关工作日为三个工作日。报关提货日期规定是：船到港后 14 个工作日内海关不收取滞纳金，但要交各种港口杂费。超过规定日期要向海关交纳滞报金（按货物价值的 0.5% 收取）。

第 5 节　国际工程项目货物进出口检验

一、出口检验

出口物资商检是国际工程项目物资出运工作中的一个重要环节。目前，对工程项目出口物资检验主要依据我国商检法，对《出入境检验检疫进出口商品目录》范围内的出口货物，包括转关、运输货物实施检验；对货物出口到实施《全面进口监督计划》（Comprehensive Import Supervision，简称 CISS）的国家实施出口货物装船前检验。海关一律凭货物报关地出入境检验检疫局签发的入境货物通关单/出境货物通关单，或进口国政府规定的装船前检验机构出具的检验报告验放。海关对某项货物的监管条件为 B 的出境货物通关单，则表明该项货物出口时必须进行法定检验，即出口报关前取得相关检验证书，才能保证该项货物顺利通关出运。

1. 目录内货物出口的法定检验

国际工程项目由国内出口的材料、设备，除部分自制外，部分由企业在国内采购。目前我国商检部门实行产地检验制，即出口货物由生产企业向所在地商检机构申请报验，由该商检机构实施检验。当产地与出境口岸不一致时，产地商检机构对出口货物检验合格后，出具"出境货物换证凭单"。在规定期限内，出口企业持"换证凭单"和必要的报验凭证向货物出境口岸商检机构申请查验。口岸商检机构经查验合格，换发"出境货物通关单"，并凭以报关。该制度决定了国际工程承包企业出口物资的商检工作须做到：对于从国内采购材料、设备，必须保证供应商及时提交准确无误的"出境货物换证凭单"；对于自产设备也须做好相关出口商检工作。因此国际工程承包所需物资出运前的商检工作较一般出口货物的商检考虑的因素更多、更复杂。

出口货物商检经常出现各种各样的问题是：①供货商不能及时提交"出境货物换证凭单"；②提交的"出境货物换证凭单"有误；③误检；④由于报验人员疏忽或有关货物检验法规的变动导致漏检。其中误检和漏检问题可能在承包商企业报关时才显现出来。由于出口材料、设备量大，报关时间紧迫，处理不好，很可能导致误检或漏检物资不能顺利通关，从而影响整批物资的装运。

2. 商检准备工作

为防止上述问题的发生，承包商应做好商检准备工作。该项工作主要包括：①整理出口物资清单；②海关查询，确定该批出口物资中需要进行商检的项目；③查阅工程承包合同，确定报验物资的外销价格；④整理和统计国际工程项目部/公司项目管理部门提交的货物装箱单,以确定每项物资的数量、件数、包装信息;⑤根据物资集港、装船日期和报关日期计算出口报检日期。

为做好物资出口商检工作,承包商企业应加强与供应商的协作,对供应商的工作进行必要指导和监督。在采购合同签订阶段,应明确供应商商检义务,规定供应商于交货前在产地进行商检,并向承包商企业提交合格的"出境货物换证凭单"。因此,签约前,报验人员就应查询《海关进出口税则》中对该项物资的监管条件,确定其是否需要办理出口商检。对于需要办理商检的物资,报验人员应将该物资商检品名、数量、单位、海关编码等商检信息以附件形式明确列入采购合同,并制定相应的惩罚条款,要求供应商须在规定集港期限内将相关物资送至装运港,提交合格的商检凭证。

为保证供应商提交的商检证书准确无误,承包商亦必须与供应商及时沟通,对其商检工作进行指导和监督,及时提供相关报验资料,包括:工程承包合同复印件;报检委托书;业主开给承包商企业的信用证复印件(如果工程出口设备采用信用证结汇)。

对于供应商递交的"出境货物换证凭单"要严格审查,如有错误,退回修改,防止装船前在口岸办理商检或报关时才发现错误。对"出境货物换证凭单"的内容审查主要包括:商检证书的名称;报检类别,供应商提交的"出境货物换证凭单"的报检类别应为"一般报检"(如果注明为"一般报检",则承包商企业在口岸办理商检时只需缴纳换证费即可;如果注明为"预检",还需要缴纳商检费);审查凭单内的目的地、货物名称、数量、唛头等信息是否与合同规定的相符,是否与提交的增值税专用发票一致。

3. 出境检验

承包商企业报验人员须于货物出口报关前持相关报验资料向口岸商检局申报检验。接到申报后,口岸商检局对报验人员提交的相关报检资料和货物进行查验。经查验商检货物与报检资料相符,则签发或换发"出境货物通关单",供企业出口报关使用。因此报验人员必须准确制备相关报验资料,保证顺利通过商检。

承包商企业须提交的资料如下:

(1) 出境货物换证凭单。如果设备由企业自制,则其在办理商检时须制作"厂检单",即产品合格证,包括设备序号、名称、规格、单位、数量。"厂检单"信息应与发票、装箱单上相关信息内容一致。

(2) 报验用商业发票、装箱单。相关信息应与出境货物换证凭单、厂检单严格保持一致。

(3) 信用证复印件及对外工程承包合同及变更协议书。

如在报关过程中发现误检,为保证该批物资的及时通关装船,承包商企业可向海关出具保函,即保证在规定时间内对错误信息进行更正,请求海关放行货物。但如果在规定时间内,企业未能履行承诺,海关将会给予一定的处罚,并将直接影响到该企业以后业务的办理。对于漏检,由于该票报关单缺少对应的"出境货物通关单"号,导致该报关单的电子信息不能通过海关电子审单系统的审核,而不能通关,并且此时海关也不能凭保函放行货物。报关时一旦发现某项漏检,在时间允许情况下,可委托外轮代理代办口岸商检,并赶制该物资相应的报验委托书、商业发票、装箱单等报检资料,传真至外代,委托其到口岸商检局办理报验预录入。口岸商检局收到相关电子信息后出具的回执会显示出该项物资对应通关单的通关单号。报关人员将该号录入报关单,并向海关出具保函,该票报关单即可通过海关电子审单。如有漏检,而时间又紧迫,则只能将漏检物资从该票报关单中删除,并立即修改该票报关单,以及相应的发票、装箱单等报关资料,以保证该票报关单上的其他设备能够顺利通关出运。

此外,为防止漏检或误检现象的发生,除查询海关相关信息外,还应做到报验经办人与报关经办人的相互沟通,或由同一经办人完成报验和报关工作。

二、进口货物全面检验计划(CISS)

目前许多发展中国家为保护本国进口关税征收,保证进口货物的质量,强制规定由接受委托或授权的第三方独立机构对出口货物的数量、质量、价格以及汇率、融资条件和关税等进行检验,执行进口管制规定等原系由进口国海关在货物运抵进口国后所执行的进口验关作业,货物凭指定的检验机构出具的检验及价格评估证书,作为货物进口后向海关申报时必须交验的单证,进口国海关凭此简化或免除多道通关手续,直接征税后放行。

装船前检验的基本业务程序如下:

(1) 业主向政府指定的机构申领外汇许可证,获得批准后,向政府授权的检验机构驻进口国办事处申请对进口货物进行装船前检验,由该办事处负责向货物出口地区的检验机构签证中心发出检验指令。

(2) 检验机构签证中心接到检验指令后,负责通知出口方,接受出口方的检验申请和负责安排出口货物的检验。

(3) 检验机构签证中心根据检验报告和最后商务单据,进行价格证明和税则号归类,在此基础上确定该货物的应完税金额,同时出具相应的证书或报告。

(4) 业主凭检验机构签发的清洁报告书完税、清关、提货和将外汇付往境外。

CISS 检验程序一般由进口国指定的执行装船前检验的机构根据该国规定程序进行,具体检验程序会因国别不同而异。中国进出口商品检验总公司(CCIC)是 CISS 业务在国内的总代理。由于实行"全面进口监管计划"不是针对某一个国家而特殊制定的,因此我国承包出口物资也不例外地受到 CISS 业务有关规定的限制。为使我国承包出口货物顺利进入实行 CISS 的国家,配合对这些国家的出口,中国进出口商品检验总公司分别与 COTECNA、日本海外货物检查株式会社(OMIC)、法国船级社(BV)、ITS 等检验机构签署了委托代理协议,对我国输往有关实行 CISS 国家的货物实行装船前检验和价格比较,并出具清洁报告书。

中国承包商企业对须办理装船前检验，使用进口国或国际专业认证标志的出口设备检验程序为如下：

（1）由生产企业先向生产地商检机构提出申请，经商检机构或国家商检局指定的机构预检验合格后，再向进口国或国际专业认证机构申请认证，以减少不必要的反复，并确保顺利通过认证。

（2）承包商需在货物备妥前若干天向执行装船前检验的检验机构在我国办事处索取检验委托单，由其直接通过总部（地区总部）将检验委托发送给商检公司，委托商检公司商检，商检公司收到委托单后，与承包商联系，安排检验。由于CISS检验的特殊性，除安排质量、数量、包装等项目检验，以及集装箱加铅封外，还要求承包商提供检验申请单、形式发票、信用证、零备件清单、厂检分析单、产品技术规格资料、样本、（机器/设备）制造商测试报告、制造商分析报告、出口价格构成表、提单、最终发票、出口报关单等。

（3）CISS检验时，承包商应将货物备妥待检，并提供必要检验工具。对未做好检验准备的货物，检验机构可保留中止检验的权利。

（4）出口物资经向海关报关装船后，承包商须备妥正本提单、发票装箱单等，向检验机构申请核发公证报告。完成检验后，承包商须按国别把最终文件交给装船前检验机构驻中国办事处。如果检验结果同承包商的最终文件有差异或文件不齐全，检验机构可要求承包商修改文件、补充文件或通知进口国指定检验机构的联络办公室，以取得业主的确认。

（5）检验完毕，并收到承包商提供的必要出口单证后，商检公司将依据检验机构的要求，签发检验证书（清洁报告书），或将检验结果报告及有关单证寄送指定出证机构，由该机构签发检验证书，并将其送交承包商和装船前检验机构在中国办事处，由其转给进口方。

鉴于装船前检验程序的特殊性，对于在实行CISS计划的国家实施工程的承包商，事先应了解该国对进口货物检验的具体要求，如检验机构、检验内容、检验报告等，提前安排CISS商检，避免延误货物出运时间。

第6节 国际工程项目出口货物外汇核销与出口退税

一、出口收汇核销

出口收汇核销是指外汇管理局在海关、外汇指定银行、税务、商务管理等部门的配合下对企业的出口货物实施跟踪监管，直到货款收回进行核销的一种事后监管制度，是一种以出口产品价值为标准，对是否有相应的外汇收回国内的事后管理措施。国际工程项目物资出口，按出口货物报关单成交总价全额收汇核销或工程结束后设备运回核销。

1. 出口收汇核销单

出口收汇核销单由国家外汇管理局统一管理,各分支局核发。该单是出口单位凭以向海关办理出口报关、向外汇指定银行办理出口收汇、向外汇管理机关办理出口收汇核销、向税务机关办理出口退税的重要凭证。企业须根据本批物资的出口报关单票数,确定需要申领的核销单份数,并于设备出口报关前及时申领。通过中国电子口岸收汇核销系统向外汇管理局申请,申请获准后,到外汇管理局领取出口收汇核销单。

2. 出口收汇核销程序

(1) 领取出口收汇核销单。出口收汇核销工作与企业出口物资报关和退税密切相关。为保证出口收汇核销的顺利进行,首先必须及时足额领取出口收汇核销单。

(2) 承包商企业出口报关前应通过中国电子口岸出口收汇核销系统进行核销单的口岸备案。未经口岸备案的核销单不能用于出口报关。备案时必须选择出口报关口岸海关的直属海关代码,并且一张核销单只能备案到一个口岸。在一次备案的核销单份数较多的情况下,可批量备案。通过中国电子口岸出口收汇核销系统对每票报关单对应的核销单进行审查,及时修改,确保顺利出口报关。

(3) 网上交单

物资发运后,承包商企业须对已用于出口报关的核销单向外汇管理局网上交单,核对无误并网上交单成功后,可持纸质单证到外汇管理局办理核销手续。

出口收汇核销系统默认的收汇期限为报关日期后180天内。对于预计收汇日期超过报关日期180天以上的远期收汇,出口企业应在报关后60天内进行网上交单,凭远期备案情况说明,包括远期合同号、出口核销单号、出口报关单号、报关单金额和核销单向外汇管理局申请备案,并注明预计收汇日期。交单后制作出口收汇核销报告表,用于向外汇管理局办理核销时的情况说明。该报告表中每张外汇核销单的信息与对应的报关单和银行结汇水单应保持一致。

3. 注意问题

(1) 承包商企业应足额领取出口收汇核销单,及时对核销单进行网上备案,及时办理远期核销备案、及时进行网上交单。

(2) 准确制备单证是办理出口收汇核销的关键,必须保证相关核销单证数据的准确性和一致性。单证主要包括:出口收汇核销单和海关签章、出口货物报关单核销专用联及海关签章、商业发票和装箱单。

(3) 如因物资装船过程中发生变动,装船完毕后到海关办理结关手续时,对报关单上的物资信息应作相应修改。因此须根据变动后的报关单,重新制作相关核销用商业发票和装箱单。

(4) 由于物资多为分批集中发运,为加速物资的出口收汇核销和出口退税,须根据物资金额和相关凭证制备情况对报关单进行合理分割。由于工程项下收汇的特殊性,只能将整批物资分批核销。

为充分利用有限的收汇,首先将确定能退税的物资核销掉,将不能退税或退税可能性比较小的物资后核销。在对报关单进行分割时应注意以下问题:1)将已正确开立增值税专用发票的货物列入同一票报关单内;2)将已开立增值税专用发票,但退回修改的货物列入同一票报关单内;3)将经过与供应商联系,确定能开立增值税专用发票的货物列在同一票报关单上;4)将确定不能开立增值税专用发票的货物列在一票报关单上。从报关单金额角度,切忌整批货物使用一票报关单出口,根据该批货物的价值,合理均匀地分割报关单金额。

总之,承包企业顺利及时办理出口收汇核销对于保证境外工程所需设备的顺利出运和出口退税的办理具有十分重要的意义。

二、出口退税

出口退税是指对出口产品已征收的国内税(产品税、增值税、营业税和特别消费税),部分或全部退还给出口方的一种措施。对于国际工程项目,承包企业在国内购进与国际工程相关的设备(指进出口税则中第84章、85章和87章所涉及的物资);建材(如水泥、木材、地板、门窗等建筑用木工制品,塑料管和塑料制品等,石材、水泥制品、石棉制品、陶瓷砖、套管、瓦、陶瓷卫生用具等;钢铁制品、铝型材、铝丝等)等出口货物运出境外后,可根据规定,凭供应商开立的增值税专用发票以及其他规定的凭证向主管税务机关申请办理退税。

1. 出口退税的期限要求

(1)发票认证期限。出口企业取得的用于办理出口退税的增值税防伪税控系统开具的增值税专用发票(抵扣联),必须自该专用发票开具之日起30天内到主管其征税机关认证,未经过认证或认证未通过的一律不予办理出口退税。

(2)退税申报期限。企业必须在货物报关出口之日起90天内,办理出口退税申报手续,逾期不予申报退税。

(3)出口收汇核销单的提供期限。出口企业必须在货物报关出口之日起180天内向所在地主管退税部门提供出口收汇核销单。

2. 退税单证要求

承包商企业顺利退税的前提是在规定的时间内向主管退税机关提交符合规定的凭证。并且必须保持这些凭证相关内容的一致性。对承包商企业运出境外用于对外承包工程项目的设备、材料、施工机械等货物办理退税时,除提供出口货物退(免)税申报表外,还应提供以下凭证资料:1)购进的增值税专用发票(税款抵扣联);2)出口货物报关单(出口退税联);3)出口收汇核销单;4)工程承包合同;5)出口货物商业发票。

其中除第1项凭证由供应商提供外,其余几项由承包商企业自行制备。

出口退税的核心是"一票两单",即增值税专用发票、出口货物报关单和出口收汇核销单。这三个凭证内的基本信息，如增值税发票抬头、纳税人识别号、货物名称、数量、单位等应严格保持一致。为确保顺利出口退税，承包商企业应做到以下几点：

(1) 严格审核供应商

工程所需的出口货物部分在国内采购。由于各种原因，有的供货商在发货时并不能按照合同规定提供增值税专用发票，要么提交的增值税专用发票有误，不符合要求，要么根本就不能提供。报关前能正确提交增值税专用发票的供货商一般只能占到40%。为保证出口货物都能退税，货物采购时应确定供应商是否属于增值税一般纳税人，是否属于生产型企业。按照规定，承包商从小规模纳税人购置的出口货物，除一部分特准货物准予退税外，其余不予退税。因此，在签订承包出口物资的国内采购合同时，应首先明确供应商的性质，并且在合同中明确规定供应商应提供准确的增值税专用发票。如果不能提供或开票错误给承包商造成损失的，须从合同价款中扣除相应的应退税额，以弥补企业损失。

(2) 及时提供准确有效的开票信息

增值税专用发票由供应商办理。为使供应商能及时准确地开具符合要求的增值税专用发票，承包商企业须及时、准确地提供发票抬头、纳税人识别号、货物信息、计量单位等。尤其是计量单位名称（报关时必须用法定单位）。为与增值税专用发票内货物计量单位保持一致，企业应及时确定货物报关的计量单位，防止供应商开票时出错。

承包商应及时给予供应商必要的业务指导，要求供应商在开票时对存在的问题及时同企业进行沟通。对于供应商递交的增值税专用发票，承包商企业应严格核实相关信息的准确性，如果信息有误，须退回修改。

(3) 审核退税资料

货物发运后，承包商企业应对各种退税凭证进行收集、整理、审核，及时修改有误的凭证，对没开出增值税专用发票的供应商进行催开。收到外汇后应及时去外汇管理局办理外汇核销，取得出口收汇核销单，以便及时办理退税。

承包商企业对有关退税凭证的审核内容包括：

1) 检查增值税专用发票上的抬头人名称、纳税人识别号、银行账号等项目是否与退税申报企业相符；

2) 检查增值税专用发票的票面内容、版式种类、版本号及防伪标记是否正确；

3) 检查由防伪税控开具的增值税专用发票是否经防伪税控系统认证；

4) 检查报关单是否为黄色的、盖有海关验讫章的"出口退税专用联"，以及报关单的出口数量、销售金额与企业申报数是否一致，报关的价格与价值有无明显的偏离，检查报关单上出口单号是否与对应的报关单上的核销单号一致，是否有外汇管理局加盖的已核销印章。

由于工程承包行业的特殊性，实际退税操作中可能会遇到很多问题，如出口物资适用的退税率、设备款的收汇情况等。为做好出口退税工作，企业必须加强同当地主管退税机关、海关和外汇主管部门的联系，对设备出口、收汇和退税工作中出现的问题及时向有关部门汇报和沟通，争取宽松的退税环境。

第 11 章 国际工程项目货物采购单证工作

> 国际工程项目货物采购过程中每一环节都需要相应的单证誊制、处理、交接和传递,以满足承包工程、运输、银行、保险、海关、商检、业主以及政府等各方面的需要。国际工程项目货物采购的单证分为进口单证和出口单证。

第 1 节 单证在国际工程项目货物采购中的作用及基本工作要求

一、单证的作用

单证是国际工程材料、设备采购业务中应用的单据、文件与证书。采购合同的内容、支付条件的安排、货源准备、运输工具与货物的衔接、海关放行、货款与工程进度款的结算、索赔等各环节都会在单证工作中反映出来。FIDIC《生产设备和设计－施工合同条件》第14.5款规定:"工程师应确定和确认在满足下列条件下各项增加金额:承包商已经保存了符合要求、可供检查的(包括生产设备和材料的订单、收据、费用和使用的)记录,提交了购买生产设备和材料并将其运至现场的费用报表,并附有符合要求的证据,以及有关生产设备和材料并已运至工程所在国,运往现场途中,以及已写入清洁提单和保险单的支付证明,其他合理要求的文件……"可见单证不仅与采购环环相扣,互有影响,互为条件,而且与工程款结算也息息相关。因此,单证是结算的基本工具,是履行合同的必要手段,是海关放行的必备文件,也是索赔的重要依据。单证作为材料、设备采购文件，其流转环节构成了采购程序，也贯穿于采购的全过程，其工作量大、时间性强、涉及面广、技术性要求高，除了承包商企业、项目部内部各部门之间的相互配合与协作，还必须与业主、东道国银行、海关、商检、运输、保险以及有关政府行政管理部门与机构发生多方面的联系。因此单证工作是承包商货物采购管理的重要环节之一。单证工作不仅仅是单证的誊制和组合，正确理解这些文件的作用和时效，包括它们适用的法律环境和可能遇到的问题，能对货物采购起到"把关"的作用，能有效制止差错发生，节约采购时间和成本，保证采购目标的顺利实现。

二、单证工作的基本要求

国际工程项目货物采购过程中的单据主要由以下两部分组成：

（1）从我国出口物资时的出口单证，这部分单证一般在物资出运时由承包商按合同或海关要求制作。

（2）从第三国采购直接运至项目东道国时的进口单证。对进口物资的单据，除进口许可证、进口报关单等需特别申请、制作外，承包商主要以审核供应商提交的单据为主。

此外，对于按照某些合同条件实施的工程合同，承包商需按合同规定的时间和内容向业主交单结算工程进度款。

货物采购单证的制作、审核要求根据采购合同条款、结算方式、海关监管方式以及承包合同中的具体规定的不同而不同。无论是货物进口还是出口，承包商应确认做到以下几点：

（1）详细了解我国海关及项目东道国海关对进出口材料、设备的单据要求，确保与供应商沟通，按照要求制作单据。同时认真研究承包合同中规定的与单据有关的各事项和内容。

（2）检查所收货物是否严格符合合同要求以及海关、承运人等对单据的要求，做到全套单据要相互一致。

（3）确认所提交或收到的单据数目、内容和种类都符合合同要求，尤其是符合承包合同的要求。必要时，原始单据都已签字或背书。另外，检查是否有需要证明或法律认可的单据。

（4）确保在适合的情况下使用适合的文件。

（5）确认正确理解单据正本和副本的作用和意义。

（6）确认对供应商提出的单据要求符合承包合同的规定。

材料、设备采购单证的制作、审核要求会因为采购合同条款、结算方式、海关监管方式以及承包合同中的具体规定的不同而不同。国际工程项目货物进口主要以信用证方式进行结算。信用证项下的制单和审单要求严格，必须做到单证相符、单单相符。

单证的誊制，须符合商业惯例、法令以及实际需要。各种进出口单证原则上应该做到正确、完整、及时、简洁和清晰。

正确制单即单据内容符合合同、信用证、进口国法令法规以及业主的要求，是承包商单证工作的最重要一条。单据的正确性表现在单据与货物、单据与单据之间要相符。

单据完整性是指成套单证的群体完整性，即种类齐全、各类单据的份数不得短缺，每一类单据的内容应齐备。

进出口单证的时间性强，各种单证都有一个适当的签单、出单日期。及时出单是指各种单据的出单日期必须合理、可行或符合该单据的规定要求，及时还反映在交单时间符合有关规定上。

单证的内容力求简化，切忌画蛇添足。

单证的外观在一定程度上反映了一个国家、企业的业务能力和技术水平。正确和完整是单据的内在质量，清晰则是单据的外观质量。承包商制单时应做到单据中的各项内容清楚、易认，各项内容记载简洁、明了、规范和标准化，重点项目醒目突出，杜绝差错涂改现象，否则会影响出单效果。多处涂改的单据可能导致进口国海关怀疑单据的真实性，影响货物通关的顺利进行。

第2节 出口货物单据

国际工程项目货物出口有两种，一种是收货人为业主；另一种收货人为承包商国外项目部。当收货人是业主时，制作和审核出口单证的主要依据是承包合同、采购合同、信用证、有关材料、设备的原始资料、国际惯例、国内海关、商检等管理规定等。当收货人是承包商国外项目部时，单证的主要目的是使物资在运达目的港/地后能在当地海关通关，而且收、发货方是同一主体，一般没有必要对货物单独签订合同，只需凭国际工程承包合同填写出口货物报关单向海关申报即可。

工程承包出口材料、设备集中发运时，因物资种类繁多，各单据栏目繁多，发票、装箱单、报关单等的制作比较繁琐，承包商发运人员须按规定填写，任何错填或漏填都会直接影响国外项目部在项目东道国收取货物和进口通关的顺利进行。因此，承包商负责发运的人员在制单时必须对各种单据的用途、每一栏应该填写的内容以及各栏目的必要事项、一般事项有所了解，例如，不同国家的海关发票都有专门格式，不能错用。

国际工程项目承包出口物资的单据主要有：发票、装箱单、海运提单、航空运单、原产地证明书、出口报关单、商检证、出口许可证、保险单、装运通知等。出口单证一般以发票、报关单、装箱单为基础票据，而发票和报关单又是所有单据的中心，一般先誊制发票，然后按发票内容誊制各有关单据。

一、出口发票

出口发票是一切单据的中心，反映出口货物的总体情况，主要是对材料、设备数量和金额的说明，是结算货款，海关估价和运输的主要单据。发票载明的货物名称须与其他单据一致。货物出口所使用的发票有商业发票、领事发票、海关发票和形式发票。承包商应了解承包合同、进口国海关对发票的具体要求，针对特定要求的货物出具符合要求的发票，以保证单据的正确使用。

1. 商业发票（Commercial Invoice）

（1）出票人和受票人抬头应严格按照承包合同/采购合同或信用证内容填写。

（2）运输说明应包括运输的起讫口岸、转运地点以及运输方式（必要时加列运输工具名称），须按承包合同规定填写，并与其他运输单据保持一致。

（3）运输标志（Shipping Marks）是发票的重要项目之一。为防错发错运和便于收货，一般在合同中规定统一的运输标志。必要时对临时出口和永久出口物资各规定一个统一的运输标志，严格按照要求缮制，并与其他运输单据上的唛头保持一致。

（4）货物描述、包装种类和件数（Number and kind of packages, description of goods），是发票的主要部分，包括货物的名称、规格、包装、数量、价格等内容。品名规格等应严格按照信用证/合同的规定或描述填写，货物的数量应该与实际装运货物相符。

承包商在制作发票时应了解进口国规定，如有的进口国规定在发票上签署具有法律效力的声明，如"兹证明，此发票是真实的"，有的国家要求对发票进行领事认证。

2. 海关发票（customs invoice）

海关发票是根据某些国家海关的规定，由出口方填制的供进口方凭以报关用的特定格式的发票。海关发票的作用主要是供进口国海关核定货物的原产地国，以采取不同的国别政策；供进口方向海关办理进口报关、纳税等手续等。不同国家使用不同的海关发票，不得混用。毛里求斯、加纳、赞比亚、冈比亚等非洲国家货物进口时均要求提供海关发票。

二、海运提单（Marine/Ocean Bill of Lading）

1. 性质

海洋运输提单简称海运提单。海运提单是证明海上运输合同的货物由承运人接管或装船以及承运人保证凭以交货的单据。海运提单的作用主要表现在：

（1）货物收据。

签发提单即表明提单上所载的货物已经在承运人的接管之下，这是提单最基本的功能，无论是在班轮运输下还是在租船运输下签发的提单，均具有货物收据的作用。

提单中载明的向记名人交付货物或者按照指示人的指示交付货物，或者向提单持有人交付货物的条款，均构成承运人据以交付货物的保证。即货抵卸货港之后，承运人交付的货物必须全部符合提单记载。承运人对收货人负责的有关货物的事项由托运人提供或填写于提单正面，即货物的主要标志（Leading Marks）货物的品名、数量或重量及货物的外表状况等三项。

（2）运输合同证明。

提单对承托双方之所以起货运合同证明的作用，主要是因为在船方签发提单前，承托双方间已经存在一个货运合同，如托运单或订舱单，在班轮运输中，它们是托运人根据船公司事先公布的船名、开航日期、航线、挂靠港、运费费率等而填写的，托运单等本身就是货运合同，由承托双方签字以后，海上货运合同即告成立。提单背面条款详细列明承托双方在货运关系中的权利与义务。承包商在接受不熟悉的船公司的提单时，应该了解提单背面条款中的内容，以明确自己在货运关系中的权利义务。

（3）货权凭证。

提单是货物所有权的凭证，谁持有提单，谁就有权要求承运人交付货物，并且享有占有和处理货物的权利，提单代表了其所载明的货物。提单作为物权凭证具有流通性。该性质使托运人和收货人均依据提单对所运货物进行交易、银行接受提单作为质押的权利凭证而提供信贷，因而成为信用证结算中不可缺少的基本商业单证。

2. 种类

（1）按是否有批注区分为清洁提单（Clean B/L）与不清洁提单（Non-Clean B/L）。清洁提单：是指承运人或船方在收到货物或装载货物时，货物或外包装没有某种缺陷或不良情况的提单。不清洁提单是指承运人或船方在收到货物或装载货物时，发现货物或外包装有不良情况，在提单上给予相应的批注，对于不清洁提单，银行将拒绝接受，无法结算货款。

（2）按是否签发已装船提单区分为已装船提单（On Board B/L）和收讫备运提单（Received B/L）。前者是指提单上记载的货物已经装上提单所指明的船只后签发的提单，提单上明确记载装船的日期；后者是指托运人将货物交给承运人接管，因船公司船期关系，或船只尚未到港，暂存仓库由其保管，而凭仓库收据签发的备运提单。

（3）按运输方式分直达提单和联运提单。前者是指装货船只自装货港直接到达最终目的港，中途不转船的提单；后者是指货物从装运港装船后，中途转换另一条船，或中途改换其他的运输方式才到达目的港或目的地的提单。

（4）按提单的抬头分记名提单、不记名提单和提示提单。记名提单指具体填写特定的人或公司。不记名提单指不填具体收货人名称，即承运人将货物交给提单的持有人,谁持有提单,谁就可以提货。提示提单是指按记名人指示或不记名人指示而交货的提单。

3. 提单的基本内容

提单的基本内容如下(见本章附录11-2提单样本)。

(1) 提单的号码(B/L. No. _____):承运人或其代理人按承运人接受托运货物的先后次序或按舱位入货的位置编排的号码。

(2) 托运人(Shipper)的名称和营业所:对于从国内出口的材料、设备,提单上的收货人和托运人抬头一般为同一单位。

(3) 收货人或指示(Consignee or Order)的名称:收货人的名称须按承包合同的规定填写。

(4) 通知地址(Notify Address):被通知人即进口方(国外工程项目部地址)或进口方的代理人。应填写承包合同规定的名称、地址、电讯号码等。

(5) 海运船只(Ocean Vessel)按实际情况填写承担本次运输货物的船舶的名称和航次。

(6) 装货港(Port of Lading):货物的实际装船的港口名称,即启运港。

(7) 卸货港(Port of Discharge):海运承运人终止承运责任的港口名称。

(8) 交货地点(Place of Delivery):本栏只有在转船运输时填写。

(9) 收货地点(Place of Receipt):只有在转船运输时填写。

(10) 货物描述(Descriptions of Goods):货物描述须与商业发票上的货物描述一致。如提单上货物用统称表示时,该统称须与信用证及其他单据有共通连结特征,例如唛头等。

(11) 标志和号码(Marks and Nos):又称唛头,是提单与货物联系的主要纽带,是收货人提货的重要依据,须按合同规定填写。

(12) 包装种类和件数,货名(Number and Kind of Packages, Description of Goods):按货物是散装、裸装和包装的实际情况填写。

(13) 毛重和尺码(Gross Weight and Measurement):货物的毛重总数和体积总数。

(14) 运费和其他费用(Freight and Charges):运费及额外的附加费用。

(15) 运费支付地点(Freight Payable at):按合同/信用证的规定填写。

(16) 签单地点和日期(Place and Date of Issue):提单签发地为装运港所在城市的名称,签发日期为货物交付承运人或装船完毕的日期。

(17) 正本提单份数(Number of Original B/Ls):正本提单签发的份数必须符合合同规定的份数。

(18) 代表承运人签字(Signed for or on behalf or the Carrier):提单必须由船长或承运人或其代理人签字盖章。

三、航空运单（Air Waybill）

1. 性质和作用

航空运单是由承运人或其代理人签发的重要的货物运输单据，是承托双方的运输合同，其内容对双方均具有约束力。航空运单不可转让，持有航空运单也并不能说明可以对货物要求所有权。

（1）发货人与航空承运人之间的运输合同。与海运提单不同，航空运单不仅证明航空运输合同的存在，而且航空运单本身就是发货人与航空运输承运人之间缔结的货物运输合同，在双方共同签署后产生效力，并在货物到达目的地交付给运单上所记载的收货人后失效。

（2）承运人签发的已接收货物的证明。航空运单也是货物收据，在发货人将货物发运后，承运人或其代理人就会将其中一份交给发货人（即发货人联），作为已经接收货物的证明。除非另外注明，它是承运人收到货物并在良好条件下装运的证明。

（3）承运人据以核收运费的账单。航空运单分别记载着属于收货人负担的费用、属于应支付给承运人的费用、应支付给代理人的费用，并详细列明费用的种类、金额，因此可作为运费账单和发票。承运人往往也将其中的承运人联作为记账凭证。

（4）航空运单是报关单证之一。出口时航空运单是报关单证之一。在货物到达目的地机场进行进口报关时，航空运单也通常是海关查验放行的基本单证。

（5）航空运单同时可作为保险证书。如果承运人承办保险或发货人要求承运人代办保险，则航空运单也可用来作为保险证书。

（6）航空运单是承运人内部业务的依据。航空运单随货同行，证明了货物的身份。运单上载有有关该票货物发送、转运、交付的事项，承运人会据此对货物的运输做出相应安排。

航空运单的正本一式三份，每份都印有背面条款，其中一份交发货人，是承运人或其代理人接收货物的依据；第二份由承运人留存，作为记账凭证；最后一份随货同行，在货物到达目的地，交付给收货人时作为核收货物的依据。

2. 种类

（1）航空主运单（MAWB, Master Air Waybill）

凡由航空运输公司签发的航空运单称为主运单。它是航空运输公司据以办理货物运输和交付的依据，是航空公司和托运人订立的运输合同，每一批航空运输的货物都有自己相对应的航空主运单。

航空公司每承运一批货物，均须由托运人或托运人委托承运人填写一套航空主运单。每套一式十二联，三联正本，其余均为副本。三联正本具有初步证据的效力，副本仅供航空货物运输中办理具体事宜时使用，不具有初步证据效力。

(2) 航空分运单 (HAWB, House Air Waybill)

集中托运人在办理集中托运业务时签发的航空运单被称作航空分运单。在集中托运的情况下，除了航空运输公司签发主运单外，集中托运人还要签发航空分运单。

航空分运单作为集中托运人与托运人之间的货物运输合同，合同双方分别为货A、B和集中托运人；而航空主运单作为航空运输公司与集中托运人之间的货物运输合同，当事人则为集中托运人和航空运输公司；货主与航空运输公司没有直接的契约关系。

由于在起运地货物由集中托运人将货物交付航空运输公司，在目的地由集中托运人或其代理从航空运输公司处提取货物，再转交给收货人，因而货主与航空运输公司也没有直接的货物交接关系。

3. 内容及填写要求

航空运单有正面、背面条款之分，不同的航空公司会有自己独特的航空运单格式。但各航空公司所使用的航空运单大多借鉴国际航空运输协会（International Air Transport Association，IATA）推荐的标准格式，差别不大。

(1) 始发站机场：需填写 IATA 统一制定的始发站机场或城市的三字代码，这一栏应与（11）栏内容一致。

1A. IATA 统一编制的航空公司代码，如我国的国际航空公司的代码是 999。

1B. 运单号。

(2) 发货人姓名、住址（Shipper's Name and Address）：填写发货人姓名、地址、所在国家及联络方法。

(3) 发货人账号：只在必要时填写。

(4) 收货人姓名、住址（Consignee's Name and Address）：应填写收货人姓名、地址、所在国家及联络方法。与海运提单不同，空运单不可转让，所以不得出现"凭指示"之类的字样。

(5) 收货人账号：同（3）栏一样只在必要时填写。

(6) 承运人代理的名称和所在城市（Issuing Carrier's Agent Name and City）。

(7) 代理人的 IATA 代号。

(8) 代理人账号。

(9) 始发站机场及所要求的航线（Airport of Departure and Requested routing）：这里的始发站应与（1）栏填写的相一致。

(10) 支付信息（Accounting Information）：此栏只有在采用特殊付款方式时才填写。

(11A)（C、E）去往（To）：分别填入第一（二、三）中转站机场的 IATA 代码。

(11B)（D、F）承运人（By）：分别填入第一（二、三）段运输的承运人。

(12) 货币（Currency）：填入 ISO 货币代码。

(13) 收费代号：表明支付方式。

(14) 运费及声明价值费（WT/VAL，weight charge/valuation charge）：此时可以有两种情况：预付（PPD，Prepaid）或到付（COLL collect）。如预付在 14A 中填入"*"，否则填在 14B 中。需要注意的是，航空货物运输中运费与声明价值费支付的方式必须一致，不能分别支付。

(15) 其他费用（Other）：也有预付和到付两种支付方式。

(16) 运输声明价值（Declared Value for Carriage）：在此栏填入发货人要求的用于运输的声明价值，如果发货人不要求声明价值，则填入"NVD（No value declared）"。

(17) 海关声明价值（Declared Value for Customs）：发货人在此填入对海关的声明价值，或者填入"NCV（No customs valuation）"，表明没有声明价值。

(18) 目的地机场（Airport of Destination）：填写最终目的地机场的全称。

(19) 航班及日期（Flight/Date）：填入货物所搭乘航班及日期。

(20) 保险金额（Amount of Insurance）：只有在航空公司提供代保险业务而客户也有此需要时才填写。

(21) 操作信息（Handling Information）：一般填入承运人对货物处理的有关注意事项，如"Shipper's certification for live animals（托运人提供活动物证明）"等。

22A –22L 货物运价、运费细节。

22A. 货物件数和运价组成点（No. of Pieces RCP, Rate Combination Point）：填入货物包装件数。如 10 包即填"10"。当需要组成比例运价或分段相加运价时，在此栏填入运价组成点机场的 IATA 代码。

22B. 毛重（Gross Weight）：填入货物总毛重。

22C. 重量单位：可选择公斤（kg）或磅（lb）。

22D. 运价等级（Rate Class）：针对不同的航空运价共有 6 种代码，它们是 M（Minimum，起码运费）、C（Specific Commodity Rates，特种运价）、S（Surcharge，高于普通货物运价的等级货物运价）、R（Reduced，低于普通货物运价的等级货物运价）、N（Normal，45 公斤以下货物适用的普通货物运价）、Q（Quantity，45 公斤以上货物适用的普通货物运价）。

22E. 商品代码（Commodity Item No.）：在使用特种运价时需要在此栏填写商品代码。

22F. 计费重量（Chargeable Weight）：此栏填入航空公司据以计算运费的计费重量，该重量可以与货物毛重相同也可以不同。

22G. 运价（Rate/Charge）：填入该货物适用的费率。

22H. 运费总额（Total）：数值应为起码运费值或者是运价与计费重量两栏数值的乘积。

22I. 货物的品名、数量，含尺码或体积（Nature and Quantity of Goods incl. Dimensions or Volume）：货物的尺码应以厘米或英寸为单位，尺寸分别以货物最长、最宽、最高边为基础，体积则是上述三边的乘积，单位为立方厘米或立方英寸。

22J. 该运单项下货物总件数。

22K. 该运单项下货物总毛重。

22L. 该运单项下货物总运费。

（23）其他费用（Other Charges）：除运费和声明价值附加费以外的其他费用。根据IATA规则各项费用分别用三个英文字母表示。其中前两个字母是某项费用的代码，如运单费就表示为AW（Air Waybill Fee）；第三个字母是C或A，分别表示费用应支付给承运人（Carrier）或货运代理人（Agent）。

（24）-（26）分别记录运费、声明价值费和税款金额，有预付与到付两种方式。

（27）-（28）分别记录需要付给货运代理人（Due Agent）和承运人（Due Carrier）的其他费用合计金额。

（29）需预付或到付的各种费用。

（30）预付、到付的总金额。

（31）发货人签字。

（32）签单时间（日期）、地点、承运人或其代理人的签字。

（33）货币换算及目的地机场收费纪录。

四、保险单（Policy）

保险单是保险人接受被保险人的申请，并交纳保险费后而订立的保险契约，是保险人和被保险人之间权利义务的说明，也是当事人处理理赔和索赔的重要依据。

保险单是一份保险合同，在保险单的正面是特定的一笔保险交易，同时，该笔保险交易的当事人，保险标的物、保险金额、险别、费率等等应一一列出。在单据的背面，详细地列出了投保人、保险人、保险受益人的权利、义务以及各自的免责条款（见本章附录11-3保险单样本）。

通用保险单填写规范：

（1）承包商根据出运物资设备的性质、所走航线确定保险险别。

（2）保险人为出口方名称与地址。

（3）标记与件数：又称唛头，可按发票或提单上的唛头填写，如果信用证没有特别规定可简写为详见/按XX号发票（Detail per Invoice No. XX）或提单。

（4）包装及数量：一般按实际投保数量填货物外包装件数和包装种类，并且注意与发票和信用证有关内容保持一致。

(5) 保险货物项目：此栏填写投保货物名称，内容应与发票一致。如果名称繁多，根据《跟单信用证统一惯例》规定填写统称即可，并注意与提单及其他单证一致。

(6) 保险金额：根据国际惯例，保险金额应为 CIF 价值的 110%，小数点后尾数一律记为整数，并且所用的币制必须与信用证的货币一致。

(7) 总保险金额：这里填写投保后的大写金额，币别与金额应该与上述小写金额保持一致，为防止涂改，可在此结尾处填写 ONLY 字样。

(8) 保费：保险费一般由保险公司填写。若信用证规定要具体列出保费等情况，则应明确填上。

(9) 费率：一般保险公司已印好，按约定办理即 ORDER 的字样无须填写。

(10) 装载运输工具：海运且为直达船填写船名、航次；若为中途转船，则应填上第一程船名，后再加填第二程船名，"With Trans-shipment at xxx"；若为其他运输方式，则相应地填写："By Railway" 或 "By Train, wagon No……"（陆运）；"By S. S……and there by Overland Transportation to……"（海陆联运）；"By Train/Air/Truck"（TAT 联运）。

(11) 开行日期：填写运输单据签发日期或 "As Per B/L"（符合提单）。

(12) 起讫地点：这是保单的重要内容，与提单密切相关，在不违背信用证前提下，力求与提单保持一致。首先填写装运港（地）地名称，再写目的港（地）名称，如果需要转运，加注转运港（地）名称。

五、原产地证明书（Certificate of Origin）

原产地证明书是用以证明有关出口货物和制造地的一种证明文件，是货物在国际采购行为中的"原籍"证书。在国际工程项目中，业主为保证工程质量，凡合同规定由承包商采购或提供的材料、设备均要求出具原产地证明。对于从国内出口的设备，无论是否为国外进口设备或国产设备，一般按中国原产处理。我国一般原产地证书的授权签证机构为中国国际经济贸易促进委员会和检验检疫局。部分国家对出口方出具的原产地证明书要求领事认证。

原产地证明书需按下列要求填写：

(1) (Exporter)：出口方名称、地址、国别。

此栏不得留空。出口方名称必须是经检验检疫局登记注册的，其名称、地址必须与注册档案一致。必须填明在中国境内的承包商企业详细地址、国名（CHINA）。如果出口方是其他国家或地区某公司的分公司，申请人要求填境外公司名称时可填写。但必须在中国境内的出口商名称后加上 ON BEHALF OF（O/B）或 CARE OF（C/O）再加上境外公司名称。

(2)（Consignee）：收货人的名称、地址和国别。一般应填写最终收货人名称，即提单通知人或信用证上特别声明的受货人，若最终收货人不明确或为中间商时可填"TO ORDER"字样。

(3)（Means of transport and route）：运输方式和路线。填明装货港、目的港名称及运输方式（海运、空运或陆运），经转运的，应注明转运地。

(4)（Country/region of destination）：目的地。货物最终运抵港、国家或地区，一般应与最终收货人（第二栏）一致。

(5)（For certifying authority use only）：签证机构专用栏。此栏留空，供签证机构在签发后发证书、补发证书或加注其他声明时使用。

(6)（Marks and numbers）：唛头及包装号。此栏应照实填具完整的图案、文字标记及包装号。若有多个唛头，本栏填不下，可填在第七、八、九栏的空白处，如果需要，可附页填写。若图案文字无法缮制，可附复印件，但须加盖签证机构印章。若无唛头，应填 N/M 字样。此项不得出现"香港、台湾或其他国家和地区制造"等的字样。

(7)（Number and kind of packages description of goods）：商品名称、包装数量及种类。此栏应填明商品总称和具体名称。在商品名称后须加上大写的英文数字并用括号加上阿拉伯数字及包装种类或度量单位。若同批货物有不同品种则要有总包装箱数。最后应加上截止线，以防止填伪造内容。国外信用证有时要求填具合同、信用证号码等，可加在截止线下方空白处。

(8)（H. S Code）：商品编码。要求填写四位数的 H. S. 税目号，若同一证书含有多种商品，应将相应的税目号全部填写。

(9)（Quantity）：数量和重量。填写商品的计量单位。

(10)（Number）：发票号与日期。此栏不得留空。月份一律用英文缩写，该栏日期应早于或同于11和12栏的申报和签发日期。

(11)（Declaration by the exporter）：出口商声明。由申领单位已在签证机构注册的人员签字并加盖企业中英文印章，同时填写申领地点和日期，该栏日期不得早于发票日期（第10栏）。

(12)（Certification）：签证机构注明。申请人在此栏填写签证日期和地点，由签证机构已授权的签证人签名、盖章。签发日期不得早于发票日期（第10栏）和申请日期（第11栏）。如有信用证要求填写签证机关名称、地址、电话、传真以及签证人员姓名的，需仔细核对，要求准确无误。

原产地证明书一般使用英文，若合同或信用证有特殊要求使用其他文种的，也可凭有关资料申请办理。产地证通常应在货物装运之前签发。对同一发票号项下的货物只能出具一份原产地证明书，若同一合同项下分批出运的货物必须分批出具原产地证时，发票号不得重复。原产地证书须用打字机填写，证书各栏内容要求填写完整、正确、清晰,印章和签名均无错漏,必须做到与所提供的商业发票等单据内容相一致。证书第(6)栏至第(10)栏各栏内容不得加盖校正章,其他各栏若出现差错,经修改后由贸促会加盖校正章,且最多不超过两处(见本章附录11-4原产地证明书原始样本)。

六、出口货物报关单

出口货物报关单是由海关总署规定统一格式和填制规范,由报关人填制并由报关员代表报关企业向海关提交办理货物出口申报手续的法律文件。必须按照《中华人民共和国进出口货物报关单的填制规范》的要求填制。报关单的填写质量,相关文件的申领,都直接关系到报关速度、企业效益,也直接影响到海关的征税、查验和放行。按照海关《进出口货物申报管理规定》和《进出口货物报关单填制规范》的要求,完整、准确、有效地填制报关单是承包商办理材料、设备出口工作环节中必要技能。

1. 出口货物报关单的构成

出口货物报关单一式六联,包括海关作业联、海关留存联、企业留存联、海关核销联、出口收汇证明和出口退税联。

(1) 海关作业联:审核、查验、征税、装运。

(2) 海关留存联:审核、查验、征税、装运、统计。

(3) 企业留存联:备案。

(4) 海关核销联:合同核销、结案。

(5) 出口收汇证明联:收汇、核销。

(6) 出口退税证明联:退税。

2. 出口货物报关单填写的一般要求

出口货物报关单(见表11-1)填写的一般要求如下:

(1) 报关企业和报关员必须真实、准确地填写报关单,不能虚报。

(2) 所填内容应真实,做到单证相符、单货相符,报关单各栏目须与发票、装箱单、批准文件和随附文件内容相符。

(3) 报关单填写要准确、齐全、完整,不得用铅笔或红色复写纸填写,若有更正,须在更正项目上加盖"校对章"。

(4) 分单填报不同批文的货物、不同合同的货物,同一批货物中不同贸易方式、不同运输方式、同一批货物相同运输方式但航次不同的货物,均应分单填报。

(5) 一份原产地证明书只能对应一份报关单。同一份报关单上的同一种货物不能同时享受协定税率和减免税。

中华人民共和国海关出口货物报关单（样本）

中华人民共和国海关出口货物报关单　　　　　　　　表 11 – 1

预录入编号		海关编号：320101010			
出口口岸　SHANGHAI PORT		备案号		出口日期	申报日期
经营单位　XXXXXX CO., LTD. Room 2901, HuaYing Mansion, GuanJiaLing 98#, Shanghai 200056, P. R. China 发货单位　TEL: 021-5891363 FAX: 021-5891619		运输方式 BY VESSEL	运输工具名称 PUHE0011W		提运单号 COS890765
		贸易方式 GENERAL TRADE	征免性质		结汇方式 L/CAT SIGHT
许可证号	运抵国（地区） SAUDI ARABIA		指运港 DAMMAM PORT		境内货源地
批准文号	成交方式 CFR	运费 USD2800.00		保费	杂费
合同协议号　DS2001SC205	件数 4400CARTONS		包装种类 EXPORT CARTONS	毛重（公斤） 39494.00KGS	净重（公斤） 35904.00KGS
集装箱号	随附单据 PACKING LIST、INVOICE				生产厂家
标记唛码及备注 N/M					
项号　商品名称、规格型号 01　　XXXXX 　　　24 TINS X 340 GMS 02　　XXXXXX 　　　24 TINS X 340 GMS	数量及单位 2200CARTONS 2200CARTONS Total：4400CARTONS	最终目的国（地区）单价 SAUDI ARABIA USD6.80 SAUDI ARABIAUSD6.80	总价 USD14960.00 USD14960.00 USD29920.00 FREIGHT: USD2800.00	币制 美元 美元	征免
税费征收情况					
录入员　录入单位	兹声明以上申报无讹并承担法律责任		海关审单批注及放行日期（签章） 审单　　　　　　　　审价		
报关员					
单位地址　Room 2901, HuaRing 　　　　　Mansion, GuanJiaLing 　　　　　98#, Shanghai 200056 邮编 200056　电话 021-5891363	申报单位（签章） 填制日期　2007-09-09		征税　　　　　　　　统计		
			查验　　　　　　　　放行		

（6）一份报关单最多填报 20 项货物。超过 20 项时，必须分单填报。一张纸质报关单最多打印 5 项货物，一份纸质报关单最多允许联单 4 张。

（7）分栏填报。反映出口货物本身情况的项目中，须以不同的项号进行分栏填报的主要有以下几种情况：货物编号不同、名称不同；编号和名称相同，但规格型号不同；货物编号和名称相同，但价格不同；编号和名称相同，原产地不同。

（8）对已向海关申报的出口货物报关单，若原填报内容与实际出口货物不一致而又有正当理由的，申报人应向海关递交书面更正申请，海关核准后，对原报关单进行更改或撤销。

（9）报关单的份数和颜色。使用电子数据报关的，填写绿色报关单作为录入原始单据即可。不同的贸易方式和不同性质的报关人，使用不同颜色的报关单。国际工程施工用材料、设备、工器具等物资出口时贸易方式为"对外承包出口"，使用浅蓝色报关单，需要国内退税的使用浅黄色报关单。

（10）向海关申报的出口货物报关单，事后由于各种原因，出现原填报内容与实际出口不一致时，需立即向海关办理更改手续，填写更正单，更改内容必须清楚。如果更改内容涉及货物件数的变化，则除对货物的件数更改外，与件数有关的项目，如数量、重量、金额等也应相应更改。若一张报关单上有两种以上的不同货物，更正单上应具体列明更改的货物。

（11）报关单填制完毕后，须签署和加盖与企业名称一致的报关专用章和报关人章后有效。

目前很多承包商企业把出口报关必备文件、单证的准备工作委托给第三方物流，其带来的隐患是，商业发票和装箱单的货物名称及英文表达是否准确，填报的品名、HS编码及海关统计计量单位的运用是否恰当将会影响到出口退税和国外项目部在进口国当地海关的征税问题。

3. 出口货物报关单填制规范

（1）预录入编号

指预录入单位预录入报关单的编号，用于申报单位与海关之间引用其申报后尚未接受申报的报关单。预录入编号由接受申报的海关决定编号规则。报关单录入凭单的编号规则由申报单位自行决定。

（2）海关编号

指海关接受申报时给予报关单的编号，应标识在报关单的每一联上。

1) H883/EDI 通关系统

报关单海关编号为9位数字，其中第1-2位为接受申报海关的编号（《关区代码表》中相应海关代码的后两位），第3位为海关接受申报公历年份4位数字的最后一位，后6位为顺序编号。

2) H2000 通关系统

报关单海关编号为18位数字，其中第1-4位为接受申报海关的编号（《关区代码表》中相应的海关代码），第5-8位为海关接受申报的公历年份，第9位为进出口标志（"1"为进口，"0"为出口），后9位为顺序号。

在海关 H883/EDI 通关系统向 H2000 通关系统过渡期间，后9位的编号规则同 H883/EDI 通关系统的要求。

（3）出口口岸（Export Custom Port）

根据货物实际出口口岸海关填制《关区代码表》中对应的口岸海关中文名称和代码数字（4位数字）。

此处应填报海关名称，而非口岸名称，如"吴淞海关"，而非"上海口岸"。关区代码为4位数字，即直属海关关区前两位代码和隶属海关关区后两位代码。如无隶属海关，后两位代码为00。如"太原海关"代码为0500。另外，出口转关货物应填报

"转出地口岸海关"名称和代码,如杭州转关到上海浦东机场的空运出口货物,填写"浦东机场海关"(2233)。

(4) 备案号(Customs Records Number)

是海关给予经营进出口业务的企业在海关办理加工贸易合同备案的各类《登记手册》编号,或为海关征、减、免税审批备案的《征免税证明》编号等,如《原产地证书》等的编号。

无海关备案文件的报关单,本栏免予填报。一份报关单只允许填报一个备案号。两个或两个以上备案号的出口货物分单申报。备案号由数字、字母组成,规定12位长度。第一位用英文字母标记,第2-5位为关区代码,第6位为年份,第7-12位为序列号,其中第一位的标记必须与"贸易方式"和"征免性质"两栏目相协调。

(5) 合同协议号(Contract Number)

本栏目填报出口货物合同(协议)的全部字头和号码。

(6) 出口日期(Date of Export)

指运载所申报货物的运输工具办理出境手续的日期。本栏目仅供海关打印报关单出口退税等证明联时用。预录入报关单和EDI报关免予填报。

(7) 申报日期(Date of Declaration)

海关接受出口货物的发货人或其代理人申办货物出口手续的日期。本栏目为6位数,顺序为年、月、日各两位。只有电子或纸质报关单上"已被海关接受"时的日期,才是申报日期。如果预录入和EDI电子数据经海关计算检查而退回,则应填报海关重新接受申报的日期。

应注意出口日期与出口申报日期涉及滞报金、税率和汇率的适用,一般规定为出口货物申报日期不能晚于出口日期。申报日期最终以申报数据被海关接受日期为准。

(8) 经营单位(Management Enterprise of Foreign Trade)

指对外签订并执行进出口贸易合同的,并在海关办理了注册登记手续的中国境内法人或其他组织。经营单位代码为10位数字,是经营单位向主管海关办理注册登记手续时,海关给企业设置的注册登记编号。经营单位代码说明该单位的性质,其税费征收,贸易性质等都不同。经营单位代码:

第1~4位:为企业所属地区的行政区划代码(1~2位表示省、直辖市、自治区;3~4位表示省辖市、省会、开放城市);

第5位:表示市经济区划代码(1表示经济特区,2表示经济技术开发区、如上海浦东新区,3表示高新技术产业开发区,4表示报税区,5表示出口加工区,6表示其他);

第6位:表示进出口企业经济类型代码(1表示有进出口经营权的国有企业,2表示中外合作企业,3表示中外合资企业,4表示外商独资企业,5表示有进出口经营权的集体企业,6表示有进出口经营权的私营企业,7表示有报关权而无进出口经营权的企业，8 表示其他）；

第 7-10 位为顺序号，若企业更名，原 10 位代码作废。

注意：本栏填报经营单位的中文名称和经营单位代码。合同签订者与执行者不为同一单位时，本栏填"执行合同企业"。对只有报关权而无进出口经营权的企业、经营单位第 6 位为 8 的单位，如报关行、专业运输企业等不得作为经营单位填报。对既有代理报关权，又有出口经营权的单位，可分别取得企业经济类代码，此时该单位可有两个不同经营单位的 10 位代码。

(9) 发货单位（Supplier）

发货单位指出口货物在境内的生产或销售单位。本栏目应填写发货单位的中文名称，或其海关注册代码。

(10) 申报单位

申报单位指对申报内容的真实性直接向海关负责的企业或单位。自理报关的，应填报出口货物经营单位名称及代码；委托代理报关的，应填报经海关批准的报关企业名称及编码。本栏目还包括报关单位地址、邮编和电话等分项目，由申报单位的报关员填报。

(11) 运输方式（Mode of Transport）

运输方式指货物出关境所使用的，海关规定的 10 种运输方式。海关根据运输的性质把运输方式分为实际运输方式（江海运输、铁路运输、汽车运输、航空运输、邮政运输和其他运输）和虚拟运输方式（没有实际出境货物的运输，如非保税区、监管仓库、保税区和保税仓库）两种。

注意：出境货物按货物离开我国关境"最后一个口岸"时的运输方式填报。出口转关货物，按载运货物驶离出境地的运输工具填报。同一合同项下出境货物，若采用不同的运输方式，应分单填报（不包括多式联运）。

(12) 运输工具名称（Conveyance）

运输工具名称即货物出境时所使用的运输工具名称和运输工具编号。填报时应与运输部门向海关申报的载货清单所列内容一致。对不同的运输方式，海关规定按以下方式申报。

　　航空运输　　航班号/总运单号　　　　MU5041/78135743221
　　江海运输　　船舶名称及编号 + 航次号　CSCL JAKARTA/ 0042S
　　铁路运输　　车次或车厢号 + 出境日期（8 位数字，如：20040609。下同）
　　汽车运输　　国内行驶车牌号 + 出境日期
　　邮政运输　　邮政包裹单号 + 出境日期
　　转关运输　　转关标志 +转关运输申报编号等

注意：一份报关单只允许填报一个运输工具名称。如果是多式联运，按驶离我国关境最后一个口岸时的运输工具填报。船舶名称和航次不得擅自翻译成中文填报，应与载货清单（舱单）一致。填报船舶名称时，勿将提单中的"VESSEL：ABC"中的

"VESSEL"字样一起作为船名填报。

（13）航次号

航次号指运载货物出境的运输工具的航次编号。本栏目仅限 H2000 通关系统填报。使用 H883/EDI 通关系统的，本栏目内容与运输工具名称合并填报。

（14）提运单号（Bill of Lading Number /Way Bill Number）

本栏目的填写内容须与运输部门向海关申报的载运清单所列内容一致，包括提运单号的数字、英文大小写、空格和其他符号。一份报关单只允许填写一个提运单号，一票货物对应多个提运单时，应分单填报。航空运输填报分运单号，若无分运单可填报总运单号。

（15）贸易方式（Mode of Foreign Trade for Customs Supervision）

贸易方式（监管方式）实际上就是买卖双方将成交货物所有权转让采用的方式。报关单上的贸易方式是以实际交易为基础，结合海关对货物监管需要而设定的监管方式。由于海关对不同监管方式下进出口货物监管、征税、统计作业的要求不尽相同，海关为满足整体需要，将贸易方式分类为 90 种，并冠以代码。表 11-2 是与工程物资进出口有关的海关监管方式代码表。

贸易方式是报关单重要栏目之一。本栏目按照实际情况和海关《监管方式代码表》填写，如援外成套项目出口的货物，根据无偿援助或贷款援助监管方式分别选用"无偿援助"（3511）或"一般贸易"（0110）。

应注意一份报关单只允许填报一种贸易监管方式。

与工程物资进出口有关的海关监管方式代码表　　　　表 11-2

监管方式代码	贸易方式简称	贸易方式全称
110	一般贸易	有进出口经营权企业的单边出口贸易
3410	承包工程进口	承包工程期间，在国外获取的设备物资运回国内的；境外劳务合作项目，对方以实物产品抵偿我劳务人员工资所进口的货物
3422	对外承包出口	对外承包工程公司为承包国外建设工程项目而出口成套设备，工程物资等，但不包括对援外成套项目
4019	边境小额贸易	边境地区经外经贸部批准有对外技术合作经营权的企业与我国毗邻国家开展承包工程和劳务合作项下出口的工程设备、物资
4561	退运货物	承包工程结束后复运进口原从国内运出的承包工程项下的设备、物资
9739	其他贸易	其他贸易
9900	其他	劳务人员带出的自用生活物资

（16）征免性质

征免性质指海关对出口货物实施的征税、减免、免税管理的性质类别。征免税性质分为法定照章征税、法定减免税、特定减免税、其他减免税和暂定税率。征免性质代码由三位数组成，第一位数表示类别；第二、三位数表示该类别减免税项目的顺序号，如：

101 一般征税进出口货物

201 无偿援助

299 其他法定减免税进出口货物

301 特定区域进口自用物资及出口货物

(17) 结汇方式/征税比例

是指出口货物的发货人或其代理人收结外汇的方式。本栏目应按海关规定的《结汇方式代码表》(见表 11-3) 选择填报相应的结汇方式名称或代码。

结汇方式代码表 表 11-3

结汇方式代码	结汇方式名称	缩写	英文名称
1	信汇	M/T	Mail Transfer
2	电汇	T/Tr	Telegraphic Transfer
3	票汇	D/DR	Remittance by Banker's Draft
4	付款交单	D/P	Documents against Payment
5	承税交单	D/A	Documents against Acceptance
6	信用证	L/C	Letter of Credit
7	先出后结		
8	先结后出		
9	其他		

(18) 许可证号 (Licence Number)

应申领进(出)口许可证的货物,必须在此栏目填报外经贸部及其授权发证机关签发的出口货物许可证的编号,不得为空。非许可证管理的货物此栏为空。一份报关单只允许填报一个许可证号。

(19) 运抵国(地区)(Destination Country or Area)/起运国(地区)(Loading Country or Area)。

起运国(地区)指进口货物起始发出的国家(地区),运抵国(地区)指出口货物直接运抵的国家(地区)。对发生运输中转的货物,若中转地未发生任何商业性交易,则起、抵地不变,若中转地发生商业性交易,则以中转地作为起运/运抵国(地区)填报。

本栏目应按海关规定的《国别(地区)代码表》选择填报相应的起运国(地区)或运抵国(地区)中文名称或代码。

(20) 指运港(站)(Port of Destination)

指运港(站)指出口货物预定最后到达的境外港口、城市。目的港不可预知的可按尽可能预知的目的港(站)填报。本栏目应根据海关规定的港口航线代码表填报相应的港口名称或代码。

应当注意的是,目的港后的"自由区"不能省。若港口有重名,注意港口代码和国家。有些港口以国家名字命名,但不是该国家的港口,不得误填,如:西班牙港(Port of Spain)是特美特拉尼达和多巴哥的港口。运输单据填报中文名称,报关单本栏填中文名称。

(21) 境内货源地(Place of Manufacture)

境内货源地指出口货物在我国关境内的生产地、供货地或原始发货地。境内货源地以生产地为准,若出口物资在国内多次周转,应以最早起运地为准。本栏根据实际情况,参照海关《国内地区代码表》填报相应的国内地区名称或代码(15位编码的前5位,即最小行政区域)。代码含义与经营单位代码前5位含义相同。

(22) 批准文号(Authorized No.)

批准文号是指出口收汇核销单编号,对于不需要使用核销单的贸易方式此栏为空。

(23) 成交方式(Fashion of Trade)

成交方式是指出口物资的价格构成和买卖双方各自承担的责任、费用和风险以及所有权转移的界限。报关单中的成交方式专指海关规定的 FOB、CIF 和 CFR 三种和其他成交方式。

出口货物报关单中填制的 CIF、CFR 和 FOB 等海关成交方式,或代码表所指的成交方式与《国际贸易术语解释通则2000》的贸易术语内涵略有不同。为便于海关统计,其成交方式仅体现成本、运费和保险费等构成因素,适用任何运输方式。如出口成交方式为 CIF 的,则 FOB = CIF − I − F;成交方式为 CFR 的,则 FOB = CFR − F。商业发票中的"CIP"或"FCA",本栏目则填"CIF"或"FOB";出口成交方式为 CIF 的,按实际填报"运费"和"保险费",出口成交方式为 CFR 的,按实际填报"运费"。

(24) 运费(Freight)

运费指出口货物从始发地至目的地的国际运输所需各种费用。本栏目用于成交价格中含有运费的出口货物,应填报该份报关单所含全部货物的国际运输费用。运输费用可按运费单价、总价或运费率三种方式之一填报,同时注明运费标记,并按海关规定的《货币代码表》选择填报相应的币种代码(见表11−4),对于运保费合并计算的,在本栏目填报。

运费标记"1"表示运费率(运费标记"1"可免填);"2"表示每吨货物的运费单价,"3"表示运费总价。

例如:5%的运费率填报为5.00;或5.00/1;

24美元的运费单价填报为502/24.00/2;

7000美元的运费总价填报为502/7000.00/3。

常用货币代码表　　　　　　　　　　　表 11-4

代码	货币符号	货币名称	代码	货币符号	货币名称
110	HKD	港币	305	FRF	法国法郎
116	JPY	日本元	307	ITL	意大利里拉
121	MOP	澳门元	309	NLG	荷兰盾
122	MYR	马来西亚林吉特	315	ATS	奥地利先令
132	SGD	新加坡元	318	FIM	芬兰马克
142	CNY	人民币	326	NOK	挪威克朗
300	EUR	欧元	330	SEK	瑞典克朗
301	BEF	比利时法郎	331	CHF	瑞士法郎
302	DKK	丹麦克朗	398	ASF	清算瑞士法郎
303	GBP	英镑	501	CAD	加拿大元
304	DEM	德国马克	502	USD	美元

(25) 保费（Insurance，Premium）

本栏目用于成交价格中含有保险费的出口货物，应填报该份报关单所含全部货物国际运输的保险费用，可按保险费总价或保险费率两种方式之一填报，同时注明保险费标记，并按海关规定的《货币代码表》选择填报相应的币种代码（见表 11-4）。运保费合并计算的，运保费填报在运费栏目中。

保险费标记"1"表示保险费率，"3"表示保险费总价。

例如：3‰的保险费率填报为 0.03；

10000 港元保险费总价填报为 110/10000/3。

(26) 杂费（Other Charges）

指成交价格以外的、应计入完税价格或应从完税价格中扣除的费用，如手续费、佣金、回扣等，可按杂费总价或杂费率两种方式之一填报，同时注明杂费标记，并按海关规定的《货币代码表》选择填报相应的币种代码。应计入完税价格的杂费填报为正值或正率，应从完税价格中扣除的杂费填报为负值或负率。

杂费标记"1"表示杂费率，"3"表示杂费总价。

例如：应计入完税价格的 1.5% 的杂费率填报为 1.5；

应从完税价格中扣除的 1% 的回扣率填报为 -1；

应计入完税价格的 500 英镑杂费总价填报为 303/500/3。

报关单中显示"502/-550/3"，则表示从完税价格中扣除杂费 550 美元。EDI 系统中，计算机自动接收累计加算负值的海关统计价格。此外，"港口操作费"（THC）作为一种运杂费计入出口货物价格，并在本栏填报。运费、保费和杂费的填报方式如表 11-5 所示。

运费、保费和杂费的正确填报方式　　　　　　　　　表 11-5

标记	费 率	单 价	总 价
	1	2	3
运费	6% 填作 6	/	HKD5000 填作 110/5000/3
保费	0.35% 填作 0.35	/	EUR6000 填作 300/6000/3
杂费	2% 填作 2	/	GBR4000 填作 303/4000/3
杂费	1% 填作 1	/	JPY2000 填作 116/2000/3

(27) 件数（Number of Packages）

报关单中的件数指有外包装的单件出口货物的实际件数。件是可数货物的一个计量单位，因此报关单中"件数"与"包装种类"必须统一填报，不能自相矛盾。特殊情况下填报要求如下：1) 舱单件数为集装箱（TEU）的，填报集装箱个数；2) 舱单件数为托盘的，填报托盘数。本栏目不得填报为零，裸装与散装货物填报为 1。一般情况下，本栏目与运单中显示的装运件数一致。

(28) 包装种类（kinds of Packing）

本栏目根据出口货物的实际外包装种类，按海关规定的《包装种类代码表》选择填报相应的包装种类代码。

运输单据或装箱单中包装种类用英文表达，报关单填报中文或代码，如果有多种类包装，则可统报为"件"。

(29) 毛重（Gross Weight）

指货物及其包装材料的重量之和。本栏目填报出口货物实际毛重，计量单位为公斤，不足一公斤的填报为 1。同时，应注意本栏目填报内容应与装箱单内容一致。

(30) 净重（Net Weight）

指货物的毛重减去外包装材料后的重量，即商品本身的实际重量。本栏目填报出口货物的实际净重，计量单位为公斤，不足一公斤的填报为 1。

(31) 集装箱号（Contain Number）

集装箱号是在每个集装箱箱体两侧标示的全球唯一的编号。报关单中仅指海运集装箱号，不包括空运集装箱和铁路集装箱号。海运集装箱号组成规则为：箱主代号（3 位数字）+海运集装箱识别号"U+顺序号"（6 位数字）+检测号（1 位数字）。

本栏目用于填报和打印集装箱编号及数量。仅填报其中的任一个集装箱号，其余集装箱号填在"标记、唛码及备注"栏，没有顺序规定，也不需加注折合标准集装箱数。集装箱数量包括两个内容：1) 实际集装箱个数；2) 折合成标准箱（TEU）个数，并四舍五入填报整数。

例如：TBXU3605231+1（1）表示 1 个标准集装箱；

TBXU3605231+2（3）表示 2 个集装箱，折合为 3 个标准集装箱，其中一个箱号为 TBXU3605231。

在多于一个集装箱的情况下，其余集装箱编号打印在备注栏或随附清单上。

应注意本栏不得为空，非集装箱货物填报"0"，20 英尺集装箱折合为一个标准集装箱，40 英尺折合为 2 个标准集装箱。

(32) 随附单据（Attached Documents）

随附单据指随出口货物报关单一并向海关递交的单证或文件。包括发票、装箱单、提单、运单等基本单证，还包括登记手册、征免税证明、外汇核销单等法定单证以及合同、信用证等备用单证。本栏目应按海关规定的《监管证件名称代码表》选择填报相应证件的代码。填报时应注意《监管证件名称代码表》以外的所有其他单证不在本栏填报；进出口许可证代码不得填报在本栏目；发票、装箱单、提运单等报关必备单证，形式上是随附单据，但不应填报在本栏；海关备案凭证，如《加工手册》、《征免税证明》等也不填报在本栏；在海关 H833/EDI 和 H2000 系统中，已设定相对应的海关监管代码。

(33) 生产厂家（Manufacture, production, Supplier）

生产厂家指出口货物的境内生产企业，本栏目供必要时手工填写。

(34) 标记唛码及备注（Shipping Marks and Remarks）

本栏目上部用于打印以下内容。

标记唛码中除图形以外的文字、数字。一份报关单中有多个集装箱号的，在此填除第一个集装箱号外的其余集装箱号（最多160 字节，其余集装箱号手工抄写）；填报"随附单据"栏中监管证件的编号，填报要求为"监管证件代号" + "监管证件号码"；一份报关单有多个监管证件的，连续填写；海关统计 FOB 出口价格填报在此栏内；其他申报时必须说明的事项。

(35) 项号（Item Number）

本栏目分两行填报及打印。

第一行打印报关单中的货物排列序号；第二行专用于加工贸易等已备案的货物，填报和打印该项货物在《登记手册》中的项号。

(36) 商品编号（H. S Code）

商品编号指按海关规定的商品分类编码规则确定的出口货物的商品编号。

填报时应注意：不同的货物编号分项填报；一张纸质报关单最多允许填报 5 项商品，即有 5 个商品编号；一份报关单最多允许填报 20 项商品，即最多允许有 20 个商品编号。不同的商品编号，其征税税率、监管要求和退税税率均有不同。

(37) 货物名称、规格型号（Description of Goods Including Specification and Types）

报关单中的货物名称专指海关规范的出口货物名称。本栏目分两行填报及打印，第一行打印出口货物规范的中文货物名称，第二行打印规格型号，必要时可加注原文。

具体填报要求是：货物名称及规格型号应据实填报，并与所提供的商业发票相符，货物名称应规范，规格型号应足够详细，以能满足海关归类、审价以及监管的要求为准；禁止、限制出口等实施特殊管制的货物，其名称必须与交验的批准证件上的商品名称相符。

(38) 数量及单位（Quantity and Unit）

数量及单位指出口货物的实际数量及计量单位，其中，计量单位包括海关法定计量单位和买卖双方成交计量单位，以《海关统计商品目录》中规定的计量单位为准。

本栏目按规范分三行填报及打印。具体填报要求如下：

第一行：出口货物必须按海关法定计量单位填报，法定第一计量单位及数量打印在本栏目第一行。

第二行：凡海关列明第二计量单位的，必须报明该货物第二计量单位及数量；无第二计量单位的，本栏目第二行为空。

第三行：成交计量单位与海关法定计量单位不一致时，还需填报成交计量单位及数量。成交计量单位与海关法定计量单位一致时，本栏目第三行为空。

填报此栏时应注意：计量单位是千克，须与报关单"表头净重"栏目所填内容一致。法定计量单位可以从《海关统计商品目录》中查询。

(39) 原产国（地区）/最终目的国（地区）（Final Destination Country or Area）

原产国指出口货物的生产、开采或加工制造国家（地区）。最终目的国（地区）指已知的出口货物最终实际消费、使用或对已知货物进一步加工制造国家（地区）。本栏目应按海关规定的《国别（地区）代码表》选择填报相应的国家（地区）名称或代码。

(40) 单价（Unit Price）

本栏目应填报同一项号下出口货物实际成交的商品单位价格。单价应由4个部分组成：单位货物金额、计量单位、计价货币和价格术语。若无实际成交价格的，本栏目填报货值。

(41) 总价（Total Price）

本栏目应填报同一项号下出口货物实际成交的商品总价。无实际成交价格的，本栏目填报货值。海关估价时，应在HS2000通关系统"海关总价"栏修改。

(42) 币制（Currency）

币制指出口货物实际成交价格的币种。本栏目应根据实际成交情况按海关规定的《币制代码表》选择填报相应的货币名称或代码，如果《币制代码表》中无实际成交币种，需转换后填报。

(43) 征免

征免指海关对出口货物进行征税、减税、免税或特案处理的实际操作方式。本栏目应按照海关核发的《征免税证明》或有关政策规定，对报关单所列每项商品选择填报海关规定的《征减免税方式代码表》中相应的征减免税方式。对法定 0 税率的出口货物填报"照章征税"而非"全免"。

(44) 税费征收情况

本栏目供海关批注出口货物税费征收及减免情况。

(45) 录入员

本栏目用于预录入和 EDI 报关单，打印录入人员的姓名。

(46) 录入单位

本栏目用于预录入和 EDI 报关单，打印录入单位名称。

(47) 填制日期

填制日期指报关单的填制日期，预录入和 EDI 报关单由计算机自动打印。本栏目为 6 位数，顺序为年、月、日各 2 位。

(48) 海关审单批注栏

本栏目指供海关内部作业时签注的总栏目，由海关关员手工填写在预录入报关单上。其中"放行"栏填写海关对接受申报的出口货物作出放行决定的日期。

4. 出口货物报关单的分割

由于工程项目承包出口材料、设备量大，承包商应根据海关要求将出运物资、设备按金额的大小分为若干票报关单进行报关。分割的原则是已开税务缴款书的货物列在一票；未开税务缴款书单，已开增值税发票的货物列在一票；如果以上两份单据都没有，但通过与供应商沟通确定能拿到的货物列在一票；确定不能拿到的货物列在一票。由于一票报关单最多只能申报 20 项商品，因此在分割报关单时必须考虑到每票报关单的金额，尽量做到分配合理。

5. 出口货物报关单填报的常见差错

出口货物报关是一项专业性、政策性、时间性都很强的工作。承包商出口材料、设备在报关时经常会出现以下几个问题：

(1) 漏填、漏报。经常出现漏填的栏目有备案号、合同号、许可证号、批文、进/出口日期、征免性质、毛重、成交总价等。

(2) 填报不准确。主要表现在以下几个方面：

1) 经营单位及其代码和企业类型填制错误。如委托出口货物，经营单位填制为被委托单位；代理报关出口货物，将报关企业作为经营单位填制。

2) 征免性质填制错误。如将"科教用品"征免性质错填为"其他法定"；货样广告品的征免性质错填为"一般征税"等。

3) 运费、保险费填制错误。如将运费、保险费单价错按总价处理，将总价错按单价处理。

(3) 报关单填制不规范。主要表现在：

1) 合同号、备案号、批文、许可证号、征免性质等内容不按规定填在相应的报关单栏目内，而填在"备注"栏内。

2）应填在备案号栏内的《征免税证明》编号填在合同号、批文栏内，批文号填在合同号栏内等。

6. 出口放行报关单差错的修改

(1) 退关。出口放行后因故办理退关时应提交下列文件。1）加盖海关验讫章的核销单；2）关员签字并加盖放行章的下货纸正本；3）报关单；4）书面退关申请；5）海关根据情况决定是否查验货物。

(2) 删单重报。

1）手册商品备案号、品名的更改应提交原始单据、报关所用手册及复印件、核销单。2）经营单位、发货单位的更改提交报关委托书、原始单据、原始核销单、新核销单。3）核销单号的更改应提交新旧核销单及其复印件；已结汇核销的需提交外管局的原核销单未核销证明或加盖有已核销印章。4）货物品名更改应提交原始单据、原始放行单、提单副本、新核销单。5）贸易方式原则上不予更改。

(3) 改单。

1）成交方式更改应提交体现成交方式的原始单据、原始放行单、结汇水单。

2）运费更改应提交海运发票、原始放行单。

3）保费、杂费的更改应提交体现保费、杂费的原始单据。

4）指运港、指运国、最终目的国的更改应提交原始放行单、原始单据、出口仓单。

5）商品编码的更改应提交原始单据、提单副本。若有退税率的改变还应提交海关认可的其他单证。

6）商品总值的更改应提交原始单据、银行结汇水单（写明核销单号并加盖结汇核销专用联章）、情况说明。

7）币值的更改应提交原始单据、银行结汇水单。

8）货物件数、数量、包装种类、毛净重的更改，溢短装且在出口证件数量管制规定范围内的更改应提交回箱单、原始放行单、场站收据联（加盖外理章）、提单副本。大宗散货还应提供商检重量证副本或正本复印件、银行结汇水单、原始单据。

9）换船应提交有关员签字并加盖放行章的下货纸和新下货纸，新旧下货纸除船名、航次、提单号外，其他项目需一致。放行后，未经海关许可，换装运输工具的，海关将不予更改电子数据。

10）运输方式不予更改。

原始单据是指货物出口结关后，从统计部门调阅复印的单据，包括报关单打印联、手填联、发票、装箱单、商检通关单、出口许可证、配额等的复印件，上有"海关单据复印专用章"。若货物出口未结关，应从结关部门调阅报关原始单据。

七、装箱单（Packing List）

装箱单是发票的补充单据，列明合同中双方约定的有关包装事宜细节，便于进出口海关和进口方查检和核对货物。通常可以将其有关内容加列在商业发票上。由于工程物资出口量大，一般填制专门的装箱单。

1. 装箱单内容及填写规范

（1）编号（No.）：编号与发票号码一致。

（2）合同号（Contract No./Sales Confirmation No.）：注此批货的合同号或者销售合同书号。

（3）唛头（Shipping Mark）：与发票一致，有的注实际唛头，有时也可以只注"as per invoice No. xxx"。

（4）箱号（Case No.）：又称包装件号码。在单位包装货量或品种不固定的情况下，需注明每个包装件内的包装情况，因此包装件应编号，例如：Carton No. 1-5……Carton No. 6-10。

（5）货号（Name of Commodity）：按照发票内容填写，与发票内容一致。

（6）货物描述（Description & Specification）：内容要求与发票一致。货名如有总称，应先注总称，然后逐项列明详细货名。与前5、6项栏对应逐一注明每一包装件的货名、规格、品种。

（7）数量（Quantity）：应注明此箱内每件货物的包装件数。

（8）毛重（Gr. Weight）：注明每个包装件的毛重和此包装件内不同规格、型号货物各自的总毛重（sub total），最后在合计栏处注总货量。

（9）净重（Net Weight）：注明每个包装件的净重和此包装件内不同规格、型号货物各自的总净重（sub total），最后在合计栏处注总货量。

（10）箱外尺寸（Measurement）：注明每个包装件的尺寸。

（11）合计（Total）：此栏对5、8、9、10栏的合计。

（12）出票人签章（Signature）：应与发票内容相同。

2. 注意事项

（1）现行装箱单一式5份，除码头、船代、发货仓库、理货各执1份外，余1份在船方手中作为存查依据。若不规范填制，不仅有损发货人对外的形象，也影响船方在国外的交接（船代与船公司根据上栈收据签发提单）。

（2）装箱单填制的每项内容一定要正确无误，特别是品名、件数、数量、重量等，一定要与实物一致。

（3）根据海关规定，实际装运与装箱单有出入时，开船后3个工作日内到现场办理更改手续，更改幅度不得超过5%，超过时效，需到总关办理，并要补交惩罚性手续费。更改需随附舱单更改单、出口报关单、提单副本复印件、装箱清单、场站收据

（黄联）复印件以及海关需要的其他单证。

海关根据报关时预录入内容，与理货公司或船公司提供的电子舱单核对，内容一致既可通过，退税核销单等也随之交予发货人，反之，海关将不予放行。而理货缮制舱单的各种数据，依据的是装箱点提供的装箱单。因此，正确缮制装箱单十分重要。

八、出口货物报检单

1. 报检单内容

（1）发货人。填合同的卖方或信用证上的受益人，提供采购合同申请预先报检的填采购合同的买方。

（2）受货人。填采购合同中的买方或信用证上的开证申请人，从国内出口的材料、设备，受货人抬头一般与发货人抬头一致。

（3）货物名称。商品的名称、规格、牌号、货号应与合同、信用证一致。

（4）H. S. 编码。出口货物的商品编码应与最新《海关统计商品目录》所列编码相符。

（5）产地。货物的实际产地（例如：产地是南昌的货物不能直接填写南昌而应填江西南昌市）。

（6）数/重量。实际报检数/重量，所填数/重量应符合合同或信用证要求，并在其规定的溢短量幅度之内。此处应注明货物的标准计量单位，按重量计价的还应填写毛/净重和皮重。

（7）货物总值。按出口合同/商业发票所列货物总值、出口单位国内采购时的人民币总值填写。

（8）包装种类及数量。填货物的外包装种类和包装件数，木质包装应注明木质种类（如：松木、杉木、杂木等），所填外包装种类应与合同或信用证中包装条款要求一致；"裸装"或"散装"货物应注明"裸装"或"散装"；加填包装性能合格单号或包装容器编号。

（9）运输工具名称号码。填报关后的运输工具及号码。

（10）贸易方式。指"一般贸易"。

（11）货物存放地点。报检时货物具体的堆存或仓储地点，便于安排检验检疫。

（12）用途：填本批货物的用途。

（13）合同号和信用证号

1）合同号。填写所报货物的合同号码。

2）信用证号。信用证结汇的填写信用证号码，非信用证结汇的应在该栏注明结汇方式。

（14）发货日期。填货物的启运日期，发货日期应在合同或信用证所列最迟装运、结汇有效期之前，受理报检日期之后。

(15) 启运地。填货物的报关地,该栏是报检人要求出具"出境货物换证凭单"或"出境货物通关单"的重要依据之一。

(16) 输往国家(地区)。货物的最终销售或"买断"国家(地区)。国际工程材料、设备最终运抵的国家。

(17) 到达口岸。货物到达国家(地区)口岸。

(18) 许可证/审批号。属质量许可证管理范围内的出口货物,填写货物经检验检疫机构检验取得的出口商品质量许可证号,需经审批的出境货物填写审批号。

(19) 生产单位注册号。属卫生注册登记管理范围内的出口食品和动植物及其产品填写其生产厂、仓库经检验检疫机构考核取得的检疫卫生注册证书、检疫卫生登记证书或检疫注册登记证书编号。

(20) 集装箱规格、数量及号码:集装箱装运的出境货物,需填写装运货物的集装箱规格、集装箱数量和集装箱号码(报检出境运输工具、集装箱时该项必须填写)。

(21) 合同、信用证订立的检验条款或特殊要求:如果是《检验检疫商品目录》内商品,合同、信用证或货物输往国无要求出证的,只需申请出具"出境货物换证凭单"或"出境货物通关单"。合同或信用证有要求的,应与合同或信用证一致,并且注明是单独出证或合并出证,是分批还是并批;若对检验检疫、签证有特殊要求的,必须详细列明,并注明证书英文名称。货物输往国对检验检疫、签证有特殊要求的,在此栏详细列明。

(22) 标记及号码。即实际货物运输包装上的标记(唛头),要求在内容和形式上应与合同或信用证、出厂检验合格单等单据中所列完全一致,此项不能空缺,无唛或散装(裸装)货物填./M。

(23) 随附单据。提供何种单据在方框内划"V",未列明的,在空白处填写,并划"V"。需要证单的名称基本同上。

(24) 报检人郑重声明。本栏由经检验检疫机构培训合格后的报检员手签。

2. 报检单填制规范

(1) 每份报检单只限填报一批商品。不同的合同分开填报;同一合同不同的品名分开填报(即要求同一品名、同一运输工具运往同一地点、同一收/发货人,同一报关单的货物报一批);同一合同各种货物混装在一个包装箱内的,需提供报检商品清单,清单内容要求包括:海关编码、商品名称、数/重量、计量单位、单价以及商品总值。

(2) 书写工整,字迹清晰,不得随意涂改(修改过的项目,需有报检人签字),项目填写齐全;对栏目内容确实无法填写的,应注明"无"或"/";任何人不得擅自涂改已受理报检的单据。

(3) 中英文内容要求完全一致,报检单必须用打字机缮制。

(4) 详细填写联系人、电话号码,加盖报检单位公章,报检日期按检验检疫机构受理报检日期填写。(见本章附录11-1)

第3节 进口货物单据

从第三国采购的货物主要采用信用证的方式，承包商可利用信用证条款约束供应商与交货有关的各种问题，如在信用证中规定供应商应提交的各种单据。国际工程项目货物采购一般涉及金额较大，成交程序复杂，材料、设备技术要求条件高，因此承包商与开证行应密切配合，双方均应对供应商提交的单据进行严格审核。

一、开证行的审单原则

信用证项下的审单主要以开证行为主。但承包商应了解开证行的审单原则。

（1）在信用证结算方式下，银行收到供应商寄来的单据后，应合理审慎地审核信用证规定的一切单据，以确定其表面上是否符合信用证条款，规定的单据表面上与信用证条款是否相符，须按《UCP600》及所反映的国际标准银行实务来确定。在"单证一致"的情况下，开证行就必须付款。单据之间出现的表面彼此不一致，将被视为单据表面上与信用证条款不符，因此，承包商在开证申请书中所列的条件都应该能够通过单据形式实现。由于银行对任何单据的格式、完整性、准确性、真实性、伪造或法律效力或单据上规定的一般及/或特殊条件概不负责任；对于任何单据所代表的货物的描述、数量、重量、品质、状态、包装、交货、价值或存在，或货物的发货人、承运人、运输商、收货人或保险人或其他任何人的诚信或行为及/或疏漏、清偿能力或资信情况也不负责任，因此，在审单时对这些方面可能存在的问题要特别谨慎，减少对承包商可能造成的损失。

（2）开证行在收到单据后，按照《UCP600》规定，应在不超过收到单据次日起的5个银行工作日内审核和决定接受或拒绝接受单据。银行必须仅以单据为依据来确定其是否表面上与信用证条款相符，而不能参照合同。若单据表面上与信用证条款不符，银行可以拒绝接受单据。在实际业务中，若开证行发现单据表面上不符信用证条款，一般先与采购方联系，征求其意见是否同意接受不符点。对此，采购方应根据合同以及具体情况，在银行审单的基础上认真审核单据。在审核时应根据《UCP600》和信用证本身的要求。若发现供应商交来的单据确实存在不符点，为了保证货款的安全，可以指示开证行对外提出异议，或通过寄单行通知国外受益人更正单据或由国外银行书面担保后付款；或改为货到检验认可后付款。但如果不符点并不严重，而现场又急需使用，则可以向开证行表示接受不符点，并指示开证行对外付款。如果采购方表示拒绝单据，则单据仍由银行保管，采购方将无法提货。因此由于工期的原因，除单据存在较为严重的不符点外，承包商往往接受单据。但是接受存在不符点单据，需要承担相关的扣款费用。

由于信用证是凭单付款的业务，供应商如果编造单据使之与信用证条款相符，甚至制作假单据，也可从银行取得款项，从而使承包商成为欺诈行为的受害者。对于承包商来说，要谨防供应商利用信用证要求的单据进行欺诈，比如供应商伪造提单、以次充好，或伪造提单骗取货款等。尤其应该提防供应商用保函换取清洁提单，以隐瞒货物装船前的瑕疵等。采购方在收到提单后，必须严格审核，必要时可以与承运人联系以确定提单的真伪和装船细节。

使用信用证方式结算在业务处理时一般手续较之汇付和托收烦琐，费用也较多，业务成本和风险都比较大，且在使用过程中要求的业务技术很高，因此承包商需要提高自身业务水平并与银行密切配合。

二、采购方审单要点

采购方付款之前，亦应对开证行转来的供应商单据进行严格审核，以确定单据是否符合要求。各种单据的内容千变万化，但基本项目大致相同。

1. 运输单据

运输单据必须按信用证规定的份数全套提交，如果信用证未规定份数，则一份也可算全套，其中海运提单应注明承运人名称，并经承运人或其代理人签名或船长或其代理人签名。除非信用证特别规定，提单应为清洁已装船提单。若为备运提单，则必须加装船批注（Shipped on Board）并由船方签署。以 CFR 或 CIF 方式进口的材料、设备，提单上应注明运费已付（Freight Prepaid）。提单日期不得迟于信用证所规定的最迟装运日期。提单上所载件数、唛头、数量、船名等应和发票相一致，货物描述可用总称，但不得与发票货名相抵触。收货人抬头必须是承包合同规定的名称地址，否则，可能会影响在项目东道国的进口通关。

海运提单的特殊性质决定了其在运转过程中存在一定风险。

国际工程项目货物采购中的提单风险主要来自从第三国采购，由国外供应商通过银行交单，尤其是信用证项下的提单。提单风险主要表现在以下几个方面：

（1）提单与货物不符的风险。例如货物数量与提单记载不符、保函换发清洁提单等。尤其是凭保函换发清洁提单的风险极大。当供应商交付的货物外表有瑕疵，例如破烂、锈渍等，船方会在提单上加上不良批注。有不良批注的不清洁提单，银行会拒绝付款。供应商为保全自身利益常常以出具保函保证抵偿船方损失，要求承运人换发清洁提单。承包商付款提货后，发现到货不符也只能申请索赔，若遇到恶意欺诈会遭受巨大经济损失。

（2）运输延迟的风险。运输延迟的风险主要是供应商提供倒签提单。根据规定，当供应商未能在信用证规定的装运日期之前付运，便无法收取信用证项下款项。但是在由供应商安排运输的合同中（如 CIF），供应商可能要求承运人倒签提单，使提单日期早于信用证规定的最迟装运期，从而顺利收款。但是，提单日期与实际发货日期不符，会导致货物在海上运输发生风险时无法得到赔偿，此外运输延迟可能会由于货物的原因，导致承包商停工待料，承担无法按期竣工的风险。

（3）承运人责任之外的海上运输风险。承运人责任之外的海上运输风险主要是转船提单风险与舱面提单风险。当装运港与目的港之间无法直达，货物需要转运时，对普通的海运提单而言，一程船与二程船提单的签发人只承担自己承运范围内的运输责任，承包商实际承担了转船风险。

对于提单风险，承包商可从以下几个方面进行防范：

（1）在采用 CIF 价格订立合同时，承包商可以以保证货物的到达或规定船舶开航后的一段时间为付款的条件。

（2）当合同金额较大时，采用《INCOTERMS2000》F 组（主运费未付类）价格术语，如 FCA、FOB 等或 D 组（到达类）价格术语，如 DES、DEQ、DDU 等，这些成交方式的好处是货代由承包商选择（在 F 组条件下）或者是到货后付款（在 D 组条件下）。

（3）认真审核提单内容。承包商在付款以前，应认真审核提单内容。首先查看提单签发人是承运人还是承运代理人，如果提单由发货人的代理人（运输行）签发，应拒绝付款。在 CIF、CFR 条件下，最好要求对方提交班轮提单，提单必须注明运费预付；审核正本提单份数与提单上记载是否一致；提单必须是已装船的清洁提单或有"已经装船"批注，但不得有不良批注；不接受货装舱面的提单；如果信用证允许转运，转运将被允许，但同一提单应包括全程；提单上的装运港和目的港与信用证规定一致。

（4）积极运用法律手段，及时要求海事司法保护。如果供应商伪造的全套单据（包括提单）完全符合信用证的要求，根据《UCP600》惯例，议付行即应履行付款义务。承包商应在银行付款之前及时向海事法院提起诉讼则可避免货款损失。付款之后才向法院起诉，供应商可能已逃之夭夭，法院即使作出判决也无法执行。

（5）谨慎订立信用证条款。信用证性质所形成的漏洞可通过信用证的内容来加以克服。承包商作为开证申请人应在信用证中拟定严格限制供应商行为的条款，特别是严格规定单据的签署人、单据的填写内容以防范供应商欺诈。在规定信用证议付条件时，除了要求提交发票、提单、保险单三种必须的基本单据之外，还须附加一些不容易被假冒的供应厂家品质证书和与之内容相符的官方出具的商品检验证书、出口原产地证书等。

（6）可要求供应商提交海运单（Sea-way Bill）。海运单是承运人向托运人签发的国际海上货物运输合同成立的凭证和承运人收到由其照管的货物收据。当一批货物的目的港明确，收货人为特定的某一人而不需要中途将货物转让时，托运人就可以请求承运人签发海运单。通常承运人只签发一份正本海运单交由托运人保管，以示承运人收到货物，托运合同成立。在海运单的收货人（Consignee）栏内必须详细注明收货人的名称、住址和其他能够辩明收货人身份的事项，除收货人以外的其他人不得提货，从而避免了因提单项下收货人不明确而可能产生的仿冒、欺诈行径和凭提单错交货的可能。海运单不能背书转让，属于不可买卖的单证，不具有流通性和有价证券的性质，所以海运单对收货人不存在风险，同时，海运单不必也不可能在目的港出示，收货人只需凭船务代理根据到货通知签发的提货单提货即可，此外，由于海运单由托运人保管而不必向收货方交接，因此其他单据，如保险单、商业发票等可以在装货完毕之后立即发送有关当事人，加速了单据的运转。总之，海运单的最大特点在于它的不可转让性，可以避免和减少单据流通环节上产生的海运欺诈，避免无提单交货和仿冒提单交货的弊端。

（7）要求供应商提交承运人签发的非流通收货单（Nonnegotiable Receipt）。其非流通性与海运单的性质一致，可杜绝提单流通中可能产生的仿冒、欺诈，保证货物在国际海上运输各关系人中顺利交接。

2. 发票

发票应由供应商出具，无需签字，除非业主对供应商提交的发票另有规定。货物的名称、数量、单价、包装、价格条件、合同号码等描述，必须与信用证严格一致。发票抬头应为开证申请人，必须记载出票条款、合同号码和发票日期。

3. 保险单

保险单正本份数应符合信用证要求，全套正本应提交开证行。投保金额、险别应符合信用证规定。保险单上所列船名、航线、港口、起运日期应与提单一致。保险单应列明货物名称、数量、唛头等，并应与发票、提单及其他货运单据一致。

（1）保险单一定要由保险公司或其代理人签字、盖章。保险金额至少是 CIF/CIP 发票金额的 110%，除非信用证有相反规定。

（2）保险单的签发日期应在提单日之前或同一时间。

（3）审核保险单正本分数。

（4）保险单内容变动是否经过授权。

（5）保险单列明的赔付地点。

（6）采购货物（即使装入集装箱）若需放在甲板上，应有"舱面险"。

（7）若信用证规定转船，保险单应包括转船。

4. 原产地证明书

审核该证的形式、内容以及授权机构等要求是否合同的要求。原产地证明书一般由供应商填写，并由出口国商会或其他授权机构认定或由信用证指定机构签署。货物名称、品质、数量及价格等有关商品的记载应与发票一致。签发日期不迟于装船日期。某些国家的原产地证明书还必须由有关国家的大使馆或其他机构予以法律认可。

5. 检验证书

应由信用证指定机构或双方在合同指明检验机构签发。检验项目及内容应符合信用证的要求，检验结果若有瑕疵，可拒绝受理。检验日期不得迟于装运日期，但也不得距装运日期过早。

6. 装箱单

审核装箱货名、件数、包装、重量、体积是否与海运提单,发票一致,装箱单抬头与合同一致。

附录 11-1 出境货物报检单样本

中华人民共和国出入境检验检疫
出境货物报检单

报检单位(加盖公章):						*编 号		
报检单位登记号:		联系人:		电话:		报检日期:	年 月 日	
发货人	(中文)							
	(外文)							
收货人	(中文)							
	(外文)							
货物名称(中/外文)		H.S.编码		产地	数/重量	货物总值	包装种类及数量	
运输工具名称号				贸易方式	一般贸易	货物存放地点		
合同号				信用证号			用	
发货日		输往国家(地区)			许可证/审批号			
启运地		到达口岸			生产单位注册号			
集装箱规格、数量及号码								
合同、信用证订立的检验检疫条款或特殊要求		标记及号码		随附单据(划"√"或补填)				
				□合同 □信用证 □发票 □换证凭单 □装箱单 □厂检单		□包装性能结果单 □许可/审批文件 □ □		
需要证单名称(划"√"或补填)						*检验检疫费		
□品质证书 ___正___副 □重量证书 ___正___副 □数量证书 ___正___副 □兽医卫生证书 ___正___副 □健康证书 ___正___副 □卫生证书 ___正·副 □动物卫生证书 ___正___副			□植物检疫证书 ___正___副 □熏蒸/消毒证书 ___正___副 □出境货物换证凭单 ___正___副 □			总金额 (人民币元)		
						计费人		
						收费人		
报检人郑重声明: 1. 本人被授权报检。 2. 上列填写内容正确属实,货物无伪造或冒用他人的厂名、标志、认证标志,并承担货物质量责任。 签名:_____						领取证单		
						日期		
						签名		

注:有"*"号栏由出入境检验检疫机关填写   ◆国家出入境检验检疫局制

附录 11-2　海运提单（COSCO 样本）

1. Shipper Insert Name, Address and Phone			B/L No.	
2. Consignee Insert Name, Address and Phone			中远集装箱运输有限公司 COSCO CONTAINER LINES TLX：33057 COSCO CN FAX：+86(021)6545 8984 **ORIGINAL**	
3. Notify Party Insert Name, Address and Phone (It is agreed that no responsibility shall attach to the Carrier or his agents for failure to notify)				

Port-to-Port or Combined Transport
BILL OF LADING

RECEIVED in external apparent good order and condition except as other-Wise noted. The total number of packages of unites stuffed in the container, The description of the goods and the weights shown in this Bill of Lading are Furnished by the Merchants, and which the carrier has no reasonable means Of checking and is not a part of this Bill of Lading contract. The carrier has Issued the number of Bills of Lading stated below, all of this tenor and date, One of the original Bills of Lading must be surrendered and endorsed of sig-Ned against the delivery of the shipment and whereupon any other original Bills of Lading shall be void. The Merchants agree to be bound by the terms And conditions of this Bill of Lading as if each had personally signed this Bill of Lading.
SEE clause 4 on the back of this Bill of Lading (Terms continued on the back Hereof, please read carefully).
Applicable Only When Document Used as a Combined Transport Bill of Lading.

4. Combined Transport *		5. Combined Transport *	
Pre-carriage by		Place of Receipt	
6. Ocean Vessel Voy. No.		7. Port of Loading	
8. Port of Discharge		9. Combined Transport *	
		Place of Delivery	

Marks & Nos. Container/Seal No.	No. of Containers or Packages	Description of Goods (If Dangerous Goods, See Clause 20)	Gross Weight Kgs	Measurement

Description of Contents for Shipper's Use Only (Not part of This B/L Contract)

10. Total Number of containers and/or packages (in words)

Subject to Clause 7 Limitation						
11. Freight & Charges	Revenue Tons	Rate	Per	Prepaid		Collect
Declared Value Charge						

Ex. Rate：	Prepaid at	Payable at	Place and date of issue
	Total Prepaid	No. of Original B (s) /L	Signed for the Carrier, COSCO CONTAINER LINES

LADEN ON BOARD THE VESSEL

DATE		BY	

附录 11-3 海洋运输货物保险单（平安保险公司原始样本）

附录11-4 原产地证明书(原始样本)

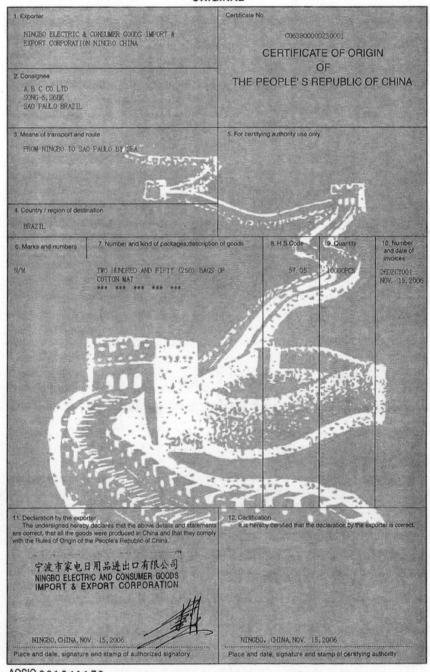

第12章 国际工程项目货物采购的违约救济与索赔

> 在采购合同实施过程中,经常会由于业主原因,或承包合同环境变化,导致承包商采购异常,对此承包商有权就采购所导致的损失向业主提出索赔。同时,由于各种非承包商原因发生的货损货差、质量与合同不符、交货延误等问题,承包商应分清事实,向供应商、承运人或保险公司索赔。

第1节 违约救济与索赔概述

一、救济与索赔

国际工程项目实施过程中,承包商基于承包合同中规定的承包商义务和责任进行材料、设备采购,自担风险,且其一切采购活动和结果应为业主负责。承包商既要履行承包合同中规定的物资供应义务,也要履行采购合同中规定的买方义务。因此,当承包商依据承包合同与供应商订立采购合同后,如由于业主原因,或由于承包合同环境发生了变化,导致承包商采购异常,承包商将有权就采购所导致的损失向业主提出索赔。同时,承包商为履行承包合同规定的材料、设备供应义务,与供应商签订采购合同,在履约过程中,亦会由于各种非承包商原因发生货损货差、到货质量与合同规定不符或交货延误等问题,承包商应根据具体情况决定向供应商,承运人或保险公司索赔。可见,由于承包商的材料、设备采购受双重合同约束,所以其索赔既与工程索赔相关,又具有国际货物买卖索赔的性质,但较之国际货物买卖索赔范围更广、更复杂。

救济是指在一方当事人违反合同约定或法律规定义务的情况下，另一方当事人依照合同约定或法律规定，以保障合同的法律约束力、维护其合法权益为目的而采取的各种措施的总称。当承包商与供应商签约后，若就履约问题发生争议，比如供应商违约交货等，必然会导致承包商要求供应商承担继续履行，采取补救措施或赔偿损失等违约救济责任。依合同法的一般原则，合同一经依法成立，当事人都必须遵守，任何一方没有法定的事由，不经法定程序，不得变更或解除，任何一方违反合同都必须依法承担相应的民事责任。因此受损害一方有权对不适当履行的事宜要求补救。违约救济的目的是保护受损害方的权益，尽量避免或者减少违约使其造成的损失。因此，救济是在供应商违约后，采购方（承包商）依法获得补偿的方式。本质上，违约救济是一种权利，是受害方在对方违约时，为保护自己的利益所享有的一种权利，受害方既可以行使这项权利，也可以放弃这项权利。违约救济强调当事人未依法履约给合同另一方造成的损失，而签约后合同环境发生的变化则作为一般商业风险，或不可抗力事件，由当事人一方自行承担或援引不可抗力进行免责。就国际工程项目材料、设备采购而言，采购方（承包商）向供应商提出的违约救济措施是其依法获得补偿的方法之一，如当供应商违约交货时，承包商根据其违约的性质和损失程度等可提出损害赔偿、减少价金等救济措施。

索赔是指数方中的一方提出投诉和要求，目的是维护一定的权利，使合同条件得到合理调整或进一步解释，或使合同其他条款的争议得到裁决。索赔就是要求取得本应属于自己的东西，是对自己权利的主动主张。对于国际工程项目的业主和承包商来说，索赔是维护双方合法利益的权利。承包商可以向业主提出索赔，业主也可以向承包商提出索赔。

因此，供应商违约救济是补偿方式，索赔是补偿手段。当供应商未履行或未完全履行合同规定的义务时，承包商向供应商提出要求其实际履行、损害赔偿、减价等违约救济措施的过程为索赔。

索赔具有如下性质与特征：

（1）补偿性。属于一种经济性补偿行为。在国际工程项目货物采购过程中遭受损失的一方采取救济措施的目的是为补偿自己的损失。

（2）合法性。必须以合同文件和有关法律法规为依据，有准确的证据。

（3）客观性。只有实际发生了经济损失或权力损害，受害方才能向另一方提出索赔或采取救济措施。

（4）自身无过错性。索赔是由非自身因素导致的，提起索赔的一方没有过错。

二、违约救济与索赔的作用

材料、设备采购违约救济与索赔是合同及法律赋予守约受损失者的权力，是合同法律效力的体现，它主要有以下几项作用：

（1）保证合同的实施。合同一经签订，合同双方即产生权利和义务关系。这种合同权利受法律保护，合同义务受法律制约。救济与索赔是合同法律效力的具体体现，并且由合同的性质决定，能对违约者起警戒作用，使其考虑到违约的法律后果，以尽力避免违约事件发生。因此救济与索赔有助于合同目标的实现。

（2）是落实和调整合同双方经济权利、义务关系的手段。由于合同赋予双方权利、义务和利益，合同一方为获得利益，就应承担相应的经济责任。未履行合同责任的一方，即构成违约。侵犯对方的经济利益，应接受相应的处罚；对遭受损失的一方，进行经济补偿。

（3）是法律赋予受损方的权利。对承包商而言，违约救济与索赔是保护自身利益、维护其正当权益、避免损失的手段。在国际工程项目中，如果承包商不能进行有效救济和索赔，不了解违约救济的内涵，不精通索赔业务，会导致损失得不到合理及时的补偿，使其遭受重大损失，以致无法正常施工生产。

三、索赔分类

由于国际工程项目所处环境的复杂性，各方当事人利益的不一致，以及承包商在国际工程项目货物采购中所处的特殊地位，使得承包商面临向提供材料、设备或服务的当事人，以及业主提出违约救济与索赔的可能性。

就国际工程项目货物采购而言，承包商依据承包合同的性质与规定承担项目材料、设备采购供应的责任。为完成此项合同责任，承包商须与供应商、承运人以及保险公司签约。在履约过程中，往往会由于业主原因导致采购合同的变更、延误甚至撤销，或由于供应商、承运人未严格履行合同，导致承包商无法完成承包合同规定的供货责任，或由于采购标的在运输过程中遭受保险范围内风险所致货损货差等。当承包商因为采购问题使得利益受到损害时，要分清造成损失的原因和索赔对象，适时、合理地提出索赔及对受损物资的补救措施。国际工程材料、设备采购索赔，可分为工程索赔、商业索赔、运输索赔和运输保险索赔。

对于国际工程的承包商来说，凡是由于业主原因，或导致承包合同环境发生变化的其他原因，造成工期延长和成本增加的，承包商都有可能提出索赔。如果由于业主违约，未履行合同责任，如未按合同规定及时交付设计图纸所造成的损失，或业主未违反合同，但由于其他原因，如业主行使合同赋予的权利，指令变更工程，致使承包商采购发生改变而产生损失；或这种变更使得供应商不得不改变生产工艺、技术、原材料等而产生的损失，导致其向承包商提出的补偿要求等，承包商有权向业主提出索赔。此外，工程环境出现事先未能预料的情况或变化，如恶劣的气候条件、与勘探报告不同的地质情况、国家法令的修改、物价上涨、汇率变化等，由此造成的损失，承包商可向业主提出补偿要求。

凡属在材料、设备采购过程中，原装数量不足，材料、设备的品质、规格等与合同规定不符，包装不良致使货物受损；供应商未按期交货或拒不交货，或未提供合同规定的相关服务等，承包商有权向供应商提出救济与索赔。

凡属到货发生货损货差，如货物数量少于提单所载数量；或提单是清洁提单，而货物有残缺，经鉴定确属运输所致，承包商根据提单条款应向承运人索赔。

凡属自然灾害、意外事故，或运输途中其他事故致使货物受损以及轮船公司不予赔偿或赔偿金额不足抵补损失的部分，并且这些损失均属保险公司承保范围内的，承包商可向保险公司提出索赔。

四、索赔的条件

承包商索赔的根本目的在于保护自身经济利益。索赔成功需具备以下几个条件：

(1) 索赔事件必须具有客观性。如确实存在不符合合同的干扰事件，或因当事人一方违约或疏忽，对承包商的工期和成本造成影响，并有确凿的证据支持。

(2) 承包商的索赔要求必须符合工程承包合同或采购合同的规定。合同作为工程货物采购的最高法律依据，可由其判定干扰事件归属，违约的性质等。在不同的合同条件下，索赔要求有不同的合法性，因而会有不同的索赔结果。

(3) 承包商的索赔要求要合情合理，符合实际情况。

第 2 节 国际工程项目工程索赔

一、索赔机会

承包商工程索赔的机会经常表现为具体的干扰事件，这些事件又经常表现为业主或其代理人工程师代表违约或未能正确履约；由于业主原因导致承包商不能履约；或合同实施状态发生了与签约时不同的变化；双方对合同条款的理解不同；业主/工程师发出变更令；工程实施与合同偏离等。一般来说，索赔事件既包括业主违约，也包括外界干扰事件以及承包环境的变化。就材料、设备采购而言，承包商的工程索赔机会可概括为以下几个方面：

1. 业主设计条件下的工程索赔机会

(1) 因设计漏项或变更造成承包商材料、设备采购的损失，如由于业主设计变更，迫使承包商不得不重新采购，致使原采购材料、设备形成呆废料，或不得不紧急采购、零星采购等发生的费用以及连带发生的其他损失。

(2) 因设计提供的工程地质勘察报告与实际不符而导致的已采购材料等的不适用所造成的损失。

(3) 按图施工后发现设计错误或缺陷，经业主同意采取补救措施，因此进行技术处理所增加的额外采购费用。

(4) 业主设计代表在现场临时决定，如某些材料的代用、局部修改等导致的零星采购、紧急采购、追加采购等发生的费用。

（5）新型、特殊材料和新型特种结构的试制、试验所增加的费用。

（6）设计质量标准变更，使得承包商原定的采购计划，如采购材料、设备的型号、规格、质量检验标准等发生变化，采购成本必然也随之变化，或原采购的物资成为呆废料，在现场闲置。

（7）由于业主设计变更，导致供应商/制造商生产、制造材料、工艺发生变化致使其生产成本增加，对承包商的索赔。

（8）在施工过程中，设计变更导致施工顺序变更、工程量增加与减少、技术质量标准变更等的发生。这种变更可能会导致承包商增加施工机械设备，材料或增加机械设备的使用量等。材料和机械设备的增加，必然增加承包商的物资采购额外支出。反之，由于变更，导致工程量减少，势必会引起承包商原有采购材料和机械设备的窝工和闲置，造成资源浪费，导致承包商亏损。

2. 由不可抗力和不可预见因素所致的工程索赔机会

（1）因自然灾害和风险，如地震、台风、核危害而引起的已采购材料、设备损坏而产生的损失。

（2）因战争、社会动乱、暴乱引起暂时停工，导致承包商已采购材料、设备发生保管费、仓储费、机械设备闲置台班费等。当情况严重到不得不解除合同时，承包商采购的货物已用于工程项目，或已采购但还没有用于工程项目，承包商出售材料的损失以及在出售过程发生的仓储费用等采购损失。

（3）因物价大幅度上涨，造成材料价格、大型设备价格大幅度上涨而增加的费用。

（4）施工中因出现流沙泥、地质断层、天然溶洞、沉陷等采取必要措施而发生的采购费用。

（5）异常恶劣气候条件造成已完工工程损害或质量达不到合格标准时的处理费、重新采购材料费或设备台班费。

3. 由于业主未依法履行合同义务所致的工程索赔机会

（1）业主未按合同规定交付施工场地，导致已采购材料、设备的积压。

（2）业主未在合同规定的期限内办理土地征用、房屋拆迁、清除地面、架空和地下障碍等工作，使得施工现场不具备或不完全具备施工条件，以至于采购材料、设备的积压和台班闲置。

（3）业主未按合同规定开通施工现场与公共道路的通道或施工场地内的主要交通干道，未满足施工运输的需要和保证施工期间的畅通，从而使承包商增加的物流成本。

（4）业主未及时办理施工所需的各种证件、批文和临时用地、占道及铁路专用线的申报批准手续而影响承包商的采购物资，如业主未能及时申请进口许可证等进口批准文件，导致承包商材料、设备不能按时进口或进口报关等。

(5) 业主没有按照合同的规定提供应由业主提供的建筑材料、机械设备，从而使承包商增加的采购数量。

(6) 承包商负责采购的材料、设备，由于业主/咨询工程师不能按时到场验收，而在使用中发现材料、设备不符合规范和设计要求，虽然由承包商修复或拆除及重新采购，承担发生的费用，赔偿业主的损失，但由此会引起延误工期的索赔。

(7) 业主拖延合同规定的责任，如拖延图纸的批准、隐蔽工程的验收、对承包商所提问题的答复等，造成采购延误。

(8) 业主未按合同规定的时间和金额支付工程款，致使物资采购的资金短缺，延误工期。

(9) 业主要求赶工，而发生的紧急采购的费用或者是设备使用效率降低所发生的费用。

(10) 因业主中途变更建设计划，如停建、缓建，造成施工力量大运迁、构件物资积压倒运、人员机械窝工、合同工期延长、材料维护、保管和现场执勤警卫工作增加、临时设施和用料摊销量加大等造成的经济损失。

(11) 因业主供应的材料、设备未按约定地点堆放而发生的倒运费，或业主供货到现场、由承包商代为卸车堆放所发生的人工和机械台班费。

(12) 业主代表对工程苛刻检查、对同一部位反复检查；使用与合同规定不符的检查标准、过分频繁的检查或故意不及时检查等情况导致的重复采购、零星采购等。

(13) 业主或咨询工程师未能按合同规定验收工程，或虽验收合格，但迟迟不予签字，使得承包商的材料、设备不能撤离现场而导致窝工、仓储费用、管理费用等的增加。

4. 由于合同条款相互矛盾或合同缺陷所致的工程索赔机会

合同中规定的材料、设备供应范围和数量、规格等相互矛盾或有重大遗漏，或合同条款不全，文件之间相互矛盾，双方对合同的理解有争议，招标文件不完备，或提供的信息有误等导致承包商的采购损失。

5. 咨询工程师的指令所致工程索赔机会

咨询工程师发布各种必要的书面或口头的现场指令，要求承包商进行一些额外工作，如额外的工程变更以适应施工现场的实际情况；指令承包商加速施工；指令更换某些材料；指令暂停工程或改变施工方法等。为执行咨询工程师指令，使得承包商不得不另行采购或增加采购数量，增加机械台班的数量，或延长机械台班的工作时间，导致费用的增加。另外，反复的变更指令导致承包商的重复采购，使得采购成本增加。此增加又是由于咨询工程师的指令导致，承包商有权向业主提出采购索赔以获得费用补偿。

6. 项目东道国相关政策及法律变更所致的工程索赔机会

譬如税收政策的变化，如收费标准的提高、限制进出口等。如 FIDIC 合同条件规定，从投标截止日期之前的 28 天开始，如果工程所在国的法律或政策的变更导致承包商施工费用的增加，业主应该以调价方式补偿承包商的增加费用。

7. 通货膨胀幅度过大所致的工程索赔机会

项目东道国通货膨胀是影响国际工程项目的主要市场因素之一。当通货膨胀变化幅度过大，扰乱经济秩序，建筑材料、设备价格的大幅上涨，将导致承包商项目成本增加，该损失可向业主提出索赔。

通过上述工程索赔机会分析，可见承包商材料、设备采购索赔不是居于工程索赔之外的独立索赔，而是承包商工程费用索赔和工期索赔的考虑因素之一。

二、索赔程序

索赔所涉及的工作内容主要包括承包商与业主、咨询工程师之间发生的涉及索赔的业务性工作。这些工作及其工作过程通常在承包合同条件中规定，如 FIDIC 合同条件就对索赔程序和争议的解决程序都有非常详细和具体的规定。按合同规定程序办事，是取得索赔成功的前提条件之一。同时，为使提出的索赔要求合理，从而取得索赔的成功，承包商应就索赔问题，进行一系列内部管理工作。索赔一般按如下程序进行：

1. 提交索赔意向通知

出现索赔事项时，承包商在保证继续施工、不影响工程正常进度的同时，应以书面信件正式发出索赔意向通知书，声明索赔权力。索赔通知书的发出应该符合合同条件中的具体规定，如 FIDIC 合同条件中规定须在索赔事项发生后的 28 天内，否则视为承包商自动放弃索赔权力。

当承包商识别出索赔事件后，承包商亦应进行一系列的内部工作，如索赔事件调查，弄清原因，掌握情况。同时对索赔事件进行合同分析、原因分析、理由分析、影响分析、损失分析，分清责任范围，判明干扰事件是否违约，是否在合同规定的补偿范围内。在此基础上搜集证据，起草索赔报告。

2. 提交索赔报告

承包商需在合同规定的时间内向业主和工程师提交索赔报告。譬如，FIDIC 条款规定，承包商需在索赔意向通知书发出后的 28 天内，或经咨询工程师同意的合理时间内递交索赔报告，如果索赔事件持续时间长，则承包商应按工程师要求的合理时间间隔，提交中间索赔报告（或阶段索赔报告），并于索赔事件影响结束后的 28 天内，提交最终索赔报告。

3. 索赔的解决

工程师审查分析索赔报告，评价索赔的合理性和合法性。工程师可能通知承包商对索赔作出解释，或补充证据，或修改索赔要求后提出索赔处理意见，交于业主。业主则审查、批准/驳回或部分批准承包商的索赔要求。三方需就索赔的解决进行磋商，达成一致，这可能是一个复杂的谈判过程。在未能达成一致意见的情况下，双方须按合同规定的程序解决争议。

三、索赔依据与索赔证据

1. 索赔依据

对索赔事件可依据合同条件来判定和解决，但某些特定的干扰事件没有预定的解决方式的统一标准。通常，影响索赔解决方式的主要因素有合同背景，业主以及工程师的信誉、公正性和管理水平、承包商的工程管理水平、索赔业务能力以及合同双方的关系等。

合同的具体规定决定了对风险的定义和甄别，决定了索赔的处理过程、解决方法和依据、索赔金额的计算方法以及适用于合同的法律关系等。此外，业主、咨询工程师的素质影响承包商索赔的实现与否。一方面，信誉良好的业主、咨询工程师处理问题公正，可以实事求是地对待承包商的索赔要求，此时索赔比较容易解决。但如果业主、咨询工程师专业素质不高，承包商的索赔则难以实现。承包商的管理水平是其实现索赔目标的主要因素，主要包括承包商能否全面完成合同责任和严格执行合同、工程管理中有无过失行为、是否具备较高的合同管理能力和信息管理能力等。

此外，干扰事件仅仅是承包商的索赔机会，但其能否成为承包商的索赔理由，还要考虑其合同背景和具体的合同条款。不同的合同条件有不同的索赔条件、范围和处理程序。承包商必须明确其索赔要求的合同依据，并通过合同条款分析提出索赔理由和索赔依据。以FIDIC合同条件为例，承包商能引用的索赔条款包括明示条款和隐含条款两类，前者明确规定了应给予承包商经济和（或）工期补偿的相关情况，而后者尽管没有明确规定应给予承包商补偿，但仍可根据该条款推定在某些情况下承包商有权向业主提出索赔。因此，当发生某些具体事件时，承包商应认真分析研究合同条款，以寻求法律支持的索赔理由。

此外，索赔的成功与否还取决于承包商能否提供有利的书面证据，能否找出可以为索赔提供法律依据的合同条款。同时，承包商应善于识别索赔事件，对索赔具有主动性和积极性，如对工程管理人员进行索赔意识的培养，使其能够积极寻找索赔机会、在合同规定时间内主动递交合理的索赔通知、提交索赔报告，并积极主动就索赔问题与业主/咨询工程师进行磋商并敦促其审查和批准承包商索赔报告，敦促其及早支付索赔款。承包商对待每一次索赔，特别是重大索赔，必须认真分析、计划、组织，使其有步骤地进行。

2. 索赔证据

证据是索赔文件的一部分，关系到索赔的成败。索赔证据的基本要求包括以下几个方面：

（1）真实性。索赔证据必须是在实际实施合同过程中出现的，必须完全反映实际情况，经得住对方审核。由于在合同实施过程中业主和承包商都在收集有关资料，进行合同管理，所以双方应有内容相同的证据。

（2）全面性。索赔方所提供的证据应能说明事件的全过程。索赔报告中所涉及的问题都应有相应的证据，不能零乱和支离破碎，否则对方可退回索赔报告，要求重新补充证据，这会拖延索赔的解决，对索赔方不利。

（3）符合合同条件要求。索赔证据必须是索赔事件发生时的书面文件。一切口头承诺、口头协议均无效。变更合同的协议必须由业主、承包商双方签署，或以会议纪要的形式确定，且为决定性的决议。一切商讨性、意向性的意见或建议均不应算作有效的索赔证据，但施工合同履行过程中的重大事件、特殊情况的记录应由业主或工程师签署认可。

（4）及时性。索赔证据是施工过程中的记录或对施工合同履行过程中有关活动的认可，后补的索赔证据通常很难被对方认可。及时性还体现在证据作为索赔报告的一部分，应与索赔报告一起递交给工程师和业主。

（5）关联性。索赔证据应能相互说明或相互补充，即相互具有关联性。

在合同实施过程中，涉及的资料多，且范围广。在递交索赔报告时，应了解业主、工程师、调解人、仲裁人所需文件的种类、范围。

常见的索赔证据如下：

（1）招标文件、投标文件、合同文本及附件，其他各种签约（备忘录、修正案等）、业主批准的工程图纸、设计文件和技术规范、承包商的报价文件、承包商与供应商的签约文件、合同等。

（2）来往信函，如工程师的变更令、各种批复函、确认函、通知、对承包商问题的答复等，但商讨型和意向性的信件不能作为变更令和合同变更文件。

（3）进度计划和具体的进度以及项目现场的有关文件、进度计划和具体的进度安排和现场有关文件变更是索赔的重要证据。

（4）国家有关法律、法令、政策文件，官方的物价指数、工资指数，各种会计核算资料，材料的采购、订货、运输、进场、使用方面的合同、运输单据、凭据和报表等。

（5）各项付款单据和工资薪金单据。

（6）各种会议纪要。

（7）施工现场的各种文件。

（8）工程中的各种检查验收报告。

（9）工地的交接记录。

（10）各种会计核算资料，承包商采购支付凭证，信用证副本等。

（11）市场信息资料。

（12）先例与国际惯例。

四、索赔报告

1. 索赔报告的基本要求

索赔报告是向对方提出索赔要求的正式书面文件，是承包商对索赔事件处理的预期结果。业主对承包商索赔的认可或反驳，基本上是针对索赔报告做出的。调解人和仲裁人也是通过索赔报告了解和分析合同实施情况和承包商的索赔权利要求，评价它的合理性，并据此作出裁决。所以索赔报告的内容、结构及表达方式对索赔的解决有重大的影响。索赔报告不仅应具有说服力、合情合理、有根有据、逻辑性强，能说服工程师、业主、调解人和仲裁人，也应是有法律效力的正规文件。索赔报告如果撰写不当，会使承包商失去在索赔事件中的有利地位，使正当的索赔要求得不到应有的妥善解决。其基本要求包括如下几方面内容：

（1）索赔事件应是真实的。这是整个索赔的基本要求，关系到承包商的信誉和索赔的成败。如果承包商提出不实的、不合情理的、缺乏根据的索赔要求，工程师会立即拒绝，而且会影响对承包商的信任和以后的索赔。索赔报告中所提出的干扰事件必须有可靠得力的证据来证明，这些证据应附于索赔报告之后；对索赔事件的叙述，必须明确、肯定，不含任何的估计和猜测，不可用估计、猜测式或模棱两可的语言，这会使索赔要求失去可信度。

（2）责任分析应清楚、准确、有根据。索赔报告应仔细分析事件的责任，明确指出索赔所依据的合同条款或法律条文，且说明承包商的索赔是完全按照合同的规定程序进行的。一般索赔报告中所针对的干扰事件都是由对方责任引起的，应将责任全部推给对方，不可用含混的字眼和自我批评式的语言，否则会丧失自己在索赔中的有利地位。此外，索赔报告应特别强调干扰事件的不可预见性和突然性，即一个有经验的承包商对它也不可能有预见和准备，对它的发生承包商无法制止，也不可能影响。

（3）充分论证事件造成承包商的实际损失。索赔的原则是赔偿由事件引起的承包商所遭受的实际损失，所以索赔报告中应强调事件影响与实际损失之间的直接因果关系，报告中还应说明承包商在干扰事件发生后已立即将情况通知了工程师，听取并执行工程师的处理指令，或承包商为了避免、减轻事件的影响和损失已尽了最大的努力，采用了能够采用的措施，并在报告中详细叙述所采取的措施以及效果。

（4）索赔计算必须合理、正确。要采用合理的计算方法和数据，正确计算出应取得的经济补偿款额或工期延长数额。计算中应力求避免漏项或重复计算，不出现计算上的错误。

2. 索赔报告的基本内容

索赔报告的具体内容，应根据索赔事件的性质和特点而有所不同。一般来说，完整的索赔报告应包括以下四个部分：

(1) 索赔事件总论

总论部分的阐述要求简明扼要，说明问题。它一般包括序言、索赔事项概述、具体索赔要求。应概要叙述索赔事件的发生日期与过程，承包商为该索赔事件所付出的努力和附加开支，以及承包商的具体索赔要求。为表示该索赔报告的严肃性及权威性，在总论部分末尾，附上索赔报告小组主要成员及审核人员的名单及其职称、职务及施工经验等。

(2) 索赔依据

索赔依据主要是定性地说明承包商索赔权利的法律依据，是索赔能否成立的关键。其目的是论证索赔方拥有索赔的权力，这是索赔成立的基础。该部分的内容主要来自工程的合同文件，有关法律规定。为使索赔理由更充足，承包商应直接引用合同中的相应条款。合同引证的内容主要来自工程项目的合同文件，尤其是合同条件以及其他一切可以证明己方具有索赔权力的证据资料。如果索赔方了解到有类似的索赔惯例或案例，也可以作为例证提出，以进一步证明自己索赔要求的合理性。

该部分必须做到叙述清楚、层次分明、论证有力、逻辑性强，具体内容一般包括：重申发出索赔通知书的时间；简述索赔事件的处理过程；引证索赔要求的合同依据（可分为工期和费用两个方面）；引用并指明所附的其他证据资料（可分为工期和费用两个方面）。

索赔报告应按照索赔事件发生、发展、处理和最终解决的过程编写，明确全文引用的有关合同条款，使业主和咨询工程师能历史地、逻辑地了解索赔事件的始末，并充分认识该项索赔的合理性和合法性。

(3) 费用及工期索赔计算部分

承包商必须阐明下列问题：费用/工期的总要求、各项索赔/工期的计算，如额外开支的人工费、材料费、管理费和所损失的利润，指明各项开支的计算依据及证据资料。在进行索赔计算时，承包商首先应注意采用合适的计价方法，至于采用哪一种计价法，应根据索赔事件的特点及自己所掌握的证据资料等因素来确定。其次，应注意每项开支款的合理性，并指出相应证据资料的名称及编号。切忌采用笼统的计价方法和不实的开支额。

(4) 索赔证据

证据是索赔报告的重要组成部分。在引用证据时，要注意该证据的效力和可信程度，为此，对重要的证据资料最好附以文字证明或确认件。如，经过双方签字确认的电话记录；或发给对方要求确认该电话记录的函件，即使对方未给复函，亦可说明责任在对方，因为对方未复函确认或修改，按惯例应理解为已默认。

索赔报告在论述事件的责任及索赔根据时要文字精练、条理清楚、语气中肯，简洁明了、结论明确、逻辑性强、词语肯定。承包商应将索赔要求（工期延长、费用增加）与干扰事件的责任、合同条款及影响连成一条完整的链，以提高索赔成功的几率。

第3节　国际工程项目货物采购商业索赔

国际工程项目货物采购合同的履行过程中，违约是指供应方或采购方在不存在合同约定的不可抗力事故情况下未能全部或者部分履行其合同义务（包括不符合合同约定的内容）的一种行为。例如：供应商不交付合同约定的货物、迟延交付货物、交付与合同规定不符的货物等；采购方不按约定支付货款、不及时办理有关单证、不按约定接收货物或对货物进行复验等，都属于合同当事人的违约行为。除合同或法律上规定的属于不可抗力原因造成的以外，违约一方都要承担违约的责任。根据各国法律和《联合国国际货物销售合同公约》（以下简称《公约》）的规定，当事人一方不履行合同或履行合同义务不符合合同规定时即构成违约。根据供应商的违约程度，可分为一般性违约和根本性违约，违约的程度不同，所承担的责任亦不同。《公约》第25条规定："一方当事人违反合同的结果，如果使另一方当事人蒙受损失，以至于实际上剥夺了他根据合同有权期待得到的东西，即为根本性违约，除非另一方当事人并不预知，而且一个同等资格、通情达理的人处于相同情况下也没有理由预知会发生这种结果。"

国际工程项目货物采购合同实施过程中供应商的表现将对工程能否顺利进行产生直接影响。由于国际工程项目货物采购的复杂性、市场的多变性等，经常会出现供应商未能按合同规定内容履行合同义务的情况。供应商的任何不履行合同的规定或者其履行过程不符合合同规定，都构成了违约。供应商违约主要表现在：逾期交货；所交货物质量、数量或包装与合同规定不符；未能提供与所交货物有关的服务或文件。而供应商在履约过程中的任何一种形式的违约对承包商工程合同的实施都有可能产生重大的负面影响。对此，采购方为避免或者减少对方违约造成的损失而采取必要的违约救济措施，如要求违约方实际履行、损害赔偿、减价和宣告合同无效等。

一、违约救济措施综述

救济措施是救济制度的核心内容，是依据一定标准对救济制度进行划分的外在表现形式。虽然各国法律对违约救济方法有诸多不同规定，但都普遍认可实际履行、损害赔偿和宣告合同无效这三种主要救济方法。

（1）损害赔偿是最广泛的救济方式，一般来说，它可以在任何违约情况下单独或者与其他救济方式共同行使，旨在使受害方回复到合同应该被履行时的状态；

（2）实际履行是很重要的救济方式之一。在《公约》中，实际履行是最主要的救济方式，以尊重"约定必须遵守"的原则和适应国际商事实践的特殊性为立法目的；

（3）宣告合同无效是违约最后的救济方式，旨在使受害方回到合同没有履行之前的状态。

1. 实际履行

在国际工程项目货物采购合同履行过程中，如果供应商违约，要求供应商实际履行是采购方（承包商）寻求法律救济的主要方法，其基本内容是要求供应商继续依据合同约定，履行自己的合同义务，而不仅仅强调弥补采购方所遭受的损失，以此对守约方的合同利益加以保护，保证合同得到切实执行，实现缔约目的。该救济方法旨在维护契约神圣原则、维护交易规则和经济秩序。与其他方法相比，这种方法更有利于实现采购方（承包商）采购合同的订约目的。供应商违约后，是否请求实际履行是采购方享有的一项权利，是有效实现采购方订约目的的补救方式。实际履行可以与违约金、损害赔偿和定金责任并用，但不能与解除合同的方式并用。同时，如果供应商在实际交付货物与合同不符同意减价时，采购方也不能要求实际履行。此外，虽然各国法律对实际履行作为一种救济方法都有规定，但不同国家规定的具体制度是不尽相同的，因此，采购方（承包商）在要求供应商实际履行时应注意不同法律制度条件下的具体要求。如法国和德国的法律规定虽然在实际履行的具体限制范围上存在着差异，但是二者在原则上都承认了实际履行为首要的救济，这也是大陆法系国家的普遍做法；而英美法系则将实际履行作为一种补充性的救济，只有在损害赔偿不能充分补偿的时候才可以行使。

2. 损害赔偿

损害赔偿是一种比较重要的救济方法，是指供应商对已造成的采购方的损害进行赔偿。其目的不在于惩罚供应商，而是利用金钱所能够发挥的作用把遭受损失的采购方恢复到如果合同得到履行时其应有的地位，以保护采购方的期待利益。按照《联合国国际货物销售合同公约》规定，损害赔偿责任的成立必须具备以下三个条件：

（1）须有损害事实。对于供应商履约过程中对采购方造成的损害事实，一般须由请求赔偿的采购方予以证明。

（2）须有归责于供应商的原因。按照《联合国国际货物销售合同公约》规定，只要供应商客观上存在违约事实，采购方即可要求损害赔偿，无论损害是否为供应商本身过失造成的。

（3）损害发生的原因与损害结果之间必须有因果关系，即损害是由于供应商应予负责的原因所造成的。

《公约》规定的损害赔偿救济制度下的损害赔偿具有广泛适用性。由于单一的救济方式往往不能给当事人提供充分救济，因此公约允许多种救济方式的共同作用，而只有损害赔偿能在任何情况下与其他救济方式结合使用。这是由它的金钱给付特性所决定的。此外，其他救济权利的丧失并不能排除损害赔偿的救济，这意味着它不受任何特定违约形态的限制。公约采用的严格责任制，对于国际工程项目货物采购更为合适。如果在交易过程中实行过错责任原则，那么供应商不履行合同义务时，只要其能证明自己无过错就可以免除赔偿责任，并由受害方来承担损失，这无疑会增加采购方的风险。

对损害赔偿计算的一般原则为：

(1) 赔偿金额应与由于违约而遭受的包括利润在内的损失额相等；

(2) 赔偿金额应以违约方在订立合同时可预料到的合理损失为限；

(3) 由于受损害的一方未采取合理措施导致的有可能减轻而未减轻的损失，应在赔偿金额中扣除。

总之，违约发生的情形是千差万别的，没有任何法律可能对所有情况下的损害赔偿规定一个详细的计算标准。根据《公约》的规定，采购方请求损害赔偿的损失应为其财产的直接减少和可得利益的丧失。财产的直接减少是指因供应商违约造成的财产的毁损、灭失或价值的减少、费用的增加，又称直接损失；可得利益的丧失是指如果供应商正当履行了自己的合同义务，采购方本来可以得到的收入，主要指利润，又称为间接损失。一般的损害赔偿的计算方法可表述如下：

供应商应支付的损害赔偿额 =（直接财产损失十可得利益损失十减损支付的费用）-（应该避免的损失十避免的成本或因违约损害而获取的收益十属于采购方自己过错造成的损失）

3. 交付替代物

供应商交货不符构成根本违约，采购方可请求交付替代物。在国际工程项目货物中，承包商采购合同的目的是期待对方履行合同，达到缔约目的，从而完成承包合同规定的法律义务，而不是在对方根本违约后就宣告合同无效，消灭合同。在供应商根本违约的情况下，采购方可以直接宣告合同无效，也可以请求交付替代物以尽可能地实现合同目的。

但是国际工程项目货物采购合同中的某些材料、设备具有特定物性质，技术规范要求的唯一性使其特定化，具有不可替代性；而某些材料、标准件具有种类物特点，能以品种、规格、质量等交易确定，具有可替代性。供应商交付的具有特定物性质的材料、设备，其数量、质量与合同不符，或货物在交付过程中灭失或损坏，由于其具有不可替代性，采购方只能要求损害赔偿。

4. 减价

采购方在已经接受了供应商交付的材料、设备中，却发现其在质量、数量等与合同不符时，无论采购方付款与否，采购方都可采取要求减价的方式对供应商的违约要求赔偿。同时，供应商即使因不可抗力的原因可以被免除损害赔偿的责任，但如果货物因不可抗力造成不符，采购方仍可要求减价。减价的幅度按实际交付的货物在交货时的价值与符合合同的货物当时的价值两者之间的比例计算。即：

减价幅度 = 原合同价格 × 供应商在交货时不符货物的实际价值/交货时不符货物价值如果供应商对任何不符之处做出补救，则采购方不得要求减低价格。

减价是采购方在供应商交付不符货物时的救济手段之一。在某些情况下，采购方可在损害赔偿和减价两种方法之间进行选择。如果采购方采购的是同种类物，是可以要求替换的，或在市场上有可供参考的价格，或者供应商交付的设备在生产、运输过程中发生货损,采购方要求减价比较容易实现。

5. 宣告合同无效

即结束原有的合同关系,而且尚未履行的义务不再履行。合同签约后,供应商不履行合同义务,即构成根本性违约,采购方无需事先通知供应商,也无义务给供应商宽限期以进行补救,即可立即解除合同。

宣告合同无效说明承包商采购失败。虽有可能获得供应商的违约罚金,但重新采购意味着其可能面临成本、工期以及业主索赔等多重压力。因此,在国际工程项目货物采购过程中鲜有采取宣告无效的救济措施。

二、供应商违约时,采购方的救济措施

1. 供应商逾期交货

在国际工程项目货物采购中,交货时间对承包商至关重要,对涉及关键路线上的材料、设备、里程碑物资、瓶颈物资等更是如此。如采购的设备不能按期到货,承包商无法按计划施工安装,造成停工待料,继而影响工程的下一步计划,影响到总工期。业主的工期索赔比设备逾期交货的罚款要高出很多。

采购合同约定的交货时间是承包商根据主进度计划制定的,供应商能否按照合同规定的交货方式,履行交货义务,如在合同规定的时间内,在指定交货地点将货物置于承包商控制之下,或将货物装入开往约定地点的船只或其他运输工具,或将货物交给承运人等,直接关系到货物能否按时到场、承包商能否如期使用、安装,关系到承包商的施工进度。

(1) 采购合同交货期限的确定

交货期限是指供应商在交货地点完成货物交付的日期。交货期间是指供应商从某一日期到另一日期在交货地点完成货物交付的一段时间。采购合同交货期限与交货期间的确定,对供应商是否存在逾期交货行为具有决定意义。如果合同约定交货期限,供应商应按约定的期限交付货物;约定交货期间时,供应商可在该交货期间内的任何时间交付货物。

供应商是否逾期交付货物,还涉及交付货物地点的确定问题。供应商应在合同约定地点交货,否则采购方有权拒绝受领货物,如果供应商因此履行迟延的,需承担违约责任。在未约定交付地点或者约定不明确时,可以由双方当事人协议补充确定,如果协商不成,应根据合同的有关条款或者交易习惯进行确定。

(2) 供应商逾期交货违约责任的确定

供应商逾期交货,是指供应商在合同约定的交付货物期限届满后才完成交付的义务。如在 DDU、DDP 条件下,供应商未能在现场或指定地点将货物置于承包商的控制之下,在 CIF 条件下,未能在合同规定时间内装运,或当合同规定货物到港时间时,未能按时在约定时间内到达指定目的港/地等。供应商逾期交付,包括两种情况:一种是已经超过

交付货物的期限但仍然未交付；另一种则是虽然构成逾期交付，但货物已经现实地向采购方交付。此外，货物虽到现场，但存在缺陷，需现场处理后才能使用、安装。供应商逾期交货的原因可能由于货物制造期拖延、装运错误或短装、运输安排不及时等。但一切非买方原因或不可抗力原因而导致供应商交货逾期，应由其承担违约责任。

（3）采购方的损失

由于供应商逾期交付货物，采购方（承包商）有权要求供应商赔偿因逾期交货所造成的损失。采购方的损失主要有以下几种：

1）承包商使用利益损失：为避免停工待料，不得不以较高价格紧急采购因供应商不能按时供应部分的货物而受到的差价损失；

2）供应商错发错运时，承包商因此多支付的一切实际费用；

3）由于供应商原因导致承包商停工待料，窝工、赶工等产生的费用以及业主为此向承包商索赔的费用损失，承包商临时寻找替代产品而产生的费用损失；

4）咨询工程师不批准使用任何替代品，造成承包商停工待料、窝工等的损失等。

（4）采购方的救济措施

供应商逾期交货分为两种情况：供应商已经现实交付和尚未交付货物。

1）损害赔偿

在供应商已现实交付情况下，应向采购方承担逾期交付货物的违约责任，具体责任承担包括：双方当事人在合同中对供应商逾期交付货物约定有违约金的，供应商应当向对方支付违约金；未约定违约金而约定损失数额或损失计算方法的，可按约定数额或方法计算向采购方赔偿损失；既未约定违约金，又未约定损失数额或损失计算方法的，由供应商向采购方赔偿其有证据证明的损失，如由于供应商的逾期交货，采购方租用或采购替代物的支出，逾期过程中采购方遇到的意外风险损失或业主向采购方提出的索赔等。

2）继续履行合同

在供应商逾期尚未交付货物的情况下，采购方可要求供应商继续履行交付货物的义务。

3）解除合同

在供应商无法继续履行或者符合法律规定的其他条件下，可以不再适用继续履行，采购方可请求解除合同，并要求供应商承担不能交付货物的违约责任。

2. 供应商所交货物质量与合同不符

采购合同对货物质量的约定关系到承包商的施工质量和进度。供应商向采购方交付符合合同质量要求的货物是其合同义务之一，当其所交货物质量与合同不符，采购方有权就其交付货物质量造成的损失要求赔偿。

（1）供应商交付货物质量的确定

供应商交付的货物应符合双方在采购合同中约定的品质、规格、性能、技术参数、技术规范以及理化指标等；应符合货物的使用目的；符合订立合同时明示或默示地通知供应商任何特定目的；符合供应商向采购方提供的货物样品质量、设计图纸要求等。

(2) 供应商质量违约责任的确定

在国际工程项目货物采购过程中，如何确定供应商交付货物质量是否与合同规定相符，有时比较困难，比如双方在签约时只是对材料、设备的质量作了笼统地规定，对产品的许多要求或指标双方只是按不言自明的方式处理。另外，由于国际工程项目货物采购种类繁多，标准复杂，有时同一产品要求多种规格，即使双方认真准备，也难以在合同中对货物的规格质量描述得详细具体、滴水不漏。当双方发生质量争议时，首先应确定供应商是否存在违约交货；凡合同中对货物质量有明确规定的，供应商须按合同规定交付货物，否则构成违约；供应商交付的货物未能使该货物达到同一规格货物在通常使用时的所有功能的；在已通知供应商合同货物特定使用目的条件下，供应商交付的货物不适合特定使用用途；供应商交付的货物不具备其提供样品的品质或设计要求的，均构成违约。

(3) 承包商的损失

由于供应商所交货物质量与合同不符，导致承包商的损失包括以下几个方面：

1) 合同利益损失，如供应商所交付的设备经过安装调试后未能达到合同规定的技术性能指标，而设备性能指标状况，直接关系到承包商通过设备安装，完成其承包项目目标以实现业主的使用目标。

2) 在货物明示质保期内，由于货物质量原因，导致承包商的返工、工作重复或已完成工作报废等，以及业主因此向承包商提出的索赔。

3) 由于质量原因，承包商为不延误工期，为使货物正常使用而采取的补救措施所发生的费用。

4) 供应商对质量不符货物采取的补救措施给承包商带来的不合理的不便和不合理的开支等。

(4) 采购方的救济措施

按合同规定，采购的材料、设备须经采购方，或咨询工程师，或双方同意的第三方根据合同和技术文件的规定进行全面质量验收。供应商交付质量不符合合同规定的货物是严重违约行为。采购方的救济措施为：

1) 对于其提供的合同材料或设备存在质量缺陷，供应商应自负费用和风险修理、更换、补足。

2) 如果上述措施仍不足以弥补采购方遭受的损失时，供应商还应赔偿采购方的损失。

3) 对于供应商无法在约定的或合理期限内修复或替换有质量缺陷的材料和设备，使其达到最低技术性能和指标的，供应商从根本上剥夺了采购方的预期合同利益的，采购方应保留终止合同的权利。对于供应商提供的材料、设备达到最低技术性能和指标，但未达到其在合同中明示保证的正常技术指标时，采购方可要求其支付约定性能不达标的违约金，在订立合同时可以对设备实际性能距离供应商保证性能指标的差值规定一定金额或比例的违约金。

4）减价

供应商交付的货物质量与合同不符，但其主要使用价值未受重大影响，同时不论是否已经付款，采购方都可以要求减价。减价的前提条件是：采购方已经接受了货物；如果供应商对不符之处进行了补救，如修理、更换等，采购方无权要求减价；如果采购方拒绝供应商的合理修补，则采购方丧失了要求减价的权力。同时，减价的幅度相当于货物的缺损部分的价值。

设备减价：

在国际工程项目货物采购索赔中经常发生的是采购方对设备采购的减价要求。因此，合理评估采购设备所受的损失或其实际性能与合同规定性能的差别，是合同双方关注的焦点。任何低于最佳效用的使用标志着设备价值的降低，即设备贬值。其索赔金额计算公式为：

$$设备索赔值 = 设备贬值 + 直接经济损失 + 间接经济损失$$

设备贬值分为全部贬值和部分贬值。全部贬值是指，因设备严重锈损或损害变形，实体损耗严重，设备工作精度下降，无法达到合同所列技术要求；或设备型号不符，性能不良，技术性陈旧，无法修复，只能退货或换货。部分贬值是指货物并未完全贬值，但受可见损耗因素和不可见损耗因素的影响，对其性能以及使用寿命产生不良影响，影响设备正常条件下的使用。

采购设备的价值在于该设备要在产品的规格、质量、生产方面达到合同所规定的要求，以使使用方获得预期的经济效益。作为合同的技术附件在上述品种、规格、质量等方面应有明确的验收标准。当设备调试考核验收中发生合同设备不能全面达到合同技术附件要求，经多次调试仍不能达标，说明设备预期用途受到限制，可以据理向供应商提出索赔，并根据合同设备的品质、规格、性能等的检验结果，计算设备部分贬值金额。

$$设备贬值 = 合同设备价值 \times 不合格项目数 / 检验项目总数 \times 检验项目系数$$

（检验项目系数包括设备价值权重系数、质量检验修正系数等）

直接经济损失包括：(1) 承包商合同利益损失，如供应商所交付的设备经过安装调试后未能达到合同规定的技术性能指标，而设备性能指标状况，直接关系到承包商通过设备安装，完成其承包项目目标以实现业主的使用目标；(2) 供应商对质量不符设备采取的补救措施给承包商带来的不合理的不便和不合理的开支；(3) 业主由于设备质量不符对承包商提出的索赔、处理损坏及重新调试的支出，如现场费用、材料费、利息等；(4) 由于供应商违约导致承包商预期利润的损失。

3. 供应商的其他违约

供应商的其他违约表现在以下几个方面：

（1）供应商交货数量与合同规定不符，溢交或短交。

（2）供应商提供货物的包装与合同不符；或因包装方式不正确，或包装不适于特定运输条件，或包装与货物不适合等造成货物损伤或受雨水、海水的侵蚀引起货物的损伤等，或包装不适于特定时间内的储存、码放；或不符合项目东道国对进口货物的包装要求。

（3）供应商提交的装运单据等与合同不符，如由于供应商提交装运单据、发票等不符合合同规定要求，导致承包商未能及时进口通关、提货、检验等。

（4）在设备采购中，供应商设备备件、配件、辅助工具等的短交；负责提供技术服务和技术培训的人员不合格、提供的时间不足、不能有效指导承包商的设备安装和调试工作、培训内容不符合合同规定；供应商不能按合同规定及时解决设备安装、调试中出现的问题；不能保证各设备部件之间的互换性。

（5）供应商不能在合同规定的时间内，向承包商发送货物装运通知，或按照国际货物买卖的通常做法在合理时间内或合同规定时间内向采购方交单，致使其不能按时报关、提货等。

对于供应商的其他违约行为，采购方可视其违约的性质、程度、对承包工程的影响范围以及可能产生的后果，采取对其最有利的补救措施。

三、对供应商的索赔要点

当发生供应商违约事件时，作为采购方的承包商为保障其自身经济利益和承包合同的不间断实施，可据实提出合理、可行的违约救济措施。

1. 索赔事件的确定

按合同规定，采购的材料、设备经采购方，或咨询工程师，或双方同意的第三方根据合同规定和技术文件进行全面质量验收。

（1）设备

对于分批或多箱装运的货物，货到目的港/指定地点时要派员查货，按装箱单清点件数，验看包装，货物是否有锈蚀、损坏等情况。如发现货损，做好原始记录和拍照，查明原因，作出现场鉴定。货至现场后，按合同规定，业主/咨询工程师、采购方、供应商、检验机构共同对设备、随机工具、零配件、附件以及技术资料等进行全面的清点，对存在问题的，应及时做好记录和取证。设备安装完毕后，业主/咨询工程师，采购方、供应商共同调试设备。在设备正常运转后，双方对成套设备安装调试进行验收，并签订设备安装调试合格交接单，签订之日作为设备保修期起始日。

（2）材料

对于到场的材料，采购方应依据合同标准进行检斤点数、外观检验、性能、指标抽验。如发现货物与规定质量不符应做好收货纪录,并作残损鉴定,以便确定责任。

对在港口、工地验收设备、材料过程中发现的问题,以及设备保修期内发生质量事故问题,要根据问题的性质和大小,认真查清问题发生的经过,客观地研究和分析货损发生的原因,出具鉴定报告,实事求是地分清承运人、供应商、保险公司的责任。对确属供应商责任的,依据采购合同、检验报告、提单、保险单、技术文件等有关材料,确立索赔依据,通知供应商,并递交索赔报告及有关证据。

2. 索赔证据

采购合同索赔和工程索赔相同,若要成功很大程度上取决于采购方对索赔作出的解释和强有力的证据材料。因此,在正式提出索赔前的资料准备工作是极为重要的。

任何一项索赔,须以合同为依据。采购方要充分全面研究合同文件、条款,清楚合同对货物的交货时间、技术规范要求、检验指标、条件及设备安装调试等具体情况的规定,熟悉合同对供应商供货的规定和要求以及供应商的承诺,同时认真研究合同中对采购方不利的条款。证据不足、责任不明或与合同索赔条款不符,都有可能遭到对方的拒绝。

材料、设备采购索赔通常需要提供的证件包括索赔清单、检验报告、发票、装箱单、提单副本,对不同的索赔对象还要另附有关证件。其次,注意日常索赔基础资料的收集。尤其是设备采购,资料多,信息多,采购周期长,供货程序复杂,采购方与供应商在合同履约过程中往来信函,以及设备的到货检验、安装、调试中的一切相关信息,如设备合格交接单、安全操作使用说明书,设备在调试过程中发生事故的时间、设备部位、发生原因、影响范围、持续时间的记录及证明人等,以及一切与合同有关的其他资料,如到货检验记录、设备安装日志、来往文件、气象资料、备忘录、工程照片、工程进度计划、工程核算资料、安装图纸、检验证书等,都会成为论证索赔的依据。这些资料须详细完整,以便为索赔提供详尽的证明材料。

3. 索赔时限

在国际货物买卖中,与国际货物买卖合同有关的违约救济的请求权,只能在一定期限内行使,超过期限则不受法律保护。按国际惯例,国际货物买卖合同的追诉时效为四年,联合国《国际货物买卖时效期限公约》和1980年4月在维也纳通过的《修正国际货物销售时效期限公约的议定书》所规定的是四年。我国《涉外经济合同法》参考了国际惯例也规定为四年。在签约时,应根据采购标的的特点和工程要求,合理约定违约救济追偿时限。因此,一旦发生供应商违约事件,应根据合同规定的内容,及时迅速地找出索赔项目和计算款项,分析发生索赔的各种原因及查找记录,在合同规定的索赔期限内及时送达索赔报告书。虽然国际法的有关条款规定索赔书送达后28天内,供应商未作答复,则视其为默认了索赔要求,但国际工程承包项目的工期要求以及设备的安装、调试等通常不允许耽误如此长时间,承包商须主动联系供应商进行磋商、谈判。此外,索赔报告中应明确提出要求答复的期限。

4. 索赔金额的确定

索赔金额的高低与索赔的内容有直接关系。受损货物的实际价值是索赔金额的主要组成部分，此外，还包括如检验费、装卸费、货物运费差价、银行手续费、仓库租赁费、利息及市价差额以及对第三方应支付的费用等。如果合同约定了损害赔偿的金额或计算方法，通常应按约定的金额或根据约定的计算方法计算出的赔偿金额。合同未作具体规定时，确定赔偿金额的基本原则为：

1）金额应与违约而遭受的包括利润在内的损失额相等；

2）金额应以违约方在订立合同同时可预料到的合理损失为限；

3）由于受损害的一方未采取合理措施导致的有可能减轻而未减轻的损失，应在赔偿金额中扣除。

5. 索赔谈判与仲裁

对于因货物数量、规格不符或运输过程造成货物损伤，或一般材料的质量问题等提出的索赔，由于依据清晰，容易得到相应赔偿。对于设备在安装调试或保修期内出现质量问题或事故，供应商会顾及自己公司的声誉和对自己产品的信任，一般不会轻易接受其产品出现问题，或会强调其他理由，或虽承认责任，但对采购方提出的索赔金额不认同，要通过艰苦的谈判，以证据说服，取得应有的赔偿。如果索赔谈判后，仍不能达成共识，可提交仲裁解决。

商业索赔谈判和工程索赔谈判的要求基本相同。首先，要选好谈判人员。索赔谈判是索赔过程中的重要环节，是决定供应商能否赔偿损失的关键和必需的步骤，需要由懂技术、懂施工、懂预算、懂合同法律、懂谈判技巧，并能随机应变、有忍耐力的人员组成谈判小组担负索赔任务。谈判过程中，谈判小组应采取一定的技巧以达到预期效果，既掌握原则性，又有灵活性，不卑不亢，知己知彼，有进有退，坚持到底。

第4节 国际工程项目货物运输索赔

国际工程项目货物运输由于环节多、时间长、风险大，货损、延迟交货等情况时有发生。其索赔程序与商业索赔程序是相互独立的。当发生货损后，在确认为承运人的责任后，承包商应向承运人提出索赔。

一、海上货物运输索赔

1. 承运人的责任

（1）承运人的责任期限。承运人对集装箱装运的货物的责任期间是指从装货港接收货物时起至卸货港交付货物时止，货物处于承运人掌管之下的全部期间。承运人对非集装箱装运的货物的责任期间，是指从货物装上船时起至卸下船时止，货物处于承运人掌管之下的全部期间。在承运人的责任期间，货物发生灭失或者损坏，承运人应当负赔偿责任。

（2）承运人在船舶开航前和开航当时，应当谨慎处理，使船舶处于适航状态，妥善配备船员，装备船舶和配备供应品，并使货舱等和其他载货处所适于并能安全收受、载运和保管货物。

（3）承运人应当妥善地、谨慎地装载、搬移、积载、运输、保管、照料和卸载所运货物。

（4）承运人应当按照约定的或者习惯的或者地理上的航线将货物运往卸货港。

（5）货物未能在明确约定的时间内，在约定的卸货港交付的，为迟延交付。除依照本章规定承运人不负赔偿责任的情形外，由于承运人的过失，致使货物因迟延交付而灭失或者损坏的，承运人应当负赔偿责任。除依照本章规定承运人不负赔偿责任的情形外，由于承运人的过失，致使货物因迟延交付而遭受经济损失的，即使货物没有灭失或者损坏，承运人仍然应当负赔偿责任。

（6）货物的灭失、损坏或者迟延交付是由于承运人或者承运人的受雇人、代理人的不能免除赔偿责任的原因和其他原因共同造成的，承运人仅在其不能免除赔偿责任的范围内负赔偿责任；但是，承运人对其他原因造成的灭失、损坏或者迟延交付应当负举证责任。

（7）货物灭失的赔偿额，按照货物的实际价值计算；货物损坏的赔偿额，按照货物受损前后实际价值的差额或者货物的修复费用计算。货物的实际价值，按照货物装船时的价值加保险费加运费计算。货物实际价值，赔偿时减去因货物灭失或者损坏而少付或者免付的有关费用。

可见，因承运人的运输责任所造成的损失大致可以归纳为以下6类：

（1）短卸，短装，错装；

（2）配载不当，积载不良；

（3）货舱不洁，残损毁失；

（4）船体陈旧，不适航载；

（5）中途短损，延迟交货；

（6）无端变更航线或航期。

2. 收货人的权利

收货人是运输合同的第三人，也是运输合同中重要的关系人。外国和国际公约一般都规定，货物送达目的地后，承运人有通知收货人的义务，经收货人请求交付后，取得托运人因运输合同所产生的权利。在存在收货人的情况下，托运人与承运人订立运输合同是为了收货人的利益，承运人应当依照运输合同向收货人交付，但收货人的权利产生于请求交付之时，而非运输合同订立时。收货人享有如下权利：

（1）就交货时货物的灭失或损坏向承运人发出书面通知的权利。

（2）就货物因迟延交付造成经济损失向承运人提出书面通知的权利。

(3) 在目的地提取货物前要求检验机构对货物状况进行检验的权利。
(4) 要求承运人为进行上述检验提供便利的权利。
(5) 在规定的时效期间内，就货物运输向承运人要求赔偿的权利。

3. 索赔依据

处理索赔的依据是海上货物运输合同。在班轮运输方式下，提单中有关承托双方的权利和义务责任和豁免一般参照《海牙规则》或《海牙/维斯比规则》的规定；在租船运输方式下，租船合同中关于船东负责货损货差的规定一般也遵循《海牙规则》或《海牙/维斯比规则》的规定。因此，当发生货运事故后，托运人应首先分析发生的原因，再根据运输合同的类型，参照《海牙规则》或《海牙/维斯比规则》所规定的承运人的责任范围确定承运人是否对所发生的货物损失负责。

4. 货损货差索赔期限

按商业惯例，向承运人索赔应在船舶到港后14天内书面提出。其索赔时效通常为货物到目的港交货后的一年内。《海牙规则》、《维斯比规则》等也规定为一年，但经船货双方协商后可以延长。另外，在一年期满后，在受理该案法院的法律允许期间内，承运人至少仍有3个月的期限，向第三方提出赔偿诉讼。《汉堡规则》将诉讼时效延长至2年，包括托运人或收货人向承运人起诉或相反的诉讼。导致索赔期限过期原因有：

(1) 不了解东道国海商法对索赔时效的规定；
(2) 搞错索赔对象；
(3) 不能正确识别承运人；
(4) 诉讼地点或方式搞错。

5. 索赔文件

(1) 索赔通知

有关提单的各项运输公约以及各国的海商法或海上运输法一般都规定，在货物发生灭失或损坏时，收货人应在承运人将货物交付的当时或次日，以书面形式向承运人发出货损货差通知。若货物短损不明显，则可在规定的时间内向承运人发出通知，以表明其向承运人索赔的意图。

(2) 索赔证明文件

收货人首先要证明货物已遗失或受到损毁。首先以清洁提单证明货物于装运时情况良好，再以不清洁收据证明货物于卸货时被发现已遗失或遭受损毁。在遗失或损毁并不明显的情况下，除非货物在交货时双方已进行联合检查，否则收货人或货主必须以交货后三日内所递交的损失通知书来证明货物的遗失或受损情况。当收货人或货主提供足够的表面证据后，举证责任则会转移至承运人。承运人则会提供证据反证作出抗辩。证明货物货损货差的最好的方法是由收货人及承运人各自派代表和检验机构进行联合检验，到场鉴定货物损失的价值。收货人应提交的索赔证明文件有：运费和保险费收据,清洁提单正本或影印件、或货运收据,商业发票,装箱单或磅码单,商检机构出具的检验、鉴定证书,船方、港务管理部门出具的文件,货损货差证明,海事报告,大副签证,其他费用证明单据以及其他必要文件,如火灾鉴定报告等。

6. 索赔金额及赔付办法

托运人根据损失的程度和致损原因,确定对外索赔的比例。运输索赔一般按到岸价格计算损失金额。

赔偿金额和赔偿办法应本着实事求是的态度来确定,总的原则是赔偿金额应与损失额(含利润等)相等。承运人在处理索赔时,其理赔原则是按照有关国际公约和提单中的责任限制条款项下的规定来执行的。

中国远洋运输公司提单条款,规定赔额仅限于每件700元人民币,即使托运人声明价值或有特别协议,其赔额也不会超过货物本身的价值。《维斯比规则》和《汉堡规则》均规定,如果一个集装箱或一个托盘,在提单内如载明所装货物的具体件数,则以一个集装箱或一个托盘作为一件赔偿。

承运人只赔付货损货差的直接损失,不负间接损失的赔偿之责,至于这部分间接损失,由贸易双方协商解决。同时,每件货物的赔偿,都有一定的限额,承运人往往并不能足赔。对承保的货物,承运人不予赔偿的损失或赔额不足的部分,确属保险公司的责任范围内的,应由保险公司赔付。按我国习惯做法,属于承运人和保险公司责任的,统一由外运公司代办。

7. 注意问题

(1) 分析货损原因,注意防范通知时效和索赔时效风险。

进口货物抵港后,采购方应迅速报关,并根据提单、箱单所列情况,查货验货。如发现货损、短缺及规格不符等问题时,收货人应保留现场并在验货之日起3日内书面通知承运人,声明保留索赔权;如系货物迟延,应在货物运到后14天内提出。同时,应及时联系检验机构或公证鉴定行,申请检验和现场鉴定,判断原因,取得相关证明,确定责任归属,向有关责任方提出索赔。其中,确系承运人责任的,应立即向承运人索赔,因为向承运人索赔的有效期限较短。

(2) 在承运人交货时,采购方不得随意出具清洁收据。

(3) 对于到货外表状况良好,而只有开箱检查才能判断实际到货质量情况时候,则应该会同质量部门、技术人员等与承运人共同开箱,当开箱后发现问题时,应进行现场拍照,要求承运人或其代理人对货物出具调查报告,并拒绝签发到货收据。

(4) 对到货进行公证鉴定,以便确定该损毁是否由于运输所致,还是装运前即已有缺陷。

(5) 当发生货损、货差,进行索赔或诉讼,必须搞清基于何种合同法律关系,谁为合格的索赔和诉讼的主体。正确区分承运人和货运代理人的权利义务和责任范围。勿将货运代理人当成承运人。在索赔前,要弄清造成货损、货差的实际过错方,确定真正的责任人,以保证索赔成功。

(6) 收货人须以书面形式立即通知有关保险公司并要求延续保单。

(7) 收货人往往已尽到了货损通知义务,也注意把握索赔诉讼时效。如果在协商、谈判阶段未能采取有效的保全措施,一旦庭外谈判协商不成,诉讼至法院或采取由仲裁庭进行裁决,即使法院或仲裁机构做出了有利于货物一方的判决或仲裁结果,也会出现难以执行法院判决或仲裁结果的不利局面,形成执行风险。为解决上述问题,要求货物保险人与货物所有人充分重视执行风险的存在,彼此之间应协调一致,通力合作,合力追偿。因此,收货人应依法运用保全措施,防范执行风险,确保己方利益。

(8) 当货损事故发生后,由于对诉讼法院和适用法律的选择不同,往往会导致赔偿金额的悬殊,甚至会出现完全相反的结果。为避免因对诉讼法院和适用法律的选择不当而产生的诉讼风险,采购方应针对不同国家的有关法律法规的差异及判例、不同的追偿案件,选择有利的法院和法律建立诉讼管辖,防止诉讼风险。

总之,发生货损事故后,收货人及时取得有效证据,妥善处理货物,合法有效地进行追赔是保护自身权益的重要方式。但由于经验和精力限制,尤其是在国外,繁琐的举证和追赔过程,对各种法律关系的认识不足常常使作为收货人的承包商陷入索赔误区,贻误时机。因此,及时咨询法律专家或事先购买货物保险,是承包商确保货物安全的明智选择。

二、航空货物运输索赔

1. 承运人的责任

航空货物承运人的责任期限是由托运方交承运方起,承运方即对所运货物负有责任,直至承运方将货物交收货方为止。承运人责任就是承运人基于航空运输合同而对空运服务相关人所担负的侵权损害赔偿责任。

对于因货物毁灭、遗失或者损坏而产生的损失,只要造成损失的事件是在航空运输期间发生的,承运人就应当承担责任。在货物运输中,承运人对货物的赔偿责任以每公斤250法郎为限,除非托运人在交运包件时,特别声明在目的地点交付时的利益,并在必要时支付附加费。在后种情况下,承运人应当偿付所声明的金额,除非承运人证明声明的金额高于在目的地点交付时托运人的实际利益。

航空货物运输中,如果发生货损货差,首先追查责任方,是代理责任还是承运人责任,不论是哪方责任一般均按《华沙公约》条款进行赔偿,也就是按航空总运单、分运单背面条款进行赔偿。

2. 索赔程序

(1) 索赔受理范围

由 IATA 统一制订并印在航空运单的运输契约第二十条指出,运单中指明的收货人遇到下列情况时必须在规定的时间内向承运人作出书面投诉,超过规定期限未作出书面投诉的,即被视为是自动放弃了应享有的权利。

如果承运人承认货物已经遗失或货物在应该到达的日期七天后尚未到达,收货人有权向承运人行使运输合同所赋予的权利;收货人在收受货物时没有异议,就被认为货物已经完好地交付,并和运输凭证相符;如果有损坏情况,收货人应在发现损坏后,立即向承运人提出异议。

收货人一旦接受航空运单并提取货物后,托运人对货物的处置权即告终止,此时只能由收货人行使向承运人投诉,提出索赔要求的权利;如果收货人拒绝接受货运单或货物,或无法同收货人联系,托运人就恢复他对货物的处置权,即只有在此种情况下托运人才能有权向承运人提出投诉与索赔。

(2)索赔通知与诉讼时效

根据华沙公约的规定,在货物遭受损害的情况下,收货人或有关当事人应于收到货物之日起 7 天之内提出书面通知。在延迟交货的情况下,收货人应于货物收到之日后 14 天之内提出索赔通知。如在以上规定期限内没有提出,则作为托运人放弃该项索赔。诉讼在两年内提起,即从货物到达之日,或从运输终止之日起,过了该期限没有提起诉讼,则作为托运人放弃了该项诉讼权利。

(3)索赔金额

一般根据货物计费重量,最高赔偿额为每公斤 20 美元,其余部分由收货人向保险公司提赔(即货物在出运前办理了保险)。

第 5 节 国际工程项目货物运输保险索赔

一、国际工程项目货物运输保险索赔特点

我国国际工程项目分布多为不发达国家,且项目一般地处偏远地区,同时工程货物多为批量到货,现场分期开箱检验。报案索赔不及时,检验成本高等是国际工程项目货物运输保险索赔的一般特点。

二、索赔程序

国际工程项目货物在运输过程中发生的货损货差有时是由保险责任范围内的风险所致。运输保险索赔是被保险人依据保险合同所享有的重要权利,当保险标的发生保险合同项下的保险事故造成损失或对此损失负有责任时,被保险人有权向保险人要求赔偿或追偿。但被保险人在向保险人行使索赔权时应当履行相应的义务并遵守法定程序。在国际工程项目货物采购过程中,从中国出口的材料、设备可在中国保险公司投保,从第三国采购的材料、设备,除 FOB/FCA、EXW、CFR 条件下由采购方投保外,一般由国外供应商安排投保。

大部分保险公司的保险单都要求如果保险标的发生了保险责任范围内的损失,需

立即通知其最近的分支机构或代理处。在 CIF 条件下，由国外供应商办理保险手续，赔付地点一般安排在目的地。发生货损后，由采购方与保险单上的指定代理人联系，向有关保险公司进行索赔。各国保险公司运输保险的索赔程序如下：

1. 验货

当收货人收到货物时，首先应与相关单证详细核对，确保所到货物为采购标的货物。其次，检查货物包装是否有损，或在收据上做相关批注。如集装箱交货，应立即同责任方一起检查集装箱箱体及铅封，箱体是否有损伤，封条是否破损或丢失，封条与运输单证是否相符，并在收货凭证上予以说明。同时，尽可能收集原始证据，并对破损情况进行拍照，为索赔取得第一手材料。值得注意的是，货损应尽量在提货前发现，特别是散装货，否则过后索赔难度较大。集装箱运输也同样应在提货前查看箱体是否破损、泄露迹象。

2. 索取货损货差证明记录

收货人应向有关责任方索取货损货差证明记录（海运通常为经船长或大副签字的"理货记录"或"溢短证明"），并向其提交书面索赔申请。责任方出具的货损货差证明记录，在某种程度上等同于责任方认同货物在其掌管期间出现损失（单证上另有相反批注的除外），这对保险人判定保险责任起着极其重要的作用。同时由于责任方对于责任的认定，也在一定程度上缩短了保险人对责任判定的时间，从而加快了保险人对保险赔付的速度，保险公司将基于该单证最终有效，从责任方处得到补偿。如责任方拒绝出具，可向其他相关第三方取得证据：如港口、理货公司、二程运输公司、商检等。收货人在取得证明之后应立即向责任方提出书面索赔，并积极配合保险人与有关责任方交涉，同时保留责任方所有回函，以备保险索赔，并便于今后保险人向责任方追偿。在海上保险合同中，一般订有代位求偿条款。根据该条款的规定，保险人在赔偿被保险人的损失后，可以在其赔付金额的限度内，要求被保险人让渡其对造成损失的他人要求赔偿的权利；同时被保险人不得随意放弃对他人的索赔权，否则，保险人将以不能行使代位求偿权为理由，拒绝被保险人的索赔。

3. 申请残损检验

收货人应立即向保险单指定检验代理申请检验。一般货运险保单上均载有"一旦发现货损，须立即通知保单指定检验代理"条款。检验代理人会要求检验申请人提供相关索赔信息和资料，初步判定损失是否属于保险责任，若无法确定或确定为保险责任范围，则根据货损情况估算大致损失金额，若扣除保单注明免赔额后，损失金额明显低于 1000 美元（伦敦劳合社规定的免检金额或小额理赔金额为 100 英镑，而各保险公司内部掌握的尺度不一，但一般保险人通常认可的索赔金额为 1000 美元左右），则要求索赔人将索赔单证递交理赔代理办理理赔；相反情况或无法确定损失金额时，则需安排货损检验，以确定货物损失的状况、程度以及损失发生的原因，并记录在检验报告中，理赔人员据此确定货损责任的归属。货物"原残"是发货人的责任，属于保险条款的除外责任，保险人不负责赔偿。货物"船残"、"工残"或其他外来原因造成的损失，只要在承保期间内发生均属保险责任。货物损失的检验报告，国际上有统一的固定格式，通常用劳合社的检验报告格式，各国货物损失检验报告的内容基本相同。检验申请人向保险人或其指定检验代理人申请检验时应提供填写如下内容的必要单证：申请检验表、海运提单、货物发票、海事报告、保险单证、装箱单、理货单、货物的重量单等。

为确保检验结果的公正性和认同度，保险代理会邀请相关利益方特别是相关责任方或承运人进行联合检验，由多方签字共同出具联检报告或备忘录，有效避免今后保险索赔及追偿中众多的扯皮现象。索赔人可付费取得检验报告并向保险人指定理赔代理提赔。

4. 提交索赔申请

对于从我国出口承包的材料、设备，当发生货损货差时，由收货人向我国保险公司或其在项目东道国的代理公司提出索赔申请。中国人民保险公司在世界各主要港口和城市，均设有委托国外检验代理人和理赔代理人两种机构，前者负责检验货物损失。收货人取得检验报告后，附同其他单证，自行向出单公司索赔，后者可在授权的一定金额内，直接处理赔案，就地给付赔款。对于从第三国进口的材料、设备，可向供应商办理投保的保险公司在项目东道国的代理公司申请赔付。没有代理的，可委托供应商向保险公司提交索赔。

收货人向保险公司办理索赔，可按下列途径进行：海运进口货物的损失，向卸货港保险公司索赔；空运进口货物的损失，向国际运单上注明的目的地保险公司索赔；邮运进口货物的损失，向国际包裹单上注明的目的地保险公司索赔；陆运进口货物的损失，向国际铁路运单上注明的目的地保险公司索赔。

5. 及时施救，防止损失进一步扩大

一般货运险保单中"施救条款"规定，"被保险人或索赔人必须采取一切措施减少损失"，"实质上被保险人、索赔人必须像一个谨慎的未投保的人那样为了使损失降到最小而行事"。因此，收货人在通知保险人指定检验代理货损的同时，应立即自行或在代理的指导下对货损进行及时有效的施救，以防止损失进一步扩大。通常情况下，有关施救费用在索赔金额外另外索赔，但收货人检分好坏货物的行为通常被视为其应尽的义务，保险人一般不对由此所产生的费用进行赔付。

6. 索赔单证

向国内理赔代理人提交索赔单证包括：正本保单、正本提/运单、装箱单（复印件）、发票（复印件）、破损记录、理货报告（原件）、向有关责任方的索赔函及复函（复印件）、向保险人的索赔函（原件）、维修或更换零件费用发票等，实施检验的需提交正本检验报告及检验费支付凭证。

向国外理赔代理人提出索赔时，提供下列单证：保险单或保险凭证正本、运输契约、发票、装箱单、向承运人等第三者责任方请求补偿的函电或其他单证，以及证明被保险人已经履行应办的追偿手续等文件、由国外保险代理人或由国外第三者公证机构出具的检验报告、海事报告、货损货差证明、索赔清单等（海事造成的货物损失，一般均由保险公司赔付，船方不承担责任）。

7. 索赔审核

理赔代理审核索赔单证及检验报告，说明损失原因，判定货损是否属于保险责任。同时根据损失程度出具理赔报告，连同索赔单证寄交保险人。通常理赔代理在单证齐全的前提下 3~5 个工作日内完成理赔。保险公司在收到单证后通常根据保险条款对货物的损失、有关修理和更换费用、共同海损分摊费用、施救和救助费用等扣除残值后进行赔付。同时，凡对于涉及国外发货人、承运人、港务局、铁路或其他第三者所造成的货损事故责任，只要由收货人办妥向上述责任方的追偿手续，保险公司即予赔款。但对于属于国外发货人的有关质量、规格责任问题，根据保险公司条款规定，保险公司不负赔偿责任，而应由收货人请国家商检机构出具公证检验书，然后由收货单位通过外贸公司向发货人提出索赔。

8. 收到赔款

保险人结束审核并确认赔付后，即将赔款划付至索赔人指定的银行账户。通常以 CIF 价格采购的材料、设备，保险受益人为采购方，如需供应商办理索赔并受益，采购方需出具"授权委托书"，以确保受益人的利益得到充分的保障。

9. 签署"权益转让书"

保险人赔付后，索赔人需签署"权益转让书"，将索赔权转让给保险人，以便保险人及时向第三者责任方追偿。

10. 索赔时效延展

海上货物运输向承运人索赔时效一般为一年，航空运输的索赔时效为两年，水路、公路、铁路运输的均为 180 天。提货不着、丢失等索赔期相对较短。值得注意的是，在追偿过程中承运人往往利用时效限制的规定拖延时间，等到时效将近时才答复拒赔，致使收货方来不及向法院提出诉讼。同时，由于从出险到损失赔付往往需花费较长的时间，故实际留给保险人的有效追偿时间往往很有限。有些情节复杂的案件，甚至时效将近时保险赔付尚未解决，这便给保险人办理追偿带来困难。因此，在责任方认赔之前，不论结果如何，收货人应在时效终止前（通常 2 个月左右），正式办理扩展追偿时效的申请手续，并尽早取得责任方对索赔时效延展的书面确认。另外，在案件处理中常常出现保险保障不充分的问题，集中体现在保险区间不充分等。承包商在办理出口材料、设备保险时应充分注意港口与内陆运输的接口问题，以确保得到充分保障。承包商货物采购时，亦应向办理货物出口保险的供应商提出同样要求。

三、注意问题

以 CIF 条件采购材料、设备时，一般由国外供应商安排投保。发生货损后，由采购方向国外保险公司索赔。由于各供应商所在地域、国家不同，各国保险公司习惯做法和对国际贸易术语解释通则的理解不同，从索赔程序、手续以及索赔时效上都与国内有差别。当货损发生时，采购方须自行备齐保险单上注明的所有索赔文件，在保单限定的时间内，以保单规定的方式直接向保险公司或代理（如果有）提赔或由供应商代为转交保险公司。在此过程中，采购方可能处于被动的地位。这主要表现在以下几个方面：

(1) 索赔时效不同，国外保险公司的索赔时效一般为一年，这对于地处不发达国家的承包项目，且设备采购量大、超限货物多的采购方时限十分有限。一旦超过索赔期，即使文件齐备、理由充足，保险公司也不再受理。

(2) 联系不便。发现货损后，需通知国外供应商，由国外供应商通知保险公司，保险公司再通知其保险单上指明的当地检验代理。如果由采购方直接通知保单上的检验代理人检验，那么采购方还要为该代理人支付一定的费用，否则，这些检验代理人是不会为采购方理赔的。

(3) 国外保险公司对索赔文件的要求极为严格，缺一不可，手续也相对复杂。一旦受理，采购方还应按其要求填写其需求的其他文件并及时寄回，否则国外保险公司仍可以各种理由拒赔。

因此，承包商应谨慎选择贸易术语和成交条件。尽量选择 D 组术语。零星采购时，如需装运港交货，则由承包商自行办理保险手续为宜。

(1) 承包商可就整个项目的采购货物办理预约保险，这种保险每年办一次，其费率根据被保险人的货损记录而定，而由供应商办理保险时，其保险成本须与供应商的货损记录挂钩。

(2) 在发生货损的情况下，由承包商的海上货物运输保险代理人进行索赔工作，在处理有争议的索赔时，其在技术上完全有能力与保险公司进行谈判，同时可提出建议，以减少日后的货物损失。

(3) 由于国际工程项目货物运输具有与国际贸易运输的不同特点，如项目地处偏僻、批量到货、现场分期开箱检验、报案索赔不及时、检验成本高等，承包商在投保时应就上述特点制定具有可操作性、互相谅解的索赔/理赔流程，如建立小额赔款的快速解决机制、附加隐藏损失条款等，并与保险公司达成共识。

运输途中货物受损会对国际工程项目的工期产生重大负面影响，迅速处理索赔的必要性怎么强调都不过分。鉴于国际工程材料、设备运输保险索赔中采购方所处的不利地位，承包商应谨慎选择交货条件和保险公司，发生货损后，及时提赔。同时承包商有必要就货物运输编制索赔程序手册，以提高工作效率。

案例 12-1

国际工程 EPC 合同永久设备进口索赔案

一、概况

塔里干水利枢纽工程,是由中国水利水电建设集团公司(以下简称 SINO-HYDRO)利用中国进出口银行买方信贷方式向业主提供融资 85%、伊朗能源部所属的德黑兰水组织(以下简称 TRWB)出资 15% 承建的 EPCT 交钥匙工程。工程建设总工期 46 个月,主要由高 104m 填筑方量达 1530 万 m^3 的黏土芯墙堆石坝、溢洪道和装机 18MW 的地下厂房组成。

该 EPC 交钥匙工程主合同于 2001 年 2 月签订,合同范围包括卖方信贷融资、设计、采购、施工、安装调试及竣工移交并修补其任何缺陷等一揽子工作。该合同为 FIDC 合同 EPCT 范本合同颁布以来首次被应用到以土建为主的工程项目,合同为固定封顶总价的单价计量结算合同形式。该项目于 2002 年 3 月 15 正式开工。合同总价约为 14900 万美元,其中包括 CFR 约 2030 万美元的机电设备、金属结构、大坝观测仪器、实验设备供货。业主所有付款都将通过同一不可撤销信用证项下支付。根据合同规定,在伊朗境内外的任何进出口环节的税费都将由承包商承担,业主协助承包商办理进出口有关手续。

二、永久设备在伊朗进口的一般程序及限制性条件

1. SINO-HYDRO 备货,向业主指定的伊朗商检公司 IEI 提供该批货物的装箱单、产品合格证、质检报告等资料进行装船前的商品检验,并由该商检公司出具标准格式的商品检验合格证明(该资料应备份一套供伊朗进口地海关复查)。

2. 装船后,按信用证条款的特殊规定,SINO-HYDRO 应准备清洁提单(须注明运费已付,注明收货人及收货通知人均为伊朗能源部德黑兰水组织,运输公司在伊代理名称及地址应标注其上,16 家黑名单的船运公司禁用)、商业发票(需中国贸促会确认)、装箱单、产地证(需中国贸促会确认)、商品检验合格证明(由由业主指定商检公司出具)、保险单(优先考虑伊朗保险公司)、运输船只等级证明(船运公司提供)等规定不同份数的正本单证到议付行中国银行议付(注:伊朗海关税则号 84/10 应出现在所有单证上,形式发票号 No. CWHEC-Iran/2 - 22 - 70/01 dd 5 March 01、合同号 No. 2 - 22 - 70、信用证号 L/C No. Reg No's 26537755 以及业主名称都应标注在所有单证及包装箱上)。

3. 议付后的单证从议付行中国银行转开证行伊朗 TEJRAT 银行,开证行核对无误后通知业主,项目部凭业主函件从开证行提取银行背书的正本单证(注:通过信用证支付的货物进口报关时必须使用银行背书的正本单证)。

4. SINO-HYDRO 项目部将正本单证连同提前从伊朗商业部申请到的进口许可证送海关总署,海关总署致函进口地海关,进口地海关根据单证上标定的税则号参考税则

表税率计税。

5. 项目部支付税费，仓储费，港杂费等，进口地海关验货放行，通关结束。

6. 项目部组织从港口到工地长达约1600公里的内陆运输。

三、索赔的形成根源及过程

2003年6月，SINO-HYDRO从天津新港起运永久设备中的第三批大坝观测仪器，总价值390434美元，并按照信用证要求提供了齐全的单证在议付行交单议付，议付后的单证通过中国银行转伊朗TEJRAT银行。该批海运货物于2003年7月底到达目的港阿巴斯港。SINO-HYDRO塔里干项目部凭TRWB函件从TEJRAT银行提取背书的正本单证用于港口海关清关。海关告知：根据伊朗海关总署最新下发的批文规定，从2003年4月28日起，以前各部委关于减免税的文件一律作废，信用证上设定的税则号同时取消，所有进口物资全部按最新颁布的海关税则表上分项设定的税率计征关税（以下简称CD）和商业利润税（以下简称CBT）。对比前三批顺利清关的大坝观测仪器和实验仪器，按此新规定征税的税率将从原来的2%上升到20%，并且计税的美元兑伊朗币里亚尔的兑换率也将从1755RLS/USD上升至8261RLS/USD，项目部为此将损失约76000美元，将近占该批设备总价值的20%，并会对今后大批量的永久设备进口带来巨大困难，将承受高额税费。为此，项目部综合分析了各种利弊关系以及合同条款，尽管该批货物推迟到达现场将会危及仪器埋设和大坝大规模填筑工期，我方仍果断地向业主提出了索赔意向，并积极与业主商讨应对措施，以便开展下一步工作。

四、永久设备进口税损失计算

（一）大坝观测仪器

（1）变更前：按照从递交投标书的截止日期前28天之日，参考税则号84/10，关税税率$CD=0\%$，商业利润税$CBT=2\%$，海关计税外汇兑换率执行1美元兑1755里亚尔。

应计征进口税 $T = CFR \times R \times (CD + CBT) = 390434 \times 1755 \times 2\% = 13704233$ 里亚尔。

（2）变更后：从2003年4月取消一切进口优惠条件，大坝观测仪器税则号90/26，关税税率$CD=4\%$，商业利润税$CBT=16\%$，海关计税外汇兑换率执行1美元兑8261里亚尔。

应计征进口税 $T = CFR \times R \times (CD + CBT) = 390434 \times 8261 \times 20\% = 645075055$ 里亚尔

（3）损失金额：$=(2)-(1)=631370822$ 里亚尔 折合约76000美元。

（二）后续其他永久进口设备（除大坝观测仪器和实验设备）

（1）变更前：按照从递交投标书的截止日期前28天之日，参考税则号84/10，关税税率$CD=0\%$，商业利润税$CBT=2\%$，海关计税外汇兑换率执行1美元兑1755里亚尔。

应计征进口税 $T = CFR \times R \times (CD + CBT) = 19785841 \times 1755 \times 2\% = 694483019$ 里

亚尔。

（2）变更后：从 2003 年 4 月取消一切进口优惠条件，仍按税则号 84/10，关税税率 CD = 4%，商业利润税 CBT = 6%，海关计税外汇兑换率暂按 1 美元兑 8261 里亚尔。

应计征进口税 T = CFR × R × (CD + CBT) = 19785841 × 8261 × 10% = 16345083250 里亚尔

（3）损失金额：=（2）-（1）= 15,650,600,231 里亚尔 折合约 1,900,000 美元

由以上计算可以看出，由于伊朗国家海关进出口法律改变，项目部将面临高达近两百万美元的损失。

五、法律变更索赔理论依据

（1）根据合同条款通用条件 13.7 项和特殊条款 14.1 项；

（2）根据伊朗能源部致海关文函，凡属能源部直管的工程（有清单）进口电站成套设备享受优惠税率；

（3）根据伊朗能源部致海关文函，塔里干水利枢纽工程添加到能源部直管工程清单之列；

（4）根据信用证条款对永久进口设备专用税则号 84/10 的明确规定；

（5）根据伊朗海关总署 2000 年版海关税则表对税则号 84/10 税率的规定，CD = 0%，CBT = 2%；

（6）根据伊朗海关对 2002 年 3 月项目第一批实验设备计税单，计税外汇兑换率按 1 美元兑 1755 里亚尔；

（7）根据伊朗海关 2002 年 3 月收到的伊朗商业部文函，计税外汇兑换率与市场并轨，由固定汇率变成浮动汇率，计税外汇兑换率按 1 美元兑 8000 里亚尔以上；

（8）根据伊朗海关 2003 年 4 月批文，取消一切进口减免税优惠政策，所有进口物资统一按新颁布的税则表上的税则号和税率计税，按税则号 84/10 税率的规定，CD = 4%，CBT = 6%，按税则号 90/26 税率的规定，CD = 4%，CBT = 16%；

（9）第一、二、三批大坝观测仪器海关计税单。

六、索赔谈判

SINO-HYDRO 塔里干项目部在得到海关确切通知后，两次就大坝观测仪器进口致函业主，并提出意向索赔要求。业主认为 EPCT 合同总价包含所有一切费用，拒不接受法律改变的事实，坚持信用证开出总价为封顶价，没有调整的余地，任何风险是承包商的风险，故对承包商提出的索赔不予考虑，双方陷入僵局。

1. 业主方主要理由

（1）通用条款规定承包商在履行合同期间，应遵守各种法律，缴纳各项税费，办理所需要的全部许可、执照或批准，应保障使雇主免受因未能完成上述工作带来的伤害，承包商应被认为已确信合同价格包括所承担的全部义务，并被认为已取得了对工程可能产生影响和作用的有关风险、意外事件和其他情况的全部必要资料，接受对预

见到的为顺利完成工程的所有困难和费用的全部职责，合同价格对任何未预见到的困难和费用不应考虑予以调整。

(2) 专用条款规定该合同为总价封顶单价结算的EPC合同。合同价指协议书中所规定的工程的设计、施工和竣工并修补任何缺陷的所协定的金额，且包括按照合同而进行的调价（如有），以及所有一切费用。合同价格将不予调整，并且由于设计优化而使项目投资节省的部分将按业主和承包商4/6分成。

(3) 关于征税的专用条款规定

国外的征税：对于在伊朗国外针对承包商的设备、永久工程设备、材料和按合同要使用或提供供货的生产、制造、销售和运输以及按合同完成的服务所征收的所有税金、关税和其他收费，承包商都将进行支付，并且其费用被认为包括在合同价之中。

当地的征税：合同价包括，并且承包商将支付按照从递交投标书的截止日期前28天之日伊朗国内适用的法律和规章对于为了合同所需的承包商的设备、永久工程设备、材料和供货（永久、临时和消耗性材料）以及对于按合同完成的服务可能征收的任何开采税收、海关关税、进口税、营业税、所得税和其他税金。合同规定承包商将支付进口环节的所有关税、商业利润税、任何政府税费，以及港杂费、清关费以及到达工地的运输费等一切费用。就所得税而言，根据伊朗的"税收条例"，对于国外方或国外承包商实施工程，并且业主为部、自治区或政府机构，从国外供应永久工程设备所用的合同金额部分将不被征收所得税。

2. SINO-HYDRO主要理由

(1) 这种特殊情况的产生源于基准日期后伊朗国家的法律变更，尽管是EPCT交钥匙工程，但这是任何有经验的国际承包商所无法控制和规避的风险。根据合同条款[13.7 因法律改变的调整]，当基准日期后，工程所在国的法律有改变（包括施用新的法律，废止或修改现有法律），或对此类法律的司法或政府解释有改变，对承包商履行合同规定的义务产生影响时，合同价格应考虑上述改变造成的任何费用增减，进行调整。如果由于这些基准日期后做出的法律或此类解释的改变，使承包商已（或将）遭受延误和（或）已（或将）招致增加费用，承包商应向雇主发出通知，并应有权根据第20.1款［承包商的索赔］的规定提出，根据第8.4款［竣工时间的延长］的规定，如果竣工已（或）将受到延误，对任何此类延误给予延长期，任何此类费用应加入合同价格，给予支付承包商有权获得因该改变而造成损失的补偿。

(2) 根据合同条款14.1 (b)，合同价可进行调价的前提条件只是因法律改变的调整；尽管承包商将支付按合同要求将支付的所有税金、关税和费用，并且合同价将不得为了任何这些费用而进行调价，但在子款13.7［因法律改变的调整］中所规定的除外。

(3) 根据伊朗TEJRAT银行开出的不可撤销信用证条款，永久设备进口应使用税则号84/10，并且明确规定该税则号应出现在所有单证上，这将作为目的港海关计税的依据。

（4）大坝观测仪器属永久进口设备的一部分，在信用证上使用的是同一税则号，计税的税率应执行同一标准，并且由于伊朗海关在合同生效后调高该税则号的税率，其差额部分理应予以补偿。

（5）由于合同生效前，伊朗国家执行双重外汇汇率标准，海关计税的外汇兑换率为固定汇率1755RIAL/USD，没有与银行外汇汇率8000RIAL/USD以上接轨，故SINO-HYDRO在报价中计算间接费的永久设备税费部分仅基于固定汇率，其在合同生效后发生巨大调整，应属法律改变的范畴。

经过八个回合的谈判，双方仔细研究了合同条款和SINO-HYDRO塔里干项目部提供的各种书面证据并分析了事件发生的前因后果，为此业主又专门到各部委咨询确认，最后业主接受税率因法律改变应进行调整的事实，并书面通知同意进行补偿，但海关外汇汇率调整暂不予认可，仍作为一个遗留问题今后处理。大坝观测仪器进口税补偿以第三批海关计税单作为计算补偿的依据，同时今后其他永久设备进口税凡高于2%的差额将由业主补偿，根据目前情况初步估算，业主方将补偿150万美元以上。

从上述案例可以看出，承包商索赔人员应熟悉合同通用条款和专用条款，善于把握机遇打擦边球，从边界条件中找出内在的本质联系和相关的有力证据。由于该索赔属于合约外索赔，其索赔内容和权利难于在合同中找到依据，权利来自普通法律，所以要多方收集第一手基础资料，尤其要注意收集工程所在国与工程有关的法律法规变更的相关文件。同时还应注意谈判策略和技巧，以及坚持不懈锲而不舍的耐心，做好打持久战和心理战的思想准备。

作者：张长万

第 13 章 国际工程项目货物采购争议的解决方式

> 国际工程货物采购过程中,承包商与供应商是一种平等互利的合作关系。一旦有争议发生,首先应通过友好协商解决。如果协商不成,则当事人可根据合同约定或争议的情况采用调解、仲裁或诉讼的方式解决争议。

第 1 节 国际工程项目货物采购合同争议

国际工程项目货物采购,业务环节多、涉及面广、履约时间长,与之有关的部门、机构亦较复杂,在材料、设备生产、采购、运输、资金移动等任何环节上的差错,都可能给合同的履行带来影响。加之国际工程项目的不确定因素多、国际市场变化难以预测,经常发生对当事人不利的变动,致使采购合同得不到履行或不能完全履行,导致另一方当事人遭受损害,提出损害赔偿或其他权利主张,从而产生合同争议。在国际工程项目货物采购业务活动中,产生争议的原因大致可归结为以下几个方面:

(1) 合同双方当事人一方故意不履行自己做出的承诺,或对已成立的合同提出异议,给对方造成损害。

(2) 供应商不履行交货义务,或不按时交货,或所交货物的品质、数量、包装等与合同规定不符,供应商所交单据与合同规定不符等。

(3) 采购方不按时开立信用证,或所开信用证不符合合同约定内容。在 FOB 条件下不按时指派运输工具，致使供应商无法按时交货等。

(4) 由于当事人一方的过失或疏忽造成合同无法履行。

(5) 双方对合同的规定欠妥、或合同条款不明确、或同一合同的不同条款之间相互矛盾，致使双方当事人对合同规定的责任和义务理解不一致，导致合同履行产生困难，甚至发生争议。

(6) 由于业主或市场环境等因素，致使承包商采购失误或经济利益受损而产生的争议。

可见，国际工程项目货物采购业务活动中，承包商与供应商之间，业主与供应商之间的争议是不可避免的。这些争议是不同国家的自然人、法人相互之间在国际民商事领域发生的争议。

国际民商事争议解决方式多种多样，包括协商、调解、仲裁和司法诉讼、ADR方式，以及FIDIC推荐使用的DAB方式，其中协商、调解和仲裁属于非司法诉讼争议解决方式范畴。

第2节　协商与调解

一、协商

又称友好协商，是指发生争议后，当事人双方在自愿互谅基础上，按照有关的法律、惯例或合同条款的规定直接进行磋商，自行解决纠纷，最终解决争议的一种方式。这一争议解决方式的最大特点是完全依靠当事人自治，无第三方介入，由双方当事人自行解决。争议能否解决取决于当事人的意愿。协商必须贯彻平等互利、自愿协商一致和合法的原则。

协商没有特别规定的程序，一般要经过以下几个环节：(1) 计划与分析，即对通过谈判解决争议的利弊进行分析估计，对自己在谈判中的主张和策略作出决策；(2) 交换信息，也就是当事人双方相互交换主张、理由和证据；(3) 让步和承诺，通常当事实和理由都已经明确之后，双方要进行一番讨价还价，出价的一方或双方在原有的出价基础上作出一定让步，最终达到双方可以接受的方案；(4) 达成协议。

通过协商解决货物采购争议具有如下优点：

(1) 自愿。由于协商自始至终在自愿基础上进行，直至达成协议，因此该协议容易为双方共同接受，也有利于协议的自觉执行。

(2) 程序简便、形式灵活。由于协商是双方意思自治的表示，因此形式非常灵活，既可以面对面地谈判，也可以通过电报、电传、电话、邮件等手段磋商，程序也由双方自己决定，没有固定的格式。

(3) 省时、省力、省钱。协商不必经过严格的法律程序，完全靠双方当事人的自愿，不需要任何第三方的介入，节省费用和时间，在手续上也十分简单。因此，从经济学角度来看,用协商方式处理争议的成本最低。

(4) 法律适用灵活。协商处理纠纷往往具有较大的灵活性和随意性。争议的双方在不违背法律原则的前提下,可根据实际情况和需要进行和解,可以不严格按照法律的规定达成协议,因而比较容易找到双方均能接受的结合点。在协商时,亦无须援引某个国家的冲突规则来确定适用哪个国家的实体法,这使得当事人对解决争议的后果有所预测,也可以在不违背有关国家法律基本原则的情况下,根据自己的实际需要和具体情况灵活地解决争议。

但是,协商方式存在一定的局限性:

(1) 一旦当事人之间出现争议,往往会产生对立情绪,或因为相互间分歧太大而无法互谅互让,也就不可能坐到一起进行磋商、谈判并达成协议。这时只能借助于其他方式,在第三方参与的情况下,才能使争议得到解决。

(2) 在许多情况下,协商的过程可能因某种原因而变得旷日持久,而最终协商以失败告终。这样,协商显然是在浪费时间,有时甚至可能导致仲裁或诉讼时效的终止,这对保护当事人的利益是一种潜在的危险。

(3) 在协商解决国际工程项目货物采购争议时,协议的达成往往受争议双方讨价还价的力量对比、交易中所处地位的制约,不利于保护弱者。

(4) 双方协商达成协议后,若有一方不愿履行,另一方也没有请求强制执行的权利,还须通过其他方式保护自己的权益。

当争议涉及金额数目巨大,双方均不肯作较大的让步,或一方故意毁约,没有协商解决争议的诚意,或经反复协商相持不下,致使争议难以解决时就需要选择解决争议的其他方式。

二、商事调解

商事调解是指在第三方的参与和主持下,由争议双方当事人在自愿的基础上进行磋商,调解人从中劝说引导,协调各方的立场,最后由争议双方互谅互让,自愿达成协议并最终解决纠纷的一种方式。

商事调解与协商方式之间最大的区别在于有无第三方参与当事人之间的协商。在商事调解方式中,必须有第三方参与,该调解人所起的作用仅限于主持协调,并对双方当事人进行劝说、引导和斡旋。调解与协商一样,最后都是由争议双方自愿达成协议而使纠纷得到圆满解决。调解人一般不裁决争议,只是提出他认为公平合理的处理方案,供争议双方选择,以达到双方均满意的结果。其过程侧重于双方的协商和"让步",而不是以判断"对错"进行争辩和裁决。此外,商事调解保密性强,不会泄露当事人商业机密,同时可减少诉讼程序的对抗性,有效预防矛盾激化,快速、简便、经济地解决纠纷,降低经济成本,减少当事人的诉累。由于商事调解结果是当事人自我选择的结果,当事人在心理上会有一种认同感,主观上愿意履行,这样可有效化解执行中的困难,这是法院强制判决所无法做到的。从博弈的角度分析,"双赢"是争议双方的共同诉求,而商事调解是以当事人的互谅互让为基础,因此有利于"双赢"的实现。由于调解在一定程度上兼有友好协商和第三方参与帮助解决的优点,又避免了法律程序的对抗性,是一种受欢迎的争议解决方式。

在国际工程项目货物采购过程中,承包商与供应商处于不同的国家和地区,其不同的政治、经济和文化背景,使得相互之间的信任程度远不如具有相同背景的当事人。由于各国家的法院及其审判人员对本国的法律和实践比较熟悉,甚至有些国家的司法机构对本国当事人有保护性倾向,外国当事人更不愿意将他们之间的争议交付给他们并不熟悉的法院或法官进行审理,而通过选择商事调解,可较好地解决对国外法律不熟悉和在判决中受到歧视或不公正的问题。

1. 商事调解的原则

商事调解解决国际工程项目货物采购争议应遵循以下原则:

(1) 尊重当事人意愿原则。在调解时,调解人须充分尊重当事人的意愿,其调解身份须得到双方当事人的认可,不能强行充当合同纠纷双方当事人的调解人。此外,调解能否成功达成协议也要尊重当事人的意愿。

(2) 公平原则。调解人在调解时,必须平等地对待双方当事人,不能偏袒其中任何一方,只有这样才能取得当事人双方的信任,公平合理地解决问题,促使其达成调解协议,达到调解目的。

(3) 合法原则。通过商事调解达成的协议内容必须合法,不得与法律、法规相违背,也不得损害国家和社会公共利益,还不能损害第三人的合法利益。合同当事人只能在法律、法规允许的范围内,才可以有自由地处分自己的权利,超越范围,调解人就不能调解。

2. 商事调解的程序

目前尚没有国际通用的调解程序可作依据。某些国际组织,如国际商会拟定的调解规则可供参考。一般的调解程序大致如下:

(1) 争议双方共同向调解机构(人)申请或邀请调解,或由一方申请或邀请,另一方表示同意,即可立案。

(2) 较正式的商事调解应组成调解委员会,成员宜不少于3人。在国际货物买卖条件下,主席通常由第三国人员担任,其余可由争议双方国家的人员参加。调解委员会成员也可由调解管理机构指定,或由受邀请的首席调解人推荐,并征得争议双方的同意。

(3) 调解人审阅争议双方提出的申述文件和证明材料。

(4) 调解人进行调查。在此期间可要求双方补充证据材料。

(5) 调解人当面听取争议各方的陈述,并有权决定在听取一方陈述时,是否邀请另一方参加,但一般不允许双方在陈述会议上互相答辩和争论。

(6) 调解委员会通过调研和讨论,提出公正的和解条件,分别征询双方意见。

(7) 若双方接受和解条件,则由调解委员会整理和解记录,由调解委员会和争议双方代表共同签字确认。

(8) 如有任何一方或双方不接受和解条件,则调解委员会宣布调解失败。争议双方可自由选择其他方式,如仲裁或司法程序来解决争议。

3. 商事调解协议

调解协议系指当事人在合同中订立调解条款,或者以其他方式达成的同意以调解方式解决争议的协议。调解协议中应明确调解机构、适用的调解规则等内容。当事人之间没有调解协议,一方当事人申请调解的,调解机构也可以受理,并征求对方当事人的意见。

中国国际商会调解示范条款如下:

"本合同之各方当事人均愿将因本合同引起的或与本合同有关的任何争议,提交中国国际贸易促进委员会/中国国际商会调解中心,按照申请调解时该中心现行有效的调解规则进行调解。经调解后如达成和解协议或调解员根据该和解协议的内容做出调解书,各方都要认真履行该和解协议或调解书中所载之各项内容。"

4. 调解应注意的问题

(1) 调解人。调解人必须是双方均能接受的,可以是由自然人临时组成的调解小组或调解委员会,也可以是较有声望的社会团体或组织,例如商会、律师协会等。国际货物采购中的调解人,依调解人的身份不同可以分为:民间调解、仲裁机构调解和法庭调解。民间调解是指仲裁机构、法院或者国家专门指定负责调解的机构以外的第三者主持进行的调解,可以是组织,也可以是双方共同信任的第三人。仲裁机构能否调解取决于各国法律和各仲裁机构规定。某些国家的法律规定仲裁人不得采用调解方式处理争议。中国国际经济贸易仲裁委员会则允许仲裁员以调解方式处理争议。法庭调解也称司法调解,是法院主持的调解。目前许多国家的民事诉讼法都把调解作为法院在诉讼之外解决民商事争议的一种方法。法院主持的调解一旦达成协议,调解书生效后,就具有与判决同样的效力。

(2) 调解费用。调解费用通常由争议双方共同承担,数额由调解机构或调解人规定,一般低于仲裁和诉讼的费。

无论是当事人自行达成的和解协议,还是调解人提出的解决争议的方案,对争议双方均无法律上的约束力。特别是对于调解人提出的解决方案,当事人可以接受,也可以拒绝。如果当事人接受了调解人提出的解决方案或者自行达成了调解协议,调解即告成功。如果调解失败,当事人可继续寻求其他的解决争议的方法,或诉讼,或仲裁。

第3节　国际商事仲裁

一、国际商事仲裁的含义

国际工程项目货物采购所涉及的仲裁主要是国际商事仲裁。所谓国际商事仲裁是指从事国际货物买卖的双方当事人，在契约性和非契约性法律关系的争议发生之前或发生之后，达成书面协议，自愿将争议提交双方同意的第三方，即仲裁机构进行审理，作出裁决，并约定裁决是终局的，具有法律的强制性，对双方均具有约束力。若一方不执行裁决，另一方有权向法院起诉，要求予以强制执行。

国际商事仲裁的内涵是由一些各自处于不同特定条件下的地点（包括营业地点、仲裁地点、商事关系的履行地点、与争议标的有关的地点）和仲裁协议的标的与别国的关系等因素所构成。

根据有些国家仲裁规则的规定，对受理的案件可以进行调解。具体做法是：在进行仲裁程序过程中，双方当事人可以共同向仲裁庭提出调解请求；仲裁庭如认为有可能，也可以以适当的方式在双方当事人同意的前提下，对案件进行调解。如调解成功，仲裁庭可根据当事人的和解协议作出裁决书结案。如果调解不成功，当事人不得在其后的仲裁程序中引用对方当事人或仲裁庭在调解过程中提出过的、建议过的或承认过的，以及愿意接受的或否定过的任何陈述意见、观点、意愿等作为其申请、答辩及/或反请求的依据。

二、仲裁与其他争议解决方式的比较

1. 仲裁与调解有以下不同之处

（1）当事人的调解意愿较之仲裁意愿具有一定的任意性。在调解方式下，调解中任何一方均可中途退出或中止调解，调解人/机构不能强迫当事人继续接受调解；在仲裁方式下，除非双方当事人达成和解协议或申请人要求撤案，否则，即使被申请人不再参加或退出仲裁，仲裁庭根据仲裁程序规则的规定，仍然有权对案件继续进行审理，甚至在被申请人不出庭的情况下作出最终裁决。

（2）调解员与仲裁员所起的作用不同。调解员在调解中主要是推动和促进当事人达成和解，调解的最后结果，亦即其所做出的调解书必须为双方当事人所接受，否则，就达不成和解；而仲裁员是独立审理案件，是根据查清的事实与适用的法律手段作出公正的裁决，裁决书无须经当事人同意。

（3）调解书与仲裁裁决的效力不同。调解书一般不具有强制性的法律效力，当事人通常不能向法院申请强制执行，只能由当事人自动履行，调解书虽然是按照一定的调解程序作出的，但却不是终局的；而仲裁裁决是终局的，败诉方必须遵照执行，否则胜诉方有权向有管辖权的法院申请强制执行。

2. 仲裁与诉讼。

仲裁与诉讼亦有一定的异同点，相同之处是二者都是由第三方出面，按照一定的程序进行审理，并且裁决书与判决书都具有法律强制效力。不同点是：①审理争议案的机构性质不同；②审理争议案的程序不同；③审理人员产生的程序不同；④审理制度不同；⑤审理依据不同；⑥审理方式不同；⑦境外执行裁决和判决的条件不同。

三、仲裁协议

1. 仲裁协议的含义和形式

仲裁协议是指有关当事人根据意思自治和协商一致的原则，自愿将他们之间已经发生和将来可能发生的争议案提交仲裁解决的一种表示。因此，仲裁应充分体现当事人的合意。

这种表示有书面形式和口头形式之分。在我国，解决国际货物采购争议的仲裁协议必须是书面的。书面形式的仲裁协议，既包括当事人双方为解决争议而特意签订的协议，也包括当事人之间以书面达成的其他形式的协议，如相互交换的信函、电报等。书面仲裁协议的形式主要有以下几种：

（1）由当事人双方在争议发生前订立，表示同意把将来可能发生的争议提交仲裁解决。这种协议一般都包含在合同内，构成合同的一项条款，通常称之为"仲裁条款"。

（2）由当事人双方在争议发生之后订立的，表示同意把已经发生的争议交付仲裁解决。这种协议一般被称为"提交仲裁的协议"。

（3）由当事人双方在争议发生之前或者发生之后，通过援引的方式达成的仲裁协议。这种协议的当事人一般不需草拟仲裁协议内容，而只是同意将其争议按照某项公约（或双边条约、多边条约）、标准合同中的仲裁条款所表述的方式进行。

仲裁协议的形式虽然有所不同，但其法律作用和效力相同。大多数国家认为，如果合同中已订有仲裁条款，争议发生后仲裁时，不需再订立提交仲裁的协议。个别国家认为，即使合同中订有仲裁条款，双方当事人在将争议提交仲裁之前，还得提交仲裁的协议。

2. 仲裁协议的条件

仲裁协议的形式虽然有所区分，但作为一项在法律上生效的仲裁协议，必须具备一定的条件：

（1）必须是书面的，其形式和内容都必须合法；

（2）是在已确定的当事人法律关系中将要或已经发生的争议，而且该项争议是可以仲裁的；

（3）当事人必须具有订立仲裁协议的行为能力。

3. 仲裁协议的作用

无论是合同中的仲裁条款或是提交仲裁的协议，其作用是相同的。仲裁协议的作用主要表现在以下几方面：

(1) 约束双方当事人解决争议的行为

当事人之间一旦发生争议，由于已签有仲裁协议，就只能以仲裁方式来解决。向仲裁协议中规定的仲裁机构提出仲裁申请，既不得任意改变仲裁机构和仲裁地点，也不得单方面地要求撤销仲裁协议。仲裁协议是任何一方当事人申请仲裁的依据，无此依据，则不能将争议提交仲裁。

(2) 排除法院对争议案的管辖权

双方当事人一经订立仲裁协议，则任何一方当事人就不得向法院提起诉讼。如果一方违背仲裁协议，自行向法院起诉，另一方当事人可根据仲裁协议予以抗辩，要求法院准予撤案，并将争议案件退回仲裁机构予以审理。

(3) 授予仲裁机构对争议案件的管辖权

当事人在仲裁协议中规定将争议提交仲裁解决，意味着将审理争议案件的管辖权授予所选定的仲裁机构。如一方当事人将争议案提交仲裁，而另一方当事人在规定的时限内未选择仲裁员、不进行答辩、不出庭应诉，则仲裁机构有权代为指定仲裁员，进行缺席审理和作出缺席裁决。

上述三项作用的核心是第二条，即排除法院对争议案的管辖权。双方当事人如不愿将争议提交法院审理时，则应在合同中规定仲裁条款，以免将来发生争议时，由于达不成仲裁协议而不得不诉诸法院。

4. 仲裁协议的基本内容

无论是争议发生前在买卖合同中订立的仲裁条款，或是在争议发生后订立的提交仲裁的协议，其内容均应包括：提请仲裁的事项、仲裁地点、仲裁机构、仲裁程序规则的适用、仲裁裁决的效力以及仲裁费用的承担。此外，有的还包括仲裁使用的语言等。当前各国的仲裁立法，原则上都承认当事人商订仲裁协议的自主权。仲裁协议的主要内容如下：

(1) 仲裁事项

指当事人提交仲裁解决的争议范围，也是仲裁庭依法管辖的范围。凡日后所发生的争议超出所规定的范围时，仲裁庭无权受理，即使对超出范围的那部分争议予以受理和审理，其所作出的裁决也不具有法律效力，因而得不到强制执行。因此在仲裁协议中要规定清楚，是将有关合同的一切争议提交仲裁，还是仅将某几项争议提交仲裁。

(2) 仲裁地点

这是仲裁协议的主要内容。仲裁地点直接关系到当事人的切身利益，因此是双方当事人洽商仲裁协议的焦点。一般说来，仲裁地点与仲裁所适用的程序法以及如何确定争议所适用的实体法有密切关系。按照一些国家的法律解释，凡属程序方面的问题，除非仲裁协议另有规定，基本都适用审判地的法律，即在哪个国家仲裁，就适用哪个国家的仲裁法规。至于确定双方当事人的权利、义务关系的实体法，若在仲裁协议中未作规定，则仲裁庭将根据仲裁所在地国家的法律冲突规则确定应适用的实体法。由此可见，仲裁地点不同适用的法律可能有所不同，对采购合同双方权利、义务等的解释亦会有差别，从而导致不同的仲裁结果。

国际工程项目货物采购合同的仲裁条款中关于仲裁地点的规定，视交易情况的不同，一般采用下述几种方法之一：1) 力争规定在我国进行仲裁；2) 规定在被告国进行仲裁；3) 规定在双方同意的第三国进行仲裁。

(3) 仲裁机构

指受理案件并作出裁决的机构。这种机构可以是常设仲裁机构，也可以是临时仲裁机构，选用哪一种，取决于当事人双方的共同意愿。由于常设仲裁机构的组织稳定、制度健全、人员配备齐全、选用方便，有利于推动仲裁的顺利进行。因而，目前各国的国际商事争议案件，绝大多数是在常设仲裁机构进行仲裁。选用常设仲裁机构时，应考虑其信誉、仲裁规则的内容、费用水平、所用语言等因素，一俟确定，即在买卖合同的仲裁条款中订明仲裁机构的名称。

由于某些原因（如仲裁地点无常设仲裁机构或当事人双方为解决特定争议，而愿意指定仲裁员专审争议案件时），当事人可选用临时仲裁庭进行仲裁。但在采购合同的仲裁条款中须订明选定仲裁员的办法、人数、是否需要首席仲裁员，以及采用什么仲裁程序进行审理等。案件审理终结，该仲裁庭即自行解散。

(4) 仲裁规则的适用

是指选用哪个国家的仲裁程序法，其中包括如何提出仲裁、如何指定仲裁员组成仲裁庭、如何进行答辩、如何审理案件和作出裁决以及裁决效力如何确定等。选择并适用某程序法的目的，主要是为当事人和仲裁员提供一套进行仲裁的行动准则，以便在仲裁时有所遵循。

在采购合同的仲裁条款中规定在哪一个仲裁机构进行仲裁，就应按照该机构的仲裁程序规则进行仲裁。但有些国家的仲裁机构允许当事人在仲裁条款中规定的某个仲裁机构进行仲裁，而选用其他国家或国际组织制定的仲裁规则，但以不违反仲裁地国家仲裁法中强制性规定为限。

(5) 裁决效力

仲裁裁决的效力是指由仲裁庭作出的裁决，对双方当事人是否具有约束力，是否为终局性的，以及能否向法院起诉，要求变更裁决。我国的国内立法和涉外仲裁规则，都对涉外仲裁裁决具有终局性的法律地位予以确认，并规定当事人不得向其他机构或法院提出变更仲裁裁决的请求。作出仲裁裁决的仲裁机构本身，也不对已作出的最终裁决予以复审或复议。

在解决国际商事纠纷的过程中，外国仲裁机构所作出的裁决，也都规定是终局的，不允许对裁决不服的当事人向法院起诉。即使是上诉法院，法院一般也只是审查程序，而不审查实体，即只审查仲裁裁决在法律手续上是否完备，而不审查裁决本身是否正确。如果法院查出裁决在程序上有问题，对于裁决本身是不得上诉的。以仲裁方式解决争议，是以双方当事人的意愿为基础的，以期迅速解决争议，避免复杂的司法程序。因此，对于仲裁裁决双方理应承认和执行。如果允许对仲裁裁决提出上诉，就可能使仲裁与诉讼一样，有陷入无休止讼争的可能，从而违背以仲裁方式解决争议的初衷。

仲裁裁决的终局性已为多数国家的立法及仲裁规则所肯定。但为明确仲裁裁决效力，约束当事人承认及执行仲裁裁决，签订仲裁条款时仍应写上"仲裁裁决是终局的，对双方都有约束力"的条文。

(6) 仲裁费用

在仲裁协议（或仲裁条款）中，通常都明确规定仲裁费用由哪一方当事人负担。一般规定由败诉方承担，但也有的规定由仲裁庭酌情决定。

综上所述，作为一个明确的、完整的仲裁协议，必须具备上述各项要素，而最重要的则是当事人双方采用仲裁的共同意愿和所仲裁的事项必须是属于法律所允许范围内的。必要时尚需订明排除向法院上诉的内容。由于有关当事人对仲裁协议的内容和要求掌握得欠确切，其所订仲裁协议往往出现应具有的要素不全、对所陈述的事项模棱两可的情况；或者是混淆仲裁与诉讼方式的运用界限，对同一争议要求兼用这两种方式进行解决；或是对有关仲裁机构的仲裁规则了解得不够，以致错订仲裁协议的某些内容。凡此种种，极易给仲裁造成障碍。

四、仲裁裁决的承认与执行

在国际商事仲裁中，多数仲裁裁决是能够得到自动履行的，但是也存在着败诉方不愿履行裁决的情形。当败诉方拒不履行仲裁裁决时，由于仲裁庭本身没有强制执行的权力，胜诉方只能向法院提出申请，要求予以强制执行。因此，仲裁裁决的执行离不开法院的配合和协助，在绝大多数国家，唯有法院才拥有对不履行仲裁裁决的当事人强制执行裁决的权力。国际工程项目货物采购合同争议仲裁大多数是具有国际因素或涉外因素的国际商事仲裁，执行裁决的问题比较复杂。法院作为执法机关，其是否协助执行仲裁裁决，取决于国际立法和国际缔结或参加的国际条约的规定。

所谓裁决承认是指司法机关根据当事人的申请，依法确认仲裁裁决具有可予执行的法律效力；裁决的执行是指司法机关根据当事人的申请，依法强制另一方当事人执行裁决。我国于1986年加入《承认与执行外国仲裁裁决的公约》（以下简称为《纽约公约》），该公约从1987年4月22日起对我国生效。

1. 承认和执行外国法院和涉外仲裁机构裁决应符合的条件

对于外国仲裁裁决的承认和执行，主要有三种情况，即外国仲裁机构所在国和我国共同参加了国际公约，或是订有双边条约，或是依据互惠原则。对于外国仲裁机构的仲裁裁决的承认和执行，应由当事人向有管辖权的法院提出申请。根据各国与外国缔结或参加的国际条约和民事诉讼法的规定，承认和执行外国法院和涉外仲裁机构裁决应符合以下条件：

（1）当事人所在国或请求法院所在国之间订有司法协助协定或共同参加有承认和执行内容的条约或存在互惠关系。

（2）须有当事人或外国法院另一方所在国有管辖权的法院提出承认与执行某裁决的请求。

（3）请求承认与执行的裁决确已生效。

（4）制作该裁决的法院或涉外仲裁机构对裁决事项拥有管辖权，并不在被执行国声明保留条款之列。

（5）外国法院和涉外仲裁机构制作裁决时的程序合法。

（6）该裁决不违反裁决被执行国法律的基本原则，如不危及国家主权、安全和社会公共利益。

2. 我国仲裁机构仲裁裁决在国外的执行

对于我国仲裁机构作出的发生法律效力的仲裁裁决，当事人可依据《纽约公约》承认和执行我国仲裁裁决。如果被执行人或者其财产不在我国领域内，应当由当事人直接向有管辖权的外国法院申请承认和执行。

凡仲裁裁决在与我国既无1958年《纽约公约》成员国关系、又无司法协助、亦无互惠关系的国家内申请执行的，应通过外交途径，向对方国家的主管机关申请承认和执行。

3. 各国承认和执行外国仲裁裁决的程序和条件

根据各国立法，大致有以下四种：

（1）将外国裁决当作外国判决，一般只审查裁决是否违反了法院地的法律原则，如无此情形即发给执行令予以执行，如意大利、西班牙、瑞士、墨西哥等国。

（2）将外国裁决视为本国裁决，按执行本国裁决的程序予以执行，如法国、德国、日本、希腊、比利时等国。

（3）将外国裁决作为合同之债，使之转化为一个判决，再按执行本国判决的程序执行，但也仅是对裁决所构成的新契约进行形式上的审查，如一些普通法国家。

（4）区分《纽约公约》适用范围内的裁决和其他外国裁决，对前者适用简便程序，如英国、美国、瑞典、印度、澳大利亚、新西兰、中国香港等国家和地区。

1958年《纽约公约》第3条规定："各缔约国应承认仲裁裁决具有拘束力，并依援引裁决地之程序规则及下列各条所载条件执行之，承认或执行适用本公约之仲裁裁决时，不得较承认或执行本国仲裁裁决附加之过苛条件或征收过多之费用。"从以上规定可以看出，《纽约公约》规定关于公约适用范围内的裁决之执行的程序规则适用被请求执行国的法律，但要求各国依自己的程序规则执行公约裁决时，不应较执行国内裁决附加更苛刻的条件或征收过高的费用。

《纽约公约》以排除的方式规定了承认和执行外国仲裁裁决的条件，如果被请求承认和执行的裁决具有公约规定的排除情形时,被请求执行国家有权拒绝承认和执行。

(1) 仲裁协议无效。

(2) 未给予适当通知或未能提出申辩。

(3) 仲裁庭超越权限。

(4) 仲裁庭的组成和仲裁程序不当。

(5) 裁决不具有约束力或已被撤销、停止执行。

另外,根据《纽约公约》的规定,如果被请求承认和执行外国仲裁裁决的国家的主管机关,认为按照该国法律,有下列情形的,可以主动予以拒绝承认和执行。

(1) 裁决的事项属于不可裁决事项;

(2) 承认或执行裁决违反该国公共政策。

此外,申请执行裁决的当事人须提交请求承认和执行涉外仲裁裁决的申请书及其相关文件,如据以执行的生效涉外仲裁裁决书及其译本,以及按照有关国际条约和被请求国际法律的要求,需要办理的申请执行手续所需要的文件。

五、国际商事仲裁协议/条款应该注意的问题

为解决国际工程项目货物采购争议,承包商可充分利用国际商事仲裁本身所具有的高度意思自治性、法律适用的可选择性、裁决的终局性、裁决执行的有效性等优势,最大限度地保护自身的权益。在选择仲裁解决争议时,为达到有效解决争议的目的,承包商应注意以下几个方面的问题:

(1) 承包商与供应商签署仲裁条款时,应确定双方是否均为《纽约公约》的缔约国或是否在缔约国有财产。目前仍有近70个国家未加入《纽约公约》。

(2) 明确仲裁事项、仲裁机构名称和仲裁规则。约定仲裁机构是仲裁协议中最基本的内容,是认定仲裁协议有效性的关键因素。应避免约定了仲裁地,但没有约定仲裁机构,或约定的仲裁机构不存在,或约定的仲裁机构不明确。

对仲裁范围的约定要尽可能广泛,避免争议发生时再去纠缠双方约定的仲裁协议是否包括该争议。此外条款措辞应谨慎,忌随意抄袭、复制、照搬其他合同的仲裁条款。仲裁条款应力求规范,内容完整、准确,否则将导致投诉无门,受案困难,延误时间,影响仲裁审理;裁决存在撤销和不予执行风险。

(3) 谨慎选择仲裁地点和仲裁机构。仲裁地点和适用法律的不同,双方当事人享有的权利和承担的义务也就存有一定的差异,其裁决的结论可能也不同。此外,仲裁地点的选择亦应考虑对承包商便利与否(如语言、旅行问题、仲裁成本、签证问题)等原因。仲裁地尽量选择对承包商有利的地点,如:①选用本国国际经贸仲裁机构,可以节省国际旅费,语言方便,仲裁程序熟悉,对本国仲裁当事方有利;②选择被诉方所在国仲裁委员会。这种选择对被诉方有力,可以约束申诉方不要轻易地提请国际仲裁;③选择中立的不偏向任何一方的第三国仲裁机构。在选择第三国仲裁时应尽量

选择常设仲裁机构,并推选三名仲裁员组成仲裁庭。承包商可指定其熟悉的仲裁员。如果选定独任仲裁员,承包商选择机会则很少,而且一人说了算,一审终审,对承包商风险较大。对仲裁机构选择的考虑因素是:仲裁机构应拥有较高专业水准的仲裁员和完善的、高效率、能充分保证当事人意思自治并有和国际接轨的仲裁规则;该仲裁机构有较好社会评价和裁决执行情况;确定该仲裁机构无行政色彩和国家保护主义;重视仲裁机构的服务质量。对于采购标的大、案情复杂的争议,应约定在仲裁员水平高、处理复杂案件能力强的仲裁机构仲裁。

(4)合同标的小的争议可考虑不规定仲裁条款。选择外国仲裁,即使胜诉可能仅够支付国际旅费。

(5)注意仲裁员选定时效,在仲裁规则规定的期限内选定仲裁员。各仲裁机构都订有各自的仲裁规则,并在规则中就当事人选定仲裁员的有效期限作出规定。仲裁机构在发出受理和仲裁通知的同时将仲裁规则和仲裁员名册寄发双方当事人,并明确告知当事人必须在仲裁规则规定的期限内选定仲裁员。若当事人未在仲裁规则规定的有效期间内选定仲裁员,仲裁机构将视为当事人自动放弃该项权利,就由仲裁委员会主任指定仲裁员组成仲裁庭。

(6)如经仲裁,到有管辖权的外国法院申请承认和执行仲裁裁决时,应委托申请执行地的在此方面有经验和有能力的律师予以办理申请承认和执行事宜,以避免不必要的麻烦,并且在一些问题的处理上把握得当,使申请承认和执行的时间大为缩短。相反,如果代理律师在关键问题上处理不当,也容易使仲裁裁决得不到承认和执行。

第4节 国际民商事诉讼

在国际工程项目货物采购合同执行过程中产生争议后,若通过友好协商不能解决,又无有效的仲裁协议,任何一方当事人都可以向有管辖权的法院起诉,请求司法解决。其特点是:诉讼所涉及的一方当事人是外国人、争议发生在外国或者诉讼所涉及的财产坐落在外国或者属外国人所有。

一、外国当事人(承包商)的诉讼地位

国际工程项目的承包商在与项目东道国供应商、第三国供应商签订采购合同后,当发生争议需进行国际民商事诉讼时,便处于外国当事人的诉讼地位。外国当事人的诉讼地位是指外国自然人或法人在某一国家境内享有什么样的诉讼权利,承担什么样的诉讼义务,以及具有什么样的诉讼行为能力。

在国际民事诉讼中,一国法院必须首先确定它对案件是否有管辖权,然后才能决定是否受理该案。所以,在涉及国际贸易的诉讼中,确定哪一个国家的法院有管辖权

是一个十分重要的问题。

各国法律为了确定司法管辖权都规定了一些原则和标准。大多数国家都是根据属地管辖和属人管辖这两个标准来确定法院的管辖权。凡根据人或者事物的所在地或诉讼原因发生地来行使管辖权的就是主张属地管辖；凡根据当事人的国籍归属来行使管辖权的就是主张属人管辖。因此，在涉外民事案件中，若在诉讼的当事人或其财产、诉讼的标的物、产生争议的法律关系或法律事实中有其中的一项是在某国境内或者是发生在该国境内，或者当事人一方具有该国国籍，该国就可能据此认为它对该案有管辖权。以上情形称为诉讼案件和管辖国之间的联系因素。这些联系因素可以概括为以下几种：

（1）当事人（通常是被告）居住或置身于管辖国。
（2）当事人双方或一方的国籍隶属于管辖国。
（3）被告有财产在管辖国。
（4）诉讼原因发生在管辖国。
（5）诉讼标的物在管辖国。
（6）当事人以协议明示同意或默示同意接受管辖国的管辖。

以上是各国通常用以确定其对涉外民事案件的管辖权的法律依据。只要有上述情况之一，该国就可以主张它对该案有管辖权。

有时出现两个或两个以上国家的法院对某一案件存在管辖权的冲突时，当事人双方可以以协议管辖来解决此类冲突。所谓"协议管辖"，是指双方当事人在争议发生之前，或在争议发生之后，用协议的方式来确定一个国家的法院来管辖。协议管辖可以是明示的，也可以是默示的。各国一般都承认协议管辖的效力。当然，各国对协议管辖还有一些限制。

二、诉讼程序

1. 诉讼的提起

即与案件有利害关系的当事人向其认为有管辖权的法院提出诉讼请求。按照各国法律的规定，法院决定受理诉讼以后，应将诉状副本送达给每一个被告，并限期被告提出答辩状。

2. 答辩和请求

答辩是指对原告在起诉书中所提出的指控做出答复，如否定原告所提出的指控等。被告一旦向法院就起诉事项做了实质性的答辩，就表示接受了法院的管辖权，日后就不得再以此法院无管辖权为由提出抗辩。

3. 发现程序与证据保全程序

发现程序是英美诉讼法上特有的程序，是指在被告提出答辩之后至正式审判之前的这段时间内，双方当事人都有权向对方提出问题，迫使对方作出答复，从而使每一方当事人都有机会掌握对方用来指控他的材料或准备用来控告他的证据。发现程序是在每一方当事人的律师事务所进行的,事先不需法院批准,只有当双方当事人对证据挖掘的范围有争执时才须请求法院作出裁定。

大陆法没有发现程序,但有证据保全程序,即对于一切与案件有关的证据,若日后有灭失、毁没或难于使用之虞时,一方当事人可在起诉前或起诉后向法院提出申请,要求法院采取必要措施予以保全。

4. 诉讼证据

诉讼证据在诉讼中占有重要的地位。凡诉讼当事人欲证明其在诉讼中所主张的事实或要求,都必须首先提出证据予以证明。证据包括人证、物证、书证、鉴定、勘验笔录等。

5. 诉讼时效

对于诉讼时效,不同国家法律的规定往往各不相同,其冲突主要表现在以下几个方面:

(1) 诉讼时效的期间;

(2) 诉讼时效的终止、中断、延长;

(3) 诉讼时效的客体和效力。

对于诉讼时效的准据法,各国的法律规定呈现出在国际私法领域少有的统一化趋势,即通常都规定诉讼时效适用该诉讼请求的准据法,即依支配主要债务的法律。

6. 保全措施

保全措施是指法院根据原告的请求,以裁定的方式对被告财产所作的一种临时性的强制措施,其目的是为了防止被告隐匿、变卖或转移财产,使原告日后得到胜诉时一无所获,并使法院的判决无从强制执行。

7. 开庭审理

开庭审理是民事诉讼程序中一个具有决定性意义的环节。

英美法法院采取陪审制。陪审团的职权在于断定事实,而法官的职责则限于确定案件所应适用的法律。英美法在诉讼中采取"对抗制",强调双方当事人的作用,诉讼的主动权掌握在双方当事人之手。其具体的做法是:开始审理时,先由双方当事人的律师向陪审团作开庭陈述,接着由原告律师叫原告证人出庭进行讯问,然后由被告律师进行交替讯问。若被告律师经过讯问原告证人认为原告没有表面上证据充分的诉讼理由,可申请法院驳回原告的起诉。若此项请求未被法院接受,被告律师可叫被告证人出庭进行讯问,并由原告律师对其进行交替讯问。陪审团在听取证言后,应对案件做出裁决。法官的义务是把有关案件所应适用的法律告诉陪审团。

在大陆法国家,由全体法官开庭审问。在开庭时,由双方当事人进行言词辩论。一般都是由原告或其委托的律师首先发言,陈述自己的诉讼请求,证明自己的诉讼权利,提出诉讼请求的范围等。然后由被告或其委托的律师发言,对原告的指控提出答辩,主要是从事实方面和法律方面反驳原告指控的理由,并对证据进行分析。在开庭审理时,双方当事人或其委托的律师只能向法院提供书面证据,证人和鉴定人则只有在法院下令传唤时才能出庭作证。

8. 裁判与上诉

法院经过审理阶段,最后对于如何处理案件的实质性问题,或在审理过程中对于解决案件的程序问题所做的决定,称为裁判。各国法院所作的判决在形式上是不完全相同的。在美国,在不采用陪审团的场合,法院所做的判决除有法官的决定(decision)外,还须加上法官的推理,说明做出该判决的事实根据和法律依据。但在采用陪审团时,法官的判决只援引陪审团的决定(verdict),不再评述理由。大陆法国家则要求法官在判决中必须述明理由。此外,英美法国家允许在判决中包含持不同意见法官的意见,但大陆法的判决不允许这样做。上诉是民事诉讼当事人不服第一审法院的判决,在该判决发生法律效力之前,要求上级法院加以审查纠正的一种程序。

9. 国际司法协助及对外国法院判决的执行

当一国法院在处理具有涉外因素的民事案件时,往往需要向处于外国的当事人送达传票、通知书以及其他诉讼文件,或者需要在外国进行某种诉讼行为。若一国未经对方国家同意而向对方国家领土内的当事人自行送达诉讼文件,可能会引起对方国家在外交上的抗议。为避免出现外交交涉,在遇有这种情况时,必须通过一定的方式,取得对方国家的协助,这就是国际司法协助。它有两种方式:一是在有关国家之间订立国际司法协助条约或协定,根据条约或协定的规定,请求缔约国给予协助;另一种做法是在没有订立国际司法协助协定的国家之间,可以通过外交途径达成临时协议,根据临时协议的安排,请求对方国家有关当局给予协助。

一国法院的判决,原则上只在该国领域内有法律效力,如果要对国外的当事人生效,必须得到该当事人所在国家的承认,才有可能在该国强制执行。关于承认和执行外国法院判决的条件,各国在国内法和有关的国际条约中都有具体的规定。除了国内法的规定以外,各国为了保证本国法院的判决能在外国得到承认和执行,还签订了一些关于执行外国判决的双边协定和多边公约。

在两国没有签订司法协助条约的情况,一国的民事判决,能否在另一国得到执行,主要取决于两国之间的关系。原则上说,任何国家都没有必须执行外国法院判决的义务。但如果两国之间关系良好,也可以根据具体情况提供适当的协助。

三、注意问题

1. 诉讼地点

在选择某地法院授以专属管辖权时,务必首先明确该法院是否有资格审理此类争议,以及该院法庭做出的判决在当事双方国家是否能得到强制执行。选择诉讼地点对国际工程承包商十分重要。许多国家的法律规定，工程在所在地国家产生的合同争议，要在工程所在地法院审理。这就意味着国际工程项目承包商要面临在外国的陌生环境下提出诉讼的情况。虽然在工程所在国审理案件有取证方便、文件资料齐全、可避免有关人员和证明材料在国与国之间旅行和传递等许多便利条件，可以节省时间和开支，但是对外国承包商来说，不利因素则是更主要的，诸如不熟悉外国法律、找律师困难、语言障碍等，甚至还可能遇到异国法庭对外国的民族偏见，尤其当诉讼的被告是东道国政府时，更是如此。

2. 诉讼律师

大多数国家一般都规定由本国律师担任诉讼代理人。这一方面考虑到律师较其他人更为熟悉法律和司法程序，本国律师更为精通法院地国家的法律，从而能更好地保护当事人的合法权益，也能使司法程序得到更为顺利的实施；另一方面是考虑到允许外国律师出席本国法院参与诉讼，会有损本国的司法主权。

3. 诉讼费用

在考虑是否要将争端提交诉讼时，对诉讼费用的估计也是一个重要因素。除了法庭诉讼费外，还需支付律师费，文件、资料和记录的整编费，专家见证费，有关人员和材料运往诉讼地点的差旅费、运输或邮递费用等。委托人需要全面权衡诉讼费用、索补金额和裁决胜诉的可能性等因素，来决定是否值得提出起诉。

4. 诉讼时效

承包商应注意各国对诉讼时效期间长短、中止、中断或延长的事由、诉讼时效的客体和效力等方面的规定的差异，确定适用哪一国家有关诉讼时效的规定，即应确定诉讼时效的准据法。

5. 裁决的执行

诉讼程序的复杂性是由其正规性决定的。虽然正规性是诉讼的优越性所在，但由此也不可避免地产生复杂性的弊端。复杂性又导致诉讼成本的高昂和诉讼的迟延。同时，诉讼程序的复杂性也使得承包商参加诉讼的权利难以成为现实。

第5节 替代性争议解决方式

一、ADR 的含义

ADR（Alternative Dispute Resolution）中文可译作"替代性争议解决方式"或"非诉讼争议解决方式"。

ADR 并不特指某一争议解决方式，也没有固定的定义，其涵盖了解决争议广阔的领域，这个领域内每种方法都是相对于诉讼的另一种选择，即是一组包括调停、调解、小型审判、早期中立评价、简易陪审团审判等在内的争议解决程序的集合。

二、ADR 的特点

(1) ADR 充分尊重当事人的意思自治，赋予当事人充分的自主权。

(2) ADR 程序具有较大的灵活性，当事人可根据争议的具体情况来选择合适的解决方案和程序。

(3) 除仲裁外，通过适用其他 ADR 程序所达成的协议不具有法律约束力。

(4) 非对抗性。ADR 方式是通过争议双方在妥协退让的基础上达成一致来友好解决争议，与诉讼中双方针锋相对的对抗相比，ADR 方式更有助于维护双方之间长久的经济交往和人际关系。

(5) 非公开性。ADR 程序都是非公开进行的，这就使得大量涉及当事人个人隐私和商业秘密的争议能够秘密解决，有效地保护了当事人的个人隐私和商业秘密。

(6) 除仲裁外，其他各种 ADR 方式不具有终局性。即如果采用某一种 ADR 方式未能解决争议，当事人仍可将争议提交仲裁或诉讼解决。

(7) ADR 既可单独适用，也可适用于诉讼程序或仲裁程序中。

(8) ADR 程序简便、快捷，费用低廉。

三、国际上常见的 ADR 形式

1. 调解

由作为调解员的第三方应争议双方的请求，尽量协调双方的分歧，并达成某种不具强制约束力的调解协议。调解是 ADR 中最为常见和最重要的一种形式，是所有其他 ADR 形式的基础。

2. 法院附属仲裁

是法院附属使用 ADR 中较有代表性的方式。法院附属仲裁与传统仲裁的区别是：(1) 前者不是当事人合意选择的争议解决方式，而是由法院强制使用的；(2) 前者的仲裁裁决对当事人无拘束力，当事人可自行决定是否服从这一裁决，而仲裁裁决是终局的；(3) 前者中主持整个程序的中立方是法院，一般仲裁的中立方是仲裁机构或临时选定的仲裁员；(4) 若当事人不服法庭附属仲裁裁决时，有些法院会要求当事人为再次审判交纳付费，除非仲裁裁决被撤销。该费用可在一定程度上抑制当事人恶意利用诉讼程序，更好地促进纠纷的解决。

3. 调解-仲裁型程序

调解-仲裁方式是将调解与仲裁相结合。首先调解员努力缩小争议双方的分歧，促使其达成一致意见。若双方分歧难以弥合，则进入仲裁程序。仲裁员可由原调解员担任，亦可另行选择仲裁员。在调解-仲裁机制中，仲裁起着主导作用。调解-仲裁中，仲裁员一般是调解员，但也有法律规定二者不得同为一人。

4. 微型审判程序

微型审判是 ADR 方式中的一种，其最大作用是解决那些法律和事实交织在一起的复杂问题,如产品责任、工程建设等争议。在微型审判中,争议各方的进入程序与一般诉讼大致相同。其区别是争议案审理由当事人自行进行。在微型审判中,中立的律师和专家向争议双方提出对案件的意见,促使各方认清其在案件中所处的有利和不利地位,从而商谈解决问题的方法。如果未能解决问题,经征求律师和专家对争议可能导致结果的预测意见,重新开始谈判。微型审判调解程序因机构调解和临时调解而有所不同。

5. 评估性程序

包括早期第三方评价和第三方专家事实认定。

(1) 早期第三方评价

是争议双方当事人选择在争议所涉专业领域内的专家作为第三方,由双方当事人提出事实和法律主张,经第三方研究后发表意见。这种程序一般由当事人在提起诉讼后150天内进行。第三方评估人听取双方当事人的意见后确定主要争议点,并确认争议事实的范围。如果当事人要求还可试行调解。这种对当事人主张是否正当,各方理由强弱的评估,对当事人加快达成和解协议具有积极意义。

(2) 第三方专家事实认定

是指争议双方自行或由法院选择有专业知识的第三方调查、澄清争议本身或引发争议的原因事实,而后由当事人根据结果自行决定解决争议的方式。这一ADR程序既可由当事人自愿选择,也可强制进行。该ADR程序是调查性质的,调查结果既可由当事人接受作为和解的基础,又可以依证据规则作为证据在诉讼中使用。这种由专家站在客观公正的立场上做出的分析与评价,有助于双方抛弃不切实际的或侥幸的心理,对各自在案件中的优势和劣势有更清晰的认识,在此基础上进行的协商和谈判也会更加务实和顺畅。当然,这种方式能否成功还取决于双方的公信程度、专家所做分析与评价的客观性。

6. 临时程序

(1) 特别主事人

是法院为积极介入案件而又保持其中立性的需要在诉讼中授权特定人促进争议解决的制度。该制度鼓励当事人双方互相交流,帮助当事人寻求解决争议的方法,并试图用非常规机制去解决争议。由于法院过多介入争议会破坏法官的中立性,易导致法官的偏见和对当事人的胁迫,从而有违法官的职业道德。在这种背景下特别主事人成为代替法院介入争议解决,完成某些敏感性工作的合适人选。

(2) 私人审判

又称租借法官,是当事人根据法律或法庭规则,经法庭决定在特定名单上挑选第三方进行裁判,并解决争议的办法。通常第三方都是退休法官或律师,程序上类似微型审判。租借法官有时依照事实和法律作出的裁决具有约束力。当事人不服时只能通过上诉撤销裁决。

(3) 监察专员制度

为处理与商业伙伴客户的争议,在企业内部设立监察专员机构以受理并解决本组织与其他人的争议。监察专员机制是一种混合程序，包括谈判建议、事实认定和调解等程序。监察专员制度的突出特点是当事人可选择解决争议程序的多样性、保密性和中立性，促进当事人交流，并为当事人解决争议提供咨询调查，认定事实，促成当事人和解或者是进行调解。

四、ADR 利弊分析

1. 优势

（1）降低争议解决的费用和时间

一般商事调解只需一至三天时间，比国际仲裁耗时短。由于 ADR 的快捷以及在人数上要求较少，当事人调解开支少。同时在间接费用方面，ADR 有效避免司法诉讼而导致公司经营上的不稳定、避免当事人时间和精力的浪费以及对企业自身形象的损害。

（2）增强合意性，降低风险

各种类型的 ADR 都是以当事人的意思自治为前提，强调当事人的合意，合意的二重性使 ADR 在程序上有较大弹性，同时也使解决结果有更大的回旋余地，当事人有在任何时候退出调解程序的自由。

（3）以利益为导向

司法诉讼中单纯的权利审判使争议的解决局限于法律规范的框架中，权利的确认固然与利益紧密相连，但权利并不等于利益，任何一项救济程序成功与否都应以根本利益的充分实现与否为标准。ADR 以法院作为权利确认和实现的基础，将焦点集中于双方根本利益实现的最大化。

（4）较强的灵活性

ADR 种类繁多，程序灵活，几乎没有固定模式。当事人可视具体情况选择合适的解决争议形式与程序。这充分尊重当事人的意志，还允许其自主选择程序、主持人、适用的法律和程序。

（5）ADR 意在把法律争议转化为商业问题，运用某些管理技巧达到"双赢"结果。争议当事人比律师更了解本公司的商业利益以及公司的优先战略与未来战略，因此他们往往能够更快、更富有创造性、更富有远见地与对方当事人达成协议，有时还可以把商业纠纷变成一次新的商业交易。

2. 缺陷

ADR 的一些特点也带来其制度上的一系列缺陷，其缺陷概括如下：

（1）难以保证当事人的参与，也不可能排除司法程序。ADR 是以当事人意思自治为基础，不能保证当事人的参与，也不可能排除司法程序。

（2）ADR 的解决结果由当事人自愿执行，不具有法律上的强制执行力，这极大限制了 ADR 方式的可适用性。到目前为止，还未有任何一个国家的法律或国际公约对通过外国调解程序达成的争议解决方案予以确认并对其执行力作出规定。

(3) 司法 ADR 不能完全满足当事人的司法需求，并缺乏可预测性。

(4) 仲裁员的独立性和公正性不适用于 ADR，因此 ADR 中第三方的公正性可能会受到很多因素的影响。

(5) ADR 不同于仲裁，目前没有一套全世界普遍认同的程序性规则。

总之，ADR 不是万能的。ADR 需要当事人双方的共同努力和诚意，一方或双方的消极态度会使合意难以达成；如果当事人一方恶意借此拖延争议解决过程，可能导致 ADR 程序的滥用；当事人对最终结果寄予过高的、不切合实际的期望值，使交易难以达成；如果当事人缺少对程序的了解，事先准备和交流不足，会使纠纷解决过程收效甚微；当事人没有耐心进行协商或缺少使当事人消除对立的环境，亦会使 ADR 方式取得低于预期效果。诸如此类的原因都可能成为阻碍 ADR 发挥作用的因素。而一旦 ADR 失败，再次进入诉讼程序，会使争议解决的成本在原来的基础上增加，反而给当事人造成了更大的负担。因此，ADR 争议解决方式必须首先解决的问题是要求当事人的诚实参加，以及建立必需的制约机制和提供促成合意达成的条件。

承包商应认真研究各种 ADR 方式，了解不同国家 ADR 方式以及 ADR 中不同方式的理念与程序，以便有争议发生时，能够结合具体情况选择适合的 ADR 方式，趋利避害，争取主动，从而使争议得以快速有效地解决。就国际工程项目货物采购而言，材料采购业务活动主要集中在国内、项目东道国。设备采购则主要集中在欧、美、日等几个主要发达国家和地区，而且设备采购过程中争议发生频率远高于材料采购。对于在发展中国家发生的争议在引用 ADR 方式时，其效力低，不具强制力，易被滥用，主持机构或人员素质低，规范和程序过于随意的弱点会更加突出，从而可能导致某些不公平的解决结果。因此，应认真研究各国家的法律法规、ADR 方式及具体程序，以便适时引用 ADR。

第 6 节　FIDIC 条件下争议案的 DAB 解决方式

FIDIC1999 年第一版《施工合同条件》（新红皮书）、《生产设备和设计—施工合同条件》（新黄皮书）和《设计采购施工（EPC）/交钥匙工程合同条件》（银皮书）第 20 条"索赔、争端和仲裁"条款中，对业主和承包商之间有关或起因于合同或工程实施的争端，采用"索赔—DAB—友好协商—仲裁"的争端解决机制，并且首次统一推荐使用争端裁决委员会（Dispute Adjudication Board，DAB）。

一、DAB 的运作机制

1. DAB 的组成

临时 DAB：业主和承包商应在一方向另一方发出通知，提出按第 20.4 款将争端提交 DAB 的意向后 28 天内，联合任命一个 DAB。

常设 DAB：在投标书中规定的开工日期 28 天前，业主和承包商联合任命一个

DAB。这适合于涉及大量现场工作、DAB需要定期访问现场的情况。

2. DAB 成员数量

DAB 由具有适当资格的一名或三名人员组成，对 DAB 成员人数没有约定的，DAB 应由三人组成。

3. DAB 成员任命

成员任命应取得业主和承包商的一致认可，否则应由专用条件中指明的任命实体或官员（如 ICC、FIDIC）任命，业主和承包商各承担一半该任命实体或官员的报酬。

4. DAB 的裁决

（1）提请 DAB 裁决

如果业主和承包商之间发生了有关或起因于合同或工程实施的争端（不论任何种类），包括对业主或工程师的任何证明、确定、指示、意见的任何争端，任何一方可将该争端事项以书面形式提交 DAB 裁决。向业主或工程师索赔并不是提请 DAB 裁决的必经程序，任何一方可以自行决定是否直接提请 DAB 就争端进行裁决，而无需先经过索赔程序。

（2）裁决过程

DAB 根据程序规则的规定审查争端事项。除非合同已被放弃、拒绝或终止，承包商应继续按照合同进行工程。

（3）作出裁决

DAB 应在收到提请裁决的申请；或附录"争端裁决协议书一般条件"第 6 条中提到的预付款额，二者中较晚的日期后 84 天内；或在可能由 DAB 建议并经业主和承包商双方认可的其他期限内，作出裁决。

（4）裁决的效力

裁决一经作出立即生效，对业主和承包商具有约束力，双方应迅速遵照执行。业主和承包商收到裁决后 28 天内，均未发出不满裁决通知的，裁决成为终局的，除非经过仲裁或诉讼变更或撤销，裁决保持对双方的效力。

（5）裁决的强制执行

不具有强制执行力。

（6）裁决与仲裁

经 DAB 裁决是提请仲裁的必经程序，任一方不得未经 DAB 裁决而直接申请仲裁，除非没有 DAB 进行工作；或者一方未遵守 DAB 的裁决；或者一方发出了不满通知并经过了 56 天友好协商而仍然未能解决争端。

二、DAB 方式的适用条件

DAB 具有快速、公正解决争议、保护良好商业关系和实现业主、承包商双方商业目的的特点。与索赔、友好协商、仲裁一起，构成了 FIDIC "索赔—DAB—友好协商—仲裁"的最新争端解决机制。在使用 DAB 方式时应注意以下因素：

1. 效率

FIDIC 通用条件推荐 DAB 作出裁决的时间是 84 天。但对于不涉及复杂技术、复杂工程的争议，也许更短的时间较为合适。因此，由 DAB 根据争议的实际情况建议裁决的时间更为合适。此外，由于 DAB 裁决不具有强制执行力，即如果业主或承包商任一方未遵照 DAB 裁决执行，另一方不能直接向法院申请强制执行，只能通过仲裁或诉讼方式确认 DAB 裁决而取得强制执行力。这在一些仲裁或诉讼必然发生的情况下，DAB 拖延或浪费了争议解决的时间，反倒变得没有效率。

2. 费用

费用并不是 DAB 的优势。根据美国有关统计数据，因 DAB 成员的工作地点、到达项目的距离、参与程度以及费用支出情况等因素，每一个 DAB 成员每一天工作所需费用 1000~2000 美元。在整个合同执行期间，一个 DAB 的平均费用大约为合同总额的 0.17%。因此，DAB 适合大型项目，对于普通项目，更适合使用一名裁决人的制度解决争议。因此，FIDIC 建议在新红皮书、新黄皮书、银皮书中采用 DAB，而在绿皮书中采用一名裁决人。

3. 约束力

FIDIC 推荐 DAB 模式，即由 DAB 作出裁决（Decision）并送达业主和承包商后，双方即应迅速执行。而在 DRB 模式中，由 DRB 作出建议（Recommendation），而非裁决（Decision），业主和承包商在收到建议后并不立即执行建议，而是双方均未发出不满通知后才执行建议。实践中，应考虑业主和承包商的关系、工程属性等因素而作出具体选择。

4. 裁决的强制性与强制执行力

FIDIC 推荐经 DAB 裁决是申请仲裁的必经程序，即在业主和承包商约定并组成了 DAB 的情况下，未经 DAB 裁决，任何一方不得申请仲裁。但由于 DAB 裁决并不具有强制执行力，如果任一方不遵照 DAB 裁决执行，另一方不得向法院申请强制执行 DAB 裁决，而只能通过仲裁或诉讼程序获得仲裁裁决或诉讼判决，从而获得强制执行力。这在一方丧失商业信誉，极有可能不执行 DAB 裁决的情况下，DAB 可能会成为刻意违背商业原则的一方故意拖延争议解决时间、增加争议解决成本的措施。因此，是否将 DAB 裁决作为提起仲裁的一个必经程序，需视争议的性质、业主与承包商的关系、当事人商业信誉等因素而定。

第7节 争议解决方式的选择

国际工程项目货物采购合同履行过程中，业务环节多，履约时间长，涉及部门、机构多，过程复杂，环境复杂多变，文化差异以及语言障碍等诸多因素影响合同的顺利履行，争议的发生不可避免。争议及时有效地解决，对承包商的时间、成本、信誉、供应商关系管理以及市场战略等都会产生积极影响。任何一种争议解决方法，都有其优点，亦存在着不足。没有任何一种解决方式是最好的，也没有任何一种解决方式适用于所有争议。在选择时，应认真分析各种方式的利弊以及实际情况。国际工程项目货物采购争议解决方法的选择取决于双方经济实力的对比、双方所属国法律及文化的差异程度、各种解决方法的性质和优劣以及各种争议的具体情况，承包商应因地制宜，综合考虑各类因素作出选择。

在选择国际工程采购争议解决方式时，应综合考虑效率、公正、费用、约束力、强制执行力、商业关系、商业目的、国际惯例等项目货物因素。

1. 耗费的时间成本

不同的争议解决方式所耗费的时间成本不同。一般来说，协商与调解耗费的时间相对较少，仲裁需要时间较长，而诉讼耗时更长。在选择解决方式时应充分考虑解决争议的时间，尤其是项目进度的时间成本。

2. 地域性

作为国际工程承包商，在异国采购项目物资发生争议时，很少有供应商会同意到中国进行解决。一般会选在项目所在国或第三国进行。如选择仲裁，承包商要对可能产生的不公正的结果有所预期。对于诉讼，除各国法律制度的差异导致上诉困难之外，地域性也限制了裁决的执行力。

3. 资金成本

各种解决方式中，费用低廉的是 ADR 中的协商谈判。其他 ADR 形式也一般不会产生高额费用。相比之下，仲裁费用可能比较可观。而诉讼费用更高，即使胜诉，诉讼成本也可能会超过最后获得的赔偿金额。

4. 结果的执行力

ADR 形式一般是属于双方自愿达成协议的结果，虽不具有法律上的强制性，但一般双方执行的主动性都较好。仲裁的结果具有强制性，而且因其国际化程度较高，在异国的执行力也有一定保障。诉讼的结果虽然具有法律强制性，但在异国的执行可能面临较多障碍。

5. 考虑承包商的商业秘密、对相关法律和国际惯例的熟悉程度及可用于解决争议的资源等因素

鉴于国际工程项目货物采购本身的特点，以及承包商发展战略等综合因素，货物采购合同履行过程中发生的争议应坚持调解第一，仲裁第二的原则。此外，在订立争议解决条款时，要明确解决争议的方式、地点、费用分摊、裁决的效力等。如果订立的争议条款模棱两可，几乎把法律的几种选择全规定了，等于没有规定。当有争议发生时，双方无法很快就争议解决的方式、地点达成协议，结果拖延争议解决的时间，使承包商遭受不应有的损失。

案例 13-1

毛里求斯扬水干管争议案

一、案情介绍

2000年5月，中国水利电力对外公司与毛里求斯公共事业部污水局签订了承建毛里求斯扬水干管项目的合同。该项目由世界银行和毛里求斯政府联合出资，合同金额477万美元，工期两年，咨询工程师是英国GIBB公司。该项目采用的是FIDIC合同条款。

按照该项目的合同条款规定，用于项目施工的进口材料，可以免除关税，承包商认为油料也是进口施工材料，据此向业主申请油料的免税证明，但毛里求斯财政部却以柴油等油料可以在当地采购为由拒绝签发免税证明。经对合同条款进行仔细研究，承包商认为这与合同规定不一致，因此向业主提出索赔，要求业主补偿油料进口的关税。

承包商按照FIDIC条款规定，在2000年9月15日正式致函咨询工程师，就油料关税提出索赔，索赔报告将在随后递交，并将该函抄送了业主。同时承包商在每月月初向咨询工程师递交上个月实际采购油料的种类和数量，随附承包商与供货商双方签字的交货单复印件，作为计算油料关税金额的依据。

承包商仔细地研究了合同条款。合同条款第二部分特殊条款第73.2条规定：凡用于工程施工的进口材料可以免除关税；对进口材料所作的定义是：

(1) 当地不能生产的材料；

(2) 当地生产的材料不能满足技术规范的要求，需要从国外进口；

(3) 当地生产的材料数量有限，不能满足施工进度要求，需从国外进口。

承包商提出索赔的理由：

(1) 油料是该项目施工所必需的，而且，毛里求斯是一个岛国，既没有油田也没有炼油厂，所需的油料全部是进口的，因此油料应该和该项目其他进口材料如管道、结构钢材等材料一样，享受免税待遇，而毛里求斯财政部将油料作为当地材料是不符合合同条款的。

(2) 承包商从其他在毛里求斯的中国公司那里了解到毛里求斯财政部曾为刚刚完工的中国政府贷款项目签发过柴油免税证明，这说明有这样的先例，承包商将财政部给这个项目签发的免税证明复印件也作为证据附在索赔报告之后。

对于索赔金额的计算，关键在于确定油料的数量和关税税率。如前所述，承包商将每月项目施工实际使用的油料种类和数量清单都已上报咨询工程师，得到咨询工程师认可。关税税率则是按照毛里求斯政府颁布的关税税率计算。

咨询工程师在审议了承包商的索赔报告后，正式来函说明了他们的意见，并将该函抄送业主。他们认为免税进口材料必须满足两个要求：

(1) 材料必须用于该项目的施工；

(2) 材料不是当地生产的。

咨询工程师认为油料完全满足以上两个条件，因而承包商有权根据合同条款申请免税进口油料。但是业主在审议了承包商索赔报告和工程师的批复意见后，仍然坚持他们的意见，认为油料是当地材料，拒绝支付索赔的油料关税金额。

至此，由于与业主不能达成一致意见，这个索赔变成了与业主之间的争议，也就进入了争议解决程序。

二、争议解决

1. 解决争议的第一步：请求咨询工程师裁决

FIDIC 条款中对业主和承包商之间所发生争议的解决办法和程序作了明确的规定。FIDIC 条款第 67.1 条规定：如果业主和工程师之间发生了与合同或者是合同实施有关的，或者是合同和合同实施之外的争议，包括对工程师的观点、指示、决定、签发的单据证书以及单价的确定引起的争议，不论这些争议发生在施工过程中还是工程完工之后，也不论是在放弃或终止合同之前还是之后，首先应该致函咨询工程师，并抄送对方，请求工程师就此争议进行裁决。咨询工程师应该在收到请求之日起的 84 天内，将其裁决结果通知业主和承包商。

FIDIC 条款第 67.1 条还规定：如果业主或者承包商不满意咨询工程师的裁决结果，不满意裁决结果的一方决定将此争议提请法庭仲裁，那么在收到裁决结果的 70 天内，不满意裁决结果的一方应将这个决定书面通知对方并抄送给工程师。还有一种情况是咨询工程师没有在规定的时间内将裁决结果通知业主和承包商，如果业主或者承包商有一方打算将此争议提请法庭仲裁，那么他应在 84 天的期限到期之后的 70 天内，将他的决定通知对方并抄送咨询工程师。如果在收到咨询工程师的裁决之后的 70 天内，业主和承包商都没有通知工程师他们打算就此争议提请法庭仲裁，那么工程师的裁决就是最终裁决，对业主和承包商都有约束力。

按照以上合同条款的规定，承包商在 2001 年 2 月 26 日致函咨询工程师并抄送业主，要求就油料免税事宜请咨询工程师作出裁决。按照合同规定，咨询工程师应该将裁决结果在 84 天内即 2001 年 5 月 20 日之前通知业主和承包商。

2001 年 5 月 16 日，承包商收到咨询工程师的裁决结果。在裁决书中，咨询工程师首先声明裁决是根据合同条款 67.1 的规定和承包商的要求做出的，并且叙述了索赔的背景和涉及的合同条款，简要回顾了在索赔过程中承包商、咨询工程师和业主在往来信函中各自所持的观点。最后工程师得出了以下四点结论：

(1) 柴油、润滑油和其他石油制品不是当地生产的，因此，按照合同条款 73.2 条的规定，只要是用于该项目施工的油料，在进口时就应该免除关税。

(2) 免除关税只适用于在进口之前明确标明专为承包商进口的油料，承包商在当地采购的已经进口到毛里求斯的油料不能免除关税。

(3) 毛里求斯财政部的免税规定与合同有冲突，承包商应该得到关税补偿，补偿金额从承包商应该得到免税证明之日算起。

(4) 在同等条件下，财政部已经有签发过柴油免税证明的先例。

根据以上结论，咨询工程师做出了如下的裁决：

根据合同条款的规定，承包商有权安排免税进口用于该项目施工所需的柴油和润滑油，因此，承包商应该得到进口油料的关税补偿。补偿期限从2000年10月22日开始（承包商申请后应该得到免税证明的时间，业主及财政部的批复期限按2个月计算）到该项目施工结束。

从该裁决结果可以看出，咨询工程师确实是站在公正、中立的立场上做出了他们的裁决，这个裁决结果对承包商十分有利。但是尽管咨询工程师做出了明确的裁决，业主仍然致函咨询工程师，表示对该裁决不满意。鉴于这种结果，考虑到该项目的油料用量不大，索赔金额有限（约15万美元），如果提请法庭仲裁，不但会影响承包商今后业务的开展，而且开庭时还要支付律师费用，就是打赢这场官司，索赔回来的钱扣除律师费用后也所剩无几，因此决定不提出法庭仲裁，但争取能够与业主友好协商解决。

2. 争议解决第二步：友好协商解决

FIDIC条款第67.2条规定：当业主或承包商有一方按照FIDIC条款67.1条规定通知对方打算通过法庭仲裁的办法解决分歧时，在开始法庭仲裁之前双方应该努力通过友好协商的办法解决该争议。除非双方协商一致，而且不论是否打算友好协商解决该争议，法庭仲裁都应该在给对方发出法庭仲裁通知的56天之后开始。

该规定说明，在法庭仲裁之前，有56天的时间由双方友好协商解决该争议。在此期间，承包商多方面地做了业主的工作，业主友好地表示可以增加一些额外工程，但是就该项索赔他们也无能为力，问题的关键在于毛里求斯财政部不同意签发免税证明。在这种情况下，该争议没有能够进行友好协商解决。在56天到期之后，承包商正式致函业主，我方放弃法庭仲裁。

3. 解决争议的第三步 - 法庭仲裁

按照FIDIC条款第67.3条的规定：当争议双方有一方不服从咨询工程师按照FIDIC条款67.1规定所作的裁决，或者双方没有能够按照FIDIC条款67.2规定通过友好协商达成协议，那么除非合同另有规定，这个争议应该按照国际商业仲裁调解法则，并且由按照该法则指定的一个或多个仲裁员裁决，这个裁决将是最终裁决。仲裁员有权打破、审查和修改工程师所做出的、与该争议有关的任何决定、判断、指令、裁决、单证以及确定的价格。该条款还规定：争议的双方在法庭仲裁过程中可以不受为咨询工程师做出裁决而提供的证据、论点的限制，咨询工程师所作的裁决也不能使其失去在法庭上被请求作为证人或提供证据的资格。法庭仲裁可以在项目完工之前进行，也可以在项目完工之后进行，但不论在何时进行，业主、咨询工程师和承包商的义务和职责都不能因为法庭仲裁而改变。

由此可以看出，业主和承包商之间的争议最终的解决办法是法庭仲裁。法庭仲裁往往会花费很长的时间，而且争议双方为了赢得官司，都要请最好的律师，而律师的费用通常是按小时计算、非常昂贵。因此，在打算与业主对簿公堂之前，应慎重考虑。

作者：王贤光

第14章 国际工程项目货物采购风险管理

> 国际工程项目货物采购风险是影响国际工程项目目标实现的因素之一。国际工程项目货物采购的风险管理是国际工程项目风险管理的一个子系统,是在项目风险管理框架下,对货物采购过程的风险管理,其内容主要包括风险识别、风险分析与决策以及风险防范等。

第1节 国际工程项目货物采购风险管理概述

由于采购环境的千变万化、国际工程项目本身的复杂性、不确定性以及人们对于未来变化的预测能力的有限性导致了国际工程项目货物采购风险。

一、风险和风险管理

国际工程项目货物采购风险,是由于各种事先无法预防因素的影响,承包商的实际收益与预期收益发生背离,蒙受经济损失或获得额外收益的可能性。风险包含了三个基本要素:①风险因素的存在性;②风险事件发生的不确定性;③风险后果的不确定性。风险后果有可能是受到损失,也有可能是收益。本章所述风险主要指一般意义上给国际工程项目货物采购带来损失的风险。

风险管理是对采购业务活动中的风险进行识别、分析、评价和决策的过程,是一个系统的、完整的过程。

(1) 风险识别

是指对尚未发生的、潜在的以及客观存在的，影响风险的各种因素进行系统的、连续的辨别、归纳、推断和预测，并分析产生不利事件原因的过程，其目的主要是鉴别风险的来源、范围、性质，从而分析和提出风险管理的对策。风险识别主要包括：识别不确定因素、建立风险清单、推测风险结果、建立风险分解结构和风险登记册。风险识别的任务是通过风险调查和分析，查找风险源，并且找出风险因素演变为风险事故的条件。

风险识别的主要方法有：专家调查法、风险核算表法、风险调查法、经验数据法和财务报表法。就国际工程项目货物采购而言，为达到建立风险清单的目的，取得风险识别的满意效果，应根据实际情况，以调查法为主，再选取其中若干种识别方法进行组合。

(2) 风险分析和评价

是根据风险识别的结果，对风险发生的概率和风险对目标的影响以及风险承受度进行分析，为风险的应对措施决策提供依据。风险分析和评价主要包括以下几个方面的内容：

1）确定风险事件发生的可能性，分析风险产生的原因和影响潜在风险演变成显性风险的因素和概率。

2）确定风险事件的发生对项目目标影响的严重程度。

3）确定项目周期内对风险事件发生的预测能力以及发生后的处理能力。

4）评价风险事件对项目目标的潜在影响，作为风险决策的依据。

风险分析是介于风险识别和风险决策之间的中间过程，其重点是对各风险的后果进行评价，并确定严重程度的顺序。

(3) 风险决策

在风险分析基础上，对潜在风险制定合适的风险管理策略和具体的应对措施，为以最低的代价获得最大的安全保障，从各种风险管理方案中选择最优方案的过程。

(4) 实施决策

当在各种风险管理对策之间做出选择以后，必须实施所做出的决策。

(5) 检查

在项目进行过程中不断检查前四个步骤以及决策的实施情况，评价这些决策是否合理，并确定在条件发生变化时，是否提出不同的风险处理方案，以及检查是否有遗漏的风险或发现新的风险。

二、国际工程项目货物采购风险的特点

所谓国际工程货物采购风险是指由于多种因素的作用，使该项业务活动不能实现预期目标，从而产生损失的可能性。国际工程项目货物采购风险既来自于同项目有关

的各个方面，也来自于与采购业务活动及采购环境有关的各个方面。工程项目的一次性使其不确定性增加，也使其风险的可预测性减弱，为采购带来风险，也为项目带来风险。此外，国际工程项目货物采购是由承包商与供应商群体、物流服务供应商等，以及本国/项目东道国商检、银行、保险等多主体、多部门构成的一个完整的供应链，共同完成采购作业各个环节。因此，国际工程项目货物采购风险具有国际贸易风险的一般特点，也具有供应链风险的一般特点。其特点表现如下：

（1）客观性和必然性。国际工程项目及其货物采购的跨国界特征，以及受自然、社会客观因素的制约决定了其风险的产生具有客观性。采购方与供应商之间的利益冲突、信息不对称产生的矛盾、货物在流动过程中的各种影响因素使得货物采购必然存在风险性。

（2）多元性和复杂性。国际工程项目货物采购不仅要面对工程项目的不确定性导致的风险，还要面对由采购业务流程决定的交易风险、合作风险、技术与信息资源传递风险、市场风险等。众多风险因素交织在一起，使得风险的形成机制异常复杂。此外，国际工程项目货物采购流程、各个环节中都可能出现风险，限于承包商的经验和认知能力，可能难以把握风险形成的概率大小、危害强弱、表现形式，或对某些类型风险的反映较为敏感和准确，而对另外一些类型风险的反映则较为迟钝、或有误。风险的复杂性使得承包商对采购风险管理的操作不易进行。

（3）偶然性和不确定性。尽管国际工程项目货物采购风险的产生具有客观性与必然性，但引发采购风险的变数很多，与风险相关的指标难以精确计算。各种交易风险由于彼此间存在较大差异而缺乏可比性。单纯使用数理统计方法计算风险发生的概率、估计风险损失的程度、大小是不现实的。而仅凭采购人员的估计判断则会受主观意愿、倾向的影响而使判断结果与实际情况出现较大差异。因此采购风险的认识往往是事后总结归纳，对风险事件的表现形态、特征、演变过程的认定往往属于事后分析。由于国际工程项目货物采购风险成因的复杂性，人们对其后果的预测比对其发生可能性的预测要更为困难。

（4）传递性和放大性。由于货物采购来自于项目需求，工程项目的任何变化都会影响到采购结果，而采购结果或任何采购不当必然会传递或累积，影响工程项目的实施。

三、国际工程项目风险管理与货物采购风险管理

货物采购的风险管理是国际工程项目风险管理的一个子系统，是在项目风险管理框架下，对货物采购过程进行风险管理，如图14-1所示。货物采购的风险管理是在项目风险集中管理条件下，由采购部根据采购流程，按环节、按层次进行分工管理。

四、国际工程项目货物采购风险管理的目标

（1）国际工程项目货物采购风险管理

国际工程项目货物采购风险贯穿于采购过程的各个环节，涉及采购计划的制订、

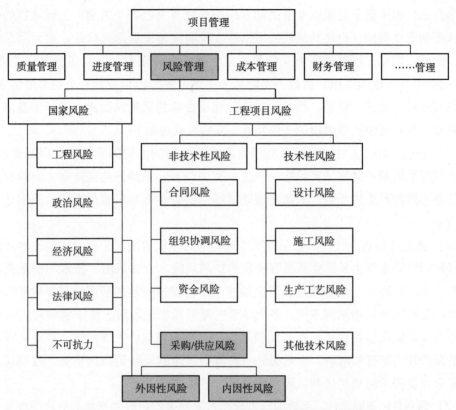

图 14-1　国际工程项目风险管理与货物采购风险管理

供应商选择、采购决策、合同履行、验收全过程中所面临的各种风险。由于货物采购过程具有比施工生产过程更大的风险，其对承包商造成的潜在损失也就更大。

国际工程项目货物采购管理是根据项目的总体目标，利用组织措施、经济措施、技术措施和合同措施对货物采购进行主动控制。但是由于货物采购是在项目不确定性、采购环境不确定性条件下进行，这使得货物采购面临大量无法预测和无法控制的矛盾和风险，使得采购目标的主动控制会受到干扰。因此，使国际工程项目货物采购有效进行的关键是目标控制和风险管理。风险管理是实现目标控制的一种手段，而目标控制是风险管理的方向。

（2）国际工程项目货物采购风险管理的目标

通过对项目风险、采购环境风险的识别，进行分析和评价，选择风险管理措施，以避免风险发生，或在风险发生后，使得损失量降到最低程度，确保采购目标的顺利实现，以保障国际工程项目目标的实现，即通过对货物采购的风险管理，实现实际采购费用不超过计划，实际交货进度满足项目进度，采购质量满足项目要求的采购目标，在采购层面上保障项目目标的实现。

从上述目标出发，货物采购风险管理目标的确定要满足：①风险管理目标与项目总目标的一致性；②风险管理目标的现实性，即确定目标要充分考虑其实现的客观条件和客观可能性;③风险管理目标的明确性,即目标单一、具体,否则各种方案的选择、实施和评价会发生困难;④风险管理目标的层次性,即从总体目标出发,根据目标的重要程度,分析风险管理目标的主次。

值得注意的是,风险管理不能消除风险,但可以让承包商对已经发生或即将发生的风险保持警惕,积极主动地采取措施预防或转移风险,实现对风险的主动控制和管理。因此,风险管理的关键是应特别重视那些非常危险的、尚未被识别或理解的风险。

第2节 国际工程项目货物采购风险识别

风险识别是对将来可能发生的风险的一种预测。其目的是确认风险的存在和性质,在何时、可能以何种方式造成何种后果,找出风险源、风险因素转化为风险事故的转化条件,从而为风险对策提供依据。

国际工程项目货物采购的特点实际上也是它的风险。从采购流程上看,国际工程货物采购风险因素主要有外部经济环境的不确定性、国际工程本身的不确定性、承包商内部工作失误等。

一、国际工程项目货物采购风险识别的过程

国际工程项目货物采购风险识别的过程是根据风险的来源等对风险及其影响因素进行统计和分类,一般包括以下2个步骤:

(1) 确定所发现和预测的因素是否具有存在性、发生事故和造成后果的不确定性。

(2) 建立风险清单。

二、国际工程项目货物采购风险

(一) 国际工程项目的不确定性导致的风险

由于国际工程项目与环境中不可控制因素之间存在着相互影响、制约的关系,不确定性成为国际工程项目的关键因素。而项目的技术要求、具体位置等都对物资采购构成环境影响。

就物资采购而言,国际工程项目的不确定性因素导致的风险主要表现在工程变更上。比如在 DB 条件下,业主在招标文件中对产品的要求,通常以技术规范、技术标准等形式表达。但多数情况下,业主提供的招标资料仅达到初步设计的程度,只满足招标时各投标人能够对项目进行估价的程度。因投标时间较短,投标人常常不能与业主进行充分沟通,而签订承包合同时业主的要求又往往比较原则、笼统。随着工程的进展,业主对项目的要求会逐步细化,有时甚至可能发生部分变化,这种变化多数是

条件的补充或提高,由此可能导致采购材料、设备技术规范的变化,引发重复采购、零星采购或紧急采购,同时可能导致前期采购材料的呆废料的形成。

此外,业主审批采购文件的延误和审批过程中反复修改等行为,对承包商货物采购亦会产生负面影响。如上所述,在审批过程中,业主增加要求、或拒绝承包商提出的建议,比如当承包商发现合同中要求采购的材料不符合工程的实际要求时,建议业主修改材料标准,但业主不予采纳,坚持要求承包商按照合同中规定标准采购。

业主风险还表现在业主检验与拒收的风险。承包合同规定业主有权对设备、材料进行质量验收或者参加承包商组织的质量验收。如果设备材料质量验收不合格,业主可拒绝接收这些设备材料,并拒绝对这些设备材料付款。

(二) 外部经济环境的不确定性因素导致的风险

1. 国家风险

项目东道国社会、政治、经济环境对工程项目物资采购的风险是综合的,涉及采购业务多个方面。这些风险可能导致整个项目的终止、失败,材料、设备采购也就无从谈起。其主要表现为项目东道国社会经济环境动荡,导致工程被迫中止、撤销;国家经济形势恶化、通货膨胀、财力枯竭;产生利率风险、外汇风险、市场风险;政治体制、法律制度不健全或形同虚设;政府官员贪污腐败导致办事效率低下、采购周期和成本增加等。其中通货膨胀是承包商材料、设备采购最大的风险。此外,项目东道国对本国工业产品的保护政策要求承包商优先以政府规定的价格采购当地生产的大宗物资也是承包商货物采购中经常面临的风险因素之一。

2. 市场风险

(1) 信息不对称风险。国际工程物资市场的信息不对称是承包商面临的另一个主要风险。如在设备采购时,签约前供应商会极力显示其设备的优点,夸大其质量、技术水平,承包商无法准确了解供应商的定价策略、报价水分以及合理的价格水平,无法通过价格来鉴别设备质量的好坏,鉴别设备在设计、选材和制造方面所固有的缺陷、瑕疵与不足;无法了解反映内在质量优劣的主要技术指标和设备在应用中的局限性,以及设备本身对环境、配套装置、工具以及操作的特殊要求和维修成本。签约后,供应商可能因各种原因而不能完全按照合同的规定如期履行责任和义务时,不向承包商说明情况,擅自违约,变相地继续"执行合同",照常装船发运、凭单议付等等。违约的供应商往往利用其在技术和经验上的优势,在承包商发现问题之前先发制人,比如为转移视线,供应商往往对承包商的设备安装环境、配套设施、材料、专用工具、操作以及人员素质变得十分挑剔,小题大做,寻机推卸其违约责任。

(2) 供应商风险。主要包括价格风险、质量风险、交货期风险和合同风险。比如，由于供应商操纵投标环境，或供应商相互勾结，在投标前相互串通，有意抬高价格，使承包商采购蒙受损失，或当承包商认为价格合理情况下，批量采购，但该种物资可能出现价跌而引起采购风险。在采购过程中，由于供应商提供的货物质量不符合要求，导致工程项目的安全性不符合标准，性能达不到设计要求，造成经济、技术等方面损害的可能性；或供应商不能按期交货而导致承包商工期延误的风险。此外，在EPC项目投标前，承包商一般会就工程中的关键设备和大宗材料向供应商询价。但在询价阶段，由于此时尚不能确定实际供应商，询价供应商不可能仔细研究招标文件，因此也不会仔细研究业主的技术要求。另一方面，供应商为得到订单，对业主的一些特殊技术要求，可能会采用避实就虚的方式进行报价，导致承包商后期花费大量的时间进行技术澄清、技术修订、甚至更换供应商，从而影响设备、材料采购，延误工期，也增加了额外的设计技术费用和采购支出。

此外，由于业主指定供应商而导致的依赖性风险，即在某些供应项目上承包商对供应商的严重依赖，丧失主动权而产生的风险。再有，业主对供应商的变化情况的不了解，可能出现其指定的供应商，由于种种原因不能提供标的设备。另外，当业主确定的某关键设备供应商任意抬价时，业主和承包商之间可能会发生扯皮现象。

(3) 汇率风险。由于汇率变动给承包商带来的风险。

(4) 不同人文环境风险。

东道国的人文环境，如语言环境、国民教育水平、宗教习惯、节日天数、时间价值、商业信用等，亦会对承包商的材料、设备采购构成一定的风险，这主要表现为双方当事人或机构在商业交往过程中所产生的文化碰撞，如不同文化背景的人对商业谈判、合同条款有着不同的理解而导致合同执行过程中产生争议。

3. 不可抗力

货物采购过程中，严重的自然灾害和灾难，如台风、洪水、地震、火灾、爆炸等、战争、叛乱、动乱等不可抗力因素，以及无法控制和不可预测的信息系统和设备故障、通讯故障等都可能导致物资采购、运输和存储等工作无法正常进行。

(三) 承包商工作失误导致的风险

1. 投标决策失误

国际工程货物采购风险在很多情况下是承包商在投标报价时留下的隐患。

(1) 我国承包商在投标时容易犯的错误是：只求中标、低价竞标、不量力而行；为迎合业主的兴趣，明知设计不合理而为之。

(2) 忽略国内外在设计、材料、设备加工制造、施工和质量检验规范标准上的差别；或在有限时间内，难以全面系统理解业主的工程意图，招致设计返工或重复采购。

(3) 由于市场调查不足,仅靠招标文件、图纸及业主提供的资料进行报价,产生设计漏项、计算错误,中标后无法通过试验,被迫提高材质、加大尺寸、突破报价;或承包商设计所需大宗材料无法在当地采购。

(4) 技术标编制人员未能认真阅读并理解业主要求的每一条标准,仅凭经验办事,导致技术方案不符合招标文件技术规范和标准要求;或标书翻译不准确而导致误购。

2. 代理人选择失误

我国承包商在进入国际工程市场后,急于打开市场,在未做详细调查的情况下,盲目与代理商签约,或在合同中对代理人的责任、权力、活动范围界定不清,出现代而不理,只拿佣金,或代理不利的情况;或在有争议发生时,代理人做出不利于承包商的举动,损害承包商利益。有些代理是由业主或咨询工程师介绍或指定的,这种代理对承包商的风险更大。

3. 采购订货不当

采购订货不当主要包括采购方式选择不当、供应商选择不当。

采购方式选择不当对物资采购的进度、成本都会产生影响,如盲目使用招标采购,致使采购前期成本、工作量大幅度增加等。

供应商选择直接关系到整个项目的工期、质量和成本。供应商选择的风险主要表现在:(1) 业主指定供应商,这一方面是业主基于质量考虑,但有时业主和供应商勾结,如泄露承包商投标报价,使其在谈判中有恃无恐,使采购方处于被动接受的地位;(2) 由于信息不对称等诸多因素,或对供应商考察认证不善,致使选择失误;(3) 供应商关系管理不善,选择之后疏于管理、监督与控制,致使采购过程中经常出现供货周期延期、质量低下等问题;(4) 供应商以虚假合同主体身份与他人订立合同,以伪造、假冒、作废的票据或其他虚假的产权证明作为合同担保,或接受对方当事人给付的货款、预付款、担保财产后逃之夭夭。

4. 工作责任风险

在国际工程货物采购业务活动中,由于对采购人员的选择不当、采购监控不严、管理制度混乱、或采购流程设计的漏洞,出现采购人员责任心不强、合同签订随意、或采取口头协议、君子协定的方式,经常发生采购事故,或采购人员暗箱操作、吃回扣等腐败现象,这严重侵蚀了采购成本,也影响承包商声誉。

5. 采购技能

国际工程货物采购中的部分风险是由于承包商采购工程师采购技能欠缺所至。比如承包商在对外询价时,不熟悉国际贸易术语的内容、性质,只考虑价格构成,致使承包商承担不应有的风险和责任;对项目所在国港口能力和路况缺乏详细调查,物流作业安排不合理,采购运输作业成本增加,时间延误;不熟悉船舶租赁、运价表的特点以及交货业务、报价与实际运输作业相矛盾;盲目签收不清洁提单,货款拖延；忽略提单的物权性质，在采购相关工作尚未做完之前，随意向业主交单，致使在货物所有权转移问题上与业主发生争议；忽视进口/出口许可证、原产地证与报关的同步问题，如未在合同中明确规定，作为付款条件，供应商交单时应同时出具出口许可证、原产地证，以致影响承包商报关、装船，导致港口仓储费、手续费增加，导致现场停工待料；不注意工程材料、设备采购的特殊性，套用一般商品贸易的合同格式条款，致使日后有争议发生时，才发现合同条款不适用；业主委托承包商对工程材料、设备装船时，装运后，未立即电告业主及时办理船运保险，导致承包商承担运输风险；不了解各种支付方式的性质和特点，以及当地的付款习惯而导致材料、设备延期到场；对信用证的性质、特点缺乏足够了解，比如承包商开立的信用证条款过于宽松、随意或过于苛刻导致日后与供应商发生争议或承包商付款和向业主交单时的工作难度；等等。

6. 运输风险

国际工程项目所用材料、设备品种多样，数量巨大，生产周期长，供应商分布较广，采购范围广泛，采购半径较大。同时专用设备、超限设备较多，对运输方式有特殊要求，运输方式选择的不合理，会导致货损、或采购成本增加，同时加大延期到货的风险。

7. 缺乏完善的国际采购网络和渠道

承包商毕竟不同于国际贸易公司，在供货渠道和网络方面存在不少局限性。由于承包商设备、材料采购渠道和网络薄弱，不仅造成承包商采购环节和费用增加，而且由于供应商与承包商之间多属于初次或者是一次性业务关系，往往很难做到货比三家，同时导致供应商抬高材料、设备价格，或承包商难以获得应有的价格优惠。此外，由于是初次业务关系，承包商和供货商之间交流合作难度相对较大。无形中增加了材料、设备的采购费用。

8. 合同风险

合同风险是国际工程材料、设备采购的主要风险之一。主要表现在以下几个方面：

（1）由于采购合同条款不全面、不完整，没有将合同双方的责任、权利、义务关系全面表达清楚，违约责任约束简化，给承包商造成的风险。这种情况大多数是由于承包商没有预计到合同实施过程中可能发生的各种不利情况，签约时过于草率而留下后患。

此外，在采购过程中，合同类型会因所采购的对象不同而有所区别。比如采购新型的非标设备，其技术含量高、涉及多项试验、论证等，采用T&M合同，规定大部分风险由承包商承担；而常规材料、标准设备或常规非标设备的采购，采用单价合同，承包商将面临价格风险和质量风险。因此，采购合同选择不当亦会给承包商采购带来风险。

（2）不同的文化背景和法律制度，使得双方对合同的理解和解释不一致而发生对承包商不利的风险。

（3）对承包合同理解得不透彻而导致采购失误。

（4）采购合同条件过于宽松，或机械套用国内的国际贸易格式合同致使其对工程材料、设备采购不适用的风险；或为使交易尽快达成，在缺乏足够供应商调查、分析的情况下，盲目接受其对承包商提出的单方面约束性条件、苛刻的合同条款；或在签约时，对此类约束性条件、苛刻合同条款认识不足而给日后履约带来的风险。

（5）在国际工程项目货物采购合同中一般都规定有供应商所供设备、材料的质量保证期，承包工程也有一质量保证期限。但往往由于工程延期等原因，在承包商承诺的质量保证期限内供应商的质保期已届满，从而给承包商带来一定的风险。

（6）合同日常管理混乱。

9. 计划风险

由于采购计划管理技术不当或不科学，与工程进度发生较大偏离，导致采购中的计划风险，或因市场需求发生变动，影响到采购计划的准确性，或采购量不能及时供施工生产需要，造成停工待料、设备闲置，或材料采购过多，造成积压、资金沉淀，影响资金周转。

10. 组织结构风险

在国际工程项目投标阶段，业主一般要求投标人确定部门岗位、负责人和人员。我国承包商对此一般是先报一个组织结构，在具体施工中再做调整。在承诺的组织结构中，由于国内企业流行职能式组织结构，但工程项目组织一般实行矩阵式结构，如何保证对职能式组织结构下实行矩阵结构监管存在管理风险。而采购工作因组织结构不同、沟通方式不同、沟通的繁简程度不同将增加采购的风险。

11. 法律适用风险

（1）准据法的选择。国际工程货物采购合同所适用的法律互有差异，尤其是在从第三国采购时，承包商为尽快完成采购作业，往往迁就国外供应商在法律选择方面的要求。而国外供应商一般会选择对自己有利的本国法律，甚至限定在本国法院诉讼。当有争议发生时，承包商寻求法律保护异常困难。

（2）仲裁条款的约定。采购合同中的仲裁条款可对仲裁机构、仲裁地点、裁决的效力、甚至仲裁规则做出约定。但是承包商在交易过程中可能迫于工期的压力，盲目同意供应商仲裁条款的有关约定，或可能在签约时忽略了仲裁条款中的具体规定。当有争议发生时，会对日后争议的解决带来许多障碍。

将识别出的货物采购风险及其原因和影响程度登记在册，就得到风险评价表，如表 14-1 所示。风险识别是一个不断反复的过程，随着合同的履行，新的风险可能会出现，该表一方面可提醒采购人员时刻留意采购过程的各种风险，同时根据该表及时补充其他尚未考虑到的风险或新的风险。

国际工程项目物资采购风险评价表　　　　　表14-1

风险层次1	风险层次2	风险层次3	概率	严重程度	预见性	可控性
外因型风险	（1）国家风险	通货膨胀，利率变动	★★	B	▲	☆
		政治体制风险	★★	B	▲	☆☆
		法律制度风险	★★	B	▲	☆☆
	（2）市场风险	供应商风险	★★★	C	▲	☆☆
		信息不对称风险	★★★	B	▲	☆☆
		汇率风险	★★	A	▲	☆☆
	（3）不可抗力	意外事故	★	A	▲	☆☆
		自然灾害	★	A	▲	☆☆
		战争，政变、恐怖等	★	A	▲▲	☆☆
	（4）不确定性（DBB）	设计变更等	★★	B	▲	☆
内因性风险	（5）投标决策风险	突破投标报价	★	C	▲	☆
		设计漏项	★	C	▲	☆
		技术风险	★★★	B	▲	☆
	（6）代理人选择	代理合同风险	★	C	▲	☆
		业主/咨询工程师指定	★★	B	▲	☆☆
	（7）供应商选择	价格风险	★★★	C	▲▲	☆☆
		质量风险	★★★	C	▲▲	☆☆
		交货期风险	★★★	C	▲▲	☆☆
	（8）计划风险	计划不准确（数量、交货期、库存）	★★	B	▲	☆
		计划技术	★	B	▲	☆
	（9）运输风险	承运人选择	★	B	▲	☆
		运输方式/路线选择	★★	B	▲	☆
	（10）组织结构风险	采购组织设计不合理	★	A	▲	☆
		采购柔性差	★	A	▲	☆
		组织内部信息不对称	★	A	▲	☆
	（11）采购技术风险	合同风险	★★	B	▲	☆
		采购专业知识欠缺	★★	A	▲	☆
		采购渠道	★★	A	▲	☆☆
		道德风险	★	A	▲	☆
	（12）验收风险		★	A	▲	☆
	（13）道德风险		★	A	▲	☆

注：1. 采购风险发生概率：小 ★；中等 ★★；大 ★★★。

2. 采购风险后果：后果轻微 A；后果中等 B；后果严重 C。

3. 采购风险可预见性：可预见 ▲；难以预见 ▲▲。

4. 采购风险可控性：可控 ☆；难以控制 ☆☆。

三、国际工程项目货物采购风险成因分析

通过对国际工程项目货物采购风险进行识别，总结其风险成因，可以看出，尽管货物采购风险的成因复杂，但风险起因基本为内因型和外因型。所谓外因型风险是指采购过程中采购主体自身无法避免的、采购过程以外因素造成的风险，例如政策法规、动荡不安的国际政治经济形势、恶劣气候等。国际市场的复杂性是导致采购风险的最主要的客观原因；内因型风险是指由采购主体自身因素和采购管理内部因素所引发的风险，是风险得以产生的主观条件，由采购主体自身原因所致，例如采购管理制度的漏洞、采购决策失误、对采购过程缺乏有效监控、供应商选择不当等。

外因和内因对风险的影响和作用各不相同。从表 14-1 可看出，采购风险产生的主要方面还是内因型。采购风险的问题实质上主要是承包商采购决策、管理制度和机制的问题。我国承包商企业由于自身方面的原因，对国际市场运行规律认识不足、管理制度有待进一步完善，以及不善于运用风险防范的工具和手段，因此招致许多本来能够避免和预防的采购风险。

第3节 国际工程项目货物采购风险的分析与评价

对国际工程货物采购风险进行识别之后应该对其进行风险分析和评价。如上所述，根据货物采购风险的形成机理，常见的国际工程货物采购风险可分为外部经济环境的不确定性风险、国际工程本身的不确定性风险、承包商工作失误风险。其中外部经济环境的不确定因素和国际工程本身的不确定性应属于外因型风险。而承包商工作失误属于内因型风险。通过对国际工程项目货物采购风险因素分析可见，采购风险在项目招标投标阶段就已经存在，并且贯穿采购周期的整个过程。因此，对项目货物采购的风险管理是从招标投标开始，贯穿中标后货物采购流程的各个环节，包括采购计划、供应商选择、采购决策、订单处理、合同签订、运输、验收入库等直至安装运营。

货物采购风险评价是指在风险识别的基础上，根据承包商以往的经验，结合其他因素（项目所在国地区的特性、承包项目的合同性质以及项目本身物资需求特点）综合评价风险发生的概率和损失程度，得出项目风险管理中，采购层面上发生风险的程度、可能性、可控性和可预见性。同时对采购风险作进一步的评价，明确风险管理的重点，以便采取防范措施，通过对风险发生的可能性和风险产生后果的严重性进行衡量。

一、货物采购风险所致的损失

国际工程项目货物采购风险，无论是内因型风险还是外因型风险，其导致的损失就是风险一旦发生将会对采购目标、乃至项目目标实现造成的影响，包括下面几个方面：

（1）采购费用超支。反映在采购费用中直接成本和间接成本的超值，从而导致项目费用的超支。

（2）采购进度延期。反映在由于供应商、运输或不可抗力等原因导致的货物延期到场，致使施工中断所产生的损失。

（3）采购质量事故。由于采购物资与规定的质量标准或实际要求不符，造成经济损失或工期延误。

从上述损失的特点看，费用损失可用货币来衡量，进度损失则属于时间范畴，质量损失既包括时间损失也包括经济损失，其中采购进度延期也可以通过经济损失来衡量。因此，风险管理应在对风险识别、评价的基础上，对风险进一步量化，确定潜在风险损失值的大小，即损失的严重程度。损失值可定义为：采购风险导致的各种损失发生后，为保证项目正常实施所需最大费用支出，具体损失构成如下：

1. 采购费用风险导致损失

费用风险导致的损失可直接用货币进行衡量，即价格、汇率和利率等变化或资金使用安排不当等风险事件导致的采购费用超出采购预算或计划费用的那部分。

2. 采购进度风险导致损失。

采购进度风险导致的损失由以下两部分组成：

（1）货币的时间价值。采购进度风险的发生可能会导致一系列工期延误的损失，对现金流造成影响，在利率的作用下引起经济损失。

（2）由于采购进度风险事件的发生，导致工期延误，为赶计划进度所需额外费用，包括人工费、机械使用费和管理费等一切因赶进度所发生的非计划费用。

3. 采购质量风险导致损失。

采购质量风险导致的损失包括以下几个方面：

（1）由于采购材料、设备的质量原因导致建筑物质量瑕疵所致的直接经济损失；

（2）返工损失；

（3）拆除、修补、替换等损失；

（4）由此造成的工期延误的损失；

（5）第三方责任的损失（因意外事故可能导致第三方的人身伤亡或财产损失所作的经济赔偿以及必须承担的法律责任）等。

上述由采购风险事件引起的损失影响采购项目的进度、费用和质量目标的实现，其损失的严重程度最终是可以货币来衡量的。

二、货物采购风险概率的衡量

常用风险分析方法有：调查和专家打分法、层次分析法、模糊数学法、统计和概率法、敏感性分析法、蒙特卡罗模拟、CIM 模型、相对比较法。

1. 相对比较法

该方法由美国风险管理专家 Richard Prouty 提出。这时风险概率被定义为一种风险事件最可能发生的概率。

(1) 几乎是 0：这种风险事件可认为不会发生。

(2) 很小的：这种风险事件虽有可能发生，但现在没有发生并且将来发生的可能性也不大。

(3) 中等的：这种风险事件偶尔会发生，并且能预期将来有时会发生。

(4) 一定的：这种风险事件一直在有规律地发生，并且能够预期未来也是有规律地发生。

物资采购风险事件的发生常表现为若干种风险事件及时间、费用损失的组合，能够估计的概率种类极其繁多，一般应选择对风险管理决策最有用的组合。因此，这时对采购风险导致的损失程度也将相对划分为重大损失、中等损失和轻度损失，从而在风险坐标上对风险进行定位，反映出风险量的大小，如图 14-2 所示。

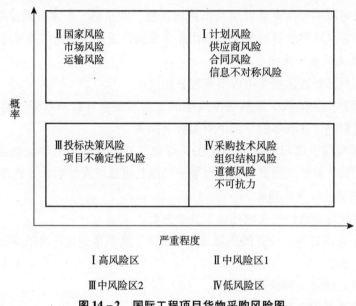

图 14-2 国际工程项目货物采购风险图

2. 概率分布

概率分布法与相对比较法相比可以更为全面地衡量采购风险。通过损失量的概率分布，能使人们正确理解对常见风险的衡量，尤其有助于确定在一定情况下的最佳风险对策和风险对策组合。建立概率分布需以有关采购风险数据为基础。

3. 蒙特卡罗模拟技术

蒙特卡罗模拟是一种随机模拟方法，以概率和统计理论方法为基础的一种计算方法，是估计经济风险和工程风险常用方法。使用蒙特卡罗模拟技术分析工程货物采购风险的基本过程如下：

(1) 把已经识别出的，影响货物采购的重要风险因素列成一份标准化的，能充分反映出风险分类结构和层次性的风险清单。

（2）通过经验数据或专家调查确定风险因素的影响程度和发生概率，编制风险评价表。

（3）采用模拟技术评价主观数据，确定风险组合。

（4）分析与总结。

该技术可以直接处理每一个风险因素的不确定性，并把不确定性在费用方面的影响以概率分布的形式表示出来。

第4节 国际工程项目货物采购风险管理对策与措施

风险决策是根据风险管理的目标和宗旨，在科学的风险分析和评价基础上，当面临风险时从风险回避、风险减轻、风险转移、风险自留等各种方案中选择最优方案的过程。

一、采购风险的基本对策

国际工程项目货物采购过程中出现的风险可以采取不同的防范措施，常用的防范措施有风险回避、风险减轻、风险转移和风险自留四种措施。这四种措施各有利弊，在进行风险决策时，常常是几种对策的组合，而不仅仅选择其中的一种。

1. 风险回避

指在完成采购项目风险分析与评价后，如果发现风险发生的概率很高，而且可能的损失也很大，又没有其他有效的对策来降低风险时，可考虑采取放弃原有计划或改变目标等方法，使其不发生或不再发展，从而避免可能产生的潜在损失。风险回避具有简单易行、全面彻底的优点，能将风险的概率降低到零。但就国际工程项目货物采购而言，为规避风险采取风险回避，放弃原计划的方法是不可能的。

2. 风险控制

通过各种措施设法降低风险发生的可能性或减少风险可能带来的损失，将风险减小到可接受的水平。风险控制强调提前采取行动，对导致风险发生的原因提前进行干预，减少风险发生的概率或减轻其对目标实现的影响。提前采取行动减低风险发生的概率或者减少风险造成的损失，比在风险发生之后再采取措施更为有效。

3. 风险转移

指通过合同或非合同的方式将风险转嫁给另一方的一种风险处理方式，比如在国际货物买卖中，原由卖方承担的货物风险在某个时候改归买方承担。可见风险转移不是消除风险，而是将风险的结果连同相应的责任、权力转移给第三方或者对方，实际上是把风险管理的责任转至另一方，但要向风险承担者支付费用。风险转移必然伴随着获利机会的转移。无论是通过合同或非合同方式的风险转移，转让人与受让人之间的损失必须能够明确地划分；风险的受让人有能力并愿意承受适当的财务责任，风险转移对于双方应该都是有益的。

4. 风险自留

指在经过对风险进行分析评价之后,将风险留给自己承担,自行承担风险的一切后果。只有当风险自留与其他风险管理方式相比,更经济合理,或更及时有效,或是不得已而为之的唯一方法,才采取的风险管理方法。自留风险的可行程度,取决于损失预测的准确性和补偿损失的适当安排。

风险自留有主动和被动之分,主动自留是风险管理者识别出风险的存在,估计到了该风险造成的期望损失,决定以其内部资源对损失加以弥补的措施,如设置应急储备(包括时间、资金等)以处理已知或潜在的风险。被动风险自留则不要求事先采取措施,待风险发生后相机处理。

值得注意的是,由于国际工程项目货物采购主要是由承包商与物资供应商、物流服务供应商以及本国/项目东道国有关部门、机构(如商检、保险、银行等)构成一完整的物资供应链,共同完成采购流程中的各个作业环节,链上有关节点企业更多的是合作伙伴关系。因此,以上风险管理工具并不能完全适用于货物采购的风险管理。采购风险管理核心在于控制内因型风险,对外部合作伙伴关系进行合作关系的管理、监督与控制。

二、采购风险的应对措施

通过对货物采购风险的分析和衡量,针对各级风险发生的可能性、损失以及风险承受能力,应对风险管理进行规划与决策,如表 14-2 所示。

国际工程项目货物采购风险应对措施　　　　　表 14-2

风险目录	风险管理策略	相应措施
(1) 国家风险		
通货膨胀,利率风险,资金风险。	风险转移	执行价格调整,建立应急费用、费率保值,在承包合同中列入价格调整条款
政治体制风险	风险自留/风险转移	索赔、保险
法律制度风险	风险控制/风险自留	索赔
(2) 市场风险		
供应商风险	风险控制/风险转移	合同控制
信息不对称风险	风险控制	加强市场调研
汇率风险	风险转移/风险自留	投保汇率险/套期保值
(3) 不可抗力		
意外事故	风险转移	保险,援引不可抗力、索赔、预防措施、建立预警机制
自然灾害	风险转移	
战争,政变等	风险转移	

续表

风险目录	风险管理策略	相应措施
(4) 不确定性（DB）		
设计变更等	风险自留	索赔，加强设计管理，在合同中加列调整条款，以审查设计和可建造性
地下条件复杂	风险自留	索赔、在施工之前进行全面场地勘察
(5) 投标决策风险		
突破投标报价	风险自留	做好采购预算，加强管理、成本控制
设计漏项	风险自留/风险控制	分清合同责任
技术风险	风险自留/风险控制	降低损失
(6) 代理人选择		
代理合同风险	风险控制/风险自留	签订明确的合同条件，明确权利和责任
业主/咨询工程师指定	风险自留	
(7) 供应商风险		
价格风险	风险控制/风险转移	签订固定价格合同；建立价格信息库，随时掌握动态，提高预警；在工程量报价中加入风险价格因素
质量风险	风险控制/风险自留	严格供应商管理，制定质量控制程序，质量保函，加强验收管理
交货期风险	风险控制	制定催交，运输计划
(8) 计划风险		
计划不准确（数量、交货期、库存）	风险控制/风险自留	加强计划的准确性
计划技术	风险控制	检验计划技术的适用性
(9) 运输风险	风险转移	运输保险
(10) 组织结构风险		
采购组织设计不合理	风险控制	优化组织设计，完善采购制度
采购柔性差	风险控制	
组织内部信息不对称	风险控制	
(11) 采购技术风险		
合同风险	风险控制	建立合同审核制，签订明确的合同条件，明确权利和责任
采购专业知识欠缺	风险控制	提供专业培训
采购渠道	风险控制	建立广泛的商业情报网络和采购平台
(12) 验收风险	风险控制	强化验收制度和程序
(13) 道德风险	风险控制	安排可信赖的员工，定期或不定期检查

(一) 风险回避型管理措施

风险回避是采取放弃原有计划或改变目标等方法，使其不发生或不再发展。但就国际工程项目货物采购而言，其采购业务流程中几乎每一活动都存在大小不一的风险，过多的回避等于不采取行动，使得采购无法进行，因此风险回避有时是不可能的。

但是，风险回避对策可作为一种制度、规定出现，是一种事前主动的风险防范措施，如为防止价格风险，在采购程序中规定供应商的数量必须两家以上，或在采购前，要求业主澄清不明确的需求等。

(二) 风险转移型管理措施

国际工程项目货物采购的风险转移多是以合同方式进行。

1. 合同转移

如合理选择贸易术语，承包商为免除其承担货物在运输途中的风险责任，可采取 DDU/DDP 贸易术语，同时在合同中合理规定风险转移的时间、条件等。

2. 保险转移

工程保险是最普遍的风险转移方式，其实质是将项目不确定性转化为一个确定的费用，一般通过工程保险所转移的风险都是纯粹风险，如自然灾害和意外事故等。工程保险一般分为强制性保险和自愿性保险两类。

(1) 强制性保险

投保建筑工程一切险（附加第三者责任险）、安装工程一切险（附加第三者责任险）、社会保险（如人身意外险、业主责任险和其他国家发令规定的强制保险）、机动车辆险、10 年责任险和 5 年责任险、专业责任险等。其中，建筑工程一切险和安装工程一切险是对工程项目在实施期间的所有风险提供全面的保险，即对安装施工期间工程本身、工程设备、施工机械和器具以及其他物质所遭受的损失予以赔偿，也对因施工而给第三者造成的人身伤亡和物质损失承担赔偿责任。工程一切险的投保人一般是业主。此外，在工业发达国家和地区，建筑师、结构工程师等设计、咨询专业人员都要购买专业责任险，即由保险公司赔偿由于这些专业人士的设计失误或工作疏忽给业主或承包商造成的损失。

(2) 自愿保险

国际工程涉及的自愿保险包括国际货物运输险、境内货物运输险、财产险、责任险、政治风险保险、汇率保险等等。

3. 担保

担保也是一种重要的风险转移方式。工程担保种类主要有以下几种：

(1) 投标担保。指供应商在投标报价之前或同时，向采购方提交投标保证金或投标保函，保证一旦中标，履行货物供应的责任。

(2) 履约担保。是为保障供应商履行采购合同所做的一种承诺。一旦供应商没能履行合同义务,担保人给予赔付。

(3) 预付款担保。要求供应商提供的担保,为保证预付款用于该合同标的物的供应,禁止供应商挪作他用及卷款潜逃。

(4) 维修担保。为保障维修期内出现质量缺陷时,供应商负责维修而提供的担保,维修担保可以单列,也可以包含在履约担保内,有些采购合同采取扣留合同价款的若干百分比作为维修保证金。

(5) 反担保。即担保人为了防止向债权人赔付后,不能从被担保人处取得补偿,往往要求被担保人另外提交反担保作为担保人开具担保的条件,这样,一旦发生担保人代被担保人赔付后,就可以从反担保的担保人处取得补偿。

(6) 业主支付担保。指业主向承包商出具的担保,业主如不按照合同规定的支付条件支付工程款给承包商,由担保人向承包商付款。

(三) 风险自留型管理措施

由于国际工程项目采购过程中的许多业务活动是不可保的,而且有些风险事件发生频率高,但损失程度小,或可能因为是供应链系统风险,无法回避,采购方只能通过系统吸收来接受风险。同时风险自留成本和管理费用较低,因而作为风险管理中的常用手段。

(1) 一旦做出风险自留决策,在损失分析基础上,经常对那些风险损失的避免情况和发生情况进行全面检查和安排,及时发现问题,采取预防措施,做好损失的控制工作。

(2) 对于发生频率高、损失程度小的风险,建立风险准备金,专门用于风险自留所造成的损失。从理论上说,风险准备金数量应与风险损失期望值相等。

(3) 自留风险效果的检查与评估,不断对自留风险进行检查与评价,测算平均损失额,分析有关损失,进行必要的调整。

(四) 风险控制型管理措施

国际工程项目货物采购风险管理措施绝大多数是风险控制型管理。当潜在风险被识别后,对其进行主动的事前控制;风险事件已经发生,则采取一些技术手段和措施来减轻风险事件的危害性,减缓风险事件带来的损失。这些主要是通过一些制度、程序、规则等来实现的,如采取建立有效的采购业务和预警/监督机制、风险管理责任制等方式进行。

国际工程项目货物采购的风险来源、风险形成过程、风险潜在的破坏机制、风险的影响范围以及风险的破坏力错综复杂,单一的风险应对措施难以奏效,必须综合运用多方法,手段和措施,才能以最小的成本将各种后果减少到最低限度。

三、货物采购风险管理的基本机制

如前所述货物采购风险是工程项目风险的一部分,货物采购的风险管理是项目风险管理的一个子系统,如图 14-3 所示。而采购供应本身又是一个完整的、跨国界的供应链系统。国际工程项目货物采购是在承包合同约束条件下进行,其与项目风险紧密相连,工程实施过程中任何风险事件的发生都有可能波及采购,而货物采购风险事件更会严重影响工程的实施。同时,采购又具有国际贸易的一般特征,其流程与操作易受国际贸易交易风险的影响。此外,采购供应是由承包商、物资供应商、物流等多环节、多部门共同协作完成采购作业的全过程。因此,国际工程项目货物采购的风险管理应是在项目风险集中管理系统下,建立一个既符合项目风险管理要求,又适合国际贸易风险管理的基本特征,满足物资供应链无障碍运转的风险分工管理机制。

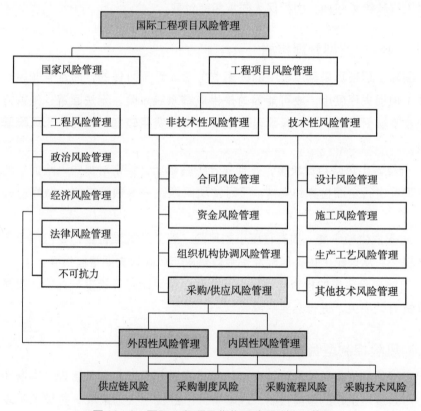

图 14-3 国际工程项目货物采购风险分工管理

国际工程项目货物采购风险管理涉及风险管理子系统的组织体系、管理制度、采购流程以及供应链管理等几个方面的问题。

1. 采购风险管理子系统的组织体系

在采购部及有关岗位确立相应的风险管理职责。国际工程项目风险管理部门承担整个项目风险管理责任,项目经理/风险管理经理等管理层主要承担风险管理的战略决策、各风险管理子系统的协调配合等。采购部负责采购层面风险管理职责，采购部各岗位主要承担与岗位职能相关的采购风险，对每个采购项目实行风险责任制。每个采购工程师均按要求履行采购业务范围内的风险管理职责。

采购风险管理组织体系应与项目的承包模式、组织体系和管理模式相匹配，并明确风险管理组织内的各成员分工。同时，由于每一项货物采购都有其各自的特点，该组织体系应适用于不同层次、形式的采购风险管理。例如，对于一般物资的采购，只需一个层次的、简单的风险管理，对于技术含量高、采购金额大、采购周期长、工期要求严格的材料、设备，尤其是对瓶颈物资、重要物资和战略物资的采购，则可能需二、三个层次的、较为复杂的风险管理。然而，无论形式如何，风险管理组织体系的功能和作用都是为了有效地防范和管理国际工程项目货物采购风险，以最低的成本和代价实现采购目标。

2. 采购风险的流程管理

国际工程项目货物采购风险管理的流程规范如下：

（1）交易前期风险管理流程规范。主要是在货物招标采购时，在招标文件中严格制定货物采购条件，优选供应商。合同签订前，做好周密的风险调查和分析预测工作，研究各项风险因素可能导致的风险事件。初步制定应对风险危机的对策，尽量回避交易风险或降低风险发生的可能性。承包商可借助国家和企业间的信息情报系统和风险调查系统，借助于专业化的资信调查机构、银行、驻外商务机构、行业公会等对供应商进行全面风险调查。合同签订时，谨慎订立每一合同条款。

（2）交易中期风险管理流程规范。在交易过程中，须对履约各个环节中的各种风险因素进行全面的控管，减少风险事故发生的可能性。在交易中，承包商应能准确熟练地运用各项采购技术，预防风险隐患，例如关注供应商的履约进程，做好监造、催交、信用证的开立和修改以及验收等工作。

（3）交易后期风险管理流程规范。在交易后期，采购方将审单付款，到货检验。这个时期对双方无疑都很重要。若在此时出现风险事件和损失，将导致采购失败。采购方须在确保单证的真实性和货物的安全性基础上，审慎地支付货款。若发现货物有质量及数量问题，需准备好相关的材料，在一定期间内及时向当事方索赔。

3. 采购风险的制度管理

国际工程项目货物采购风险管理的制度规则主要包括以下几个方面：

（1）资信、市场调查和风险调研制度。资信调查和风险调研制度是防范采购风险的前提条件，是确保交易安全的关键。科学而又周密的资信调查和风险调研制度有助于项目货物采购的科学决策和安全运营。

就资信调查而言，其内容至少包括：核实供应商资质和经营记录；确认供应商的信誉状况和所能提供的资信担保措施。根据不同供应商的信用信息，按其身份、资信状况、履约能力等方面划分为不同等级，实行分类、分级管理。

对市场风险调研的主要任务是查找、发现国际市场现存及可能出现的各种风险因素，如非关税壁垒、外汇管制、外汇汇率波动、国际市场价格升降、交易双方国家社会文化习俗差异等等。可供参考的风险信息越完整、越准确，采购决策失误的概率就会越低。

(2) 风险监督控制制度。建立宏观与微观相结合的风险监控体制是事先预防采购风险事故的必要手段。根据风险监控体制的要求，承包商应建立风险防范的巡视、审查、监督规程，对与采购有关的所有风险实行全过程、全方位的监控。按照工程项目的目标、制度、计划和预算等内容，要求采购部、采购责任人履行其风险管理职责，及时发现、纠正决策环节和采购流程中各业务环节的差错，保障货物采购的目标控制。

(3) 经常性（日常）的风险管理制度。承包商货物采购的风险管理，首先应制定详细的风险防范的战略规划，备有针对不同类型风险的切实可行的风险处理预案。其次，须按照项目部规定的采购程序规范交易行为，严格合同管理，加强对采购风险因素的日常管理，将风险事故隐患消减于经常性的风险防范管理之中。

4. 供应链风险管理

国际工程项目货物采购供应是一个以承包商为核心的、完整的、全球性的供应链系统，链上各节点包括材料、设备供应商、物流服务供应商等。由于项目的一次性，导致供应链的临时性和虚拟性（即以项目为联系纽带而组成的临时联盟，随着项目的完成而解体），其运营风险和突发事件发生的几率非常高。

供应链的营运风险主要有管理和协作风险、关联企业投机行为带来的风险、道德风险、信息不对称风险和合同风险等。供应链的突发事件主要有三类：运营上的紧急情况，包括设备故障和系统崩溃、供应突然中断，如主要供应商破产、欺诈或罢工；自然灾害，比如地震、飓风和风暴；以及恐怖主义活动或政治动荡。

(1) 对供应链的风险管理主要强调发展多供应商、多地域的供应渠道，以防独家供应商带来的商务风险。

(2) 建立成熟的信息传递渠道，防止信息传递风险，尽量减少信息缺乏或信息失真带来的负面影响。

(3) 充分利用现代物流管理技术，防止供应链的物流风险。如采用EDI（电子数据交换）、GIS（地理信息系统）、GPS（全球定位系统）等，共同构成可视化的物资保障技术基础。

(4) 供应链是多环节、多通道的复杂系统，在供应链管理中，对突发事件的发生要有充分的准备。对于一些偶发但破坏性大的事件，可预先制订应变措施，减少甚至避免损失，如建立合理的物资安全库存、保证库存规模和结构合理；进行必要的运输技术经济分析，正确选择运输方式，充分理解各种交货方式中的风险转移，区分运输过程中的责任防范运输风险；建立应急处理机制，从多方面、多层次考虑，通过应急系统化解供应链合作中出现的各种意外情况出现的风险，减少由此带来的实际损失。

(5) 建立协调各方利益的供应链，阐明合作伙伴的角色和职责，避免冲突；重新定义合作条款，共担提高供应链绩效的风险、成本和分享回报；协调激励机制，使各方最大程度地提高供应链的总体绩效，同时实现合作回报最大化。

(6) 采用动态合同形式，即根据不同的风险状况采用不同的合同形式。对一些吃不透的合同，采取动态检查机制进行分步实施，即在虚拟企业的不同运作阶段，对伙伴工作情况进行检查，根据前一阶段合同的执行情况决定下一步合同是否执行和如何执行，将大合同分解为若干小合同，将一时间跨度较长的合同分解为时间跨度较小的合同，以减少风险损失的概率。

(7) 建立检查机制对伙伴的行为进行监督和约束。按照项目质量、工期等指标设计一个级差的常数费用支付协议，以避免策略性欺骗。如果认为伙伴披露的信息有作假行为，可拒付本阶段的项目费用和酬金，并根据合同规定实施惩罚，直至终止合同。

(8) 为保证虚拟企业的顺利进行，最大程度地规避风险，各级合同（或协议）中应明确有关清算条款，并规定相应的清算时间点。如果虚拟企业的伙伴不能在各个清算时间点完成既定任务，则可根据有关清算条款终止合同，另寻其他合作伙伴。

5. 采购技术风险管理

(1) 采购是一门科学，既有一定的规律，也需要专门的技术，例如采购计划与预算技术、采购招标技术、采购成本控制技术、供应商管理技术、采购质量管理与控制技术、采购谈判技术等。根据采购标的的性质、市场环境、承包合同要求，可分为一般采购和特殊采购，每一采购技术都有各自的适用范围以及应注意的问题。适用不当会给采购带来风险。制定完善的特殊采购与一般采购的认定标准，以及与其相适应的采购程序规则，可在一定程度上减少风险事件的发生。

(2) 对采购工程师实行采购技术资格化

采购风险事件在很多情况下是人为造成的，是由于采购工程师采购专业技术、技能欠缺所致。采购工程师应具备相关职业素质和专业技能，符合采购岗位任职要求。业务水平参差不齐、职业素质千差万别的采购团队，会妨碍采购操作向规范化、国际化方向发展。对采购专业技术实行"资格"化管理，能使采购工程师的采购技能有明确的考核和衡量标准，有效避免由于个人专业技能原因而导致的采购风险。此外，人的能力是无法分解、复制的，按照采购工程师的个人素质和技术能力匹配岗位也是采购风险防范的一个方面。

第15章 国际工程项目货物采购合同管理

> 国际工程项目货物采购合同管理是项目合同管理的一个重要组成部分,其工作目标是通过对采购合同管理实现采购目标。工作内容主要包括对采购合同的策划、合同订立、合同履行、合同变更、合同解除\终止过程进行监督检查,以及合同管理的组织设计和制度设计等。

第1节 国际工程项目货物采购合同管理概述

一、国际工程项目货物采购合同管理的内容

国际工程项目货物采购合同管理是国际工程项目合同管理的一个子系统,如图15-1所示,是在项目合同管理框架下,对货物采购合同策划、合同订立、合同履行、合同变更、合同解除\终止过程进行监督检查,以实现采购合同目标的一系列具有法律效力的活动。

二、采购合同管理的目的

国际工程项目货物采购合同管理的目标与项目合同管理目标是一致的,通过对采购合同动态管理、协调与采购有关的项目内部、外部各有关当事人之间、各资源之间的关系,实现采购的进度、质量和成本的控制。

(1)合同双方在协商确定各方的权利义务,并在合同中予以确定后,作为采购方,通过合同管理,使采购方正确行使其权利、履行其义务,规范交易过程,规范合

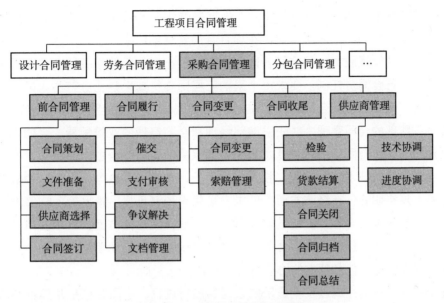

图 15-1　采购合同管理的内容

同主体间的关系，约束供应方履行合同义务，确保采购目标的实现。

(2) 合同风险是货物采购风险的根源之一，合同结构、合同条款严谨与否，直接关系到材料、设备质量、交货进度，关系到合同能否顺利履行和采购目标的实现。因此，通过合同管理，可稳定采购业务活动，实现对采购风险的主动控制。

(3) 国际工程项目货物采购数量大、金额高、采购进度要求严格。通过采购合同管理，实现工程项目物资适时、适质、适量、适地、适价供应，以保证项目的控制目标和经济效益在采购层面上的实现。

因此，采购合同管理的目标是通过流程管理、层次管理、制度管理来实现采购方的目标管理、权利管理、风险管理和效益管理。

第2节　国际工程项目货物采购合同管理体系

一、货物采购合同管理的组织设计

采购部是项目部所有部门中合同管理任务较重的部门之一，其工作结果的质量、成本和进度会直接影响项目的质量、成本和进度，而且项目资金支付的60%以上发生在采购部。日常处理的合同数量多、批次多、种类多、环节多、时间要求严格、合同主体广泛、覆盖地域广阔，对外联络与对内协调琐碎且频繁。采购部在工程项目实施过程中连接上下游工作、承上启下的作用要求对采购合同管理必须从组织和制度设计上加以保证。

国际工程项目货物采购合同管理是项目合同管理的一个重要组成部分，其合同管理要受项目合同管理体系、制度的制约。根据采购作业的特点，在其设计上应体现出采购作业与采购合同的一体化管理。在项目合同管理部门统一管理下，采购部承担采购合同子系统的管理职责，采购部各岗位主要承担与岗位职能相关的合同管理。对每个采购项目实行合同责任制。要求每个采购工程师履行其采购业务范围内的合同管理职责。同时，采购部设有合同管理岗位（合同管理员），或由合同部指定专门合同管理员负责采购部的合同管理，并受采购部经理和合同经理的双重领导。合同管理员的职责是对每一采购合同把握三个基本方面：确保采购合同符合主合同要求，在技术方面要求合同涉及的技术依据真实、技术标准可行、技术参数科学，合同标的数量、质量、型号、规格明确；在经济方面，要求市场供求预测可靠、输出输入核算准确、所有权明确、价款确定合理、资金结算支付方式明确；在法律方面，要求主体合法、内容合法、形式合法和程序合法，合同条款齐备，权利义务具体明确，此外，合同管理员还承担采购部与其他各部门的协调管理的责任。

鉴于采购作业的完成过程就是采购合同的履行过程，合同管理是采购部的日常工作，因此对货物采购的合同管理应根据采购标的在项目中的重要性程度、采购金额、采购的难易程度、技术复杂性等对采购合同实行分级管理。一般性物资采购由各采购工程师履行其合同管理的职责，并接受合同管理员监督检查；重大物资采购由采购部经理对合同管理负责，并接受合同部的监督检查，形成采购合同的日常管理与综合管理相结合、专人管理与全员管理相结合、横向管理与纵向管理相结合的全面合同管理，使得合同管理制度满足预防性、可操作性和开放性的要求，有效堵塞合同在签订和履行过程中各种漏洞，保证合同在签订后得到预期而有效的履行，降低各种合同风险。

(1) 合同日常管理与综合管理相结合

合同部的具体职责：负责有关示范文本的编制；负责各部门提交的各类合同的合法性、可行性、有利性审查，并出具审查意见；监督、检查材料、设备买卖合同的履行情况；合同备案；参与合同纠纷调查，索赔、争议解决等。

采购部的具体职责：询价、市场调查、提出供应商选择建议、做好合同交底工作；履行采购合同中规定的合同义务，监督材料、设备验收；负责项目所有采购合同的日常管理工作，收集、记录、整理和保存与合同有关的协议、函件；收集、整理索赔资料，提供索赔依据，书写索赔报告。

(2) 合同专人管理与全员管理相结合

专人管理：对履行周期长、标的额高、复杂疑难的重大采购合同实行分级管理，专人负责，计划履行、定期报告制度，及时解决履行过程中出现的问题。

全员管理：实行合同签约人负责制，即每一采购工程师要对其所经办合同的前期调查、谈判、签约、履行、验收、结算等全过程负责。

(3) 合同横向管理与纵向管理相结合

横向管理：即采购流程、采购技术管理，严格按照采购程序手册规定，规范从询价至入库的全过程每一环节的操作,杜绝采购合同事故。

纵向管理:所谓纵向管理,是采购合同与主合同的衔接管理。为保障物资的无障碍供应,采购部应根据主合同要求,在物资进场时间、质量保证、成本控制等方面实施严格管理,同时维护与项目部其他部门的接口管理。

(4)风险管理与合同管理紧密衔接

大部分采购风险是可以通过合同安排加以防范和控制的。因此,采购部和风险管理部门之间、采购部内部合同管理与风险管理的制度安排应无缝对接。尤其是采购部各岗位工程师应能做到采购风险识别,并能采取合理的风险规避、风险转移和风险防范措施。

二、采购合同管理的制度设计

采购合同管理是通过制度管理实现的,采购合同管理工作的责任制度、监督检查制度、统计考核制度、合同档案管理制度等都可有效保障合同管理的目标实现。

(1)工作责任制度。具体规定具有采购合同管理任务的部门和合同管理人员的工作范围、应负的责任及拥有的权限。

(2)监督检查制度。具体规定采购合同从订立到履行过程监督检查的内容、程序和方法。包括合同审查、审批制度、检查制度等。

(3)统计考核制度。具体规定采购合同统计与考核的内容、时间与方法,包括统计报表、考核制度、定期与不定期的分析总结制度等。

(4)合同档案管理制度。具体规定采购合同档案的内容、归档时间和保存期限。按每一份独立的合同分别建档,履行完毕的采购合同均应按年度分类整理归档入卷,并把它作为项目文书档案的一个重要组成部分,妥善保管。

三、采购合同管理人员的专业化水平要求

物资采购合同管理需要各方面的专业人才,应建立一支稳定的专业化合同管理团队,以保证合同的顺利执行、提高合同管理效率。首先应根据合同管理需要,在专业岗位上配置专业人员,从数量上保障合同管理的需要,同时要努力提高合同管理人员的专业化水平和能力;其次,要落实竞争机制、激励机制、评价机制、监督机制,规范合同管理人员的使用和管理。

第3节 国际工程项目货物采购合同

一、国际工程项目货物采购合同特点

合同是两个或两个以上当事人依法达成的明确相互权利义务关系的,具有法律约束力的协议。其基本特征是:合同是当事人之间自愿协商达成的协议,是双方的民事

法律行为；合同当事人的法律地位平；合同具有法律约束力；合同必须合法。

国际工程项目货物采购具有国际贸易的一般特点，买卖双方营业地可在不同国家（地区），或在同一国家或地区。其采购合同是具有平等主体的自然人、法人和其他组织之间，以转移财产所有权为目的，为实现工程物资的买卖，设立、变更、终止相互权利义务关系的协议。依照协议，承包商作为采购合同中的采购方为取得财产所有权，须支付相应的价款，供应商转移财产所有权，则必须以采购方支付价款为对价。

1. 国际工程项目货物采购合同具有买卖合同的一般特点

（1）买卖合同以转移财产的所有权为目的。

（2）买卖合同是双务、有偿合同，即买卖双方互负一定义务，卖方必须向买方转移财产所有权，买方需向卖方支付价款，买方不能无偿取得财产所有权。

（3）采购合同是诺成合同，除法律有特别规定外，合同的有效成立以当事人的意思表示一致为基础。

2. 国际工程项目货物采购合同的基本特征

（1）国际工程项目货物采购合同的订立依据是承包合同。国际工程项目承包合同规定了承包商/业主物资供应的责任，采购方应根据承包合同的工程量、工期要求确定采购的数量和交货进度，根据承包合同的技术、产地要求确定物资采购的类别、标准和质量要求。

（2）国际工程项目货物采购合同以转移财产所有权和支付价款为基本内容。采购合同条款繁简程度、复杂程度差异较大，涉及数量、质量、交货条件、运输、保险、货款支付、检验、仲裁等内容，但双方最根本的义务是卖方按质、按量、按时将货物所有权转移至买方，买方按时、按量支付价款。一般货物采购合同条款限于交接程序、检验方式和质量要求、合同价款的支付等方面。大型设备采购合同，除交货阶段的工作外，往往还需包括设备生产阶段、设备安装调试阶段、设备试运行阶段、设备性能达标检验和保修等方面的条款约定。

（3）国际工程项目货物采购合同标的品种繁多，包括建筑材料和设备，如钢材、木材、水泥和其他辅助材料以及机电、成套设备等，在合同中必须对各种所需物资逐一明细，以确保工程需要。

（4）国际工程项目货物采购合同要求实际履行。由于采购合同是依据承包合同订立，采购合同的履行顺利与否会直接影响承包合同的履行。因此，采购合同一经订立，卖方义务一般不能解除，不允许卖方以支付违约金和赔偿金的方式替代合同的实际履行，除非合同的延迟履行对买方已不必要。

（5）国际工程项目货物采购合同不是以采购标的再出售为目的，其基本目的是保障施工生产，强调物资采购的质量、进度和成本满足施工生产的要求。

（6）国际工程项目货物采购合同采用书面形式。国际工程项目货物采购合同标的物数量大、金额高、交货进度要求严格、质量要求复杂、合同履行时间长、同时涉及售后服务的问题，因此合同应采用书面合同的形式。

（7）国际工程项目货物采购合同是以货币结算、单边进口的方式与不同国家和地区的卖方达成的买卖合同。为使交易顺利履行，通常还需要与物流公司、保险人、银行等签订合同。这些合同是为履行采购合同服务的，是采购合同的组成部分。国际工程项目货物采购一般使用外汇支付货款和采用国际结算方式，可能发生外汇风险。此外，还涉及项目东道国政府对外贸易法律和政策改变的影响。因此，国际工程项目物资采购合同是当事人权利、义务、风险责任的综合体。

（8）除法律有特别规定外，采购合同的成立和生效无需具备特别的形式或履行审批手续。此外，国际工程项目货物采购合同的买卖双方都面临着法律适用多样性的问题。合同从签订到履行要涉及国内法、外国法、国际法、国际贸易惯例等一系列的法律规范。

二、国际工程项目货物采购合同的作用

1. 合同确定了工程项目货物采购和管理的目标

通过合同确定的目标主要是：采购标的的技术规格、数量、价格、交货期、交货方式等。

2. 合同是采购过程中双方一切活动的准则

采购合同双方的一切活动都要遵守合同要求，全面履行合同规定的权利和义务以及承担所分配风险的责任。双方的行为都要受合同约束，一旦违约，要承担法律责任。

3. 合同是采购过程中解决双方纠纷的主要依据

在采购过程中，由于实施环境的变化、双方对合同理解的不一致、合同本身有模糊不确定之处等原因，引起纠纷是难免的，但解决纠纷的主要依据还是合同本身。

4. 合同是协调并统一当事人活动的重要手段

国际工程项目货物采购，既涉及承包商内部有关部门（如设计、施工等），也涉及外部各有关方（如业主、咨询工程师、物流部门、银行、商检等）。每一参与方均有其自身的目标和利益追求，并为之活动。通过将各合同和合同规定的活动在内容上、技术上、组织上、时间上协调一致，形成一个完整、周密、有序的体系，使各参与方的活动协调统一，为工程项目总目标服务。

三、国际工程项目货物采购合同类型

物资采购一般属于分项采购合同，即按照物资的不同属性，分别进行采购。其合同类型主要有总价合同、单价合同、固定价方式、采购成本加费用、不变价格和可变价格合同等类型。采购合同的类型决定了合同双方的风险分担、利润和价格。

1. 总价合同

总价合同是指合同范围已定，各个分项价格也已确定，合同有总的价格，这一价

格只在出现非供应方原因造成变动时,才发生改变。但它们并不是单纯的总价,其中的服务费是按实际发生的数额计算,而材料的采购采用的是成本加费用模式。合同中的总价仅为了计算货款和里程碑支付而定。总价合同适于合同工作范围完整、明确的物资采购。在其适用范围内,采购方财务风险相对较小,易于控制;而且风险分担具有较大的确定性;除合同变更外,合同价格一般不能调整;评标时易于迅速确定最低报价的投标人;在采购进度上能调动供应方的积极性。采用总价合同时,要求采购方必须制定详细、全面的采购要求和各项设计、技术、服务说明,使供应方能准确计算合同成本;同时在合同中约定变更控制机制,确定供货范围变化的方法,以及如何更改相应的合同条款,特别是如何调整合同金额。

2. 单价合同

无法预先确定交易总额,但是可以约定每一交易的单价,在执行过程中按项目的实际需要确定数量,总价随着交易量的变化而变化。这类合同适用范围比较宽,多用于工作范围单纯的大规模采购。其风险可以得到合理分摊,关键在于定价标准和对采购总量的预测。

3. 固定价合同

指价格中包含了成本和利润。主要特点是供应方完成合同规定的义务后,按固定价格收取酬金。从采购方的角度看,交易价格清楚,采购成本固定,由供应方承担全部价格、履约成本变动的风险。因此,固定价格合同,虽具有较强的成本确定性,但如果没有充分的价格竞争,采购价格较高。固定价格合同适用于技术规格详细、有充分的价格竞争、有合理的价格可比性、或有可靠的价格成本或价格信息、合同履行的不确定性较小的货物采购。

4. 成本加费用合同

此类合同一般为成本补偿类合同,其有不同的类型,如成本分摊合同、成本加激励酬金合同、成本加固定酬金合同等。该类合同是在合同规定的限度内,根据其允许发生的成本确定报酬。

合同价格 = 成本 + 成本 × 加成百分比;或

= 成本 + 固定费;或

= 实际成本 + 固定费 + (预估成本 − 实际成本) × 分担比

其中采、供双方的分担比例为:卖方分担额/(买方分担额 + 卖方分担额)

成本补偿适用于合同履行过程中的不确定因素导致不能充分进行成本估算,或采购数量不确定的情况。在这类合同中,采购方需承担采购过程中实际发生的一切费用,因此也就承担了合同的全部风险。但供应方由于无风险,其报酬往往也较低。

这类合同的缺点是采购方不易控制合同总价。

5. 可调价格合同

是指签订的合同价格为基数,可按一定的经济指数(如物价指数)进行调整。

6. 时间与材料合同（T&M 合同）

按单位服务（如用工时间和材料数量）的预定单价支付的合同。合同总金额随完成的总工作量的变化而变化，属于单价合同。

$$合同价格 = \Sigma 材料单价 \times 所需数量 + \Sigma 人工单价 \times 工时数$$

T&M 合同是兼有成本加费用合同与固定总价合同某些特点的混合型合同。T&M 合同与成本加费用合同的相似之处在于它们同属敞口合同，签约时并未确定其合同总价和应交付货物的确切数量，其合同价取决于实际交货量。同时，采购方与供应方事先就特定材料产品商定单价，在这个意义上，T&M 合同又与固定总价合同类似。该合同一般适用于在签订合同时不能精确地估算工作范围或持续时间，或者不能合理估算出成本的情况。

不同类型的合同中采购方和供应方承担的风险不同，如图 15-2 所示。采购方在固定总价合同中承担的风险最小，在 T&M 合同类型合同中风险最大。同时，不同类型的合同，其合同额的计算各不相同，掌握这些合同所涉及的单价、成本费率乃至风险分担比例的计算、分摊方法，才能有效地用好这些合同。

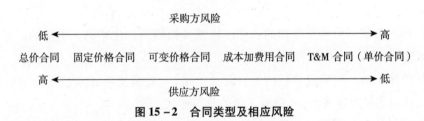

图 15-2　合同类型及相应风险

四、国际工程项目货物采购合同文本的内容

（一）货物采购合同的构成

货物采购合同文本可分为两部分，正文与附件。正文是合同的主体文字，由基本条款构成。附件为合同的辅助文字，由对主体文字条款补充说明的附属文字条款构成。

1. 合同正文的基本条款

合同引言条款、合同标的条款、合同报酬（价格）条款、合同支付条款、合同服务条款、经济技术指标条款、验收条款、验收标准条款、交付条款、违约处罚条款、原产地条款、税务条款、法律适用条款、免责条款（不可抗力或不可预见条款）、保证条款、保密条款、零配件供应条款、原产地条款、技术资料条款、设计联络条款、争议处理条款（或为仲裁条款）、生效条款等。

2. 合同附件的构成

技术指标、政策性附件、金融性附件三大类，各类附件有其各自的内容。

（1）技术附件：包括技术指标、技术资料、供货清单、技术服务、交货进度表、联合设计、联合制造、选用当地原材料清单、验收方法等。

（2）政策性附件：包括带有外交色彩的与政府承诺有关的文件，如《XXX 的谅解备忘录》、关于《XXX 的协议书》等等。

（3）金融性附件：包括双方金融机构出面谈判的，合同项下的信贷协议、双方认可的保函格式等。

（二）合同正文和附件的条款结构

合同由正文和附件构成，而正文和附件又由条款构成，条款本身还有内在构成，只有每个构成部分无懈可击，合同整体结构才无懈可击，才能达成一个环环相扣、稳定的合同结构。

1. 正文条款结构

正文中各基本条款的结构的要求如下：

（1）引言条款。明确交易当事人（名称、地址、性质）、交易理由（多为"鉴于"一类的说明）。

（2）定义。对合同专用的基本名词进行定义，以便对合同条款中的某些词有统一标准。

（3）标的条款。明确交易物的名称、特性（物理的、化学的、机械的、电气的或其他可定性的）指标、数量要求。

（4）价格条款。明确交易标的的价值（价格）。复杂交易还须列明分项价格（即按构成交易的主要内容列价），以及支付的货币形式。

（5）支付条款。简单的交易在报酬条款中即规定了支付方式，复杂的交易常用支付条款。该条款须规定：

价格性质——固定价还是浮动价，以及反映价格性质的条件。

支付方式——银行电汇还是信用证支付。

支付进度——有否预付款或保证金，付款批次及每次的金额、支付的凭证。对于远期支付条件，还要明确是否另计利息。有时在支付条款中还特别明确延迟支付的处理办法。

（6）服务条款。其意义较广，基本内容是提供技术协助。一般包括交易双方技术人员和管理人员的相互流动。如一方人员在己方提供或在对方现场提供技术培训和指导，另一方人员则来己方或在其本土现场接受培训和指导。其条款常为技术培训和技术指导两部分。在技术培训部分，主要明确受训方人员人数、业务水平、专业、受训时间、受训地点和方式，受训时的生活待遇、不称职、违反条款时的处理方法等。在技术指导部分，明确提供技术指导方人员的人数、专业及水平、指导时间、地点和方式、不称职及违余额时的处理方式、结束方式等。

（7）经济技术指标条款。明确规定为达到标的物的要求所需保证的人力、物力条件（额定的条件），包括按过程额定的所需人数、专业、面积、环境条件（空调、净化要求)、动力消耗(水、电、气)、劳动效率及合格率等要求。

(8) 验收条款。明确在交付后开箱时应检验的科目、外观及数量、安装后应检验的科目、通电(负荷——空转)、试运转(加载、试制产品)、小批量试车(投一定量的料)。单机验收到此即可。如系成套项目时,还要加上连线试生产(小批量投料、全线流通后结果)、工艺水平。此外,还要明确合格或不合格时的处理办法。

(9) 验收标准条款。明确进行检验的技术标准,若无完全合适的对应标准,则明确检验的具体程序和要求。

(10) 交付条款。明确标的物的交付状态、包装条件、储存条件、运输方式、保险险别及责任方、双方联络方式、单据交付方式、事故及责任的归咎原则。

(11) 违约处罚条款。明确交付延迟、表面缺陷、隐性缺陷、轻微缺陷等的定义及处罚规定、严重缺陷的定义及处罚、计算方法、计算依据和计算标准。

(12) 原产地条款。明确标的物的生产或制作地以及具有法律效力的证明文件,违反该规定的处罚办法。

(13) 法律适用条款。明确交易的法律管辖,即管辖合同的法律以及处理合同纠纷的法律。

(14) 质量保证条款。明确对采购标的品质保证,以及实现该保证的前提。在复杂货物采购合同中,该保证条款为系列保证:保证标的物用料、品质、性能、寿命等,保证结果以及相应各种保证的先决条件。

(15) 变更。明确在履约期间,当事人可根据图纸、装运、交货地点而引起的费用和时间的增减对合同价格或交货时间表作相应的调整。

(16) 保密条款。明确合同内容的私有性,对技术资料、技术诀窍、交易本身有保守秘密的义务,以及解除这种义务的条件、泄密的后果等。

(17) 专利权条款。规定供应方保证采购方在其所在国使用提供的货物、服务及其任何部分而不受到第三方关于侵犯专利权、商标权、工业设计权的指控,若任何第三方提出的侵权指控,供应商应与其交涉,并承担可能发生的一切法律责任和后果。

(18) 零配件供应条款(货物供应条款)。明确供应方应根据合同规定的条件提供货物的零备件。

(19) 技术资料条款。明确交易标的所应附有的资料范围、内容深度、准确度、可辨度、语言、介质形式(图纸、胶片、磁盘、普通纸张)、份数以及交付的方式(运输、包装、时间)。此外,还规定有使用范围、保管方式、交易中止或结束时的处理方式。

(20) 供应方误期和误期损害赔偿。规定供应方应严格履行合同义务,在合同规定的时间完成交货或提供服务。履约期间,如有妨碍其按时交货或提供服务的情况,须经双方确认后延长履约时间,同时采购方有权从合同价中扣除一定金额作为损害赔偿,并规定最高赔偿金额,超过赔偿金额,采购方有权考虑终止合同。

(21) 设计联络条款(亦称技术联络)。明确双方在进行工程设计、工艺设计或技术准备阶段时，双方工程技术人员、设计人员需要互相配合而产生的联络工作的义务。对此，应规定时间、地点、人数、次数、任务、费用责任等，有时也对其工作质量提出责任与后果的明示要求。

（22）免责条款（不可抗力或不可预见条款）。明确不可抗力事件范围，以及当发生不可抗力事件时，双方应履行的义务：通报、举证、补救以及最后的处理措施。

（23）转让条款。规定供应方如部分或全部转让其应履行的合同义务，应事先经采购方同意。

（24）分包条款。如有分包合同，供应方应书面通知采购方。该通知不解除供应方承担的合同规定的责任和义务。

（25）争议处理条款。明确各种处理的可能性。当事人的协商、第三者的调解、仲裁、诉讼，各种可能的前提条件、具体操作程序以及最终效应。

（26）违约终止条款。规定若供应方未能如期交货或未能履行其他合同义务，采购方可全部或部分终止合同，并可以用其认为合适的条件和方式购进相同货物。供应方有责任赔偿采购方的差价损失，以及其他由此引起的任何不便所导致的损失，并继续履行未终止的合同义务。

（27）破产终止条款。明确当供应方破产或无清偿能力时，采购方可随时依书面形式通知供应方终止合同。此类终止合同应以不损害或不影响采购方采取补救措施的任何权利为条件。

（28）生效条款。明确合同生效必备的条件、合同正本的语言、份数及分配、合同的有效期、合同修改程序与效力、合同的解释、合同的终止和终止的处理等。

2. 附件条款结构

合同的附件是合同正文的延伸与具体化，是合同不可分割的部分。合同附件的多寡与表述交易标的合同条款的多寡相对应。合同标的可能不同，但其附件的类别不会相差太远。合同附件的具体结构如下：

（1）技术附件。技术附件的内容一般包括技术指标附件、技术资料附件、供货清单附件、技术服务附件等。

技术指标附件是补充合同标的的内容，将标的物的各种特性，诸如产地、规格、制造条件、工艺过程、动力保障、原材料要求等，以文字和图表予以详细明确。

技术资料附件是合同技术资料条款的细化与补充。技术资料附件中罗列各类资料细目以及各细目的分项要求。

供货清单附件是合同标的的细化和延伸。供货清单以表格和说明的形式将交易物的构成细目——列明，并逐一定性、定质、定量、定价。

技术服务附件是技术服务条款的细化。技术服务附件规定技术、专业、人数、时间、待遇、任务，明确细节。正文未讲的内容应在附件内细化列出，由于附件不怕烦琐，故交易条件的细化——各种假设及处理的措施均可在附件中完成补充规定。

(2) 交付进度附件。有的合同中有进度条款——交付期限。复杂的设备采购，为说明进度要求，单列交付进度附件，其结构是以进度表的形式形容双方进度的衔接，以文字明确每个进度中的任务内容以及违反时的措施。

(3) 联合设计附件。是设计联络条款的细化，其结构是细化双方总体设计分工，每次联络的设计进度，以及应准备的资料与图纸，联络的目标以及未达到目标时的措施。

(4) 联合制造附件。是某些合同的设计联络条款或联合制造条款的细化与延伸。其结构是明确制造的设备、制造图纸的完成和审核、制造工艺的核定、产品部件的检查、成品组装的要求、验收方法及最终质量的责任。

(5) 验收方法附件。是合同验收条款的细化。它的结构是针对合同要求验收的目标，针对性地从技术角度提出过程、每个过程的规范（手段与条件）、评价的手段和方法、重复验收的条件及处理措施。

(6) 金融性附件。是当事人代理银行间达成的买方或卖方信贷协议，或双方政府委托相关银行与当事人代理银行之间达成的信贷协议。该协议系金融协议，有银行之间的格式或银行谈判代表认可的格式。其结构分为：贷款用途、贷款来源（性质）、金额、使用程序、还贷方式、本息管理费的计算、违约的处理等。

(7) 保函格式。保函格式是当事人之间达成的由当事人代理银行开出的银行保函格式。它可以是履约担保，也可以是预付款和保证金的担保。其结构是担保的合同及相应的金额、保函生效的条件、兑现的条件、启用兑现保函后的结果。

五、国际工程项目货物采购合同文本编制的基本要求

了解国际工程项目货物采购合同文本的基本结构和要求，规范合同文本是采购合同管理的基本要求。对国际工程项目货物采购文本的基本要求是：满足采购需求、结构体系清晰、条款内容实用、权利义务明确、风险分担合理、语言表达准确。

(1) 满足采购需求。即合同的形式、条款等要满足采购方的采购需要，同时合同标的物及履行方式等也要满足采购方的需求。

(2) 结构体系清晰。合同是约定交易各方权利义务及履行程序的体系。合同的结构体系应以标题体系为标志，分成不同层次的标题结构，以便建立起表达的秩序。标题体系越清晰说明合同的体系结构越清晰，合同也越便于理解。结构体系既包括各个应当具备的内容体系，也包括安排这些内容体系的秩序。在编制采购合同时应注意标题的配合，防止标题之间的内容相互重叠，或造成条文间的冲突而失去了合同条款约定的确定性。此外注意标题的层次，妥善协调同一层面标题之间、上下层面标题之间的关系。同一层面的标题之间应当保持相对的均衡，比如不能将一个十分细小、应当作为附件使用的细节问题与交付、验收、结算、违约责任等重大问题的标题相提并论。是否设立标题框架体系取决于实际需要，但即使是一般货物采购合同，设立标题体系

也是十分必要的。

（3）条款内容实用。条款实用性强的合同，不仅具备交易中所必需的基本条款，还应包括根据合同标的、合同性质、合同目的等应当写入的条款，这些条款是合同基本条款的细化和延伸，具有实用价值。制作合同文本时，应根据国际工程项目货物采购特有的风险、主合同要求、交易目的、合同类型、供应商特点、供应商违约的可能性、合同背景等，对可能发生的问题加以前瞻性的预见并形成实用性的条款。实用的合同条款必须根据合同的特点设想可能发生的变化，尤其是对方最有可能出现的违约、或己方最担心的情况，并将违约行为的识别和违约责任的承担加以明确规定。但是，条款的全面实用化，只有当采购方在交易中完全处于优势时才有可能做到。

（4）权利义务明确。权利义务明确，除条款齐备外，还要具有可识别性，即义务的可识别性、违约的可识别性。

义务的可识别性就是通过设定义务履行情况的简单判断标准，使义务履行情况一目了然，如履行时间上的可识别性，这一问题上最典型的常见错误是延期履行与不履行的区分。许多货物采购合同虽然约定了对供应商延期交货和未能交货的不同制裁，但"延期交货"与"未能交货"在时间上没有度的界限。只有使两种违约通过天数上的"度"加以区分，时间上才有了可识别性。

违约的可识别性是指在安排合同条款时，必须能够非常明确地依法或依照约定，判断什么是违约，即为是否违约制定一个明确的标准，以便根据该标准判断某一方的某类行为是否属于违约行为。违约可识别性条款不仅用于建立秩序，同时也是判定标准。因此，对于合同中所提及的任何一种违约行为，均要有专门的界定标准及制裁措施，使合同条款成为一张疏而不漏的网、一个有机的体系。

对于采购合同中约定的"合理"交货时间、"合理"数量等措辞，要消除其不确定性，或禁止使用，或在合同中规定"合理"的上下限。对于所有不明确的、可能需要用"合理"来解释的合同环节，应通过细化的方式加以明确，从而消除需要用"合理"进行解释的机会。订立合同的目的是减少不确定性，而有时"合理"的出现也是一种不确定因素，因而要在合同中增加"合理"的可识别性。

（5）语言表达准确。合同中的任何语句都有可能成为今后双方争议的焦点，或是决定合同当事人之间权利义务的关键。因此合同语言无论是标点符号、词汇、句子、语法等均必须选用最精确的方式加以表达，并在必要时解释关键词的定义以明确其内涵与外延，使文字表达最接近所要表达的本意，以达到合同语句表达的规范性、理解的唯一性和程度的可衡量性。比如应避免使用诸如"重要"、"立即"等词，合同出现此类措辞，在许多场合下会由于没有一个确切的标准而成为空话。在编制合同文本时，应将此类表示程度的词汇尽可能转化成有具体可识别指标的表述方式，以便于判断和识别。例如将"损失较大"规定为损失超过多少金额等。

(6) 合同整体思维严谨。合同整体思维严谨是指围绕合同当事人的交易目标及制约交易的客观条件，如何通过严谨的思维判断，有效组织合同的各方面条款，共同保障交易目的的实现。合同需要树立的是整体最优的概念，个别严谨的条款如果不能与其他条款通过严谨的思维有机地组织在一起，其严谨性会降低甚至失去作用。合同文本，要充分做到用词的一致性、表述的一致性、逻辑的一致性、术语的一致性，不可前后矛盾。例如在采购合同中的称谓，有时自称为甲方，有时自称买方，有时又使用买方的全称、简称，而三者所指的其实是同一主体。此外，采购合同的局部安排有时需要更多地考虑细节问题，而细节问题考虑的程度则取决于合同目的、采购意图或要求。在这种情况下，若在采购合同中包揽所有可能的细节，需要采用推理的方式穷尽所有的可能，以保证合同中的假设没有遗漏。例如，在违约责任的承担方面，合同约定"供应商未按期全部交付的，采购方有权根据影响程度决定是否由供应商补齐并承担违约责任、或解除合同、退还供应商所交付的所有产品、追究供应商的违约责任"。这一约定细化了违约责任的不同承担方式，对任一可能均进行了约定，提高了合同的可操作性，能够充分避免异议的产生。

国际工程项目货物采购合同是合同双方的利益博弈，为防止权利被对方滥用而影响到交易安全，必须对某些权利进行严格的限制，从而使双方的权利义务达到平衡，这也是提高合同严谨程度的重要手段之一。

六、采购合同的成立和生效

合同成立是指要约和承诺符合法律规定，当事人意思表示一致；生效是指合同符合法定的生效条件（主体合法、内容合法、意思表示真实自愿、形式合法），依法对当事人产生约束力。合同一旦成立便会产生一定的法律效力，要约人不得撤回要约，承诺人不得撤回承诺。但要约人与承诺人的权利义务仍没有得到法律的认可，合同中的权利义务仍处于不确定的状态。如果成立的合同嗣后无效，或被撤销，合同虽已成立，但其设定的权利义务关系对双方当事人没有约束力。而合同生效的法律效力则不同，生效是法律对当事人意思表示的肯定性评价。因此，当事人设定的权利义务得到国家强制力的保护。合同没有成立，当然不存在有效无效的问题；合同成立了，但不生效或无效，对当事人没有约束力。

第4节 国际工程项目货物采购合同管理

一、合同形成过程中的管理

这一阶段管理的内容包括合同策划、合同谈判、合同条款的设立和合同评审等，是合同管理的重要阶段，这一阶段的管理水平决定了后阶段的状况或结果，因此合同管理应体现"前重后轻"的原则。

1. 主合同框架下的采购合同

承包商采购合同管理首先应保证采购合同在供货范围、工作内容、技术、时间上与主合同一致,即在工作内容上,承包商的采购不应有缺陷或遗漏,全面反映主合同的相关内容;在技术上,采购合同须按照主合同的条件订立,技术要求必须符合承包合同中的技术规范。采购合同不仅要与主合同计划的时间要求一致,而且各采购合同之间在时间上也要求协调,形成一个有序的、有计划的实施过程。

具体还应研究主合同中得到项目各类付款的程序、时间要求、重点注意事项以及合同依据条款、进行项目索赔的各类合同依据条款、程序时间顺序以及重点注意事项、文件报批工作流程以及合同依据条款、项目仲裁流程以及合同依据条款、主合同里程碑事件顺序、时间框架、履约保函、预付款保函的内容要求、合同中规定的各种格式等,以便保证采购合同条款与主合同条款要求保持一致。

2. 合同策划

货物采购合同总体策划主要解决合同战略问题,即承包商根据主合同的性质、物资供应要求、目标、业主的技术要求、产地要求、采购规模、采购的难易程度、资金状况、工艺复杂程度、市场状况等约束条件,综合考虑订立合同的策略,确定适合工程项目的物资采购合同框架。比如,划分招标采购和一般采购的货物范围,选择合同类型,设计合同体系、选择合同条件,以确定风险在买卖双方之间的分配。通过货物采购合同策划,划分物资供应体系、组织结构及管理体制,协调采购过程中各方面的工作联系,减少矛盾和争执,实现通过合同对采购的目标控制。

合同策划首先要认真分析承包合同,确认业主和承包商材料、设备的供应范围,确认由承包商供应的材料、设备范围中,哪些是由承包商从业主指定的供应商名单中定向采购,哪些应归入指定的材料、设备,哪些应归入指定的可选择材料、设备。

选择合同类型是采购前期的一项重要决策内容,不同的合同类型直接关系到采购过程中的管理方式,关系到以后的合同管理。合同类型的选择主要基于以下考虑:

(1) 采购标的类别和复杂性;

(2) 价格分析;

(3) 成本分析;

(4) 价格竞争;

(5) 履行期限和生产周期;

(6) 供应商的技术条件和资金能力;

(7) 供应商的会计核算体系;

(8) 工期要求;

(9) 采购的重复性;

(10) 采购方风险承担能力。

其中,采购标的的属性、复杂性、工期要求和采购风险是选择合同类型、形式和设立合同条件的主要依据,采购方必须理解和决定选择哪类合同最能满足采购目的。比如,对于采购方精通的采购标的,可选择成本加费用合同,便于采购过程,否则可选择 T&M 合同。对于工期要求严格、时间较紧的采购标的,也可考虑选择 T&M 合同。而对于供货范围明确,供应商工作范围确定的采购,可选择总价合同。此外,根据采购标的实际需要,合同在特定范围内亦可同时包括三种类型,比如,在采购某特定设备时,可选择固定总价合同,其中有些服务基于成本补偿进行支付,有些服务基于时间和材料支付。

3. 供应商选择(见第 7 章内容)

制定供应商选择标准的基础是采购需求,将采购需求中的各项要求进行分解、细化,形成一系列的评价条件,并对这些评价条件设定分值和权重,以反映各评价点在整体评价中的重要程度。作为采购方,应该在明确采购需求之后,制定能够全面覆盖采购需求中各项具体要求的评价条件,而不是在供应商提交方案、建议书之后才着手制定评价条件,以避免评价条件受到供应商的影响,无法保证供应与采购需求的对应,另一方面也可能会造成不公平,而带来其他方面的问题。

4. 合同谈判

即为实现采购目标,并使之达成合同的谈判,是采购合同管理的重要内容之一。谈判双方就合同标的、质量、数量、交货条件、交货期限、付款方式等几个要件达成协议,并以法律形式规定下来,是合同谈判的目的(详见第 3 章,第 6 节,国际工程物资采购的商务谈判)。

5. 采购合同条款的设立

合同谈判完成后,双方就谈判内容拟定合同,确定买卖双方之间的权利、义务和责任确保定义所有内容,避免潜在争议。

(1) 供货范围(合同标的物)

合同标的表达需全面、清晰。比如设备采购合同标的由货物、技术资料、技术服务组成,其中包括设备、备品备件、专用工具、仪器仪表、技术文件等,服务包括系统设计、测试、工厂试验、出厂检验、设计联络会议、安装(督导)、调试、开通、试运营、培训、质保期服务等。其他内容还包括必须达到的指标等技术条件,供货周期、运输、装卸、仓储、保险、到货等商务条件,以及与安装、集成和其他系统的接口及所有其他与合同相关的工作。因此,合同标的要清楚且不重复地涵盖采购意图。

(2) 价格条款

价格条款的繁简程度取决于采购标的的性质。对于一般货物采购,价格条款简单明了即可。对于复杂货物采购,一般采用价格明细的方式,即将价格汇总表合理地拆分成几大项,再将每一大项用明细的方式细化。例如,设备采购时,价格汇总表可拆分成货物、备品备件、专用工具、伴随服务、其他工作费用等。明细表的拆分应能清楚地反映货物、服务等工作内容。另外,也可采用"合价包干"的方式处理一些项目，例如设备安装，一些低值安装件、不易计量的安装件，以及一些根据现场条件调整或技术方案调整的安装件可以"套"为单位在价格明细表中体现，并注明"合价包干"。

增加保护性条款。例如，在需订立价格调整条款时，应与主合同中的价格调整条款协调，以保护采购方利益。合同应明确规定价格的调整条件、范围、调整方法，特别是由于物价上涨、汇率变化、法律变化、海关税率变化等对合同价的格调整。同时应注意：1）在合同中明确规定，如果由于供应商的责任而造成的交货延误，原定交货日期之后不允许调价，但采购方应有权减少可调价货物和服务的价格；2）如果合同价的计价货币与劳务和材料指数来源的货币不同，应规定校正系数，以避免不正确的合同调整价。该校正系数应是合同计价货币和指数货币在合同定义的基期和调价日期之间的汇率；3）明确规定合同价中作为预付款支付给供应商的部分不予调价。

（3）支付条款

付款方式是合同核心条款之一，完善的支付条款应具备下列内容：

1）规定供应商提交履约保函，预付款保函，以及付款比例，根据货物交付的实际情形进行支付或规定里程碑支付，以有效地进行风险控制和进度、质量控制和成本控制。

2）合同价格支付分配得当，例如有些设备采购合同，安装、调试等服务是供应商履约的一部分，为保证供应商服务质量，将服务费部分的50%以上留至供应商提供全部或部分服务后支付；对于以货物交货为主的合同，应以合同总价为基数预留适当的百分比至服务完成后支付。将供货与服务分开，既可以与价格明细统一口径，也便于对供货与服务的精细化控制，而且由于供货与服务的形象进度不同，支付单据也不一样，所以分开来更易管理。

3）对于使用信用证付款的进口合同，应通过谈判确定，并在合同条款中载明对信用证金额、格式、议付单据等的规定，增加其可操作性。

4）在支付条款中规定每一次付款的文件及付款格式，例如按照国际惯例，供货付款要提供原产地证明、保险单、到货证明等。对于业主方的某些管理规定和项目东道国政府规定，务必在合同中载明。

5）为控制供应商交货，在支付条款中规定一定比例的尾款，便于采购标的物出现质量问题时的退换货、返工、修理等，或制约供应商完成未了的零星工作。只有当确认供应商履行了其全部合同义务后，方可支付尾款。

（4）交货方式

包括货物交货与技术文件交付。规定交货方式时需注意以下几点：

1）根据工程的特点，如果工程现场地理位置较分散，货物通常可按照现场交付进度或安装进度分批交付，以减轻供货与支付的压力和现场仓储与管理的压力。但需在合同中规定到货批次数量，以及分批次大致到货的物品。到货批次不宜过多，否则会增加交接货、进口报关、付款批次的压力。

2) 规定合同设备每批必须全套装运。专用工具、部件和零件须与主机同时发货。相关的技术文件需随箱到货。同时合同规定供应商提交的装箱单中需对尺寸及重量进行标注，并提前通知现场；需分站点到货的需在货物外包装上注明地点；对于备品、备件及数量大、体积小的物件，包装需易于清点并转运。

3) 明确货物风险转移的时间和地点。风险转移根据交货方式的不同而有所不同。除非合同另有规定，进口货物以 CIF/CFR 条件交货时，"货物在装运港越过船舷"时风险转移；采用 CIP/CPT 时，货物风险在货交承运人时转移；在 DDU 条件时，风险在进口国指定地点货交采购方时转移。承包商可根据现场交接条件规定对自己有利的交货方式。对于需采购方派船接运的货物，应规定货物在装运港装运前，供应商应承担照管之责，并承担费用，直至货物上船为止。

4) 充分考虑现场交货与施工、安装的工作界面，在供货合同及安装合同内界定清楚现场卸货、安装等问题，以免扯皮或变更工程量。

5) 为顺利进口通关，合同中规定供应方在装运后指定时间内将所有议附单据通过议附行寄交开证行，以避免滞报。

(5) 违约责任条款

1) 该条款应强化违约责任的可预见性。根据供应商实际情形、采购标的特点、履约方式等，尽可能预见未来对合同履行有影响的因素。如果合同签订时未能预见，也未能以概括性条款涵盖未来事件，则很容易产生争议。

2) 违约责任应具体明确，尽可能量化。对违约责任条款，如果仅有"违约方应当承担违约责任，赔偿守约方因此发生的损失"之类的泛泛约定，很难起到弥补损失的预期效果，更难体现违约制裁的功能作用。

3) 违约责任条款应体现以补偿为主，惩罚为辅的原则。违约金的形式包括约定具体的违约金额和违约赔偿损失的计算方式两种，通过约定违约金的明确金额或计算标准，获得足够的经济损失补偿，或通过高额违约金等方式加大对方违约成本，从而有效地防止和惩罚违约行为，保证合同能够最大限度地得到履行。

4) 为保证采购方采购目标的实现，制定对双方都适用的违约责任认定程序，明确违约责任发生时间、认定方法、发生违约行为时的守约方对违约方的通知，以及给予违约方纠正违约行为的补救时间。

5) 合同的违约责任并非越重越好，否则供应商会不愿合作，或难以成交。要通盘考虑供应商的违约成本，通过违约成本体系的调控，"驱使"其遵守合同约定，或确保采购方在对方违约时得到足够的救济。但对于某些重大物资采购合同，违约行为的假设应尽可能周密和具有针对性。

(6) 不可抗力条款

不可抗力条款是一项免责条款，是指采购合同签订后，不是由于合同当事人的过失或疏忽，而是由于发生了合同当事人无法预见、无法预防、无法避免和无法控制的事情，以致不能履行或不能如期履行合同，发生意外事件的一方可以免除履行合同的责任或推迟履行合同。在采购合同中应谨慎订立不可抗力条款，防止供应商滥用该条款，或扩大对不可抗力事件的解释，或对一般商业风险造成的不能履行合同事件援引不可抗力。比如，供应方将原材料匮乏、能源危机、汇率变动、劳资纠纷引发的罢工，原配件供应不及时导致无法进行生产等作为不可抗力理由主张免责。在签订合同时，应了解对方的交易习惯及对方国家法律的有关规定，了解不可抗力条款的内容及词语，确定不可抗力事件，明确不可抗力条款的内容，对不可抗力事故的范围做出明确规定，如果无法穷尽不可抗力事故范围，建议使用综合式条款，如"如由于战争，地震、水灾、火灾、暴风雨、雪灾或双方同意的其他不可抗力事故原因，致使卖方不能全部履行，或部分履行合同义务的，卖方对于这种不能全部，或部分履行合同义务，应在事件发生后××天内通知买方……。"这样，当某一影响合同履行的事件发生时，该事件是否认定为不可抗力事件，应由双方共同确认。

(7) 几个需要注意的问题

1) 采购标的所有权转移问题。

为保护业主利益，无论是 DBB 合同还是 EPC 合同，都规定承包商采购的材料、设备运至现场时，无论业主是否付款，此时材料、设备的所有权都已由承包商转移至业主，或对于尚未运至现场的材料、设备，只要业主支付了款项，所有权也转移至业主，同时任何第三方不得有任何留置权。

采购合同中有关所有权转移的问题与合同的法律适用有关。有的国家法律规定合同订立时间为所有权转移时间，如法国。有的国家规定货物特定化后，所有权在交货时转移，如美国。一般情况下，如果合同双方就标的物及其货款相互同意时，即使标的物尚未交付，款项尚未支付，买卖即告成立，标的物的所有权此时在法律上由卖方转移给买方。此外，对于 CIF、CFR 条件的采购合同，除非合同另有规定，货物所有权于供应商装运后向采购方交单时转移。但在有些情况下，可在合同中约定标的物所有权转移的前提条件，当条件满足时，所有权转移，例如，采购合同规定，所有权于采购方付清全部货款之后转移。在此情况下，即使货物运至现场，承包商会因未付清全部货款而不具有货物所有权，因此也无法将其转移至业主。从承包合同的角度看，承包商违约。因此，承包商应谨慎订立这种以支付货款为条件的所有权转移方式的合同条款。

2) 采购标的权益转让问题

承包商在进行设备采购时，采购合同中都订有质量保证条款，要求供应商所供设备应符合相关技术规格、图纸、样品及产品描述的要求，不应存在材料、设计、工艺上的缺陷。并明确规定采购方接受货物之日起至少一段时间内（一年）为质量保证期。当承包商的主合同义务履行完毕后，采购合同中的供应商义务可能还存在。因此采购合同应明确规定,该质保期内质量保证适用于采购方、采购方权利承受人、受让人以及采购方客户,便于承包商主合同义务结束后,将质保期内的采购合同权益转让给业主。

3) 规范采购分包问题

由于设备制造范围的限制、业主所在国家的政策影响、业主出于资金平衡的考虑、业主为保证质量指定设备品牌、或由于价格和原产地等原因必须采购分包时,应在合同中对供应商分包事宜做出明确规定,即经采购方同意,供应商可依法采取分包方式履行合同,供应商就采购项目和分包项目向采购方负责;同时合同需明确规定采购合同不可随意分包,供应商在分包部分采购合同时,须与采购方进行协商,经采购方同意。供应商将其合同中的部分权利义务转让给分包后,不改变供应商采购合同主体资格,供应商须就全部采购项目,包括分包项目,向采购方承担责任。此外,合同应明确规定是否允许供应商将采购合同全部分包、或将采购合同中的主体或关键项目分包。

4) 正确适用合同担保制度,预防、规避采购风险问题

合同担保制度对保障交易安全以及维护合同权益具有重要意义。在采购合同中设定担保的内容、程序要符合规范,真正用好合同担保制度,降低合同风险。具体而言,即针对供应商的资信状态缺乏信赖时,应审查对方用来担保的财产权利状况(物保),并在合同中明确担保责任条款,一旦交易对方违约,可依法追究对方与担保人的责任,实现采购方合同权利。

5) 合同权利、义务对等问题

在采购合同中明确双方的权利、义务,要求权利、义务对等是合同的基本内容。但采购合同的目的是保证通过交换获得利益的平衡,实现承包商的采购目的。所以,在设立合同条款时,除注意采购合同双方的权利、义务平衡外,还应注意,假设适度放弃权利平等是否能够换取相应的合同利益,确保实现采购目的。

6) 合同的严密性与可操作性平衡问题

合同的严密性是衡量合同质量的标准之一,但严密性与可操作性有时会产生冲突,如果提高合同的严密水平,势必要增加合同的条款。复杂的条款又会增加合同中权利、义务的约定。无论这种权利、义务最后归于哪一方,其结果都会增加履行合同的工作量和合同管理的难度。因此,应尽量避免这种合同条款过于严密带来的负效应,保证合同的约定便于执行、操作,特别是便于己方的操作,防止因过于繁琐而给执行带来不便,或容易造成采购方的违约,更不能将容易违约的责任留给自己。

6. 合同审核

审查修改是合同正式签订前的最后程序,是完善采购合同履行、防止既成事实、被动地亡羊补牢的有效手段。对于处于卖方市场的采购标的物,供应商在交易过程中的主导地位可能会使合同中的某些条款不利于采购方。因此,要在签约前对合同内容

进行审核，尤其是对那些采购金额较高、影响工程项目控制点的非标设备采购合同，和容易被忽视的合同进行审核。

合同审核应从以下几点入手：与承包合同的符合性审核、合同条款的严密性、可操作性、实用性审核、合同需求满足性审核，以及合同权利义务明确、合同结构体系清晰、合同语言表达准确性审核，同时保证在采购目标与目标现实之间的平衡。

审核的重点应是权利、义务明确和合同需求的满足。权利义务明确是通过义务的可识别性、违约的可识别性实现的。这些内容越易识别，责任越是明确。除了对合同中的义务进行明确约定外，未履行相关义务的责任也要明确约定，否则均有可能被视为约定不明而发生争议。而合同需求的满足主要是对标的物的表述、要求、合同履行方式等的审核。例如在设备采购合同中以附件形式规定产品或服务的技术数据，这类附件往往对于合同目的的实现意义重大，设备技术参数、规格、型号、数量、价格和其他文字说明含混，有可能成为危及交易目的的隐患，因此这部分审核应由专业人员完成。

7. 建立合同变更程序

采购合同变更涉及采购方和供应商权利、义务和风险的改变，对工程项目的实施会产生重大影响。采购合同变更的原因可能来自五个方面：①业主原因；②承包商原因；③供应商原因；④市场原因；⑤不可抗力。例如，由业主提出的设计变更可能导致对原采购合同标的物技术要求的改变，致使价格、检验标准、交货期等合同条件发生变化，或由于供应商生产周期、市场原因导致原合同交货期发生变化。合同变更管理主要通过建立相应的合同变更控制系统或合同变更程序来实现。任何合同变更将由合同双方书面确认后方能生效。

采购合同变更程序与合同订立程序基本相同，即提出合同的变更建议、对合同变更建议的答复、协商签订变更合同协议等过程。

采购合同需变更时，采购方与供应商应通过协商，对原合同的部分条款内容作出修改、补充或增加新的条款，例如，对原合同中规定的标的数量、质量、履行期限、地点和方式，违约责任、解决争议的方法等作出变更。当事人对合同内容变更取得一致意见时方为有效。合同变更基本程序如下：

(1) 由提出变更的一方以书面的方式提出变更的理由和范围、如何变更、需要增加、补充的内容。

(2) 对变更原因和理由、变更方式的审核。

(3) 对合同变更提出同意、不同意、或部分同意的书面意见，或修改、补充意见，双方协商直至达成一致。

(4) 经过协商取得一致。变更合同应当采用书面形式，以便查考。

(5) 双方在没有达成新的协议之前，单方面变更合同属违约行为，原合同仍视为有效。

(6) 特殊情况处理。

二、合同履行过程中的合同管理

1. 与供应商共同制定采购合同执行计划

国际工程项目货物采购是随项目工期持续进行，有些材料、设备合同执行期长，尤其是设备采购，大致经历设计、设计联络、生产制造、出产检验、运输、安装、调试、试运行、验收等环节。承包商应制定每一重大设备的"合同执行计划"，确定采购合同的执行周期、节点和控制点时间，每项工作的持续时间、最早开始时间和最晚开始时间。对于某些对工期影响大的设备，须规定确定的供货期，可细化到与供货相关的运输、安装、调试等时间。采购合同执行计划及供货期要在签订合同之前由双方仔细核对、调整以达成共识。

2. 建立合同检查制度

检查的主要内容包括：建立合同登记台账，附有采购计划、采购合同、供应商签收回执等相关购货单据，检查供应商是否依约履行合同义务，是否依合同要求按时、按质、按量交货，是否擅自变更合同内容，是否依约进行合同验收等。特别是合同变更，应严格按照合同变更程序规定执行。对合同履约过程进行有针对性的检查，或定期检查，做好采购合同执行情况的分析，比如，分析采购合同完成率、分析合同完成的质量，及时发现问题，制订防范风险的对策。履约检查应从三个方面体现出来：清晰地反映合同履约中的状况及一般性的问题；及时发现妨碍合同履行的重大问题、产生争议或出现纠纷的现象或隐患；针对出现的各种问题及时地提出解决办法，并采取相应措施。对于采购技术含量高、制造工艺复杂的设备，尤其是非标设备时，采购方须密切参与、监督生产过程，不可认为选择了一个著名的供应商就可以高枕无忧。采购方亦需具备相应的专业知识，以便对供应商生产、交货过程进行监督。

3. 供应商管理（详见第7章内容）

4. 合同变更管理

从组织上、技术上、经济上做好合同变更应对准备，并对变更发生后的合同执行进行有效的控制。

（1）供应商提出变更，需要提供相应的申请文件和证明材料，分析变更原因，双方进行变更协商，签订书面补充协议，并及时将有关合同变更的内容书面报业主批准。

（2）管理各项变更内容，主要包括：业主对功能、技术标准的变更；供应商变更；现场条件等不可预见因素的变化；不可抗力的变更；其他非供应商原因造成的变更。

（3）对于业主方提出的变更，承包商应按照采购程序手册尽快通知供应商变更内容，以便供应商采取措施，安排生产，并与供应商协商已采购生产材料、设备的处理以及变更。

（4）根据采购项目的大小划分，供应周期较短，技术标准较完善的材料、设备，采取固定总价合同方式，对变更严格控制，风险各自承担、切实按合同规定提供相应条件，避免引起业主索赔。

5. 合同付款审核

建立科学、严谨的付款审批程序。项目部应建立一套各部门、各专业合理分工又相互制约的付款审批程序，从多个不同角度审核对外付款文件，既满足供应商合理付款要求，又严格把关，杜绝提前、超额对外付款。

收到供应商提交的交货相关文件后，采购部、财务部、技术部、使用部门要对货物进行验收、检查发票、货运单据是否符合合同的各项要求；对进出口物资要检查报关、清关、商检手续是否完备；供应商要求付款是否与合同要求付款时间相符；是否纳入资金使用计划。对于符合要求的供应商付款申请，填制对外付款通知书，或者填制拒付理由书。付款通知书/拒付理由书应采取联签方式。

6. 违约救济与索赔（详见第12章内容）

三、采购合同履行后管理

1. 后合同义务的履行

所谓后合同义务是指合同权利义务终止后，当事人依照法律的规定，根据诚实信用原则和交易习惯应当履行的，以维护给付效果及协助合同另一方当事人处理善后事务为目的的义务。

（1）通知。采购方在有条件的情况下，将采购合同终止的有关事宜通知对方，比如，双方在合同中约定解除合同的条件，当条件形成时，主张解除合同的一方，应通知对方，当事人一方因不可抗力或意外事件而致合同不能履行，需要解除合同时，应当通知对方当事人。

（2）协作。采购合同双方有帮助、配合合同对方处理合同终结善后事宜的义务，比如采购合同履行终结后，合同双方的权利义务关系结束，对于需要返还财产（如设计图纸等）或需要恢复原状的，应协助返还财产或恢复原状。

（3）保密。采购合同终结后，对于了解到的对方当事人的秘密，不得对外泄露。

2. 采购合同履行后制度管理

（1）合同履行情况评估。合同终止或履行完毕，合同管理部门会同采购部要对该合同签订和履行各环节存在的问题和采取的措施是否适当进行评估，对存在的问题应分析原因，追查责任人。

（2）合同责任追究。在采购合同履行中或履行后，如发现合同内容有误或不当，应追究当事人的责任。有关部门/当事人对其负责的相关条款的合法性、合理性承担相应责任。

（3）合同管理制度评估和修正。根据合同履行情况评估中存在的问题，检查合同管理制度的运行情况及其效果,对不适应实际情况的制度提出修订和完善意见,经过必要的程序对制度进行修正。

第5节 国际工程项目货物采购合同档案管理

一、货物采购合同档案的特点

国际工程项目货物采购合同档案是工程项目档案的一个重要组成部分,是指在物资采购过程中形成的采购文件及相关记录、图纸、图表、声像、影像、纸质、磁盘、光盘等不同媒质载体的记录,它真实地记载项目采购/供应全过程的变化情况,是反映采购活动的重要记录。货物采购合同档案的特点主要表现为以下几点:

(1) 原始的记录性;
(2) 信息的多重性;
(3) 凭证性;
(4) 形式与内容的规范性;
(5) 时效性。

由于采购合同真实地记载工程项目货物采购/供应全过程的变化情况,反映了采购活动的全过程,具有重要的证明作用,应依法保存、归档管理,不得变造、隐匿或者销毁,以保证档案资料的真实性、完整性和有效性。此外,各国法律都规定了买卖合同的特定形式,不具备法律所要求的特定形式的合同不具有法律效力,视为无效合同。比如海运提单是构成海运合同的一个要件,缺乏这一要件,海运合同就不能成立。在争议解决过程中,要证明一个合同法律效力的成立,应以法律要求的特定形式去加以证明。而在实际的合同档案管理工作中经常发生的"证据灭失"问题,原因正是对合同形式与内容的规范性要求不甚了解,以致在收集、保管过程中缺失了合同档案的若干组成部分,造成合同档案法律效力的部分乃至全部的丧失,导致当事人合法权益受到损害。

二、采购合同文档管理的主要任务

(1) 档案资料收集、归档。合同的形成方式与一般公文有所区别。不同采购类别的合同往往由采购部不同经办人拟定和承办,每份合同从询价、起草、审核、审批签署直至履行完毕,可能要经历诸多流转环节,其流程多、周期长,同时由于工作性质,容易出现分散保管的现象。因此首先应落实合同档案资料的收集工作。采购项目验收后指定日期内,由该采购项目责任人根据采购项目的实际操作执行时间顺序对采购文件进行收集,保持每一阶段形成文件之间的有机联系,以保证合同档案的系统性,以及档案的完整、真实和有效;或由相应的职能人员每天收集这些原始资料交合同档案管理人员。

(2) 档案资料整理、加工。原始资料必须经过信息加工才能成为可供决策的信息。

合同档案管理有别于普通文书档案，分类、整理、装订应规范。就采购合同而言，应形成一份合同一套档案的规范化管理。从完整的角度对每份合同的归档范围、合同分类、编号要求、合同文件的跟踪管理、卷内文件的系统排列、移交方式等作明确要求。

(3) 档案资料的储存。所有采购合同管理中涉及的资料不仅目前使用，而且必须保存直到合同结束。为了查找和使用方便，必须建立适合工程项目的文档系统。

(4) 档案资料的提供、调用和输出。合同档案管理人员有责任向项目经理、业主/咨询工程师（如果有此要求）作工作实施情况报告。在与供应商发生争议时，合同档案管理人员应及时提供与争议案相关的全部信息、资料等。

三、采购合同档案的内容

(一) 供应商档案

建立完整的供应商数据库，数据库包含各材料、设备供应商的基本信息及相关资质的数字、图像、纸质文件，还包括该供应商所有历史合同的执行情况的文件、合同文件、验收文件、供应商绩效评价表，随时为日后选择供应商服务。

(二) 采购合同档案

1. 采用公开招标方式采购档案的主要资料应包括如下内容

①公开招标公告（包括各种媒体刊登公开招标公告的资料记载）；②公开招标文件；③招标文件发售登记表；④招标文件补充文件或澄清文件；⑤投标文件接受情况登记表；⑥开标会议议程；⑦参加开标会议的签到单；⑧开标时间、地点、过程的有关记录；⑨评标委员会资料；⑩评标过程相关资料及记录；⑪评标报告；⑫采购方对评标结果的确认文件；⑬业主审核批准文件；⑭中标结果公告；⑮中标通知书；⑯供应商质疑及处理文件；⑰谈判记录；⑱采购合同；⑲采购项目验收报告；⑳付款申请书；㉑发票、货运单据复印件；㉒中标供应商投标文件正本；㉓其他文件材料（采购工作总结等）。

2. 邀请招标方式采购档案的主要资料应包括如下内容

①邀请招标公告；②选择确定被邀请参与投标供应商的方式及名单；③投标邀请书的回执；④邀请招标文件；⑤招标文件发售登记表；⑥招标文件补充文件或澄清文件；⑦投标文件接受情况登记表；⑧开标会议议程；⑨开标会议的签到单；⑩开标时间、地点、过程的有关记录；⑪评标委员会组建资料；⑫评标过程相关资料及记录；⑬评标报告；⑭采购人对评标结果的确认文件；⑮业主对供应商审核批准文件；⑯中标结果公告；⑰中标通知书；⑱供应商质疑及处理文件；⑲谈判记录；⑳采购合同及

全部附件、合同变更确认文件等；㉑验收报告单；㉒付款申请书；㉓发票、货运单据复印件；㉔中标供应商投标文件正本；㉕其他文件材料（采购工作总结等）。

3. 其他采购方式采购档案的主要资料应包括如下内容

①采购申请（附采购项目名细表或采购项目技术要求）；②询价文件；③选择确定符合条件的供应商名单；④业主审核批准文件；⑤咨询工程师样品审核批准文件；⑥供应商报价文件；⑦谈判记录；⑧采购合同及全部附件、合同变更确认文件等；⑨合同履行过程中发生的全部文字记录文件；⑩付款申请书；⑪发票、货运单据复印件；⑫供应商质疑及处理过程记录及答复；⑬其他文件材料（采购工作总结等）。

四、采购合同资料文档的建立

国际工程项目货物采购合同文档是工程项目档案管理的一个组成部分，因此，采购合同的资料文档既要符合项目文档在编码、分类、性质、内容等方面的要求，又要满足采购合同履行、商务活动的特性，在工程项目文档中自成体系。

五、电子文档管理

（1）确保电子文档的真实性和完整性。要保证文件内容、结构和背景信息经过传输、迁移等处理后与形成时的原始状态一致，应采取多种技术手段和措施对档案内容实施保护，注意收集分散在不同应用系统中的具有内容相关性的电子文件。将这些电子文件收集齐全并保持有机联系。

（2）电子档案对保管环境的要求更为复杂，因为影响电子档案载体寿命的物化因素除了温/湿度、光线和有害气体以外，还要防尘、防外来磁场、防机械振动。应保证磁盘或光盘的清洁、表面光滑、无划伤、无磨损、无皱褶，能够正常运转。

（3）注意信息安全问题，设置利用权限、实行双套备份、严格执行专门的电子档案利用规则等安全管理制度，防止电子档案原始信息被篡改、丢失、机密信息被泄露。

附录15-1 设备采购合同样本

设备采购合同

正文目录

第一章　定义

第二章　合同范围

第三章　价格

第四章　支付

第五章　交货与交货条件

第六章　包装与标记
第七章　设计与设计联络
第八章　标准与检验
第九章　安装、试车和验收
第十章　保证、索赔和罚款
第十一章　侵权和保密
第十二章　转包与分包
第十三章　合同变更和中止
第十四章　不可抗力
第十五章　仲裁
第十六章　合同生效、终止及其他
第十七条　法定地址

附件目录

附件一　合同的供货范围和合同产品的内容
附件二　"合同工厂"的规范及技术条件
附件三　技术资料的内容及交付日期
附件四　合同分项价格
附件五　违约罚款计算细则
附件六　卖方技术人员的服务范围和待遇条件
附件七　买方技术人员的培训范围和待遇条件
附件八　卖方银行不可撤销的保证函
附件九　买方银行不可撤销的保证函

×××公司　　　　　　　　　　　　合同编号：_____
签字日期：_____
签字地点：_____

中国，××××公司（以下简称买方）为一方与_____国，_____公司（以下简称卖方）为另一方，双方授权代表同意就下列条款签订本合同：

第一章　定义

1.1　"买方"是指××××公司，或者该公司的法人代表、代理和财产继承者。

1.2　"卖方"是指_____国_____公司，或者该公司的法人代表、代理和财产继承者。

1.3　"合同产品"是指本合同附件一中所列的产品及其型号和规格。

1.4　"技术资料"是指本合同附件二中所列的全部技术数据、图纸、设计、计算、操作、维修、产品检验资料。

1.5　"合同工厂"是指买方使用卖方提供的技术和资料进行生产合同产品的场

所，包括卖方提供的全套设备和备件，即_____工厂（详细地址）。

1.6 "净销售价"是指合同产品的销售发票价格扣除包装费、运输费、保险费、佣金、商业折扣、税金和外购件等的费用后的余额。

1.7 "技术服务"是指卖方根据本合同附件五和附件六中的规定，就合同产品的设计、制造、装配、检验、调试、操作等工作，向引进方提供的技术指导和技术培训。

1.8 "商业性生产"是指合同工厂生产第_____台合同产品以后的生产。

1.9 "合同生效日期"是指本合同的双方政府，有关当局中的最后一方批准合同的日期。

（注：可根据具体项目的需要增减上述定义）

第二章 合同范围

2.1 买方同意从卖方购买，卖方同意向买方出售____套设备项目（以下简称"合同工厂"），其中包括为保证合同工厂安全稳定地操作所需要的全部设备、材料和备件（以下简称"设备"），以及合同工厂装配、安装、试车、正常操作，生产和维修所需的全部技术和资料（以下简称"技术资料"）。

卖方供货的具体内容，详见本合同附件一。

卖方供应的"技术资料"，详见本合同附件三。

2.2 卖方所供应的全部设备的技术性能和卖方对合同工厂设备的技术保证详见本合同附件二。

2.3 卖方派遣有经验的、健康的和称职的技术人员到合同工厂现场对合同工厂的施工、安装、试车、投料试生产与考核进行技术指导。其人数、技术服务范围和待遇条件等见本合同附件五。

2.4 卖方负责培训买方派遣的人员，其人数、培训地点，培训范围见本合同附件六。

2.5 本合同签订后____年内，根据买方的要求，卖方有义务以优惠价格提供买方的本"合同工厂"正常运行所需的全部备品备件。届时双方另签协议。

第三章 价格

3.1 卖方按本合同第二章规定提供合同工厂"设备"和"技术资料"的总价为_____（大写_____）。

3.2 上述合同总价的分项价格如下：

3.2.1 机械设备部分

A. 设备和材料费

B. 备品和备件费

C. 设计费

D. 技术资料费

E. 技术服务费

F. 技术培训费

3.2.2 技术转让部分

A. 技术转让费

B. 设计费

C. 技术资料费

D. 技术服务费

E. 人员培训费

上述分项价格清单，详见附件四。

3.3 上述合同总价中的设备部分为 FOB _____ 港口，买方指定的受载船只船面交货的固定价格，并包括装船费，包装费以及将货物装到买方所指定的船面以前的一切费用。上述合同总价中的技术资料部分是指技术资料在_____交付以前的一切费用。

第四章 支付

4.1 本合同买卖双方的支付均以电汇（T/T）进行。买方向卖方的付款应通过××中国银行付给_____银行，卖方向买方的付款应通过_____银行付给××中国银行。

4.2 本合同第三章所规定的合同总价，按以下办法及比例，由买方通过北京中国银行支付给卖方：

4.2.1 合同总价的_____%，计_____（大写：_____），在买方收到卖方提交的下列单据经审核无误后不迟于三十天即支付给卖方：

（1）卖方国家有关当局出具的出口许可证影印本一份，或有关当局出具的不需出口许可证的证明文件一份。

（2）由_____银行出具的以买方为受益人金额为合同总的_____%的不可撤销的保证函正、副本各一份（保证函格式见本合同附件七）。

（3）金额为合同总价的形式发票一式六份。

（4）即期汇票一式二份。

（5）商业发票一式六份。

上述单据卖方应于本合同生效日起三十天内提交。

4.2.2 合同总价的_____%，计_____（大写：_____），在卖方按本合同第五章规定交货时买方在收到卖方提交的下列单据经审核无误后不迟于三十天，将每批交货总价的_____%支付卖方：

（1）全套清洁无疵、空白抬头、空白背书并注明"运费到付通知目的港_____"的海运提单正本三份，副本三份；

（2）商业发票一式六份；

(3) 即期汇票一式二份；

(4) 详细装箱单一式六份；

(5) 质量合格证一式六份。

4.2.3 合同总价的_____%，计_____（大写：_____），在买方收到下列单据经审核无误后不迟于三十天支付给卖方：

(1) 商业发票一式六份。

(2) 双方代表按本合同第九章规定签署的合同工厂交接验收证书的影印本一份。

(3) 即期汇票一式二份。

4.2.4 合同总价的_____%，计_____（大写：_____）。在按本合同第十章规定"合同工厂"保证期满后，买方在收到卖方提交的下列单据经审核无误后不迟于三十天即支付给卖方：

(1) 商品发票一式六份；

(2) 双方代表按本合同第十章规定签署的合同工厂保证期结束的确认书影印本一份；

(3) 即期汇票一式二份。

4.2.5 合同总价的_____%，计_____（大写：_____）。买方应自_____日起，于_____年内，每_____个月为一期，平均分期按下列办法支付给卖方。

4.2.5.1 卖方应开立分_____期支付具有下述内容的远期汇票共_____份，每份正副本各一份于_____时提交买方：

(1) 票面金额为合同总的_____%，另加第_____章_____条规定的延期付款的利息，计（大写：_____）；

(2) 以_____日期为出票日，到期日分别为自出票日满_____个月；

(3) 以买方为付款人；

(4) 带有利息条款。利息按年息_____%计算自出票日起算至到期日止。具体金额如下：

票期　　本金　　利息　　本利合计：

第一期

第二期

……

合计：

4.2.5.2 买方收到汇票后，于_____时即对上述分_____期支付的汇票正本承兑，并交北京中国银行背书保证后送交卖方。

4.2.5.3 卖方收到汇票后应在各期汇票到期日前，分别将汇票正本提交××中国银行，由××中国银行提请买方于汇票到期日后一天支付给卖方。

4.3 按本合同第_____章和第_____章规定，如果卖方应支付赔款或/和罚款等有关款项时，买方在按本章第4.2.2条\ 4.2.3条\ 4.2.4条规定支付货款时有权从货款中扣除。

4.4 买方支付本章第4.2.1条所规定的货款时，应向卖方提交中国银行出具的以卖方为受益人金额为合同总价_____%和延期付款的利息的保证函（保证函格式详见本合同附件八）。

4.5 买卖双方因履行本合同所发生的银行费用，在进口国发生的，均由买方负担，在进口国以外发生的，均由卖方负担。

第五章 交货与交货条件

5.1 卖方应于本合同生效日后_____个月内分_____批将本"合同工厂"的"设备"交付完毕。

总毛重大约为_____公吨。总体积大约为_____立方米。

本合同工厂"设备"的交货港口为_____，目的港口为_____港。

5.2 卖方在合同生效日后_____月内，应向买方提交初步交货计划一式六份（包括合同号、项号、设备名称、型号、规格、数量、单价、总价、大约总重量、大约总体积、交货时间、交货港口、危险品的品名以及国际危规号等），并提出超大、超重设备的尺码（长、宽、高和体积）和大约重量，以及危险品、易燃品在运输保管方面的特殊要求和注意事项。不能拆卸的单体设备重量最大限度为三十公吨，体积最大限度为长12米，宽2.7米，高3米。凡超过此限度的货物卖方应在本合同生效日后_____个月内向买方提供草图一式六份，经买方同意后，才能安排制造。买方应于收到上述草图后一个月内用电传或信件确认，否则卖方即开始制造。至迟不超过第一批交货前_____个月，卖方应向买方提交最终交货计划一式六份。内容包括合同号、批次、项号、名称、规格、数量、单价、总价、设备材料和危险品的大约毛净重、每件货物的大约尺寸（长、宽、高）体积、交货港、每批货物的交货时间以及超大、超重货物的外形包装草图和危险品运输措施及注意事项的说明。

5.3 已装船的提单日期为设备的实际交付日期。

5.4 卖方供应的每批设备，应为本章第5.1条规定的港口在买方指定的受载船只船面交货。"设备"的风险，卖方在买方指定的受载船只船面交货后，即由卖方转移给买方。

5.5 在每批货物备妥待运前不迟于_____天，卖方应以电报通知买方如下内容：

(1) 合同号；

(2) 货物备妥待运日；

(3) 货物总体积；

(4) 货物总重量；

(5) 总包装数量;

(6) 装船港口名称;

(7) 重量超过二十公吨,尺寸超过 12×2.7×3 米的每件货物的大约总毛重、总体积及名称;

(8) 危险品的品名、重量、国际危规号。

同时卖方还应航寄给买方下列文件,每件一式六份:

(1) 发运货物的详细清单,包括合同号、序号、"设备"的名称、规格、型号、数量、单价、总价、单重、单件体积和总体积,每件货物的外形尺寸(长×宽×高)总件数和装船港口名称;

(2) 重量超过二十公吨或体积超过 12×2.7×3 米的每件大件货物的外形包装草图;

(3) 易燃品和危险品的品名、性质、特殊防护措施及事故处理方法说明书;

(4) 对温度、震动等有特殊要求的货物在运输过程中的特殊注意事项证明书。

上述文件另一份航寄目的港的中国对外贸易运输公司,作为买方安排运输和装卸工作的依据。

5.6 所有设备交货应单机成套,安装用的专用工具、材料、易损件应随主机一同交付。如果有需要装在甲板上的"设备",卖方应负责进行适当的包装及采取特殊保护措施。

5.7 买方应于受载船只抵达交港口前不迟于十天将船名、预计抵达日期通知卖方。(如买方需要变更船只或改变船期,买方或买方船舶代理人应及时通知卖方。)

5.8 如卖方未能在买方船只抵达交货港口时将货物备妥装船,买方因此而遭受的空舱费、船舶滞期费和有关费用,均由卖方负担,按轮船公司提出的有关单据,作为结算费用的依据。

5.9 如卖方在受载船只预计抵达日期已将货物备妥而买方船只不能在预计抵达日期后三十天内抵达交货港口,这三十天内的有关仓储费、保险费等由卖方负担,但第三十一天起以后发生的仓储费、保险费,按卖方提供的原始凭证,由买方核实支付。但卖方仍有责任根据买方通知,在受载船只抵达交货港口后,由卖方负责交货,在此情况下,卖方不支付迟交罚款。

5.10 卖方应在每批货物装船后四十八小时内,将提单日期和号码、船名、"设备"名称、总价、总重、总体积、总件数和合同号以电传通知买方。如遇有第5.5条的大件货物及危险品,应逐件列明毛重和尺寸(长、宽、高)、品名、金额。买方因卖方未及时通知而未投保所造成的损失将由卖方负担。

5.11 在将货物装到船上后,卖方应于装船后将每批货物的整套交货文件(即提单、商业发票装箱单和质量证明书各一份)随船在目的港提交给中国外贸运输公司。同时航寄买方上述单据副本各两份和检验记录、试验报告以及有关装配安装图纸各三份。

5.12 技术资料的内容和交付计划见本合同附件三。

5.13 卖方在技术资料发出前一周将大约件数、大约毛重、合同号和资料预计抵达北京和/或_____的日期用电传通知买方。在资料寄出后二十四小时内卖方需将发出日期、航次、空运单号、重量及资料件数、合同号以电传的方式通知买方。

5.14 "技术资料"到达目的机场的日期为实际交付日期。

5.15 卖方提供的"技术资料"应在_____和/或_____机场交付，上述资料的风险，在卖方在_____/或在_____机场交付后即由卖方转移给买方，如果技术资料短少、丢失或损坏时，卖方应在收到买方通知二十一天内在北京和/或_____机场补充提供丢失或损坏部分，不再收取任何费用。

5.16 在每批"技术批准"交货后的两个工作日内，卖应将下述文件航寄给买方：

A. 空运提单一式二份（通知目的机场_____，注明合同号。）

B. 技术文件的详细清单一式二份。

第六章 包装与标记

6.1 卖方交付的所有货物应具有适合远洋的内陆运输和多次搬运、装卸的新的坚固木箱包装。并应根据货物的特点和需要，加上防潮、防雨、防锈、防震、防腐蚀的保护措施，以保证货物安全无损地运抵安装地点。

6.2 卖方对包装箱内和捆内的各散装部件均应系加标签，注明合同号、主机名称、部件名称以及该部件在装配图中的位号、零件号。备件和工具除注明上述内容外，尚需注明"备件"或"工具"字样。

6.3 卖方应在每件包装箱的邻接四个侧面上，用不褪色的油漆以明显易见的英文字样印刷以下标记：

(1) 合同号；

(2) 唛头标记；

(3) 目的港；

(4) 收货人；

(5) 设备名称及项号；

(6) 箱号/件号；

(7) 毛重/净重（公斤）；

(8) 尺码（长×宽×高，以毫米表示）。

凡重量为二公吨或超过二公吨的货物，应在包装箱的四个侧面以英文及国际贸易运输常用的标记、图案标明重量及挂绳和重心位置，以便装卸搬运。根据货物的特点和装卸、运输上的不同要求，在包装箱上应以英文明显地印刷"轻放"、"勿倒置"、"防雨"等字样以及相应的国际贸易通用的标记图案。

6.4 对裸装货物应以金属标签注明上述有关内容。装在甲板上的大件货物，应带有足够的货物支架或包装垫木。

6.5 每件包装箱内，应附有详细装箱单和质量合格证各一式二份，有关设备的技术文件一式二份。需要组装的设备部件附详细装配图一式二份。

6.6 卖方交付的技术资料，应具有适合于长途运输、多次搬运、防潮和防雨的包装，每包技术资料的封面上应注明下述内容：

（1）合同号；
（2）收货人；
（3）目的地；
（4）唛头标记；
（5）毛重（公斤）；
（6）箱号/件号。

每一包资料内应附有技术资料的详细清单一式二份，标明技术资料的序号、代号、名称和页数。

6.7 凡由于卖方对货物包装不善，保管不良，致使货物遭到损坏或丢失时，卖方均应按本合同第十章的规定负责修理、更换或赔偿。

第七章 设计与设计联络

7.1 为使本"合同工厂"的建设工作顺利进行，买卖双方应按照本合同附件和本章的规定进行设计和设计联络。设计联络会议内容、时间、地点和参加人员，详见附件_____。

7.2 卖方承担的设计工作范围详见本合同附件_____。卖方提交"技术资料"的要求、内容、份数和交付日期详见本合同附件_____。

7.3 买方承担的设计范围详见本合同附件_____。买方向卖方提供的技术资料见本合同附件_____。卖方依此作为本"合同工厂"设计的依据。

7.4 本合同生效之日起_____个月内卖方应将有关的标准、规范及其清单航空邮寄给买方。买方将对卖方提交的上述标准和规范提出意见，经双方讨论商定后予以更换，并作为卖方进行设计的依据。

7.5 卖方在初步设计全部资料寄达北京后_____个星期内，应自费派遣技术人员来华解释设计，买方应协助办理入境签证和居留手续。在解释设计期间，买方有权提出改进意见，卖方对此应予充分考虑。初步设计经审核后双方签订协议书，该协议书即作为最终设计的依据。

7.6 买方在收到卖方提供的最终设计全部资料后_____天内，应予确认。

7.7 买方在本"合同工厂"设计过程中，认为有必要时，有权自费派遣技术人员到卖方的有关设计单位和制造厂了解与本"合同工厂"有关的数据和技术资料。卖方应协助办理入境证和居留手续，并免费提供所有与设计有关的技术资料和工作的方便条件。

7.8 在执行本合同期间，买方提出与"合同工厂"有关设计和技术问题时，卖方应予及时答复，并免费提供有关资料。

第八章 标准与检验

8.1 卖方供应本合同工厂的"设备"的制造、选材、检验和试验，应按卖方国家和/或公司现行标准规范进行。本合同生效后_____个月内，卖方应将上述公司标准和规范一式六份和国家标准一式二份航寄买方。买方可就上述任何公司标准和规范提出意见。经双方讨论商定后予以更换并作为检验和试验的依据。

8.2 卖方对其供应的全部"设备"应进行检验和试验，并向买方提交由制造厂或卖方出具的质量合格证和检验记录，以此作为本合同规定的质量保证的证明书。"设备"检验和试验的费用均由卖方负担。

8.3 买方有权自费派遣检验人员到卖方国家会同卖方检验人员一起到制造厂车间对"设备"的制造和质量进行检验和试验。卖方应在设备进行装配和检验前三个月将检验日期通知买方，买方应在收到通知后一个月内将检验人员的名单通知卖方，以便卖方协助办理入境手续。主要设备的装配和检验应有买方人员在场，买方还应有权参加其他"设备"的检验和参加卖方及有关制造厂召开的有关"设备"的质量会议。

8.4 买方检验人员若发现"设备"有缺陷和/或不符合本合同规定的规格时，有权提出意见，卖方应充分考虑并自费采取必要措施排除缺陷，当缺陷排除后，应再次检验和试验，由此引起的费用均由卖方负担。

8.5 买方检验人员在卖方国家和制造厂的检验不代替"设备"运抵买方合同工厂现场的开箱检验，亦不能免除卖方按本合同第十章规定的保证责任。买方人员不签署任何证明文件。

8.6 卖方应免费为买方人员提供方便的工作条件，如必需的技术文件、图纸、检验工具和仪器等。

8.7 如买方不能在本章规定的期限内派出人员参加上述检验工作时，卖方将自行检验。

8.8 卖方供应的全部"设备"的开箱检验应在合同工厂现场进行，卖方有权自费派遣他们的检验人员到合同工厂现场参加此项检验，买方应在检验前一个月将开箱日检验期通知卖方，并为卖方检验人员提供工作的方便。在双方会同开箱检验中如发现"设备"有短少、缺陷、损坏或包装与本合同规定不符合或质量标准与本合同8.1条和10.1条规定不符时，应作详细记录，并由双方代表签字。如属卖方责任，此记录即为买方向卖方要求换货、修理或补齐的有效证明。

8.9 如不属买方原因，卖方检验人员不能参加开箱检验时，买方有权自行开箱检验。如发现本合7.8条所述问题系属卖方责任时，应委托中国商品检验局出具证明，以此作为买方向卖方要求换货、修理或补齐的有效证明。

卖方接到买方索赔证书后，应立即无偿换货、补发短缺部分或降低货价，并负担由此产生的到安装现场的换货费用、风险以及买方的检验费用。如卖方对索赔有异议时，应在接到买方索赔证书后两个星期内提出异议，双方另行协商；逾期，索赔即作成立。

卖方换货和/或补交货物的时间，不迟于卖方收到买方索赔证书后_____个月。

8.10　在开箱检验中，由于买方的原因，发现"设备"有损坏，通知卖方后，卖方应尽快补发、更换，其费用由买方负担。

8.11　上述检验并不能解除卖方对第九章、第十章所承担的责任。

8.12　在检验中，如发现卖方提供的检验所需的标准仍不完整或提供的不及时，经与卖方协商，买方有权按照买方国家现行标准进行检验。

第九章　安装、试车和验收

9.1　"安装"系指合同工厂全部设备、材料的装配、就位和连接等安装工作。"试车"系指机器和/或设备的单独或联动的试运转。

"投料试生产"系指合同工厂投入原料和公用工程以试生产。

"考核"系指检验本合同附件_____所规定的各项保证数值而进行的试验。

"验收"系指如果考核结果表明，本合同附件_____所规定的各项保证指标能够全部达到，则合同工厂即为买方所验收。

9.2　合同工厂的安装将在买方负责组织下和在卖方负责技术指导下进行，卖方有权对其进行详细设计有关的所有"设备"的安装以及界区接点的安装进行技术指导。

合同工厂的试车、投料试生产和考核应在买方组织安排下和卖方技术指导下进行。在安装工作开始前二个月，双方各自授权一名代表处理合同工厂从安装到验收期有关合同工厂的全部技术工作。具体工作应由双方代表友好协商安排。双方代表应充分合作，使合同工厂在本合同生效日后_____个月内建设完毕。

9.3　在安装工作开始前，卖方技术人员应详细介绍安装方法和要求。在安装期间卖方人员应对安装作进行技术指导并参加所有设备安装质量的检验和试验。卖方技术人员的重要技术指导应以书面提出。

9.4　安装完毕后，如双方代表认为安装工作完全符合设计要求时，双方代表应按技术文件和图纸一起进行检验和试车。双方代表将签订同类设备安装证书及单机试车和机械与轩的系统联运证书。上述证书将以附件_____第_____条规定的工作日志为基础。

如试车顺利完成，安装工作完全符合技术文件要求时，双方代表应在七天内在现场签署安装竣工证书。此证书签字日即为合同工厂安装及试车完成日。但此证书不能免除卖方按本合同第十章规定在投料试生产、考核期间和机械保证期内对设备和材料发现的缺陷所应负的责任。

9.5　本章9.4条规定的试车完成后应尽快开始投料试生产，其开车日期由双方现场代表商定。投料试生产和考核所需的仪表校准、记录项目、取样方法和分析方法等详细程序应由卖方在安装及试车完成日前提出，并经双方代表讨论决定。

在投料试生产前，买方应准备充足的维修工具、实验室及检验设施和熟练的操作、维修及测试人员，其中包括本合同附件_____第_____条所列的人员，并准备好按本合同附件_____所列必要数量和质量的全部原料，有关的公用工程。卖方技术人员可出入试验室和检验设施，以便取样分析。投料试生产和性能试验期间的采样、化验将在双方代表在场的情况下进行。

除已同意的程序外，卖方技术人员认为必要的采样和化验，在经与买方代表协商后由买方进行。

从试车到合同工厂验收期间，卖方可以使用买方库存的备品备件，如由于卖方责任卖方使用了买方库存的备品备件，卖方应及时在现场予以偿还。

9.6 投料试生产期为首次投料生产开始日起的_____个月。在此期间，当合同工厂主要设备达到良好稳定运行后由双方代表商定首次考核日期。考核应按本合同附件_____的规定在卖方技术人员指导下进行。

每次考核的结果应作出记录，在每次考核完成后三天内双方在性能考核报告上签字确认。

9.7 如按本合同的附件_____规定的考核期内实现了本合同附件_____规定的全部保证数值时，双方代表应在五天内签署合同工厂验收证书一式四份，双方各执两份，此即视作合同工厂为买方所验收。如因卖方原因任何一次考核未能成功时，卖方应尽快在双方同意的期限内对"设备"进行必要的修理、更换和/或修改。修改后应重新按照合同附件_____的规定尽快再次考核，买方应大力协助。如上述修理、更换和/或修改在现场进行，所需费用（如工时费、材料费等）应在合同工厂交接验收前，由双方授权代表根据修理、更换和/或修改的情况商定，并由双方代表会签。

如因卖方原因，需将任何设备运出中国以外进行修理或更换时，全部运费、修理或更换费用应由卖方负担。更换或修理的"设备"应在合同工厂现场交货。

9.8 在本合同9.6条规定的投料生产期间，本合同附件_____规定的保证数值如有任何一项或多项未能达到时，双方应会同研究，找出原因，澄清责任，并按以下规定处理：

9.8.1 如由于卖方原因未能达到保证数值时，买方同意延长投料试生产期三个月，以便卖方对合同工厂进行改进并再次进行考核。如在延长的三个月中由于卖方原因仍未能达到保证数值时，买方同意再次延长投料试生产期三个月。如在再次延长的三个月期满时，由于卖方原因，考核仍失败，未能达到保证数值时，应按本合同第十章第10.8条的规定办理。在两次延长的两个三个月内改进合同工厂所需全部费用和卖方技术人员的全部费用均由卖方负担。

9.8.2 如由于买方原因未能达到保证数值时，投料试生产期应延长三个月。在此期间，买方将按本合同附件_____的规定继续支付卖方人员的全部费用均由买方负担。所需卖方技术人员的人数由双方讨论决定，如在此延长的三个月期满时，仍由于买方原因未能达到保证数值时，合同工厂应由买方所验收，双方应在七天内签署验收证书。然而卖方应协助买方采取一切必要措施，使合同工厂达到正常生产所需的指标。由此而产生的费用由买方负担。

9.9 如由于买方原因，在按本合同第五章规定的第_____批"设备"交货之日起_____个月内合同工厂未能进行考核时，则按合同第四章第_____条由买方支付给卖款项应予实现，但不免除卖方的所有责任。

9.10 如由于买方原因，在按本合同第五章规定的第_____批"设备"和材料交货之日起_____个月内合同工厂未能进行考核时，合同工厂应为买方所验收，但卖方仍应承担协助买方合同工厂开车和运转的责任。提供服务的期间和条件应通过友好协商后达成协议。如由于卖方原因，上述第_____批交货延误，则上面所提的时间应相应顺延。

9.11 按本合同的9.7、9.8和9.9条规定的合同工厂的验收，并不能免除卖方对合同工厂的"设备"在机械保证期内应负的责任。

第十章 保证、索赔和罚款

10.1 卖方保证其供应的本"合同工厂"的技术水平是先进的，"设备"是全新的，质量是优良的。

设备和材料的选型均符合工艺、安全运行和操作长期使用的要求，并符合本合同附件_____和附件_____的规定。

10.2 卖方保证所交付的技术资料、图纸清晰、完整和正确并能满足"合同工厂"的设计、安装、运行和维修的要求并符合附件_____的规定。

10.3 在本"合同工厂"安装、试车期间，如果卖方提供的"设备"有缺陷，或由于卖方技术人员的指导错误或/和卖方提供的技术资料、图纸和证明书的错误造成"设备"的损坏，卖方应立即无偿换货或降低货价作为赔偿，并负担由此产生的到安装现场的换货费用和风险。如卖方对索赔有异议时，应在接到买方索赔证书后两个星期内提出复议，双方另行协商，逾期索赔即作成立。卖方换货期限不迟于证实属实卖方责任之日起_____个月。

10.4 卖方对本"合同工厂""设备"的质量保证期为本"合同工厂"被买方验收后_____个月，如由于买方责任而影响本"合同工厂"安装、试车、验收时，则不超过卖方最后一批货物交付日期后_____个月。上述质量保证适用于买方、买方权利承受人、受让人以及买方客户。

10.5 在保证期内，如发现卖方提供的"设备"有缺陷或/和不符合合同规定时，如属卖方责任，则买方或买方权利承受人、受让人以及买方客户有权凭_____检验局出具的检验证书向卖方提出索赔。卖方接到买方或买方权利承受人、受让人以及买方客户索赔证书后，应立即无偿换货或降价货价，并负担由此产生的到安装现场的换货费用和风险（货物到达目的港后的风险由买方负责）。如卖方对索赔有异议时，应在接到买方或买方权利承受人、受让人以及买方客户索赔证书后两个星期内提出复议，双方另行协商，逾期索赔即作为成立。卖方换货的期限，应不迟于卖方收到买方索赔证书后_____个月。

10.6 在保证期内，如由于卖方责任需要更换、修理有缺陷的"设备"而使本"合同工厂"停机时，则保证期应按实际停机时间作相应的延长。新更换和补充修复的"设备"的保证期为被买方或买方权利承受人、受让人以及买方客户验收后十二个月。

10.7 在保证期满后三十天内，买方或买方权利承受人、受让人以及买方客户出具的在保证期内发现"设备"缺陷的索赔证书仍然有效。

10.8 如由于卖方责任，在考核试车不能达到本合同附件_____规定的一项或多项技术经济指标时，卖方应采取有效措施在卖方收到买方或买方权利承受人、受让人以及买方客户书面通知后_____个月内使之达到各项保证指标并承担由此产生的一切费用。逾期如仍不能达到本合同附件_____所规定的保证指标时，卖方应承担罚款，其计算办法见附件_____。

卖方支付罚款，则本"合同"即为买方所验收，并由买方出具本"合同工厂"验收证书正、副本各一份交给卖方。

10.9 鉴于时间对本合同货物的重要性，卖方必须按订单约定的期限交付货物。如由于卖方责任未能按合同第四章规定的交货期交货时，买方有权按下列比例向卖方收取罚款：

迟交1至4周，每周罚迟交货物金额的_____%；

迟交5至8周，每周罚迟交货物金额的_____%；

迟交9周及以上，每周罚迟交货物金额的_____%；

不满一周按一周计算；

迟交货物的罚款总金额不超过合同总价的_____%；

卖方支付迟交罚款，并不解除卖方继续交货的义务；

任何一批货物迟交超过_____个月时，买方有权终止部分或全部合同。

第十一章 侵权和保密

11.1 卖方同意向买方转让非独占的，不可转让的权利，并允许买方在_____国内使用卖方的_____工艺进行"合同工厂"的工程设计、建设和操作，以设计、制造、销售和出口合同产品_____。其年产量为_____，其工艺说明见本合同附件_____，其品种规格详见本合同附件_____。

卖方提供买方用于本合同工厂的专有技术和专利如下：

专有技术登记号：

专利登记号：

专有技术、研究报告、资料等包括在本合同附件_____里。

11.2 在本合同生效后三十天内，卖方应向买方提供卖方国家有关当局签发的包括本合同第11.1条所述的工艺的专利登记证书的影印本二份。

11.3 如果任何第三方对买方使用本合同第11.1条所规定的专利和专有技术提出任何异议时，卖方应负责处理，买方对此无任何责任。

11.4 本合同生效后_____年内，如卖方对本合同第11.1条所规定的专利和专有技术有所发明和改进时，不管其发明和改进是否已获得专利权，卖方均应向买方免费提供详细资料。买方有权将上述资料用于合同工厂。如有必要，关于技术指导的一切费用由买方根据双方同意的本合同第_____章和附件规定的条件负担。

11.5 本合同生效后_____年内，买方应对本合同11.1条所规定的专有技术对任何第三方予以保密，对参加本合同工厂的计划、安装和施工等工作的其他单位除外，然而他们必须承担同样的保密义务。在保密年限内，若专有的一项或多项，被第三者公开后，买方不再承担保密义务。

11.6 卖方对买方所提供的设计基础和现场条件资料的保密期限不受上述时间的限制。

第十二章 转包与分包

12.1 未经买方事先书面同意，卖方不得将完成产品、零部件的加工或供货的义务转包或实质性转包给第三方。

12.2 本条所述"转包"仅指卖方将其按照合同所述技术规格制造或加工产品、部件、或装配产品的义务以合同或订单方式进行转包，不包括卖方为获取通用产品或原材料及生产经营所需普通供货或服务而实施的分包。

第十三章 合同变更和中止

13.1 买方可在任何时候以通知的形式向卖方发出指令，在合同的一般范围内变更下述一项或几项：

1. 图纸、设计和技术规格；
2. 装或运输方式；
3. 检验、交货、验收的地点和时间；
4. 卖方提供的相关服务。

13.2 中止时，卖方应采取一切合理措施避免使本合同增加成本。如上述中止或变更导致成本或履约时间的增加或减少，则由双方一致同意后对价格或交货期限或二者作相应调整。卖方如需根据本条要求调整价格或交货期限，应在中止或变更通知之日起三十日内以书面形式提出，并提供必要的资料及记录给买方，由买方根据公平合理的原则予以确认后得以调整。变更合同项目后或买方撤销中止要求后,卖方应继续履行本合同。

第十四章　不可抗力

14.1　签约双方中的任何一方,由于战争及严重的火灾、水灾、台风、地震事件和其他双方同意的不抗力事故而影响合同执行时,则延迟履行合同的期限,延迟的时间应相当于事故所影响的时间。

14.2　受事故影响一方应尽快将所发生的不可抗力事故的情况以电传或传真通知另一方,并在十四天内以航空挂号信件将有关当局出具的证明文件提交给另一方审阅确认。

14.3　当不可抗力事故终止或事故消除后,受事故影响的一方应尽快以电传或电报通知对方,并以航空挂号信证实。

第十五章　仲裁

15.1　因执行本合同所发生的或与本合同有关的一切争执,买卖双方应通过友好协商解决,如经协商仍能达成协议,则应提交仲裁解决。

15.2　仲裁地点在被告所在国进行,如买方是被告,则在中国由中国国际经济贸易仲裁委员会根据该委员会的仲裁规则进行;如卖方是被告,则在＿＿＿＿＿＿,由＿＿＿＿＿＿根据该组织的仲裁程序进行。

15.3　仲裁裁决对双方均有约束力,双方均应履行。

15.4　仲裁费用由败诉一方负担。

15.5　除了在仲裁过程中进行仲裁的那些部分外,在仲裁期间,合同其余部分应继续执行。

第十六章　合同生效、终止及其他

16.1　本合同由双方代表于＿＿＿＿＿＿签字。由各方分别向本国政府当局申请批请,以最后一方的批准日期为本合同生效日期。双方应尽最大努力在六十天内获得批准,用电报或电传通知对方,并用信件确认。本合同自签字之日起六个月仍不能生效,双方有权取消本合同。

16.2　本合同有效期从合同生效日算起共＿＿＿＿＿＿年,有效期满后本合同自动失效。

16.3　本合同期满时,双方的未了债权和债务,不受合同期满的影响,债务人应对债权人继续偿付未了债务。

16.4　本合同用英文写成一式四份,双方各执一式两份。

16.5　本合同附件＿＿＿＿＿＿至附件＿＿＿＿＿＿,为本合同不可分割的组成部分,与合同正文具有同等效力。

16.6　对本合同条款的任何变更、修改或增减,须经双方协商同意后授权代表签署书面文件,作为本合同的组成部分并具有同等效力。

16.7 在本合同有效期内，双方通讯以英文进行。正式通知应以书面形式，用挂号信邮寄，一式两份。

16.8 双方任何一方未能取得另一方事先同意前，不得将本合同项下的任何权利或义务转让给第三方。

16.9 除本合同规定的义务和责任外，双方中的任何一方都不承担任何其他义务和责任。

第十七章 法定地址

买方： 地址：

卖方： 地址：

附录15-2 货物进出口通用合同条件（联合国）

General Conditions
For the Import and Export of Engineering Stock Articles

1. Preamble

1.1 These General Conditions shall apply if both parties refer to them, save as varied by express agreement confirmed in writing by both parties.

2. Formation of contract

2.1 The contract shall be deemed to have been entered into, when, upon receipt of an order, the Vendor has sent an acceptance in writing within the time-limit (if any) fixed by the Purchaser.

2.2 Where the Vendor, in drawing up his tender, has fixed a time-limit for acceptance, the contract shall be deemed to have been entered into when the Purchaser has sent an acceptance in writing before the expiration of such time-limit.

2.3 Where an export or import licence a foreign exchange control authorization or similar authorization is required for the performance of the contract, the party responsible for obtaining the licence or authorization shall act with due diligence to obtain it in good time. If on the expiration of the period specified in paragraph A of the appendix from the date of the formation of the contract, or where no such period is specified then on the expiration of three months, the requisite licence or authorization cannot be obtained, either party shall be entitled to regard the contract as never having been formed provided that such party informs the other party of his decision without delay.

3. Descriptive documents and instruction leaflets relating to use and maintenance

3.1 The weights, dimensions, capacities, prices, performance ratings and other data included in catalogues, prospectuses, circulars, advertisements, illustrated matter and price lists shall not be binding save to the extent that they are by reference expressly included in the contract.

3.2 The Vendor shall furnish free of charge to the Purchaser, not later than the commencement of the Guarantee Period, his instruction leaflets relating to the use and maintenance of the goods.

4. Packing

4.1 Unless otherwise specified:

(a) prices shown in price-lists and catalogues shall be deemed to apply to unpacked goods;

(b) prices quoted in tenders and in the contract shall include the cost of packing or protection required under normal transport conditions to prevent damage to or deterioration of the goods before they reach their destination as stated in the contract.

5. Passing of the risk

5.1 Where no indication is given in the contract of the form of sale, the goods shall be deemed to be sold "EXW".

5.2 Save as provided in paragraph 6.5, and unless the parties have otherwise agreed, the moment when the risk passes shall be determined as follows:

(a) On a sale "EXW", the risk shall pass from the Vendor to the Purchaser when the goods have been placed at the disposal of the Purchaser in accordance with the contract, provided that the Vendor gives to the Purchaser notice in writing of the date on and after which the Purchaser may take delivery of the goods. The notice of the Vendor must be given in sufficient time to allow the Purchaser to take such measures as are normally necessary for the purpose of taking delivery;

(b) On a sale wagon, lorry, barge (agreed point of departure) or on a sale "CPT" the risk shall pass from the Vendor to the Purchaser when the carrier takes over the loaded vehicle or craft;

(c) On a sale FOB or CIF, the risk shall pass from the Vendor to the Purchaser when the goods have effectively passed the ship's rail at the agreed port of shipment;

(d) On a sale "DAF" (without any other precision) or "delivered at frontier of exporting country", the risk shall pass from the Vendor to the Purchaser when the customs formalities have been concluded at the frontier of the country from which the goods are exported;

(e) In any of the cases mentioned in paragraphs (b), (c), and (d) hereof, the Vendor shall give to the Purchaser sufficiently early advice of the dispatch of the goods to enable the Purchaser to take any necessary measures.

5.3 On any other form of sale, the time when the risk passes shall be determined in accordance with the agreement of the parties.

6. Delivery

6.1　Unless otherwise agreed, the delivery period shall run from the latest of the following dates:

(a) the date of the formation of the contract;

(b) the date of the receipt by the Vendor of such payment in advance of delivery as is stipulated in the contract.

6.2　On expiry of the delivery period provided for in the contract, the Vendor shall be entitled to the period of grace specified in paragraph B of the Appendix, or where no such period is specified, to a period of grace of one month from the expiry of the delivery period provided for in the contract.

6.3　Should delay in delivery be caused by any of the circumstances mentioned in Clause 10 or by an act or omission of the Purchaser, there shall be granted such extension of the delivery period as is reasonable, having regard to all the circumstances of the case. This provision shall not apply where the delay in delivery occurs after the expiry of the period of grace referred to in paragraph 6.2, unless such delay is due to an act or omission of the Purchaser.

6.4　Should the Vendor fail to deliver the goods after the period of grace mentioned in paragraph 6.2, the Purchaser shall be entitled to terminate the contract by notice in writing to the Vendor, both in respect of all goods undelivered, and in respect of goods which though delivered cannot be properly used without the undelivered goods. Where the Purchaser so terminates the contract he shall be entitled, to the exclusion of any other remedy for delay in delivery to recover any payment which he has made both in respect of all goods undelivered and in respect of goods which although delivered cannot be properly used without the undelivered goods, to reject the goods delivered which are unusable and to recover any expenses properly incurred in performing the contract.

6.5　Where the Purchaser does not take the goods at the place and time provided for by the contract for any reason other than an act or omission of the Vendor he shall nevertheless make any payments provided for in the contract as if the goods had been delivered. In such a case, once the goods have been appropriated to the contract, the Vendor shall arrange for their storage at the risk and cost of the Purchaser. The Vendor shall further be entitled to the exclusion of any other remedy for the Purchaser's failure to take the goods, to recover any expenses properly incurred in performing the contract and not covered by payments received.

7. Payment

7.1　Payment shall be made in the manner and at the time or times agreed by the parties. In the absence of agreement to the contrary, express or implied, payment shall be due in the case of a sale "EXW" thirty days after notification from the Vendor to the Purchaser that the goods have been placed at his disposal, and in any other case thirty days after notification from the Vendor to the Purchaser that the goods have been dispatched.

7.2 On CIF、CFR basis, within one month prior to the time of shipment, the Purchaser shall open an irrevocable Letter of Credit at _____ sight with _____ (bank) in favor of the Vendor payable at the issuing bank against presentation of documents as specified in the contract.

7.3 Where the Purchaser delays in making any payment and the delay is not due to an act or omission of the Vendor, the Vendor may:

(a) postpone the fulfillment of his own obligations until such payment is made; and

(b) recover, after written notice sent in good time to the Purchaser, interest on the sum due, from the time fixed for payment, at the rate of 6% unless otherwise provided.

7.4 Where at the end of the period specified in paragraph C of the Appendix, or where no such period is fixed, then after the expiry of one month from the date on which payment became due, the Purchaser shall still have failed to pay the sum due, the Vendor shall be entitled by notice in writing, and to the exclusion of any other remedy against the Purchaser by reason of the latter's delay, to terminate the contract, without prejudice to his right to recover any payment due in respect of delivered goods and all expenses properly incurred by the Vendor in performing the contract.

8. The Purchaser's right of rejection

8.1 During the period specified in paragraph D of the Appendix, or where no such period is specified, then within such reasonable period as will allow inspection, the Purchaser shall be entitled to reject goods which do not conform with the contract (excepting any defect caused after the passage of risk), provided that before the Purchaser can exercise his right of rejection the Vendor shall have an opportunity to make good any default at his expense within a reasonable period.

8.2 The Purchaser's right of rejection shall also apply to goods which, although delivered and accepted, cannot be properly used without the goods mentioned in paragraph 8.1.

8.3 The Vendor shall be entitled to have rejected goods returned to him at his risk and expense.

9. Guarantee

9.1 Subject as hereinafter set out, the Vendor undertakes to remedy any defect resulting from faulty design, materials or workmanship.

9.2 This liability is limited to defects which appear during the period (called "the guarantee period") commencing on the passage of risk and continuing for the period specified in paragraph E or F of the Appendix whichever shall first expire. In the absence of express specification in the Appendix the periods shall be twelve months in the case of paragraph E, and six months in the case of paragraph F.

9.3 In respect of such parts of the goods as are expressly mentioned in the contract, the guarantee period shall be such other period (if any) as is specified in respect of each of such parts.

9.4 The parties may specify in the contract that the Vendor assumes no liability other than that for gross misconduct as defined in paragraph 9.11.

9.5 Where the Purchaser wishes to avail himself of the guarantee, he shall notify the Vendor in writing without delay of any defect that has appeared. On receipt of such notification the Vendor shall if the defect is one that is covered by this clause at his option:

(a) repair the defective goods in suit; or

(b) have the defective goods or parts returned to him for repair; or

(c) replace the defective goods; or

(d) replace the defective parts in order to enable the Purchaser to carry out the necessary repairs at the Vendor's expense.

9.6 Where the Vendor has returned to him defective goods or parts for replacement or repair, unless otherwise agreed, the Purchaser shall bear the cost and risk of carriage. Unless otherwise agreed, the return to the Purchaser of goods or parts sent by way of replacement or of repaired goods or parts shall take place at the cost and risk of the Vendor.

9.7 Defective goods or parts replaced in accordance with this clause shall be placed at the disposal of the Vendor.

9.8 Where the Vendor fails to fulfill his obligations under this clause within a reasonable period after receipt of notification under paragraph 9.5, the Purchaser may proceed to have the defect remedied at the Vendor's expense, provided that he does so in a reasonable manner.

9.9 The Vendor's liability shall apply only to defects that appear under the conditions of operation provided for by the contract and under proper use. In particular it does not cover defects arising from faulty installation, maintenance or repairs, carried out by a person other than the Vendor or his agent, or from alterations carried out without the Vendor's consent in writing, nor does it cover normal deterioration.

9.10 Subject to the provisions of clause 8 and save as in this clause expressed, the Vendor shall be under no liability in respect of defects after the risk in the goods has passed even if such defects are due to causes existing before the risk passed. It is expressly agreed that the Purchaser shall have no claim in respect of personal injury, or of damage to property not the subject matter of the contract or of loss of profit unless it is shown from the circumstances of the case that the Vendor has been guilty of gross misconduct.

9.11 "Gross misconduct" does not comprise any and every lack of proper care or skill, but means an act or omission on the part of the Vendor implying either a failure to pay due regard to serious consequences which a conscientious contractor would normally foresee as likely to ensue, or a deliberate disregard of any consequences of such act or omission.

10. Relief

10.1 Any circumstances beyond the control of the parties intervening after the formation of the contract and impeding its reasonable performance shall be considered as cases of relief. For the purposes of this clause circumstances not due to the default of the party invoking them shall be deemed to be beyond the control of the parties.

10.2 The party wishing to claim relief by reason of any of the said circumstances shall notify the other party in writing without delay on the intervention and on the cessation thereof.

10.3 Where by reason of any of the circumstances referred to in paragraph 10.1 the performance of the contract within a reasonable time becomes impossible, either party shall be entitled to terminate the contract by notice in writing to the other party and in that event there shall be such restitution (if any) whether by way of repayment of money, return of goods, or otherwise as shall be just and as the circumstances referred to in paragraph 10.1 may permit.

11. Arbitration and applicable law

11.1 Any dispute arising out of or in connexion with the contract, which the parties have been unable to settle by agreement, shall be settled finally out of court by arbitration by the arbitral body specified in paragraph G of the Appendix.

11.2 Unless otherwise agreed, the contract shall be governed by the law of the Vendor's country.

Appendix A

(To be completed by parties to the contract)

Paragraphs of General Conditions

A. Period after which the parties are entitled to consider the contract as never having been formed if the necessary licence or authorization cannot be obtained

B. Length of the period of grace for delivery

C. Period of delay in payment authorizing termination by the Vendor

D. Period for exercise of the Purchaser's right of rejection

E. Guarantee period starting on passing of the risk

F. Guarantee period from sale of goods to first end user

G. Designation of arbitral body specified by the parties for the purpose of settling disputes arising out of or in connexion with the contract 11.1.

The English, French and Russian texts are equally authentic.

第 16 章 国际工程项目货物采购绩效评价

> 采购部在按照工程项目的总体目标制定和实施采购计划、采购策略和采购作业后，须对采购过程进行检查控制，并在一定阶段对工作进行评价，以期总结教训，改进工作。国际工程项目货物采购绩效评价主要包括对采购部、采购工程师工作的绩效评价和对材料、设备供应商，物流服务供应商的绩效评价。

第 1 节 采购绩效评价的基本内容

一、国际工程绩效与货物采购绩效的关系

国际工程项目货物采购的绩效评价，就是运用一定的方法、采用特定的指标体系、对照统一的评价标准、按照一定的程序，通过定量、定性分析，对物资采购部门、采购工程师和供应商在一定期间内的采购供应活动的业绩做出客观、公正和准确的考核与综合评判。国际工程项目货物采购的绩效评价是对采购部门的采购业务过程、采购管理、采购制度、采购结果以及货物采购对国际工程项目成本、进度、质量控制的贡献进行评价，是国际工程项目绩效管理的一个局部环节和手段。鉴于货物采购在国际工程项目中的特殊地位，在其他条件一定的情况下，采购部绩效水平越高，则国际工程项目的整体绩效水平也越高，国际工程总承包项目尤其如此。

二、采购绩效的评价要素

对货物采购绩效进行评价，首先应建立一个完整、科学、客观的评价体系。该

体系主要包括评价目的、评价内容、评价人员、评价时机、评价指标、评价方法等要素。

1. 评价目的

(1) 决策支持和确保采购目标的实现。采购的绩效在一定程度上决定了工程项目利润的实现程度和项目总体目标的实现程度。通过绩效评价，使货物采购绩效和成果更具可见性，以提供国际工程项目或承包商企业一定时间内采购绩效的追踪记录，并直接支持管理层对采购活动的战略决策的制定。

(2) 提供持续改进采购绩效的依据。采购部门是为工程项目提供物质基础的关键部门，采购管理的有效性关系到项目成败，对总承包项目尤其如此。通过建立对采购部门工作业绩的绩效评价制度，以客观的标准衡量采购目标是否实现，确定采购部门目前的表现。正确的绩效评价有助于找出目前采购作业的缺失所在，如采购工作流程是否通畅、采购部门职责是否明确、采购计划是否符合项目要求、采购策略是否合理、采购部门对现场生产需求满足程度、对不确定事件及需求变化的反应速度、对国际市场变化的灵敏度、供应商管理的有效性、与其他部门的有效配合以及对采购信息的管理等等。通过绩效评价，改善采购管理，优化采购制度。

(3) 促进部门关系。国际工程项目采购部是承包商企业在国外项目的一个有机整体的一部分。工程项目顺利实施需要全体人员的共同努力。绩效评价可以增强采购业务的透明度，鉴定各部门之间接口管理制度的有效性，便于同其他部门、层次之间进行更好的沟通，促进部门关系。

(4) 个人或部门奖惩的参考。

(5) 展示采购工作成绩，增加采购工程师的成就感。

(6) 量化采购工作，便于采购管理。

2. 评价内容

采购绩效评价的内容主要有三个方面，即采购部工作情况（采购任务完成的总体情况、采购货物的质量情况、采购部门的服务表现等）；供应商表现；采购工程师的工作业绩。这些评价内容可通过相应的评价指标反映出来。

3. 评价人员

从货物采购绩效评价的目的和内容出发，为保证评价结论的客观性和公正性，由采购主管部门、采购部门的业务人员、物资使用部门、供应商、外聘采购专家等选择评价人员。

4. 评价时机

国际工程货物采购活动的绩效总是要经过一段时间才能表现出来，选择合适的评价时机，做到既客观地反映采购绩效，又能及时地纠正采购活动中出现的偏差。

5. 评价方法

就国际工程货物采购绩效评价而言，由于货物采购成本效益、时间效益等属于定量指标,采购部门的服务质量属于定性指标,因此,选择定量与定性相结合的评价方法;在适当情况下,将某些定性指标转化成定量指标。

6. 评价指标

评价指标是采购绩效评价的核心部分。评价指标根据需要采取定性与定量分析相结合,以定量评价为主。

三、货物采购绩效评价的范围

采购绩效评价根据工作范围划分,包括采购效率和采购效果,主要范围如图16-1所示。

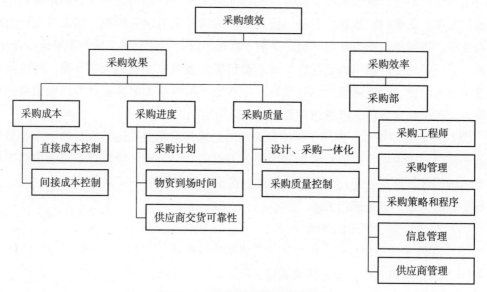

图 16-1 货物采购绩效评价范围

采购效率可以定义为为了实现预先确定的目标,计划耗费和实际耗费之间的关系,这与实现预期目标所需资源以及实现这一目标的相关活动有关,因此,必然涉及计划成本和实际成本之间的关系,涉及采购业务的组织和管理。采购效率评价基于三个层次,一是对采购部门的工作业绩进行评价,二是对采购工程师的工作业绩进行评价,三是对供应商绩效的评价。

采购效果可定义为通过特定的活动,实现预先确定的目标和标准额的程度,即采购计划与采购目标的实现程度。具体地说是指与采购结果相关的,由采购总量指标、采购符合性指标等构成的,说明成本、质量、进度控制的程度。采购效果与采购业务的目标有关。国际工程项目货物采购业务的整体目标应表述为:从最合适的地点,采购最合适的、价格最合理的材料、设备,及时运送到最佳地点,减少供应风险,实现采购效益的最大化。

四、采购绩效评价指标体系

采购绩效评价指标是评价采购部门工作成果的尺度和标准，是准确、客观、全面、科学地进行采购绩效评价的前提和基础。一项评价指标往往只能从某个侧面反映采购绩效的某个特征，因此，要全面、综合、准确地考察和评价采购部门在一定时期内的采购工作绩效，就必须把一系列相互联系、互为因果的指标进行系统地组合，加以量化，形成相应的评价指标体系。国际工程项目货物采购的绩效评价指标体系主要由三类指标组成，即货物采购总量指标、符合性指标、工作效率指标，这三类指标经科学组合基本上可以完整地反映国际工程项目货物采购活动绩效。建立指标体系的基本原则如下：

（1）科学性原则。各项指标应能反映货物采购活动的特点和基本规律，反映影响国际工程项目货物采购效益的主要因素及其相互关系。

（2）全面性原则。在选择和确定指标时，应尽量对采购工作进行全面的考虑，不遗漏任何反映其特点和因素的重要指标，避免以偏概全。

（3）系统性原则。国际工程项目货物采购工作是由若干相互联系的部分构成的、能完成特定功能的整体系统。所以在确定评价指标的时候，要求系统地分析问题，以实现整体目标的最优化。

（4）客观性原则。客观、准确地反映采购的实际情况，减少主观因素的干扰，是评价工作的基本要求。因此，对各项指标的描述都应该尽可能的详细，且界限要清晰。

（5）协调性原则。构成评价体系的各指标之间应相互协调，并且应与竞争机制、监督机制和激励机制相协调。

（6）相关性原则。评价指标体系应当是由一组相互间有关联的指标所构成，若各指标之间无关联，则无法构成一个有机整体、一个体系。因此指标之间应有一定的内在逻辑关系。

（7）可操作性原则。评价指标应突出重点，评价方法应尽量利用客观的信息，减少主观信息的干扰，对必须采用的主观因素要进行科学处理，使之简明易懂，切实可行。

（8）可比性原则。指标体系应使得不同采购时期、不同采购方式之间的采购效益具有可比性。

（9）开放原则。指标体系应能在保持总体框架稳定条件下，根据新项目、新问题、新环境作适当的调整，不断加以完善。

国际工程项目货物采购绩效评价指标是评价采购工作的尺度和标准，是准确、客观、全面、科学地进行采购绩效评价的前提和基础。因此，要想全面、综合、准确地评价采购工作绩效，就必须把一系列相互联系、互为因果的指标进行系统地组合，形成相应的评价指标体系。同时，该绩效评价指标体系还应该是清晰的，能够被采购部全体员工正确理解和认同。

鉴于国际工程项目的一次性和单一性,每一工程项目货物采购的特殊性,绩效评价指标的建立标准应该是适度和现实的。采购绩效评价指标一般可根据实际情况采用以下三种标准:

(1) 历史标准。选择承包商历史绩效作为评价目前绩效的基础。但是,只有当工程项目承包具有同一区域、同类项目、采用同类合同条件时,历史标准才具有可比性。

(2) 预算标准。预算标准是目前承包商经常使用的绩效评价标准。预算标准是在现有情况下应该达到的标准。

(3) 目标绩效标准。目标绩效是在现有情况下,经过努力达成的工作绩效,它代表了采购部和采购人员追求最佳绩效的期望值。

五、绩效评价指标体系建立方法

(一) 三种主要绩效评价指标体系

1. 关键业绩指标法(Key Process Indication,KPI)

该指标法的基本思想是通过对组织内部流程的输入端、输出端的关键参数进行设置、取样、计算、分析,衡量流程绩效的目标式量化管理指标,是自上而下分解的关键绩效指标,即在对企业价值链进行分析的基础上,根据企业战略目标,针对每一个关键领域制定流程级 KPI,对每一个流程级 KPI 设计下一层 KPI,直至岗位 KPI,从而保证公司战略的层层分解和层层落实。该指标法应着重分析和构建指标之间的逻辑关系,并对指标进行属性测试,建立相应的指标辞典。

KPI 一般由财务、运营和组织三大类可量化的指标构成,并要求部门主管明确部门的主要责任,以此为基础,明确部门人员的业绩衡量指标,使业绩评价建立在量化基础之上。在确定关键绩效指标时,要遵循 SMART 原则,即具体化、可度量、可实现、现实性以及时限性原则。

2. 平衡计分卡法(Balanced Score Card,BCS)

平衡记分卡法的基本思想是将企业战略目标逐层分解转化为各种具体的相互平衡的绩效考核指标,并对这些指标的实现状况进行不同时段的考核,从而为战略目标的实现建立可靠的执行基础。平衡记分卡包括以下六个要素:维度、战略目标、绩效指标、目标值、行动方案和具体任务,并且把对企业业绩的评价划分为四个部分:财务角度、客户、经营过程、学习与成长。平衡记分卡法反映了财务与非财务衡量方法之间的平衡、长期目标与短期目标之间的平衡、外部和内部的平衡、结果和过程的平衡、管理业绩和经营业绩的平衡等多个方面,所以能反映企业综合经营状况,使业绩评价趋于平衡和完善,利于企业的长期发展。

就国际工程项目货物采购绩效评价而言,平衡计分卡的各项指标如下:

(1) 财务评价包括采购费用率、采购资金节约率等指标。

(2) 客户是采购需求的提出者，即国际工程项目的内部客户或使用部门，其评价指标应包括时间指标（包括采购提前期、供应商准时交货率、采购柔性等）、质量指标（采购符合率、到货质量合格率、质量认证达标的 A 级和 B 级供应商比例）、客户指标（采购满意度、供应商满意度等）等。

(3) 内部流程评价是指对内部客户满意度和对实现国际工程项目/企业目标影响最大的内部流程。

(4) 学习与发展评价指标主要考虑两个因素：员工状况（员工效率、人均完成采购申请单数增长率、人均完成采购金额增长率）；管理与文化（员工培训、采购组织与管理、采购战略、企业文化等）。

3. 目标管理法（Management by Objective，MBO）

目标管理法是指企业管理层根据企业面临的形势和社会需要，制订出一定时期内企业经营活动所要达到的总目标，然后层层落实，要求下属各部门主管人员以至每个员工根据上级制订的目标和保证措施，制定相应目标，从而形成统一的目标体系，并以目标完成情况作为考核的依据。目标管理法是根据注重结果的思想，先由企业最高管理层提出在一定时期的总目标，然后由组织内各部门和员工根据总目标确定各自的分目标，并在获得适当资源配置和授权的前提下，积极主动为各自的分目标而奋斗，从而使企业的总目标得以实现的一种管理模式。目标管理的实施步骤及过程包括：设定绩效目标；为每位被评价者设立所应达到的目标；以及为达到这一结果所应采取的方式、方法；制定被评价者达到目标的时间框架，通过对时间的有效约束，保证企业目标的实现；将实际绩效水平与设定的绩效目标进行比较，查找工作实施过程中的缺失，有助于确定下一绩效评估周期的各级绩效指标，制定新的绩效目标。

(二) 绩效评价指标方法适用性分析

国际工程项目货物采购是在资源约束条件下进行的，其业绩目标是价格合理、质量优良、保证工期、满足业主要求，并为实现工程项目利润的最大化作出贡献。货物采购不同于生产、施工，是非物质性的，本身并不直接创造价值，其产出结果是为施工、生产服务。同时，国际工程项目货物采购绩效的实现过程是完全市场化的。这些特点决定了其绩效评价不同于企业绩效评价，应根据货物采购绩效的内在属性和采购绩效评价自身的特殊要求构建绩效评价体系。采购绩效评价应以国际工程项目或承包商企业的战略目标为核心，以 BSC 基本思想为基础，吸收 KPI 和 MBO 的基本思想，建立适合于国际工程项目货物采购的绩效评价体系。

从 MBO 技术来看，它要求对实现目标的过程进行管理，以及管理中的沟通、辅导、支持、激励、总结、建议等一系列员工互动的内容。MBO 主要针对具体目标和员工，并不关注目标是否为一个体系。对一个组织来说，MBO 的目标系统性不强，没有一个体系来支撑。而 BSC 指标是一个完整的体系，但其对目标的发展关注不够。若将 BSC 与 MBO 结合使用，可形成优势互补。用 KPI 指标体系评价国际工程项目货物采购绩效，在逻辑上列举了影响采购绩效的关键指标。制订采购关键绩效指标，使得国际工程项目战略目标可以由上至下进行层层分解至采购层面，但它往往会忽略一些非关键指标或不具有价值，但具保护价值的指标。BSC 方式兼顾财务、内部客户、内部流程、学习成长四大层面，强调目标均衡，而 MBO 是对实现目标的过程进行管理。因此将 KPI 指标、BSC 指标与 MBO 指标相融合，以国际工程项目战略目标为核心，将项目战略目标转换成关键绩效指标至采购层面，以保持两者之间的相互关联性、牵引性，最后将关键绩效指标分解到每个采购岗位，以实现其绩效管理效用最大化。

总之，国际工程项目货物采购绩效评价应以国际工程项目的战略目标为核心，以 BSC 的基本思想为基础，将货物采购的投入与产出相结合，将采购过程与结果相结合，将货物采购现实业绩与承包商企业发展相结合，实现对货物采购绩效的全面综合评价。

六、绩效评价人员

国际工程项目货物采购是涉及设计、施工、供应、物流、合同履行等各个环节的系统工作，对其绩效评价亦需各个方面的人员参与。主要有采购部门主管、财务部门、设计与施工部门、供应商、采购专家或顾问等。

七、绩效评价结果反馈与改进

采购绩效评价结果既反映了采购部或采购工程师以往的工作业绩，也揭示了采购工作中存在的问题。绩效评价仅仅是一种手段，持续改进绩效才是最终的目的。采取措施进行绩效改进时，需要特别注意以下两点：

（1）不能因为改进一个绩效而损害另一个绩效，例如不能为了项目利润的最大化而影响货物质量，造成质量缺陷增多。

（2）绩效改进需要时间，需要承包商、供应商等采取联合行动。因此，各方、各部门之间良好的合作关系对于持续的绩效评价和改进是十分重要的。绩效评价与改进不是一次性任务，而是需要循环进行的持续性工作。只有不断重复这一循环，采购的绩效管理才能不断追求卓越。为此，可以在项目完成时进行绩效评价，为后续项目积累采购经验，亦可以在项目实施过程中分期或分阶段地进行绩效评价和改进，以求最终绩效的完美结果。

值得注意的是，国际工程项目货物采购不是一项孤立的业务活动，而是许多相关活动产生的结果。同时，由于采购活动受许多不确定因素的影响和本身具有的不易控制的特点，以及直接的投入、产出关系难以界定，采购部和采购工程师的绩效评价仍然存在很多限制。

第 2 节　采购部工作绩效评价

货物采购是采购部的中心工作，其任务目标的实现须分解落实到采购的各项具体工作。采购部工作绩效评价是对部门工作的绩效评价，既是项目绩效的重要组成部分，又是连接项目绩效和员工绩效的关键环节；既体现了项目目标分解的中间环节，又体现了部门员工的创造合力；既强调部门内部的合作与协同，又关注部门之间的协作与配合。对采购部绩效评价是对采购部的组织机构、采购作业体系与工作结果进行绩效评价。如前所述，由于货物采购在国际工程项目中的地位特殊，在其他条件一定的情况下，采购部绩效水平越高，国际工程项目整体绩效水平也越高。

一、采购部工作效率评价

1. 采购计划过程评价

评价采购预测、目标、策略、方案、程序、规则以及预算等计划的有效性。主要包括如下内容：

（1）采购计划与总施工进度计划、成本控制计划、质量控制计划的符合性评价；采购数量需求预测的准确性；采购手册的可执行性、系统性、完整性评价，包括对采购部的政策、职责、人员编制、作业程序、表单使用等均有详细的说明。

（2）针对可能出现的缺货以及价格波动、紧急采购等拟订的采购策略或方案评价。

（3）对采购部门人员与费用比例合理性评价，如采购预算的准确性等。

2. 采购流程执行过程评价

包括请购、询价、订购、交货、付款、验收等作业过程。

（1）在 DBB 承包模式下，采购标的物的送审样品做到一次性合格、由于工程变更所致货物采购的管理制度的执行、所有采购的提出是否均以请购单的方式提出、采购人员对请购单是否可以质疑或请求用料部门变更条件、购备时间是否满足物资采购周期的要求、是否经常发生紧急采购、决定库存水平与货物类别时，考虑采购成本、仓储成本、预期的价格变动以及货源充裕或短缺。

（2）在选择供应商方面，采购部制定的供应商选择标准、方法、制度的合理性、客观性和科学性，例如大宗材料采购选择供应商数量的规定、参与报价和投标者的资格规定、询价的供应商数量应能构成自由且充分的竞争，对战略物资、重要物资的采购方式的选择，对工程的主要物资采购方式的决策分析，供应商奖惩制度，评价制度以及执行情况、采购人员与供应商之间的行为规范检查等。

（3）在采购价格方面，包括对采购价格的审核程序、方法和制度、对报价最低的供应商未给予订单的理由说明；对供应商提供的价格优惠条件利用程度，例如现金折扣或数量折扣等；施工设备采购的租赁/采购决策分析；与供应商进行商务谈判时的准备工作内容和要项，包括对采购标的的性能、技术等方面的了解、对供应商的制造成本、价格了解的充分性以及对买卖双方的优势和劣势分析等；重大设备采购的成本分析与采购决策分析等。

(4) 交货进度与质量方面

主要包括追查或催交制度，如采购部门派员对供应商实地考察，实地查核主要物资或定制的设备按约定的进度交货、供应商延迟交货时的处理方法、订购数量的准确性、对安全库存量计算合理性、当供应商无法如期交货，采购部门另行订货时，对原供应商的订单的处理方法、合同货物的品质检验条款的执行程序；对于重要物资或机械设备，采购部派员进行监制的工作记录要求和结果处理方法；买卖双方就货物的质量认定产生争议的处理方法和原则；合同中质量责任保证条款的有效性和执行结果。

二、采购部工作结果评价指标

国际工程项目的战略目标决定了物资采购目标。如果一个项目的战略目标是在保证质量和工期的前提下的利润最大化，则采购的战略目标应是节约采购成本，保证工期与质量。因此，应围绕这些关键任务建立采购绩效评价指标。

采购部工作绩效评价指标如下：

1. 采购总量指标

采购总量指标，主要用来评价采购部在一定时期内采购任务完成的总体情况，包括采购任务总量、采购资金节约量、采购费用等，即采购任务的完成与采购成本控制情况。

(1) 采购任务总量，指项目实施期内采购部承担和完成的采购任务的总量，可以用采购任务量、采购任务完成率等指标来反映。采购任务量，是一定时期内采购部根据国际工程项目合同、工程量清单、采购清单制定的计划采购量。采购任务量只反映了一定时期内采购部的计划采购量，还需要有反映采购任务完成情况的指标对其进行修正，如采购任务完成量和采购任务完成率。

采购任务完成量是指在一定期间内采购部完成采购计划量的部分。而采购任务完成率是指采购计划完成量占采购计划量的比率，即：

$$采购计划完成率 = 采购任务完成量 \div 采购任务量 \times 100\%$$

(2) 采购成本控制。采购成本控制可从两个方面衡量，即采购资金节约情况和采购费用节约情况。

1) 基于预算的采购成本节约率。采购资金节约情况是指与采购货物的预算资金或投标报价相比，采购部在一定时期内完成采购任务时实际支出的采购资金的节约情况，可以用采购资金节约量和采购资金节约率来反映：

$$采购资金节约量 = 采购预算资金 - 实际采购资金$$

采购资金节约率反映采购资金节约量占采购预算资金的比率，它能更准确地反映完成采购任务时的资金节约情况。

$$采购资金节约率 = 采购资金节约量 \div 采购预算资金 \times 100\%$$

2) 基于供应商报价的采购成本节约率。采购预算仅是估计价格，在国际工程项目货物采购过程中，由于供应市场变化，价格波动和时间等原因，使得在进行绩效评价时，预算资金与实际发生的采购成本失去了比较的基础，或缺乏准确性或不符合实际。因此，可用供应商平均报价替代预算价格计算采购成本节约率。

$$采购成本节约率 = (采购数量 \times 供应商平均报价单价 - 采购数量 \times 实际采购单价) \div 采购数量 \times 供应商平均报价单 \times 100\%$$

3) 基于承包商投标报价的采购成本节约率。在 DBB 模式下，与承包商投标报价相比，采购部在一定时期内完成采购任务时实际支出的货物采购资金的节约情况，亦可以用采购资金节约量和采购资金节约率来反映：

$$采购资金节约量 = 投标报价中的采购金额 - 实际采购资金$$

采购资金节约率反映采购资金节约量占采购投标报价资金的比率，能准确地反映完成采购任务时的资金节约情况。

$$采购资金节约率 = 采购资金节约量 \div 采购报价资金 \times 100\%$$

4) 采购费用控制。在采购活动中，交易成本总是客观存在的，是指一定时期内，采购部为完成相应采购任务支出的差旅费、招标费、物流费、公关费、供应商管理费等交易成本类费用总量，可用采购活动资金量来表示。另外，还可以用采购活动资金率反映采购费用的相对量。

用采购费用情况、采购任务总量和采购资金节约情况三个方面共同评价采购绩效要更准确、更全面一些。采购活动资金率，是一定时期内采购活动资金量与同期采购资金的比率。

$$采购活动资金率 = 采购活动资金量 \div 采购金额 \times 100\%$$

5) 重要设备采购成本节约率。国际工程项目货物采购中，设备采购是项目的主要支出之一。重要设备采购成本节约率是指采购重要设备节约资金金额占重要设备采购总额的百分率。

$$重要设备采购成本节约率 = 重要设备采购节约资金金额 \div 重要设备采购预算金额 \times 100\%$$

2. 采购符合性指标

货物采购符合性指标，主要用来评价实际采购的货物在数量、质量，进度等方面对国际工程项目需求的满足程度。

(1) 数量符合性，指实际采购的货物在数量上能否满足工程需求量，可以用采购数量符合率来表示。

$$采购数量符合率 = 实际采购数量 \div 物资需求数量 \times 100\%$$

数量符合性还应考虑现场安全库存量与资金周转的比率。

（2）质量符合性，指实际采购的材料、设备能否满足工程项目对物资的类别、品种、规格型号等方面的需求，满足合同的技术规范要求，满足检验标准要求，满足调试、运营等要求。质量符合性要求可用质量符合率表示。采购质量符合性指标一般可按以下几种方式测量：

1）按采购批次：

$$质量符合率 = 采购合格批次 \div 总采购物资批次 \times 100\%$$

2）按采购数量：

$$质量符合率 = 采购合格数量 \div 总采购量 \times 100\%$$

3）按采购金额：

$$质量符合率 = 符合质量要求的采购金额 \div 总采购采购金额 \times 100\%$$

（3）技术性能符合性，指实际采购的货物在质量、性能、使用寿命、技术要求等方面满足工程需求的程度，可以用技术性能符合率来表示。

$$技术性能符合率 = 满足技术性能需求的货物采购数量 \div 实际采购数量 \times 100\%$$

（4）采购进度符合性，指实际采购的材料、设备在时间上满足现场需求的程度。采购进度符合性指标一般可按以下几种方式测量：

1）采购批次：

$$进度符合性指标 = 采购物资准时到场批次 \div 总采购采购批次 \times 100\%$$

2）按采购数量：

$$进度符合性指标 = 采购物资准时到场数量 \div 总采购量 \times 100\%$$

3）按采购金额：

$$进度符合性指标 = 准时到场物资的采购金额 \div 总采购采购金额 \times 100\%$$

对于瓶颈物资、战略物资和重要物资，根据其采购金额、关键路线上准时交货重要性程度等，在进行采购绩效评价时应考虑适当的权重。此外，对于在货物采购过程中发生的未能按时到场等情况亦可用"停工待料损失"、"紧急采购费用"等指标进行测量。

停工待料损失，指由于货物未能按时到场而发生的台班费、人员、机械闲置的直接损失和间接损失等。

紧急采购费用，为满足现场施工需要而发生的紧急采购，如航空运输费、紧急通关费、紧急采购与正常采购的差价等，以及由于紧急采购可能发生的质量成本。

在采用该指标时，应注意甄别所发生的紧急采购、停工待料损失、工期延误的损失是承包商原因、业主原因还是供应商原因，或属于不可抗力原因。

（5）库存绩效指标

从成本效益角度看，工程项目的库存和持有库存的目标应是将库存降到满足施工生产的最低水平，其理想状态是实现零库存。但是，由于国际工程承包项目的特殊性，全面实现零库存几乎是不可能的。为满足施工生产的需要，对某些物资需要持有一定数量的库存。但是采购过多或过早会造成库存过多，既增加库存管理成本，又影响项目的现金流。

对库存绩效的评价应该是库存管理成本最小，库存量持续满足施工生产要求，资金占用最低。

3. 采购效率指标

（1）采购管理。采购部的管理方式，包括采购人员纪律的执行情况、采购行政管理的完整性，如合同管理、权限规定、行为规范、供应商管理程序的完整性、采购策略的执行和有效性、报告程序、接口管理程序等。

（2）采购程序和采购计划。指采购程序的有效性，对采购人员、供应商的工作指令的有效性等能否保证采购工作以最有效的方式进行。

（3）采购信息系统。采购信息的日常管理与维护。

（4）采购柔性指标。国际工程项目实施过程中会经常发生承包商无法控制的不确定性事件、面临与国内不同的采购环境以及环境变化，这就需要采购部的组织设置、工作程序、采购流程等均具有一定的柔性，以便能对外界变化作出迅速反应。采购柔性指标是评价采购活动对施工生产适应性程度，评价采购部对采购环境的变化和不确定性事件的响应能力、评价采购部的决策速度和灵活性。在采购过程中，采购部能否根据现场、供应市场、供应商、业主等发生的不确定事件进行分析，科学、准确地做出采购决策，合理实施采购活动是整个采购工作科学高效进行的前提和基础，是采购效率方面的首要指标。

灵活性是指采购部处理异常采购需求的能力，如发生工程变更时，响应紧急采购的灵敏度、对需求变化的反应速度等。

供应及时率 = 及时满足施工生产要求的采购次数 ÷ 采购总次数 × 100%
紧急采购完成率 = 紧急采购及时完成率 ÷ 紧急采购总数 × 100%

第3节　采购工程师工作绩效评价

一、对采购工程师工作绩效评价的前提条件

对采购工程师的工作绩效评价是将国际工程项目的战略目标转换成绩效评价指标后，经过层层分解至具体采购工作岗位的绩效评价指标。国际工程项目货物采购工程师和一般的行政管理、工程管理人员不同，对其绩效的评价不能简单地以"工作能力、专业知识、工作量、合作"等一般性的指标来考察。这样的考察也说明对采购工程师的专业功能与成果未能得到应有的尊重与公正的评价。完善的绩效考核应达到的效果是：采购工程师为项目利益着想，为项目利益服务，没有为个人谋利的空间，同时采购工程师在其工作职责上，必须达成适时、适量、适质、适价以及适地的基本要求。

因此，绩效评价应以'五适'为中心，并以量化指标作为关键绩效指标。

（1）采购部应制定明确的采购人员岗位责任目标、规范、工作范围、并确保全体采购人员能正确理解上述内容，并且确保项目的战略目标分解到个人。

（2）对采购工程师的绩效评价制度化，是使采购工作持续、规范、有效进行的重要保证。将采购绩效评价的目的、原则、组织、方式、方法、步骤、内容、时机及指标体系等以规章制度的形式进行明确的规定，使评价活动有据可依，并在持续的评价中通过激励、监督等手段，有效地促进采购工程师提高物资采购绩效，实现物资采购的整体目标。

（3）对采购工程师绩效评价应与项目目标保持一致，以便有利于把员工的行为导向项目战略目标上来。

（4）对采购工程师工作绩效进行评价不应成为员工之间相互之间进行指责、推卸责任的借口。

（5）采购工程师的绩效评价应专业化，要求必须具备专业能力、既懂采购又掌握绩效评价原理的专业化评价人员进行评价。

（6）为达到激励先进、督促后进、共同促进采购目标的实现，绩效评价应公开化，以保证评价结论的公正合理，也才能使参与物资采购的有关各方透明地知道评价结果，改进后续工作，通过有效的激励更好地达到绩效评价目的。

二、采购工程师工作绩效指标

对采购工程师工作绩效评估应根据国际工程项目的实际情况，制定符合项目目标要求的评价指标，如采购工程师为现场服务的质量和效率、与现场其他部门工作的配合程度、项目各部门对采购结果的满意程度、采购成本控制的实现程度、对项目目标的影响、对项目里程碑进度的影响等等。这些指标可通过问卷调查的方式实现，其中有些指标是定性的，难以量化，但凡是可以量化的指标，则应予以量化。

（1）采购质量指标

采购的质量绩效可由货物验收记录、咨询工程师对已完成区段工程的验收结果，或对采购货物的抽样检验结果来判断。

$$进货验收指标 = 合格（或拒收）数量/检验数量$$

比率越高，说明采购人员的质量绩效越差，可能原因是未能找到合格的供应商。

订货差错率是指所采购物资有数量、质量问题的金额占采购总金额的百分率。

$$订货差错率 = 采购失误金额/总采购金额 \times 100\%$$

（2）采购数量指标

当采购工程师为达到降低价格的目的，而争取数量折扣时，可能会导致由于现场存货过多，发生呆、废料的情况，或未能按照施工计划数量足数采购，而导致停工待料。

1) 储存费用指标，指现有存储物资利息及保管费与正常存储水平利息及保管费之差。

2) 呆废料处理损失指标，指处理呆废料的收入与其采购成本的差额。

3) 停工待料延误工期，施工机械，人员闲置的损失。

存储积压利息、保管的费用越高，呆废料处理的损失越高，表明采购人员的数量绩效越差。应该注意的是，该指标有时受工程变更、采购计划的编制不科学、施工条件变化、投机采购以及物资存储等因素的影响，并不一定完全归咎于采购工程师。

(3) 采购时间指标

该指标是用来衡量采购工程师处理订单的效率，以及对于供应商交货时间的控制，延迟交货，固然可能出现停工待料，但提早交货，也可能导致承包商负担不必要的存货成本或提前付款的利息费用。

1) 紧急采购费用指标。紧急运输方式（如空运）的费用与正常运输费用的差额。紧急采购产生的价格偏高，品质欠佳等（但是应分析这种紧急采购费用是否由于业主的原因造成）。

2) 停工待料损失指标。按工期停滞的实际天数计算，以及此间施工机械，人员闲置的费用。

3) 由于物资采购数量不足而产生的紧急采购、零星采购的费用，以及可能发生的赶工费用。

(4) 采购价格指标

这是工程项目货物采购最重视、最常见的绩效衡量指标。通过价格指标，衡量采购人员议价的能力以及对降低工程成本的贡献。包括：

1) 投标报价价格与实际采购价格的差额；

2) 预期价格与实际采购价格的差额；

3) 使用期价格与采购期价格的差额。

第4节　供应商绩效评价

本节涉及的供应商有两类，一是材料、设备供应商，二是物流服务供应商。对这两类供应商的绩效评价不同于供应商评估。供应商绩效评价是指对现有供应商从报价开始直至其全部履行完合同职责为止时的全过程表现进行评价。建立供应商绩效评价体系，关系到工程材料、设备采购的质量和执行状况，是采购部门日常极为重要的工作。绩效评价体系的建立应考虑到工程特点与性质、供货类别、质量、物资在施工进度中的重要性程度、合同商务条款执行等因素。通过合同执行情况对供应商的绩效进行评价，将是承包商今后国际工程材料、设备采购工作的重要依据。

一、材料、设备供应商绩效评价

(一) 材料、设备供应商绩效评价步骤

供应商绩效评价主要有以下几个步骤：划分评价层次、建立评价指标、绩效等级评定、供应商绩效矩阵分析和供应商工作改进。

(1) 划分评价层次：对于国际工程物资供应商的绩效评价根据项目采购周期的长短以及频度进行划分。对于一般物资供应商，可在供应期中，期末进行评价，评价重点主要是质量和交货期。重点物资、战略物资、瓶颈物资的核心或重要供应商可在供应过程中根据实际情况进行高频次，关键指标绩效评价，确保能及早发现合作过程中的问题。

(2) 对不同材料、设备供应商建立绩效评价指标和评分标准

对供应商进行分类，进一步建立评价细分准则。这一阶段的工作重点是根据物资清单，对供应商进行分类，不同类别的供应商建立不同的评价细则。如对于瓶颈物资、重要物资供应商供货周期、交货准时性、价格、质量以及配合度是其主要指标。对于一般物资供应商，质量和交货准时性是其重要评价指标。

(3) 划分供应商绩效等级并进行绩效分析

根据供应商绩效表现划分等级，如分成优、良、中、可、差或 A、B、C、D、E 等，或分成不同颜色。根据绩效评价的评分或等级排名进行总体排名分析，供应商绩效对比分析和供应商历史绩效分析，从而对供应商的绩效表现有一个清晰、全面的了解。

(4) 根据供应商绩效表现，结合材料、设备采购的难易和复杂程度，建立供应商绩效矩阵，便于承包商根据供应商在矩阵中的位置调整采购策略。

(5) 根据供应商矩阵分析结果，对于表现欠佳，但又希望继续合作的供应商应尽快将评价结果反馈给供应商，督促其制定改善目标和措施。而对不符合要求的供应商应列入"黑名单"。

(二) 材料、设备供应商绩效评价

如前所述，国际工程项目货物采购过程中，承包商根据物资在项目中的重要性程度分为重要物资、战略物资、瓶颈物资和一般物资。由于战略物资、重要物资和瓶颈物资在采购活动中的复杂程度高于一般物资采购，同时，在承包商的供应商关系管理中，一般将这类物资的供应商作为关系管理的重点。因此，在对供应商绩效进行评价时，应按照物资分类对不同类别物资的供应商制定不同的绩效评价指标。

1. 一般材料、设备供应商绩效评价

对于一般材料采购，可用简单标准对供应商进行评价。

(1) 质量指标

1) 退货率。退货率 = 供应商被退货批次 ÷ 该供应商总交货次数 ×100%

2) 材料抽检缺陷率。材料抽检缺陷率 = 抽检缺陷总数 ÷ 抽检样品总数 ×100%

3) 材料生产使用缺陷率。材料生产使用缺陷率 = 材料生产使用时发现缺陷数 ÷ 供应商交货总数 ×100%

(2) 交货指标

供应商交货指标包括准时交货和交货数量的准确性。

1) 准时交货率。准时交货率 = 准时交货次数 ÷ 总交货次数

2) 数量准确率。数量准确率 = 准确数量的总交货次数 ÷ 总交货次数

3) 总供货满足率。总供货满足率 = 供应期内实际完成供货量 ÷ 期内应当完成供货总量 ×100%

4) 交货差错率。交货差错率 = 供应期内交货差错率 ÷ 期内交货总量

5) 交货破损率。交货破损率 = 供应期内交货破损率 ÷ 期内交货总量

(3) 售后服务指标

承包商采购的材料、设备在交付、使用过程中，供应商提供的检验、安装调试、维护、操作、升级、技术支持或使用方法培训、运输及退货等方面的服务。该指标包括处理咨询问题的速度、售后服务的态度、发票准确性等。

处理咨询问题的速度是指供应商满意解决承包商就采购的材料、设备的咨询，技术支持等问题所花费的时间。

发票的准确率 = 无差错开票次数 ÷ 总发票数

售后服务满意度是一定时间内承包商对供应商售后服务满意的次数与同期售后服务总次数的比值。

供应商配合度是考察供应商与承包商的合作、协调情况，供应商对文件的回复及时性与合理性、供应商处理返工、退货、投诉、紧急采购、设计变更等问题的态度，包括处理问题的质量、彻底性和处理效果，以及针对承包商国际工程项目采购的特殊要求的配合程度等。该指标主要依靠主观评分进行定性考核。

供应商信用度是考核供应商履行自己承诺的程度，无论该承诺是口头的，还是书面的。

供应商信用度 = 供应期内失信的次数 ÷ 期内交往总次数 ×100%

(4) 价格

供应商报价竞争性的比较可通过报价时的市场价格、承包商招标底价、或承包商从其他供应商处所获得的同类货物报价进行。

一般物资供应商绩效评价指标确定之后，根据物资、供应商的情况以及项目实施目标，对供应商供应绩效指标有必要权衡每一指标对项目的重要性程度，给予一定的权重。

2. 战略物资、重要物资和瓶颈物资供应商绩效评价

把这三类物资的供应商归为一类，是因为这类物资的供应商供应绩效将对承包商

项目目标的实现产生重大影响，同时做好此类物资的供应商绩效评价工作是后续工程供应商有效选择的重要依据。对此类供应商的绩效评价主要包括：资格、能力、承诺、控制、协调/配和、成本以及一致性等。

(1) 资格

对供应商相关重要职员的资格考察，如对供应商的管理人员、技术人员和专业人员等的经验、资格等。

(2) 能力

能力是指对供应商在技术、专业、生产、研发、设计和财务等方面满足承包商需求的能力。如供应商是否有必需的技术能力满足承包商采购材料、设备的采购需求；供应商生产使用的系统、提供设计的可靠性、对承包商提出技术问题的反应能力；生产过程满足承包商订单的灵活性以及是否在规定的时间内提供约定数量和质量的物资和服务。能力还包括供应商对设备的维修能力以及消除原材料涨价影响的成本控制能力。

(3) 质量

最佳性价比。一般是指满足采购要求的功能（目标成本）与所花费成本（实际成本）的比例。当比值接近 1 时，表明产品性能与价格是匹配的；比值小于 1 时，说明产品在满足功能的条件下所耗成本相对较大，或在所耗成本相当的情况下，满足功能较差。当比值大于 1，说明产品功能重要性较高，而所耗成本比例相对较小。

产品质量零缺陷。

制造系统性能。供应商产品生产系统效率和品种的适应能力。

产品平均等级。对于生产等级产品的供应商，产品等级构成的变化，反映产品质量的高低。

(4) 柔性

数量柔性指供应商对承包商采购数量发生变化时的适应能力，即增加和消减采购数量的调整能力。

交货柔性指供应商对承包商交货时间变更的反应能力，体现了供应商满足承包商时间需求的速度。交货柔性可用交货期缩短时间占合同交货期长度的百分比，即交货期冗余度来衡量，或用缩短单位交货时间所需要增加的成本来衡量柔性水平。

(5) 承诺

供应商履行自己承诺的程度，无论该承诺是口头的，还是书面的。

(6) 控制

评价供应商在整个合同履行期间对合同标的的供应进度、质量的符合性控制，如供应商提交的交货进度计划的可靠性、计划的阶段性、实际履行与计划的符合性等。

(7) 成本

评价供应商供应成本指标不仅仅是价格，而是成本的综合指标，包括采购价格、运输成本、库存成本以及由于各种原因产生的供应损失成本，如供应不及时、质量不合格或数量短缺等造成的退/换货成本、停工待料的工期成本、或业主对承包商工期索赔费用、赶工成本、返修/检查成本。对于设备采购，供应损失成本还包括维修成本、设备调试不合格等产生的，包括索赔在内的全部费用。

损失成本主要包括以下几个方面的原因，如表 16 - 1 所示。

① 由进货检验引起的筛选、修复、运输等费用的支出，以及因工期原因不得不降级使用、放宽使用等造成的经济损失。

② 材料、设备缺陷在施工、安装过程中导致的原工作报废的损失。

③ 供应商未能按合同要求供货而产生的一系列问题，以及由此发生的费用。

供应损失成本表　　　　　　　　　　　　　　　表 16 - 1

供应损失成本	成本范围
废/残品损失成本	供应商所供材料达不到合同质量要求而报废损失的费用
返修成本	修复不合格材料、设备而发生的费用
停工待料损失成本	由于质量或交货进度而导致的现场停工的停工待料造成的费用损失
材料降级成本	材料达不到质量要求，在工期紧迫情况下不得不降级使用而造成的经济损失
保修费用	现场使用时发现产品缺陷而产生的根据合同规定提供维修服务的损失，以及维修期间发生的停工待料的损失
索赔费用	由于供应商原因，导致质量、数量、进度没有达到合同要求，业主提出索赔发生的费用
退/换货费用	产品不符合合同规定要求而发生退换货所发生的费用，以及承包商为持续施工而不得不采购替代产品发生的差价损失和采购费用损失

在对供应商成本绩效测量时，应甄别上述供应损失成本中损失产生的原因，分清是由于供应商的原因，还是承包商自身原因所致，比如供应商交货进度的偏差是否由于承包商采购计划的不合理或不科学所致。

(8) 一致性

该指标测量供应商供货过程中各个方面之间，以及某一方面前后的一致性，如质量、数量、时间、成本、售后服务以及持续改进表现等。

(9) 协调/配合

工程项目的不确定性决定了物资采购的不确定性。因此，要求对物资供应商的配合/协调能力做出评价，比如对承包商文件的回复速度、回复的响应性，双方协商问题时的诚意、工程或设计变更发生后供应商的反应速度、当需要供应商提供设计时双方工作接口的可靠性等，这实际上反映了供应商的供应柔性。

重要物资、战略物资、瓶颈物资供应商绩效评价指标确定之后，根据物资、供应商情况以及项目实施目标，对供应商供应绩效指标有必要权衡每一指标对项目的重要性程度，给予一定的权重。

（三）材料、设备供应商等级评定

供应商等级评定是在对供应商绩效评价基础上，根据国际工程项目目标实现程度，对供应商划分等级。等级评定一般对处于竞争市场的供应商管理效果明显。

一般物资供应商绩效考核表　　　　　　　　　　　　　　　　　表 16-2

供应商名称：

指标	权重	测量标准	得分
质量指标	30%	以材料抽检缺陷率考核 材料抽检缺陷率 = 抽检缺陷总数 ÷ 抽检样品总数 × 100% 得分 = 30 × （1 - 材料抽检缺陷率）	
交货指标	30%	以准时交货率（20%）和交货数量准确率（10%）考核 准时交货率 = 准时交货次数 ÷ 总交货次数 得分 = 20 × 准时交货率 数量准确率 = 准确数量的总交货次数 ÷ 总交货次数 得分 = 10 × 数量准确率	
价格指标	20%	（1）根据现行市场价格、招标价等数据制定标准价，标准分为总权重20% （2）每高于标准价1%，扣1-2%，低于标准价，加1-2%	
售后服务指标	15%	售后服务完成情况与合同规定内容比较，定性评价给分	
供应商的配合度	5%	主观评价定性给分	

说明：1. 得分在 85-100 分者为 A 级，优秀供应商，可进入供应商档案，优先考虑。
　　　2. 得分在 70-84 为 B 级，合格供应商，可进入供应商档案。
　　　3. 得分在 60-69 分者，应改进供应商，可暂停采购，或进入供应商另册档案。
　　　4. 得分在 59 分以下者，进入供应商黑名单。

供应商等级评定表　　　　　　　　　　　　　　　　　　　　　表 16-3

A 级	优秀	供应商完全符合评价标准，在进度、成本、质量、技术服务等完全满足承包商期望要求
B 级	合格	满足承包商期望要求，评价中存在少量问题，改进措施有效
C 级	需改进	满足承包商期望要求，合同执行过程中存在一些问题，但改进措施有效
D 级	列入黑名单	明显不满足承包商期望要求，通过评价，存在严重问题，无有效纠正措施

二、物流服务供应商绩效评价

在国际工程项目货物采购过程中，物流服务供应商对承包商提供运输、仓储等服务的工作绩效直接影响承包商项目的实施。因此有必要对物流供应商的工作绩效进行评价。

1. 物流服务特点

在对物流服务供应商进行绩效评价时应注意物流服务供应商与材料、设备供应商的不同特质：

(1) 供应商提供物流服务只是一种过程，无法存储，因此，该服务的时间要求与承包商的工期要求应保持一致。

(2) 对供应商的服务质量无法提前检查，或在服务过程中无法中止。

(3) 由于工程项目的时间、地点不同，物流服务指标亦不相同。

(4) 对物流服务本身或服务供应商的评价更多的是主观评价。

2. 评价指标

对物流服务供应商绩效评价的指标，除服务价格、时间、交货等定量指标外，更多的是定性评价，比如服务供应商能否依靠先进的信息技术为承包商提供无缝隙服务，或主动为承包商设计满足国际工程项目具体要求的物流服务等。绩效评价可考虑使用下列指标：质量、能力、财务、服务和信息技术等。

(1) 质量管理系统。指物流供应商用来评价、报告和改善其质量绩效的体系和工具。此指标用来明确供应商的质量管理程度。

(2) 准时交货率。评价物流供应商交付物流服务的准确性、及时性，即交付服务的日期和承包商服务订单需求日期的匹配程度。准时交货率从数量上反映物流供应商保证承包商所需材料、设备准时到达需求地的水平。

$$准时交货率 = 在预定期限内到达的订货量/总订货量$$

(3) 订单履行准确率。评价物流服务供应商对服务订单的执行能力，即履行的订单全部良好的比率，包括准时、无破损、短缺等。

(4) 交货完好率。承包商采购材料、设备在进行搬运、运输、存储、装卸的过程中，不可避免地会发生碰撞、挤压、变形等情况，从而导致货物的损坏。为了度量这种情况的严重程度，可用交货完好率来描述物流供应商作业时保障物资质量的能力。

$$交货完好率 = 符合质量要求的交货量/总交货量$$

(5) 业务范围。评价物流供应商提供业务范围的广度。

(6) 服务价格。评价物流供应商为所提供的物流服务而收取的费用，衡量供应商提供服务的价格水平。物流成本由以下几方面构成：运输成本、仓储成本、订单处理成本和存货服务成本。其中运输成本占物流总成本的40%以上。

(7) 付款周期。承包商支付供应商的服务款项的时间周期。

(8) 支付的灵活性。承包商在对供应商付款时的灵活性。

(9) 服务订单响应时间。服务订单响应时间是指承包商发出订单时点与订货到达时点的间隔时间，它反映了物流供应商对服务需求的响应速度。

(10) 交货柔性。由于国际工程的不确定性，以及市场环境多变，物流需求有时很难预先准确估算。该指标评价物流供应商应对需求变化的响应能力。交货柔性是指将计划交货期提前或增加临时服务，以满足紧急采购、零星采购或特殊采购的能力。如在发生紧急情况时，启动紧急预案，增加服务内容等。

(11) 客户支持服务。评价物流供货商的客户支持服务水平，如提供全方位帮助及其可靠性。

（12）信息系统兼容性。评价物流服务供应商和承包商的信息系统之间的兼容性，良好的兼容性是提高工作效率和信息准确性的基本保证。

（13）实时数据传递。物流服务供应商为承包商提供数据的实时传递影响着其对当前情况的分析。

（14）提供个性化服务的能力。即根据项目特点量身定做，制定物流计划的能力。

3. 评价结果

根据绩效评价结果，对供应商采取不同策略。

（1）如果物流服务供应商不仅很好地满足了承包商企业工程物流的需要，而且不断改进和完善服务过程中发现的质量问题和运作效率，并与承包商密切配合，则物流服务供应商成为承包商企业经营中不可分割的组成部分，可考虑与之建立更长期的合作关系；

（2）若评价结果显示，在合同条款合理条件下，供应商绩效未达到基本合同要求或评价指标，则合同期满后，或某一具体服务完成后，更换供应商；

（3）由于更换服务供应商的成本高、风险大，如果合同要求过高，承包商应与供应商充分沟通，根据实际需要修订合同，以便在合同期内继续保持合作关系。

第17章 ERP系统条件下国际工程项目货物采购

> 承包商企业ERP系统是依据建筑企业管理模式、组织结构及业务流程特点，遵循"三控、两管、一协调"的管理原则，在对生产性系统和支持性系统进行组合的基础上形成的。国际工程材料、设备在ERP系统的物资采购/供应子系统中实现动态资源再配置，为实时控制提供支持，将传统的人为控制转变为制度控制、自动控制，并在ERP的基础上建立电子商务及协同电子商务。

第1节 ERP系统在承包商企业的应用

一、国际工程项目货物采购信息管理的特点

国际工程项目货物采购的信息管理是项目信息管理的一部分。材料、设备采购金额高、规模大、种类多、操作复杂、参与方多、制约因素多、信息量大，在信息管理方面，其特点表现如下：

(1) 信息量大。工程项目货物采购涉及前期供应市场调查、设计、项目实施、运行等各个阶段，每个阶段都会产生大量的信息，如在市场调查阶段，会有大量的当地市场及供应商信息；在设计阶段，产生大量的图纸及技术说明文件；在实施阶段，有控制过程中的大量记录、进度控制报表、交货验收报告等等。

(2) 信息的表现形式多。项目采购过程中信息形式多种多样，如各种询价函、报价单、采购合同文件、记录、报告、联系函信件、会议纪要、技术文件、图纸、标准、规范、运输单据等。

(3) 信息收集地点分散。信息来源丰富，比如当地供应市场信息、国内供应市场

信息、第三国供应市场信息、设计方信息、业主/咨询工程师信息、供应商信息、与采购有关的各有关政府机构、商务机构、物流、海关、商检、银行、保险等相关部门的信息。信息来源不同,因而信息收集的地点分散。

(4) 信息加工处理复杂。信息形式及其用途的多样性决定了信息处理的复杂性。不同的使用者要求对信息进行不同的处理。如在计算采购需求时,需对设计图纸信息进行施工过程数据转换统计处理;运输单据的信息在海关通关、结算时亦须进行相应处理,以符合各个部门的要求。

(5) 信息时效性强。国际工程材料、设备采购是过程控制、动态管理,而管理离不开及时有效的信息处理,如果不及时提供信息,会失去其控制的作用。

(6) 使用信息的用户多。国际工程项目货物采购的参与方很多,如业主/咨询工程师、承包商、设计方、供应商、专业分包商、政府部门以及与采购有关的各个部门等。每个参与方都有各自的信息需求,其需要的信息范围、侧重点都不一样。

采购过程中产生的大量对采购进度、质量和成本控制的数据处在不断的变化当中,需及时记录、转换和处理。目前,国际工程项目货物采购的信息管理存在信息沟通、文档管理、数据处理等方面的问题,如数据不连续、不集中,施工、咨询工程师与项目部数据独立,各部门的信息传送成本较高,数据库缺乏准确性、完整性和实时性。虽然现代通讯工具如电话、传真等在项目管理中得到广泛运用,但尚未从根本上改变以纸为介质的点对点沟通方式的不足,这样不仅容易造成信息沟通的迟延,而且增加了信息沟通的费用。此外,这种方式也加大了信息沟通的途径和层次,造成信息丢失和扭曲,而且信息使用方无法主动了解自己需要的信息。目前,无论是 MIS 系统、财务系统、还是办公自动化系统均无法满足这种需求。而企业资源计划系统(ERP)由于具有更多的功能,可在建筑业的管理领域具有很好的前景,为企业提供投资管理、风险分析、跨地区的集团型企业信息集成、采购分析、物资供应需求分析、市场预测、决策信息分析、全面质量管理、人力资源管理、项目管理以及利用 Internet 实现电子商务功能等。

二、ERP 的基本思想

ERP(Enterprise Resource Planning,企业资源计划)是结合现代先进的信息技术和系统化的管理理念,将信息技术应用于产品生产过程中,将传统生产制造模式向高度集约化、知识化和技术化转变,把企业经营生产过程中的有关各方和各个环节纳入一个紧密的供需体系中,对该体系中的信息流、物流、资金流、工作流和增值流进行设计、规划和控制,合理有效地安排企业的产、供、销活动,使企业能够及时有效地利用一切资源快速、高效地进行生产经营活动,是服务于企业决策、生产、运营的管理信息系统和综合管理平台。简言之,ERP 的核心是 IT 应用与数据处理的高度集成,本质是管理加 IT 技术,对企业所拥有的人、财、物、信息、时间和空间等资源进行综合平衡和优化管理,面向全球市场,协调企业各管理部门围绕市场导向开展业务活动,使企业在激烈的市场竞争中全方位地发挥力量,从而取得最好的经济效益。因此,ERP 不只是一个软件系统,还是一个集组织模型、企业规范和信息技术、实施方法于一体的综合管理应用体系。

ERP 的优势体现在利用其强有力的数据处理分析功能,整合企业内部的运作结构和业务流程,实行适时管理,提高企业业务质量和管理水平,实现企业整体资源的优化配置,提高企业的核心竞争力,促使企业管理朝着更加科学化、合理化和规范化的方向发展。

ERP 的管理思想主要体现在以下几个方面:

(1) 体现了精益生产、敏捷制造和事先计划与事中控制的思想,使企业把客户、销售代理商、供应商、协作单位等纳入生产体系,同他们建立起利益共享的合作伙伴关系。同时企业面对市场上出现的新机会,当原有合作伙伴不能满足新产品开发生产要求,企业将组织一个由特定的供应商和销售渠道组成的短期或一次性供应链,形成"虚拟工厂",运用"同步工程"组织生产,用最短的时间将新产品打入市场,时刻保持产品的高质量、多样化和灵活性。

(2) 以"供应链管理"为核心。ERP 系统扩展了管理范围,把客户需求和企业内部的制造活动以及供应商的制造资源整合在一起,形成一个完整的供应链,并对供应链上的所有环节进行有效管理。

(3) 实现电子商务,全面整合企业内外资源。支持敏捷化企业的组织形式(动态联盟)、管理方式(以团队为核心的扁平化组织结构方式)和工作方式(并行工程和协同工作),通过计算机网络将企业、用户、供应商及其他商贸活动涉及的职能机构集成起来,完成信息流、物流和价值流的有效转移与优化,包括企业内部运营的网络化、供应链管理、渠道管理和客户关系管理的网络化。

三、ERP 系统的主要功能模块

ERP 系统将企业的所有资源进行整合管理,即将企业的物流、资金流、信息流进行全面一体化管理。它的功能模块不同于以往的 MRP 或 MRPII 的模块,它不仅可用于生产企业的管理,而且也可以用于许多其他类型的企业管理中。在企业中,一般的管理主要包括三方面的内容:生产控制(计划、制造)、物流管理(分销、采购、库存管理)和财务管理(会计核算、财务管理)。这三大系统本身就是集成体,它们互相之间有相应的接口,ERP 能够很好地将其整合在一起对企业进行管理。有些 ERP 系统将人力资源管理、客户关系管理等也纳入了 ERP 系统的组成部分。

四、承包商企业建立 ERP 系统的意义

承包商企业无论在国内项目还是在国际工程项目,其生产过程都是在资源约束条

件下进行的，涉及人力、材料、设备、资金、技术、信息、时间等各个方面（统称为资源）。承包商企业 ERP 运用形式主要是把建筑产品、设计、生产和销售过程的有关各方，比如材料、设备供应商、设计方、业主、分包商、咨询工程师、物流等纳入一个紧密的供应链中，由此在材料、设备和建筑产品开发计划的基础上进行拓宽，增加建设质量控制、材料、设备运输、业务拓展和市场开发、人事管理、实验室管理、项目管理、技术管理、融资/投资管理、获利分析管理、建设风险管理等功能子系统，并将所有子系统都集成在企业的供应链中。

承包商企业建立 ERP 的意义在于在承包项目实施过程中动态地对这些资源做出合理配置、储存、调拨及运作，从而最大限度地降低成本、提高效率。以往在承包商企业的经营管理中虽或多或少地涉及这些方面的内容，但由于其牵涉面广，影响因素多，客观条件变化快，管理手段落后，信息反馈迟缓，因而成效甚微。网络科技和信息技术的发展，推动了电子商务急速成长，使得企业资源规划能与信息管理系统有机地结合起来，通过企业资源规划来协调承包商、分包商、业主、供应商、物流以及其他相关部门相互之间的关系，为业主快速提供优质的建筑产品。

ERP 系统的发展是以财务为出发点，能够串联分包商、材料、设备供应商、业主、银行、第三方物流等之间的相关资料的流通，能够使企业内部的生产管理、质量管理、经营管理、行政管理、资金管理和物流管理做出快速反应。为提高建造速度、工程质量和经济效益，通过 ERP 建立新的经营思维，将承包工程实施过程中所流通的各种材料、设备、机具、资金、信息等相关业务组成一套完整的网络，其运作变成一个连续的过程，比如，将规划、设计、概算、发包、采购、施工、验收、结算等归结成一连串能够随时互动的经营功能，并通过信息管理系统迅速掌握企业内部经营现状和资源运用的情况，合理运用资源，提高生产计划、采购计划的科学性和预见性。

承包商企业 ERP 系统是依据建筑企业管理模式、组织结构及业务流程特点，在对生产性系统和支持性系统进行组合的基础上形成的。

（1）生产性系统。包括质量控制、成本控制、进度控制三大系统。提高工程质量是建筑企业不懈的追求目标，也是扩大建筑市场占有率、提高企业信誉的根本途径。为加强质量管理，ERP 系统的质量管理系统可细分为施工质量管理、材料质量管理等；成本控制主要分为：劳动力成本、材料成本、机械设备成本等控制。进度控制系统可细分为施工进度管理、采购/供应进度管理、设计进度管理等。

（2）支持性系统。主要实现组织协调功能，组织内协调包括财务、采供管理、分包管理、人力资源管理、OA 等功能系统。组织外协调主要指承包商企业与业主、咨询公司、政府、第三方物流等的协调。

（3）管理性系统。包括合同管理、信息管理等，覆盖企业的所有管理部门，实现企业总部与自营项目、海外项目和国内项目采购信息共享、采购行为统一，实现提高工作效率、降低采购成本的目标。因此在层次上覆盖总部决策层和管理层。如果质量管理不单独设立分系统,则覆盖总部质量管理功能;如果不单独设工程设计分系统,则将技术管理功能纳入分系统。ERP 利用完善的集成技术将各个系统功能模块紧密相连,实现大到总部与分公司之间、分公司与分公司之间,小到部门与部门之间的信息共享、与异地协同工作,并提供建立应用标准模块和管理模式,构筑完成各种管理系统,包括代码标准、数据标准、功能接口标准、公用对象等、流程定义、生产和销售管理模式、各种资源定义标准、物流、信息流、资金流的逻辑关系模型,使承包商企业的信息资源能够全方位地共享和流通,并使建筑企业的管理模式更趋合理化和规范化。

五、承包商企业 ERP 系统的主要功能

建筑承包商企业 ERP 系统核心思想是整合企业内部资源、供应链管理、精益和敏捷生产、事先计划与事中控制、增值流和工作流的控制。

承包商企业 ERP 系统的主要系统如下:

1. 生产性系统

设计管理系统、技术管理系统、施工组织设计管理系统、计划管理系统、质量控制管理系统、成本控制管理系统、项目管理系统等。

2. 支持性系统

材料、设备采购/供应管理系统、客户管理系统、人力资源管理系统、财务管理系统等。

3. 管理系统

合同管理系统、标书制作与管理系统、报表管理系统、档案管理系统、数据管理系统、培训管理系统、项目考核系等,如图 17-1 所示。

第 2 节 ERP 系统条件下的国际工程项目货物采购

材料、设备采购供应属于 ERP 系统中物资采购/供应管理子系统。根据工程项目材料、设备采购业务流程以及项目管理的特点,其基本功能有:采购进度管理、采购质量管理、采购成本管理、供应商管理、采购合同管理、采购结算管理、物流管理、采购分析、综合查

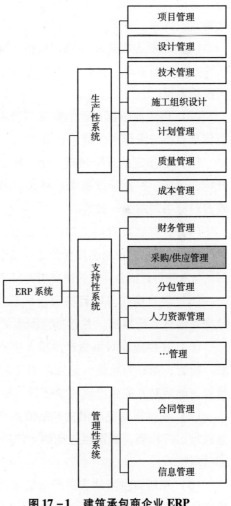

图 17-1 建筑承包商企业 ERP 系统基本框架图

询、基础设置等。国际工程材料、设备在 ERP 系统物资采购/供应子系统中可根据项目性质和地域特点，利用系统中的业务流程设计功能，通过数据库重新设置个性化特征，实现动态资源再配置，为实时控制提供支持。亦可根据国际工程项目实际情况，设立物资进口采购、当地采购和承包出口三个功能模块。同时，可根据采购类型，将其归纳为项目物资的零星采购、项目部采购、总部采购、总部集中采购。该子系统必须考虑符合国际管理环境的采购业务特点，并进行系统全过程管理的流程架构，针对不同的采购方式，有不同的申请、计划、供应商选择评价、合同（订单）、付款等审核、审批流程。将传统的人为控制转变为规范制度控制、自动控制。

一、国际工程材项目货物采购流程分析

国际工程货物购业务规范流程涉及确定工程需求、询价、供应商选择、开标、评标、澄清、授标、签约、交图、制造检验、催交、运输、保险、清关、内陆运输、收货检验、入库、保养、出库、余料处理等。

（1）编制工程需求文件，经相关部门批准后，进行采购。采购部门根据工程需求文件、供应商名单、商务文件制定相应的询价文件，发函至供应商或指定供应商，进行投标邀请。

（2）供应商根据自己的实际情况决定是否参与竞标活动，项目部根据供货商的返回信息对参与投标供应商进行登记。

（3）在指定的开标日期，组织相关部门对相关投标商的技术、商务竞标行为进行开标、评标。在评标过程中，将通过澄清函对投标商相关的标书条款进行澄清，保证双方对标书理解的一致性。

（4）评标结果交相关部门审批后，向胜出的投标商发送授标函件，通知其投标结果，对方将根据自己是否接受该竞标结果发回函。在收到供应商决定接受投标结果的函件后，与其签订订货合同，并递交相关部门批准，正式签订，并作为以后各操作流程的依据。

（5）供应商在与项目签订合同后，将根据竞标的采购标的物设计出相关的图纸、数据等信息进行报批。并根据合同相关条款，对质量计划进行相应的修改与报批。

（6）在供应商对供货产品投入生产后，将结合供应商的实际生产情况，采取派人驻厂检验、第三方检验、巡回检验三种制造检验方式对供应商的生产流程进行相应的检验，确定对方的生产流程是否符合相关要求。

（7）在供货商完成供货产品的生产过程后，将对其包装、供应商的检验文档等信息进行出厂检验，确定供应商的生产符合要求，并将检验结果报送质量评价/质量控制部门审批。

（8）在所有供货物资进行运输操作之前，须根据合同具体要求进行装船验收，确定相关文件和标识是否齐全；在进行运输时，誊制与相关运输单据对应的保险单、形式发票、装箱清单等单据。

(9) 进口货物在到达项目东道国后,其海关将根据海关监管条件进行货物通关操作。

(10) 货物在运抵现场后,项目部组织相关部门进行卸货检验,主要检验货物的海损、箱、件数等内容;采用海洋运输或航空运输时,货物在卸货检验后,将组织项目所在国的国内运输至现场或指定仓库。

(11) 货物入库时,将组织到货接收与开箱检验,确定到货材料、设备是否合格。

(12) 物资在仓库期间,需对其进行保养,同时确保适宜的存储条件。

(13) 根据施工进度,制定相应的物资出库/领料单据,报送相关部门审批后,据其对物资进行出库操作。

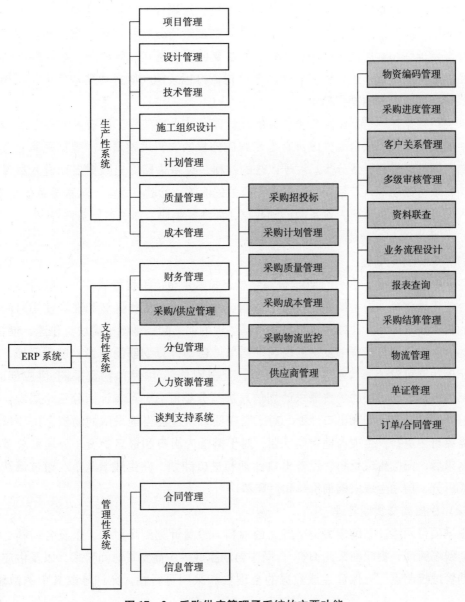

图 17-2 采购供应管理子系统的主要功能

二、采购/供应管理子系统的主要功能

1. 物资编码管理功能

该物资编码管理功能是总部和企业物资编码提报、生成、查询、维护的工作平台，能够将所有小类描述规则和整理后的数据全部加载到系统中，做到按标准自动判别物资描述、配置物资编码，并且实现编码的综合查询、分类查询、模糊查询等方便快捷的功能，便于工程总承包单位物资采购统一管理，实现工程设计系统和 ERP 系统以及物资采购电子商务系统的数据交换与信息共享。

工程设计所涉及物资统一划分若干大类，物资描述可使用统一的物资描述模版。考虑工程设计的特殊性，允许在统一编制的低位码后增加相关设计信息，并与物料编码一一对应。同时按照自然属性第一的原则对物资进行分类和描述，增强物资编码的科学性、合理性和实用性，将每小类物资的主要自然属性定义到模版，系统能够适应半成品、废次品管理、进口专用配件、零星物资打包采购和服务类采购需求，不接受不按照标准模版填报的物资描述。

系统可根据某一特定国际工程项目的设计图、技术规范等工程技术文件，或 ERP 系统中的技术管理模块自动生成具有物资编码信息的物资采购清单。根据采购业务特征，物资属性等进行灵活分类。对于以往的材料、设备采购历史数据自动进入目录管理。该目录可自动导入与材料、设备采购有关的海关、检验、保险、运输等数据信息，采购人员可随时查询材料、设备的详细数据，如海关编码、海关监管条件等。

2. 采购进度管理功能

(1) 采购计划管理

各承包项目依据施工图、WBS 分解结构、技术规范、工程量清单、一级进度计划自动生成记录材料、设备编码、种类、数量、质量要求、工作区域和现场使用时间等内容的物资需求计划。比如通过技术管理系统中的钢筋翻样基础子模块，迅速、便捷、准确地编制钢筋预算翻样书及钢筋现场下料单，自动计算钢筋的数量、使用区域、时间等。该功能可对计划信息进行分类汇总，上报到总部/项目部物资采购/供应部门，物资部门再对各项目部的物资需求计划信息进行分类汇总。可将计划分三个层次：当地采购计划、进口计划和出口计划。对于需在项目东道国当地采购的物资，由项目部根据需要自主进行，生成当地采购计划；对于需国内出口和进口物资，公司汇总其他项目需求后，归类生成材料、设备出口计划和进口计划，并生成请购单。通过请购单合并或拆分，自动生成采购询价单和订购单。

(2) 供应商交货期管理

根据项目网络计划确定关键路线上的材料、设备计划到场时间，以及各材料、设备计划到场时间，据此在采购询价/合同中自动生成供应商交货时间要求，以及供应商交货期管理控制点。为保证生成数据的合理性和采购可行性，允许修改其中的数量、

日期等信息，比如增加一定的裕量，作为缓冲，防止采购过程中不确定事件的发生对采购进度产生负面影响。

（3）催交管理

根据进度计划管理要求，生成整个采购过程的催交控制时间、控制点和方式，以及催交检查。催交管理负责对供应商的相关行为进行催促，保证采购业务正常运行，并对相应的催交行为进行记录。催交的公共信息，包括供应商信息、催交人的相关信息、催交报告。

采购进度管理功能是为总体工程进度与规划的控制提供依据，直观反映出相应的物资相关状态，并能对不满足施工进度的物资供应状况进行预警。该功能控制点的信息包括物资需求制定时间、供应商名单、询价时间、开标时间、评标时间、评标结果批准时间、协议书时间、订单签订时间、设计（图纸、制图）时间、制造开始时间、出厂验收时间、装船时间、预计到港时间、通关时间、运输启运时间、物资接收时间、开箱检验时间、入库时间等。在监控过程中，某一时间段的时间信息可能存在重复现象。例如：在物资需求计划完成后，供应商与询价文件将同时完成。相关物资在对应多个时间点时，取最新的时间点。该系统的预警主要分为不满足施工进度预警与采购预警两种情况。不满足施工进度预警是指订单规定交货日期已经晚于施工进度，采购预警是指供应商实际供货时间已经晚于订单规定交货时间。

3. 采购质量管理功能

（1）供应商质量管理

该系统可以提供供应商以往工程的材料、设备价格及交货情况信息，提供质量成本规则，协助评标。提供各项询价、比价报表查询、打印，以迅速决定最适合的供应商，降低采购成本。

（2）物资质量检验管理

采购系统提供比较全面的质量检验管理，包括购货检验、完工检验和库存抽检3种质量检验业务。在采购管理系统中，为非免检货物提供仓检和送货流程，并根据检验结果确认入库货物，同时提供相关的业务查询报表。

4. 采购成本管理功能

以采购价格为中心，完善地记录、控制并管理供应商的供货业务资料，包括对不同供应商、不同物资、不同数量、不同币别的价格和折扣信息的详细记录，以及业务传递、自动更新及数据分析。同时根据项目的成本目标进行采购最高限价的控制和预警管理，提供成本分析数据，形成成本报告依据，是采购管理系统，乃至整个供应链体系中重要的综合数据处理中心之一。

物资采购成本管理功能实行采购全过程的成本跟踪，其控制内容包括：

开标和评标期间供应商的总价、FOB价、CFR价、CIF价、DDU/DDP价、备件报价、报价上限、报价货币、多币种汇率实时跟踪、维护等。合同价格由中标供应货商标价信息中读取,实际价格为合同价格减折扣分摊价格;保单的投保金额;运单涉及的保险单、形式发票及其形式发票的金额、币种等;通关中的免税金额、币种等。

ERP 采购管理系统可建立供应商基本资料数据库,将各供应商编号、名称、公司工厂发票之地址、付款条件、负责人、联络人、统一编号、成立日期、资本额、往来银行名称、基本产品类别、设备状况等资料输入系统,即可迅速打印和查询供应厂商有关资料,并作为评估选择合作对象的参考。同时将供应商当前供应材料、设备编号、品名规格、单价/基本价、产能等资料键入数据库,可进行比价分析。

成本管理功能可对同规格的同种产品在不同时间段、不同项目的产品价格进行统计分析,可对某一时间段,某种产品或者全部物资在某一个项目或者全部项目的累计采购量和累计采购金额进行准确快速的统计,同时可对采购预算进行分析比较。

5. 订单/合同管理功能

当对供应商的审核通过并确定采购时,该材料、设备采购信息被登记、记录。订货信息包括:订货单号码、库存号码、物资分类、订货数量、使用单位、需用日期、约定日期、项目使用区域、调拨单号码和部分交货情况等。并可从系统中检查任何一项采购或任何一采购组合的情况。

采购合同管理系统可根据承包合同性质、FIDIC 条款和 ISO—9000 体系等对工程项目承包管理的要求,按照不同合同类型,如框架协议、总价合同、进口合同、出口合同、CIF 合同、FOB 合同、预算合同、包干合同、当地采购合同等设计不同的合同管理模式,包括采购合同通用条件和专用条件格式及编制、采购合同审核会签、采购合同管理、采购合同归档。合同管理主要记录、跟踪和控制采购合同执行的情况,包括针对采购合同的执行,控制采购价格、折扣及数量。随时跟踪合同完成情况,控制合同的执行;根据实际变更情况追加采购,实现对合同到货记录、付款记录的维护。如订单生成以后将自动生成合同台账,采购人员可随时查询合同履行状况,管理合同履约保证金。当合同履行关键点到时间后系统将自动提醒。跟踪、查看供应商合同的履行情况,跟踪产品生产、检验和发运状态并可以在线处理进度滞后的合同,自动生成督办报告。此外当选择某一合同类型后,则该合同的具体物资信息将显示在物资列表框中,当再选定某一物资后,则该物资的到货信息、付款信息将显示出来。

6. 单证管理功能

采购单据有业务和财务双重性质,单据的业务处理和控制是采购业务中的一个重要环节。采购单据与采购全部业务都有联系,其与采购合同、付款单及预付单据联系紧密。采购管理系统提供对发票、装箱单、报关发票、费用发票、税单、出口核销单、出口退税等单据的管理;提供单据与合同相符的自动审核管理、单据与信用证相符的自动审核管理;提供供应商提交单据的自动审核管理。根据采购合同模块信息要求,提供付款方式、时间提示、信用证开证时间提示等。在 DBB 条件下,还提供向咨询工程师交单符合性审单管理等。

单据管理功能对于具有相关性的业务数据和相关单证,可自动将有关数据共享,最大限度减少了同样数据在不同单证中的重复输入,避免传统人工处理可能产生的数据差错。

7. 物流管理功能

提供承包出口的集港、发运业务、运输管理;提供物资收、发和存的业务处理;并提供相关报表供用户查询和监控。此外,采购管理系统还专门管理货物发运业务,卸货验收时根据验收结果开具短、溢、损报告。

系统可按照材料、设备类别,进行场地分配以及施工中领用出错或施工多余物资的退库。

系统可识别和提示潜在的材料短缺和材料过剩。为判别潜在的材料短缺,通常对每种材料规定一适当的安全储存量,当储存量等于或低于安全储量时,系统出现"预警"信息,提示可能出现的短缺情况,以便及早进行补充。另一方面,当工程变更、设计变更导致工程量减少时,可能出现某些材料的过剩。物流管理系统一旦接到工程变更信息,便会对库存情况进行检查,提示材料过剩的信息。

有权限的用户可以随时查阅每一个订单当前的运输状态,例如出厂时间、装船时间、预计到目的港时间、目的港清关状态、文件资料传递情况等等。

8. 采购结算管理功能

该功能能提供货币资金管理、付款的审批程序、预算制度、设置角色和用户的权限及登陆口令、制定严格的货币资金管理制度和付款审批程序、实施岗位分离制度和预算制度。提供信用证开证登记,开证申请书预审、付款时间提示、记录开证银行、币种、金额、信用证有效期以及对应合同信息,帮助企业合理安排项目资金调度。提供应付、预付及付款管理。

9. 业务流程设计功能

业务流程设计是按承包商企业采购业务规范设计业务流程的工具,是实现各项目部业务处理自定义的必要基础之一。当国际工程项目环境、管理模式、业务流程、控制方法发生变化时,承包商可根据具体情况在不需要修改软件的情况下,通过数据库重新设置个性化特征,实现动态资源再配置,为实时控制提供支持,或在系统设置的所有业务单据关联路径中,选择一条、多条或全部。系统根据用户的设置进行相关控制,保证各项目部独特业务流程的需要。

10. 业务资料联查功能

单据联查即查看业务流程中的单据关系。采购管理子系统中可提供单据、凭证、账簿和报表的全面关联及动态连续查询功能。

11. 多级审核管理功能

多级审核管理是对多级审核、审核人、审核权限和审核效果等授权的工作平台,是处理业务单据时采用多角度、多级别和顺序审核的管理方法。它体现了工作流管理的思路，属于 ERP 系统用户权限性质的基本管理。

12. 系统参数设置功能

系统参数设置业务操作的基本业务信息和操作规则，包括系统设置、单据编码规则、打印设置、单据类型及各系统选项等，帮助用户把握业务操作规范和运行控制。同时，采购管理系统将 ERP 系统所有业务基础资料和必要的管理辅助资料汇总，然后统一管理和维护。

13. 报表查询功能

该功能包括查询并使用采购业务报表、采购分析报表、万能报表和查询分析工具。采购业务报表是针对用户已经实现的业务处理，将所取得的业务成果进行筛选和分析，以综合反映采购业务的信息。采购分析报表分析采购流程中各项主要业务的处理结果和运作情况。万能报表和查询分析工具是一种自定义形式的报表，是方便用户根据自身查询分析需要制作自定义业务和分析报表的工具。

14. 客户关系管理

内容包括国内外公司录入、国内外公司查询、国内外公司价格、客户信用额度资料、国内信用额度、运输公司资料、保险公司、海关资料；业主、咨询工程师、分包资料查询。

由上可见，就材料、设备采购而言，ERP 系统中的物资采购/供应子系统可实现采购业务规范化、制度化和自动化，建立集成的物资计划、采购、合同、仓储、结算的一体化物资采购、供应管理机制，由原先采购结果的事后监督，转变为整个采购流程的全程化事前监督和及时控制、纠偏。

三、ERP 条件下国际工程货物采购的风险分析

由于 ERP 系统是基于流程式管理思想设计的，同时技术上强调功能的集成性和数据的一致性，这就决定了 ERP 系统具有不同于其他企业办公软件的特点，这些特点犹如一把双刃剑，为承包商企业带来管理效率提高的同时，也增加了企业运营管理的不确定性。而国际工程项目的不确定性、一次性、单件性和地域性则可能会不同程度地减弱 ERP 系统的应用效率。

1. 出现问题时各环节、各模块的关联影响

ERP 是企业内部的信息流、物资流、资金流的集成，是一条完整的供应链，必然存在一个个紧密相连的环，即企业赖以生存的数据，一旦供应链上某一环出现问题，如不及时更正，势必影响到其他环节，甚至造成连锁反应，这是 ERP 系统使用过程中最显著的风险。同时，ERP 系统中高度集成的功能模块使得任何一点出现问题都会影响到其他模块的正常运行。比如在材料、设备采购供应模块中，采购订单下达将同时会有相应的确认信息在采购成本管理模块、财务管理模块、采购进度管理模块、采购

合同管理模块中产生。这种在线实时功能使得在某一数据输入点数据输入错误或模块发生问题时，其影响将会迅速扩散到系统的其他功能应用上，从而导出错误信息和采购决策错误。

2. 生产过程不易采用信息化控制

由于国际工程承包项目的一次性，生产过程具有生产周期长、生产的单件性、产品的流动性、分散性、地域性等特点，ERP 系统的生产过程采用信息化控制这一环的实施有很高的难度。比如每一国际工程项目材料、设备需求在品种、规格、要求等都会有所不同；不同国家的施工工艺、技术规范与标准亦各不相同。同时，每类物资在国际工程项目中所处位置不同。ERP 系统原有数据，对物资类别的分类、定义能否满足特定国际工程材料、设备的特定需求。如果数据的准确性、完整性不能保证，那么 ERP 系统的使用便没有任何意义。如何建立、维护数据系统是国际工程物资采购/供应系统的难点，这无疑降低了 ERP 系统的有效性。

3. 网络问题

我国国际工程项目所在地的网络情况大多数不太理想，网络情况基本都比国内差，如果不能提供相对比较稳定的网络环境，系统上线就会存在很多的问题。

(1) 项目东道国当地网络问题。比如当地 ISP（Internet Service Provider）是否按照合同提供足够的带宽、是否独占所申请的带宽、停机维护时间等。

(2) 国内网络问题。比如访问国内站点 Internet 入口可能出现问题，导致用户可以访问国外站点，国内的所有网站都不能访问。

(3) 服务器本身存在问题。比如出现 ERP 系统地址不能访问，但可以访问国内其他网站，ERP 系统按照域名不能访问，但按照地址可以访问（可能是国内 ERP 系统域名解析出现问题）。

(4) ERP 系统对国际工程物资采购流程的不适应。ERP 系统的设计以业务流程为核心和关注点，通过业务流程将各部门的功能整合起来，提供在线和实时的信息集成系统支持端到端的业务流程，从而实现企业物流、资金流和信息流的三流合一，充分优化企业资源的利用。但是，在使用了 ERP 系统、优化了业务流程和提高效率的同时，业务流程的改变也改变了整个业务的其他方面。就采购模块而言，系统的采购流程是规范化设计、多种选择。但是，由于当地及国际市场原因，业主、分包、或供应商原因以及工程变更等，使得国际工程项目材料、设备采购流程经常受不确定性因素的影响而发生变化。即使 ERP 系统的业务流程设计功能可通过数据库重新设置，亦难以满足国际工程物资采购流程灵活多变的特点。

(5) 系统故障。以往企业业务处理系统环境中，各个系统之间相对独立，某一系统出现故障或数据丢失对其他业务系统的影响有限，系统出现故障通过其他应急措施或手工得以弥补，有较充裕的时间使系统恢复正常。在 ERP 系统环境中，任何一点的系统故障都将殃及整个企业或项目的业务运作和管理。ERP 系统的运作管理是网上实时管理，任何系统的异常将直接导致业务运行出现混乱，比如物资采购/供应模块中，订单录入系统出现故障，通过人工输入订单信息，如果造成数据差错，导致订单信息不准确，该信息被实时传送到后端 ERP 库存系统、合同管理系统、财务系统、物流系统，进而导致错误结果。

(6) 系统安全。由于 ERP 系统将所有大量的业务应用功能集成在一个系统环境之下，ERP 用户就可能有更多的机会访问其他与之不相关的信息。虽然，ERP 系统中都有权限控制的功能，但这并不能完全保证信息的保密性和完整性。另外，通过远程登录 ERP 系统，在一定程度上进一步增加了访问系统的机会。伴随着这些访问几率和途径的增加，对数据的准确性控制和各类恶意攻击将对系统构成威胁。

四、ERP 系统建设选择标准

(1) ERP 软件的可扩展性。国外在此方面研究较成熟，其软件的扩展性强；而若选用国内产品，不同的可扩展性其价格差异很大，特别是如今软件与互联网的集成，企业应根据自己的财力及规模选择相应的产品。

(2) ERP 软件的易操作性。目前建筑企业的信息化普及程度较低，很多业务人员对计算机操作不熟练。而 ERP 软件的全面实施需要企业各部门全方位的投入。所以，相比其他行业，更要求建筑行业 ERP 产品具有良好的易操作性。

(3) ERP 软件是否支持二次开发。一个优秀的 ERP 软件，其系统结构设计应使核心逻辑和客户界面逻辑分离，这样才可以为 ERP 软件今后的升级提供更大的发展空间，也方便软件二次开发及维护。

第3节 ERP 系统条件下承包商企业电子商务与协同商务

一、国际工程项目电子商务的内容和特点

所谓电子商务是通过网络手段实现某一产品买卖的全过程或部分过程的一种商务形式。考虑到建筑业对建筑产品交易采取承发包方式，生产行为和交易行为相互渗透，完成一项交易的持续时间长，涉及的交易方多，交易过程复杂等特点，建筑业电子商务可定义为在建筑业领域通过网络手段进行的商务活动。承包商企业的各项电子商务活动是以工程项目为载体，围绕着为业主提供优质工程（优质建筑产品）并获得相应支付来进行的，是以项目（建筑产品）为核心，将所有参与项目的各个交易方联结在一起的复杂的电子交易系统。

工程项目电子商务的构成主要有业主、设计方、咨询工程师、总承包商、分包商、供应商、第三方物流等。电子商务主要参与方及内容如表 17-1 所示。

建筑业电子商务主要参与方　　　　　　表 17-1

电子商务参与方	电子商务内容	
	竞标阶段	履约阶段
业主	工程招标、资格审查、评标、开标	项目控制、工程结算等
设计方	建筑市场新技术、新材料调查、设计方案展示等	设计服务监督、设计变更等
承包商	建筑市场调查、工程投标、分包选择	项目管理、供应商选择、结算
工程师		项目监理、咨询管理
分包商	投标报价、估价	项目管理、结算
供应商	投标报价、采购标的展示	供应控制
第三方物流	提供服务信息	实时服务

可见建筑业电子商务系统中的各方在 Internet 环境下进行复杂的业务联系。这些业务既相互关联，又相互制约。

二、建筑业电子商务采购系统的主要功能

到目前为止，我国建筑企业的电子商务仍主要基于建设工程材料、设备采购供应。就材料、设备采购而言，电子商务具备以下功能：

1. 系统功能

（1）用户注册认证功能：每个用户有唯一的 ID 和口令，经过系统安全认证，合法用户可以通过互联网随时快捷地进入该采购中心。特殊权限用户可采用电子钥匙加密码识别登陆以保证安全性。

（2）用户管理功能。通过对系统业务逻辑和流程的分析，为系统中的不同用户分配角色和权限。系统用户即为系统管理员；买方用户包括：买方管理员、采购员、财务人员、评标专家、审批人、监察人员；卖方用户包括：卖方管理员、业务员；业主用户包括：咨询工程师、业主代表等。

（3）产品目录管理功能。创建产品目录，管理产品数据。产品目录分类按照石油工业物资代码来划分；产品目录中的价格和供货渠道可以进行查询和维护。系统管理员可以对系统的标准产品库进行查询和增加、删除、修改等维护。

（4）广告发布管理功能。可以支持动态发布与管理企业和产品相关信息，加强平台与供应渠道之间的互动联系。

（5）信息管理功能。可以通过浏览器实时在线对政策法规进行信息维护，使信息维护工作变得轻松、高效、方便。

（6）网上服务。可以根据网上留言板、网上调查等进行客户意见收集；网站还可开辟网上论坛（BBS），会员可以提出问题在论坛中发布，征询各种解决办法或针对专业性问题进行讨论。

2. 供应商管理

采购方可以按多种条件查询供应商信息，根据供应商的申请审查供应商资质，批准供货商进入正式供应网络，并根据产品分类对供货商进行分类。同时可以动态跟踪供应商的经营情况、合同执行情况，对于合同执行不力的供货商，可以列入黑名单。可按性质、动态及科目类型对不同时间段的供应商进行统计分析。

3. 网上谈判采购

（1）对于标准化产品，采购方可根据供应商列出的产品目录、价格、交货条件等直接订购。有权限买方可看到产品价格策略。

（2）供应商可通过浏览器在线发布、增加、修改、删除产品数据；可以批量上传发布或更新数据；数据可以即时更新；针对不同的客户提供只有该客户可看到的事先约定的内容、价格、库存和服务。

（3）询报价采购功能。采购方对所需产品提出询价要求，并提供技术要求和商务要求，被询的供应商可在线报价，并且双方可以进行在线议价，对满意的报价生成采购订单。

（4）采购过程跟踪功能。系统自动将采购过程和订单生成过程以日志的形式记录下来，便于审核管理和采购员自身业务查询。

（5）交流谈判功能。买卖双方可通过平台对询价单或订单应答进行技术商务交流和价格谈判。

（6）订单审批功能。主管或财务部门可以根据设定的流程随时随地对订单流中的订单进行审批。

4. 网上招标采购

（1）采购方可在线发布竞标邀请和竞标信息，可对潜在供应商进行资格预审，可选择公开招标和邀请招标。

（2）供应商可在线查询邀请或公开招标信息，可以根据本身的情况进行在线标书购买、投递标书、查看开标信息，确认授标，并在线与招标方签订合同。

（3）系统将提示开标时间，招标方和投标方均输入正确密码后，方可开标。

（4）在线评标，采购方的技术和商务评标专家登录，对投标书进行符合性检查、标书澄清、资质审查、完成技术商务评标后提交评分报告。

（5）采购方根据评标专家的评标结果进行授标。投标方在线确认授标，如投标方不接受授标，招标方可以另行授给其他投标单位。

（6）在线签订合同。

5. 综合查询、合同管理功能与统计分析

（1）综合查询。采购人员可对自己负责的询价单、供应商的报价单、订单和合同等进行查询。供应商也可以对自己处理的询价单、报价单、订单和合同及招标信息等进行查询。

（2）合同管理功能。订单生成以后将自动生成合同台账，采购人员可随时查询合同履行状况，管理合同履约保证金，合同履行控制点自动提醒。可跟踪、查看供货商合同的履行情况，跟踪产品生产、检验和发运状态并可以在线处理进度滞后的合同，并自动生成督办报告。

（3）统计分析。可以对同规格的同种产品在不同的时间段、不同项目的产品价格进行统计和走势分析，可以对某一时间段某种产品或者全部物资在某一个项目或者全部项目的累计采购量和累计采购金额进行准确快速的统计。

6. 物流管理

（1）运输管理。有权限的用户可以随时查阅每一个订单当前的运输状态，例如出厂时间、装船时间、预计到目的港时间、目的港清关状态、文件资料传递情况等等。

（2）库房管理。有权限的用户可以随时查阅某种物资在现场某个库房的接收、发运和结存、剩余料回收情况等相关信息，为调配物资提供准确快速的决策依据，提高材料管理效率，避免各项目重复投资，便于统一管理，规范操作，实现信息共享。

三、建筑企业 ERP 系统与电子商务的整合

电子商务的发展为承包商企业开展对外市场营销提供了更为便捷、广阔的渠道，而 ERP 技术的应用可对企业加强内部管理提供强大的技术支持。因此，电子商务是建立在 ERP 基础之上的应用，ERP 是企业实施电子商务的支撑系统。但由于二者基于不同的技术平台，流程、侧重点都有所差异，如果二者整合起来，将成为增强承包商企业竞争力的一种有效途径。

建筑业电子商务与 ERP 整合的有利条件如下：

（1）建筑企业的物流、资金流和信息流密切相关，其对应的分别有物资供应链、资金供应链和信息供应链。电子商务主要涉及项目管理和材料、设备采购供应业务，因此网上采购成为建筑企业的物流与资金流的一部分。虽然 ERP 首先使用供应链管理思想，但供应链并不依赖 ERP 而存在，而是企业的一种客观存在，任何企业应用该系统都可使用供应链管理的思想与方法。这样，通过组织结构和业务流程重组，电子商务可纳入供应链中。

（2）ERP 系统涉及建筑企业的整个业务流程，它的应用层次有三个：决策层的数据查询与综合分析、中间层的管理与控制、作业层的业务实现。电子商务可为各个层次提供辅助性支持，主要在于作业层的业务实现，是采购和销售业务的网上实现，包括为市场营销提供网上辅助手段，例如，网上广告发布、网上问卷调查等，可为材料、设备采购提供网上招标、询价等。

（3）根据建筑企业目前的内外部条件，企业在引进电子商务时，不会完全抛弃传统的采购，而是两种模式、两个系统共同存在和互为补充。电子商务可减少流通环节，降低交易成本，加快资金周转速度，拓展国内外承包市场，增强客户关系管理，促进

企业从面向生产的管理转为面向市场的管理。

(4) 客户关系管理(CRM)是 ERP 系统的一个发展方向。CRM 赋予客户与企业进行交流的能力,而这种交流是通过电子商务模式进行的。电子商务系统的运行为客户与企业之间的交流提供中介,向 ERP 提供最直接的数据资料,方便而且性价比高。

(5) 电子商务侧重外部交易,它把建筑企业与供应商、业主等企业内部和外部的信息紧密地联系在一起;ERP 系统侧重企业内部流程,它是企业管理内部各部门的工具。

四、ERP 与电子商务整合的实现途径

电子商务与 ERP 系统都属于企业的信息系统,但从两者的职能范围来看,有很大区别。ERP 系统管理范围侧重于企业内部,而电子商务主要是解决企业与外部世界的通信、连接和交易。如果企业前端的电子商务和后台的 ERP 系统脱节,会导致很多关键信息和数据被封闭在相互独立的系统中,影响物资流、资金流和信息流三流合一的实现。因此,ERP 必须能够适应互联网的应用,支持跨平台的多组织的应用,使其和电子商务之间的应用具有广泛的数据、业务逻辑的接口,在建好后台 ERP 的同时,做好与前端电子商务的高度系统融合,拓宽 ERP 的外延,使之从后台走向前端,从内部走向外部。另一方面,完全离开 ERP 的电子商务仅仅实现前端网上交易,而内部业务和管理不能网络化、集成化、信息化,电子商务只能成为空谈。

整合是指企业根据发展战略和业务流程,合并、撤销或增加一些业务部门。电子商务与 ERP 的整合需要有业务流程重组整合,同时,也要求应用软件各模块的合理划分和有机集成,且必须有数据库层和操作层的支持。具体实现途径如下:

1. 功能整合

由于 ERP 软件系统在设计和开发的过程中,内部的各个子系统都是模块化的,而且这些内部的模块可以相互独立,企业可以对这些模块化的系统进行自由地剪裁和重新配置,并根据自己的需要或本单位的特点,对系统进行不同程度的取舍和配置。就材料、设备采购而言,在实现两者整合时,电子商务应考虑网站管理模块、网上采购模块和网上资金收付模块。ERP 应优先考虑采购、生产计划、库存、财务等与物流、资金流密切相关的模块,将两者的模块集成一个新的应用系统,称之为整合系统。整合系统要为今后模块的扩展预留接口,为今后实现各系统间的无缝连接打下基础。基于 Internet 的 ERP 系统应满足企业及伙伴管理和采购管理的基本功能,为企业建立电子商务系统提供灵活的基础。同时 ERP 能提供多种电子商务解决方案,如可外挂于 ERP 系统下的客户关系管理功能模块;供应链管理功能模块,根据实时的供应链信息实现自动订货等功能;最后则是提供中介软件来协助企业整合前后端信息,帮助企业达到内外信息全面整合的境界。

2. 体系整合

系统可用 Java 语言或 NET 平台开发,应用基于 Internet B/S 结构的数据库应用

程序，客户端采用浏览器。由于 Internet 的普及面广、价格低廉，企业可利用网络系统建立面向全国/全球的商业管理系统。系统主机通过 DDN（Digital Data Network，数字数据网）、中继或宽带连接到 Internet，外地办事处或客户通过专线上网，访问主机中的应用程序。在企业总部可通过局域网直接访问主机。同时，XML（Extensible Markup Language，可扩展标志语言）的兴起，为实现安全高效的网络服务和电子商务提供了一个开放的标准，其价格便宜，实用性强，成为未来软件业发展的方向。

3. 设计整合

就材料、设备采购而言，两种采购模式应可共享物资清单编码，或编码数据库、供应商数据库、客户数据库和其他相关数据库，使现有和未来的数据库进行共享。两种模式下的资金收入与支出，包括应收应付，须反映到财务系统，在财务系统进行汇总并作统一的财务指标分析。

新的整合系统可以分为若干层次，即物理层、网络层、操作系统层、数据库层和应用层。电子商务与 ERP 的整合不仅需要应用层各模块的重新组合与集成，而且也必须有数据库层和操作系统层来做支持。开放式数据库互接性（ODBC）和不同操作系统间互访性为电子商务与 ERP 的整合提供了技术前提。整合系统一部分模块运行在企业内部网上，一部分模块运行在企业外部网上。

五、电子商务与 ERP 系统整合后的协同电子商务

单纯的电子商务是不能形成一个企业的长期、持续的竞争优势的。真正能获得企业竞争优势的是通过对这些新技术的采用，真正激活企业的隐性资产，使企业的知识网络产生效益。除了充分利用企业的实体资产外，关键在于促进企业积累的知识在不同业务单元和部门之间的快速传递和流通。

1. 协同电子商务的含义

所谓协同电子商务是将具有共同商业利益的合作伙伴整合起来，通过对与整个商业周期中的信息进行共享，实现和满足不断增长的客户的需求，同时也满足企业本身的活动能力，其基本思想是"信息网状"、"业务关联"和"随需而应"。承包商企业的协同商务就是通过对各个合作伙伴的竞争优势的整合，共同创造和获取最大的商业价值以及提供获利能力，在管理企业内部资源的同时，建立一个统一的平台，将业主、供应商、设计方、咨询工程师，分包商、第三方物流等纳入企业信息化管理系统中，实行信息和资源的高效共享及业务的一系列链接，将企业内部资源管理与外部交易融合，支持设计、生产施工、项目管理、采购供应、国内外市场开拓等建筑企业内部和外部的全部经营活动。这种协同电子商务链更为注重企业与外部连接的畅通，是一个基于 Internet 的、开放的、组件化的，数据在虚拟组织中同时发布和共享的系统，如图 17-3 所示。

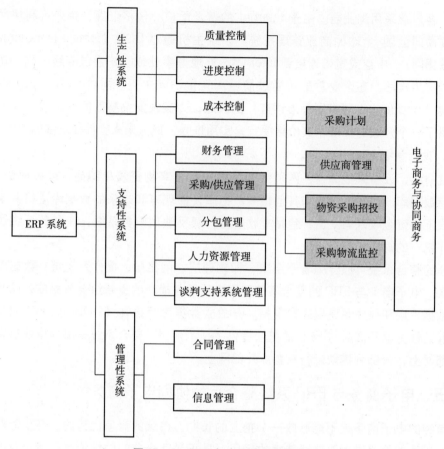

图 17-3 ERP 与电子商务的整合

为实现"信息网状"、"业务关联"和"随需而应"协同商务的基本思想，首先，为最大限度地发挥信息本身的价值，达到信息的高度共享，无论是企业管理者、员工、还是外部的合作伙伴，在权限范围内都可以很方便地查找到相关的信息以支持事务的处理，真正达到在需要的时候可以将正确的信息在正确的时间以正确的形式传递给正确的人，并利用信息创造新的价值。其次，尽管关联业务尽管更多的时候从属于不同的企业或企业的不同部门，但本质上是紧密关联的，并形成企业特有的业务体系，企业需要对各个业务过程进行充分的整合以使业务能够协调和平滑运作，消除商务链上的"断折"或业务过程"死角"所产生的影响。同时对企业的人、财、物、信息和流程资源进行调配和优化。当企业实现了信息共享和业务整合后，企业的"神经网络体系"才能够高效和通畅地运转，并使这些资源能够突破各种壁垒和障碍，在企业统一管理和协调下为实现共同的目标而服务。协同商务链就是在这三个要素扩展过程中逐步形成的。企业借助于合作伙伴信息、业务和资源共享以及关系扩展逐步形成整体的核心竞争力。

协同电子商务链通过信息门户的远程支持以及关系优化的动态更新实现有效的企业内外资源的管理与共享，打破了合作者之间的沟通障碍，向企业提供了与企业员工以及合作伙伴之间协调工作的业务模式,在向项目要效益的同时,也努力通过合作伙伴的"协同"关系向项目"创新"要效益:缩短商务链的运行周期、优化生产流程、降低项目成本等,提升商务链上合作伙伴业务创新能力、协同互动和信息沟通的能力,达到真正意义上的资源、信息、业务上的"协同",如图17-4所示。

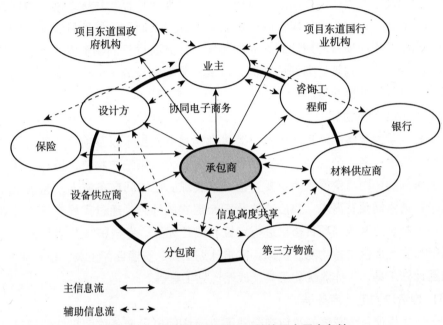

图17-4 基于国际工程项目的协同电子商务链

2. 基于工程项目的协同商务链与供应链的区别

(1) 承包商企业与业主、供应商、设计方、分包商、第三方物流等共同构建基于价值网的协同电子商务链是对项目供应链管理的深化。但工程项目协同商务链中所包含的参与方比供应链更多一些。在具体的操作上,由于需要选择知识伙伴,因此合作伙伴的选择标准和工程项目供应链有所不同。

(2) 在协同商务链的管理方面其目标也有所不同。在工程项目协同商务链中除了需要分享合作伙伴的信息资源优势外,还需要和合作伙伴分享创新优势。因此合作伙伴的创新能力也是选择的一个标准。

(3) 工程项目供应链管理的一个基本目标是供应链的最优,而在工程项目协同商务链中保持商务链的灵活性则成为一个基本目标。

尽管和工程项目供应链不尽相同,工程项目协同商务链还是建立在工程项目供应链的基础之上的,它同样需要分享工程项目供应链管理所带来的收益,因此,本质上它是工程项目供应链管理的深化。协同商务的参与各方是在工程项目虚拟组织范围内,其组织结构上具有松散性的特点。而工程项目协同商务作为工程项目的外部集成平台又要求统一参与各方间的商务活动和工作交流,这就决定了工程项目协同商务的业务实现方式必须要具有电子化和互联网化等技术性的特点，比如 E-mail 电子商务等方式，从而实现业务手段的改进与效率的提升。

3. 协同电子商务的层次

（1）企业内部的协同

在企业内部，有各部门之间的业务协同、不同业务指标和目标之间的协同以及各种资源约束的协同。这主要体现在同一企业不同部门之间、工程项目计划之间、各层次计划之间以及不同项目周期计划之间的协同，比如各项目的物资需求计划、项目进度计划、资金使用计划等计划间的协同，以及企业战略、战术、运作层次计划间的协同，长短期计划间的协同等。

（2）企业之间的协同

以工程项目为载体的承包商企业，为达到满足业主要求以及项目各参与方共赢效果，承包商与供应商、分包商、咨询工程师、设计方、第三方物流、银行、保险等企业之间业务间的协同将变得更为重要，也更难实现。在协同商务链上，为满足业主和项目需求，通常需要有需求、供应、执行三个层次的计划，通过实施这三个计划进行协同预测，将企业资源与项目需求进行定位和最佳配置，完成需求与供给的匹配，在相应执行层次上提供支持功能。例如：需求计划工具、资源匹配工具、执行服务工具、流程交互计划工具、工作流优化工具、战略计划工具等。

（3）构造协同电子商务链

对于以工程项目为载体的承包商企业而言，协同电子商务链即是按照建筑产品或服务从需求到交付给业主的生产全过程，将参与建筑产品生产全过程的相关企业连接成一条环环相扣的商务链条，对该链条中的物流、资金流、信息流、业务流进行管理，并将业主、供应商、咨询工程师、分包商、第三方物流等纳入系统中，进行信息、资源的共享及知识和智能的积累，作好不同层次、不同业务间的协同，帮助优化企业内部的工作流程，合理调配企业及协同商务链上的资源，更好地实现企业的并行运作，提高企业和协同商务链整体的快速响应能力。

4. 关系优化

在协同商务时代，承包商企业重要的使命之一是将交易转化为关系。关系技术是连接和汇集在信息资源管理全过程中所有交易和互动的基础，可以通过速度、灵活性、创造性以及信息的互动来扩大和增强企业与合作伙伴的关系。利用关系技术加强合作伙伴关系管理，即时分析和评价合作伙伴的动态业务行为，发现最适宜的业务搭档。

关系技术包含各种先进的手持设备（PDA）、数据仓库（DW）、分析软件（BI/DSS/SCM/CRM），以及能立即与合作伙伴沟通的基于事件和行动导向的触发器。因此，关系技术能够及时观察和处理合作伙伴之间的行为和相互联系。

5. 基于协同电子商务的供应商管理

国际工程项目货物采购的供应商关系管理是在工程项目协同管理模式下，利用以

Internet 等为特征的新兴技术为实现手段,在工程项目虚拟组织范围内和工程项目协同商务链的基础上,通过进行供应商市场分析,加强工程项目货物采购管理,协调工程项目各参与方在工程项目货物采购中的工作关系,从而最终通过改变工程项目货物采购的模式与方式,达到提高各参与方的合作满意度和整体工作效率最大化、降低成本和风险、提高项目的质量以及资源最充分利用的目的。

6. 基于协同电子商务的物资采购管理

即将工程项目施工过程、物流体系和采购过程紧密地结合起来,有机互动,使得工程项目施工有一个持续的材料、设备供应和材料质量的保障。

国际工程物资采购的协同电子商务,通过 ERP 货物采购计划管理系统、供应商管理系统、货物采购招标投标管理系统、货物采购物流监控管理系统,将工程项目内部信息化管理系统制定的货物采购计划在网上公布,并利用论坛的形式及时在业主、承包商、咨询工程师及相关供应商、分包商之间交换意见,以确定最终的项目采购计划,并在项目采购电子商务平台上及时公布采购计划的执行情况,接受业主与咨询工程师的监督,向供应商以及分包商提供项目货物的采购信息。利用物资与供应商管理系统将工程材料的供需双方通过 Internet 有机地联结起来。工程材料需求可直接从数据库检索,供应商亦可通过客户端浏览器进入网络服务器发布材料价格信息、生产技术和服务信息,便于承包商了解设备和工程材料生产厂家,了解最新技术,和市场行情。在双向选择的情况下,通过网上招标投标系统进行采购。承包商通过物资采购监控管理系统,依据施工进度,通过供应商与工程项目物资需求方之间的网上协商和登记,实现从确定物资交付时间和地点、安排物资运输路线和方式、跟踪和记录物资供应情况、解决物资采购争端的货物采购物流全过程协同商务链运作与管理。

7. 基于协同电子商务的国际工程物资采购分析

国际工程项目的协同电子商务需要项目东道国业主、国外供应商、设计方、分包等的支持。此外、就国际工程项目货物采购而言,采购业务全过程的协同电子商务,不仅仅涉及供应商、业主等与工程有关的各参与方,还涉及货物进出口国海关、商检、保险、税务、物流公司、银行或金融机构等。因此,要实现国际工程项目货物采购的信息流、资金流和物流的全方位电子化,则须把涉及该业务的各关系人纳入协同电子商务链。但是,到目前为止,有一定的难度。

(1) 目前我国国际工程项目主要分布在非洲、南亚和部分中东地区,这些地区的部分国家的信息化程度相对较低,难以支持协同电子商务的全面展开。

(2) 国内部分承包商企业内部信息化程度较低,缺乏专门人才,缺乏对电子商务的认识,担心信息通过网络流转会加速商业机密的泄露。而内部信息化程度高的大承包商企业,特别是有国外项目的企业,虽已建立起独立的跨国境的电子协同商务平台,并要求材料、设备供应商加入其协同商务平台,但仍无法达到采购全过程的协同。

(3) 对于银行、保险和物流企业,我国内还需建立一个成熟的国际贸易数据交换协同作业平台，同时国家尚未承认电子单据的合法性，因此企业提交的部分业务单据都要在窗口重新录入，重新审核其准确性和有效性，更无法满足那些电子商务发展先进国家的银行、船舶公司的电子数据交换要求。

（4）对于海关、商检等国家监管部门，同样存在着大量窗口服务人员需要重复录入数据的情况，各监管执法部门间尚未实现数据交换，没有统一的电子产品网络传输监管办法。同时，各国的贸易壁垒亦很难让一个非本土的电子商务服务公司与本国海关、商检等进出口管理执法部门的系统无缝链接。

案例 17-1

中国石化物资采购电子商务系统

电子商务系统是中国石化集团公司（简称中国石化）ERP及相关信息系统建设的一个重要组成部分。2000年，中国石化依托石化计算机互联网络SINOPECnet，于2000年8月正式开通了中国石化物资采购、石化产品销售两个电子商务网站。

一、网站系统框架与结构

中国石化物资采购与石化产品销售电子商务系统采用相同的技术架构，共享网络、软件和硬件平台，并行运作。电子商务系统主要由数据库服务器和浏览、应用服务器以及防火墙等组成。

1. 网站主体框架

网站主体框架和主要结构系统具有以下特点：

（1）稳定的平台保证业务运行。物资采购电子商务网站由WEB服务器、应用服务器、数据库服务器构成的3层结构，前台和后台用防火墙进行隔离。其中数据库采用ORACLE9i数据库，整个平台安全、稳定，保证了业务运行的顺利。

（2）定制化开发更贴近石化物资供应的需求。该网站系统完全按照中国石化物资采购体制和业务运作模式定制开发，完全符合中国石化物资采购实际业务和管理需求。

（3）授权严格，保密性能好。整个系统对用户进行多级授权，每种用户的权限都有严格限制，每个用户能够查询和使用的范围都经过严格界定，保证了整个信息的安全性。

（4）智能化引导，操作方便。系统引入了智能化流程引导功能，使整个系统更加便于操作，界面更加"人性化"。

（5）标准化流程，有利于管理。该网站中对各专业业务的操作流程进行了标准化整合，使采购业务运作更加统一和规范。

2. 网站与外部系统的关系

该网站与外部连接的对象是中国石化集团下属企业（包括生产建设单位、销售地区公司等）和外部供应商用户。内部用户主要通过中国石化内部局域网与之连接；部分企业通过卫星和广域网连接；供应商用户通过广域网与该网站连接。已接入因特网的外部会员（物资供应商）可通过国际互联网上网直接访问石化电子商务网站。尚没有接入因特网的会员，可方便地通过本地的 163、263 或 169 等拨号上网，访问石化电子商务网站。

3. 网站系统的构成与层次

中国石化电子商务网站由几个互相关联、互为支撑的子系统如信息发布子系统、采购交易子系统、采购监控与查询子系统等组成，如图 1 所示，外部又通过数据交换中间件，和外部系统如企业的 ERP 系统、企业物资管理系统、供应商销售系统进行数据的相互交换。

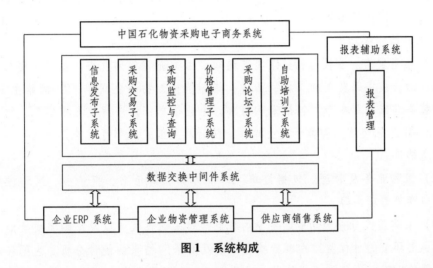

图 1 系统构成

目前，该系统实现了 3 个层次的内容，实际运作的采购业务和交易过程构成业务运营层；报表功能、查询功能、台账管理功能构成了业务管理层；价格分析、供应商管理、库存情况表构成了决策支撑层，实现了从采购业务运营、采购业务管理到采购决策支撑的采购全方位的功能。

二、系统功能和操作流程

中国石化物资采购电子商务系统是构筑在国际互联基础上，专门用于物资采购业务操作和信息传递的内部网站系统。中国石化各企业和中国石化供应商网络成员单位可以根据不同的用户角色和所分配的业务权限执行浏览信息、提报采购需求、询价、报价、比价的采购相关业务操作。网站信息根据角色和权限的不同，相互之间严格保密，并且可以全程追溯。

1. 网站对用户类型及功能的划分

网站共设计了 5 类用户角色和 6 种功能。用户包括：领导用户、采购业务员用户、供应商用户、网上采购监控用户和系统管理员用户。功能包括：采购管理、供应商管理、信息发布、系统管理、采购论坛、自助培训。不同的用户所执行的功能是不一样的。

(1) 领导用户包含集团公司、股份公司、分（子）公司领导，物资装备部及处室领导、分（子）公司供应部门及科室领导。主要执行信息浏览、采购业务查询、采购过程审批与监控等功能。

(2) 采购业务员用户分为计划员、采购员以及自定义采购相关上网用户。主要执行采购业务处理各环节的操作和信息浏览。

(3) 供应商用户包括中国石化一、二级供应商网络成员单位的上网用户。主要执行网上报价和配送报表录入等操作。

(4) 网上采购监控用户包括总部、各分（子）公司审计、纪检、监察、合同、质检、价格、生产、机动、工程设计等采购相关部门的上网用户。主要执行信息浏览和网上采购业务监控等操作。

2. 网站的主要功能

(1) 信息发布。主要包括：①重要通知。由物资装备部发布，包括集团公司、股份公司、物资装备部发布的文件、函件、指导价格、物资要闻等。②网站主页信息。由物资装备部或企业发布，包括采购需求、企业信息、供应商及考核信息、物资调剂信息等。③意见交流。类似于网上邮件，任何网上正式用都可以给其他任一个用户或单位发送邮件。

(2) 采购业务及管理。包括订单、询价方案、询价书、报价书、采购方案、合同、供应商等管理内容。

(3) 采购监控与查询功能。主要内容包括对采购过程中以及采购完成后对采购业务流程主要环节的过程监控和事后检查，以及对采购结果的统计分析。主要环节包括订单、询价方案、询价书、报价书、采购方案、合同等内容。

(4) 价格管理及分析。在电子商务中建立了采购价格数据库模块，该模块的价格涵盖了3种价格信息，即历史采购价格，包括网上采购历史数据，部分企业采购价格数据等；供应商出厂价格，包括物资装备部出版的重要设备出厂价；物资装备部发布的指导价。

(5) 采购论坛。

(6) 自助培训。通过自助培训系统以上5类用户可以进行自我培训。

3. 网上采购业务流程

网上采购业务流程的设计完全体现了中国石化现行采购管理体制，共有总部直接集中采购、总部组织集中采购和企业自行采购3种采购类型，协议采购、询比价采购、动态竞价采购、招标采购、配送采购、特殊采购等6种采购方式。对于总部直接集中采购，操作主体为总部业务员，企业计划员提报订单后，由总部进行操作，合同执行完毕后由企业采购员核销合同；对于总部组织集中采购和企业自行采购，操作主体为企业业务员，企业业务员按照网上采购流程自行完成采购业务操作。

三、物资采购电子商务取得的成效

中国石化物资采购电子商务网站建成投用以来,经过持续提升和不断拓展业务功能,上网供应商越来越多,知名度也不断提高。网上采购物资品种从网站开通时8个大类的5000多种扩大到目前的56个大类,包括石油石化生产建设所需的化工原辅料、钢材、设备、配件、煤炭等126700种物资;网上用户从最初的2381个增加到目前12376个,涵盖了化工、冶金、制造加工、设备配件、煤矿等大型生产制造企业和物资流通企业。实施网上采购为中国石化企业传统的物资采购工作带来了深刻变化,在打破传统采购模式、推进物资供应管理改革、强化物资采购监管、规范采购业务流程、公开采购过程、保证生产建设物资供应、降低采购成本,实现信息的快速传递和广泛共享、提高采购工作效率等方面发挥了重要的、无可替代的作用。

从实际运行情况看,系统也还存在一些尚待进一步完善的地方,在安全性方面,网络曾遭到病毒的攻击;并发用户增多、工作高峰时系统反应速度迟缓;等等。需根据应用发展需求,系统地制定出合理有效的安全策略和采取有效的技术保障,提升主干网络带宽,提高系统运行的速度,采用入侵检测、漏洞扫描、跟踪审计、访问控制、身份认证、加密、网络管理等技术来提高网络的安全性和可靠性,以防范并有效地隔离来自系统内外对网站的恶意攻击。

作者:唐威特、代建军

主要参考文献

[1] 阿伦. 布兰奇（Alen. Branch）. 国际采购与管理. 北京：机械工业出版社，2003.
[2] 何伯森主编. 工程项目管理的国际惯例. 北京：中国建筑工业出版社，2007.
[3] Arjan. Jvan Weele 著，梅绍祖等翻译. 采购与供应链管理. 北京：清华大学出版社，2002.
[4] 米歇尔. R. 利恩德斯，哈罗德. E. 费伦. 采购与供应管理. 北京：机械工业出版社，2001.
[5] 王忠宗（台湾）. 采购管理实务. 广州：广东经济出版社，2003.
[6] 吕文学. 国际工程承包. 北京：中国建筑工业出版社，2008.
[7] 陈勇强. 国际工程项目索赔. 北京：中国建筑工业出版社，2008.
[8] 张水波. 国际工程总承包 EPC 交钥匙合同与管理. 北京：中国电力出版社，2009.
[9] 北京中交协物流人力资源培训中心. 采购绩效测量与商业分析. 北京：机械工业出版社，2008.
[10] 朱永兴. 工业企业的采购与采购管理. 北京：中国经济出版社，2001.
[11] 孙明贵. 采购物流实务. 北京：机械工业出版社，2004.
[12] Glifford F. Gray/ Erik W. Larson. Project Management. Irwim McGraw-Hill. 1999.
[13] Donald J. Bowersox, David J. Closs. Logistical Management. Irwim McGraw-Hill. 1996.
[14] Joseph Geunes, M. Pardalos and H. Edwin Romeijin. Supply Chain Management：Models, Applications, and Research Direction. Klunwer Academic Publishers. 2002.
[15] Low Sui Pheng1 and Choong Joo Chuan. Just-In-Time Management of Precast Concrete Components. Journal of Construction Engineering And Management, NOV. 2001.
[16] George Ofori. Greening the construction supply chain in Singapore. European Journal of Purchasing & Supply Management, Volume 6, Issues 3 – 4, December 2000, Pages 195 – 206.
[17] Yaw Frimpong, Jacob Oluwoye, Lynn Crawford. Cause of Delay and Cost Overrun in the Construction of Groundwater Projects in a Developing Countries：Ghana as a Case Study. International Journal of Project Management, Volume 21, Issue 5, July 2003, Pages 321 – 326.
[18] JK. T. Yeo and J. H. Ning. Integrating supply chain and critical chain concepts in engineer-procure-construct (EPC) projects. International Journal of Project Management. 2002, 20 (4)：253 – 262.
[19] 阎长俊，李雪莹. 工程承包模式的界面分析与管理：提高项目价值的有效途径. 建筑经济. 2005. 8.
[20] 杨凌志，张春霞. 工程项目中几种供应链采购模式的比较. 低温建筑技术. 2007. 4.
[21] 唐志强. 总承包项目设备材料采购价格控制要素的探讨. 建筑经济. 2005. 7.
[22] 范梦娜. 轨道交通涉外设备系统采购合同条款的设置. 城市轨道交通. 2006. 4.
[23] 吴建功. 程式与讥制. 国际贸易风险管理的基本问题. 江苏商论. 2008. 6.

[24] 王燕，刘永胜．供应链风险管理概述．物流技术．2008. 8.
[25] 张弘．论企业在国际商务活动中的文化风险与管理．湖南商学院学报．2001. 1.
[26] 康惠，翟立新．电厂设备采购技术探讨．电力建设．2002. 12.
[27] 金卫东．浅析设备进口的信息不对称．中国设备管理．2001. 1.
[28] 李洪河，张建国．建筑施工项目部分散采购管理模式研究．建筑经济．2005. 12.
[29] 朱澂．供应细分与采购方式的选择．有色金属工业．2004. 12.
[30] 王玉冬，邵铁柱．成本控制报告体系．哈尔滨科学技术大学学报．1994. 3.
[31] 潘晓．跨国采购中的采购外包．国际市场．2007. 7.
[32] 魏世奇，蔡临宁．第三方物流供应商选择和评价指标体系的研究．商场现代化．2007. 2.
[33] 张珩，黄培清．客户—供应商关系及其特性研究．外国经济与管理．2001. 3.
[34] 邹化鑫．现代绩效考核方法的比较分析．人口与经济．2006. 4.
[35] 张敏，刘沃野．装备采购绩效评价指标体系设计．军事经济研究．2007. 9.
[36] 张乃荣．电子商务时代ERP的应用与实施．电脑知识与技术．2005. 8.
[37] 李健，张琴．电子商务与ERP整合．煤炭经济研究．2007. 8.
[38] 张德群，李忠富．建筑业电子商务的内容、特点及影响因素分析．建筑经济．2002. 5.
[39] 翟运开，李海婴，倪燕翎．建筑业供应链的信息流及其管理．建筑经济．2006. 1.
[40] 张祯浩．海外总承包工程物资运输规避风险探讨．工程建设项目管理与总承包．2008. 4.
[41] 李海增．物资采购动态管理方法探索．项目管理技术．2008. 2.
[42] 王淑云．第三方物流服务采购研究．公路交通科技．2004. 15.
[43] 牟彤华，刘一波．电子商务与ERP系统的整合分析．市场论坛．2006. 3.
[44] 杨永杰．代理人：国际工程承包中的重要角色．国际经济合作．2002. 10.
[45] 殷贵林，张莉娜．国际工程承包企业如何做好出口收汇核销工作．黑龙江对外经贸．2005. 11.
[46] 殷贵林，张莉娜．国际工程承包企业如何做好境外工程设备出口报关．对外经贸实务．2007. 6.
[47] 徐树人．对国际承包工程询价中一些问题的探讨．国际技术贸易市场信息．
[48] 陶明．国际承包工程的物资通关管理．国际经济合作．1996. 11.
[49] 田哲，顾矫健．建筑企业ERP研究与探讨．施工企业管理．2003. 3.
[50] 李冬蓓．论我国国际贸易的电子商务服务模式．对外经济贸易大学学报．2007. 2.
[51] 刘丽文．生产与运作管理．北京：清华大学出版社．1998.
[52] 刘玉明，王耀球．大型工程建设项目的供应物流模式选择研究．物流技术．2007. 2.
[53] 辛春安，崔英会，赵京军．工程物流探索中的若干问题研究．中国水运．2007. 05.
[54] 蒋良，罗建红．工程建设项目的采购管理．化工设计．2000. 10.
[55] 王佐．优化采购部门设计的六大要素．中国物流与采购．2005. 5.
[56] 张骏凯．工程建设项目采购管理．工程建设管理与总承包．2003. 1、2.
[57] 张立友．国际工程承包项目的设备供应管理．项目管理技术．2009年第7卷第1期．
[58] 江荣卿．FIDIC合同DAB机制评析．国际工程与劳务．2008. 1.
[59] 王皓．构建柔性国际工程项目采购组织探讨．昆明冶金高等专科学校学报．2008. 11.
[60] 王勇．国际工程的货物运输保险．国际工程与劳务．2009. 5.
[61] 成虎．建筑工程合同管理与索赔．南京：东南大学出版社，2000.